中华人民共和国国民经济动员史

(1949—1978)

《中华人民共和国国民经济动员史》编写组　编

军事科学出版社

图书在版编目（CIP）数据

中华人民共和国国民经济动员史：1949—1978/《中华人民共和国国民经济动员史》编写组编．—北京：军事科学出版社，2014.12

ISBN 978-7-80237-742-4

Ⅰ.①中… Ⅱ.①中… Ⅲ.①国民经济-中国经济史-1949~1978 Ⅳ.①F129.7

中国版本图书馆 CIP 数据核字（2014）第 291452 号

书　　名：中华人民共和国国民经济动员史（1949—1978）

作　　者：《中华人民共和国国民经济动员史》编写组
责任编辑：孙振江　张大禾　邢　扬
封面设计：倪春昊
出版发行：军事科学出版社（北京市海淀区青龙桥　100091）
标准书号：ISBN 978-7-80237-742-4
经 销 者：全国新华书店
印 刷 者：北京鑫海达印刷有限公司
开　　本：700 毫米×1000 毫米　1/16
印　　张：37.75
字　　数：505 千字
版　　次：2014 年 12 月北京第 1 版
印　　次：2014 年 12 月第 1 次印刷
印　　数：1-10000 册
定　　价：85.00 元
销售热线：（010）62882626　66768547（兼传）
网　　址：http：//www.jskxcbs.com
电子邮箱：jskxcbs@163.com

目 录

前言

国民经济动员，是国家为应对战争或其他军事危机，运用国民经济资源以保持和增强国家防卫能力的活动，涉及工业、农业、商业、贸易、财政、金融、交通、运输、邮政、通信、医疗和物资储备等国民经济的各个领域。国民经济动员是国防动员的重要组成部分，是维护国家安全的战略举措，拥有现代化的国民经济动员能力，对于和平时期实现经济建设与国防建设的协调发展，增加国家的战略威慑能力，危机时期迅速提高国家遏止和消除战争或其他军事危机的能力，建立战时经济秩序，满足武装力量作战、维护社会稳定和消除战争灾害对国民经济的需要，具有举足轻重的作用和意义。在中华人民共和国建设和发展的近30年(1949年至1978年)中，党和国家为维护国家的独立、主权、领土完整和安全，着眼打赢现代化大规模全面战争，在不断加强国家武装力量建设和战备的同时，始终不渝地高度重视和加强国民经济动员的现代化建设，并在国家遇到战争和军事威胁时，适时地启动国民经济动员程序，使国民经济释放出巨大的国防能量，从而一次又一次地打赢了战争，赢得了和平，赢得了发展。国民经济动员也因此成为中华人民共和国波澜壮阔发展史的重要篇章。

(一)

中华人民共和国成立后的近30年国民经济动员的历史，就是一部追赶“现代化”的历史。

“现代化”是200多年来世界各国建设和发展的共同主题，也是世界各国力求抢占的发展高地。在这个过程中，英国、法国、德国、美国、日本、苏联等相继走到了其他国家的前面。这些率先实现“现代化”的国家,其国防现代化的标志主要有两个:一是依靠现代工业武装了一支现代化的军队;二是建立了与现代社会和现代化战争相适应的国民经济动员体制。这种既拥有现代化的物质技术基础,又拥有现代化的管理组织的国民经济动员体制,是他们先后跻身世界列强、获取最大发展利益的重要支柱。

中华人民共和国成立之初,其国民经济动员既没有现代化的物质基础,更没有现代化的管理组织。深受落后之痛又深知“落后就要挨打”的新中国,在艰难取得抗美援朝战争胜利后,就把实现国民经济动员现代化作为国防现代化的重要目标,力求在实现国民经济现代化和国家武装力量现代化的同时,实现国民经济动员现代化,以此成为一个拥有强大国防的国家。

新中国的国民经济动员现代化,是从工业现代化建设开始的。

工业时代的战争,打的是武器,打的是钢铁,打的是工业。从这个意义上讲,现代战争与其说是在炮火硝烟的战场上进行的,不如说是在工厂的车间和试验室中进行的。直到抗美援朝战争,中国共产党人才真正认识到现代战争的这一本质内涵。抗美援朝战争中期,中财委副主任、重工业部部长李富春就明白无误地指出:“朝鲜战争教育了我们,没有强大的国防力量,是不能保证进行和平建设的。我们现在面对的敌对军事力量,已不是国内战争时期的蒋介石反动集团,而是具有现代化军事装备的美帝国主义。所以,我们必须要用足够的人力、物力、财力,建设强大的国防,打败美帝国主义,保卫和平建设。”抗美援朝战争胜利后,中国共产党和政府没有因为胜利高枕无忧,反而忧心忡忡。1954 年 9 月,周恩来总理在第一届全国人大第一次会议上指出:“我国的经济原来是很落后的,如果我们不建设起强大的现代化的工业、现代化的农业、现代化的交通运输业和现代化的国防,我们就不能摆脱落后和贫困,我们的革命就不能达到目的。”10 月 18 日,毛泽东主席在国防委员会第一次会议上也一针见血地指出:“中国是一个庞然大国,但工业不如荷兰、比利时,汽车制造不如丹麦。”“我们现在坦克、汽车、大口径的大炮、拖拉机都不能造,还是把尾巴夹起的好。”“为了我们共同的目标,应当搞出些名堂来,使国家像个样子。”因此,同为社会主义国家,新中国在现代化问题上,顺理成章地选择走苏联走过的道路。中共中央认为,“苏联因为采取了社会主义工业化的方针,从建立重工业开始,所以在 1941 年到 1945 年的卫国战争中,能够击败德日法西斯主义的侵略,成为世界上第一个强大的社会主义国家”。

在上述思想的指导下,国家在“一五”计划到“四五”计划期间,投入巨大的人力、物力和财力,用于“社会主义工业化”和“国防工业现代化”建设。“一五”期间,国家用 58.2% 的基本建设投资,以苏联援建的 156 个项目为中心,大力进行工业建设及国防工业建设。总的目标是:“解决平时 100 个步兵师、战时 300 个步兵师所需的装备和弹药。”到 1958 年,新中国的国防工业企业,由 1949 年的 45 个增加到 128 个,职工总数由 1949 年的 10 万人增加到 72 万人。其中,航空工业企业 29 个,职工 17.8 万人,已建成的生产能力年产飞机 1500 架;兵器工业企业 53 个,职工 36 万人,已建成的生产能力,年产量为:坦克 1800 辆,火炮 3.7 万门,炮弹 1500 万发,枪支 75 万支(挺),枪弹 12.4 亿发,防毒面具 518 万具;无线电工业 39 个,职工 13.4 万人,已建成的生产能力年产量为:地面大型雷达 1050 部,无线通讯设备 4.5 万部,电子管 3500 万只;军用船舶工业企业 7 个,职工 5.6 万人,已经具有生产中小型潜水艇、猎潜艇、鱼雷快艇、护卫舰、基地扫雷艇、港湾扫雷艇、护卫艇、小炮艇等产品的能力。到 1970 年年底,国防工业拥有工厂 848 个,职工 140 多万人,固定资产 113 亿元,可以制造现代化的飞机、导弹、舰艇、坦克、轻重兵器、雷达和电子设备。与此同时,国家还建设地方军工企业 180 个,并且在 3000 多个民用工业企业中,建立了 400 多条军工生产动员线。此外,国家从“一五”计划开始,就着眼于现代战争的特点,逐步解决工业及国防工业的战略布局问题。薄一波副总理在回顾“一五”计划编制工作时谈到:“当时,国家建委负责审批大项目的计划任务书和设计。审查厂址时,要把厂址标在地图上,并用直线标出它与台湾、南朝鲜、日本等美军基地的距离,说明美国的什么型号的飞机可以攻击到它。可见,从国防考虑,从安全考虑,是当时确定厂址的主要因素之一。”最终,“一五”期间国家投资的694个大型工业项目有472个放在内地。特别是苏联援建的项目,主要配置在东北地区、中部地区和西部地区。从1964年开始,国家又启动了大规模的战略后方建设——“三线建设”,将工业及国防工业的骨干企业配置在西南的四川、贵州、云南和西北的陕西、甘肃,以及豫西、鄂西和湘西地区。到1975年,国家用于三线地区国防工业和科研基本建设的投资累计已达200亿元,先后建成了297个工厂、42个研究院(所),形成了年工业产值130亿元的生产能力。此时,三线地区国防工业的固定资产原值和净值,主要产品的生产能力、技术力量和设备水平等都超过一、二线地区。这时的新中国,虽然总体上距离“现代化”还有很大的差距,但现代化的工业动员及国防工业动员的基础已基本形成。这是1840年鸦片战争后的100多年间,几代中国人苦苦追求,却始终难以企及的目标,成为新中国敢于挑战美、苏两大军事强国的重要原因之一。

斯大林在总结苏联卫国战争经验时曾指出:“常有这样的情形,资源很多,但是使用得极不得当,使优势等于零。很明显,除了资源以外,还必须有关于动员这些资源的能力和正确运用这些资源的本领。”①新中国国民经济动员现代化的实践也证明,仅有现代化的物质基础是不够的,还必须拥有现代化的动员管理组织。因此,为了追赶“现代化”,新中国在努力建设现代化工业的同时,也大力加强了国民经济动员组织体制的现代化建设。

新中国国民经济动员组织体制现代化建设的突出特点,是“以苏为师”并且是从学习借鉴苏联国民经济动员计划工作入手的。1954年,新中国在首部宪法中仿照苏联宪法对动员问题做出了规定,正式拉开了“以苏为师”建立国家动员制度的序幕。1955年10月22日至

---

① 《斯大林军事文集》,第275页,战士出版社1981年版。

12 月中旬，新中国接受苏联部长会议的建议，派出“国民经济动员计划考察团”，赴苏联学习考察。根据这次考察确立的思想，国务院于 1956 年在 21 个部、委相继建立了动员计划工作机构，配备了专职或兼职的动员干部，初步形成了以国家计委和国家经委为牵头机关，其他各部、委分工负责的国民经济动员组织体制。

自从有了国民经济动员组织体制，新中国的国民经济动员管理面貌便为之一新。1956 年，第二机械工业部完成《1956 年度动员计划》的编制工作，新中国有了第一个工业动员的年度动员计划。1957 年，国家计委主持完成了《第二个五年计划期间动员能力增长计划》，新中国有了第一个涉及工业动员和交通运输动员的长期建设计划。1960 年，第一机械工业部完成《1960 ~ 1962 年战时动员规划》的编制工作，新中国有了第一个战时工业动员计划。1961 年，首部由武装力量动员计划和国民经济动员计划构成的《国家总动员计划》编制工作全面启动。1962 年，为满足东南沿海紧急战备和对印自卫反击作战的需要，国民经济动员系统在临战准备异常紧张的情况下，相继完成了 50 万部队作战 3 个月、50 万部队作战 6 个月和 300 万部队作战 1 年的战时国民经济动员计划。此举标志着新中国政府已经比较全面掌握了国民经济动员计划的规律和方法，国民经济动员管理的现代化水平，已经达到了前所未有的高度。

随着国民经济动员计划编制工作的全面展开，具有现代意义的国民经济动员制度建设可谓日新月异。1953 年，国家铁路系统完成《铁路技术说明书》的编写，开创了新中国国民经济动员潜力统计调查的先河。1954 年至 1955 年，《中华人民共和国战时汽车、拖拉机义务法》《中华人民共和国战时马类、马车义务法》《中华人民共和国运输工具和工程建筑机构动员征购条例》和《中华人民共和国铁路军事动员准备工作组织条例》的颁布试行，标志着新中国国民经济动员制度建设，步入法制化、社会化的阶段。1955 年至 1956 年，第二机械工业部颁布实施的《工厂动员科典型工作条件》《各级动员计划机构工作条例》《编制动员计划的办法》《工业企业基本情况报告书》《查定工厂生产能力表格及说明》《编制动员计划的表格及说明》《编制国防工业战时动员计划暂行办法》和《企业生产能力查定办法》等配套文件,奠定了新中国工业动员制度建设的基础。到20世纪60年代中期,国民经济动员制度建设已经覆盖国民经济动员的主要工作业务、主要动员领域,以及平时准备和战时动员的主要环节。这不仅意味着新中国的国民经济动员现代化已经从动员的物质基础和组织机构建设深入到政府系统的工作职能和工作机制中,而且意味着国民经济动员现代化已经在国家制度层面得到比较完整的反映。

从不具备到基本具备现代化的工业动员物质基础,从没有到拥有专职的国民经济动员组织机构,从不掌握到完全掌握国民经济动员从准备到实施的一整套方法,新中国借助于“后发优势”,走“以苏为师”的发展道路,仅仅用了10年左右的时间,就完成了从农业时代到工业时代,从传统动员向现代动员的初步转变。初步实现现代化的国民经济动员,使新中国的国防如虎添翼,迅速拉近了与现代化强国的距离,使新中国更加有信心、有勇气,直面来自任何方向的战争或军事威胁。

(二)

中华人民共和国成立后前30年国民经济动员的历史,就是一部国民经济领域的国防斗争史。

新中国建设和发展的前30年,正是以美、苏为代表的两大政治军事集团激烈对抗的时期。在这个时期,随着第二次世界大战的结束和国际政治力量的分化组合,国际战略格局和国际安全形势风云变幻,新中国的主权、领土完整、统一和安全,受到来自多个战略方向特别是美、苏两大军事强国的战争威胁,迫使新中国多次采取军事行动或者短期和长期的战备行动。其中,仅较大规模的局部战争和作战行动就有6次(包括1962年东南沿海紧急战备),平均每5年就有一次;局部地区或全国性的应战准备活动更是接连不断,最长的一次持续有10多年之久。在此过程中,新中国在充分发挥国家武装力量作用的同时,借助于逐步现代化的国民经济动员,充分释放蕴藏在经济和社会中的战争潜力和国防能力,不仅赢得了多场局部战争的胜利,而且有效遏止了多场可能爆发的战争。国民经济动员同国家武装力量一样,成为国家安全的强大支柱。

1953年至1978年,即抗美援朝战争结束后的25年中,因受到来自美、苏两大军事强国的战争威胁,新中国始终把大规模反侵略战争准备,作为国防建设和经济发展的主题,由此赋予国民经济动员以重大的战争准备任务。对此,国民经济动员在"积极防御"军事战略方针的指导下,以作战计划和战时动员计划规定的时间、空间、数量和质量,在国民经济的各个领域,有针对性地进行反侵略战争准备,着力提高平战转换能力、工业时代的核心动员能力和现代战争条件下的生存防护能力,从而较好地完成了它的历史使命。

以1964年为界,新中国的大规模反侵略战争准备前后划分为两个阶段。1964年前,新中国的战争准备是以东部沿海为主要防御方向,以美国及其在亚洲的军事伙伴为主要作战对象,军事战略方针为"积极防御,北顶南放"。赋予国民经济动员准备的总任务,是满足50万至300万部队作战3个月至12个月对国民经济的要求。国民经济动员的"核心能力"建设和重大战争准备措施主要包括:按照平时100个师、战时300个师的目标,进行工业建设;改变工业企业集中东部沿海的情况,实行从沿海到内地和战略纵深的一、二、三线布局,以满足人民解放军战略防御、战略相持和战略反攻的需要;重点加强以福建为顶点向内地辐射的交通网路建设和以北京为中心向各战略区辐射的通信网路建设;以50万部队作战6个月为基本标准,建立国家战略物资储备、"506"军用粮油储备、"506"军工生产储备和其他战备物资储备。

1964年以后,由于美国扩大了对越南的侵略战争和中苏关系的破裂,新中国周边的安全环境更为险恶,战争威胁来自东部沿海、南部边疆、西南边疆和北部地区等多个战略方向。作战对象主要为美、苏两大军事强国和其他敌对势力。此时的军事战略方针为“积极防御,诱敌深入”,赋予国民经济动员准备的总任务,最高时为满足600万军队作战1年对国民经济的需求。国民经济动员的“核心能力”建设和重大战争准备措施主要包括:以300~500个步兵师所需的武器装备为主,组织国防工业的建设和生产;在各战略区和各省区建立配套的地方军事工业,以适应各战略区和各省区独立作战的要求;进一步强化工业的一、二、三线布局,在西南地区进行大规模战略后方建设,以便于同强大之敌进行持久作战;大力进行骨干铁路网和公路网建设,以此沟通战略后方与战役后方、战役后方与战役前方和各战略区之间的交通联系;以300万部队作战1年为标准,建立国家战略物资储备、战略粮油储备和战备商品储备。

历史证明,新中国针对大规模反侵略战争进行的国民经济动员准备,从国民经济方面确保了军事战略方针和大规模反侵略战争准备目标的实现,既形成了举国迎敌的戒备状态和巨大的国防能力,又产生了重大的战略威慑作用,最终避免了大规模全面战争的爆发,为新中国的和平发展乃至世界的和平发展作出了历史贡献。同时,国民经济动员长期的战争准备和高度的戒备状态,使其能够在国家遇有战事时发挥应有的作用。人民解放军的英勇善战和强有力的国民经济动员,使新中国继1953年取得抗美援朝战争胜利之后,又在1962年、1969年和1974年相继取得对印自卫反击作战、珍宝岛自卫反击作战和西沙自卫反击作战的胜利。不仅如此,强有力的国民经济动员,还使新中国在长期的对台军事斗争中,始终占据主动地位,并且在多次军事较量中赢得了胜利,最终迫使台湾国民党当局放弃了“反攻大陆”的军事图谋。

在新中国的历次作战中,国民经济动员的各个领域均披挂上阵,充分显示出国民经济动员在维护国家主权、统一、领土完整和安全中的重大作用。

在工业动员上,抗美援朝战争时,新中国的国防工业还十分落后,虽尽其所能仍不能满足志愿军的需要,这让英勇善战的中国人民志愿军吃了不少的亏。但在抗美援朝以后的历次作战中，由国家军事工业、地方军事工业和民用工业动员生产线构成的“工业动员联盟”，已经能够为人民军队作战提供数量充足、性能先进的武器装备。1962 年，“工业动员联盟”的两次“备战增产”，满足了 50 万人民军队作战半年对武器装备的需求，使人民军队顺利完成东南沿海紧急战备和对印实施自卫反击作战的任务。在对印实施自卫反击作战中，使用具有现代水准、国产制式武器的中国边防部队，以不到 2 万人的兵力和较小的代价，给予人数众多的入侵印军以应有的惩罚。

在交通运输动员上，每遇战时，少则几万，多则数十万、上百万部队的机动部署，成百上千万吨装备物资的前送后运，成百上千公里交通线的抢修抢建和伤病人员的紧急后送，使得交通运输动员的任务十分繁重。在长期缺少航空运输力量的情况下，由铁路、公路和人力畜力构成的“三段接力式”交通运输，成为我军战时交通运输动员保障的基本样式。国家铁路系统主要承担从战略后方至战役后方的交通运输保障任务；地方公路系统接续国家铁路系统，主要承担着从战役后方向战役前方的交通运输保障任务；社会动员的人力畜力接续地方公路系统，主要承担从战役前方至前沿阵地的交通运输保障任务。此种交通运输动员保障模式，在抗美援朝战争、1962 年东南沿海紧急战备和 1969 年珍宝岛自卫反击作战中，均发挥了重要作用。1962 年对印自卫反击作战和 1974 年西沙自卫反击作战，交通运输动员保障模式发生了较大变化。对印自卫反击作战时，西南、西北地区通向中印边境地区没有铁路，铁路系统将参战部队和大量装备物资，输送到新疆的盐湖、甘肃的柳园、青海的西宁和四川的成都等四个卸载点后便无能为力了。由新疆、西藏、青海、甘肃、四川等省区动员组建的支前汽车队，承担了从战略后方向战役后方，再从战役后方向战役前方的支前运输任务。据总后勤部的不完全统计，军地车辆行驶的总里程达到 3700 万车公里，相当于 225 辆汽车绕地球跑一圈。西沙自卫反击作战，主要是铁路和海上的接力运输。由广州军区和海南军区征用的 20 多条民用客船、货船和渔船，担负了从广东湛江港和海南榆林港向西沙群岛海域的军事运输保障任务。

在邮电通信动员上,新中国的邮电通信系统同铁路系统一样,堪称是一支准军事力量,每遇战事,稍加动员,就成为国防通信的有机组成部分,担负起作战指挥和动员指挥的通信保障任务。1962 年东南沿海紧急战备,邮电部实行战备值班制度,逐日掌握主要电路的障碍情况,结合军队反映的障碍情况,及时分析采取措施。战区各主要市局如福州、南昌、厦门等局也都采取了很多具体措施,加强了 1 至 4 类报话业务、重要市话用户的监督检查和设备的维修工作。浙江省邮电局组成工作组和线路抢修队,随军队前方指挥部行动,并抽调设备和人员为军队前方指挥部建立通信枢纽。1969 年珍宝岛自卫反击作战,由于珍宝岛地区基本上没有军用通信线路,参战部队在这一地区的通信联络,主要依靠虎林、饶河两县的邮电通信力量。沈阳军区司令部通信兵部在《珍宝岛反侵略斗争通信保障简结》中这样写道:"邮电部门各级革委会都以最大的热情,最快的速度,选调最好的电路,挑选最可靠的人员参加值机;广大革命群众主动积极地与我们一起,夜以继日地奋力抢架通信线路,发挥了人民战争的巨大威力,保障了通信线路的及时建立和调整。"

在军需物资动员上,国家每遇战事采取"就地就近"为主,"就地就近"与"远程支援"相结合的办法,组织实施军需物资动员保障。因此,地处战区的省、市、自治区成为军需物资动员的"主力军团"。抗美援朝战争中,志愿军所需的军需给养,主要来自东北地区的辽东、辽西、吉林、松江、黑龙江和热河等省。1962 年东南沿海紧急战备,人民解放军总后勤部向国务院共计申请粮食、马料、大豆 5500 万斤,食油 100 万斤,饼干 250 万斤,食盐 100 万斤,猪肉罐头、干咸鱼、干咸菜、粉条、水果罐头等副食品 632 万斤,手电筒 1 万个,马灯 1.3 万盏,马缰绳 4.2 万条。这些军需物资,除部分由国务院统一调配外,大部分由福建、江西、浙江、广东、江苏、上海等省、市,就地就近动员保障。对印自卫反击作战,西藏、新疆两地承担了大量的军需物资动员保障任务。仅西藏自治区动员保障的物资,计有糌粑 234 万斤、酥油 6 万多斤、牛羊肉31万多斤、烧柴299万多斤、马草151万多斤、马料9万多斤、蔬菜31万多斤。

在医疗卫生动员上，由后方战勤医院、支前医疗队、前沿担架队和志愿献血者构成"四位一体"的医疗卫生动员保障体系，在历次作战中挽救了成千上万人民解放军指战员和支前人员的生命。抗美援朝战争中，东北地区首批随军入朝的民工担架队，成为医疗卫生动员的先锋。随后，又组织派遣了在东北南、北满地区建立的战勤医院和大量的支前医疗队。1951年5月，仅东北地区动员建立的战勤医院就有61所，床位达到3.82万张。到停战时，全国先后有6000多名医务人员参加支前医疗队。

现代战争对国民经济动员的各项需求，集中表现在财政经费动员上。新中国历次作战财政经费动员的基本方法，是以中央财政为主，中央财政、地方财政和社会负担相结合。每遇战事，国家在正常的军费之外，增设作战费和战备费，用于支付军队作战和政府支前动员所需的经费。1962年东南沿海紧急战备，国家财政部陆续拨出战备经费7.5亿元，涉及的经济部门有22个，主要用于武器装备和军需物资生产、交通运输和战略物资的疏散转移等。除此之外，承担动员任务的各省、市、自治区，也拿出相当多的经费，用于满足支前动员的需要。"社会负担"，一方面表现在承担支前任务的民众，在个人权益上做出的让步和牺牲；另一方面则主要通过自愿捐助的方式来实现。迄今为止，战时最大的社会捐助仍是抗美援朝战争中开展的"捐献武器运动"，全国各地共捐献飞机2481架，捐款入库9970亿元（旧币）。

新中国的国民经济动员就是一件保障战争需求和维护国家安全之盾，经过一次又一次的磨砺，变得愈发雄厚，成为党和人民信赖的国防实力保障。

（三）

中华人民共和国成立后的近30年国民经济动员的历史，就是一部经济建设与国防建设矛盾运动的历史。

同任何国家一样,新中国同样面临着既要生存又要发展的问题,也就是既要“黄油”又要“大炮”的问题。新中国破解这一难题的思想和方法,就是通过实行“军民结合”“平战结合”“和战结合”“寓军于民”和“军民兼顾”“军民两利”等一系列方针政策,以国民经济动员为主要渠道,在国民经济建设中全面贯彻国防要求,寓国防能力于经济建设之中,以此实现经济建设与国防建设的协调发展。此举,不仅使新中国获得经济和社会发展的推动力,而且获得了可靠的国防能力。

1953 年至 1964 年,即“一五”和“二五”计划时期,是新中国经济建设与国防建设协调发展的重要时期。在这个时期,新中国总体上走的是一条和平发展路线。基本思路是在 10 至 15 年内,趁着“大仗打不起来”,把经济建设和国防建设搞上去。“军民结合”是新中国第一个有关经济建设和国防建设协调发展的方针。1952 年 12 月,中央军委兵工委员会决定“兵器工业要贯彻军需与民用结合的原则”,要求军工厂在制定产品生产纲领时,要有一种至几种与军品工艺相近的民用产品。国防工业在生产能力上实现“军需与民用相结合”,是“军民结合”的最初含义。1956 年 3 月,中共中央批准第二机械工业部关于《军民结合、学会两套本领》的报告,“军民结合”正式成为国家建设的指导方针。此后,国家又相继提出了“平战结合”“和战结合”和“寓军于民”等建设方针。到 20 世纪 60 年代中期,上述建设方针已固化为新中国重要的基本国策。

在解决了“军民结合”等一系列建设方针前后,新中国又解决了经济建设与国防建设协调发展的另一个重大问题,即战略统筹问题。这个战略统筹的基本模式是:国务院与中央军委就经济建设与国防建设协调发展问题,适时地进行协商并向中共中央提出建议;中共中央将经济建设与国防建设协调发展问题列入议事日程,适时地根据国务院、中央军委的建议,进行决策部署;国务院、中央军委根据各自的分工组织落实。这一模式形成的标志性事件,是中共中央一年之内发出的两个重要文件。1959年12月31日,中共中央、国务院根据中央军委的报告,下达《关于经济建设和国防建设关系中若干问题的指示》。该《指示》提出了16个"国防建设中需要政府有关部门和地方协助解决的问题",包括机场建设、海港和航运建设、铁路建设、公路建设、水利建设和国防造林、国防工程和营房建设、通信建设、气象和测绘建设、战略物资储备和仓库建设、军用物资分配、非军事系统所需要的军用物资、大中学生的分配和国防体育工作、人民防空和国防教育、战时动员工作、军事技术科学研究工作、国防保密等。中共中央、国务院要求各级地方党委、中央各有关部门,在集中力量领导经济建设的时候,对于国防建设也必须适当照顾。应当把国防建设列入自己的工作日程,每年抓几次。基本方法是:军队方面,应当提出国防建设的长期规划和年度规划,交国家计委统一平衡,全面安排。经济建设要尽可能注意到平时和战时相结合,并有转为战争服务的准备。某些国防设施,如铁路、公路、仓库、通信等工程,凡是有可能的,也都要适当地照顾到民用,做到军民两利。这样就能有效地节约投资和防止浪费。1960年11月9日,中共中央批转中央军委、国务院《关于机场建设问题向中央的建议》《关于海军基地建设等问题向中央的建议》《关于在交通、水利、造林等建设事业中贯彻经济建设与国防建设相结合的原则和建议》《关于气象和海洋工作建设问题向中央的建议》和《关于通信建设中几个问题向中央的报告》。中共中央在批转这5个报告时明确指出,国防建设必须纳入国家建设统一规划之内,军队方面提出国防建设长期规划和年度规划,由国家统一平衡,全面安排;国防设施要考虑到军民两用,某些国防设施,如铁路、公路、仓库、通信等工程建设,要落实平战结合的原则;凡是有可能的,也都要照顾到民用,做到军民两利。

由于方针政策和战略统筹等重大问题的相继解决,经济建设与国防建设协调发展的问题,在国家的规划建设中得到很好的体现。国民经济动员建设和发展也因此得到可靠的保证,取得了"水涨船高"的效果。以"一五"和"二五"期间的铁路建设为例:1954年5月8

日,总参谋部就“一五”铁路建设规划向铁道部提出,5 年后国家 14 条主要铁路干线,应达到每天输送 0.5 ~2 个师的军事运输能力。铁道部据此增加了“一五”铁路建设的平战结合项目。因此,“一五”期间建设的骨干铁路网路,有相当一部分具有国防功能。包括在西北地区先后建成的天水至兰州、兰州至西宁、兰州至包头等铁路,在西南地区建成的宝鸡至成都、成都至重庆、贵阳至柳州、黎塘至湛江等铁路。1956 年 1 月 4 日,国防部复函铁道部,对铁路“二五”计划的建设安排提出了意见,要求将 30 条铁路、水路干线,作为战时铁路、水路军事运输的主要通道来建设。到 1957 年年底,军队有关部门先后就 38 项铁路新线建设工程、9 项旧线改造工程和 25 项铁路枢纽工程,向铁道部门提出了军事建设方案。这些意见和要求,多被列入国家铁路建设计划。

“三五”和“四五”时期,基于同美国和苏联的战争有可能“早打、大打”的判断,新中国总体上走的是一条以战争准备为中心的建设和发展道路。在这种情况下,“军民结合”变成了以军为主,“平战结合”变成了以战为主,经济建设与国防建设协调发展,变成了国防建设的突出发展。由此破坏了经济建设与国防建设的内在联系和平衡关系。加上“文化大革命”的严重冲击,结果是经济建设下去了,国防建设也没有真正搞上去。尽管如此,战略统筹对于国民经济动员建设的力度,仍给国人留下了深刻印象。在此期间,中共中央多次下达有关加强战备工作的指示。第九、第十次党的全国代表大会把“准备打仗”写入大会的决议。“三五”和“四五”计划,则全面反映了“早打、大打”的战争准备思想对国民经济建设和国民经济动员的要求,并在实践中得到全面的贯彻落实。仍以铁路建设为例:到“四五”末期,“三五”和“四五”计划的铁路战备建设目标基本实现。对此,《当代中国军队的后勤工作》有这样一段表述:“到 1979 年,全国铁路通车已增至 51 万公里,比解放初期增长 3 倍,至此初步构成了全国国防交通网的骨架,在各个战区之间,战略纵深与战役前方之间,都有一条或一条以上的干线铁路相联接,晋南、陕南、豫西、湘西和四川等地,以及多数重要战役方向都沟通了铁路，明显地增强了战略、战役后方的交通运输保障能力。”①

“以史为镜，可以知兴替。”时至今日，那些创造中华人民共和国前30年国民经济动员光荣历史的伟大决策者、组织者和千千万万的参与者，虽然有许多已经永远的逝去了，但是，由他们创造的这段光荣历史，不仅永世长存，而且生生不息，星火延续。无论是此后至今的34年中，还是在今后“中国梦”实现的过程中，中国人已经书写或将要书写的国民经济动员历史，依然是追赶“现代化”的历史，依然是国民经济领域的国防斗争历史，依然是经济建设与国防建设矛盾运动的历史。

主　编　张　羽

2013年8月22日

---

① 《当代中国军队的后勤工作》，第419页，中国社会科学出版社1990年版。

第一章

新中国成立之初的战争动员时期
（1949.10～1953.07）

起点：1949年10月1日，中华人民共和国成立。
截点：1953年7月27日，朝鲜战争停战协议签订。

1949年10月1日，中华人民共和国成立。在此后的四年中，人民解放军对国民党军实施的战略追击作战和抗美援朝战争，使新中国始终处于战争状态。为赢得解放战争战略追击作战和抗美援朝战争的胜利，党和国家在百废待兴的情况下，克服财政经济和内政外交上遇到的种种困难，在全国范围内实行了大规模的国民经济动员，为人民解放军及中国人民志愿军作战提供有力的财力、物力支持，开创了新中国战时国民经济动员的先河。与此同时，新中国的国民经济动员建设也在战争动员的推动下迅速起步。

第一节　支援战略追击作战
（1949.10～1950.07）

起点：1949年10月1日，中华人民共和国成立。
截点：1950年7月7日，周恩来总理主持召开国防会议。

新中国成立时，广东、广西、四川、贵州、云南、西康[①]、西藏的全部

① 西康省，包括今四川西部和西藏东部地区，1955年撤销。

或大部,陕西、湖南、湖北各一部,台湾、海南岛等沿海岛屿,还处在国民党军的控制之下。1949 年 10 月至 1950 年 10 月,为实现解放战争的最后胜利,人民解放军按照中共中央、中央军委的战略部署,对残存在大陆及沿海岛屿的 140 余万国民党军实施了大规模的战略追击作战,歼灭国民党正规军 128 万余人,实现了除西藏、台湾和少数岛屿以外中国领土的解放。在此过程中,中央人民政府和新、老解放区的各级地方人民政府,在努力恢复社会生产、生活的同时,利用初步建立的政权组织和解放战争支前动员的经验,实行中央政府统一动员与各战略区自主动员相结合,组织开展了以军需给养供应和交通运输保障为主要内容的经济动员,为人民解放军顺利完成战略追击作战作出重大贡献。

一、把战争需要放在财政支出首位

1949 年 10 月至 1950 年 10 月,为满足人民解放军战略追击作战和支前动员对财政经费的需求,国家在对军费开支实行统一管理的同时,把战争需要放在财政支出的首位,采取发行“人民胜利折实公债”等多种增加财政收入的方法,以占财政支出 50% 的比例,用于保障人民解放军实施战略追击作战。

(一)对军费开支实行统一管理

新中国成立前,各战略区、解放区的财政及军费收支是相对独立的。新中国成立后,随着各个解放区迅速连成一片,全国的经济和市场日趋统一。在这种情况下,如果国家财政仍“处于收支脱节(统一支出,未统一收入)、不平衡和分散无力的状态”①,不仅无法平衡财政收支,稳定市场物价,实现对经济和市场的统一调控,也难以满足人民解放军各战略集团跨解放区实施战略追击作战对财政经费的需求。因此,中央人民政府成立后,便立即着手统一财政工作及实现对

① 《中华人民共和国财政史料》第一辑,财政管理体制(1950—1980 年),第 2 页,中国财政经济出版社 1982 年版。

军费开支的统一管理。

1950年3月3日，政务院第二十二次政务会议通过《政务院关于财政经济工作的决定》。《决定》指出："过去国家支出的大部由中央人民政府负责和依靠增发通货，现在则公粮和税收大多尚由各区①、省、市、县人民政府管理。此种财政上的不统一和收支机关之间的脱节现象，如果任其继续下去，则势必额外增加通货的发行。"现在"除西藏外，中国大陆已全部解放，由通货膨胀而来的金融物价波动，已不能限于一地，而势必影响全国"②。为解决上述问题，国家决定对财政收入进行统一管理，实行"统收统支"的财政体制。主要内容是："财政管理权限集中在中央。一切财政收支项目、收支程序、税收制度、供给标准、行政人员编制等，均由中央统一制定。""财力集中在中央。在财政收入方面，除地方税收和其他零星收入抵充地方财政支出外，其他各项收入，包括公粮、关税、盐税、货物税、工商业税、国营企业收入、公债收入等，均属中央财政收入，一律解缴中央金库；在财政支出方面，各级政府的财政支出，均由中央统一审核，逐级拨付。地方组织的财政收入同地方的财政支出不发生直接联系。""各项财政收支，除地方附加外，全部纳入统一的国家预算。"③与之相适应，国家银行实行统一的现金管理及转账制度，所有属于国有但是分散在各个企业、机关、部队的现金，一律存入国家银行，从而将原来留存在国营企业和国家机关手中的巨额现金，迅速集中到国家银行手中，由国家银行统一管理，集中调度。"这样就保证了国家收入的统一使用。使国家的收入能集中地使用于国家的主要开支，保证军事上的

---

① 区为大行政区，管辖若干省、市、自治区。1949年至1954年全国共设立华北、西北、东北、华东、中南、西南6大行政区。

② 《中华人民共和国财政史料》第一辑，财政管理体制（1950—1980年），第31页，中国财政经济出版社1982年版。

③ 《中华人民共和国财政史料》第一辑，财政管理体制（1950—1980年），第2页，中国财政经济出版社1982年版。

供给和进行经济恢复工作,争取财政收支平衡。"①

对于军费开支,政务院规定:"军费开支,包括国防建设、海陆空军费、生活费,粮食、服装、装具、兵工、药品、军需器材、运输作战等项,统由军事系统按月按季编造预算,逐级审查,由中央人民政府人民革命军事委员会总后勤部在全国财政收支概算军事部分范围内批准后,转请中央人民政府财政部按全国财政收支概算军事应支部分,加以核实后支拨之。""军事费之支拨除由中央人民政府财政部直接支拨者外,为便利部队供给,所有部队在各地区驻扎者,得由中央人民政府财政部按照批准的军事预算,授权各大行政区、各中央直辖省(市)人民政府财政经济委员会、财政部、厅、局根据中央人民政府财政部之指拨令,迳向区及分金库与区及省(市)中央公粮库,依军事需要,分期提取,代为支付。""其原则是先前方,后后方,先军队,后地方。"政务院认为,如此则"国家的财政困难就可能克服,军政费用的开支就可以保证,金融物价的大波动就可能防止"②。

上述决定的实行,使"国家财政工作从 1950 年 3 月以后,是完全统一起来了"。当年,中央财政支付能力"在实现统一财政收支以前和以后,有着显著的不同。第一季度各区上解中央的数字为全年上解数的 7.9%,中央补助各区数字为全年补助的 43%,到了第四季度上解数即达 39.9%,补助数字降为 14.7%"。时任中央人民政府财政部副部长的戎子和指出,实行统收统支后,"在现金管理上,我们不仅能够及时了解国家全部收入情况,而且每天可以根据税收以及金库解款的报告,开发支票,支拨款项。由于这样统一了收支管理,就使我们可以有重点地分别轻重缓急,支配开支,得以集中力量保证部队供给。在粮食供应方面:基本上作到军队走到哪里,粮食即可送到哪里,另外我们还拿出 60 亿斤公粮交给中央贸易部调剂城市,10 亿斤

① 《当代中国财政》(上),第 57 页,中国社会科学出版社 1988 年版。

② 《中华人民共和国财政史料》第一辑,财政管理体制(1950—1980 年),第 35 ~40 页,中国财政经济出版社 1982 年版。

公粮(现款在外)救济灾荒与城市失业工人”①。

(二)财政收入的50%用于战争

1949年10月,由于解放战争尚未结束,因此,国家财政预算的基本方针是“保证战争胜利,逐步恢复建设”。10月29日,中央财政经济委员会主任陈云、副主任薄一波在给中共中央的报告中称,中财委成立以来主要开展了3项工作,其中首要的工作是在财政上、物资上支援前线。“1949年中央军委向各野战军划拨了银元,以保证人民币的发行及其信用的巩固,并保障部队供应,其数额是:第1野战军225万元,第2野战军650万元,第3野战军300万元,第4野战军1100万元,贺龙部队50万元。”②

人民解放军对国民党军实施的战略追击作战,所需经费主要包括两部分:一部分是保证军政人员生活供给的费用。1950年3月,随着解放区的扩大,国家的管理机构相应增加,行政人员也随之增加。加上规模迅速扩大的人民解放军,全国脱产的军政公职人员近900万人。另一部分是支前经费。这一时期,各战略方向均进行了较大规模的支前动员,所动员的民力、物力,大都需要各级人民政府按市价给予补偿或赔偿。1950年4月4日,叶剑英、赖传珠等电告中共中央中南局并中共中央,请求帮助解决战费问题。他们在电报中称:此间支援海南进军,急需外汇。查粤海关存有港币900余万元,是否可电令径拨支前司令部急用。黄金运港不能入口,不易转成外汇使用。当前已经无款支付各种支前费用,财政厅及银行又不肯借,急需设法解决其支前费用,不然无法应付前方急需。4月19日,中共中央华南分局向中共中央中南局并中共中央报告:船只赔偿预算会损失15%。邓华同志从前方来电估计800艘,每艘要赔2亿元。但当前会超过千艘,估计要2000亿元以上。此数巨大,需中央决策。1949年全年支

---

① 《中华人民共和国财政史料》第二辑,国家预算决算(1950—1981年),第6~7页,中国财政经济出版社1983年版。

② 乔光烈:《中国人民解放军后勤简史》,第538页,国防大学出版社1989年版。

出军政费用、救灾费用及抢修铁路等经费,共达567亿斤小米,比当年财政收入303亿斤小米高出将近1倍。全年军费开支占财政收入的一半以上。

1949年12月2日,中央人民政府委员会第四次会议批准了财政部长薄一波所作的《关于1950年度财政收支概算草案编成的报告》。报告的解释是:"军费占支出概算的38.8%,是草案中所占百分比最大的一项。此外,行政费中的地方支前费,新解放城市军管初期经费,财务费中的运输费等,实际上也是为战争支出的。所以这个概算草案基本上仍然是以保证战争胜利为主要任务。应当说明,我们还在战争时期,军费所占比例并不算大。""经济建设的投资占支出概算的23.9%,百分比不算很大,但在战争时期能有这样百分比,也算不错了。"[①]12月22日、23日,周恩来在全国农业、钢铁、航务会议上,就国家财经计划安排问题重申:"从预算的分配来看,开支主要是用于支援战争,解放全中国,其次是用于建设,恢复生产。"[②]1950年,由于抗美援朝战争爆发,当年军费开支实际超出38.8%的预算,达到41.1%。

(三)发行"人民胜利折实公债"

在人民解放军实施战略追击作战阶段,国家的财政收入增长缓慢,远远满足不了财政支出的需要。在这种情况下,国家在大量发行人民币的同时,将发行公债作为弥补财政赤字和解决战争经费的主要办法。

1949年12月2日,中央人民政府委员会第四次会议通过《关于发行人民胜利折实公债的决定》。《决定》指出,为支援人民解放战争,迅速统一全国,以利安定民生,走上恢复和发展经济的轨道,决定于1950年度发行人民胜利折实公债。"本公债之募集及还本付息,

---

① 1949年12月2日,薄一波:《关于一九五〇年度全国财政收支概算草案的报告》,载《人民日报》1949-12-04。

② 《周恩来选集》下卷,第7页,人民出版社1997年版。

均以实物为计算标准，其单位定名为‘分’。每分以上海、天津、汉口、西安、广州、重庆六大城市之大米（天津为小米）六斤、面粉一斤半、白细布四尺、煤炭十六斤之平均批发价的总和计算之。此项平均市价，统一由中国人民银行每十日公布一次。”“本公债总额为二万万分，于一九五零年内分期发行。第一期在一九五零年一月至三月间定期发行。”“本公债分五年偿还，第一年抽还总额百分之十，以后每年递增百分之五。每期自发行截止时起，每满一年抽签还本一次。”“本公债定为年息五厘，亦照实物计算。每期于发行截止时起，每满一年付息一次。”①12 月 4 日，《人民日报》发表了《中央人民政府委员会关于发行人民胜利折实公债的决定》。此后，各地按照中央人民政府分配的任务，动员社会各界认购公债。

第一期公债于 1950 年 1 月至 3 月间发行了 1 万万分。上海市首批承担的公债发行任务是 3000 万分。1950 年 1 月 5 日，根据上海市第二届各界人民代表会议的决议，成立了人民胜利折实公债上海市推销委员会，包括委员 137 人，主任委员 1 人，副主任委员 6 人。推销委员会常务委员会有委员 45 人，设秘书长 1 人，副秘书长 4 人，下设秘书、推销、设计、联络、宣传、稽核等 6 个处。上海各界也相继成立了职工、青年、师生员工、妇女、市政机关、民主党派、自由职业、宗教慈善、文化艺术、工商、郊区等 11 个推销分会，以及回民、科技、新法学研究等 3 个直属支会。除各界分会外，为向里弄居民推销公债，上海市又依行政区划，成立了 19 个地区分会，分会之下设立了 79 个支会和 612 个推销小组。公债推销过程中，采取自愿认购、自报公议、登门推销以及开展认购竞赛等方法。经过各界的共同努力，到 1950 年 3 月底，上海市共发行人民胜利折实公债 3068. 8492 万分，超过任务的 2. 3%。

第一期人民胜利折实公债在广西柳州市的发行时间，是在 1950

---

① 《中央人民政府委员会关于发行人民胜利折实公债的决定》，载《人民日报》1949 - 12 - 04(1)。

年2月25日至3月20日。1月28日,中共柳州市委做出《关于推销人民胜利折实公债的批示》。该《批示》要求把推销人民胜利折实公债,作为党政军民的中心工作,各机关团体要努力克服种种困难,领导全市人民为胜利完成推销折实公债而努力。为此,柳州市成立了由41名社会各界人士组成的"柳州人民胜利折实公债推销委员会",全市设有9个分会及百余个支会。公债推销委员会组织各机关团体以墙报、黑板报、街头演讲、家庭访问等多种形势展开宣传工作,介绍发行人民胜利折实公债的意义。在此基础上,公债推销委员会拟定了各界认购公债的数额。其中,工商界为75%、富裕户及一般市民为18%,其他为7%。对此,不少工商户和富裕户认为配额不公,致使公债推销进展缓慢。截至3月20日,柳州市实购公债数为4.3万分,仅达到任务数的33%。3月20日,柳州市召开各界人民代表会议,再次进行社会动员。此次会议后,公债推销的形势趋于好转,一部分富裕户自愿将配额由18%增至25%,工商界也表示要完成75%的任务。至4月中旬,柳州市共发行公债17万分,超额30%完成认购任务。[①]

第一期人民胜利折实公债原计划发行一万万分,实际完成原定两期发行总额的70.4%。1950年3月以后,随着公债款的上缴和其他一系列增收措施的实施,国家财政收支已接近平衡。因此,第二期公债未再发行。这次公债发行数量虽然不大,但对弥补财政赤字,回笼货币,调节现金,满足人民解放军实施战略追击作战对经费的需求,起到很好的作用。

(四)"这是胜利的负担"

1949年12月23日,周恩来总理在对参加全国农业会议、钢铁会议、航务会议的人员讲话时指出:"为了全国的胜利,要求人民承受必要的负担。我把这种负担叫做胜利负担。解放战争已经取得基本的胜利,只剩下成都附近以及西藏、台湾、海南岛等地尚待解放。只有这些地方解放了,才能得到完全的胜利。因此,还要有军事上的准

---

① 参见《南国今报》2009-10-12(6)。

备，不仅要有陆军的而且要有海军、空军的准备。这样，军费在财政支出上仍要占很大的比重。军队的人数也要增加。现在是四百七十万人，因为要把被我们俘虏或者改编的国民党军队包下来，估计明年最高峰会达到五百五十万人。”“武的包下来，文的也要包下来。”“这样，全国公教人员要从现在的二百万增加到三百五十万，文武加起来，就是九百万。靠公家吃饭的人增加到这样多，是要由人民来负担的，这是件大事。但这九百万人的吃饭问题解决了，对国家的生产建设是有利的。要告诉人民，这是胜利的负担，是推不开的。”[①]12 月 31 日，新华社发表题为《完成胜利，巩固胜利》的元旦社论。社论指出：“在战争激烈进行的条件下，一九四九年的国家财政，曾经遭遇了最大的困难，引起了通货膨胀和物价上涨，但是人民认识了这是胜利发展中的困难，人民忍受了这种困难，并且决心协助政府克服这种困难。中国人民知道自己的胜利具有世界历史的伟大意义。”“这个伟大的进军，当然不是任何困难所能吓退的。”社论提出，1950 年的首要任务，就是“以一切力量完成人民解放战争，肃清中国境内的一切残余敌人，解放台湾、西藏、海南岛，完成统一全中国的大业”[②]。

二、转向政府主导的军工动员

人民解放军实施大规模战略追击作战前，保障人民解放军作战的军事工业，是由各战略区根据各自的条件进行建设，并由各战略区之大军区组织管理，生产的武器弹药主要供给本军区所属部队。人民解放军实施大规模战略追击作战以后，各战略区的军事工业和接管国民党政府的军事工业，全部移交人民政府管理。从此，军工动员进入了以政府为主的新阶段。

（一）政府军工管理体制的建立

从 1949 年春季开始，为加强对军工企业的领导，保证人民解放军

① 《周恩来选集》下卷，第 3～4 页，人民出版社 1984 年版。
② 《完成胜利，巩固胜利》，载《人民日报》1950－01－01(1)。

战略追击作战对武器弹药的需求,各大军区相继将军工企业交由政府管理。为此,各大行政区相继成立了军工局或军工处。

1949 年 2 月,华北人民政府成立华北兵工局,隶属于公营企业部。4 月,东北军区军工部撤销,兵器工业划归东北人民政府管理。东北人民政府为此在工业部之下设立了军事工业局。9 月,中南军区军工部移交给中南人民政府,并改称军工处。12 月,西南人民政府成立机械工业管理局。1950 年 1 月,华东地区在山东人民政府工矿部设兵工局。5月,中央人民政府重工业部成立兵工办公室,重工业部副部长刘鼎兼任办公室主任。该"兵工办公室是兵器工业的归口管理机构,对全国兵器工业的调整、生产计划、产品规模和财务结算实施统一归口管理"[①]。至此,从中央政府到地方政府的兵工管理体制已经形成。此时,重工业部兵工办公室领导着东北、华北、华东、中南和西南 5 个兵工生产基地,拥有军工厂 45 个,各种设备近 3 万台,职工 10 万人。

新的军工生产管理体制建立后,人民解放军实施战略追击作战所需武器弹药,改由中央财政经济委员会物资分配局军用品处审核需求计划,下达分配生产指标,由重工业部经理司和总后勤部计划处分别向军工各部门和各军区进行分配、调拨和组织供应。

(二)缴获和生产并举的装备保障

新中国成立时,用以保障人民解放军实施战略追击作战的军事工业,由"人民兵工"和接管的"国民党军工"两部分组成。"人民兵工",是由中共各战略区建设和管理的兵工企业。这些企业,大都地处偏僻的乡村,生产条件简陋,规模较小,一般只能生产枪弹、手榴弹、地雷、中小口径迫击炮弹等,个别企业能够生产少量枪械和小口径火炮。到 1949 年 9 月,"人民兵工"企业由 160 家合并为 33 家,有职工 6. 7846 万人。"国民党军工",是人民解放军在实施战略追击作战的过程中,从国民党政府手中接管的军工企业。这些军工企业,一

---

① 《当代中国的兵器工业》,第 26 页,当代中国出版社 1993 年版。

般都在大、中城市，企业的规模多为大、中型，厂房和设备较好，专业技术力量较强。到1949年年底，人民解放军接管国民党政府的军工厂有41座，职工约6万余人。其中，生产枪炮的工厂8座，有职工2万余人，建筑面积38万多平方米，主要生产设备5914台，工业总产值2698万元。

在各级人民政府的统一领导下，各军工企业努力生产。1949年，枪炮工业共生产和修理各种火炮6358门、各种枪械94065支(挺)(重机枪2400挺)，以及火箭筒和其他武器。尽管如此，人民解放军实施战略追击作战所需的武器弹药，主要还是靠“取之于敌”。第二野战军在向西南进军的过程中，“弹药主要是利用缴获进行适时补充，除个别战役消耗弹药较多外，多数战斗都是弹药的缴获量大于消耗量”①。

前方“取之于敌”，后方抓紧生产和维修，使人民解放军实施战略追击作战所需的武器弹药，基本上得到满足。第四野战军在实施衡宝战役中，由兵团后勤机构和野战军后勤提供各种炮弹394万余发、枪弹351万余发、手榴弹30万枚、炸药351万斤。西北军区为进军西北的各部队共发出各种炮弹145万余发、枪弹150万发、手榴弹40万枚，使进军西北的人民解放军在每次战役前都建立了弹药储备。

在人民解放军实施战略追击作战的过程中，造船工业也尽其所能，作出了应有贡献。1949年9月19日，国民党军舰“长治”号在长江口起义，江南造船所②职工赶赴现场，把舰身全部刷上迷彩保护色，避免暴露目标。为了粉碎国民党军队在长江口一带布雷封江的阴谋，江南造船所职工还把千吨级登陆舰改装成扫雷舰。到1950年年底，该所共抢修、改装各种军用船舶130余艘。

三、迅速统一的交通运输动员

人民解放军实施战略追击作战，具有参战部队多、作战地域广、

---

① 《中国人民解放军第二野战军后勤史》下册，第214页，金盾出版社1997年版。

② 1949年上海解放后更名为江南造船厂。

战线长且机动频繁的特点,对交通运输动员的需求十分强烈。为此,从中央到各战略区均十分重视加强交通运输动员,在大力恢复和抢修抢建铁路、公路和水路的同时,迅速实现了交通运输动员的统一组织并且取得显著成效。

(一)铁路交通运输动员

1949年1月10日,中央军委铁道部成立,滕代远任部长,统一领导全国各解放区的铁路修建、管理和运输。1月下旬,中央军委铁道部在石家庄召开第一次全国铁道会议。滕代远部长在会上阐述了集中统一管理全国铁路的必要性,并根据中央军委的指示精神,提出了创建新型人民铁路的任务。此后,铁路的接管逐步扩展到全国范围。4月10日,毛泽东、朱德、刘少奇、周恩来、彭德怀签发《铁路军运暂行条例》。《条例》共10章41条,对军运适用范围、军运办理的责任区分、托运承运手续、军运运费计算、运力使用办法、伤员运送、军人及民工乘车办法、铁路人员和军队方面应遵守之纪律等方面作了明确规定。

在《铁路军运暂行条例》颁布实施的过程中,铁路系统的职工以"解放军打到哪里,铁路就修到哪里"的决心,"迅速抢通了津浦路陈官屯至桑梓店段和固镇至曹老集段,修复了陇海路白塔埠至曹浦段、平汉路涿县至高碑店段、平绥路西湾堡至王官人屯段,使全国铁路的通车里程增加约1000公里"①。1949年上半年,铁路部门在输送200多万人民解放军南下渡江作战的40天里,完成了开行378趟列车的运输任务,全国铁路的通车里程增加4400多公里。至当年10月,铁路部门"先后修通了津浦路南段、沪宁路、沪杭路、宁芜路以及浙赣路东段和南浔路,支援了解放东南地区的战争;修通平汉路郑州至汉口段、粤汉路北段,支援了解放中南和华南地区的战争;修通陇海路西段,支援了进军西南和西北的战争;修通同蒲路中段和平绥路张家口

---

① 《当代中国的铁道事业》(上),第17页,中国社会科学出版社1990年版。

至大同段，支援了解放太原与大同的战争”①。

1949 年 10 月 1 日，中华人民共和国成立，中央军委铁道部改组为中央人民政府铁道部，滕代远任部长。10 月 17 日至 26 日，铁道部召开全国铁路工务会议。到会的有铁道部直属各局，东北、北方、南方各铁路管理局和铁道兵团各单位的代表。会议确定 1949 年的主要任务是：11 月 7 日前完成陇海中段（洛阳至潼关）、京汉线保石段（保定到石家庄）的抢修工作；同蒲线南起风陵渡北至定襄线、浙赣线樟树到萍乡段、粤汉线等主要干线要争取年底通车；湘桂黔线要随着解放大军的南下随时抢修；1950 年要完成同蒲线（大同至塘沽）的直达线；中长路和沈山（海关）路及京山路增设复轨；恢复原有的干线锦承古（锦州到承德到古北口）、白晋线等；包（头）宁（夏）及天（水）兰（州）新线争取 1950 年年底完成。全国铁路工务会议期间，即 10 月 21 日，中央人民政府财政经济委员会成立。中央财政经济委员会简称“中财委”，负责指导财政部、贸易部、重工业部、燃料工业部、纺织工业部、食品工业部、轻工业部、铁道部、交通部、农业部、林垦部、水利部、劳动部、人民银行和海关总署等部门工作。同日，中财委召开成立会议。主任陈云在讲话中，要求“以主要力量修复军事前线的铁路，加强现已通车线路，争取主要铁路迅速通车”。到 1949 年年底，铁路系统先后修通了京汉路、粤汉路、陇海路、浙赣路、南同蒲路和湘桂路衡阳至桂林段，总计修复的铁路线路为 8278 公里，其中完全被破坏而修复的为 3328 公里，破坏较轻加以修整的为 4950 公里；修复桥梁 2717 座，延长 9.0249 万米；修复站线 828 公里，给水塔 158 座，电线路 6.2758 万公里。此时，全国通车营业的铁路已达 2.1810 万公里。②

1950 年，铁道部组织力量对此前紧急抢修的铁路做进一步修复，重点为京汉、粤汉、陇海等主要干线。经过一年的努力，全部通车线

---

① 《当代中国的铁道事业》（上），第 17 页，中国社会科学出版社 1990 年版。

② 参见《当代中国的铁道事业》（上），第 17～18 页，中国社会科学出版社 1988 年版。

路得到普遍的整修。其中,中修3929公里,大修1210公里,共抽换与增加枕木571万根,增补道碴[①]514万立方米;改善与修复桥梁1569座,主要干线上的桥梁大部完成复旧工程;通信信号、给水装置及其他设备,也得到普遍加强。1950年8月1日,中央军委、政务院颁布实施新的《铁路军事运输暂行条例》。新条例共9章57条,包括总则、军运定义、军运的区分、伤病员输送、军运计费及付费、变更、特别指定事项、纪律、附则等。到1950年年底,铁路营业里程达到2.2161万公里。[②] 在此期间,部队调动、训练演习、兵员复员和补充等经常性运输一直比较频繁,平均每年开行近千个军列,使用车皮3万余节。

(二)公路交通运输动员

在人民解放军实施战略追击作战的过程中,随着中国人民解放军不断取得胜利,解放区不断扩大,各地人民政府先后建立了交通局、公路管理局和运输公司等机构,主要负责抢修公路和运输粮食、弹药等物资支援前线。1949年8月17日,人民解放军解放福州。10月前,福州军事管制委员会交通处接管了国民政府交通机构及其所属的设备和物资。其中属于公路方面的有:原交通部公路总局第三区公路工程管理局福州工程处、第三机械筑路工程总队和汽车器材总库福州器材库;原交通部第一、第二运输处在福州的部分机构;原福建省公路局、福厦公路公营运输公司、福州市经建公共汽车股份有限公司。

1949年11月,由国家交通部部长章伯钧主持召开了第一届全国航务、公路工作会议。会议就1950年航务与公路工作任务、交通管理体制和一系列方针、政策问题进行了讨论。国家副主席朱德和政务院副总理陈云到会作了重要指示。“中央领导号召各方面相互学习,克服困难,通力合作,恢复运输,支援战争,迎接交通建设的伟大任

---

① 道碴指用作承托铁轨枕木的碎石。

② 参见《当代中国的铁道事业》(上),第18页,中国社会科学出版社1988年版。

务。”[①]1950 年 1 月，国家交通部成立公路总局，负责全国公路的规划、建设与管理工作。2 月 3 日，政务院第十八次会议通过了《关于 1950 年公路工作的决定》。《决定》指出，1950 年公路工作的任务是“继续支援解放战争，争取全国彻底胜利，恢复生产”[②]。4 月，交通部根据政务院的决定，组建了汽车运输总公司，负责全国的公路运输工作。各大行政区先后组建交通部，下设公路局和运输公司；各省、自治区、直辖市建立交通厅（局），下设公路局（处）和汽车运输公司（局）；各地县也成立了相应的管理机构。以“支援战争”为主的公路交通工作方针和交通运输管理体制的建立，为这一时期的公路运输动员提供了思想和组织保证。

人民解放军实施战略追击作战时，全国的公路交通状况很差。据国家交通部 1949 年年末的统计，全国勉强通车的公路只有 8.07 万公里，路面铺装率只有 39.7%，且绝大部分为砂石路面，高级和次高级路面只有 315 公里，桥梁则以临时性木桥居多。此外，由于国民党军在向各个方向撤退的过程中，对主要公路和桥梁实施了破坏，使原本已经很差的公路运输状况变得愈发严重。1949 年 5 月，江西省有 14 条公路（2545 公里）、215 座桥梁（6.367 公里）遭到国民党军破坏，通车公路有 80% 被破坏，使公路运输陷于瘫痪状态。勉强通车的公路只有 12 条 647 公里，而且互不连通。因此，公路和桥梁的抢修抢建，就成为这一时期公路运输动员的主要内容之一。1949 年 8 月江西全境解放后，“公路运输部门的首要任务就是组织抢修被破坏的公路和桥梁，尽快恢复公路交通，支援人民解放军南下”[③]。到 1949 年年底，江西省修复公路 15 条共 2488 公里，使全省通车里程达到 3102 公里。在福建，1949 年 5 月人民解放军解放闽北各县时，“国民党军队沿公路仓皇南逃，对原有 3384 公里长期失修的公路再加破坏，又逢

① 《交通部行政史》，第 21 页，人民交通出版社 2008 年版。

② 《政务院关于一九五零年公路工作的决定》，载中央人民政府法制委员会：《中央人民政府法令汇编》1949 年～1950 年，第 505 页，法律出版社 1982 年版。

③ 《江西公路史》第二册，第 19 页，人民交通出版社 1998 年版。

雨季洪水为害,所以全省各地解放接管时,通车里程只剩下945公里,分散在18个县,又因沿海岛屿尚未解放,海运受阻,一时省内外交通处于瘫痪状态"①。为保证人民解放军解放福建全省和继续南下作战的需要,福建各地相继建立的军事管制委员会组织人力、物力,在5至11月间,先后抢通了闽北至福州、福州至厦门的南北干线公路和闽北地区的干线公路,使一度瘫痪的公路交通初步得到恢复。"第二野战军第5兵团进入贵阳后,成立支前司令部,由第17军军长赵健民任司令员,中共贵州省委副书记徐运北任政治委员,兵团军政处长何光宇任参谋长,下设供应和交通两个部。其任务是为过境部队供应粮食,抢修桥梁,保证交通畅通。为克服缺人、缺技术力量、缺物资等困难,支前司令部的工作人员深入工人和技术人员家中,挨户动员,把他们组织起来,从废料堆中找材料,经日夜苦战,到12月7日,湘黔公路全线通车,对支援解放军入川、入滇作战,发挥了重要作用。"②

在同期的支前公路建设中,康藏、青藏2条公路的施工条件最艰苦,难度也最大。1950年4月,中共中央西南局和西南军区,中共中央西北局和西北军区,按照毛泽东主席"一面进军,一面修路"的指示,在部队向西藏进军的同时,就陆续动工修建康藏、青藏公路。康藏公路东起雅安,西至拉萨,全长2255公里,平均海拔在3000米以上。最先投入康藏公路建设的是西南公路工程大队。1950年4月,西南公路工程大队配合西南军区部队1.8万人,抢修雅安至甘孜段公路。经过4个多月的艰苦奋战,他们战胜了海拔3212米的二郎山,改建、重建原有的路基、桥梁,修通了到甘孜的公路。1951年10月至12月,在打通海拔5325米的雀儿山时,有3000多名地方施工人员同施工部队的指战员一起艰苦奋战。昌都至拉萨段为1122公里,是康藏公路分段施工中最长的一段,据西藏地方政府1953年1月统计,参加筑路的藏族民工近万名,来自46个宗(相当于县)。到康藏公路竣工

① 《福建公路史》第二册,第11页,福建科学技术出版社1993年版。
② 《中国人民解放军第二野战军后勤史》下册,第216页,金盾出版社1997年版。

时，共开挖土石方2900万立方米，架设桥梁230多座，开凿涵洞3600多个。西北军区在从青海向西藏进军的过程中，为打通青藏通道，西北军区所属第1军和第3军共7000多人，在地方支前力量的配合下，先期抢修西宁至黄河沿段、(西)宁张(掖)公路西宁至大梁段，补修甘青公路西宁至享堂段。

这一时期修建的公路，有相当一部分是为了满足部队剿匪的需要。在广西，据1950年2月上旬统计，全区公开活动的土匪有280股，主要集中在柳州北、大小瑶山、大容山、六万大山、十万大山、南宁周围地区及桂、滇边境和中、黔、越交界地带。1950年11月10日，中央军委电令中共广西省委、广西军区于1951年5月1日前全部消灭广西境内股匪。广西公路交通部门奉命组织力量，抢修公路，为部队剿匪提供交通保障，先后抢修了南宁至百色，南宁至柳州，桂林至黄南桂沙河，宾阳至玉林，玉林至戎圩等主要公路干线。剿匪期间，广西公路部门还抢修了柳州经南宁、田东至岳圩，南宁至钦县，钦县至合浦，南宁至镇南关(今友谊关)，柳州至水口龙等主要国防、边防公路。在此期间，土匪们利用各种机会，对公路、桥梁进行破坏，袭击修路队伍，多名修路员工遇害。据统计，1950~1951年间，广西被土匪杀害的公路员工26人，被打伤的公路员工7人。

在人民解放军实施战略追击阶段，公路运输动员的另一重要任务，是动员组织车辆承担装备物资运输。据国家交通部1949年年末统计，全国仅有汽车5.1万辆，其中大部分在尚未解放的地区，已经解放的地区仅有汽车1.51万辆。因此，各地一旦解放便立即动员组织汽车运输力量，承担支前运输任务。1949年5月下旬南昌解放后，原江西省公路局南昌修车厂的员工主动返厂，将拆散隐藏起来的汽车零部件，装配成5辆客、货汽车，投入支前运输。7月，南昌市公路部门共修复客车26辆、货车24辆，有22辆货车随军南下。7月，为实施福州战役，有12万人民解放军、1.5万随军南下的支前民工和8835匹骡马集结在闽北地区，每天仅粮食一项就需要40万斤。7月19日，为使参战部队和支前民工及时得到所需的装备物资，江西省支前司令部根据华中支前司令部和中共江西省委支前委员会的指示，发出《关于加强支前工作的决定》，决定在上饶设立支前办事处，统一组织向闽北的支前运输任务。《决定》要求各级支前机构广泛动员组织一切力量，抢修公路、桥梁，管理好可供使用的汽车、马车等运输工具，担负运送粮草、弹药和转运伤员的任务。闽北军管会也组织力量抢修车辆，并配合江西省支前司令部以江西上饶至福建南平的公路为主线，在福建省的建阳、南平和古田开设了兵站运输补给线。这条运输补给线一直延伸到福州郊外的洪山桥。在江西支前司令部及上饶支前办事处和闽北军管会的组织下，大批粮食、弹药等军需物资经兵站运输线运抵闽北作战前线。8 月上旬福州解放后，福州军管会交通处在抓紧接管国民政府交通运输机构和资源的同时，组织力量到各地和战场上"搜索被废弃的交通工具，并组织抢修工作，凡能修复者，即抓紧修复后投入运输，不能修复者，则拆为配件备用。对于商车尽可能做到有组织运输"①。人民解放军实施漳厦战役时，福州军管会交通处动员百余辆商车组成"民营汽车大队"，"以及省内各地商车共 500 多辆，长期参加支援前方或物资运输，在 8、9、10 三个月的支前运输中，共组调 1 万余车次供十兵团使用"。② 在解放舟山群岛的战役中，"杭州至镇江前沿的公路，不但承担了解放军大量重武器的通过和大量军车的频繁往来，而且还有民用支前车辆的日夜奔驰，仅宁波市四家商营长途汽车公司在 1949 年下半年的 5 个月中，平均月支前出车 500 辆次以上，从余姚、奉化经宁波运往镇海前线的军粮一项就有 6750 吨。据百官渡口资料，该渡口平均每日过渡汽车，由平时的 60 辆次左右，至支前期猛增至 300 辆次以上，而且全是夜渡"③。1950 年，交通部门在汽车运输行业开展了民主改革运动，废除了封建把头制度，实行民主管理，为汽车运输动员打下了基础。1 月，福建省

① 《福建公路运输史》第二册，现代公路运输，第 8 页，人民交通出版社 2001 年版。
② 《福建公路运输史》第二册，现代公路运输，第 13 页，人民交通出版社 2001 年版。
③ 《浙江公路史》第二册，现代公路，第 28 页，浙江古籍出版社 1993 年版。

泉州军管会与晋江专署本着“以支前为主，商运为辅”的原则，将晋江专区和厦门市所有私营汽车公司及个体营运汽车，联合组成“泉州汽车运输联营处”，主要任务是支前运输。为此，泉州汽车运输联营处，将全部汽车编组为一支半军事化的运输队伍，称为“泉联支前汽车运输大队”，下设中队和小队。从3月下旬开始，“泉联支前汽车运输大队”开始承担支前运输任务。至年底，“泉联支前汽车运输大队”为完成军事运输任务共行驶79.0908万车公里。

除汽车运输外，在人民解放军实施战略追击作战的过程中，各级政府支前机构，还动员了大量的人力、畜力投入支前运输。第二野战军在进军西藏的过程中，陆续颁布实施了《运输支援公约》《牦牛运输奖惩条例》《牦牛残废赔偿规定》等动员法规，并在马尼干戈、昌都设立办事处，在康定成立支援运输总会，在白玉、德格、石渠、邓柯等地设立了支援运输分会。为动员组织牦牛运输队，各部队深入草原牧场，动员群众参加支前工作。参加运输的有各族劳苦群众，也有上层头人。藏族老人扎西所在的牦牛运输队，在翻越雪山时突遇暴风雪，山石砸倒了他的儿子，他忍着悲痛，继续完成任务。石渠县副县长罗布顿珠拿出自己的40头牦牛参加运输，还将自己每月薪俸的大部分作为支前费用。德格县龙垭村藏族妇女曲美巴珍，从1950年人民解放军经德格向金沙江进军开始，便带着2头牦牛、1匹马参加支前运输，先后完成100多次运输任务。西康省主席廖志高派代表授给她“支援模范、藏族之光”的锦旗。在云南方向，援藏后勤处雇请9个马帮大队、5000头牲口，并组织1.9万名民工为进藏部队运送物资。在新疆方向，藏北运输指挥所组织1000人赶着4000头牲畜驮运物资，保障部队向阿里进军，到1950年年底，仅骡马驮运的军需物资就有1800余吨。

（三）水上交通运输动员

新中国成立不久，解放海南岛、万山群岛、舟山群岛等沿海岛屿的海上运输力量动员，在东南沿海的许多地区同时展开。

1949年10月24日，第三野战军对金门岛发起的渡海登陆作战失利。失利的主要原因之一,就是船只不足,运载的兵力过少。战前,“既未充分准备足够装运作战部队登陆的船只,及其预备船只,亦无适当的制海、制空力量,致使第一梯队登陆后,第二梯队为敌海空军遮断,无法增援,而第一梯队船只暴露在敌陆、空、海炮火下几乎全部损失,无法作第二次运输。第二梯队船只,在敌第一线空军轰炸之下亦无法完整保存,于是,使前后方脱节,交通运输瘫痪”①。金门登陆作战失败后,第10兵团为再战金门,组建了船舶管理机构,着重筹集船只和船工。“第31军组成船管部,军长兼部长,抽调710名干部、2310名战士,组成船管部机关和3个船管团,任务是协同政府筹集船只,动员船工,训练水手,提高操船技术和战斗技能。同时,增派干部战士参加地方支前机构,加强支前工作组织领导。经过3个月的工作,征集木帆船794艘,建造机帆船54艘,汽船32艘,动员船工3721人。除各军筹集外,兵团直接筹集并掌握船只745艘、水手3967人、舵手122人、支前民工1418人,一次可运送2.1万余人。并安排了船工训练和船只的休整与编组等工作。后因形势的变化,金门渡海登陆未能成行。”②

1950年,航务系统的组织领导体制得到加强。2月3日,政务院第十八次政务会议通过《关于1950年航务工作的决定》。《决定》对航务组织领导提出明确要求:在交通部下设航务总局及国营轮船总公司,在沿海主要港口及长江各设天津、营口、上海、广州、台湾、长江区航务局,上海设国营轮船总公司(将旧招商局业务归并),统一掌管国营轮船运输业务。内河跨两个大行政区以上的,由交通部航务总局直接领导;内河跨两省以上的,成立内河管理局(如松花江、珠江、运河),归该地大行政区交通部领导,并受所经各省交通厅指导。《决定》指出,1950年航务工作的任务,是继续支援解放战争,解放全中国,并为恢复生产服务。11月以后,随着各级军事运输机关的成立,

---

① 《粟裕文选》第3卷,第12页,军事科学出版社2004年版。

② 乔光烈:《中国人民解放军后勤简史》,第566~567页,国防大学出版社1989年版。

军队先后在全国铁(水)路沿线运输部门派驻军事代表,军事交通运输开始使用国家和地方水路运输工具。

在组织领导得到有力加强的情况下,航务系统在1950年完成了多项支前运输保障任务。

为支援第四野战军解放海南岛,1950年1月6日,由尹林平任司令员、方方为政委的广东省支前司令部,适时撤销了内陆地区的支前机构,充实加强了南路专区和雷州半岛各县的支前机构,抽调干部组成7个船只调查组,分别在广州和沿海各地进行船只调查登记和征集工作。第四野战军参战的各军、师也成立"船只、船工收管委员会",配合地方支前机构进行船只的征集动员工作。1月10日,毛泽东主席致电第四野战军司令员林彪:"请令邓、赖、洪不依靠北风而依靠改装机器的船这个方向去准备,由华南分局与广东军区用大力于几个月内装置几百个大海船的机器(此事是否可能,请询问华南分局电告),争取于春夏两季内解决海南岛问题。"[①]2月上旬,参战部队用政务院提供的外汇,派人去香港购买发动机和登陆艇。与此同时,为解决登陆艇所需的驾驶人员,广州、武汉等地根据中共中央中南局的指示,开始在海员中进行支前动员。3月初,参战部队在香港买船计划受阻,攻占海南岛的登陆行动遂改为以风帆船和机帆船为主。此时,经过2个多月的努力,已征集木帆船、机帆船2129艘,动员船工6000多名。同时,中共琼崖区委和琼崖纵队在海南岛发动群众,开展找船、献船活动,先后冒险为参战部队输送船只170余艘、船工400多人。为增强船只的机动能力,参战部队会同政府有关方面组织技术力量将300余艘较大的风帆船装上汽车发动机,改装成机帆船,挑选部分汽车驾驶员和助手操纵机帆船。同时,还组织修理了大批船只,配齐了帆、桅、橹、桨等船只属具。在解放海南岛的战斗中,共征集与装修民用木帆船2666艘,参战船工1.25万余人,担负后勤工作的民

① 《建国以来毛泽东军事文稿》上卷,第119页,军事科学出版社、中央文献出版社2010年版。

工达96万工次。总计前运物资3万余吨,前送人员1.4万余名,后送伤员4614名。

1950年5月25日,中南军区继解放海南岛之后,以第44军一部发起解放万山群岛战役。8月7日,万山群岛战役胜利结束。这次战役的海上运输力量动员是从5月上旬开始的,前后只有20天左右的时间。除动用广东军区江防部队的5艘炮艇、9艘小型登陆艇外,还在广州、珠海等地动员了数百艘民船。其中有8艘较大的商船,被加装上山炮、57战防炮和无坐力炮等火器,作为登陆的输送船队。来自珠海石岐、唐家湾、三灶和澳门附近的350艘民船,主要担负物资供应和后送伤员等项任务。为解决船员不足的问题,中南军政委员会交通部从武汉、长沙等地动员了大量的海员参战。其中,武汉海员工会动员组织的武汉海员参战大队,共124人,有94人登船参战,他们来自武汉海事学校(现武汉航运科技大学)和武汉招商局所属船队,原本是参加海南岛战役,因海南岛战役提前结束,奉命参加解放万山群岛战役。8月26日,万山群岛海战指挥部召开庆功大会,一批参战支前海员和船工受嘉奖。武汉海员中有26人立功。

解放舟山群岛的海上运输力量动员始于1949年7月。在相继攻占了舟山外围岛屿之后,为解放舟山本岛,1949年12月,华东军区和第三野战军联合召开了船只准备会议。会议遵照中央军委和毛泽东主席关于"舟山作战必须集中足够兵力,充分准备,如果准备不周,宁可推迟发起攻击时间"的指示,对作战所需船只征集和船工动员工作做出安排。规定征集的船只必须符合航海要求,配齐船工和属具,能容纳30人左右的突击船和容纳50至70人的跟进船分别为800艘和400艘。1950年1月,华东军区和第三野战军运输部抽调第21、第22、第23军部分干部,组成上海船舶管理处,由运输部部长唐少田兼任处长,负责接收各地征集的船只,进行检查、修理、编号,并运送至宁波附近海域。山东、苏北、苏南地区也在各自军区成立了船舶动员委员会,分区成立了船舶管理处,负责各自区内船只动员、集中、管理、编组、调运工作。征集到的船只,山东的由第22军接收,苏北、苏南的由第23军接收。2个军各派出干部、战士500余人，在上海船舶管理处领导下分别成立接管支队，支队下又分别设有4个或5个中队，协助地方船舶动员机构进行船只动员和检查工作。至5月中旬，共征集到船只1156艘。与此同时，在浙江的镇海、宁波、奉化、余姚、绍兴等地区，利用2个多月时间共征集船只4100余艘、动员船工7800余名，并组织了对船只的检修和配齐属具。仅宁波专区在很短时间内就征集海船479只、内河船1581只，参加支前的船工有4598人。征集到的船只在各地集中后，大船沿内河隐蔽南渡，为此将京杭大运河开掘至海宁、乍浦，船只抵达海宁、乍浦等地后，翻堤入海，进到杭州湾。小船集中到青岛和上海后，装火车运至杭州，再组织翻坝入海南渡。到5月9日，从青岛发出10列火车，使用387节车皮，运船278艘；从上海吴淞和张华浜码头发出16列火车，使用435节车皮，运船267艘。大批船只集中后，参战部队组织技术力量对船只进行修理和改装。

登岛作战需要机动性强的船只。早在1949年10月，第22军便决定改装机帆船，经过1个多月的试验取得成功，并决定批量改装。他们从宁波、杭州、上海等地征调支前技术工人，连同从部队抽调的修理工等共150余人，于12月在宁波下白沙组建机帆大队和机工队，批量改装机帆船。到1950年4月底，第22军共改装机帆船160余艘。同时，第21、第23军也在进行改装机帆船的工作。截至4月8日，3个军共改装机帆船225艘。正当解放军即将对舟山本岛发起进攻时，由于海南岛和东山岛先后解放，盘踞在舟山本岛的国民党军于5月12日至16日，在其海军掩护下撤退至台湾。5月19日，舟山群岛全境获得解放。对于这次支前动员中存在的问题，华东军区司令员粟裕在6月23日给毛泽东主席的报告中指出："招商局将登陆艇交军队使用时不仅不积极动员海员参战，反而提出不参战只做后勤工作，并提出发双薪（本来招商局海员之薪资已较海军高四至五倍）及过高抚恤要求，尤其不好的将交给军队使用之登陆舰船机器的预备零件扣留，不愿交出（如无预备零件，在舰船发生故障时即无法续开)。又华东空军需要运输卡车,当时上海市价每辆为三千二百至六百万元,而财委拨给卡车,则每辆作价至一亿二千五百万元,且有些汽车开动四小时后即抛锚。公营建筑公司建筑机场虽为同一标准,其材料价格亦较私营高出五分之一至三分之一,此种军费开支方针在策略上似有不妥之处。"①

嵊泗列岛横亘于长江口的东南海面,控制着上海港对外出入的南航道。1950 年 7 月 6 日,为消灭盘踞在嵊泗列岛的国民党军残部和海匪,华东军区海军派出 6 艘舰艇,协同陆军第 98 师部分兵力,向嵊泗列岛发起进攻。7 月 8 日,嵊泗列岛全部解放。1950 年 8 月 18 日《人民日报》报道:"中国海员们在 7 月上旬解放长江口外嵊泗列岛和最近解放珠江口外群岛的各次战斗中,光荣地完成了支援人民解放军进军的任务。在解放嵊泗列岛的战斗中,上海的海员们不仅坚定沉着地完成了驾驶的任务,他们在登陆后还自动协助解放军进行群众工作。在这次战斗中,有十五艘船的海员荣获集体奖状,海员丁兴隆、陈汕汀等八人荣膺'支前功臣'称号。"为支援象山岛前线的战斗,招商局轮船股份有限公司船舶修造厂(今上海船厂)抢建钢质运输船 40 艘,还派出 100 多名技工奔赴前线,就地建造大小机帆船 280 余艘。为解放海南岛和万山群岛,广东黄埔造船所(今黄埔造船厂)职工组成前线修理站,21 天内抢修舰艇 7 艘。

四、统分结合筹措军需给养

人民解放军所需的军需给养主要是粮食,而当时公粮是国家财政收入的重要组成部分,1949 年的公粮收入占国家全部财政收入的 41.4%。1949 年 12 月 28 日,中财委主任陈云、副主任兼财政部长薄一波在给华东财委,并发中南、西南、西北等大行政区财委的复电中明确,主力部队与地方部队的给养暂由军区后勤部供给,向大行政区报销。1950 年 3 月 2 日,政务院《关于统一国家财政经济工作的决

① 《粟裕文选》第 3 卷,第 48 页,军事科学出版社 2004 年版。

定》明确规定，全国各地所收公粮，除地方附加粮，全部归中央人民政府财政部统一调度使用。因此，人民解放军在实施战略追击作战过程中，其军需给养除中央人民政府通过征收公粮解决一部分外，主要是由各大行政区就地就近筹措供应。

（一）老解放区动员支前

从老解放区调粮食，是解决人民解放军各战略集团军需给养的主要渠道之一。1948 年至 1949 年，华北解放区支援其他解放区货币、金银、粮食、被装等大量物资。其中，支援华东解放区的物资折小米 10.5 亿斤，支援西北解放区的物资折小米 8567 万斤，支援中原解放区的物资折小米 1.92 亿斤，以及大量的马料、马草、木材、布匹、医药等物资。1949 年 5 月间，山西晋南地区，对过境的第 18、第 19 兵团和第 7 军，供应粮食 18.3 万石（每石 300 斤）、马草 490 万斤、油肉菜等 80 余万斤、烧柴 860 余万斤。第 18 兵团在向西南进军前制订了支前工作计划。计划规定，由边区政府与后勤部门组成支前委员会，负责掌握动员及粮秣筹划工作；组建的随军支前委员会，负责随军支前与后方密切联系。计划动员担架 800 余副、送粮民工 1.7 万余人、牲口 5200 余头，随第 18 兵团行动。在部队出发前，已在宝鸡准备了粮食 400 余万斤，除第 18 兵团已领 200 余万斤，决定再由宝鸡追送 200 余万斤，保证 18 天的食用粮。后方各梯队 2.5 万余人的吃粮问题，除由本单位自带 5 天干粮外，另在宝鸡准备 10 天粮食（70 万斤）追送供应。马料全由宝鸡分区准备，马草由各该驻地负责供应。第 18 兵团从陇南、陕南地区出发时，干部战士每人自带 10 ~ 15 天干粮、半斤到 1 斤牛肉干。

人民解放军第四野战军主力和第二野战军一部，其所需军需给养由华北军区后勤部和第四野战军后勤部，会同华北人民政府和中原人民政府筹措解决。为此，华北军区后勤部、第四野战军后勤部会同华北人民政府和中原人民政府，确定了军地共同解决粮食、副食、柴草供应及途中伤病员救治等问题的办法。从华北筹集的粮食，经铁路前运 2.25 万吨，另从华东由南京经九江调运粮食 1.025 万吨。

在衡宝战役和广东战役发起之前,共调运粮食3.275万吨。1949年5月至6月,第四野战军后勤部组织力量,从东北、华北、华东等地筹措物资,由东北、华北经郑州运抵武汉的物资达60列火车1709节车皮,其中粮食225万吨。第四野战军在实施广东战役和广西战役期间,“粮食,由于沿途无法筹措,不得不从东北、华北调运,再用汽车前送,造成时有断粮现象。同时,为解决急需,各军也使用大洋就地购买部分粮食”①。第四野战军进行解放海南岛的作战准备时,中南军区指定由广东军区后勤部(兼十五兵团后勤部)负责参战部队的军需给养供应。当时雷州半岛刚刚解放,地方政权尚不稳固,就地取给很困难。为保证10万余参战部队的粮食供应,广东省支援司令部和南路专区支前委员会,开设31个粮站,承办筹粮和供应事宜。地方政府与部队共同抽人组成若干个征粮队,分赴广东省的阳春、信宜、茂名、海康、徐闻和广西的合浦、玉林等地筹粮。到1950年年初,筹集到粮食400万公斤。

(二)新解放区征粮借粮

在解放战争战略追击作战阶段,人民解放军各战略集团远离后方,深入国民党统治区,实行大纵深迂回作战。在这种情况下,如何就地就近解决军需给养问题,成为人民解放军各战略集团急需解决的一个重大问题。为此,中央决定调整筹粮政策,“把过去的征发、征借制,改为预借制”。同时扩大筹粮对象,“由过去只限于地主,调整为在新区主要向地主、富农及部分富裕中农预借,但不要把预借面扩的很大,贫农不应预借”②。关于预借的标准,中央规定按照合理负担的原则,以粮食总收入作为基数,向地主预借40%~50%,富农25%~35%,佃富农③20%,中农10%~15%,贫农一般不借。马草则根据需要按一定比例随粮借用。

---

① 乔光烈:《中国人民解放军后勤简史》,第558页,国防大学出版社1989年版。
② 乔光烈:《中国人民解放军后勤简史》,第539页,国防大学出版社1989年版。
③ 部分或大部分租种别人土地的富家。

关于筹粮的组织，中央军委规定：以团为单位，在政治机关领导下由随军地方工作人员和后勤供给人员组成筹粮工作委员会或工作队，一般团由10～15人组成，师、旅由22人组成，军由25人组成，野战军供给部由60～70人组成。中央军委严令要求，除筹粮队外，任何人不得征用粮草。各野战军认真贯彻中央军委关于筹借粮草的规定，下达了补充指示或规定，加强了对筹粮工作的领导和督促检查。

配属第四野战军进军华南的第二野战军第4兵团，“部队在吉安地区休整期间，各军即分别派出先遣部队，在预定进军路上的大庾（今大余）、南雄、桂东和汝城等地，进行筹粮修路，征集柴草，采购油盐，为部队通过做好准备”。“在广东战役前共筹粮2960多万斤，其中利用缴获753多万斤，占筹粮总量的25.4%；向地方政府借粮1661万斤，占总数56.1%；部队自筹（向群众购买等）545多万斤，占总数18.5%。”[①]1949年7月，中共滇桂黔边区党委根据中共中央华南分局的指示，召开会议布置迎军支前工作。8月1日，人民解放军粤桂边纵队宣告成立。8月25日，粤桂边纵队政治部发布题为“组织起来，一齐动手，配合南下大军解放十万山区”的公告，号召各界“支援前线，组织运输队运军粮，运弹药，抬担架救护伤病员”[②]。广西、云南“从9月份起，各地陆续成立了迎军组织。在桂西、左江地区，建立了后方支援委员会；在滇东南、滇东、滇南等地，分别组织有迎军委员会、迎军服务团和支前委员会等；还分别建立了桂滇和滇黔两条兵站补给线。除组织沿途群众加修道路、桥梁外，还设有粮秣柴草站、食宿服务站、茶水招待站、向导站、运输站和妇女洗衣队、伤员看护队等组织。仅开广和弥泸两个区，即供应大米268万公斤，谷子15.5万公斤，包谷8.9万公斤，猪肉4.4万公斤，木炭93万公斤，草鞋10.7万余双，布鞋5.41万余双；其他物品、慰问品有100多种”[③]。9月25

---

① 《中国人民解放军第二野战军后勤史》下册，第222～223页，金盾出版社1997年版。

② 广西壮族自治区档案馆：《广西解放》，第136页，广西人民出版社1999年版。

③ 《中国人民解放军第二野战军后勤史》下册，第227页，金盾出版社1997年版。

日,中共粤桂边区委发出《关于紧急动员起来配合大军作战给桂中南地委的指示信》明确指出,“目前地方党政民的中心任务是‘动员一切人力、物力、财力,支援前线’”。要求中共桂中南地委立即“发动群众,普遍组织民工团,准备好人力,俟大军进境,即刻调上前线随军服务”。“把公粮债券的发行工作做好,储存大量粮食,供给大军。”“各县立即组织支前委员会,由县政府主持领导,由县长任主任,由党军民各机关派代表参加,统一领导筹划全县的支前工作。”①11月,人民解放军第四野战军兵分五路挺进广西,广西各游击根据地均成立了支前机构,深入发动群众,筹集粮草,支援前线;在交通沿线设立柴米油盐供应站、茶水站、向导站、妇女洗衣组,为南下大军服务。桂西、左江地区普遍建立迎军委员会、迎军服务团、支前委员会,沿途群众除参加修桥铺路外,还设有粮秣站、柴草站、服务站、食宿站、茶水站、招待站、运输站和洗衣队、伤员救护队等组织。11月22日,中共广西省委、广西军区发出《关于目前征粮支前工作的指示》,要求各地将“筹集粮草修通道路以利运输”作为支前的首要任务,其中又以征粮为要务。征粮标准“应按全年总产量征收百分之十二,负担比重必须贯彻中央关于新区征借粮草的政策,即地主征借其粮食总收入量的百分之四十至百分之五十,富农征借百分之二十五至百分之三十五,中农征借百分之十至百分之十五,贫农尽可能不征收,不得已时亦不得超过百分之五”②。据此,各地支前委员会动员干部、学生组成征粮工作队,深入乡村开展征粮工作。当时,桂西地区共征粮500多万公斤。左江地区的靖西县征粮15万多公斤,出动民工20万人次。桂中南地区据6个县的统计,共筹集大米600多万公斤,柴草250多万公斤,食盐1万多公斤;开辟了从迁江(今属来宾)到南宁,从贵县到灵山2条兵站线。桂东南地区的陆川县,成立支前司令部,组织2000多名民工运送支前物资、当向导、抬担架,全县支援粮食15万多公斤,猪

① 广西壮族自治区档案馆:《广西解放》,第162~163页,广西人民出版社1999年版。

② 广西壮族自治区档案馆:《广西解放》,第285页,广西人民出版社1999年版。

380头,鸡鸭3400多只,鲜鱼、蛋品、豆类等4000多公斤。

第二野战军“在向川黔进军的过程中,主要是部队自行筹措粮食。一般以军为单位组织筹粮工作队,统一领导,分散筹措”。“根据合理负担的原则,征借粮食的主要对象是地主、富农,其次为中农。”“部队在进入城市后,主要依靠缴获国民党军队的粮食解决供应。缴获粮食的数量不足时,一般通过旧商会向粮商暂借,以后再由商会筹款折价偿还。”①湖南是第二野战军进军西南的主要出发地。1949年春夏两季,湖南发生了严重水灾,秋收减产。在中共湖南省委的领导下,各地群众同下乡干部一起,本着“粮多多出,粮少少出,无粮不出”的原则,协助部队征粮,所征粮食一律抵作当年田赋,因而很快完成了借粮任务。据不完全统计,仅9月至10月,长沙、益阳、衡阳、常德等地筹集大米6.5万吨,转运物资7.5万吨。湖南全省解放以后,又继续征集粮食6万吨。衡宝战役后至11月下旬,湖南省祁阳、零陵、东安等县保障驻军和地方干部及接管人员训练班共43万人、24万斤的粮食。至于驻军后期的粮食保障,政府规定驻军按政府划定的区域进行自行催粮;政府亦进行借粮,以保证外运和供应本区及过境部队和后方机关所用。

四川解放后,在西南地区的人民解放军有60万人,公教人员和国营企业职工有50万人,起义、投诚和被俘的国民党军官兵有90万人。这200万人大部分集中在四川,使四川的粮食供应一时出现紧张局面。同时,为了支援华东、上海等地,政务院决定从四川调出大米20万吨,分别由川东、川南和川北行署筹集。川西则担负支援进藏部队的粮食供应任务。当时,四川全境从国民党政府粮食机构接受和部队缴获的粮食仅有1.75万吨,唯一的办法是到农村征收公粮,即征收农业税。1950年1月,四川各地政府相继发布指示和命令,部署征粮工作。大批人民解放军官兵、随军入川的地方干部、新参加工作的青

① 《中国人民解放军第二野战军后勤史》下册,第213~214页,金盾出版社1997年版。

年知识分子组成征粮工作队,分赴农村征粮。当时,各地匪特提出“抗粮反共”的口号,纠集农村封建势力抵制征粮,武装袭击征粮工作队。据不完全统计,这一时期四川境内征粮工作人员遭匪特杀害的达1000人以上。随着剿匪斗争的节节胜利,征粮工作的局面也日益打开。据内江县统计,入库粮食在剿灭土匪的前100天仅0.1万吨,剿灭土匪115天后即上升到约1.9万吨。各地在征粮中,执行了合理负担的政策,规定“粮多者多出,粮少者少出,赤贫者免出”。同年9月,中央人民政府颁布《新解放区农业税暂行条例》,正式规定了“多收多负担,少收少负担,收入少不负担”的原则,得到广大农民的拥护。据川东行署财政厅统计,全区征粮任务完成后,人均负担的情况是:贫农7.5公斤,中农22.5公斤,富裕中农46公斤,富农111.5公斤,地主390公斤。1950年秋收以后,四川全省的征粮任务胜利完成,不仅满足了军需民用,还完成了支援外省区的任务。1950年上半年,川东、川南、川北区共外调支援上海、华东等地大米7.5万吨。川西区在1950年和1951年两年内,供应进军西藏部队的粮食在5.5万吨以上。

为支援第二野战军进军西藏,“西南有关省区成立了支援委员会。川西地区以阎秀峰(川西区党委副书记)、桂绍彬(川西行署副主任)为正副主任;西康省以方升普(军区代司令员)、车樵敏(军区政治部主任)为支援委员会正副主任;云南省以陈赓(省长、军区司令员)为主任,周保中(副省长)、庄田(军区副司令员)为副主任。川西、西康、云南有关县区,也建立了专门支援进军的机构,设有专人负责。各级支援机构在筹集粮食、组织运输、修筑道路、动员民工等方面做出了很大成绩”。川西地区的新津、眉山、崇庆、大邑、邛崃等10余县,为进军西藏的部队提供粮食2500万公斤。“崇庆县城不通公路,该县党、政、军、民组成转运组、装车组、警戒组,将粮食从城中搬运至公路边装车付运。西康省的雅安、康定地区支援委员会协助西南军区支援司令部,在进藏沿途重点地段修建仓库10余座,还建立了柴草站,为过往部队不间断地供应粮食、烧柴、马草。”“康北之玉隆、德格、白玉、石渠等8县组织的支援运输委员会，均由有影响的土司、头人担任主任、副主任，通过他们组织了大批牦牛担负运输，其中仅大头人夏克刀登、德格土司、林葱土司就出动牦牛5万头次。他们在昌都战役前后直至翌年2月，将350万公斤粮食运过金沙江，对保证昌都地区部队过冬作出了重要贡献。云南丽江地区援藏委员会动员丽江、鹤庆、德钦县民工6100人，骡马8100匹，组成6个运输总队，由县长、副县长带队，将百万公斤粮食由丽江运往德钦。保山地委、专署组成援藏指挥部，由第41师师长查玉升，专员黄平任总指挥，在保山、腾冲、昌宁县动员组织民工1561人，骡马4692匹，自昌都战役前夕开始到1951年年初，以115天时间运粮18万公斤”。[①] 1951年6月，中共西北西藏工作委员会成立后，先后派出400多人的工作组分赴全国各地调拨粮食，到北京、天津、上海等地采购被服、药品、器材等物资，在甘肃、宁夏、青海等地采购马匹、牛、骆驼等，用于支前运输。到1951年6月底，西藏地区总计雇用民工1200多人，运粮300多万公斤、豆类饲料近450万公斤；采购骡马5200多匹、牛6000多头、骆驼1600多峰。

五、“解放台湾”动员准备

1949年6月至1950年7月，第三野战军根据中共中央、中央军委的指示，进行了“解放台湾”本岛的作战准备。为此，中共中央决定，拿出全国粮食总产量的1/10，即60亿至70亿斤粮食作为“解放台湾”的战费，另以3亿美元的军事借款，用来购置装备。担负“解放台湾”作战支前动员保障任务的中共中央华东局，在华东地区全面开展了经济动员准备。朝鲜战争爆发后，美国派第7舰队入侵中国台湾海峡，公然宣称将阻止人民解放军“解放台湾”的作战行动。中共中央、中央军委遂决定“支援朝鲜人民，推迟解放台湾”。

---

① 《中国人民解放军第二野战军后勤史》下册（解放战争时期），第263～264页，金盾出版社1997年版。

(一)动员需求的变化

作战投入的总兵力及预计持续的时间,是作战对动员提出的基本需求。这一需求,在“解放台湾”作战准备的过程中变化较大。

1949 年 6 月 14 日,毛泽东主席指示第三野战军立即研究“解放台湾”的问题。6 月 21 日,毛泽东主席要求第三野战军于夏秋两季完成准备,冬季完成“解放台湾”的任务。7 月中旬,第三野战军解除第 9 兵团(辖第 20、第 26、第 27 军)担负的淞沪警备任务,开始进行渡海登陆准备。后又调第 23 军归第 9 兵团建制,以总计 4 个军的兵力作为“解放台湾”的主力。当年秋季,第三野战军制订了 8 个军的“解放台湾”的作战计划。年底,第三野战军又将“解放台湾”的兵力增加到 12 个军约 50 万人。

1950 年 1 月 1 日,《人民日报》发表元旦社论,将“解放台湾”作为新中国 1950 年的主要任务之一。3 月,中央军委批准了以 50 万兵力“解放台湾”的作战方案。同时,鉴于“解放台湾”作战装备物资的需要量大,海、空军准备也无法在短期内完成的情况,中央军委决定将“解放台湾”作战时间推迟到 1951 年。5 月,中央军委接受华东军区司令员粟裕的建议,从第四野战军等抽出 4 个军加入“解放台湾”序列,从而将“解放台湾”兵力增加到 16 个军。此外,还有部分海、空军。最终确定“解放台湾”的时间是 1951 年 5 月以后。

“解放台湾”作战动员需求变化较大,特别是战前准备时间的一再拖延,使支前动员与恢复和发展经济的矛盾日益突出,地方政府和群众支前的热情,也因时间拖得过长而起伏较大。1950 年 6 月 23 日,华东军区司令员粟裕在给毛泽东、刘少奇、周恩来的报告中指出:“关于支前问题:党中央及华东局虽已一再发出指示,解放台湾为全党最重要的战斗任务,各高级负责同志亦已重视此一任务,但在具体支前工作上则有很大的距离,甚至于对支前有掣肘现象。”“总之,各地方党政民机关在支前的具体工作上,远远的不如渡江前来得积极,而目前的作战任务远较过去为繁重,因此也就增加了军队作战的不少困难。”①

(二)民用船舶的征用和改装

“解放台湾”作战的难点是渡海。为解决渡海问题，第三野战军对部队人员、武器装备、车辆、马匹等所需要的吨位和面积进行了反复的预算和论证，“以第一梯队最小限度为六个军计算，则需中字号登陆艇（约一千四百吨）一百七十五艘，美字号登陆艇（八百五十吨）八十五艘，联字号登陆艇（约五百吨）一百二十艘，总共为三百八十艘。此外为减少敌人炮火杀伤，在近海登陆时仍须用小艇（每艇三十人左右）装驳以行接敌运动。以第一梯队最前线之各先遣团计算，共需小艇二千六百四十只，第二梯队及运输补给尚需大量船只”。依第三野战军初步计算，“每个兵员平均需两吨半的运动位置，如以五十万兵员计算，则需一百二十五万吨以上之运输船只。虽然不需要同时将五十万人运至，但至少在第一次登陆时应同时（四五小时以内）有十五万人左右登陆，并有相当数量的第二梯队船只，才能保证第一梯队登陆后站得住脚和补充第一梯队所损失的船只”②。

1949 年 11 月下旬，第三野战军征集到用于第一梯队登陆的船只 600 艘，数量不及所需的 1/3。为解决船只不足的问题，国家两次与苏联签订海军装备订货协定，总金额为 1.5 亿多美元，向香港购买旧船 48 艘，两项共约 2547 万吨。到 1950 年 3 月，征集到的船只约为需要的 56%。6 月 23 日，华东军区司令员粟裕向毛泽东主席建议：“中财部派人赴港买船事希望已很小，为此建议中央除酌量予海军补充一些必要的舰船外，请统筹建造大量渡海运输舰艇，并将我国现有之华东华南华北（包括东北）之船只分别编为三个运输舰队，以便逐渐引导艇船人员过军运生活，但平时仍可为中财部担任运输任务。”③

当时，征集木船的修理和改装工作，最初是由人民解放军陆军船

① 《粟裕文选》第 3 卷，第 48 页，军事科学出版社 2004 年版。

② 《粟裕文选》第 3 卷，第 47 页，军事科学出版社 2004 年版。

③ 《粟裕文选》第 3 卷，第 50 页，军事科学出版社 2004 年版。

艇修理厂承担的。1949 年 8 月,第 22 军以机工队和上海派来的支前技术人员为基础组建修船厂,定点于宁波江东一片荒滩泥地,没有码头,以三栋简易库房作车间和宿舍,只有 1 台旧式皮带车床,主要靠手工作业。10 月,他们先用 1 台大道奇 T234 汽车发动机和从水陆两用汽车上拆卸下来的推进器改装出第 1 艘机帆船,至 1950 年 4 月,共为军直机帆大队改装机帆船 160 余艘。第 21 军象山修船厂在对军船管理委员会征集来的 100 余艘木质渔船进行突击抢修的过程中,先后用大道奇、吉姆西等汽车发动机改装了 30 余艘机帆船装备部队。经改装后的机帆船航速明显提高,在载重 20 吨的木帆船上装两台 14 马力柴油机后,顺帆顺水时速可达 17 公里;用大道奇汽车发动机装在排水量 250 吨的帆船上,逆风顺水时速达到 18 公里,顺风顺水时速达到 25 公里。

尽管军地双方在"解放台湾"船只动员准备上做了很大努力,但海上运输力量不足的问题始终没有得到较好的解决。这一点,也是"解放台湾"作战时间一再推迟的主要原因之一。

(三)华东支前公路建设

华东支前公路建设,是"解放台湾"作战动员准备的主要内容之一。为此,华东军政委员会①交通部根据军方的要求,拟订了以福州为中心抢建公路 12 条、总长 3454 公里的方案。1950 年 4 月 13 日,中央财经委员会发布《关于修建华东支前公路之决定》,批准华东军政委员会交通部拟订的公路修建方案。5 月 5 日,华东支前公路修建委员会前方指挥所在上饶成立,不久,又先后成立了福建、浙江、江西、广东 4 个支前公路修建指挥分所。6 月,华东支前公路修建委员会发布《华东支前公路工程设计暂行准则》。在此前后,华东支前公路建设全面展开。

华东支前公路第一期工程以福建为重点,限期改建崇安分水关

---

① 军政委员会为大行政区的政府组织,具有战时军管和战时体制性质。1952 年 11 月 15 日中央人民政府第十九次会议决定大行政区军政委员会改为行政委员会。

至南平、建瓯至福州马尾及福州至嵩屿等 3 条主要干线，将狭窄崎岖的老路，改建为双车大道，并抢修若干沿海支线和简易路线。当时，“华东支前公路修建委员会福建指挥分所”，下辖 16 个工程队，并得到浙江、广东指挥分所的支援。1950 年 6 月，福建省支前公路第一期工程改建分水关至南平及建瓯经福州到厦门公路全面动工。湖南省公路局派工程师李迪光等 9 人、华东交通部分配 30 多名大学毕业生、福建革命大学派 40 余名毕业生参加福建支前公路修建工作。江苏省苏南交通管理处也派 90 余名工程技术人员，组成 4 个工程队，负责测设福州至温州公路。8 月 15 日，华东军政委员会公布《关于修建公路征用土地暂行办法》。《办法》规定：凡新筑或拓宽路基用地，按原业主生活情形分别采取有代价或无代价的征用办法。对农民尽可能在当地公地中调剂补还或在土地改革时补还，地主的土地则无代价征用。9 月 5 日，漳州至汕头公路开始施工，实施力量是由广东支前公路指挥分所领导的潮汕、诏安和漳州 3 个工程队。

抗美援朝开始后，人民解放军的“解放台湾”作战准备虽然暂时停止了，但华东支前公路建设仍在继续进行。1950 年 12 月，福建省政府发布《民工参加支前公路修建工程、工地管理暂行办法》。1951 年 5 月，第一期支前公路工程——崇安分水关至南平、建瓯至福州马尾工程先后完成。12 月，福建支前公路指挥分所由南平迁福州。1952 年 2 月，全长 297 公里的福厦公路改建任务完成。8 月，福建支前公路指挥分所成立 5 个测量队，测量南平经永安至龙岩公路改建工程。10 月，福建省交通厅成立 2 个筑路大队。第一筑路大队担任鼓山公路修建工程，第二筑路大队担任各简易路线恢复抢修工程。按计划，福建省先后把 6 条总长 1162.2 公里的公路干线进行了大修或改建，改建后的 6 条公路干线，桥梁载重达到 20 吨，能够双车对驰，晴雨畅通。其次，恢复了不能通车的公路，主要是闽西南支前辅线及通海支线，总长 651 公里。此外，还新建公路 65.7 公里。1950 年至 1952 年，福建省交通部门完成的投资占这个时期该省基本建设投资总额的 51%。至 1952 年年底，福建省公路通车里程已达 2839 公里，为解放前夕公路通车里程945公里的3倍。

广东支前公路修建指挥分所,除组织力量配合福建省进行支前公路建设外,还组织力量修建本省的支前公路。1951至1952年,广东惠州地区,组织地区筑路分会第19、第20、第21、第22工程队,配合解放军工程兵部队,对区内主要的支前公路进行了全面的大修或改建,共计改建木桥22座478.7延长米,大中修木桥18座391.6延长米和涵洞320座。参加施工的工程技术人员、民工达1.8万多人。1952年2、3月间,经广东省国防干线公路验收工作团验收,质量达到要求。

第二节　抗美援朝战争动员
(1950.07~1953.07)

起点:1950年7月7日,周恩来总理主持召开国防会议。

截点:1953年7月27日,朝鲜战争停战协议签订。

1950年6月25日,朝鲜内战爆发。此后,美国在纠集“联合国军”支援南朝鲜的同时,派遣第7舰队侵入台湾海峡,直接干涉中国内政。美国政府还不顾中国政府的严正警告,命令军队大举越过南、北朝鲜的分界线——“三八线”,向中朝边界进犯,并派飞机对地处中朝边界的中国城乡进行轰炸、扫射,明目张胆地侵犯中国的领空和领土主权,严重威胁中国安全。10月初,为应对美国的战争威胁,应北朝鲜党和政府的迫切请求,中共中央做出“抗美援朝”的决定。10月19日,由东北边防军改编的中国人民志愿军跨过鸭绿江入朝参战。从此,新中国倾全力进行了一场持续3年之久的抗美援朝战争。在此过程中,党和国家为赢得这场战争,进行了大规模的国民经济动员,给予中国人民志愿军和朝鲜人民军以强有力的支援,国家的国民经济动员能力也在战火中锤打和成长起来。1953年9月12日,毛泽东主席指出:“抗美援朝的胜利是靠什么得来的呢?刚才各位先生说,是由于领导的正确。领导是一个因素,没有正确的领导,事情是做不好的。但主要是因为我们的战争是人民战争,全国人民支援,中朝两国人民并肩战斗。”“我们在抗美援朝中得到了经验,只要发动群众,依靠人民,我们是有办法来对付他们的。”①

一、战前阶段的动员

抗美援朝战争的战前动员,始于1950年7月7日周恩来总理主持召开国防会议,止于10月19日中国人民志愿军跨过鸭绿江入朝参战。在3个多月的时间里,国家初步建立了以东北地区为主的国民经济动员体制,完成了东北边防军组建和战备训练所需的各类经济动员保障。

(一)初建局部动员组织体制

1950年7月7日,由周恩来总理主持召开的国防会议做出组建东北边防军的决定。7月13日,中央军委拟定《关于保卫东北边防的决定》,正式决定组建东北边防军。当日,毛泽东主席批示执行。7月14日,周恩来总理致电东北党政军主要领导,初步明确了东北边防军的供给保障体制及保障方法。总的方法是:“由于币制不同,决定凡四野在东北境内的机关、部队,除武器、弹药、服装、医药器材、电讯器材、汽车油料,由军委直接补给外,其余粮料、柴草及一切经常费与作战费等,完全由东北人民政府负责供给,经过东北军区后勤部转发边防后勤司令部李聚奎。”具体方法是:“(一)一切供给均照军委规定的统一标准执行,保证部队不受粮价折差而降低应有的生活标准。(二)经常费逐月预算按月发给(下月经费应于上月二十日前预领),作战费由边防后勤提请东北人民政府批准。(三)东北人民政府应将批拨边防军的粮料、柴草、经费等,随时报告军委及中财委,以便拨

① 《毛泽东军事文集》第6卷,第353、355~356页,军事科学出版社、中央文献出版社1993年版。

账。(四)凡四野所持有的人民币应一律收集,不准在东北境内使用,于部队经过山海关时,公款一律缴回山海关人民银行,取得收据,交回军委总后勤部。私人款项亦应到山海关人民银行兑成东北币①使用。(五)请东北人民政府会同东北军区后勤部,携带东北币一千亿于十八日到达山海关,会同四野驻京办事处派去之夏雷科长,发给四野出关部队作经费。(六)如此则势必增加东北币发行,其由发行所发生的物价问题,由东北自行解决。如有困难,可商得中财委帮助解决之。"②

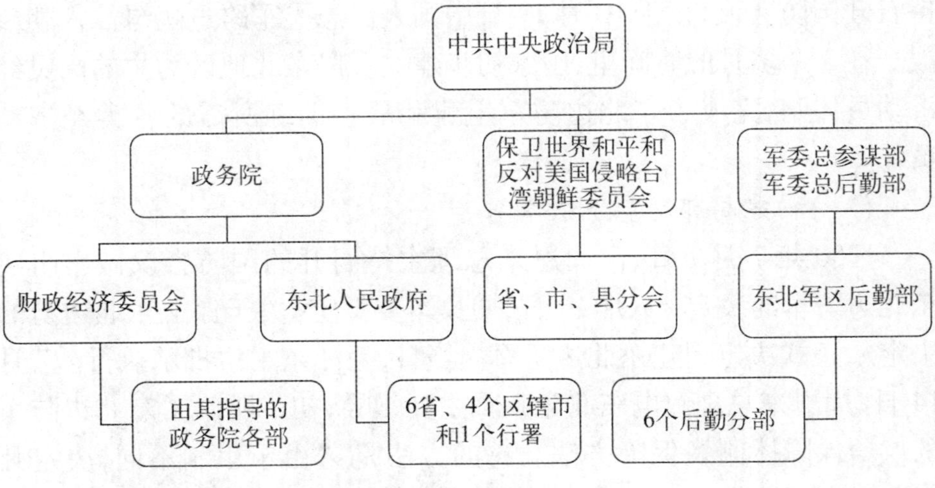

抗美援朝战前阶段国民经济动员组织体系图

在上述决定中,军、政两个方面具体承办经济动员事项的,在中央层面是中财委和中央军委总后勤部,在东北层面是东北人民政府(财政部)和东北军区后勤部以及东北边防军后勤机关。其中,东北军区后勤部承担着既要协调"供需",又要直接提供保障的任务。然而,东北军区后勤部在东北边防军成立前已经撤销。此时的东北军区只有供给、卫生、军械3个部和划归司令部的运输处。军、兵团后勤

---

① 东北币,指东北银行在东北解放区以及后来的东北行政区内发行的地方流通券。

② 《周恩来军事文选》第4卷,第36页,人民出版社1997年版。

部有的撤销，有的虽然保留了原来的后勤部，但大批人员调出支援经济建设，保障能力大大下降。7 月 17 日，东北军区司令员高岗、副司令员贺晋年致电中央军委，建议成立东北军区后勤部。7 月 22 日，东北边防军在华东的 3 个高射炮团已全部到达东北，中南地区的 3 个军也已启程，计划 8 月上旬到达指定地点。苏喷气式航空师已到达边境，苏限该师于 8 月 3 日前到达指定地点。但东北边防军主要领导包括"东北边防军司令员兼政治委员粟裕、副司令员萧劲光、副政治委员萧华一时还难以离京北去"。在这种情况下，周恩来总理和代总参谋长聂荣臻向毛泽东主席建议："边防军目前是否先归东北军区高岗司令员兼政治委员指挥并统一一切供应，将来粟、萧、萧去后，再成立边防军司令部。"[①]对此，毛泽东主席于 7 月 23 日批示同意。7 月 26 日，中央军委电令成立东北军区后勤部，李聚奎任部长，东北边防军后勤机构并入东北军区后勤部。8 月 2 日，东北军区确定以东北军区供给部、卫生部、军械部、司令部之运输处，及第四野战军后勤一部，联合组成东北军区后勤部，统一负责东北军区及边防军之后勤供应工作。原辽东军区供给部、卫生部拨归军区后勤部。8 月 5 日，东北军区后勤部正式成立。此举，从军队战时后勤组织指挥的角度，迈出了战前经济动员组织指挥体制建设的第一步。8 月 12 日至 14 日，东北军区后勤部召开了东北边防军后勤会议，研究了各类保障问题，并据此向总后勤部做了报告。

1950 年 8 月 21 日，经与东北人民政府财政部和东北军区后勤部协商，总后勤部部长杨立三向周恩来总理、中央财经委主任陈云、副主任李先念、薄一波，提出了解决东北边防军供应的方案。主要包括"军费支付"、"入朝物资"和"运力问题"。其中的"军费支付"，因涉及中央和东北在经济动员中的责权划分，而成为迫切需要解决的首要问题。对此，杨立三在报告中称："据东北军区后勤部李聚奎同志报告，东北边防军及军区系统各项经费预算总数为 4 万多亿元（系东

---

① 《周恩来军事文选》第 4 卷，第 38 页，人民出版社 1997 年版。

北币,下同)因今年进口货的减少,农产品的堆积以及现金的积压不得周转,故财经仍困难。东北财政部对边防军物资的补充与军费支付感到无力解决。"经总后勤部与东北财政部倪伟副部长、东北军区后勤部李聚奎部长共同研究讨论后,对该预算工作中的几个问题确定以下原则,即:凡作战费、临时费均由当年"解放台湾"作战费中支出;凡经常费均由中南原有预算中拨付;凡粮食、马料、柴草等实物均由东北支付。由此,经费预算中空军建设 1 万亿元,购买汽车千台需 9900 余亿元,购买作战汽油 2000 亿元,共 2.2 万亿元,应另行审查,由中央掌握的"解放台湾"作战费中开支。经常费项目 1 万余亿元,由总后勤部在中南原有预算中拨付。如此,东北负担不大。剩下来的问题是中财委如何支付东北的问题。[①]

1950 年 8 月 23 日晚,周恩来总理"召集有关各方讨论边防军补充及东北供给问题,东北来人均与会"[②]。这次会议,是中央首次召开有关抗美援朝战争经济动员重大问题的决策会议。参加会议的共 5 人,代表了抗美援朝战争经济动员组织领导体制国家层面的构成。会议的召集人和主持人为政务院总理、中央军委副主席周恩来,代表政务院和中央军委对抗美援朝战争经济动员的统一领导;代总参谋长聂荣臻、总后勤部部长杨立三,作为中央军委分管抗美援朝作战和后勤保障的主要负责人,代表军队提出对国民经济动员的需求,并对政务院有关部门的经济动员工作提出指导意见;政务院副总理、中央财政经济委员会主任陈云和中央财政经济委员会副主任、财政部部长薄一波,作为政务院经济部门的主要负责人,代表政务院接受中央军委总参谋部、总后勤部对经济动员的需求,统筹组织政务院主要经济部门开展经济动员。会议议定了四项有关中央与东北在经济动员重大问题上的责任区分:"一、粮、草料、煤由东北供给。二、经常费由四野拨出,由总后勤部拨给东北。三、预算外之一切作战费用,统由

① 参见《杨立三文集》下卷,第 98 页,金盾出版社 2004 年版。

② 《周恩来军事文选》第 4 卷,第 41 页,人民出版社 1997 年版。

中央支出，东北代付。四、东北增加发行，由中央拨付其所需花纱布作为支出，换取东北货币回笼。具体办法，责成财政部、贸易部本此原则解决。”[①]对此，毛泽东主席均批示同意。

战时动员组织领导体制的最终确立，是在东北边防军改为志愿军之后。9月15日，美军在朝鲜的仁川登陆。以美军仁川登陆为开端，美军和南朝鲜军转入全面反攻，北朝鲜人民军则全面撤退。9月底至10月初，南朝鲜军越过三八线，“与此同时美军和南朝鲜军沿三八线全线展开，进入了北进的全面准备”[②]。10月1日，金日成等北朝鲜领导人致信毛泽东主席，称“在目前敌人趁着我们严重的危急，不予我们时间，如要继续进攻三八线以北地区，则只靠我们自己的力量，是难以克服此危机的。因此我们不得不请求您给予我们以特别的援助，即在敌人进攻三八线以北地区的情况下，极盼中国人民解放军直接出动援助我军作战！”[③]10月8日，毛泽东主席发布命令：为了援助朝鲜人民解放战争，反对美帝国主义及其走狗们的进攻，借以保卫朝鲜人民、中国人民及东方各国人民的利益，着将东北边防军改为中国人民志愿军，迅即向朝鲜境内出动，协同朝鲜同志向侵略者作战并争取光荣的胜利；中国人民志愿军以东北行政区为总后方基地，所有一切后方工作供应事宜，以及有关援助朝鲜同志的事务，统由东北军区司令员兼政治委员高岗同志调度指挥并负责保证之。到此，在政务院和中央军委的共同领导下，以东北人民政府为主的战时动员组织领导体制得以确立。在中央层面，最高领导机构为政务院和中央军委，政务院的主管部门是中央财政经济委员会，以及由中央财政经济委员会负责指导的财政部、贸易部、重工业部、燃料工业部、纺织工业部、食品工业部、轻工业部、铁道部、邮电部、交通部、农业部、林

---

① 《周恩来军事文选》第4卷，第41页，人民出版社1997年版。

② 军事科学院军事历史研究部：《抗美援朝战争史》第1卷，第120页，军事科学出版社2000年版。

③ 军事科学院军事历史研究部：《抗美援朝战争史》第1卷，第149页，军事科学出版社2000年版。

垦部、水利部、劳动部、人民银行、海关总署等。中央军委与此相关的机构主要是总参谋部和总后勤部,又以总后勤部为主。但此时总后勤部的力量还相当薄弱。10 月 1 日,总后勤部部长杨立三在全军后勤部长会议上称:“总后勤部及其所属各业务部门,除卫生部有些基础外,其他各部至今尚未组织起来,干部很少,总共才数十个干部,只是到最近,才由华东帮助我们配备了一个军需部,华北调送了一些干部到财务部,其他部门都只有几个干部,也有的根本没有一个人。”①

在东北行政区,行政最高领导机构是东北人民政府,主要负责人是中共中央东北局书记、东北人民政府主席、东北军区司令员兼政治委员高岗,主管机构有财政部、贸易部、民政部、工业部、商业部、农业部、交通部等。其中,东北财政部在这次战争中所负担的任务比较重,除了掌握军费开支以外还要负责被服装具的生产与保管,主食副食的加工制造和运输(鸭绿江以内所有部队的主食副食均由其负责运输),后备物资的掌握以及其他物资的筹划供给等等。另一个主要部门是民政部,负责人力、物力方面的战勤动员。

在建立军政系统动员体制的同时,非政府的社会性动员组织——中国人民保卫世界和平大会委员会和中国人民反对美国侵略台湾朝鲜运动委员会也相继建立。1949 年 4 月 20 日至 25 日,由一些国际组织负责人发起召开的世界保卫和平大会在巴黎和布拉格同时举行。大会的宗旨是反对侵略和战争政策,要求无条件禁止原子武器和大规模毁灭性武器。10 月 3 日,中国人民保卫世界和平大会宣告成立。当日,中国保卫世界和平大会选出全国委员会,并发表了宣言,表明“中国人民坚决反对侵略战争,拥护世界和平”的立场。1950 年 7 月 10 日,中华全国总工会响应世界工会联合会支援朝鲜人民周的号召,召集在京的全国各团体负责人开会,商讨举行反对美国侵略台湾朝鲜运动周和成立中国人民反对美国侵略台湾朝鲜运动委员会等事宜。会议召集人、全国总工会代表刘宁一在会上报告说:

① 《杨立三文集》下卷,第 122 页,金盾出版社 2004 年版。

“世界工联号召全世界工人阶级支援朝鲜人民解放战争,自七日起发动‘支援朝鲜人民周’。美国帝国主义干涉中国和朝鲜的行为,已引起全世界人民的愤怒和普遍的反对。为了表示中国人民保卫和平的意志和决心,我们坚决拥护世界工联的号召。为了适应中国的情形,使支援朝鲜人民解放战争和反对美国侵略台湾的事实结合起来,全国总工会建议在全国发起反对美国侵略台湾朝鲜运动周。”各人民团体代表在发言中,一致同意全国总工会的建议,并且认为应该利用各种宣传方式,使这一运动能够深入到全国各阶层人民中去。会上决议组织中国人民反对美国侵略台湾、朝鲜运动委员会,负责领导这一运动。被推选组织中国人民反对美国侵略台湾、朝鲜运动委员会的人民团体,计有中华全国总工会、中国保卫世界和平大会委员会、中华全国民主青年联合会、中国新民主主义青年团、中华全国民主妇女联合会、中华全国学生联合会、中华全国文学艺术界联合会、中苏友好协会总会、中国人民救济总会、中国人民外交学会和台湾民主自治同盟等 11 个单位。

(二)战前动员保障的目标任务

在战前动员准备的 3 个多月中,入朝参战部队数量不断增加。7 月上旬为 25.5 万人,8 月底预定参战的兵力达到 70 万人。这样,动员保障的目标任务,就由最初的 25.5 万人,提高到 70 万人。动员保障的时限也从最初确定的 3 个月,变为“处处作长期持久的打算”。

1950 年 7 月 13 日,中央军委正式决定组建东北边防军时,东北边防军的总员额是 25.5 万人。包括第 4 野战军第 13 兵团所辖的第 38 军、第 39 军和第 40 军,第 42 军和 3 个炮兵师、4 个高炮团和战防炮、战车、工兵、骑兵各 1 个团及 3 个汽车团。按照 31 万人、3 万匹牲口、1000 辆汽车、4000 辆大车的需求,准备 3 个月的粮食、草料、汽油。在部队到达前,应先运 1 个月的粮草汽油。8 月 5 日,首批动员组建的东北边防军完成了在东北地区的集结。

1950 年 8 月中旬,经 2 个多月的激战,北朝鲜人民军已经攻占了南朝鲜的大部分地区,将美军和南朝鲜军压缩至朝鲜半岛东南部洛东江以东约 1 万平方公里的狭小地域。8 月下旬,以美军为主体的"联合国军"陆续到达南朝鲜,使朝鲜战争从南北朝鲜内战扩大为国际性的局部战争。在这种情况下,为应对可能出现的复杂局面,中央军委根据代总参谋长聂荣臻的建议,命令准备参加"解放台湾"的第 3 野战军第 9 兵团北上进至津浦路两侧的山东曲阜、兖州地区,命令第 1 野战军第 19 兵团东进至陇海铁路两侧机动位置,作为东北边防军的二线部队。8 月 26 日,周恩来总理主持召开检查和讨论东北边防军准备工作会议。他在会上指出,战争很快结束的设想大体上不可能实现了。"因此,不能不设想第二种情况,即战争的长期化","根据这种情况看,我们的准备工作做得还是不够的"。接着,他强调:"我们此次作战是对付美帝国主义者,而不是单单对付李承晚伪军。美军是依靠大炮、飞机等火力,它的补充较好,但也有弱点。我们的装备对付国内敌人是够了,但对付美帝国主义是不够的。""一切都要准备,不要成为'临急应战',而要有充分准备,出手就胜。"① 8 月 31 日,在周恩来总理的主持下,经政务院与"军委各部门会谈多次",研究提出《关于加强东北边防军的计划》。该计划确定:东北边防军部队编入 11 个军 36 个师,连同特种兵和后勤部队,共约 70 万人。"第一线五个军十五个师(除东北已集中四个军外,再调中南现在广州一个军集中东北);第二线三个军十二个师,从华东调出,十月底可集中于济徐之线;第三线三个军九个师,拟从西北调出,集中时间约在年底。"计划同时提出新的动员需求,主要内容包括:"关于被服、帐篷、鞋袜、粮料、干菜、油盐等等,均照七十万人准备。汽车准备分批购置一万辆,汽油照 1 年需要购存。卫生组织照二十万人伤亡布置,医药器材照七十万人准备。"② 9 月 3 日,周恩来将上述计划报毛泽东和刘少奇,得到毛泽东和刘少奇的批准。到此,经济动员从保障 25.5 万人、3 个月,变为 70 万人"照 1 年需要购存"。

---

① 《周恩来军事文选》第 4 卷,第 43 ~ 49 页,人民出版社 1997 年版。
② 《周恩来军事文选》第 4 卷,第 51、53 页,人民出版社 1997 年版。

9月15日，美国军队在麦克阿瑟指挥下，从朝鲜半岛西海岸的仁川港大举登陆。此后，朝鲜战争的形势发生逆转。9月20日，周恩来总理致电中国驻北朝鲜大使倪志亮，要他立刻转告金日成首相："我们认为你的长期作战思想是正确的。""在持久战的原则下，必须充分地估计到困难方面。一切人力、物力、财力的动员和使用，必须处处作长期打算，防止下级发生孤注一掷的情绪。敌人要求速决害怕持久，而人民军则速决既不可能，唯有以持久战争取胜利。"[①] 9月28日，美军攻占汉城。9月29日，美军第8集团军和南朝鲜军全线进抵"三八线"。10月1日，朝鲜劳动党总书记金日成致信中共中央主席毛泽东，请求中国出兵援助。10月4日、5日，毛泽东主席主持召开中共中央政治局扩大会议。会议最终做出了出兵援助朝鲜的决定。10月8日，毛泽东主席签署组成中国人民志愿军的命令。此时确定的志愿军总兵力为25万余人，待命出动的有45万余人，共70余万人。

(三)战前的交通运输动员

战前，为东北边防军及预定参战部队提供交通运输保障，是经济动员的主要任务之一。这一任务包括两部分：一是部队向东北地区集结过程的交通运输保障；二是为部队向朝鲜战场开进提供交通运输保障。

部队向东北地区集结过程中的交通运输保障，首先是将25.5万东北边防军，通过铁路紧急输送到东北的指定地域。此前，东北边防军所属部队，大部分在中南地区，少部分在华东地区和东北的北部地区。1950年7月10日，中央军委"保卫国防第二次会议"审查并批准了总参谋部作战部会同铁道部、总后勤部拟制的东北边防军向东北边境一线展开的车运计划。7月10日至8月4日，东北边防军从广州、汉口、信阳、上海、哈尔滨、齐齐哈尔等22个起运点，采取铁路运输

① 《周恩来军事文选》第4卷，第56~57页，人民出版社1997年版。

的方式,分路抵达辽东省的安东[①]、辑安[②]、通化、辽阳、凤城、本溪等地。8月中旬以后,预定参战的45万部队又相继通过铁路,输送到指定地区。"据铁道部1950年军运工作总结:当年7月,有炮兵第2师、特司高炮师、高炮第1、3、4团,汽车第1、3、4、5团,工兵6团,第13兵团,第15兵团174师等部队分别从上海、汉口、北安、齐齐哈尔等地运往安东一带集结,装运数百列。9月,有第50军、工兵第4团由汉口、驻马店调运东北,装31列。10月,有炮兵第28团、炮兵第2师、华北炮司、第20兵团,第66、68军等部队由广州、汉口、新保安等地调运东北(其中68军调天津),共装65列;第9兵团的第20、26、27三个军全部由上海昆山等地调运至山东兖州(后于11月调到东北边境),装运129列;工兵第5、8团,第142、143师由广州、樟树、板塘铺等地调运东北18列;特种师由新海调至罗王12列;第19兵团的第63、64、65三个军及兵团直属机关由西北长安、宝鸡一带调运至山东兖州一带,装运110列。"[③]

在部队机动的过程中,东北人民政府为供应首批进入东北的部队,在沈(阳)山(海关)沿线上设立山海关、锦州、大虎山、苏家屯等4个供应站,为接送安置友方人员,在沿江口岸设立图们、会宁、临江、满浦、楚山、水丰、安东等7个联络站和哈尔滨、吉林、牡丹江、苏家屯等5个招待站。为供应第2批来东北部队,在抚顺、梅河口、通化、辑安设立4个供应站,加起来共设20个站。依据有关命令,建立各类站后,东北各地共设有53个站,先后招待供应4批来东北的部队,约40余万人,担架1.3万副约8万人。接待安置友方干部、军官、办事人员2000多人,家属23276人、部队学校约10多万人,另外难民1万余人。

战前,铁路系统除承担东北边防军的运输任务外,还承担了两项

---

① 后改丹东。

② 后改集安。

③ 总后勤部军事交通部:《中国人民解放军军事交通史(1927—1987)》,第198页,解放军出版社1990年版。

任务：一是为使苏联援助的军事物资在满洲里完成装卸载，进行满洲里编组站的建设。当时满洲里车站没有编组站，无法承担日益繁重的运输任务。根据中央军委、中共中央东北局的指示，铁道部东北特派员办事处派东北铁路工程总队第五工程队承建满洲里编组站。他们经过8、9两个月的昼夜奋战，完成土方2.5万立方米，铺设铁轨200多股。二是抢修抢建鸭绿江过江铁路。9月中旬以后，由于朝鲜战局发生逆转，东北边防军入朝参战的几率大大提高。为保障东北边防军能够顺利向朝鲜战场开进，铁道部调集工程技术力量，在中朝边境的鸭绿江上，抢修抢建入朝铁路。鸭绿江为中朝两国界江，中下游江宽水深，不能涉渡。当时，除安东有铁路、公路两用桥外，长甸河口、临江两座公路桥可以进入朝鲜。为做好部队入朝渡江准备，9月6日，东北军区电令有关部门，勘察了解鸭绿江、图们江船运能力和冰冻情况。东北航运局、有关部队与当地政府密切配合，加紧动员民船、维修渡口、桥梁。10月17日，东北人民政府、东北军区决定，在长甸河口、临江、辑安分别成立渡江司令部。东北军区司令部军训处副处长刘诚漠、宽甸县县长樊自然任长甸河口渡江司令部正副司令员，东北军区军政学校大队长孟涛、临江县县长王祖臣任临江渡江司令部正副司令员；东北军区军政学校副校长刘子仪、辑安县县长王庸任辑安渡江司令部正、副司令员。每个渡江司令部除配属1个营左右的工兵部队外，还动员组建了战勤舟船大队。其中，由安东港湾局组建的战勤舟船大队，有干部、职工2700多人，编顺江、横江和抢修3个中队，配拖轮3只、驳船2只、木帆船110只，负责在东尖头至朝鲜清水和马市台至新义州间运输和渡运人员。辑安战勤舟船大队，由庄河、安东、宽甸、辑安、临江、桓仁、通化等县动员组成，有船员300名、木船70只，负责在长甸河口的拉古哨和辑安地区的部队过江任务。

在进行渡江准备的同时，东北军区后勤部组织向朝鲜龟城、新仓、双芬洞、别河里，前川、中城干等地区前运作战物资。从10月11日到10月25日，共前送弹药9200吨，油料5300多桶，粮食1650万斤，油盐50多万斤，各种干菜310多万斤。与此同时，首批入朝作战的25.5万志愿军和随军支前的战勤队伍开始向中朝边境开进,公路铁路的运输保障十分繁重。“从东北铁路情况看,1950年第四季度军运日装车达到1000辆以上,占东北铁路总装车数的20%左右,仅10月12日至16日,分批运送入朝的粮弹,即用车250辆。”①

抗美援朝东北地区首批动员汽车司机情况总表

单位	登记数	分配任务	交后勤部人数			交汽车学校数	超缺额数	现已集中到省的人数	备注
			已换收据	未换收据	小计				
辽东省	924	350	310		310	52	+12	16	1. 交汽车学校者尚未进行检查。 2. 直属机关登记数,系第一次抽调后之统计。 3. 各省市之集中数系30日晚之统计,现在可能稍有出入。
辽西省	556	250	232	45	277		+27	20	
吉林省	1684	650	344		344	135	171	40	
松江省	875	700	510		510	34	156	20	
黑龙江省	458	150	164		164		+14		
沈阳市	1056	500	402		402	144	+46	20	
鞍山市	58	60	36		36	10	14		
抚顺市	148	100	59		59	21	20		
本溪市	118	30	6		6		24		
旅大	1777	300	202		202	40	58	40	
东北机关直属单位	508	100	104		104		+4		
总计	8162	3190	2369	45	2414	436	340	156	

东北人民政府民政部战勤处　　1950年11月1日21时

志愿军所需交通工具的动员,贯穿战前动员的全过程。中央军委决定组建东北边防军时,计划使东北边防军的交通工具达到3万匹牲口、1000辆汽车、4000辆大车的数目。为此,东北人民政府除为东北边防军代购大车、马匹外,还进行了大车和汽车及汽车驾驶员的动员。在大车动员方面,东北人民政府规定:凡胶轮车一律编组固定大

① 总后勤部军事交通部:《中国人民解放军军事交通史(1927—1987)》,第200页,解放军出版社1990年版。

车队，县设大队，区设中队，区以下按5～10辆编组若干小队，每辆车配备2人、3匹马。其余也按5～10辆编为1个大车队。

在汽车及汽车驾驶员动员方面，东北边防军组建之初编制了3个汽车团，实有汽车400多台，“根据新订的军的汽车编制数及炮司所定的各炮兵部队编制汽车数”，“东北边防军实缺汽车数为521辆”①。1950年8月，东北军区后勤部为东北边防军补充500余辆汽车。8月下旬，总后勤部根据东北军区后勤部的请求，将总后勤部库存仅有的200余辆汽车拨给东北边防军，使东北边防军3个汽车团的汽车达到1200余辆。汽车有了，但司机却严重缺乏。此时，东北地区首批在辽东省、辽西省、吉林省、松江省、沈阳市和旅大市布置动员的800名司机已经开始陆续集中。10月13日16时完成100名。14日14时完成518名。15日15时完成612名。为此，东北人民政府又进一步布置做好汽车司机动员准备工作，要求对年龄在45岁以下、身体健康的汽车司机人员，均要进行登记。其间，又开始进行第二批司机动员。第二批计划动员司机2000余名，范围扩大到黑龙江省、鞍山市、抚顺市、本溪市和东北人民政府机关的直属单位。动员总量达到3000余名（登记为8000余名）。截至10月25日15时，已动员1500余名。动员的汽车司机，经东北军区后勤部检验合格后，由东北人民政府发给技术人员服勤证。汽车司机在服勤期间的待遇，除本人由部队供给外，其家属可享受当地政府每月补助90分的待遇，经各省（市）财政厅（局）核发，统一向国家财政部报销。同时，东北各省、市开办的汽车司机学校，由民政部门负责动员学生，配备干部和分配使用，交通部门管理教育，财政部门负责供给待遇。培训汽车司机为每半年一期，达到能在山路开车和一般故障判断的要求。第一期为速成训练班，时间为1950年12月至1951年3月底结业。速成达不到要求者，再续训6个月。

---

① 《杨立三文集》下卷，第103页，金盾出版社2004年版。

(四)武器装备的紧急生产

战前,全国共有兵工生产单位数十个,职工数万人,机器2万余台。总后勤部根据其产量,预订了数万吨火药。1950年9月3日,中国兵工工会全国委员会为抗议美军飞机侵犯中国领空发出通电。通电称:“我们坚决反抗美帝国主义的侵略,我们完全拥护周外长向美政府提出的抗议及向联合国安理会提出的要求。我们号召全国兵工职工,积极动员起来,努力生产,提高质量,加强警惕,保卫我们的国防建设,准备随时贡献大量武器,支援人民解放军,解放我国领土台湾,保持国家领土主权的完整,把美帝国主义赶出去。”①但是,此时的兵工生产能力,远不能满足军队特别是东北边防军入朝作战准备的需要。据总后勤部9月底的统计,全国“武器生产平均只完成82%、火箭炮弹47%、后膛炮弹97%、前膛炮弹61%、步枪枪弹113%、手榴弹31%,整个任务除步机枪弹超过外,其他均没有完成任务”②。当时,沈阳兵工企业仿制生产的“喀秋莎”火箭炮和1950式7.62毫米冲锋枪等,成为战前武器生产的亮点。8月21日,总后勤部部长杨立三在向中央军委和周恩来总理的报告中称:“边防军提出将沈阳制造的原发给三野的火箭炮一百门(每门六管)拨给装备,并提出需买三百辆汽车才可运行。聂总长已同意拨给,并决定配汽车一百辆,此外准备车二百辆。以上两项,共需汽车八百辆左右,请批准购买。”③

1950年10月6日,由重工业部组织的第一届全国兵工会议在北京召开。此时,“首当其冲军需部门按入朝作战需要计算,提出了武器、弹药和各类装备的需求清单,交由军事工业部门组织生产,并要求足数供应”④。会上“刘鼎副部长传达完中央的决定后,介绍了军委后勤部关于志愿军出国作战需要武器弹药清单的要求,把会议转为军工生产动员大会,要求各地军事工厂立即投入战时生产。同时,加

---

① 《人民日报》1950-09-03。

② 《杨立三文集》下卷,第151页,金盾出版社2004年版。

③ 《杨立三文集》下卷,第99~100页,金盾出版社2004年版。

④ 《当代中国的兵器工业》,第27页,当代中国出版社1993年版。

快兵器工业的调整和恢复性建设工作，以增加后备生产能力”①。会议号召兵工战线的全体干部、工程技术人员和工人群众，继承和发扬老兵工光荣传统，努力增加生产，制造出数量多、质量好的武器弹药，支援前线，夺取战争的胜利！这次会议之后，全国兵工企业全面转入战时生产。10月16日，国防部长彭德怀在参观生产“喀秋莎”火箭炮的沈阳兵工厂时，对最快多长时间能生产装备1个营、1个团、2个团以及钢材供应等问题进行了询问。

为最大限度地提高东北边防军的武器装备水平，在迟迟拿不到苏联订货装备的情况下，中央军委从其他部队抽调相对较好的武器，补充东北边防军。1950年8月28日，代总参谋长聂荣臻和总后勤部部长杨立三联合签发了《边防军几个补充问题解决办法》，决定：由东北军区为边防军部队补充步枪2000支，轻机枪459挺，重机枪48挺，60毫米迫击炮179门，81毫米迫击炮45门，92毫米步兵炮55门；由总后勤部为边防军调拨补充重机枪28挺、82毫米迫击炮71门、山炮17门。到9月下旬，东北边防军的武器补充工作基本结束。另外，为增强边防军的反坦克力量，总后勤部给边防军拨发了2000枚反坦克地雷，东北军区为部队订制了2000个燃烧瓶。经过补充，东北边防军的武器配备水平，远远超过了其他部队，其中又以39军为最强。根据1950年9月战斗实力统计，39军共装备38式步枪7320支，79式步枪1512支，美制春田式步枪2408支，美制冲锋枪3058支，捷克式轻机枪790挺，美制M1918式轻机枪168挺，英制布伦式轻机枪117挺，美制M1917式重机枪155挺，日制92式重机枪7挺，60毫米迫击炮260门，81毫米迫击炮82门，82毫米迫击炮15门，120毫米迫击炮12门，美制107毫米化学迫击炮12门，国产6管102毫米火箭炮9门，92式步兵炮36门，41式山炮12门，94式山炮12门，美制75山炮12门。

虽然东北边防军的武器装备水平远高于其他部队，但仍有大量

① 刘正栋：《铸剑》，第156～157页，航空工业出版社2007年版。

武器装备亟待维修。因此,东北军区在战前按照中央军委的指示,组织兵工企业为东北边防军抢修武器装备。1950 年 7 月 10 日,中央军委给东北军区首次下达了抗美援朝的武器装备保障任务。当日,周恩来总理在给高岗书记的电报中指出:"唯据特司[①]报告我炮兵中许多炮需要修理,故请你令东北之兵工厂根据战争需要准予提前修理(二十五日以前须修好)。若因此而致工厂企业化受到损失时,则由政府负责。修理费由中央开支。修理计划由万毅[②]向军区提出。"[③]为保证东北边防军的武器装备维修工作顺利进行,东北人民政府决定部分工厂停止正常生产任务,全力抢修东北边防军送厂维修的武器。据统计,仅东北军区所属第 51、54 兵工厂,即抢修步枪 358 支,轻重机枪 72 挺,各种火炮 494 门。另外,东北边防军各部队所属的军械修理所也昼夜加班,维修武器。到 9 月底,东北边防军的武器、装备维修工作基本完成。

(五)军需物资的筹措供应

战前军需物资的动员筹措分为两个阶段,第一个阶段是保障 30 多万人、3 个月所需服装、给养的筹措,第二阶段为保障 70 万人、1 年所需服装、给养的动员筹措。

第一阶段是 1950 年 7 月上旬至 8 月下旬。7 月 7 日,中央军委初步决定组建东北边防军。7 月 8 日,东北军区接到总后勤部关于为东北边防军生产被服的任务。具体任务是:棉衣 24 万套、大衣 30. 54 万套、棉皮鞋 12 万双、棉帽 30 万顶、棉被 7. 2 万床、棉褥 3. 6 万床、单褥 3. 6 万床、拖鞋 3. 6 万双。此前,东北军区只需保证所属 16 万部队的需要即可,因感觉被服生产能力过剩,刚刚解散了一个被服厂,处理了一批人员和机器设备。总后勤部的生产任务下来后,东北军区

---

① 特司,指中国人民解放军第四野战军暨中南军区特种兵司令部。1950 年 5 月改称中国人民解放军第四野战军暨中南军区炮兵司令部。

② 万毅,时任中国人民解放军第四野战军暨中南军区炮兵司令部司令员兼东北边防军炮兵司令员。

③ 《周恩来军事文选》第 4 卷,第 32 页,人民出版社 1997 年版。

除将解散的被服厂重新恢复外，又紧急添置生产设备，并动员私人缝衣社承担生产任务。东北财政部被服局由于工作上的被动，经常加班加点突击任务。

在战前军需物资动员保障的第一阶段，负责东北边防军粮食供应的，在中央层面是中财委领导下的粮食管理总局和中国粮食公司，在大行政区是东北人民政府粮食管理总局和华东人民政府粮食总局。东北地区主要负责供应粗粮，华东地区主要负责供应细粮。“当时军粮的运输和加工都有很大的困难，而且调粮任务往往是临时提出来的，时间异常紧迫。财政部所属的粮食管理部门，尤其是东北地区和担负细粮供应任务最大的华东地区，保证粮食供应的任务更为艰巨。”[①]东北地区的粮食供应比较顺利，未发生困难的原因是由于东北供给制人员逐渐减少，加之年初预算的财政供给粮总数中存余了25.6%。

1950年8月下旬，中央军委将东北边防军及预定参战部队的数量增加到70万人。此后，战前军需物资动员保障进入第二阶段。第二阶段开始时，总后勤部又向东北军区布置了新的被服生产任务。具体任务是：手套70万副、棉帽40万顶、袜子100万双、汽车箱套2000件。东北自行增加棉衣44.6万套、大衣10万件。动员需求陡然增加后，东北的服装生产一度陷入被动状态。为完成任务，东北军区除把自己的1600多台机子发动起来以外，又组织了各省市私营的5800多台机子。当时，东北人民政府给旅大地区下达的任务是：在1950年10月以前制作棉大衣3万多件，1951年3月底前制作单衣40余万套。接到任务后，旅大市行政公署立即进行动员部署，要求公、私合作社的被服制作部门，一律缓做其他被服，保证完成上级分配的军服生产任务。同时成立军需科、被服指导委员会、被服生产管理处等领导机构，并由市调研室、市委纪律检查委员会、劳动局、公安局、工会、妇联、卫生局、财政局、东北被服检查员等组成军服质量检查小

① 《当代中国的粮食工作》，第57页，中国社会科学出版社1988年版。

组。在短短十几天的时间里,全市各公营被服厂、私营被服加工厂及合作社被全部组织起来,投入到紧张的军服生产之中。被服生产的组织形式,由起初的分散突击生产,逐渐发展到集中长期固定生产,由开始的9000多个生产小组,集中为90多个小厂。为解决分散管理的种种弊病,旅大市将中山区的被服生产集中在渔网厂,西岗区集中在实验小学,沙河口区集中在第一完小(今中山路小学),甘井子、小平岛、旅顺、金县等地亦分别集中起来。为了加快生产,完成任务,干部和工人星期天不休息,许多人自愿加班加点,改进设备,提高效率,日产量平均达到每人每天3套单军服。哈尔滨市工商联协助市政府组织军需被服加工生产,共动员裁缝业服装技术工人1600多人,缝纫机1481台,职工家属和街道妇女400多人组成了18个被服加工厂,为志愿军赶制军服,并抽调干部9人参加被服厂的领导工作。

第二阶段的军需物资动员,除服装生产动员任务十分繁重外,其他方面的军需物资动员任务也都相当繁重。1950年8月21日,总后勤部部长杨立三经与代总参谋长聂荣臻商量后,就"入朝物资储备"向中央军委、中央财政经济委员会负责人报告:"为准备今后朝鲜战争万一发生恶转,我军需入朝作战,以拒敌人于国门之外时,应预为筹措将来之供应。据了解,朝鲜北部缺乏粮食、油、菜,其他如汽油等均依靠苏联输入,勉强能筹措者只是烧柴、稻草(马草),部分食盐及咸鱼。需由东北运去的物资为数甚大,而运输甚感困难。辑安通朝方铁道每列车只能拖载九个车皮。安东通朝方铁道不久前曾被炸断,修好后现又被炸断。如不早为筹谋,则将来有供不上的危险。故拟按照部队现在人数,筹备三十天至四十天的食粮、菜、油和马料,预先运到朝鲜境内适当地点分别储存,并筹三千桶汽油一并运去。如今后无事不需用时,则所供物资均给朝鲜。另请朝方在适当地点准备一批食盐和咸鱼。如朝方没有,则我们准备一起运去。"[①]据此,东北地区在抓紧完成被服生产的同时,又动员党政军机关和社会力量,

① 《杨立三文集》下卷,第99页,金盾出版社2004年版。

紧急筹措粮食、油料等军需物资。与此同时，中财委也从华北、华东和中南等地，向东北地区调集物资。到9月底，东北地区已储备粮食1674万公斤，食油40万公斤，食盐43万公斤，各种干菜92万公斤，并调集骡马2000匹，储存马料946.5万公斤，马草392万公斤。这些物资分别储存在安东（今丹东）—辑安（今集安），凤城—通化，本溪—梅河口，沈阳—四平的“四线八点”上。每线各囤积弹药1个基数，汽油3000~4000桶，粮食、草料、油盐、蔬菜各1个月的量。从10月11日开始，东北军区后勤部组织向朝鲜龟城、新仓、双芬洞、别河里、前川、中城干等地区前运作战物资。截至10月25日，共前送弹药9200吨，油料5300多桶，粮食1650万斤，油盐50多万斤，各种干菜310多万斤。“供应物资按3线作纵深梯次储备。第1线在朝鲜境内，即龟城、新仓、别河里、长津线，共囤积汽油4000桶、枪弹1个基数、炮弹5个基数及供1个月食用的粮食、油盐、菜蔬和草料。第2线在鸭绿江岸即长甸河口、辑安、临江线，共囤积汽油3000桶、枪弹1个基数、炮弹5个基数及供1个月食用的粮食、油盐、菜蔬和草料。第3线为凤城、灌水、宽甸、通化线，共囤积汽油3000桶、枪弹1个基数、炮弹1个基数及供1个月食用的粮食、油盐、菜蔬和草料。以上物资按当时出国部队的实力，可保障部队3个月供应及1个战役的作战需要。”[①]10月12日开始，东北军区后勤部即向先行入朝的兵站突击抢运物资。截至10月25日，共前运弹药9200多吨计枪弹1个基数、炮弹5个基数、油料5300多桶、粮食8260吨、油盐250吨、各种干菜1560吨、马料1620吨。由于前运公、铁路遭到美军破坏，加上运输力量不足，上述物资没有按计划全部运过鸭绿江，大部分送到龟城、新仓、双芳洞、别河里、前川、中城干等地的兵站，有相当一部分物资堆积在铁路线终点或被美军机炸毁。

第二阶段军需物资动员遇到的一个突出问题，是国内粮食供应一度出现很大的波动。当时，国内的粮食供应原本就比较紧张。9月

---

① 周中：《抗美援朝战争后勤史简编》，第18页，金盾出版社1993年版。

中旬,美军“仁川登陆”的消息在国内传开后,国内的许多城市都出现了抢购粮食的风潮。北京的粮食交易所就出现2000多人抢购粮食的情况,引起市场价格上涨。此种情况进一步加剧了国内粮食供应的紧张局面。为平息粮食抢购风波,国家及时向市场抛售预先储备的应急存粮,以保持粮食市场的稳定。

(六)首批医疗卫生力量动员

战前医疗卫生力量动员,主要是由东北地区承担的,主要任务有两项:一是动员组建战勤医院,落实2万张床位的任务;二是组织随军担架队。

1950年8月,中央军委决定由各军区和东北人民政府组建10万张床位的医院。其中,赋予东北地区的任务是2万张。为此,东北军区后勤部卫生部会同东北人民政府卫生部,动员组建战勤医院。到9月28日,经东北军区后勤部对战勤医院动员情况进行初步检查,东北地区已经建立战勤医院40所、床位2.132万张。其中,黑龙江省在北安、海伦、克山、泰安、绥化、洮南等地,落实床位7600张;松江省在鸡西、林口、牡丹江、密山、依兰、佳木斯、集贤、汤原、渤利、巴彦、富锦、五常、呼兰、阿城、双城、哈尔滨等地,落实床位7720张;吉林省在九台、公主岭、三岔河、德惠等地,落实床位3000张;辽西省在四平、梨树、铁岭、双辽、开原、昌图、昌北、阜新、彰武、黑山等地,落实床位2000张;辽东省在西安(今辽源)、海龙、东丰、西丰等地,落实床位1000张。此种情况表明,东北地区已按时完成了2万张床位的动员任务。但是,总后勤部赋予其他军区的医疗床位任务,却迟迟不能如数到达东北。为此,中央军委于10月18日电告各军区,“限令尚未到达的医院和手术队,要在10月25日至11月初到达东北”。尽管如此,各军区的医疗床位任务仍没能如期完成,致使战前医疗床位的准备没能达到预期的数量。11月1日,总后勤部部长杨立三在给周恩来总理和中央军委的报告中称:“原共布置十万张床位。十月二十五日前已到东北者,为五万一千床位,可收容七万人(轻伤归部队,可收万余)。计:东北政府二万一千,东北军区六千,华北四千,中南六千

（已入朝作兵站医院用），华东一万，西北四千，小计五万一千”[①]。

战前随军担架队动员，计划部署得较早，动员展开的较晚。1950年7月13日，中央军委做出《关于保卫东北边防的决定》。在这个决定中，中央军委要求东北地区动员担架5000副。负责此项动员工作的东北人民政府民政部随即进行了部署，各地也做了相应准备。10月9日，中国人民志愿军司令员兼政治委员彭德怀在沈阳主持召开志愿军军以上干部会议。彭德怀在会上要求志愿军部队，克服一切困难，在10天内完成一切出国作战的准备工作。10月14日，中央军委决定志愿军于10月19日向朝鲜出动。10月15日，“东北军区、志愿军第13兵团正式下达志愿军部队开进、集结和准备渡江命令，训令志愿军各军师于10月20日前全部推进到辑安、长甸河口、安东一线隐蔽集结，待命过江”[②]。同日，东北人民政府召开各省市民政厅、局长会议，进一步明确了随军担架动员的任务，要求立即展开5000副随军担架队的动员。具体部署是：吉林省2000副，由吉林省从磐石、桦甸、伊通、双阳4县动员；辽西省3000副，由辽西省从新民、阜新、北镇、昌图、昌北、梨树、法库7县动员。整个动员分两批进行，第一批动员担架3000副，其中吉林1000副，辽西2000副，完成动员的时间为10月20日。第二批动员担架2000副，其中吉林1000副，辽西1000副，完成动员的时间为10月25日。

在第一批担架动员中，吉林省的磐石县和辽西省的新民县，要在1950年10月20日前，分别将300副担架及人员，送达辑安和安东。为防止吉林、辽西两省调用不及时，会议要求辽东省动员3000副，其中10月20日前从安东、宽甸、庄河、凤城等地动员1000副，10月25日前从临江、通化、辑安等地动员1000副，从安东、宽甸、庄河、凤城等地动员1000副。这次会议结束后，东北民政部即派出6个工作组和

---

① 《杨立三文集》下卷，第127页，金盾出版社2004年版。

② 军事科学院军事历史研究部：《抗美援朝战争史》第1卷，第200页，军事科学出版社2000年版。

人民大学的7个学生组分赴各省督促检查。10月19日,东北人民政府民政部下发《动员组织民工、担架暂行办法》。按照此办法,普通担架队队员的条件是17岁至50岁,政治可靠,身体健康。担架队按支队(县)、大队(区)、中队(村)、小队四级编成,每县为1个支队(下辖大队数目不等)每60副为1个大队,12副为1个中队,3副为1个小队,每副担架配备6人。以大队为一行动单位,各支、大、中、小队设正副队长,支队设政治委员,大队设教导员,中队设指导员。每支队领导以3名县级干部充任,大队领导以强的区级干部充任。每支队酌设医生1名及供给等人员。每小队(18人)为1个伙食单位,带锅1口,碗筷自备,每人自带足3日用之粮袋1个,出发时自带棉衣。各县在接到通知后,连夜召开各级干部会议,布置任务。由于任务来得突然,时间紧迫,没有明确宣传动员口号和具体指示,致使各地的动员方式方法各异。有自愿报名的,有"按劳动力的多少,排号轮班"的,有"谁抽着谁去"的,也有雇佣的、民主评选的和村里指定的。尽管方法不同,但首批3000副担架动员进展比较顺利。像新民县首批动员的300副担架,在10月18日已集中。磐石县在10月20日已将首批动员的300副担架送到辑安。在此过程中,东北人民政府民政部又临时通知安东、通化两县各动员150副担架。安东、通化两县也很快完成了任务。10月20日,安东县动员的150副担架已集中到县。10月21日,通化县动员的150副担架已到达辑安。

1950年10月20日,第二批2000副担架动员按计划展开时,东北军区后勤部对原定5000副担架的行动方向做出部署,要求10月25日前在安东、辑安、临江口岸各集中2000副,并备用1000副。东北人民政府民政部接到任务后,立即对担架动员部署进行了调整。具体措施是:调辽西省首批动员的1000副担架和安东的1000副机动担架到安东;调吉林省首批动员的2000副担架到辑安;调辽西省首批动员的2000副到临江。在此基础上,东北人民政府民政部又采取了两项措施:一是通知松江省和黑龙江省在10月25日前完成1000副担架的动员;二是要求辽西省再动员担架3000副,其中的1000副要在10月25日前完成动员，吉林省再动员担架2000副。但2天以后，情况又发生了很大变化。10月22日，东北军区后勤部将在安东、辑安、临江口岸部署的担架数量，减少为安东600副、辑安600副、临江300副，共1500副。为此，东北人民政府民政部紧急通知各地，要求新民县的300副担架到安东，安东已集中的300副担架到安东；磐石县的300副担架到辑安，通化县已集中的300副担架到辑安；另调双阳县的300副担架到临江。其他已经动员的担架一律集中待命。由于变化太快，导致在具体执行中出现差错，如新民的300副担架在10月22日夜乘车到达沈阳时，被东北军区后勤部运输部令其返回。致使又从辽东省桓仁县调300副担架送往安东补缺应急。截至10月28日，先后到达辑安口岸的担架为900副；到达安东口岸的担架为300副；到达临江口岸的担架为300副；到达长甸河口的担架为430副。这样，首批随志愿军入朝的担架为1930副，1.158万人。

1950年10月24日，东北军区后勤部卫生部制发《卫生勤务布置方案》。按照该方案，地方动员的随军担架队多数配属到军、师一级所属的野战医院，其余部分配属到各兵站医院。大体是军野战医院500副，师野战医院300副，兵站医院500副。而战地救护的任务，则由团、营的现役担架队负责。军、师野战医院随军担架队的任务是将团、营现役担架队从战地抢救下来的伤员，转运到师或者军的野战医院，由军、师野战医院收容，经初步疗伤后，再转运到兵站医院。兵站随军担架队负责将伤病员，从兵站医院转到位于鸭绿江边各个渡口的伤兵转运所。伤病员在这里可乘由东北区铁路卫生部派出的10多个卫生列车，转运到东北的后方医院。

二、运动战阶段的动员

志愿军入朝之初，按照“在稳当可靠的基础上争取一切可能的胜利”的基本方针，原计划在平壤、元山铁路线以北，德川、宁远公路线以南地区，构筑2至3道防御阵地，以阵地战为主要作战方式，采取阵地战与运动战相结合，形成防御作战态势。然而，由于美军和南朝鲜军进展迅速,已经占领或接近志愿军预定进行防御作战的地区。志愿军遂改变作战方式,从1950年10月25日至1951年6月10日,以运动战为主要作战方式,连续进行了五次战役,将以美国为首的"联合国军"从鸭绿江边击退到"三八线"地区,并把战线稳定在"三八线"地区,迫使美韩军队转入战略防御。在此期间,党和国家及时掌握志愿军入朝作战后动员保障上出现的新情况和新问题,在扩大和提高国民经济动员范围、程度的同时,不断调整和改进动员保障的方式方法,很快扭转了前三次战役动员保障不力的局面,为志愿军顺利实施第四次和第五次战役提供了较好的动员保障。

(一)动员组织指挥体制的完善

抗美援朝战争打响后,国民经济动员的任务骤然加剧,战前建立的动员组织指挥体制的弱点便很快暴露出来了。对此,国家及时对动员组织指挥体制做出调整,探索建立了与局部战争动员相适应的动员组织指挥体制及运行机制。

当时,动员组织指挥体制存在的突出问题,是如何处理中央和东北的关系。随着动员活动的逐步扩大,东北方面感到以他们的权力范围不能保证他们全权负责志愿军供应的一切事宜。东北人民政府与政务院有关部门打交道颇费周折,往往看起来很容易办的事,到了某些部门却迟迟办不下来,影响了动员保障的及时性。主要原因:东北方面不掌握动员保障的全盘计划,只是落实中央政府赋予的动员任务。更主要的是国家缺乏统盘筹划,办事机关欠协调,办事手续繁杂。如东北人民政府到国家有关部门领棉花却1个月没领出来,打电报催只说已作计划,显得解决问题太慢。当通知到青岛领棉花时,结果到了青岛又说青岛没有了上海有,到了上海又说青岛有。国家缺乏统筹的问题还表现在,国家有关部门、总后勤部、志愿军总部,都向东北派任务或提需求,使东北不知如何是好。

1950年11月初,实际负责东北动员支前工作的中共中央东北局副书记、东北人民政府副主席李富春,致信毛泽东主席和周恩来总理,反映动员组织指挥中出现的问题。为此,周恩来于11月9日召集

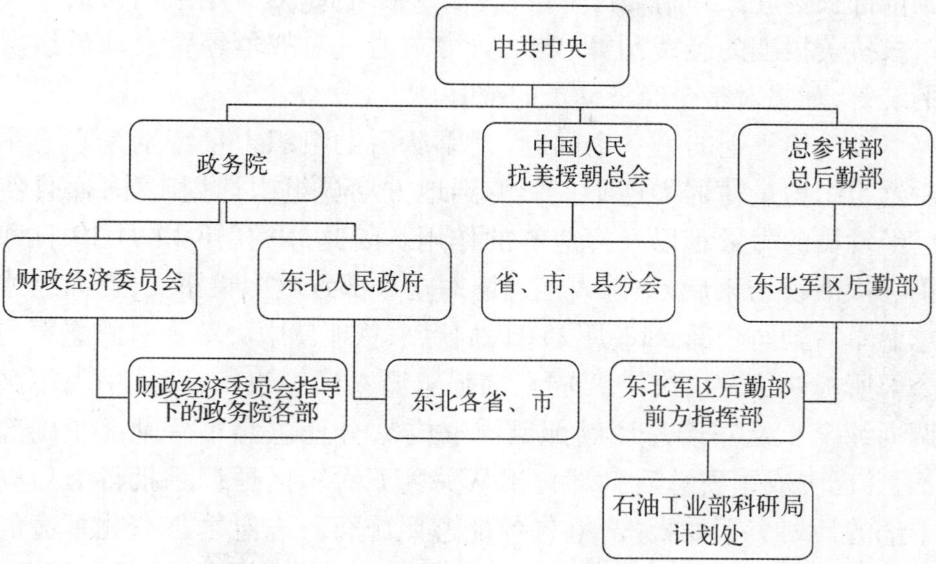

抗美援朝运动战阶段国民经济动员组织体系图

中央财政经济委员会主任陈云，中央财政经济委员会副主任兼财政部长薄一波，代总参谋长聂荣臻，总后勤部部长杨立三、副部长张令彬，卫生部部长贺诚，国家贸易部部长叶季壮、副部长刘丁，中央组织部副部长安子文，中央人民政府华北事务部部长刘澜涛，铁道部部长滕代远等军政有关方面的负责人开会，主要是研究解决李富春提及与东北负责组织保障志愿军作战的若干问题。会后，周恩来派张令彬带着他的亲笔信去东北面见高岗、李富春，传达中央的处理意见。周恩来在信中写道："对于东北全部支援部队工作，我们已想见其繁重。只要东北提出要求，我们愿全力以赴，帮助你们解决困难。凡为东北已决定者，我们定做你们后盾，支持你们贯彻下去。有些事情职权属于中央，但你们仍可便宜行事，只要通知一声，当由中央追认。凡能统一于东北者，我们无不赞成统一于东北。"[①]同月，中央确定由中央财政经济委员会计划局局长宋劭文、财政部副部长戎子和、总后

① 《周恩来军事文选》第4卷，第87页，人民出版社1997年版。

勤部部长杨立三和副部长宋裕和、张令彬组成“五人小组”，协助中央审核抗美援朝的经费预算和支出，力求通过对战争经费及动员经费的统筹，加强对整个经济动员的统筹。

动员组织上的另一个问题，是军队后勤组织力量特别是志愿军后勤组织力量薄弱。这不仅影响到地方动员组织计划工作，而且使已经动员的力量难以发挥应有的作用。因此，1950 年 12 月 19 日即第一次战役结束后，中国人民志愿军司令部致电中央军委，提出组建志愿军后勤司令部。12 月 25 日，周恩来总理就中央军委对志愿军司令部所提建议做出决定，“同意加强志愿军后勤组织，即从中南军区调周纯全①、从军委总后勤部调周玉成②，分任志愿军后勤部正副部长，并已责成军委总后勤部订出从关内五大军区征调一批得力后勤干部的计划交军委批准，电告各地遵照施行。志愿军与东北军区的后勤分工，同意志司建议，以中朝边境为界，但估计到前方任务繁重，东北后勤仍应尽力帮助志愿军管辖范围内的后勤工作”③。1951 年 2 月 4 日，中央军委再次对志愿军的后勤组织体制进行调整，决定组建东北军区后勤部，由周纯全任部长、李聚奎④任第一政委、张明远⑤任第二政委、周玉成任第一副部长、张明远任第二副部长、杜者蘅⑥任副政委。具体分工是：“周纯全、张明远、杜者蘅驻前方，李聚奎、周玉成驻后方，东北局张明远往来前后方。”⑦4 月 20 日，东北军区后勤部明确：为保证前方供应及时，应减少与改进某些不必要的手续与制度，目前在前方与后方，上级与下级，军事系统与政府机关，供应部门与生产机关，军事系统内部各特种部队与东北军区等方面的供应调拨

---

① 周纯全原为中国人民解放军第四野战军后勤部部长、中南地区支前司令员。

② 周玉成时任中央军委总后勤部财务部部长。

③ 《周恩来军事文选》第 4 卷，第 131 页，人民出版社 1997 年版。

④ 李聚奎为中国人民解放军第四野战军兼中南军区副参谋长。

⑤ 张明远时任中共东北局秘书长。

⑥ 杜者蘅时任中国人民解放军东北军区后勤部前线后勤指挥部政治委员。

⑦ 《周恩来军事文选》第 4 卷，第 150 页，人民出版社 1997 年版。

支付等关系上均存在若干问题，影响工作效率与对前方供应及时保证，须加以解决。5 月 19 日，中央军委决定在志愿军首长领导下，组建志愿军后方勤务司令部，取代东北军区派出的后勤指挥机构，专门负责在朝鲜境内志愿军的后勤保障问题。随后，中央军委任命志愿军副司令员洪学智兼任后方勤务司令部司令员，原前方后勤指挥部部长周纯全任后方勤务司令部政治委员，张明远任副司令员，杜者蘅任副政治委员。6 月，志愿军后方勤务司令部正式组成。到此形成了总后勤部、东北军区后勤部、志愿军后勤司令部这样一个军队后勤动员保障体制。

在完善军队后勤组织体制的同时，国家和东北地区还抽调大量干部，充实东北军区、志愿军后勤机关和东北各级人民政府的支前组织。1950 年 10 月下旬，李富春连拍数封电报，请中央从全国各地调派干部来支援东北支前工作。为此，周恩来总理立即组织有关方面研究选调干部的方案。随后，政务院从国家机关抽调 2000 多干部去东北。行前，周恩来在中南海怀仁堂为他们送行。此外，从各大区和各省、市、自治区抽调的 800 名干部，也于 11 月底到达东北地区。从“1950 年 10 月至 11 月，政务院和中央军委即从政务院机关和西北、西南、中南、华东军区抽调 2578 名干部，加强东北总后方基地的工作，其中直接从事志愿军后勤工作的即达 1187 人”①。

在运动战阶段，东北人民政府还责成部分县区组建供应“大站”，编入东北军区各后勤分部，赴朝担负志愿军的后勤保障任务。1950 年 10 月 25 日，由中南军区第 49 军后勤部组建的第三分部，开赴安东、长甸河口、新仓、北镇，负责该线战勤工作。原由第一分部领导的辽东省桓仁、海城、庄河等县新组成的第七大站和第八大站划归第三分部建制。第一次战役期间，第 9 兵团入朝，担负东线作战任务。为此，东北军区组建第四分部，其下编有热河省组建的“热河大站”。1950 年 12 月 7 日，即第二次战役期间，东北军区后勤部召开东、西线

---

① 《中国人民解放军军史》第 4 卷，第 258 页，军事科学出版社 2011 年版。

前方后勤指挥所各分部部长会议,总结了第一、第二次战役后勤保障经验,研究讨论第三次战役的后勤保障工作。12 月 13 日,东北军区后勤部决定将旅大市、辽东省、吉林省组建的兵站改称后勤部直属第一、第二、第三大站,分驻辑安、灌水和安东。12 月 16 日,东北军区后勤部"请求由政府按以前编制再组织 4 个大站赶赴前方"。为此,中共中央东北局、东北人民政府,又动员抽调大量地方干部和警卫部队,组成 1 个后勤分部、13 个大站,赴朝担任战勤保障工作,支援志愿军发动第三次战役。第三次战役结束时,由东北地区党政机关、人民团体和西南军区组成的第五分部入朝,同时将松江省动员组建的"松江第九大站"和沈阳市组建的"沈阳第二十大站"划归第五分部。

动员行动全面展开后,东北人民政府及时颁布实施了多项动员法规。1950 年 12 月 16 日,东北人民政府颁发《东北区战勤动员暂行办法》,在内部发表试行。该《办法》规定:农村的战勤动员,应根据土改及经过 2 年生产运动的新的经济情况。对于自卫战争及抗战时间有钱出钱,有车马出车马,有人出人的战勤动员办法,作必要的修改,以便更好地动员战勤并巩固与发挥农民扩大再生产的积极性。具体办法为:农村凡合格劳动力(包括地主、富农)均有服勤义务,办法按劳动力之多寡结合政治动员依次编号出勤。农村车马服勤一律采用征雇办法,也应按多寡编号,依次轮流出勤以免影响生产。城市战勤动员应根据城市之特点,充分发挥城市的重要作用,动员大量物资及必要的科学及技术人员支援前线。1951 年 1 月 9 日,吉林省人民政府颁布实施《执行"东北区战勤动员暂行办法"的具体规定》。

1950 年 10 月 26 日,"中国人民保卫世界和平大会委员会"在京委员与参加"中国人民反对美国侵略台湾朝鲜运动委员会"的中华全国民主青年联合会、中国新民主主义青年团、中华全国民主妇女联合会、中华全国学生联合会、中华全国文学艺术界联合会、中苏友好协会总会、中国人民救济总会、中国人民外交学会和台湾民主自治同盟等各人民团体的代表,在北京举行联席会议。会议通过将"中国保卫世界和平大会委员会"及"中国人民反对美国侵略台湾朝鲜委员会"

合并改组为“中国人民保卫世界和平反对美国侵略委员会”。各行政区、省市先后成立分会或将原有的保卫世界和平委员会、反对美国侵略委员会合并改组为抗美援朝分会。

（二）动员面临的新情况和新任务

抗美援朝战争正式打响后，随着志愿军作战方式的改变、参战部队人数的迅速增加和后勤保障遇到的种种困难，使经济动员面临诸多新情况和新挑战。其中核心的问题是志愿军投入兵力的迅速增加及其作战任务的持久性，给经济动员带来的巨大压力和挑战。

1950 年 10 月 19 日至 22 日，首批入朝参战的志愿军总兵力为 4 个军 25 万余人。10 月 26 日，志愿军第 50 军、第 66 军入朝参战，志愿军在朝鲜的总兵力达到 6 个军 30 余万人。11 月 4 日至 19 日，志愿军第 9 兵团的 3 个军相继入朝参战，志愿军在朝鲜战场上的总兵力达到 9 个军 50 多万人。1951 年 2 月 16 日至 22 日，志愿军第 19 兵团的 3 个军入朝参战，志愿军在朝鲜战场的总兵力达到 12 个军 70 多万人。3 月 11 日至 25 日，志愿军第 3 兵团 3 个军入朝参战，志愿军在朝鲜战场上的总兵力达到 15 个军 90 余万人。4 月 11 日，志愿军第 47 军入朝参战，志愿军在朝鲜的总兵力达到 16 个军 100 余万人。在整个运动战阶段，“中国人民志愿军先后有 15 个军共 48 个师和部分特种兵部队与后勤部队，朝鲜人民军有 4 个军团共 12 个步兵师投入作战，中朝军队兵力最高时达 112 万”①。

“志愿军参战部队多，物资需求量大。据概算，为保证最低限度的供应，平均每人每天需补充各种物资 3 公斤。第一次战役 25 万人，日需补充 750 吨；第二次战役 40 万人，日需补充 1200 吨；至第五次战役时 95 万人，日需补充猛增至 2850 吨。技术兵种和后勤系统本身的消耗尚未计算在内。”②然而，这还不是经济动员所要保障的全部对象。需要经济动员保障的还有随军入朝的地方支前力量，在东北地

① 《抗美援朝战争运动战若干问题研究》，第 2 页，军事科学出版社 1994 年版。
② 《抗美援朝战争运动战若干问题研究》，第 153 页，军事科学出版社 1994 年版。

区的志愿军后方机关、部队和直接担负支前保障任务的地方战勤组织,以及朝鲜方面撤退到东北地区的大量人员。1950 年 11 月 24 日,国家财政部赴东北调查发现,当时由财政部供给参战的人数 100 余万人。另加又调来 1 个兵团和一些特种部队,据东北政府估计可达 160 万人左右。

问题的关键还在于,如此巨大的物资需求,几乎完全需要国内供给,志愿军可就地筹措的物资十分有限。朝方不仅不能为志愿军提供必要的保障,而且有赖于中方的援助。此外,美军对志愿军交通运输线实施的严重破坏,又使军需物资保障变得异常困难。据资料统计,1950 年 11 月至 1951 年 6 月底,具有空中优势的"联合国军"共出动飞机 15.5 万架次,其中近 6 万架次用于轰炸封锁志愿军的后方补给线。共炸毁铁路设施 754 处次,其中桥梁 23 座次,延长 82 公里;线路 84 处次,延长 125 公里;车站 190 处次,延长 96 公里;隧道 25 处次,延长 33 公里。炸毁机车 201 台次,车皮 420 节。志愿军后勤机关的汽车也大部分被美军飞机炸毁。加上中朝公、铁路运输能力的严重不足,导致交通运输严重受阻,整个经济动员保障活动因此产生连锁的梗阻反应,致使志愿军在五次战役期间的给养、装备、医疗等方面,都出现了很大的问题。尤其是前三次战役,粮食供应仅满足部队需要的 25%,弹药也仅能做到重点保障。在前三次战役中,志愿军后勤第 1 分部的弹药供应量仅分别完成任务的 10%、15% 和 20%。1951 年 1 月,志愿军第 20 军的伤员达到 2.5 万人,其中冻伤占 60% 以上,约 1.5 万人。原因是部队"除棉衣发齐外,棉帽、棉鞋及其他保暖物资都未得补充。在冰天雪地中作战非常痛苦,唯一办法是拆被子做袜子、手套、耳套等。据不完全统计,全军有 60% 的被子拆完了"①。仅在第二次战役中,第 20 军冻伤的就有 1.12 万余人,占全部伤员的 60% 以上。第 26 军、27 军均有不同程度的冻饿减员。

---

① 《抗美援朝战争后勤经验总结(资料选编军需类)》,第 19 页,解放军出版社 1986 年版。

面对经济动员保障出现的新情况、新问题，国家多次召开紧急会议，决定并采取了一系列加强经济动员保障的重大措施。包括将国家财政经济中心转向抗美援朝战争，在继续加强东北地区动员力度的同时，扩大局部战争的动员范围，开展全国性的抗美援朝运动，全国兵器工业转入战时生产，紧急向苏联订购大批武器弹药，开展捐献武器大炮运动，最大限度地提高交通运输动员能力，调用国内各种物资大力支援前线。上述这些措施，有效地改变了经济动员保障的被动局面。

（三）财政中心转向抗美援朝

抗美援朝战争爆发后，国家随即把财政经济中心转向抗美援朝战争。1950 年 11 月 15 日，中央财政经济委员会在北京组织召开了第二次全国财政会议。会议确定国家在抗美援朝战争期间的财政经济工作方针是："国防第一，稳定市场第二，其他第三。""国防第一，就是要一切服从战争，一切为了战争的胜利。假如不把美帝国主义的侵略气焰打下去，一切经济建设都是靠不住的。""之所以把稳定市场放在第二位，是因为当时国内的经济还无巩固的基础，还很脆弱，物资储备也很少。如果敌机来轰炸，可能随时引起物价上涨的风潮。国家手中无物资，平抑不了涨风，政治上就很不利，而且会影响到军事，给国家和人民造成损失。""其他第三，就是说要在照顾第一、第二之后，剩有多少钱，便办多少事，以没有赤字为原则。""但是对直接与战争有关的军工投资，对增加财政收入直接有帮助的投资，对稳定市场有密切关系的投资，这三者应该予以满足。除此以外，应加以削减和收缩。"①

在上述方针指导下，国家大幅增加战时经费，并且采取转移支付的办法，为东北人民政府首批划拨战争经费 1 亿多元。其中，属于中央财政开支的战勤费，由东北人民政府按年度编造预算，经中央财政部核准后，在核准预算范围内由东北人民政府掌握动支，年终专案报

---

① 1950 年 11 月 15 日，陈云在第二次全国财政会议上的讲话。

销。1950 年 10 月 29 日,中央军委电告高岗:“东北边防军及在东北的部队、机关、学校,所需经常费由东北财政部照军委规定的标准支付。其他一切临时经费等,均由高岗同志直接负责处理,而后向中央转账。”[①]1950 年 12 月 13 日,财政部赴东北的艾楚南、张伯涛反映,东北财政部代中央垫付的军费(不算新兵费)截至 12 月底共计为 1 亿多元(人民币),比原批准的超过 2000 多万元。到 1950 年年底,全年的军费超支 21.8%。

为了拿出更多的资金用于抗美援朝战争,国家在财政金融方面采取了多项措施。一是短期冻结存款。当时,国家银行存款的 90% 以上来自机关、部队和社会团体。从 1950 年 10 月初开始,一些机关、部队、团体,开始从国家银行大量提款,用于抢购所需的物资。10 月 24 日,中央财政经济委员会向中共中央提交了《关于防止物价波动》的报告,建议采取短期冻结存款的措施。11 月 2 日,陈云、薄一波向周恩来总理报告:“关于冻结现金和物价措施的电报已拟好”,“决定 11 月 5 日开始冻结”。“关于冻结现金和物价措施的电报”大意是:“在美帝国主义侵朝战争影响下,社会上存货不存钱的心理抬头,游资正集中进攻我们的弱点棉纱,一个月来国家银行的存款不增加,相反的是,部队、机关、团体正向国家银行提存,在 10 多天里已提 6000 亿元[②],如不制止,有续提之势;11、12 两个月因军费增支而来的财政赤字及收买外汇两项,现金支出至少四万亿元,如部队、机关、团体继续向银行提款,则一起共缺现金六万亿至七万亿元,这是目前金融上的很大危机。”[③]当日,周恩来总理批示:“照发”。11 月 5 日,短期冻结存款的措施开始实施。金融机构奉命对部队、机关、团体的存款实施冻结,冻结期为 1 个月,冻结的存款全部抵作 1951 年预算拨款。这

① 《杨立三文集》下卷,第 130 页,金盾出版社 2004 年版。

② 人民币旧币。1955 年 3 月 1 日中国人民银行发行第二套人民币,新币 1 元等于旧币 1 万元。

③ 1950 年 11 月 2 日,陈云、薄一波《致周恩来》,载《薄一波书信集》上,第 173 页,中共党史出版社 2009 年版。

一措施达到了预期的效果，全国批发物价指数如以 1950 年 3 月为 100，则同年 12 月为 85.4，1951 年为 92.4。二是增加税收。主要包括增加税率和加强税收两个方面。增加的税率主要是农业税，同时开征契税，并对酒和卷烟用纸实行专卖。当时，全国偷漏税收的情况相当严重，偷漏税收的数量达到 15%～30%。据 1950 年第一期营业税纳税后的抽查统计，上海在 351 家纳税户中，有偷漏行为的占 99%；天津在 1807 家纳税户中，有偷漏行为的占 82%。1950 年，上海民丰、华丰造纸厂偷漏所得税 118 万元；汉口市一般每月漏税 30%。对此，国家在增加税收的同时，加强了征税工作。1950 年，"城市税收共超过原概算 62.9%，占总实收入的 37.8%，其中工商业税超过 59%，货物税超过 70.5%，其他印花、屠宰各税超过 56.6%；关税超过 83.6%，占总实收入 6.7%；盐税超过 33%，占总实收入 5.3%；国营经济向国家提供了 21.75 亿元的财政收入，占财政总收入的 33.4%"①。三是削减财政支出。中央财政经济委员会规定，除与战争有直接关系的军工投资、对增加财政收入有直接帮助的投资和对稳定市场有密切关系的投资外，文教卫生、公用事业、军政经常费用和其他经济建设投资都要加以削减和收缩，"就是军费开支，也不能采取有多少用多少的'包用'办法。如何用，用多少，用迟用早，都要详加审核，而不是'报销'了事"。"总的要求是可削则削，可减则减，可推则推。"②四是实行纱布统购统销。抗美援朝战争爆发后，"由于美国的封锁，部分商品进出口遇到困难，投机势力在市场上抬头，纱布又成为投机囤积的对象。1950 年 10 月，由纱布带头的物价动荡，从东北地区开始，波及天津、济南、青岛、上海，一直蔓延到华北、华东的中小城市，中南、西南及西北地区的涨势比较缓和。1950 年 12 月与 1949 年 12 月相比较，全国批发物价总水平上升 93.3%"③。为抑

① 《中华人民共和国财政史料》第二辑，国家预算决算（1950—1981 年），第 7 页，中国财政经济出版社 1983 年版。

② 《当代中国财政》（上），第 73 页，中国社会科学出版社 1988 年版。

③ 《当代中国的物价》，第 24～25 页，中国社会科学出版社 1989 年版。

制物价,政务院决定对棉纱棉布实行统购统销。1951 年 1 月,中财委发布《关于统购棉纱的决定》,规定一切公私纱厂的自纺棉纱及自织棉布,均由国营花纱布公司统购。这样,就把影响市场物价的主要物资纱布全部掌握在国家手中,大大增强了稳定市场物价的实力。当年一季度市场物价总水平是稳定的。4 月 1 日,为了配合关内外币制的统一,中财委将棉纱牌价调高 15%,棉布牌价调高 9.8%。牌价调高后市价跟随上涨,当年 6 月全国批发物价总水平比 1950 年 12 月上升 6.6%(比 1950 年 3 月水平仍低 9%)。

此外,东北人民政府还面向社会征收战勤粮、战勤费。1950 年 12 月,东北人民政府颁布实施《东北区战勤动员暂行办法》。该《办法》第三条第一款规定:"城市适龄男劳动力可按服勤工数折款交纳战勤费";第三条第六款规定:"在工商业者之所得税中附加百分之三至百分之五作为战勤费";第四条第五款规定"农村按地亩负担战勤粮"。战勤费、战勤粮统由税务部门负责征收,工商业者统由行业工会负责征收,一般市民以街道行政组织负责征收。所征战勤费统交财政部门管理,由省、市负责掌握开支,专款专用,非经省、市以上人民政府之批准不得动用。到 1951 年年初,上述规定在部分地区尚未执行。即使执行者,其中在起征时间、征收比率与实际入库的情况也不一致。为保证今后的一致及负担的公平合理,东北人民政府规定,战勤粮,按公粮 5% 征收;战勤费,凡缴纳所得税者,均应比照所得税的 5% 征收。征收的时间均由 1951 年第一季度开始,未征收的地区应逐季补齐。城市适龄男劳动力不论工商业者或一般市民均以每人每月出勤两日,每日两工薪分折缴战勤费,尚未征收的地区,应立即开始征收并暂定从第三季度开始补征。

1950 年 11 月 17 日,中共中央东北局发出《关于全力支援前线厉行精简节约的通知》,明令规定:除为战争或生产所必需并为东北人民政府或东北军区所批准的修建与增加设备外,各机关必须无条件地停止一切修建,以及一切不必要的购置、增加设备等。一切后方机关、军事后勤机关,都要以最负责的态度爱惜民力、物力,把有限的资材，用到最主要与最急需的用途上去。对于一切物资的保管、调度与分配应以严肃负责的精神来进行，任何因疏忽大意，招致物资的破坏或损失者，都是不可宽恕的。一切后方机关必须厉行精简，减少工作层次，减少繁文缛节，提高工作效率；提倡一个人做两个人的工作，以抽出一切可能抽出的干部参加战勤与生产工作或其他为战争与生产所必需的工作；勤杂人员必须减至最低限度；一切能工作的家属应参加工作或生产，不能工作的女干部不给保姆。编出之勤杂人员，老弱者可动员回家生产，青壮年可转入部队；一切机关今后不经许可，不得随意增加人员。严格编制，严格收支制度，严禁冒支冒领，各级财政部门得设专门检查人员，对各机关进行必要的检查。对于一切违法修建，违反编制，以及各种铺张浪费或贪污腐化的行为，应提交政府监察委员会与党的纪律检查委员会议处。号召已有大衣、棉鞋、棉帽的全体县以上的干部，1950 年不领新的，已领的交出（有多余的欢迎自愿捐献支前），交财政部转前方使用。

（四）军工企业转入战时生产

1950 年 10 月，全国第一届兵工会议之后，兵工系统便投入紧张的支前生产。各兵工企业“在劳动组织方面，重新调整了力量，加强了生产的组织管理，抽调有实践经验的干部和老工人加强了生产第一线；延长工作时间，实行 11 小时战时生产制度，24 小时两班轮换，歇人不歇工；人力不足，中央就决定从志愿参军的青年学生中，抽调一批支援兵器工业；同时，又组织已调离和转业的人员归队，使人力得到了补充，保证了生产。”①

运动战阶段前期，志愿军没有坦克，也缺少有效的反坦克武器，主要靠手榴弹、爆破筒和炸药包攻击敌人坦克。如何打破美韩军队的“刺猬战术”即以坦克为依托的步坦协同战术，成为志愿军迫切需要解决的问题。1951 年 2 月，重工业部根据中央军委的指示，向西南、华北两地的兵工厂下达了反坦克武器研制任务，“拟定了口径 75

① 《当代中国的兵器工业》，第 32 页，当代中国出版社 1993 年版。

毫米无坐力的反坦克火炮和弹药为最佳方案,开始设计、试验工作”。与此同时,在沈阳的东北军工局也展开反坦克武器的开发研究。军工局在讨论中认为:“我们当前生产反坦克兵器中,还没有一种能摧毁美军‘豹式’坦克的。只有开发新的、大口径反坦克炮或大口径火箭弹(穿透110毫米防弹钢板)才能奏效。东北军工局决定开发、设计、制造口径90毫米的反坦克火箭筒和反坦克火箭弹。”①

在重工业部兵工总局的具体组织下,东北地区负责步炮、山炮用破甲弹及反坦克火箭筒、火箭弹的研究设计;西南地区负责57毫米和75毫米无坐力炮炮筒的设计,华北地区配合研制炮弹;山东地区负责反坦克手榴弹和反坦克地雷。东北地区承担90毫米火箭筒研制任务的127厂,1951年3月抽调本厂最优秀的技术人员和工人,测绘、仿制和改进美式90毫米火箭筒,2个月制出样品和完成生产准备,经上级有关部门审核同意,旋即投入生产。“724厂原本是后膛炮弹制造厂,没有火箭药压药机,就用水压机替代。一次,在水压机上压制火箭发射药时,发生爆炸,年轻的工人吴如平同志当场牺牲。在90火箭弹的试验、试制、生产过程中,还有一位在抗日战争即从事火药生产的孙明山同志(延安紫芳沟化学厂来的)牺牲了。”②“724厂经过无数次的研究、试验和改进,付出了工伤事故的沉重代价,终于在1951年5月(高岗命令后的第三个月)90火箭炮弹试制成功了,当即投入批量生产。生产出两种形式的90火箭弹:一种是135型旋转的反坦克火箭弹;另一种是241型尾翼稳定的反坦克火箭弹。两种各制造了10万发。造一批,送一批,直接送到人民志愿军手里。”③与此同时,由大连八一厂负责研制的2种反坦克破甲弹,也通过了东北兵工局的审查验收投入生产。该厂原为军工企业,后划归地方建制转产民品,抗美援朝战争爆发后,又根据东北军工局的命令,紧急转产军品。同

---

① 刘正栋:《铸剑》,第157页,航空工业出版社2007年版。
② 刘正栋:《铸剑》,第158页,航空工业出版社2007年版。
③ 刘正栋:《铸剑》,第159页,航空工业出版社2007年版。

期,西南地区的497厂也试制出57毫米无坐力炮的样品。

各兵工企业研制的反坦克武器弹药,均由志愿军总部组织前线部队进行试验。试验的结论是:57毫米无坐力炮破甲力最强,射程达800~1000米,射击距离在200米以内效果最好;90毫米火箭筒破甲力也很好,有效射程300米,100米以内效果最好;60毫米火箭筒,射击距离为50~70米,可打轻型坦克,打中型以上坦克威力不足;92步兵炮延期信管弹,穿甲厚度仅1厘米,打坦克效果不好;磁性地雷在距坦克10米处投掷,距坦克1米时即被吸住,可爆破直径15厘米的炸孔;反坦克手榴弹投掷于坦克油箱或机械部位,可炸出8~10厘米直径的圆孔。这些试验数据,为兵工企业生产反坦克武器提供了重要依据。到1951年6月即运动战阶段结束前,大部分兵工企业已经相继完成研制任务并投入生产。大连八一厂到6月份已生产2种反坦克破甲弹共5万余发,超额完成东北军工局下达的生产任务。此外,1951年第四次战役前,由于前线急需的反坦克地雷数量不足,东北军工局积极寻找替代品,将炸药装入马口铁盒并压成固体,规格为1斤、3斤、5斤三种,形状为长、方、圆,可代替反坦克地雷使用,因陋就简地解决了前线的急需。

在解放战争三大战役中,人民解放军单兵弹药基数为80发子弹,每次战斗发射子弹平均为30至40发。志愿军入朝时按此基数上调了3倍,但战斗打响后仍感到严重不足。因此,运动战阶段,兵工企业开足马力生产子弹。"说生产不如说是改造",因为此时的兵工企业生产弹壳和弹头没有问题,但生产子弹装药还比较困难,只好从其他口径子弹中拆出装药,装入新的子弹壳内。当时沈阳等东北城市都组织党、团员参加义务拆子弹工作。在志愿军使用的旧杂式火炮中,美式75毫米和105毫米榴弹炮性能较好,是团、师两级的主炮。这种火炮虽有一定数量,但炮弹极少。因此弹药的生产成为兵器工业的重要课题。经过努力,75毫米口径炮弹比较顺利地仿制出来了,而105毫米等大口径炮弹,既没有重型冲压设备,也无生产经验,生产比较困难。为解燃眉之急,51厂组织技术人员反复研究,制定了利用旧炮弹改造的技术方案。弹头选用日式105毫米尖头榴弹,修整弹带外形,仍用日式引信、底火和发射药。药筒则利用使用过的美式105毫米炮弹药筒,经过收口,然后装配成全弹。

运动战阶段,有许多兵工企业是在迅速完成搬迁或重组的情况下,完成兵工生产任务的。东北地区因紧邻朝鲜,疏散转移工厂的任务相对繁重。当时,东北的工业企业半数在南部。朝鲜战局发生有利于美韩军队的逆转后,中共中央东北局向中央提出转移东北工业设备的意见。1950年9月3日,周恩来总理"经与陈云、一波、富春、荣臻面谈,均认为从目前形势看来,以加强积极防御较消极迁移为好;从迁移本身看来,大搬(鞍山、抚顺、本溪等)不可能,小搬可根据实际可能,分别现在就搬、布置好了再搬、等到非搬不可时再搬三类以及搬往北满或搬一部分到关内两方面着手"①。此后,"李富春约集东北在北京的有关方面负责人,根据周恩来等的具体意见,负责商定了此项工作的切实计划"②。

从1950年10月开始,东北人民政府有计划地组织沈阳、安东等地的20多个工厂,向松江省和黑龙江省搬迁。其中,迁入松江省的有13个工厂、7377名职工,迁入黑龙江省的有7个工厂。为组织好这次搬迁,各疏散搬迁企业都成立了搬迁领导委员会,统筹安排各项工作。设备和工具从拆卸、运输到安装,都安排专人负责到底。整个疏散搬迁工作很好地贯彻了"边迁厂、边建设、边生产"的方针,大部分工厂从决定搬迁之日起,一般不到半年时间,就在新的厂址批量生产出各种枪械、火炮和弹药。沈阳51厂是当时国内较大的兵工企业,也是这次搬迁的重点。在搬迁时,全厂职工冒着严寒不分昼夜进行拆卸、运输、安装机器设备,仅1个多月时间,便在新厂址建起简易厂房5000平方米,安装设备352台,部分车间投入生产。从1950年11月到1951年3月,51厂搬迁完毕并全面恢复生产,共迁运设备1358

---

① 《周恩来军事文选》第4卷,第53页,人民出版社1997年版。

② 《李富春传》,第393页,中央文献出版社2001年版。

台，工具、材料等物资3000吨，职工1600人。1951年7月定名为626厂。在此次搬迁中，东北人民政府还将东北南部50%的橡胶厂及其75%的生产能力转移到东北北部。其中，沈阳国营第一、第二橡胶厂和辽阳国营第九橡胶厂共1万多吨设备、器材，在1个星期之内全部拆卸完毕，1个月内3100多名职工和家属，连同设备、器材，全部抵达施工现场，2个多月后新厂建成，1951年1月生产出了轮胎，并且很快从日产40条增加到400条。在此期间，其他地区枪炮厂也做了调整。重庆21兵工厂，于1951年陆续将制革、制弹、火工等部分移交其他部门，然后分建为以生产步枪为主的296厂和生产机枪为主的456厂。1950年到1951年，太原电机修理厂和兵工局炮厂先后并入太原西北修造厂，1951年7月定名为247厂。山西长治307厂，与南京军械总厂合并，定名为307厂。

由于国内军工企业的武器装备生产能力远不能满足志愿军作战的需要，致使志愿军在运动战阶段的武器装备补充，主要依靠从苏联进口，或是从国内未参战的部队中抽调。1951年年初，从苏联购买的第一批45个师的武器装备到货。中央军委决定拿出36个师的武器装备成建制改装部队，其余9个师的武器装备，用以补充志愿军部队在1951年第2、3、4季度的作战损失。1951年3月，志愿军第19兵团在华北地区完成苏式武器装备换装。该部到达东北后，又补充了苏式高射机枪270挺。志愿军第20兵团在东北地区换装8个师的苏式武器。这些措施，使后续入朝的志愿军部队，其武器装备水平特别是炮兵装备水平得到极大的提高。截至第五次战役前，志愿军机动炮兵部队共装备美制155毫米榴弹炮24门，日制4式150毫米榴弹炮15门，苏制122毫米榴弹炮36门，美制105毫米榴弹炮72门，日制91式105毫米榴弹炮21门，日制90式野炮9门，日制38式野炮24门，苏制76.2毫米野炮36门，苏制57毫米战防炮36门，“喀秋莎”火箭炮72门。志愿军高炮部队共装备苏制85毫米高射炮32门，苏制37毫米高射炮165门，98式高射机关炮7门，苏制罗通式高射机关炮6门，苏制德什卡高射机枪1560挺，美制40毫米高射炮6门、7.92毫米高射机枪310挺、89式高射机枪240挺。

(五)沿海企业和物资的疏散

抗美援朝战争打响后,青岛财政经济委员会致信中央财政经济委员会,提出“加速向内地疏散物资的意见”。1950年10月26日,中财委副主任薄一波指示有关方面:“青岛财委的意见是正确的,请指定专人拟定具体方案派赴青岛执行。”[①]11月12日,中财委已经对沿海地区的物资疏散做出全面部署。主要措施包括“一般防空袭的疏散”和“战争目标的疏散”。“一般防空袭的疏散,大城市只向其周围几十里到一二百里地区疏散。只有极重要的机器(如冶炼特殊钢的一两吨的电炉子,必要的电机等)和贵重物品才向大后方疏散。”“战争目的的疏散(即估计到沿海轰炸和登陆)和和平时也要向后搬的计划相结合,比如杭州经纬厂(造纱锭机器)和早已决定搬十八万锭到内地的计划,不管战平时均应搬,现在更应搬。”“国家在沿海所存重要战略物资(主要是贸易部),如五金器材、电解铜、橡胶料子等应全部向内地搬。此种物资现有十二万吨,年底可能达到四十二万吨。”大城市所存的物资,“原则是工业品全部下乡,工业原料(如棉花)和粮食则仍应集中城市保存足够用的数量,但应在城内和市郊分散保存”。“此外如兵工机器、印票机器、铁路桥梁工厂、从香港回来的压油机等均开始搬内地。”[②]此后,政务院有关部门和沿海各省、市人民政府,依据上述指示精神,对沿海重要的工矿企业和重要的战略物资进行了转移疏散。此次转移疏散的规模虽然不大,但却是国家应战疏散的早期实践。

(六)物资动员规模的扩大

抗美援朝战争打响后,随着入朝参战部队的迅速增加,给养、服装等军需物资动员的任务日趋加重,范围也从东北地区迅速扩大到全国。

---

① 《薄一波书信集》(上),第172页,中共党史出版社2009年版。

② 《薄一波书信集》(上),第180~181页,中共党史出版社2009年版。

粮食供应方面，“抗美援朝战争开始后，全国财政部所属的粮食管理部门立即动员起来，把保证前线的军粮供应作为压倒一切的中心任务，全力以赴，各级粮食公司也积极配合”①。当时，高粱、玉米和食油主要由东北人民政府粮食总局负责组织供应，大米、面粉由中财委在关内统一安排，主要从华东、中南两大区组织专项加工调拨。国家粮食管理总局和中国粮食公司负责安排铁路运输，各地粮食部门负责粮食的集中和公路、铁路运输的装载运送。粮食运输在国内为军运，使用军运支票，由粮食管理总局向总参谋部军运司令部领用与结算。关内运出的粮食与东北区粮食总局结算。过江运往朝鲜的粮食，由东北区粮食总局与东北军区后勤部结算。

1950 年 10 月以后，进入东北的部队迅速增加且集中在辽东地区，对粮食的需求陡增。此前，东北地区主要从黑龙江、吉林等北部地区往辽东地区调粮。辽东地区的志愿军部队大量增加后，因公路、铁路运力不足，北部地区的粮食不能及时运抵辽东地区。在这种情况下，东北地区开始在南部地区预先征收年度公粮。11 月下旬，南满地区征收的粮食已开始入库，北满地区的征收工作也在 12 月中旬展开。从 10 月 14 日至 11 月底，东北地区已向前方运送粮食 7860 余万斤，其中细粮 1833.2 万斤。

1951 年 4 月初，中共中央东北书记高岗致电中财委，提议将志愿军的细粮比例增加到 50% 以上。4 月 9 日，中财委主任陈云致电中共中央华东局第一书记饶漱石、华东财经委员会主任曾山和中南财经委员会主任邓子恢，提出：志愿军所需细粮，需由华东、中南、华北调补，其加工、装具、运输等问题均须与各有关部门进行具体研究。同日，陈云又致电东北高岗、李富春、林枫，指出：因关内条件较差，加工、装具、运输工具等的准备与调配，须转告东北粮食部门派员带计划于 4 月 20 日来京与粮食总局开会研究，否则本月不能正式开始运输。4 月 20 日如期召开会议，随即华东、中南、华北等地开始为志愿

① 《当代中国的粮食工作》，第 56 页，中国社会科学出版社 1988 年版。

军筹措供应细粮。

东北地区在给养保障上遇到的较大问题,是如何为志愿军生产和提供更多、更好的方便食品。起初,打算以饼干为主食,但饼干体积大运输和携带都不方便,生产量也有限(东北1个月只出60万至70万斤,仅够前方部队1天食用),并且战士们常把它作零食吃了不能顶饭。1950年11月8日,东北军区后勤部建议为志愿军供应熟食和炒面,并将样品送志愿军总部征求意见。11月12日,东北人民政府发出《关于执行炒面的几项规定》,要求沈阳市在20天内完成276万斤炒面的任务,每天的炒面量不得少于13.8万斤。11月20日前,东北人民政府调集150辆汽车,将首批100万斤炒面送往朝鲜前线。11月20日,彭德怀电告东北军区后勤部大量前送炒面。11月23日,彭德怀又电告总后勤部,要求从第二次战役开始每月为志愿军提供的炒面应占粮食供应总量的1/3。接到彭德怀的电报后,东北人民政府立即召集各市长和部分省主席开了一个炒面动员会议,要求与会的各市长都要组织生产炒面,以便在12月底完成1000万斤炒面的任务。这次会议后,在东北地区的各城镇中掀起了一场“炒面运动”。沈阳在起初炒面时,白面占70%左右,苞米面占30%左右,此外再放点盐。在炒面会议以后将炒面的主要成分改变为:高粱面44%,麦子面25%,苞米面20%,大豆10%,此外是少量的芝麻和盐。最初是先磨成面再炒,这样不易炒熟,于是改变为先炒整粒粮食,炒熟后再磨成面照比例掺和起来,既好熟也多营养。总后勤部接到彭德怀的指令后,紧接着又收到东北军区后勤部的紧急报告。东北军区后勤部称,供给前方炒面问题,财政部意见力求由东北解决,以节省火车运输。前方急需10日内,从关内运来100~200万斤,以后东北可以解决。总后勤部立即将情况向周恩来总理做了汇报。很快,政务院便向北京、天津、南京、武汉等地部署了生产炒面的任务。周恩来还抽出时间同北京市干部、群众一起为志愿军制作炒面。仅20多天,上述城市就将第一批400万斤炒面送往前线。从第二次战役开始,炒面便成为志愿军的主要食品。到1951年6月运动战阶段基本结束时,运往朝鲜前线的炒米、炒面等干粮共达6200万斤，占前运粮食总数的16.7%。

在副食品供应方面，东北地区最初为志愿军组织生产了很多牛肉干。为此，政务院还从华北地区为东北地区调集了大量的牛肉。但牛肉的来源很快就成为一个难以解决的大问题。1950年11月5日，总后勤部部长杨立三当面向周恩来总理报告："为解决东北所需牛肉干问题，考虑第一步先做三十万斤。拟由西北代制十万斤，中南、华东、西南、华北各五万斤。如此，则需六千头牛(三斤肉做一斤肉干，每头牛平均一百五十斤的肉)。这是一件大事，可否如此办理？并拟向各大城市订制一批肉食罐头，但价格很贵，约高出东北一倍。其他可用办法，仍在继续研究中。"周恩来指示："杀牛卖皮，已成目前华北严重恐慌，再杀六千头，颇难有此决心。拟改做咸肉、咸鱼及饼干、罐头。"①此后，东北地区适情减少了牛肉干的生产，更多的生产熟肉和各类罐头。到12月中旬，已动员组建了23个熟肉和罐头加工厂。12月18日，中共中央东北局一次就布置52万斤熟肉的生产任务。大连罐头食品厂是较早承担志愿军罐头生产的企业之一。自接到任务后，该厂便立即组成技术攻关小组，经过1个多月的昼夜试验，研制出全自动生产线，使产品投入批量生产，产品合格率达到98%以上。日产量也不断提高，从5000罐上升到8000罐，最高时达到1万罐。

在服装方面，东北地区在运动战阶段大部分时间都在全力进行冬装的动员生产。最初，总后勤部下达的计划任务较小，东北按计划数的1倍进行生产。为此，把库存的棉花都用上了。可是，由于参战部队数量增加，加上作战异常激烈艰苦，志愿军入朝不到1个月即到1950年11月初，许多棉衣棉鞋已开始破烂，需要东北赶制冬装加以补充。然而，东北此时的冬装生产已无余力。主要原因是没有棉花，如再由关内运进约需20天至1个月，加上缝制约需1个月至2个月

---

① 《杨立三文集》下卷，第131页，金盾出版社2004年版。

时间。这样到了换单衣季节再要拖延,前方将不能按时换季。至于鞋子也仅能将已存的40万双胶鞋、皮鞋和已布置生产的30万双胶鞋棉鞋发出,今后再无力多发了,如再需要,须由关内解决。在这种情况下,李富春于11月4日致电聂荣臻、杨立三,建议后续部队的冬衣、被、毯,尤其棉鞋须在关内补充齐全,宋时轮率领第9兵团的棉衣、棉鞋须迅速随军经运东北,以防沈阳正值的雪寒。11月中旬,东北人民政府财政部被服局也向国家财政部反映:1951年准备缝制军衣300万套,帽子、衬衣、棉衣各150万套,大衣90万套,袜子300万双,子弹袋、炸弹袋、挎包各90万件,以及其他零星物件等,每天需要有1.105万台机子才能完成这个任务,即便现在自己所有的和已组织起来的私人机子,到1951年一个不减少,还差3000多台机子。对此,财政部认为,关内的被服生产力很充裕,此事应由总后勤部统盘计划,东北可以不再买机子。鉴于东北的实际情况和财政部的意见,总后勤部没有再增加东北地区的冬装生产任务,把补充志愿军冬装短缺的任务交由华东、中南等地区。为完成此项任务,山东省在1950年11月至12月50天的时间里,组织各大城市为志愿军赶制军装。其中,济南市赶制服装35万套、鞋12万双,青岛市赶制服装20万套、军大衣10万件、军鞋17万双。

东北地区虽然免去了增加冬装生产的任务,但服装的生产任务依然很重。为此,东北地区深入开展了服装生产动员。1950年11月27日,吉林省人民政府就动员抽调裁缝技工及缝纫机器问题向各级政府发出命令。主要措施有三项:一是延边地区由专署于12月4日前,从延边各县动员熟练缝纫技工500名携缝纫机器,组织临时军需被服加工厂,由专署抽派足够得力干部负责领导与完成该工厂加工任务。二是此前未布置任务的一些县,每县20~65名以及相应的机器数量,于12月5日前由该县府派干部带领到吉林市府负责组织的临时军需被服加工厂集中,待任务完成后再归县。三是在双辽专区和桦甸、扶余、永吉、伊通、双阳等县,总计动员缝纫技工140名,在12月10日前由各专县派干部送省参加省军需被服工厂工作。1951年1

月，东北人民政府指示旅大专署在6个月内完成40万双军鞋的生产任务，且鞋底所需废布由旅大市自行解决。1月9日，中共旅大市委、市政府决定成立旅大市军鞋加工委员会，以市合作社为主，成立旅大市军鞋加工总厂，各县区成立分厂。随后，各县区也成立了军鞋加工委员会，共组织军鞋加工分厂14个。为解决军鞋原料来源，市政府先后派人到山东收购废布10万吨，到辽西等地收购10万吨，又在本市城乡进行了广泛的宣传发动。各村、坊组成收购大队和收购小组，挨家挨户进行宣传、收购。许多群众自愿把废布洗干净，送到村、坊。为使生产的军鞋达到规定的规格质量，旅大市军鞋加工总厂组成技术研究小组，统一规格样式，挑选积极分子，开展技术培训。在城乡广大群众的共同努力下，旅大市按期完成了40万双军鞋的制作任务。

（七）医疗卫生力量的紧急派遣

运动战阶段初期，在医疗卫生动员方面较早发挥作用的，是东北地区首批随军入朝的民工担架队。虽然这批担架队员有相当一部分因种种原因临阵脱逃，但留下来的民兵、民工担架队员表现英勇，并发挥了很好的作用。继首批担架队入朝后，东北地区又在1950年10月底至11月上旬，组织第二批共3110副担架入朝。其中，经辑安入朝的有1170副，经安东入朝的有740副，经长甸河口入朝的有500副，经临江入朝的有500副。

到1950年11月22日，东北地区已布置动员担架1.8万副，先后出动计1.2635万副，连干部在内约8万人。其中辽东省3820副，吉林省3900副，辽西省3300副，松江省1015副，黑龙江省600副。这1万多副担架分别经安东、长甸河口、辑安、临江4个口岸入朝，其中，经安东入朝的有3150副，经长甸河口入朝的有2770副，经辑安入朝的有4135副，从临江入朝的有2580副。到1951年1月28日，担架队在朝鲜定州一线的分布情况是：清水600名及白上里（5分部20大站）1690名是锦县、凤城、台安、彰武、岫岩民工；定州（5分部19大站）5500名是北镇、锦县、本溪、新金、海城民工；安州（5分部20大站）1300名是辽西民工；万城（3分部3大站19分站）500名是法库民工；西浦（3 分部 3 大站 20 分站）800 名是法库民工。由于各级领导的重视，全体干部的积极努力，党、团员的带头，群众的热情支援，基本上完成了任务。其中，凤城担架第 3、第 4 大队自渡江后在白马、永山、塔洞一线，顺利地完成了抬送 54 名伤员的任务，比起其他各县跑的最少，并帮助别县截回逃跑队员 131 名，闲暇时间民工自动给朝鲜居民打粳、挑水、扛草袋，颇受军队称赞和群众爱护。但有些县的担架队发生了严重的逃亡现象，有的单位全部逃亡，有的逃亡 1/3，有的连干部也随队逃亡。计先后逃亡 4000 副左右。既浪费了人力财力，又影响了支援任务。在这种情况下，东北人民政府民政部提出整理前方担架，将好的加以调整编制，配备干部补充必需之服装鞋帽，一律宣布为半年一期调换一次，零散者加以收容，指定沿江地区，集中整训。对逃亡者，由辑安、临江、长甸河口、安东四处兵站负责收容，地方政府协助整理。组织 5000 副长期随军基干担架队，在 12 月上旬分别按计划配备到前方作为骨干。除原布置数外，辽东、吉林各另布置 1000 副，松江、黑龙江各另布置 2000 副，辽西尚存 1700 副，共 7700 副一律作为半年的基干担架队。

抗美援朝东北地区首批担架动员统计表

单位：副

省别		辽东	辽西	吉林	松江	黑龙江	合计
布置总任务		3000	6000	4000	2500	2500	18000
到达地点	安东	1450	600	500		600	3150
	长甸河口	1470	1300				2770
	临江	300		1800	480		2580
	辑安	600	1400	1600	535		4135
总计		3820	3300	3900	1015	600	12635
尚存数		820	2700	100	1485	1900	5365
备注		①据 1950 年 11 月 23 日东北人民政府民政部战勤处三室统计。 ②辽西、黑龙江、松江三省已组织的基干担架数字未统计在内。					

为节约人力、物力，长期支援抗美援朝志愿部队，东北人民政府、

东北军区于 1951 年 1 月 14 日决定组织志愿担架团。条件为年龄 20～35 岁、身体健壮、无暗疾与不良嗜好、政治可靠、历史清楚之失业工人与劳动农民。担架队员服役期为 1 年，其家属按参军之军属待遇，以互助代耕办法，解决其家庭生产与生活问题。首批动员的总任务为 11 个团共计 2.3 万人，其中辽东、辽西、吉林、松江、黑龙江省各 2 个团，热河省 1 个团。动员的时限是 1 月底完成动员及一切准备工作，2 月初开始集训，训练时间为 1 个月，3 月分批出发。由各省军事部负责训练，干部可以配用二线兵团余留的团营架子，其不足或需要调整者，由省统一调配，并应尽量抽调有军事经验者。所需经费，自集中之日起即向财政厅支领，向财政部报销，交到后勤部后由后勤部统一供给。按规定配发大衣、棉帽、手套、棉被、干粮袋，所需担架、锹、斧和雨衣等，统由后勤部配齐。为完成上述任务，东北各省于 1 月中旬先后召开了县长、县委书记会议布置任务，要求通常在基干担架与后备担架的基础上动员组成。在动员方式上，一般自上而下召开了会议，县区村召开代表会议，并结合通过各种会议形式反复进行动员工作。辽西的绥中、兴城，黑龙江省的肇东县自愿报名参加的占 60%。

1951 年 2 月 8 日以后，东北各省市动员的志愿担架团已开始集中。2 月 10 日至 14 日，松江省在阿城县的玉泉、平山两区各集中 1 个团。2 月 11 日，黑龙江省在齐齐哈尔市集中了 2 个团，并在宽甸将逃回的基干担架队整编为 1 个团。2 月 12 日，辽西在兴城集中 1 个团，内有 1 个营（兴城、绥中、彰武各 1 个连）因不符合要求被退回。2 月 20 日，吉林省和辽东省开始以团为单位集中担架队。吉林省各团集中到永吉县乌拉街及长春附近。辽东省各团集中到瓦房店、清源两地。成立担架团后，实行了统一组织、统一训练、统一供给，在干部上、在物力上、在村中的财政开支上避免了混乱现象，在农村的党、团工作上，在军、烈属的代耕上也都随之有所提高。担架民工的生活比以前有所好转，能吃上饭，也有房子住，但在鞋子、衣服的补充上没有得到适当的解决，有了病无医药治疗，所以病号很多，如兴城 500 人即有250多个病号。在食粮上有的地方还是吃不饱,如四分部按1.625斤发,三分部虽发2斤,但以草袋整发,每袋120斤,实际只有100余斤,到头还是不够吃。

在前三次战役中,志愿军以及随军支前的地方人员伤亡较大。志愿军司令部鉴于战区医疗条件差,医务人员严重不足,因此规定,凡不能随队的伤病员一律送回中国境内治疗。前勤卫生部门也规定,各军、师医院的手术治疗范围限于救命手术和必要的更换绷带工作,只留治可以随队行动的轻伤病员,其余一律交兵站医院后送。后送手段,第一次战役中主要依靠民工担架,以后运输线延长,改用前送物资返程空驶的汽车和马车,辅以民工担架和爬犁。第二次战役中,东线部队发生大批冻伤,在汽车不足的情况下,广泛利用爬犁,在4天内突击转送伤员7000多名。前3次战役中,有近90%的伤病员被安全后送。在此期间,东北铁路特派员办事处抽调人员和客车组成12组卫生列车,担当由口岸伤病员分配处指定的后送伤病员的任务。每列卫生列车编病房车5辆,治疗车、隔离车和餐车各1辆,宿营车2辆,共10辆,1次可运送重伤病员156人或轻伤病员312人,编行政、医疗人员43~50名。第一批是以各铁路医院的医生、行政人员为骨干,从哈尔滨护士学校、沈阳高等护士学校和锦州卫生学校等卫生院校抽调青年女生参军。

1950年11月初,分散在东北南、北满地区的地方战勤医院和军队医院开始收治回国治疗的志愿军伤病员。当时,东北军区后勤部预计:依现时作战人数,估计伤员为14万人,病员为2万人(其中重伤为40%,轻伤为60%)。但计划收治伤病员的床位却迟迟不到位。总后勤部战前部署的10万张床位,在10月25日前到东北的床位数为5.1万张、可收容7万人(轻伤归队者可收万余)。10月25日至11月5日到东北的床位数为1.9万张。以上两项,截至11月5日,在东北境内已有7万张床位,可收容4万至6万名伤病员。另外,部队随带医院还可收容万余人。按照总后勤部掌握的情况,11月底前首批10万张床位可基本到位。其中11月5日至11月20日可到东北的床位数 1.6 万张,分别为华北 5000、西北 2000、西南 6000、中南 3000;11 月下旬可到东北的床位数为西南 4000,再加上由华东在 11 月内准备 1 万张床位,待命出动。10 万张床位的总体部署是:预定江南兵站医院 1 万张床位,由中南派去的 6000 与华北派去的 4000 担任①。此外,在南满的吉林、辽东、辽西三省部署 4 万张床位,在北满的松江、黑龙江两省部署 4 万张床位。周恩来总理得知上述情况后,指示总后勤部部长杨立三、卫生部部长贺诚,要求他们督促这一计划的完成,同时应准备制订 1951 年第一季度建立第二批 10 万张床位的计划。至 11 月 23 日,由华东军区后勤部抽调的第一批 1 万张床位、4300 余人,已到达指定地点;第二批 1 万张床位、3300 余人,大部已出发赶往指定地点;第三批 1 万收容量正在筹组中。截至 1951 年 2 月,总后勤部从各军区抽调的医院全部到达东北,除入朝者外,由军地医院组成的后方医院已达 93 所,床位 10.56 万张。5 月时,仅东北地区动员建立的战勤医院就有 61 所,床位达到 3.82 万张。所有后方医院由东北军区卫生部统一管理,其中,在松江省和黑龙江省境内的,无论军队医院还是地方医院,由东北人民政府卫生部督率各省卫生厅管理,在吉林省、辽东省和辽西省境内的,由东北军区卫生部督率各医管局直接管理。从 1950 年 11 月至 1951 年 7 月,后方医院共收容伤病员 14.96 万人,治愈出院 6.27 万人,占收容总数的 43.8%。其中痊愈归队 4.88 万人,占出院人数的 76.4%;残废归队 6852 人;死亡 1122 人,死亡率占 1.75%;送荣校 7077 人。

在动员组织前、后方医院的同时,医护人员特别是医疗队、手术队的动员也在迅速展开。1950 年 12 月 29 日,总后勤部卫生部在报告中称:当前战地及东北的医疗组织,数量并不是怎么少的问题,更重要的是需要整理。即手术队要按照 7 ~ 10 人为一组,每个兵团达到 40 个组。请东北军区以现有的及重新抽调的力量组成 1000 个组,组成后所缺器械由总后勤部卫生部负责解决。至于东北区后方医院,

① 参见《杨立三文集》下卷,第 127 ~ 128 页,金盾出版社 2004 年版。

已告东北加以整理。在此前后,在地方医护人员中组建志愿医疗队、手术队的活动已在全国各地展开。1950 年 11 月中旬,南京市医药卫生界抗美援朝委员会成立。12 月 10 日,南京市医务工会成立。第三野战军司令员陈毅在成立大会上指出:“组织志愿手术队、医疗队到东北去,这是抗美援朝最需要行动的表现。”他呼吁医药卫生界“答应这个要求,踊跃地到东北去,发挥团结力量”,组织志愿手术队、医疗队。“最后,大会通过了南京市医务工会抗美援朝宣言,号召全市医务人员行动起来,组织志愿手术队及医疗队等支援前线。12 月 14 日,南京市医药卫生界抗美援朝委员会举行全体会议,决定组织抗美援朝志愿医疗团。经过宣传动员,南京市医务人员积极性空前高涨,争相报名参加。其中不乏业内知名专家、教授,如南京大学医学院院长蔡翘(生理学家)、南京大学医院院长姜泗长(耳鼻喉科专家)、私立鼓楼医院院长陈祖荫(胸部外科专家)、华东军区医院(原中央医院)副院长王畏三、南京市立医院院长许同庆及副院长董健、南京市医务工会主席吴在东(病理学家)等。首批申请参加者有 1605 人,占南京市医药卫生人员的半数以上。”他们主要来自南京大学医学院、华东军区医院、市立医院及鼓楼医院等 28 个单位。另外,还有少数私人医生报名参加。经过各单位逐级审查,首批批准 263 人。12 月 30 日,南京志愿医疗团正式成立,团长为华东军区医院外科主任许殿乙,副团长为市卫生局副局长朱潮。医疗团设团部及秘书室,陈学义为秘书长。全体团员经过体格检查、预防接种和 1 个月的政治及业务训练后,编成 6 个手术队、5 个医疗队(内含 1 个精神病队)、1 个防疫队、1 个血库队,每队 10~30 人不等。1951 年 1 月 30 日,南京市首批医疗团团员从南京出发。2 月 2 日,到达志愿军长春第一医院管理局。所属各队被分到吉林和辽宁两省铁路沿线地、市的陆军医院,任务是配合诊治自朝鲜前线转运回来的志愿军伤病员。

1951 年 2 月 3 日,中国人民抗美援朝总会和中国红十字会发出组织抗美援朝医疗队的通知。通知发出后,医疗卫生动员很快掀起一个高潮。从 2 月 9 日到 19 日报名人数有 387 人。向中国红十字会各地分会报名的有:常州分会13人,洛阳分会5人,无锡分会23人,江阴长泾分会16人,上海分会12人,南京分会6人,安庆分会12人,芜湖分会1人,即墨分会57人,济宁分会6人,仙游分会1人,南宁分会18人,江门分会9人,福州分会23人,赣州分会3人,灌县分会5人,平凉分会4人,广州分会24人,汉口分会22人,重庆分会70人。直接向中国红十字会总会报名的有:河北省顺义县卫生院11人,察哈尔省宣化县龙烟铁矿庞家堡医务站10人,华北人民革命大学附属医院3人,河北省磁县峰峰矿务局医院11人,福建省武平县机动鼠疫防治队14人,远在中国越南边境的云南省建水县医务工作者12人,山西、河南、黑龙江、湖南等省及北京市个别报名的7人。《人民日报》在2月26日的报道中称:"这一报名热潮目前正在各地继续高涨。已报名的医务工作者,将由中国红十字会总会审核批准后,再通知其来京集中,编入'中国红十字会国际医防服务队',前往朝鲜工作。"①按照抗美援朝总会和中国红十字会总会的规定,所有队员佩戴统一的胸章。胸章的标准规格是长8.2厘米,宽5厘米,粗布制作,中间印有长方形框,内写:"中国人民抗美援朝总会卫生工作委员会志愿卫生工作队"字样。2月底,各地组织的志愿医疗队陆续到达北京。3月,由中国人民抗美援朝总会和中国红十字会动员组织的志愿医疗大队有15个、手术队有71个。其中,派往朝鲜前线的有9个志愿医疗大队、36个手术队,其他的志愿医疗大队和手术队被分配到东北的后方医疗机构。

(八)艰难开展的交通运输动员

运动战阶段,国内的铁路军运任务十分繁重。1950年10月,为加强对铁路运输的统一指挥,铁道部与东北局、东北军区商定在沈阳建立军运指挥机构。11月11日,成立东北铁路沈阳临时指挥所,由中长铁路管理局局长刘居英负责,受国家铁道部委托,在东北人民政

---

① 《各地医务工作者表现高度爱国热情纷纷报名参加抗美援朝医疗队》,载《人民日报》1951-02-26(3)。

府和东北军区的领导下,统一指挥东北铁路的军事运输和抗美援朝运输工作。同时决定将安东铁路分局改为直属东北特派员办事处的独立分局,承担战时支前运输的组织指挥工作。为保证鸭绿江的运输,东北人民政府和东北军区于10月发布联合命令,在长甸河口、临江和辑安口岸成立渡江司令部,领导工兵部队和安东港务局安东战勤大队,担负渡江运输保障任务。12月9日,经中央军委批准,以东北铁路沈阳临时指挥所为基础,成立东北军区铁路军事运输司令部,由刘居英任司令员,余光生任政委,叶林任副司令员,统一计划、组织军事运输和支前运输,监督铁路完成军运任务。同时,为组织实施朝鲜境内的铁路军事运输,决定在朝鲜定州和军隅里设置两个临时铁路军运管理局。1951年1月,由人民解放军总参谋长、铁道部长和交通部长共同签署颁发《中央人民政府人民革命军事委员会军事运输机关临时条例》。依据这个《条例》的精神,陆续制定颁发了《中国人民解放军铁路运输规章》《铁路军事运输计划规则》《铁路军运调度工作暂行办法》和《铁路军事运输付费办法》等规章,为实施正规的铁路军事运输打下了基础。上述规定的主要内容有:铁路军事运输按军运范围实施计划运输,由规定的单位提出军运计划,计划分全国性和区域性两类,分别由总部和军区军事运输机关管理;军事运输分成特殊、重点、一般三个等级,由总部、军区和交通沿线军事运输机关分级管理,实行局部服从全局、一般服从紧急、后送服从前运的原则;重要铁路军事运输实行密语调度指挥,以保守国家的军事秘密;军事运输费采用后付办法,由军事运输部门统一向国家铁道部交纳结算。

从1950年10月下旬至1951年12月上旬,铁路部门先后将第50、第66、第9兵团第26、第27军输送至中朝边境,出国参战。与此同时,前运装备物资1.74万车,内有武器弹药5223车,工兵器材531车,油料3137车,医疗药品器械8174车,其他335车。12月以后,入朝部队的铁路运输仍接连不断,仅西南军区就通过公、水、铁路联运的方式,分三批输送了6个野战军、11个补训师,还有12个团,以及分部、兵站、医院等军事单位共54.7万余人。这些部队分别由川江东运至汉口,由川陕公路北运至宝鸡,由黔桂公路南运至金城江,由湘黔公路东运至长沙,然后由汉口、宝鸡、金城江、长沙等地换乘火车运至东北。“三批共动用军内汽车3721台次,雇用商车6997台次,共行驶1079.8万余公里;共使用轮船525艘,木船367艘;共开行火车396个专列,使用各种车皮1.12万余辆。除运送了上述几十万部队外,还运送各种物资14万余吨,骡马6300余匹,火炮263门,汽车7296辆。”①

铁路军运的任务重,运输能力不足。当时,铁路共有货车3.6万辆,棚车只有8400多辆且多数因军运滞留东北,关内各局的棚车严重不足。第19兵团第64军和第65军,赴朝前正在抢修宝天铁路或在贺兰山地区执行剿匪任务,接到赴朝作战的命令后,先后从甘肃、宁夏等地徒步开进,沿西安、兰州公路进抵陕西关中的宝鸡、眉县、咸阳、西安、渭南、潼关等站,待乘火车。当时,由于陇海铁路宝鸡至潼关间刚修复,运输能力极低,自产空车也很少,大部分车辆靠上级从外局回送。按规定军用车辆的整备主要由铁路部门根据军交部门安排的计划配送,但因当时工作关系还没有完全理顺,有些规定尚未贯彻执行,计划需要的车辆不易落实。为保证完成任务的需要,军交部门及时与部队、铁路运输部门一起编制车辆保障计划,提前从管区内扣选车辆,不足部分请求中央军委运输司令部和铁道部门从外局回送空车,解决了空车来源问题。至1950年12月结束,共使用铁路车辆4500余辆,开行百余趟军用专列,输送20余万人、汽车百余辆、马车1700余辆、军马1万余匹和各种军用物资28万多吨。为使入朝部队乘车机动过程中的饮食得到保障,铁路沿线的各地政府在部队经停的站点,设立了名称不一的饮食供应站。到1951年2月4日,东北地区已建立各类招待站52个,接待过往部队127.39万人、伤员12.7万人、朝方人员3.98万人、担架队8.13万人,总计152.2万人。其

① 总后勤部军事交通部:《中国人民解放军军事交通史(1927—1987)》,第198~199页,解放军出版社1990年版。

中,接待人数最多的为辽西省,其次为吉林省,再次为辽东省。2月6日,东北人民政府民政部派战勤处副处长到辽西检查山海关、锦州、大虎山等招待站的工作。检查的结果表明:在过往列车间隔短、数量多、保障人员少的情况下,他们及时抽调干部和勤杂人员,克服了供应上的困难,有效地保证了过往列车和人员。

运动战阶段,部队战略集结的铁路输送,与当时东北地区工厂搬迁、进口军事装备和工农业生产运输交织在一起,运量与运能的矛盾突出,军事运输和民用运输矛盾较大,对东北地区的工业生产和群众的生产生活影响很大。当时,东北全区日均装车5200辆,军运就占1000辆,沈阳至安东线一度停止客货商运。1950年10月上旬,全区生产运输每日少装400辆,东北工业部、贸易部每日缺车700辆,致使瓦房店纺织厂一度停工,沈阳、长春、哈尔滨等城市存煤告急。11月上旬,周恩来总理指示军政有关方面,加强铁路运输的计划性,优先保障军事运输,经济合理地使用国家运力。据此,铁路部门一方面停止了部分地区一般物资的运输,以便为军运抽出更多的棚车;另一方面减挂旅客列车,抽出400多辆客车支援军事运输。东北人民政府也决定,把军运列为全区铁路运输的重点,按照先军后民的原则安排铁路运输,同时限制50公里以内的短途铁路运输,以提高运输效力。11月23日,东北人民政府在报告中称:11月份东北铁路计划每天装5000辆,但由于运用车不够(目前运用车16282辆,计划为16712辆),过境的车辆不能回来,因此,当前仅装4500辆。12月份铁道部批准东北可保有运用车辆17250辆,周转周期3~5天,每天除接运关内250辆外,东北每天可装车4750辆。但根据当时统计,全部需要为每天装车6022辆。因此,除保证前方运输与军需生产所需的运输外,各单位的运输不能不大加压缩。12月份计划入关的货物除入关军运外(入关军运数目不知,有时每天可达200车),平均每天464车(粮食每天232车,木材94车,钢铁约40车,其他为各种材料)。而中央各单位(铁道部除外),直接托运的有203车,因车辆不足,仅能承运75车(此75车已包括在464车之内)。“从东北铁路情况看,1950年第四季度军运日装车达到1000辆以上，占东北铁路总装车数的20%左右，仅10月12日至16日分批运送入朝的粮弹，即用车256辆。”①

然而，铁路军运在运动战阶段遇到的最大困难，不是车皮问题而是线路问题。在朝鲜境内和中朝口岸地区，从1950年11月到1951年6月，美军飞机共轰炸破坏桥梁215座，车站184处次，隧道29座次。安东、上河口、辑安3个口岸及鸭绿江桥，是中朝铁路运输的咽喉要道，成为美军轰炸的重点。特别是第四、第五次战役期间，美军对这3个口岸的轰炸平均每天6~7架次。为提高铁路的通行能力，铁道部会同军队有关方面，组织进行了铁路工程保障力量动员。1950年10月初，东北军区决定抢修凤凰城至上河口铁路线和上河口、鸭绿江两座铁路桥。动员的抢修力量是东北铁路特派员办事处工程总队第5、第6、第7工程队和辽南、辽西工程队。1951年3月30日，美机同时轰炸安东、辑安和上河口3座江桥，辑安正、便桥同时被炸，正桥炸毁4孔钢梁、4个桥墩被毁。此时，铁道兵第1师已经进入朝鲜腹地，只有吉林铁路局工程队负责抢修，铁道部调锦州铁路局工程队400余人赶来协助，吉林铁路局副局长蔡明远亲自指挥，用扣轨梁、木笼、枕木垛应急修复第一便桥。时值春融，冰排下泄，工兵分队炸冰泄洪，军民日夜连续奋战，仅用4天就恢复通车。在此期间，铁道部抽调铁路工程力量，组建中国人民志愿军铁路工程总队，赴朝执行铁路工程保障任务。这支队伍的主体为东北铁路特派员办事处工程总队，因此“组队初期东北铁路职工居多，其有的路龄较长、技术娴熟，具有‘二七’传统；有的路龄较短，或是中长路精简人员，或是退转军人，或是土改进城谋业的农民，甚至是市区游散人员以及抢建满洲里编组站和灌上线等国防工程中招募的部分临时工”②。组队时，将原有工程总队的7个大队改编为3个大队及钢梁队、电务队和汽车队，

① 总后勤部军事交通部：《中国人民解放军军事交通史（1927—1987）》，第200页，解放军出版社1990年版。

② 《中国人民志愿军铁道工程总队抗美援朝抢修铁路史》，第12页，中国铁道出版社2004年版。

共约5160人,总队长刘汉东,政委田志周,番号为中国人民志愿军897部队第二总队,后改为905大队。1951年1月初,东北特派员办事处组织铁路工程总队在沈阳召开赴朝抢修铁路动员大会。1月上旬,铁路工程总队赴朝后,“确定了各大队和直属钢梁队的管区和任务。全总队管区干线总长度707.5公里,占战前朝鲜8条主干线长度2229公里的32%。如扣除战时难以利用的元津线,朝鲜战前通车里程应为1367公里,总队负责管区占51%,平均每公里为7.3人”①。5月,铁道部从哈尔滨、锦州、齐齐哈尔和吉林铁路局挑选523名工程技术人员补入工程总队。6月初,铁道部又从衡阳、上海和济南铁路局,抽调415人组成桥工队补入工程总队,使工程总队总人数增至5122人。

运动战阶段,铁道部还对国内铁路备战防空问题进行了部署。1950年12月2日,铁道部部长滕代远在给中央军委《关于备战情况的报告》中称:为准备美军侵朝战争扩大时,关内铁路各主要干线上之重要桥梁(如滦河桥,金溪河桥,郑州、济南黄河桥,淮河桥,明光桥,钱塘江桥等)、轮渡(如浦口、武汉轮渡),大的建筑物及工厂等可能遭受敌机空袭,除向中央军委请求配备防空部队及高射武器有重点的防护外,其关内铁路(东北已由东北铁路布置)备战的布置情况是,铁道部与各管理局已分别成立防空委员会,负责组织计划线路及机关防空工作,并准备在空袭情况下,更有力地组织战时动员勤务。各管理局已组织铁路及桥梁抢修工程队及工程列车,准备线路桥梁遭受破坏时随时抢修,保证迅速恢复通车。已组成者计天津局750人,太原局1000人,济南局1200人,衡阳局、郑州局、上海局各1500人,共计7450人。鸭绿江桥及东北境内铁路破坏时则全由东北铁路之抢修队负责。上海工程团已调天津局北宁线机动,归铁道兵团建制。

---

① 《中国人民志愿军铁道工程总队抗美援朝抢修铁路史》,第36页,中国铁道出版社2004年版。

尽管军政各有关方面采取了多种动员保障措施，铁路运输的情况仍十分严重。第三次战役前，朝鲜一方的铁路基本不能通车，“铁路运输平均每日仅前运 7 个车皮的物资，约 155 吨，只相当于两个汽车连的运量”[①]。第三次战役后，由于“三七线”以北地区大体上已经被中朝军队所控制，加上军民抢修、抢建力量的投入，铁路运输的情况有所好转，但运输能力的总体情况仍很严峻。“据东北军区运输司令部 1951 年 3 月计算，3 月 15 日至 4 月 15 日，按前方需要，需铁运 1.05 万余车物资，而当时铁运还完不成二分之一，其余一多半要靠汽车前送，而且铁运的物资在朝鲜境内还要靠汽车前送。”[②]因此，中央和东北地区在汽车运输力量的动员上采取了多种措施。

汽车运输力量动员的首要问题，依旧是如何为志愿军动员更多的汽车。1950 年 11 月初，应志愿军的迫切要求，东北人民政府紧急从机关抽调司机和车辆组成战勤大队开赴朝鲜。同时致电中央，要求在 1950 年年底增调汽车 1500 辆，1951 年再增调 4000 至 5000 辆。当时，国内几乎无车可调，即使抽调来的汽车也因年久失修不堪使用。中央机关就曾从直属单位的运输车辆中，抽出最好的 200 辆送往东北，但据东北军区后勤部审查许多已不适用，故不拟再采此法。唯一可靠的办法，只能从 1950 年度国家向苏联订购的 1.5 万辆汽车中解决。按约定，苏联方面以 4 个月为一期，每期 5000 辆，分三批交货。11 月 5 日，总后勤部部长杨立三面见周恩来总理，建议从苏联第一批进口的 5000 辆汽车中，为东北增调 1500 辆。周恩来讲：“汽车正在催促中。他们原答应第一个月即来 2000 辆，但目前正忙于运飞机、坦克、火炮，汽车遂落在后边，尚无消息，当再电催。原定东北 2000 辆，空军 1200 辆，坦克部队 2500 辆，炮兵部队 2000 辆，其他尚未计算已

① 总后勤部军事交通部：《中国人民解放军军事交通史（1927—1987）》，第 202 页，解放军出版社 1990 年版。

② 总后勤部军事交通部：《中国人民解放军军事交通史（1927—1987）》，第 209 页，解放军出版社 1990 年版。

超过 5000 辆,而为 7700 辆。故各方必须紧缩,但东北 1500 辆不变。”①周恩来还与杨立三商定,由中央财政经济委员会,组织上海市对中央财政经济委员会掌握的待修车辆进行修理,“估计各区至少有 2000 辆,可修好换取后方好的车去前方”②。中央档案馆保存的相关文献记载:12 月下旬,从苏联进口的 5000 辆汽车到了 4500 辆。中央军委将其中的 2000 辆拨给志愿军,同时决定从国内炮兵部队中抽调 500 辆汽车送往朝鲜前线,待 1951 年 1 月上旬第一批最后 500 辆到货时,“如为运输车亦拟交前方”。中央军委还预告志愿军司令部:“第二批五千辆,需二月以后才能来,现正催促中。第三批五千辆,时间尚不能定。在二、三两批中,拟再给前方四千辆,连第一批共为七千辆。友方所来汽车一万五千辆,为全年订货,不能再加,且炮兵牵引运输车、坦克摩托化运输车,空军、海军汽车及入藏运粮车,均从此总数拨出,故前方七千辆已为最大数目,否则,炮兵即无法装备前方。”

在全力为志愿军补充运输汽车的同时,汽车司机的动员也在抓紧进行。1950 年 10 月底,东北地区已从社会上动员司机 2882 人,从党政机关中动员司机 134 人,另从滞留东北的朝方人员中动员司机 580 人。11 月前半月,虽然社会司机的登记和动员工作仍在进行,但实际的情况已表明,此种动员的潜力已十分有限。因此,东北人民政府民政部于 11 月 27 日决定,在辽东、辽西、吉林、黑龙江、松江、沈阳、旅大开办“汽车司机学校”。汽车司机学校,由民政部门配备干部,并负责动员学生,其毕业后分配调用;交通部门负责管理教育;财政部门负责供给。截至 1951 年 1 月 30 日,共有 6 个省市的汽车司机学校开学,共有学员 2250 名。到 1951 年 6 月 15 日,东北地区已分三批进行了汽车助手学员和汽车司机学员的动员。其中汽车助手学员第一批计划动员 1050 人,实际动员 983 人,第二、第三批计划动员 5550

---

① 《杨立三文集》下卷,第 129 页,金盾出版社 2004 年版。
② 《杨立三文集》下卷,第 130 页,金盾出版社 2004 年版。

人，实际动员4660人；汽车司机学员计划动员2600人，实际动员1909人。

由于不断得到汽车和汽车司机的补充，志愿军后勤系统的汽车运输力量不断扩大。1950年11月，组建志愿军汽车暂编第10团。该团原为沈阳市战勤汽车团。当月，还由沈阳市的各级机关抽调驾驶员、车辆组成战勤大队，辖3个中队，后与旅大汽车大队合编为战勤汽车团（代号为白山汽车团），并将2个大队的汽车修理厂合编为修理连。团辖6个汽车连、1个修理连，540人，属东北军区后勤部建制。12月，组建志愿军汽车暂编第9团，志愿军汽车暂编第13团。第9团以铁道兵团抽调人员为基础，由中南军区抽调的部分驾驶员、助手和东北地区工厂、学校、企业部门的参军、参战人员组成。团属5个汽车连、11个修理排，共875人。当时番号为汽车第42团，属东北军区后勤部建制。第13团在东北辑安组建。组建时以东北人民政府工业部抽调的部分干部和驾驶员、助手各70名，带汽车70辆为基础，由吉林省人民政府调出少数干部和驾驶员、助手各30名，带汽车30辆组成。番号为战勤支前大队，下属2个中队，共244人，归第1分部建制。

第一次战役时，志愿军用于后勤运输的汽车有1600辆，配属3个后勤分部的3个汽车团，担负4个军的物资供应运输任务。在这1600辆汽车中，能够保持正常行驶的只有1000多辆。如果"按预定防御作战的战略意图，以运输线长150公里计算，战役后方需汽车1000多辆"。这就意味着，如果没有其他变化，志愿军用于后勤运输的汽车基本可以满足需要。但是，"部队改取运动作战方针以后，运输线急剧延长到500公里"①，加上"志愿军入朝时只几天时间就被炸毁汽车200余台。入朝头20天，被毁汽车600余台，占入朝总车数的

① 周中：《抗美援朝战争后勤史简编》，第27页，金盾出版社1993年版。

60%”①。汽车驾驶员的战斗减员比较严重。第二、第三次战役,志愿军有4个分部、3个汽车团和3个汽车队,主要担负9个军的供应运输任务。第四次战役,有后勤分部7个、汽车团10个,主要担负11个军的供应运输任务。第五次战役,后勤分部合并为6个,汽车团增至11个,主要担负13个军的供应运输任务。但是,由于损失严重,需要保障的部队数量又增长迅速,因此,志愿军的汽车运输能力,始终难以完成繁重的供应运输任务。据东北军区后勤部1951年2月计算,当时每月需要运送物资474万余吨,需要汽车5600台才能完成,而当时只有汽车1874台,约缺2/3。又据志愿军前勤指挥所4月26日计算,当时1个月前方所需粮食、马料、弹药及其他物资的运输共需汽车7026台,而当时只有汽车2000台,缺5026台。第五次战役运所需弹药需汽车185万余台次,而当时仅有完好汽车1128台,如果由三登运至市边里,情况顺利一趟需要4天,共需65天才能运完。整个战役阶段汽车驾驶员遭美军袭击牺牲达1800余人,占当时实有驾驶员的20%以上。

志愿军各后勤分部的汽车部队,通常只对应军级后勤机关。师以下的运输主要依靠大车、驮马及人力。因此,用于运输的人力、畜力动员,仍是运动战阶段交通运输动员的主要内容之一。1950年10月至1951年1月,东北地区共动员大车夫2.2万多名,胶轮大车1.2万多台,约为东北民用大车总数的15%。同期,东北人民政府还为部队代购胶轮大车537台,征购机关大车300台、马3000余匹,还动员了大批铁轮车和木船。到第三次战役结束时,仅东北地区就动员民工13万多人,其中入朝6万多人,分配到后勤系统3.5万人,作战部队2.5万人。他们当中一部分专作物资运输工作,一部分既要担负转运伤病员的任务,还要担负物资运输任务。1951年1月,鉴于民工担架运输队存在的种种缺陷,东北地区开始按照征兵服现役的方法,动

① 总后勤部军事交通部:《中国人民解放军军事交通史(1927—1987)》,第209页,解放军出版社1990年版。

员组织现役“运输营”。第一批共动员组织了8个营，每营800人左右，共6800人。其中，辽东省动员组建第一营，辽西省动员组建第二营，吉林省动员组建第三、第四营，松江省动员组建第五、第六营，黑龙江省动员组建第七、第八营。2月，8个运输营开赴朝鲜前线，参加第四次战役。1951年3月，一座铁路大桥被美军飞机炸毁，火车无法通行，辽宁省昌图县民兵运输第7大队第1中队，主动担负起徒步搬运物资的任务。从卸货场到江对岸停车场，往返三四公里，而且都是在夜间作业，他们做到了物资来多少就运多少。辽宁省本溪市运输队，为了提高运输的工效和质量，开展“装好、运好、卸好、隐蔽好、保护好”的“五好”竞赛活动。原来卸1车皮物资要24人1个小时，开展竞赛后，6个人15分钟就完成了任务。装卸时，队员们努力做到不丢一粒米，不损一件物。1951年4月13日即第五次战役前，国防部长彭德怀在给总后勤部和东北军区后勤部的电报中指出，根据历次经验，战斗胜利前进时，因道路桥梁破坏，飞机轰炸以及司机不沉着等，往往妨碍供应，道路桥梁之修复往往需时10多天，因此汽车反难济急，为有效克服上述困难，每团发补拉推人力车50辆、胶轮2套、大车10辆，即可携带5~6天粮食，再加上每人随身携带3~5天需要量，即可解决8~11天食粮。

这一时期，为改善中朝边境地区的公路交通状况，满足志愿军、随军支前队伍和大量装备物资进入朝鲜战地的需要，东北人民政府进行了大规模的公路抢修力量动员。1950年10月，东北人民政府决定在辽东省和吉林省抢修通往中朝边境的公路。为此，东北人民政府成立了以公路管理总局计划处处长王潮海为主任的临时抢修工程办公室，负责掌握各地的工程进度、人员调配、材料供应、抢修费用支拨等项工作。辽东省成立了以省人民政府副主席李涛为主任委员的修建委员会，下设安东抢修大队辖5个中队和4个材料站。同时在通化地区成立了辽东省修建委员会通化专区分会，由通化专区专员张雪轩任主任委员，东北公路管理总局工务处长刘钧、东北水利局辛起、通化专区教育科长王裕峰任副主任委员，通化市长和临江、辑安、桓仁等3县县长为委员,下设工程、材料、总务3科,组建了通化、辑安和临江3个工程队。吉林省成立了以省人民政府主席周持衡为主任委员、省公路管理局局长戴鸿勋为副主任委员、沿线11个县的县长为委员的修建委员会,动员组建了7个工程队。

1950年10月至12月,东北人民政府分两批完成了中朝边境地区公路抢修任务。第一批抢修的公路为安东至普兰店线,长274公里;安东至通化线,长340公里;灌水至拉古哨线,长90公里;安东至凤城线,长60公里,通化至辑安线,长123公里,通化至临江线,长131公里,吉林至图门线和吉林至延吉线,长494公里。第二批抢修的公路主要是辑安至外岔沟门,长95公里;桓仁至外岔沟门,长20公里;宽甸至外岔沟门,长95公里;三道崴子至外岔沟门,长100公里;另有凉水泉子至海关线5公里,榆树林子至孤山10公里,大路至外岔沟门15公里。两批公路抢修以能通车为标准,共动员技工66853工日,力工582895工日,大车50694工日。每天每工发给3公斤原粮,大车补助车夫伙食及马草马料。12月上旬,在公路抢修任务基本完成后,东北人民政府公路管理总局组成公路工程总队辖3个大队,进入朝鲜境内担负后方道路抢修、抢建任务。这支公路抢修力量12月7日在临江集结,8、9两日分批渡江入朝。入朝后,其所属的3个大队分别编入东北军区后勤部第1、第2、第3后勤分部。

运动战阶段,尽管中央和东北地区努力加强交通运输动员,并在一定程度上改变了中朝军队交通运输保障的不利局面,但志愿军的交通运输仍是整个作战和动员保障的瓶颈,导致志愿军的后方补给严重不足。在第五次战役前,物资补给工作中的主要问题是供给不足。如主食的补给,第二次战役时,第26军仅得到应得量(按标准)的41%,第39军在第一次至第三次战役间,仅得到应得量的13%,靠部队就地借粮维持。关于油料的补给,由于当时缺乏计划,许多部队的汽车在第四次战役时待油停驶。如第38军的汽车曾停驶了三四天,更为严重的是第40军每次只能领到50~70桶油,该军指挥车曾发生掉在部队后面两三天的现象。在服装的补给上,由于部队长距离地追歼美军，造成鞋子奇缺，衣、被补充不足，血衣、血被难以及时更换，第一、第二、第三次战役时，天气严寒，增加了部队的冻伤。

(九)支援空军抢修机场

运动战阶段，随着中、苏两国空军逐步加入战斗，抢修、抢建机场成为工程保障力量动员的又一主要任务。这项任务包括两部分，一部分是赴朝修建机场的任务；另一部分是修建国内机场。

首先动员修建的是国内机场。新中国成立后，空军接收各类机场542个。这些机场大部分是草地或碎石跑道。当时空军部队还没有大批组建，大部分机场处于无人管理的状态，有的机场被进驻的地面部队开垦耕种，有的机场土地被当地政府分配给了农民。1950年1月12日，空军向中央军委、政务院报告，建议全国各地机场应一律予以保留，不得破坏。中央军委和政务院批转了空军的报告，同时电令各中央局、各军区按此执行。抗美援朝战争爆发后，为了适应空军发展的需要，空军报请毛泽东主席批准，由各军区及各级政府立即整修开办航校急需的机场。当时空军专门掌管修建机场的机构还不健全，技术力量薄弱，修建机场的任务是由中央军委、政务院下达给各地政府和各大军区组织进行。在修建任务比较重的东北、华北和华东地区，当地党、政、军共同组成机场修建委员会负责组织施工。1950年8月至10月，在东北人民政府副主席林枫的领导下，各地突击修建了东塔、北陵、于洪屯、东丰、公主岭、辽阳、鞍山、浪头等8个机场，保证了志愿军空军参加抗美援朝作战的需要。1950年10月28日，海军报请周恩来总理、聂荣臻代总参谋长，请求山东省有关部门帮助修建流亭机场。这一建议当天得到批准。第二天，在青岛正式组成由中共青岛市委书记赖可可领导的修建委员会。10月31日，2000多名部队官兵、2万多名民工和80多名工程技术人员陆续进入工地。11月1日，流亭机场如期动工。中共青岛市委决定，除公共交通用车外，其他各种车辆保证流亭机场使用，最多时每天出勤的汽车有300余辆，人力车、马车各300余辆。11月26日工程竣工。12月24日，6架喷气式歼击机从流亭机场起飞，开始执行试飞和战备任务。

在朝鲜境内抢修机场始于1951年1月。当时,空军经实地勘察后,初步确定了机场抢修的第一步方案,即先在平壤以北、安州以南地域新建4个可供喷气式飞机使用的机场,其中2个为水泥混凝土跑道,2个铺设钢板跑道;在平壤以南地区修建2个喷气式飞机使用的机场,均为水泥混凝土跑道。此外,补修8个旧机场,作为普通机场使用。3月初,中朝双方对如何抢修这批机场作了明确分工:平壤以北地区的4个机场,即水泥混凝土跑道的顺川、顺安机场,钢板跑道的永柔、南阳里机场,由中方负责修建;平壤以南地区的2个水泥混凝土跑道机场,即美林、平壤大街机场,由朝方负责修建。补修8个旧机场中的平康、新幕、沙里院等3个机场由中方负责,其余由朝方负责。由中方负责修建的4个机场,根据中央军委的指示,一般力量从国内陆军部队抽调,所需机械施工力量由铁道部和交通部负责动员抽调。铁道部工程队251人携带各种机械102部,负责修建顺川机场;由交通部工程队206人携带各种机械98部,负责修建顺安机场;由东北修建委员会2个工程队613人携带各种机械31部,负责修建永柔、南阳里机场。3月下旬,各路施工队伍赴朝施工。经过2个月的昼夜抢修,到5月底,除顺川机场外,其他3个机场基本完成。据统计,第一批修建的6个机场,在修建过程中被美空军轰炸72次,投弹6826颗,其中落于跑道、滑行道及其附近的炸弹占33%,共伤亡军人373人,民工178人。

(十)冻结、没收美国在华资产

朝鲜战争爆发后,美国迅速改变对华贸易政策,对中国实施与苏联、东欧国家相同的贸易控制政策。1950年6月下旬,美国国务院通知其在华石油公司停止向中国运送石油产品,停止与中国洽谈新的石油产品供货项目,并要求英国通知其在华公司也采取类似行动。6月30日,美国国务院又下令停止签发运往中国的1B类产品许可证,还强迫英国、法国、比利时、荷兰、加拿大、日本、印尼、印度、新加坡和南美各国参加对华石油产品禁运。7月28日,美国在巴黎统筹委员会的会议上，又强迫有关国家认可对中国施行6种石油产品的禁运政策，使中国1/7的石油产品进口中断。志愿军入朝参战后，美国加大了对华贸易制裁的力度。1950年11月17日，美国出台NSC91/1文件，提出要加紧控制对苏联、北朝鲜和中国在内的1A和1B产品出口控制。12月2日，美国商务部下令对中国实行贸易出口许可证制度，规定对运往中国大陆和香港、澳门地区的一切美国出口产品，不论是否列入绝对禁运目录，都实行出口许可证制度，由美国外贸区前往中国的船运也适用这一规定。命令生效后，美国商务部没有颁发任何对华商品出口许可证，完全中断了对华出口贸易。12月7日，美国商务部下令前往中国大陆和香港、澳门地区的过境运输及货物必须领持有效许可证。12月10日，美国商务部又下令，禁止美国飞机、船只装卸前往社会主义国家的战略物资，并特别把香港、澳门列入禁令适用地区。12月16日，美国国务院宣布管制中国在美国辖区内的公私财产。

针对美国禁运、冻结等一系列敌对的经济手段，中国政府除通过外交、外贸途径努力打破西方的经济封锁外，对美、英等西方敌对国家的在华资产采取了冻结和没收等强制措施。早在上海财经会议期间，陈云就指出，我们要准备帝国主义的长期封锁，不仅是目前的军舰、飞机、水雷的封锁，在经济上也要准备他们不买我国出口的货物，不卖给我们需要的东西。1950年7月初，中财委和贸易部即开始紧急向国外订购物资。到12月中旬，已订购各类物资约2亿美元，其中有2/3抢运回来。12月12日，中财委提出7项紧急对策：一、即令各地停开一切向美日的购买证及许可证。二、即令中央贸易部限期退购一切已开美、日两国的购买证；将撤回之外汇，经转存别国手续后，立即抢购任何物资运回。三、装运在途之美货，应着即与原代理进行接洽。由银行担保，转装远东其他口岸或即委其转售，退回外汇。四、向西德及其他欧洲国家所订之货及英镑区之订货，应尽速抢运，否则撤汇，或改买其他现货立即装回，以争取时间。五、即在中立国的存款，亦应购货运回，以策万全。六、着令各地除易货外，一律暂停签发出口许可证,以免出口外汇遭受冻结。七、改变今后在国际贸易上的做法,一般的采取易货办法,凡须现汇购买者,须货到付款或付货;否则宁愿不订。对资本主义国家的贸易,以后准备少做。在易货的做法上,尽量缩小与资本主义国家贸易的结算差额,以减少贸易外汇遭受冻结的危险。对此,毛泽东主席、周恩来总理和中共中央十分重视,批示中财委并告各中央局、分局、各大行政区财委及华南财委,并中宣部、外交部:同意你们所提在美对我经济封锁后的七项对策,并将来电转发各地,望各财委根据中财委批示配合进行。

1950 年 12 月 28 日,政务院发布《关于管制美国在华财产冻结美国在华存款的命令》。该《命令》称:鉴于美国政府已宣告管制我国在美国的公私财产,加剧对我国的敌视破坏活动,决定管制美国政府和美国企业在华的一切财产,冻结一切美国在华公私存款。12 月 29 日,政务院第六十五次政务会议讨论了郭沫若副总理《关于处理接受美国津贴的文化教育救济机关及宗教团体的方针的报告》。当时,中国接受美国津贴的有学校、医院、救济机构、文化出版机构和宗教团体等。其中,学校方面,在中国的 20 所教会高等学校中间,受美国津贴的即占 17 所之多;300 余所教会中等学校中间受美国津贴的近 200 所,几占 2/3;小学方面受美国津贴的约 1500 所左右,约占全部教会小学的 1/4。医院方面,受美国津贴的在华教会医院约 200 余所,占中国全部教会医院的半数左右。救济事业方面,受美国津贴的有孤儿院 200 余所,麻风病院 20 余所,聋哑学校 10 所,盲校 30 所等等,这些救济事业的经费津贴机关为“美国援华救济委员会”。文化、出版方面,除为数不多的图书馆博物馆等外,出版方面接受美国津贴的则有少数的教会出版机构如广学会等。宗教团体方面,美国教士在中国直接办理的基督教会有 58 个,占在华教会总数 113 个的半数,受这些美国教会津贴的中国基督教会约有 15 个。此外还有各种教会的联合组织和青年团体、出版团体和救济团体等等,属于美国系统或和美国有关的天主教修会约有 6 ~ 7 个,在全国 123 个主教区中间,有 13 个主教区的主教是美国人。综合以上所述,接受美国津贴之文化教育救济机关与宗教团体,在中国全部接受外国津贴的同类机关团体中占一半左右。郭沫若在报告中称,为了肃清美帝国主义在我国的影响,维护中国人民文化教育宗教事业等的自主权利,以及彻底制止美帝国主义分子利用文化教育救济机关和宗教团体来进行反动活动,政府对于一切接受美国津贴的上述机关和团体亟应有适当的处理。处理措施包括:接受美国津贴之文化教育医疗机关,应分别情况或由政府予以接办改为国家事业,或由私人团体继续经营改为中国人民完全自办之事业,其改为中国人民完全自办而在经费上确有困难者,得由政府予以适当的补助。接受美国津贴的救济机关,应由中国人民救济总会全部予以接办。接受美国津贴之中国宗教团体,应使之改变为中国教徒完全自办的团体,政府对于他们的自立自养自传运动应予以鼓励。会议最终一致同意,并责成政务院文化教育委员会本此方针,会同各有关部门,迅速定出实施办法,予以完全实现。政务院号召各级人民政府,各民主党派、各人民团体,及全国文化、教育、救济、宗教各方面人员,本爱国精神、同心协力,为彻底实现郭副总理在报告中所提出的光荣任务,以完全肃清美国帝国主义在中国的文化侵略影响而奋斗。

到 1951 年年初,美、日两国禁运并扣留中国的公私所订货物达 2700 万美元,其中私商 700 万美元,国家银行未到期汇票 500 万美元也将冻结。中国在欧洲所订的货物,经日本、菲律宾后到天津、青岛的,也有 9 条船在美控海岸被扣。1 月 5 日,中财委主任陈云、副主任薄一波向中共中央并各中央局、分局提出了《关于进口情况和出口对策的报告》。报告指出,在美日禁出冻结、欧洲继续出口的可能性未澄清及我向资本主义国家大量订货未回国以前,对资本主义各国的出口政策,必须适合于进口的情况。报告认为,即便在这种情况下,同资本主义国家的贸易仍不会完全停止。我们的出口办法,应该是易货,而不是结汇。易货贸易是完全可能的,我们许多出口品在外国仍有销路,资本主义国家也仍需与我做买卖,即令美国也仍然需要我猪鬃、桐油。1 月 14 日,中财委主任陈云签署发布《关于美国企业及个人存款申请动支的规定》。规定明确,美侨个人存款不超过人民币3000万元(旧币值)、企业存款不超过人民币5亿元者,动支不予限制;个人存款超过者每月可动支1000万元,企业超过者由当地管制机关核准办理。

按着政务院的上述决定,冻结美国在华资产和没收接受美国津贴机构的行动同时展开。1951年1月底,北京、天津、上海、武汉、南昌、长沙、杭州、福州、重庆、昆明、青岛等大中城市的人民政府和军管会,分别对在各市的美国德士古、美孚石油公司,以及其他电力、电话、影业、银行等公司企业实行了管制。1月20日,卫生部正式没收接受美国津贴的私立协和医学院。卫生部副部长贺诚在接收大会上宣布,依照政务院关于处理接受美国津贴的文化教育、救济机关及宗教团体的决定,正式接收协和医学院,全体职工一律原职原薪留用,教学制度也予以维持。2月12日,国家教育部部长马叙伦在燕京大学全体师生大会上,宣布将燕京大学收归国有,任命陆志韦为燕京大学校长。陆志韦校长当场宣布,从今以后,不论在名义上、实际上、经费来源上和教学方法上,燕京大学都完全是并且永久是中国人民的大学了。2月12日至16日,国家卫生部在北京组织召开华北区处理接受美国津贴医院会议。华北区10所接受美国津贴的医院及12所接受其他国家津贴的医院院长、董事、工会代表,华北五省二市及华东、中南、西南卫生行政机关负责人和华北事务部代表等70余人出席会议。会议拟定了接受美国津贴的医院的三种处理方式,即由政府接办、人民自办和与政府合办。会议通过了《处理接受美国津贴的医疗机构实施办法草案》和与会代表的《联合宣言》。到4月份,教育部、卫生部、文化教育委员会,先后将燕京大学、金陵大学、金陵女子文理学院和北京协和医院、同仁医院、妇婴医院以及天津妇婴医院等所有接受美国津贴的学校和医院接管,改由政府接办或与政府合办。4月20日,华东军区后勤部组织人员开始征用美孚石油公司在华东地区的储油设备和油料,对储油设备及车辆、船只等运输工具进行了检查验收,清理了房屋、堆栈及一切附属财产。并组织干部分赴华东各省市,对美孚、亚细亚两公司在华东地区的一切财产进行了清查。根据需要有重点地接收了这两家公司在上海、南京、浦口、苏州、芜湖、厦门、宁波、福州、徐州等地的油库设备。7 月中旬,在上海市的美孚、德士古、美中三家美国石油公司,除办公处以外的全部财产和油料,均全部被没收。从美孚和亚细亚等公司接收的大批油料和物资器材,有力地保障了浙闽沿海岛屿作战和支援抗美援朝作战的需要,并为建立我军自己的油料供应体系,提供了物资基础。

三、阵地战阶段的动员

1951 年 6 月 10 日,第五次战役胜利结束。双方战线基本稳定在“三八线”西起汉江口、东至高城附近 250 公里一线上,形成战略相持局面。此后,抗美援朝战争转入打打谈谈的阵地战阶段。在持续 2 年零 1 个月的时间里,双方兵力不断增加,物资消耗巨大,为此都进行了大规模的经济动员。在政务院和中央军委的统一领导下,国民经济系统克服种种困难,一面努力发展经济,增加经济实力,一面总结现代战争经济动员的特点规律,努力调整改进支前动员的方式和方法,在财政、物资、交通运输、武器装备和医疗卫生等方面,进行了卓有成效的动员,为取得抗美援朝战争的最终胜利作出了贡献。

(一)动员需求出现高峰

阵地战阶段,随着志愿军总兵力的不断增加和战争持续时间的延长,作战对动员的需求出现了高峰。

1951 年 4 月 20 日,东北军区后勤部在制订抗美援朝战争后勤人力物资计划时指出,计划的基本依据是志愿军的总兵力和战争可能持续的时间。此时,志愿军在朝鲜战场上的总兵力为 94 万人。东北军区后勤部后勤保障计划的出发点是,4 月至 6 月按 100 万人实施保障,7 月至 12 月按 130 万人进行保障。后来的情况表明,东北军区后勤部的计划依据是正确的。当年 7 月,东北军区后勤部掌握的志愿军实力为 102.6966 万人。其中,仅从西南及其他各区先后补充志愿军的新兵,就有 6 个补充师、21 个补充团,总计 18 万人。“九月份由华北区北调的二十三兵团(三万八千人)及第十一军、第十六军(两个军共约十万人)。”[①]这样,志愿军在朝鲜战场上的总兵力就达到115万人以上。如果再把这一阶段增加的工程兵、铁道兵和后勤部队算在内,志愿军在朝鲜战场上的总兵力实际已达到130万人。

1952年,志愿军在朝鲜战场上的总兵力仍保持较高的水平。5月,在朝鲜的志愿军作战部队有17个军。12月16日,毛泽东主席在给谢明诺夫[②]的电报中称:“我志愿军现有十六个军、四个榴弹炮兵师、四个战车团、五个喀秋莎团在朝鲜作战,正面第一线有志愿军七个军,朝鲜人民军三个军团,其余各军则分别控制在第二线和与朝鲜人民军分担东西海岸各区防务。现为加强在朝作战兵力,拟再从中国抽调四个军、一个榴弹炮兵团、五个战车团、两个喀秋莎团,于一月内开入朝鲜,并控制五个军于平壤以北西海岸地区,加强并构筑沿海沿铁路的纵深工事,以保障中朝运输通道的安全。”“为使志愿军保持满员,已开始在国内进行新兵的动员,准备明年以二十五万人充实和补充志愿军。”[③]

投入的兵力多,用兵的时间也不断延长。1951年10月23日,毛泽东在中国人民政治协商会议第一届全国委员会第三次会议上指出:“抗美援朝的伟大斗争现在还在继续进行,并且必须继续进行到美国政府愿意和平解决的时候为止。”[④]1952年1月15日,陈云、薄一波、李富春在给中共中央的报告中称:“1952年,朝鲜战争可能结束,但应准备拖延。”[⑤]1953年2月7日,毛泽东主席在中国人民政治协商会议第一届全国委员会第四次会议闭幕式上明确表示:“由于美帝国主义坚持扣留中朝战俘,破坏停战谈判,并且妄图扩大侵朝战争,所以,抗美援朝的斗争必须继续加强。我们是要和平的,但是,只要美

---

① 《杨立三文集》下卷,第217~218页,金盾出版社2004年版。

② 谢明诺夫,即约瑟夫·维萨里昂诺维奇·斯大林。

③ 《周恩来军事文选》第4卷,第310~311页,人民出版社1997年版。

④ 《毛泽东军事文集》第6卷,第307页,军事科学出版社、中央文献出版社1993年版。

⑤ 《陈云文选》第2卷,人民出版社1995年版。

帝国主义一天不放弃它那种横蛮无理的要求和扩大侵略的阴谋，中国人民的决心就是只有同朝鲜人民一起，一直战斗下去。这不是因为我们好战，我们愿意立即停战，剩下的问题待将来去解决。但美帝国主义不愿意这样做，那么好罢，就打下去，美帝国主义愿意打多少年，我们也就准备跟它打多少年，一直打到美帝国主义愿意罢手的时候为止，一直打到中朝人民完全胜利的时候为止。”①

（二）年度军费最高48.5%

阵地战阶段，国家结束了中央“统收统支”的财政收支体制，实行中央财政与地方财政分级负责的财政收支体制。这一体制实行后，“部队的一切经常费、装备费、军工生产费、国防建设费、作战费、支前费等开支，均由人民革命军事委员会总后方勤务工作部统一审核，转送中央财政部核拨。除中央财政部正式签发支付命令，交由各大行政区或直属省、市垫付，部队不应向地方人民政府要求借支或额外补贴。地方人民政府亦不得自行补助部队费用”②。

1951 年 4 月 4 日，在中共第一次全国组织工作会议上，国务院副总理、中财委主任陈云在介绍《1951 年财经工作要点》时指出：“现在，抗美援朝战争还在继续进行。今年国家财政概算的方针是：国防第一，稳定市场第二，其他第三。”“为什么这样确定呢？道理很明白，假如我们不把国防放在第一位，不把美帝国主义的侵略气焰打下去，一切经济建设都靠不住。”③5 月 4 日，周恩来总理在全国秘书长会议上谈到财政状况时指出：“今年的财政任务是：一方面要保证各方的急需，一方面要保证金融市场的继续稳定。各方的急需，特别是抗美援朝的开支，必须保证。但也必须加以控制，否则若尽量开支起来，即将影响全国人民的生活。”④在这一方针指导下，国家对 1951 年国

---

① 《毛泽东军事文集》第 6 卷，第 341 页，军事科学出版社、中央文献出版社 1993 年版。

② 《中华人民共和国财政史料》第一辑，财政管理体制（1950—1980 年），第 50 页，中国财政经济出版社 1982 年版。

③ 《陈云文选》第 2 卷，第 126 页，人民出版社 1995 年版。

④ 《周恩来经济文选》，第 91 页，中央文献出版社 1993 年版。

防和军费支出的预算安排,大体占财政收入的48.4%,其中军费支出占42.8%。同月,总后勤部建议“依据目前朝鲜财经情况,估计朝鲜人民军几十万部队很难照旧自行支持。将有统一供应之前途,希望先有所准备”。为此“要求中央财经部门及东北应动员全国力量来支援这个战争”[①]。6月6日,总后勤部部长杨立三致电各大军区后勤部负责人:“支援朝鲜战争,战费大增,已超过原定预算甚多,今后战争供应将臻更多,而国家财政收入的增加还赶不上战费的增加。为了集中力量抗美援朝作战,不能不将某些可缓办的国内建设停止不办,将经费节减下来,以渡过难关。中财委最近已讨论数次,现拟定将原定国防建设费裁减一半以上,正候中央最后决定中。依整个军事与财政情况看来,这一步骤势在必行,特先通知你们,请将后勤部门今年规定应建设之医院及各仓库最低限度减去一半,新的军械库、油库、运输库全部减去不建。”[②]1951年,国家财政实际收支的情况,“出现了远比原来预计要好的情况”。当年的实际财政收入为133.14亿元人民币,比预算的69.5亿元人民币增长了91.9%,比1950年的实际收入增加104.2%。在1951年度财政预算总收入69.5亿元人民币中,有33.4亿元列入军费支出,占48.5%,支出比例为抗美援朝战争中的最高值。

1951年9月26日,国务院副总理李富春在全国工业、交通部门专业会议上谈到1952年工业、交通生产建设的方针时指出:“明年是加强国防的第一年。现在,我们首要的任务是抗美援朝、保家卫国。”“朝鲜战争教育了我们,没有强大的国防力量,是不能保证进行和平建设的。我们现在面对的敌对军事力量,已不是国内战争时期的蒋介石反动集团,而是具有现代化军事装备的美帝国主义。所以,我们必须要用足够的人力、物力、财力,建设强大的国防,打败美帝国主义,保卫和平建设。这就是明年是加强国防第一年的理由。”“因为明

① 《杨立三文集》下卷,第177~178页,金盾出版社2004年版。

② 《杨立三文集》下卷,第183页,金盾出版社2004年版。

年国家不仅不能拿出更多的钱投入经济建设，相反地还要求工业、交通在现有基础进一步做好工作，为国家多积累资金，多上缴利润，加强国防建设。”①1952年1月15日，陈云、薄一波、李富春在给中共中央的报告中称：“财政概算方案，应该放在和谈可能拖延并能继续应付战争这个基点上。”因此，“财经工作的重点，应在不放松收入的条件下，转向管理支出；在不放松财政、金融和市场管理的条件下，转向工业、农业、交通等方面”②。据此，预算安排以建设为第一位，占总支出计划的49.26%；国防为第二位，占总支出的27.93%；行政为第三位，占总支出的14.29%；其他支出占4.31%；总预备费占4.21%。1952年的实际总支出为163.2186亿元，超过原预算2.75%。其中，国民经济建设支出73.0699亿元，超过原预算25.85%；社会文教建设支出22.3325亿元，超过原预算10.64%；国防费支出42.7770亿元，为原预算的96.39%；行政费支出19.3369亿元，为原预算85.17%；其他支出5.7023亿元，为原预算83.36%。③ 在总支出中，国民经济建设支出比1952年增加41.68%，国防支出占总支出22.38%，行政费占10.19%，其他支出占1.56%，总预备费占6.63%。8月4日，毛泽东在中国人民政治协商会议第一届全国委员会常务委员会第三十八次会议上指出：“去年抗美援朝的费用，和国内建设的费用大体相等，一半一半。今年不同，战争费用估计只要用去年的一半。现在我们的部队减少了，但是装备加强了。”④

由于国家财政形势趋于好转，东北人民政府民政部、财政部在1952年年初，根据政务院及财政部的指示精神，停止征收战勤费。并为此决定，凡已征收战勤费的各省、市应结合反贪污、反浪费、反官僚

① 《李富春选集》，第92～93页，中国计划出版社1992年版。

② 《陈云文选》第2卷，人民出版社1995年版。

③ 参见《中华人民共和国财政史料》第二辑，国家预算结算（1950—1981年），第28页，中国财政经济出版社1983年版。

④ 《毛泽东军事文集》第6卷，第316～317页，军事科学出版社、中央文献出版社1993年版。

主义运动,将1951年度战勤费进行认真检查,并于本年1月底前做出决算和总结。原由民政部部门负责掌管者,一律移交各省、市财政机关接管。其节余部分听候财政部统一处理。属中央财政开支的战勤费,由东北人民政府财政部按年度编造预算,经中央财政部核准后,在核准预算范围内由东北人民政府财政部掌握动支,按其专案报销。属省、市地方战勤费开支者,由省、市财政厅(局)统一掌握,按季度向东北人民政府财政部造报预决算。

1953年2月12日,中央人民政府财政部部长薄一波,在中央人民政府委员会上《关于1953年国家预算的报告》中称,1953年的国家预算支出,国家建设费138.3351亿元,占总支出59.24%。国防费52.2537亿元,占总支出22.38%。1953年支出预算和1952年预计支出比较如下:国民经济建设费增加41.68%;社会文教建设费增加55.86%;国防费增加22.15%;行政费增加22.98%。[①] 由于此时国家总的支出增加,因此国防费在国家财政支出中所占的比例并不高,但实际支出的费用仍较高。对此,薄一波在报告中称:“我们的国防费用也是为着保卫我国的经济建设和人民生活,这个费用虽在我国积极防御美国侵略和我国人民努力加强抗美援朝斗争的条件下,在1953年只占总支出22%强。我们用于经济文化建设的费用,加上也要用于经济文化建设方面的大部分总预备费,则达总支出的60%以上。”[②]当年,国防经费实际支出为69.1878亿元,占财政总支出的32.35%,比原预算增加了16.9341亿元。陈云就此指出:“这主要是因为1953年上半年美国图谋积极扩大朝鲜战争,为了应付各种可能发生的情况,我们必须在国防上采取一些有效的措施,所以国防费有了较大的增加。”到抗美援朝战争结束时,国家共开支战费[③] 62亿多

---

① 参见薄一波:《关于1953年国家预算的报告》(1953年2月12日),载《人民日报》1953-02-18(1)。

② 《中华人民共和国财政史料》第二辑,国家预算结算(1950—1981年),第26页,中国财政经济出版社1983年版。

③ 战费是国防费的组成部分。

元人民币，相当于当时的25亿美元，相当于1950年全年的财政收入。[①] 其中，用于购置武器的经费28亿多元，用于补充作战消耗的作战费21亿多元，用于军队经常活动费13亿多元。

阵地战阶段，国防经费支出的绝对量较大，但相对量却在1951年以后逐步减少。此种情况的出现，缘于国家在这一时期“采取了战时经济措施，削减投资，控制支出，酌量增加税收等减支增收措施，保证战争需要”。

一是继续对物价采取宏观调控措施。由于将大量的资源用于抗美援朝战争，国内市场供应相对缺乏，“市场物价在1951年下半年又有上涨。全国批发物价总水平，1951年9月比6月上升7.7%；全年平均比1950年上升17.9%，比1950年12月上升8.3%，其中粮食价格上涨9.9%，纱布价格上涨9.5%，仍居领先地位。市场物价虽仍有上涨，但受到国家控制，上涨幅度不大”。“但7月以后，农产品大量上市，工业品交易活跃，出现淡季不淡、旺季更旺的局面，投机商人伺机活动，又使市场物价出现涨势。”[②]在这种情况下，中央财政经济委员会于9月24日发布《坚决稳定物价的决定》。按照这一决定，国营商业调低了部分商品的牌价，适当放宽了对市场的商品供应。11月，国家机关开始大张旗鼓地进行反贪污、反浪费和反官僚主义的“三反”运动，使投机商人有所收敛。到11月中旬，物价逐步上涨的势头得到有效控制，市场物价重新趋于稳定。根据中央贸易部1951年对上海、天津、汉口、广州、重庆、西安等6大城市32种主要商品批发价格的统计，如以1950年12月份各该城市的平均物价指数为100，则1951年12月份为113.8%，仅上升了13.8%，1952年第一季度，由于“三反”“五反”运动的深入开展，商业活动大大减少，市场交易陷于半停顿状态，物价也因此大幅下落。第二季度，“三反”“五反”运动接近尾声，国营商业逐步恢复了对私营工业的加工订货与收购成品等业

---

① 1950年，国家财政收入65.19亿元人民币，相当于26亿美元。

② 《当代中国的物价》，第24～25页，中国社会科学出版社1989年版。

务,同时有计划地降低了1万多种日用工业品的价格。国营和供销合作社商业还普遍进行了清点仓库和商品排队工作,开展了大规模的商品推销。上述措施,使市场迅速恢复了正常,物价总水平也趋于稳定,各月升降幅度不超过0.5%。7月,全国物价又恢复到1951年同期的水平。此后,全国市场物价没有再出现大的变动。

二是继续增加税收。1951年6月,政务院规定老解放区(东北、内蒙古、华北、山东、陕北)仍实行比例税制,新解放区尚未进行土改地区仍实行累进税制,新解放区已经完成土改的地区实行缓进的累进税制,累进的最高税率为30%,最低税率为5%。地方附加,最高不超过正税的20%,而原规定为15%。7月,政务院决定农业税按照原概算增加10%,各地根据这一精神,适当提高农业税税率。由于采取一系列增收办法,财政收入有了显著增加。到1951年底,财政总收入达到133.14亿元,比1950年增加1倍以上。"其中农业税收为收入数的7.5%;一般税收为53.6%;国营企业专卖等收入为16.5%","以一般税收和企业专卖两类收入增加最大,各达一倍左右"①。1952年,国家为保证财政收入,继续加强税收工作。在1952年预算收入计划内,各项税收占57.76%(其中城市各项税收占44.27%,农业税占12.31%),中央及地方国营企业收入占23.27%,信贷保险收入占2.8%,其他收入占16.17%。当年,全国城市各项税收及其他税收计划数,比1951年实收数增加了32.98%。② 城市各项税收,包括关税、盐税、工商业税在内,而工商业税则包括国营及私营企业交纳的在内。当年,国家各项税收达到86.2182亿元,超过原预算4.86%。其中,城市各项税收超过117.71%,国营企业利润及折旧提缴超过101.59%,农业税收超过11%。根据国家商业部门统计,1952年12月,上海、天津、沈阳、汉口、重庆、西安、广州7大城市的52种主要商

① 1951年12月1日,中共中央《关于实行精兵简政、增产节约、反对贪污、反对浪费、反对官僚主义的决定》。

② 参见《中华人民共和国财政史料》第二辑,国家预算结算(1950—1981年),第21页,中国财政经济出版社1983年版。

品批发价格总指数,较1951年12月下降了6.4%。①

三是开展增产节约运动。1951年上半年,东北国营企业通过开展生产节约运动为国家节约费用折粮1000万吨。9月26日,李富春副总理根据东北的经验,在全国工业、交通会议上提出"要在全国范围内推广生产节约运动"。10月,中共中央提出了"精兵简政,增产节约"的方针。10月23日,毛泽东主席在中国人民政治协商会议第一届全国委员会第三次会议上指出:"为了继续坚持这个必要的正义的斗争,我们就需要继续加强抗美援朝的工作,需要增加生产,厉行节约,以支持中国人民志愿军。这是中国人民今天的中心任务,因此也就是我们这次会议的中心任务。"②在这次会议上,李富春副总理在题为《中国工业的目前情况和我们的努力方向》的发言中,明确提出1952年国营工矿、邮电、交通部门的总方针是:"开展全国规模的增加生产、厉行节约的广泛群众运动,充分发挥现有生产设备的潜力,改进经营,增加国家财富,以支持抗美援朝战争的完全胜利。"此后,全国掀起了轰轰烈烈的增产节约运动。国营企业用实行经济核算的办法,努力增产,厉行节约,反对浪费,降低成本,为国家上交更多的利润。政府机关、部队、学校、人民团体在不妨碍工作的情况下力求节省。在农村,农民组织起来,精耕细作,提高单位面积产量。在私营工商业和行政事业方面,提倡节约增产;提倡俭朴,反对浮华;提倡储蓄,反对浪费;提倡合理利润,反对非法暴利。1951年6月27日,哈尔滨市工商联会议通过《哈尔滨市工商界爱国公约》,同时组织各行业签订爱国公约。公约的主要内容为:响应政府号召,改善经营,扩大生产;增加收入,节省开支,踊跃捐献;支援抗美援朝,做好拥军优属;遵纪守法,保证税收。从7月末开始,哈尔滨市各业普遍开展签订爱国公约活动。至9月末,全市共签订1153个小组公约和90个行业

---

① 参见《中华人民共和国财政史料》第二辑,国家预算结算(1950—1981年),第28页,中国财政经济出版社1983年版。

② 《毛泽东军事文集》第6卷,第307页,军事科学出版社、中央文献出版社1993年版。

公约。到1952年6月底,哈尔滨市工商界签订行业性爱国公约的有114个行业,占行业总数的90%,小组公约1523个,占行业小组总数的72%。由于开展增产节约运动,国营工业企业收入增加,农民、工商业者的收入也有较大增加,从而为国家财政收入的增加打下了基础。1951年,仅东北地区节约、增产的价值即达1000万吨粮食。据不完全统计,1952年全国增产总值为1.1660亿元,因增产使国家获利2195万元;由于生产成本降低节约1.1257亿元,基本建设成本降低节约2454万元,节约流动资金6406万元。

四是在增产节约的运动中开展了“三反”“五反”运动。1951年4月24日,中央人民政府最高人民检察院副检察长李六如,向中共中央反映“高价军用雨衣”事件。事件的概况是:1950年10月至11月间由华北军区后勤部代表军委后勤部通过中央轻工业部在北京、天津、青岛三地订制55万件,另由上海等地承制145万件。单就天津承制30万件说,由于奸商预知订制雨衣之消息,并乘我军需急迫即串通活动,大量抬高雨衣成本,致使国家财产损失近90亿元。如果按京、津、青三地订制55万件计算,国家损失140亿元以上;如果按全国订制200万件计算,国家损失更大。① 毛泽东主席知道后批示:“必须严格处理,教育干部。”此时,各级机关和企业干部的贪污腐败问题已经十分严重。在北京市,“据不完全的统计,自解放以来,北京市属各机关和企业部门工作人员中,已发现贪污分子650人,贪污总额约15亿元。其中,1949年166人,1950年289人,1951年195人。但已发现的,仅仅是贪污现象的一部分。据市税务局、市人民银行、市供销合作社等单位初步检查和估计,各该部门工作人员贪污现象均极严重”。北京市供销合作社重点检查的结果,“发现九区联合消费合作社132名工作人员中有贪污行为者39名,即30%;六区联合消费合

---

① 1951年4月24日,中央人民政府最高人民检察院副检察长李六如《关于军委订制二百万件军用雨衣被奸商诈骗,国家财产遭受重大损失事件的简报》。参见《建国以来毛泽东军事文稿》上卷,第476页,军事科学出版社、中央文献出版社2010年版。

作社 132 名工作人员中有贪污行为者 34 名，即 26%；九区有一个街道消费合作社 23 名工作人员全部集体贪污”①。12 月 1 日，中共中央做出了《关于实行精兵简政、增产节约、反对贪污、反对浪费、反对官僚主义的决定》。中共中央认为：“为贯彻精兵简政、增产节约的中心任务，必须进行反对贪污、反对浪费和反对官僚主义的坚决斗争。东北的党已在这方面走在先头，他们的经验可供全国仿办。”“现在必须向全党提出警告：一切从事国家工作、党务工作和人民团体工作的党员，利用职权实行贪污和实行浪费，都是严重的犯罪行为。中央人民政府不久将颁布惩治贪污的条例和惩治浪费的条例，各级领导机关必须仿照实行惩治反革命条例那样，大张旗鼓地发动一切工作人员和有关的群众进行学习，号召坦白和检举，并由主要负责同志亲自督促和检查。一切贪污行为必须揭发，按其情节轻重，给以程度不等的处理，从警告、调职、撤职、开除党籍、判处各种徒刑直至枪决。典型的贪污犯，必须动员群众进行公审，依法治罪。”“凡在其所属机关、部队、团体、学校或企业中发生了严重的贪污现象或浪费现象，而事前毫无觉察、事后不厉行惩治者，称为严重的官僚主义分子。这种严重的官僚主义分子，虽然没有亲手参加贪污行为或浪费行为，亦应以失职论处，决不宽恕。”“为了普遍深入地展开反贪污斗争，我们决定大张旗鼓地广泛发动党内外群众自下而上的检举，来配合领导上的检查，开展全市反贪污运动。”同日，中共中央批转中共北京市委开展反贪污斗争的报告。12 月 20 日，中共中央华东局给中共中央《关于开展反贪污、反浪费、反官僚主义斗争的报告》中明确提出，鉴于党政内部的贪污往往是由非法商人从外部勾结而来的，必须注意调查奸商并发动群众检查控告不法商人的运动。毛泽东批示，这个报告很好，请在党内刊物上发表。12 月 29 日，政协全国委员会在《关于增产节约运动和反贪污、反浪费、反官僚主义斗争的指示》中提出，应无情地

---

① 1951 年 12 月 4 日，中共北京市委《北京市工作人员中的贪污现象及对今后开展反贪污斗争的意见》。

揭发某些奸商贿赂工作干部、盗取国家财产的犯罪行为,为国家建设事业的发展扫清道路。12 月 30 日,《人民日报》公开了刘青山、张子善的巨大贪污案和河北省委《关于开除刘青山、张子善党籍的决议》。1952 年 1 月 26 日,毛泽东指示:"全国一切城市,首先在大城市和中等城市中,依靠工人阶级,团结守法的资产阶级及其他市民,向着违法的资产阶级开展一个大规模的坚决的彻底的反对行贿,反对偷税漏税,反对盗窃国家资财,反对偷工减料和反对盗窃国家经济情报的斗争",以配合"三反"运动斗争。同日,中共中央发出《关于开展反对行贿、反对偷税漏税、反对盗窃国家财产、反对偷工减料和反对盗窃经济情报的斗争的指示》。此后,"三反""五反"运动在全国迅速展开。

随着"三反""五反"运动的开展,一批不法商人和贪污官员在军需生产过程中的犯罪行为被揭露出来。1952 年 2 月,《人民日报》接连报道:"沈阳市人民政府不久前逮捕的大奸商杨文运,就是一个破坏抗美援朝事业的蠢贼。""抗美援朝运动开始后不久,他承做中国人民志愿军后勤部一批汽车用的防滑链子。他以后勤部工作人员不了解市场情况为可欺,在议价时抬高价格,比合理价格超过四亿多元;议定的损耗率也超过正常损耗率百分之十。""他从市场上收买了大批废铁料,这些废铁料中有过去从国民党匪军烂碉堡里扒出来的洋灰铁筋,有生了厚锈的铁片等等。他用这些废料偷换了志愿军后勤部交给他的一部分好原料。用这种废料打出来的链子自然不合规格,有的链环还张着半分宽的口子,杨文运就指使人用大米饭拌上炉灰、铁粉把缺口糊住,将这批坏链子混在其他链子内乘晚间送货蒙混过去。他用这种办法窃取的款项据已查出的就有十亿元①,还不包括盗窃去的大量原料在内。"②"武汉市福华电机药棉厂经理、奸商李寅

① 旧币。

② 《沈阳南京奸商杨文运、丁兰芳等承做志愿军定货盗骗巨额款项》,载《人民日报》1952 - 02 - 17。

廷，承做了大批中南区人民用来支援志愿军的救急包和三角巾。他把领来的棉花里的一万斤好棉花换了坏棉花，其中有一千多斤是从拣破烂的那儿买来的。这种烂棉花有的是从垃圾箱、有的还是从死孩子身上拣来的。弹花的时候臭气冲天，里面还发现过死孩子的骨头。万恶的奸商就把这样的一万斤脏棉花和二百匹纱布，没有漂白脱脂，没有消毒，就做成了给志愿军在战场上扎伤口的救急包。”“上海大名路联合牛肉庄奸商张新根和陕西北路徐福记牛肉庄奸商徐苗新，在代购支援志愿军用的罐头牛肉时，用水牛肉和马肉冒充好的黄牛肉，窃盗人民的财产二三十亿元。更可恶的，这两个奸商每天还到各处肉摊收买一千斤左右臭牛肉和坏肉掺进去，前后共达十二万斤之多。”①到1952年8月，国家机关的工作人员中，因为不同程度的贪污、浪费和官僚主义而受各种处分的占4.5%。全国退赃退款的核实数达10亿元。8月4日，毛泽东主席在中国人民政治协商会议第一届全国委员会常务委员会第三十八次会议上指出：“‘三反’‘五反’清理出来的钱，可以打一年半。增产节约出来的钱，就可以完全用在国内建设上。”②

五是开展捐献武器运动。1951年6月1日，中国人民抗美援朝总会发出了开展捐献武器运动的号召。指出：“我们中国人民志愿军和朝鲜人民军的战斗力，在一切方面都能完全压倒敌人，困难的只是我们的飞机大炮等武器还不够多。为了使我们英勇善战的志愿军，能够以更小的牺牲，消灭更多的敌人，早日取得战争的最后胜利，我们必须迅速以更多的飞机、大炮、坦克、高射炮、反坦克炮等武器供给前线。我们建议全国各界爱国同胞们，不分男女老少，都开展爱国的增加生产、增加收入的运动，用新增加的收入的一部或全部，购置飞机、大炮等武器，捐献给志愿军和解放军，来加强他们的威力，巩固我们的国防。”6月7日，中国人民抗美援朝总会就捐献武器的具体办法

① 《一定要严惩暗害志愿军的不法资本家》，载《人民日报》1952-02-17。
② 《毛泽东军事文集》第6卷，第317页，军事科学出版社、中央文献出版社1993年版。

发出通知,进一步强调了捐献武器运动“必须有充分深入的宣传和细密的组织工作,必须与增加生产、增加收入相结合,必须贯彻自愿的原则”。为了各界人民认捐的方便,通知还对各类武器的折价作了具体规定。例如1架战斗机折合人民币15万元,1辆坦克25万元,1门大炮9万元。捐献武器运动开始后,各地工厂、农村、机关、学校、街道以及工会、青联、妇联等人民团体和工商业者的同业公会等组织,普遍制订了捐献武器的计划。计划包括认捐数字、完成捐献的具体办法以及缴款日期等内容。很多地方、单位和个人,都把捐献武器作为抗美援朝的实际行动列入爱国公约。北京市石景山钢铁厂的职工,通过增加产量、义务加班承包本厂施工工程、拣废铁、捐奖金等办法,捐献了“石景山钢铁厂”号战斗机1架。甘肃省玉门油矿的职工,在8天内用增产所得捐献“石油工人”号战斗机1架。河北省阜城煤矿工人罗润生,将两年多省吃俭用积蓄下来的200元钱全部捐献出来。新疆迪化(今乌鲁木齐)市维吾尔族老人吾古尼沙汗,以103岁的高龄,坚持拾麦穗、纺线卖钱捐献武器。重庆市63岁的妇女彭素贞,在临终前特地嘱咐邻居将她一生洗衣所得的积蓄和不动产(金戒指3枚、银元5块、房屋1栋)全部捐献出来。北京市的老艺人王瑶卿、尚和玉、郝寿臣等,虽已脱离舞台多年,为了捐献武器参加义演活动。著名豫剧女演员常香玉领导的“香玉剧社”全体人员,从1951年8月起的半年内,在陕西、河南、湖北、湖南、广东、江西等6个省巡回义演170多场,用义演的收入捐献了1架“香玉剧社”号战斗机。清华大学的学生参加了上百种义务劳动,捐献所得4.5万元。辽宁省彰武县一个小学校的1200名小学生,利用放学后和假期内的闲暇时间,拣粮食、打柴禾、打柳条子,将积累的1200元全部捐献出来。天津市私营恒源纱厂的职工,在捐献武器运动中由于提高了产量,每月可创超额利润3.25万元,其中40%用于捐献武器,30%作为职工集体福利基金,30%留作资方发展生产之用。恒源纱厂这种分配超额利润的做法,曾经在各地普遍推广,推动了私营企业捐献武器运动的开展。浙江、山东、湖南等省农民捐献武器的款项,均占这些省份捐献总数的40%

到 50%。四川省简阳县农民精心种植棉花，1951 年的棉花产量比 1950 年高出 1 倍，棉农们发起 1 斤棉捐献运动，在 2 个月内就完成了捐献 2 架"棉农"号战斗机的缴款。截至 1951 年 9 月 25 日，全国各地共捐献飞机 2481 架，捐款入库 9970 亿元[①]。

（三）军工动员的作用日益提高

阵地战阶段，志愿军武器装备的战损消耗十分严重。1951 年，在粉碎联合国军"秋季攻势"的战役中，志愿军一线 7 个军仅 10 月份就损耗步枪 5059 支、手枪 258 支、冲锋枪 2846 支、轻机枪 723 挺、重机枪 199 挺、高射机枪 30 挺、迫击炮 368 门、火箭筒 40 具、无坐力炮 75 门、各种火炮 63 门。第 67 军在 19 天的阻击战中，冲锋枪的损失比例达到 57%，轻机枪达到 61%，60 毫米迫击炮达到 64%。在损耗巨大的同时，志愿军在阵地战中缴获的武器却很少。第 20 兵团在 10 月份，只缴获步枪 125 支、冲锋枪 3 支、轻重机枪 43 挺、60 毫米和 82 毫米迫击炮各 1 门。因此，志愿军的武器装备补充仍然是阵地战阶段经济动员的主要任务之一。

1951 年 1 月 4 日，为加强战时兵工的组织领导，改变军工企业由各大行政区分散管理的状况，中共中央决定成立中央军委兵工委员会。中央军委副主席、政务院总理周恩来兼任主任，代总参谋长聂荣臻、中央财经委员会副主任李富春兼任副主任，委员有总后勤部部长杨立三、总参谋部作战部部长李涛、海军司令员肖劲光、空军司令员刘亚楼、装甲兵司令员许光达、炮兵司令员陈锡联、中央财经委员会副主任宋劭文、重工业部代部长何长工和副部长刘鼎，秘书长雷英夫。4 月，中央兵工委员会召开全国兵工生产会议。会上，中央兵工委员会副主任李富春提出："首先要明确兵工生产建设的方针，我们的军工生产，不是为军工生产而生产，而是为战争生产，为前线生产"，"为前线服务，为战争胜利服务"。6 月 20 日，中央军委兵工委员会主任周恩来、副主任聂荣臻、李富春签发《关于兵工建设问题的

---

① 旧币。

决定》,明确提出:“一九五一年兵工生产的方针,是根据抗美援朝战争的经验与加强国防的需要进行生产与逐步地改造生产,使之尽量地满足战争的要求与适合作战的要求。为此:第一,必须尽兵工生产之最大可能性,以保证我军手中现有各种基本武器(如七九、六五步机枪,迫击炮,手榴弹等)能获得必需的弹药补充。第二,必须尽可能地研究制造一些适合作战需要的新武器弹药(如无坐力炮、九〇火箭筒、冲锋枪、反坦克手榴弹、反坦克地雷等),以改善部队的装备。第三,必须有计划、有步骤地减少或停止生产那些在战争中已经证明是落伍了的武器弹药(如汤姆式冲锋枪、四七战防炮、日式一五〇榴弹炮、九二式步兵炮)。第四,步兵各种轻武器弹药的口径必须力求简化,规格必须严格,不能马虎。”“为保证兵工厂的计划生产与军火生产能适合作战的要求,决定:第一,军事系统所需制造、改装、修理的武器弹药及其他装具,均采取订货制,一切以合同为基准。第二,今后订货统由军委总后勤部与重工业部办理之,各大军区、各省军区与同级之工业部兵工局(厂、署),非经批准均不得直接订货或兜揽订货,以免破坏全国范围的计划生产。第三,军委后勤部与重工业部订立合同时,应明确规定订货种类、数目、规格、交货时间、价格等,以免生产交货中发生争执。若有争执,应以合同为基准进行处理,必要时签订合同之任何一方均有权向政府司法部门提出诉讼。”《决定》还明确规定,“兵工建设是国防建设的重要组成部分,为此:第一,全国兵工工厂一律实行军事管制,由公安部队负责警卫。非经一级军区首长之批准,不得参观。第二,凡关于兵工工厂之厂址、设备、生产能力、工人数目、原料之来源、武器弹药之口径与规格等,必须严守秘密,不得泄露,否则,以泄露国家机密论罪。第三,兵工器材、成品、半成品的运输,一律按军运办理。兵工总局应按月提出运输计划,经军委总后勤部认许后交军运司令部办理之。”为加强对兵工建设的领导,除中央军委已组织兵工委员会进行兵工建设方针、原则的领导外,决定在中央重工业部下设兵工总局,东北、西南、中南、华北各区设兵工局,山东设兵工总厂。其中,除华北兵工局与山东兵工总厂直属中央兵工总局领导外,其余各区兵工局均属中央兵工总局与各大行政区工业部之双重领导。凡属兵工之生产分配及资产调动、干部任免等事项,均归中央兵工总局负责,各大行政区工业部则负督导检查及保证生产计划与基本建设计划完成之责。

全国兵工生产会议召开之时,国内枪炮企业经过分、迁、并、转,按专业调整为10座工厂。其中,炮厂5座:127厂,主要生产大口径火炮;247厂,主要生产中口径火炮;307厂,主要生产迫击炮;497厂,主要生产小口径高射炮;546厂,主要生产无坐力炮(1956年3月改名547厂)。枪厂5座:106厂,主要生产手枪(1954年3月撤销建制);296厂,主要生产步枪;356厂,主要生产轻机枪;456厂,主要生产重机枪、高射机枪;626厂,主要生产冲锋枪。根据全国兵工生产会议和《关于兵工建设问题的决定》,各枪炮厂职工一面调整工厂,一面加紧生产;一面抢修原有武器,一面试制新型产品。

阵地战阶段,国内兵工生产动员所要解决的突出问题仍是反坦克武器的生产。1951年6月1日,毛泽东主席致信志愿军总司令彭德怀:"听说近来敌人的坦克增多了,我军必须增强反坦克武器,足以征服敌人的大量坦克,才能阻止敌人坦克的猖獗和大量歼灭敌人的步兵。你对此事有何意见,我军现在配备的反坦克武器是否够用,哪些武器最有用,每团是否应配备一个专门的反坦克连,望告。"[①]此时,国内承担反坦克武器生产任务的军工企业,大都结束了试制、试验阶段,进入批量生产的阶段。5月,国内兵工企业试制成功第一代反坦克火箭弹——135型90毫米反坦克火箭破甲弹,弹重5.5公斤,采用涡轮式火箭发动机,初速达100米/秒,有效射程250米,破甲力达100毫米厚度钢板。当月,总后勤部计划生产75毫米无坐力炮炮弹1.5万发。7月拨给志愿军2.1万发,较原计划多6000发(内有6000发装硝铵、梯恩梯炸药各半)。[②] 当年8月,241型90毫米尾翼式反坦

---

① 《毛泽东军事文集》第6卷,第286页,军事科学出版社、中央文献出版社1993年版。

② 参见《杨立三文集》下卷,第188页,金盾出版社2004年版。

克火箭弹研制成功。此弹重4公斤,采用单孔喷火发动机,有效射程150米,破甲力达152毫米厚度钢板。在此前后,57毫米无坐力炮及配用弹,由497、743厂研制成功。志愿军利用国内兵工厂生产的反坦克武器和苏制反坦克炮,组建了各级反坦克分队,军师编有反坦克炮营,团、营编有无坐力炮连、排,各连编有火箭筒排,形成了反坦克体系,志愿军的反坦克火力由此发生了根本性变化。9月29日,美军发动"秋季攻势"。10月中下旬,志愿军第204师组织1个野炮营12门野炮、1个山炮连4门山炮,组织无坐力炮和火箭筒共49门(具),编为1个反坦克大队,在文登里和百岘地区组织反坦克地域,给美军第2师、南朝鲜军第8师的40多辆坦克以重创,共击毁敌坦克38辆,击伤9辆,粉碎了美军的"坦克楔入战"。

1951年与1950年相比,兵器工业的各种兵器产量,枪械增长了12.3倍,火炮增长了5.8倍,炮弹增长了2.2倍,枪弹增长了3.1倍,手枪弹增长近5倍。尽管如此,向苏联等国购买武器仍是志愿军武器装备的主要来源。截至1951年年底,志愿军利用进口的步枪、冲锋枪和轻、重机枪,已经改装了35个师。另外给各部队补充各种手枪9000余支,步骑枪6.4万余支,冲锋枪3万余支,轻机枪4400余挺,重机枪1900余挺,高射机枪100余挺,迫击炮3100余门,火箭筒2900余具,无坐力炮800余门。

1952年2月,政务院颁发命令:为争取抗美援朝的最后胜利,一切工作都应以国防为中心,尤应以极大的力量来加强和发展航空、坦克与兵工等国防建设。"并责成各工业部门和华东、中南、东北大行政区抽调技术人员和学校毕业生1040名、技术工人3300名支援国防工业,且应有2%的劳动模范。同年4月,中央军委决定选调1000名军事干部到国防工业部门,其中60%到兵器工业系统。"①5月,全国共有兵工厂41个,职工9.3万余人。在东北地区的工厂20个,约占50%,职工4.2万人,约占45.2%。然而,此时兵器工业的实际产量

---

① 《当代中国的兵器工业》,第37页,当代中国出版社1993年版。

只能满足中央军委提出需要的30%至40%;品种缺门很多,18 种制式武器,只能生产4 种,而且都是照实样测绘的,在产品性能上不能完全合乎制式化武器要求;引信与火药的生产也不配套;大口径远射程火炮、自行火炮、坦克装甲车辆、特种装备等是空白,远不能适应国防建设的需要。5 月 21 日,为进一步加强武器装备生产动员,中央军委兵工委员会做出《关于兵工问题的决定》,决定对兵器工业实行集中统一领导,确定了第一批制式兵器型制。为贯彻落实这一决定,重工业部兵工总局召开第二届全国兵工会议。人民解放军总司令朱德和中央军委兵工委员会副主任李富春在会议上均对兵器工业建设作了重要指示。8 月 7 日,中央人民政府委员会第十七次会议通过《关于调整中央人民政府机构的决议》,决定成立中央人民政府第一机械工业部、中央人民政府第二机械工业部。原中央人民政府重工业部兵工总局撤销,兵器、坦克、航空、电信工业先后划归第二机械工业部领导。同时决定撤销大行政区的兵工管理机构,使国防工业管理体制从分区管理改为中央集中领导、统一管理。当年,在重工业部兵工总局和第二机械工业部的先后领导下,国防工业系统广泛开展技术革新和生产竞赛,不断提高劳动生产率和生产能力。沈阳 52 工厂 1952 年的产量比 1951 年增长了 1 倍多。626 厂仿制和改进的 50 式 7.62 毫米冲锋枪,1952 年的产量达到 15.9218 万支,是 1951 年产量的 4 倍多。

从 1952 年 10 月开始,志愿军在上甘岭一带正面 180 公里宽的阵地上构筑工事,开山挖洞。所需“工程爆破器材的供应,由中央财政经济委员会部署筹集”。当年 11 月 27 日,中央财政经济委员会召开会议。会上,中央财政经济委员会主任陈云,对抗美援朝军需物资生产供应工作进行了部署。他在讲话中指出:“前方在打仗,开山挖洞,急需工程爆破器材,要炸药、导火索数千吨,工程雷管 1 亿枚。‘前方需要就是命令,1 亿枚雷管一年完成,一个不能少。’”第二机械工业部接受任务后,立即向生产厂布置任务。当时雷管工厂年产能力仅为 0.25 亿枚,与要求数量相差甚远。为此,第二机械工业部动员吉林、鸡西和齐齐哈尔等地的炮弹厂转产雷管。因作雷管的紫铜奇缺,改作纸雷管代用,同样有效。“终于在规定期限内完成了1亿枚雷管的任务。”①

1952年年底,全国“国防工业企业”共68家,职工总数14.9780万人。其中,“兵器工业”企业41家,职工106251人,航空工业13家,职工30715人,战车工业3家,职工4536人,电信工业11家,职工8276人。当年,仅“兵器工业”就生产山炮(含修理)几千门,迫击炮几千门,步马枪几十万支,炮弹几百万发,枪弹几亿发。生产水平是1949年的1.4~7.3倍。② 从1952年6月至1953年6月,兵器工业共为志愿军部队补充51式手枪5.8135万支,50式冲锋枪9.5652万支,步骑枪2.0130万支,轻机枪5732挺,重机枪465挺,高射机枪81挺,60毫米迫击炮1392门,82毫米迫击炮1539门,重迫击炮6门,无坐力炮1907门,火箭筒1276具,山炮133门,野炮55门,榴弹炮55门。经过此次调整补充,志愿军步兵部队之轻、重机枪和冲锋枪的口径趋于统一。除手枪外,冲锋枪、轻重机枪还有部分库存。在整个抗美援朝战争期间,“兵器工业共生产了各种枪械60余万支(挺)、枪弹15亿余发、各种火炮9万余门、火箭筒7000余具、炮弹(含火箭弹)1400余万发、手榴弹2300余万枚、炸药6000吨以及大量的地雷、航空炸弹等,并抢修(包括战地修理)了大量的武器装备和弹药,为赢得抗美援朝战争的胜利作出了应有的贡献”③。

阵地战阶段,航空工业和坦克工业已初具规模,开始承担维修保障任务。航空工业从1951年下半年起,把从国民党政府那里接收过来的18个工厂调整为11个工厂,把80%的人员和70%的设备集中于几个歼击机、轻型轰炸机和教练机修理厂,并对工厂进行了适当的改建、扩建,形成了一定的修理能力,以满足抗美援朝战争的需要。

---

① 刘正栋:《铸剑》,第159~160页,航空工业出版社2007年版。

② 参见刘正栋:《铸剑》,第160页,航空工业出版社2007年版。

③《当代中国的兵器工业》,第34页,当代中国出版社1993年版。

当时航空工业共有6个重点厂,其中有4个在东北,就是这些工厂于1951年修理飞机70架、发动机336台,1952年修理飞机284架、发动机2027台,1953年修理飞机475架、发动机1626台。坦克工业经过一年的建设,将装甲兵、东北军工局和东北机械局所属的3个工厂,改造为3个坦克修理厂,其中设在东北的有2个。从1952年起,各坦克修理厂开始接受装甲兵部队的订货,承担坦克修理任务。2年中修复了大量苏式坦克、自行火炮及其发动机,有力地支援了志愿军,也为装甲兵部队的训练提供了技术保证。

（四）物资保障形势日趋好转

1952年10月25日,解放军后方勤务司令部在志愿军后勤工作初步总结中称,阵地战阶段,由于国家经济形势日趋好转,用于战争的经费得到较好的保障,加上经济动员的经验方法日趋成熟,军需物资动员保障的形势日趋好转。具体表现在第五次战役以后,基本上停止了就地借粮。1951年洪水期困难渡过后,已逐渐做到按标准供应。1952年年初开始有了囤积,3月以后,则更进一步实行有计划的囤积,供应工作才转入主动,部队生活得到极大改善。到1952年10月,部队主食以细粮为主,副食能作适当的调剂。另外,日用品、文化学习用品和娱乐用具也有了供应。在服装方面,1951年冬装运输以后,就完全能保证部队按时穿上各季服装,尤其是1952年冬装运输更为及时,在中秋节以前,即运抵部队。

"1951年11月召开的第三次全国粮食管理会议对支前供应任务进行总结并进一步研究部署,还决定由各有关大区派出代表在东北组织运粮办事处,授权东北粮食总局负责领导,更加有利于完成军粮的调运。"①当时,"根据东北军区后勤部不完全统计,一年来为抗美援朝输出的物资","粮食5万余吨,副食品7.19万吨,油盐1.86万吨,汽油、机油等65.14万大桶,冬装150余万人份,夏装260余万人份,

① 《当代中国的粮食工作》,第57页,中国社会科学出版社1988年版。

药品6450余吨”。“按照前方需要数量约完成123.1%的物资。”[①]“上述大量物资的来源约有三个方面:被服、装具、压缩干粮、部分药品、汽车配件等,大部取给于后勤系统的军需工厂生产;汽车轮胎、橡胶雨衣、油桶、部分胶鞋、汽车零件配件等,国内公私营工厂订货;汽车、油料、机器五金、械弹、药品等,则多靠从苏新[②]国家订购。一年来,这三个物资来源方面的密切配合,异常重要。”[③]

1952年9月上旬,志愿军所属军、师平均囤积主食70天,副食75天,油料40天,弹药按完成基数囤足。志愿军后勤司令部在报告中称,各级仓库均有囤积,没有受任何影响,能保证人、马有吃,枪炮有子弹打,汽车有油烧,并能保证其经常性。到11月底,朝鲜境内储存的主副食品可供全军2个月食用,马料1个半月,油料2个半月。8月4日,毛泽东主席说:“吃的问题,也就是保证给养的问题,很久不能解决。当时就不晓得挖洞子,把粮食放在洞子里。现在晓得了。每个师都有三个月粮食,都有仓库,还有礼堂,生活很好。”[④]

(五)医疗卫生动员成效明显

阵地战阶段,志愿军的人员损失大为减少。1952年10月24日,毛泽东主席在谈到志愿军的人员伤亡时讲到,自从1951年7月我军采取坚强的阵地作战以来,给予敌军伤亡的数量,远远地超过1951年7月以前在各次运动战中给予敌军的伤亡数量。而我军的伤亡则大为减少,其中人员伤亡,单就志愿军来说,从1951年7月以来的15个月中,比较以前的8个月,平均每月减少2/3以上,前8个月平均每月2.5万人,后15个月平均每月为8000人。[⑤]

志愿军人员伤亡的明显减少,主要缘于医疗卫生动员得到切实

---

① 《杨立三文集》下卷,第253页,金盾出版社2004年版。

② 苏新:苏联和东欧新民主主义国家。

③ 《杨立三文集》下卷,第255页,金盾出版社2004年版。

④ 《毛泽东军事文集》第6卷,第317页,军事科学出版社、中央文献出版社1993年版。

⑤ 参见《毛泽东军事文集》第6卷,第324页,军事科学出版社、中央文献出版社1993年版。

有效的加强。国家在这一时期主要采取了以下措施：

一是在全国范围内组织支前医疗队。截至1951年10月统计，全国各省市赴朝医疗队达50余个。到停战时，全国先后有6000多名医务人员参加医疗队。[①] 1952年9月，志愿军在朝鲜设有基地医院3个，兵站医院12个，中途医院4个，直属医疗所4个，手术队3个。抗美援朝战争中，先后动员159个志愿医疗队（团），参加志愿军的医疗救护工作。其中入朝在战地服务的有55个，到东北后方区医院工作的有65个，参加关内康复医院工作的有39个。共动员5065人，包括医生以上人员1792人，护士2154人，技术员569人。按地区分，有4个是军医大学组成，其余155个队由全国27个省（自治区、直辖市）组成，半数来自医药卫生力量比较雄厚的大城市，如上海、北京、天津、广州、沈阳和武汉等。最多的为上海，有26个医疗队，其次为北京14个、天津13个、南京10个。从1951年1月到1955年6月，上海先后派出的医疗卫生人员为757人次，先后实行手术1.2986万人次、收转伤病员3.7559万人次，培训授课806次。有309名队员分别荣立一、二、三等功，国际医疗服务队第37队荣立集体三等功。

二是继续进行志愿担架队的动员。阵地战阶段开始时，东北地区先后动员入朝支前的民工累计为15万人，其中大部分已回到国内，尚在朝鲜战场上的支前民工有4万余人，包括配属到志愿军各后勤分部的民工3万余人，配属到第9兵团、第13兵团的民工1万余人。这4万多民工均是1950年10月以后陆续入朝支前的，在朝鲜战场的时间最短的有3个月，最长的接近或超过半年，大部分民工的思想已出现波动。然而，志愿军伤病员的抢救和转运工作，仍需要大量的民工担架队。据东北军区后勤部对1951年4月至12月志愿军作战对人力的需求分析，4月至6月，在朝鲜的志愿军部队为100万人，7月至12月则要达到130万人，而志愿军的后勤人员与作战部队的比例约为1∶7，实际需要应为1∶6。为切实提高志愿军的后勤保障水平，志

---

① 参见《抗美援朝战争史》第2卷，第282～283页，军事科学出版社2000年版。

愿军后勤部于1951年4月提出,组织半军事化的担架团,用以代替由支前民工组成的担架队。按照志愿军后勤部的测算,仅替换民工担架队,就需要组建20个半军事化的担架团。此后,国内不再向朝鲜战场派遣支前民工。5月15日前,先期组建的10个半军事化的志愿担架团到达朝鲜。8月以前,后续组建的16个团(每团2000人共3.2万人)和60个营(每营800人共4.8万人),陆续到达东北。从9月开始,在朝鲜的4万多名支前民兵、民工,陆续结束在朝鲜的支前活动启程回国。到1952年春节,所有在朝鲜的支前民工全部返回国内,其支前任务由半军事化的志愿担架团以及人力运输团接替。

三是动员组织后方医院收治伤病员。1951年4月20日,东北军区后勤部对医疗床位的需求进行了测算。测算的结果是,1951年4月至12月,需要收容的伤病员至少有32万人,而此时在东北的后方医院只能收容7.3万人,如果年底前能有20万人出院,尚缺5万张床位。东北军区后勤部计划,"从各军区增调东北军区7万个床位的预备医院,地方政府组织2万个床位的慢性病医院,并另组织5.2万个床位的残伤医院,共计29.486万个床位"①。到1951年年底,"一年来由关内调去东北军区和东北政府自有以及随各兵团带去关外的医院床位共有15.286万个,其中分布于前方兵站线者3900个床位,在东北区内者11.366万个床位"。当年"全国各地先后动员了医生1000余人、护士1900余人、其他医务人员1250余人,共4220余人,分组志愿医疗、手术、防疫等队去朝鲜及东北各医院工作,起不少作用,并锻炼了他们自己"。"截至1951年12月中旬,共收志愿军伤病员27.21万余名,内留东北医治者22.7万余名,转关内医治者4.46万余名。治愈归队者计14.6万余人,占57%,残废率占17.7%,死亡率占0.56%。"1952年1月,各类后方医院收治的志愿军伤病员有6.44万余人,"东北区5.4万余人,关内1万余人"②。1953年1月至

---

① 《杨立三文集》下卷,第259页,金盾出版社2004年版。

② 《杨立三文集》下卷,第259页,金盾出版社2004年版。

9 月,中央军委批准在朝鲜境内增拨 9 个卫生列车,使大部分伤病员转运回国内治疗。

四是组织开展反细菌战。1952 年 1 月下旬,美国在朝鲜战场上发动了大规模的细菌战,连续在朝鲜、中国东北和青岛等地投掷带有鼠疫、霍乱、脑膜炎、副伤寒、钩端螺旋体及回归热、斑疹伤寒等多种病原体的苍蝇、蚊虫、蜘蛛、蚂蚁、臭虫、跳蚤等带菌昆虫 30 多种,投掷面积遍布中国东北三省的 34 个县、市,引起炭疽性脑膜炎和急性传染性脑炎等以前没有发生过的或很少见的疾病,在辽宁省沈阳、鞍山、辽阳等污染区内流行。[①] 2 月 18 日,中国人民解放军代总参谋长聂荣臻就朝鲜前方美军大面积空投带菌昆虫一事向毛泽东主席作了报告。2 月 19 日,毛泽东主席在聂荣臻的报告上批示:"请周总理注意此事,并予处理。"[②]周恩来总理阅后随即向毛泽东主席作了报告,提出计划要办的几件事情:加紧试验前方业已送回的昆虫细菌;往前方派送防疫队和疫苗、粉剂及其他器材;在朝鲜外务相发表声明后,中国外长继起向全世界控告,以新闻舆论配合;由中国人民保卫世界和平委员会向世界和平委员会建议,发动反对美国进行细菌战的活动等。2 月 23 日,周恩来总理又就反击美国细菌战一事致信毛泽东主席,提出了两个阶段的防疫计划大纲:"第一阶段为目前病菌尚未发展情况下的准备和预防阶段,第二阶段为美国在我公开控诉后仍继续进行细菌战的全面采取紧急措施阶段。"当日,毛泽东主席批准了这一计划大纲。3 月 9 日,根据防疫计划大纲,周恩来总理和聂荣臻代总参谋长、总后勤部卫生部部长贺诚等商定在美国将细菌战扩大到中国东北境内后应采取的紧急防疫措施。3 月 14 日,周恩来总理主持召开政务院第 128 次政务会议。会议决定成立中央防疫委员会,由周恩来总理任主任,郭沫若、聂荣臻任副主任。3 月 19 日,周恩来总理以中央防疫委员会主任名义发出《关于反细菌战的指示》,规定

---

① 参见《辽宁省志 · 卫生志》,第 110 页,辽宁人民出版社 1999 年版。

② 《建国以来毛泽东文稿》第 3 册,第 239 页,中央文献出版社 1989 年版。

朝鲜为疫区,东北为紧急防疫区,华北、华东、中南沿海地区为防疫监视区,华北、华东、中南内地及西北、西南为防疫准备区。疫区的主要任务是进行卫生侦察,普遍实行预防注射,杀灭媒介动物,指定医院准备收容传染病人,有疫情立即报告,进行疫区封锁,并向人民进行防疫宣传。“三月十九日反细菌战指示发出后,除西南外,各大行政区及沿海省市也先后成立防疫委员会。”“除志愿军原有防疫队外,截至三月底止,共组织一百二十九个防疫大队包括二万零九十六人(东北二千九百名),其中百分之六十已受过防疫训练,并有基本的防疫装备,可随时执行任务。国内交通及国境、海港检疫站已设六十六处,防疫站防疫人员共一千二百八十名。”“特以鸭绿江口、山海关口为重点。大连、营口、天津等海港的防疫检查也已布置。由于经验不足、组织机构不健全和技术知识的缺乏,开始一时期在交通线的防疫工作上曾经存在着紊乱的现象,如山海关曾发生车辆积压达二千余辆。检查制度各地不一,运货的消毒和检查也有许多问题。经三月十六日成立山海关防疫总指挥部,三月二十九日发出交通线防疫检查的规定指示后,这些现象才开始克服。但运货消毒方法仍待研究解决。”“截至三月底,共发出鼠疫疫苗一千五百九十八万三千人份,四联疫苗六百五十一万人份,五联疫苗二百八十四万五千人份,斑疹伤寒疫苗三十二万三千人份,赤痢法基八十万零三百六十人份、滴滴涕二十七万八千八百六十七公斤,六六六十万二千七百七十七公斤,石炭酸、来苏尔等杀菌剂四万二千九百五十公斤。”①

到 1952 年 4 月 15 日,国家为侦察美军所撒布的昆虫等带有的菌毒和危害,曾先后派遣国内专家技术人员 3 批计 50 余人到朝鲜及东北现场检验。在沈阳、北京、天津、青岛等地都设立了中心研究机构。苏联派遣流行病学、细菌学、昆虫学、动物学等专家 9 人来华。为使他们的研究工作接近现场,也均介绍至东北工作。以“细菌战不可忽视,但也并不可怕”为宣传原则,告诉群众只要把环境卫生、个人卫生

---

① 《周恩来军事文选》第 4 卷,第 276 ~ 279 页,人民出版社 1997 年版。

做好，遵守防疫规定，就能战胜美军的细菌战。中央防疫委员会还将《人民日报》刊载的《防御细菌战常识》和《防疫常识》付印，以中华医学会名义出版供各地采用。6 月 18 日，中央防疫委员会认为 7、8、9 月间是鼠疫、霍乱、脑炎等传染病流行的季节，要求各大区应重视反细菌战防疫工作，继续开展群众性卫生运动，加强防疫队的训练，并在各地建立严格的防疫报告制度。1952 年冬，反细菌战结束。

（六）交通运输动员发挥枢纽作用

阵地战阶段，志愿军对铁路、公路和人力畜力运输的需求仍十分迫切，交通运输动员的任务始终十分艰巨。

在铁路运输方面，1951 年 4 月至 12 月，朝鲜战场对铁路员工的动员需求，按军管局管理计划修通至大田安东一线计算，需增加汉城、大田、安东 3 个分局，需要人员为：一般行政员工 2700 余人，机车队员工 3600 余人，抢修队 9600 余人，政治工作人员约 400 人。需增加 3 个公路工程队，每队 1000 人，用于配属各分部担任维修公路及挖防空掩体等。7 月下旬到 8 月末，朝鲜北部发生 40 年未遇的洪水，先后冲毁铁路正桥 58 座，便桥 36 座，总延长 5200 米。线路被冲毁 116 处，共计土方 6.4 万余立方米。水害加轰炸，使整个铁路运输系统被分割成数段，基本处于前后不通、中间半通的局面。支前物资只能依靠沈安线前运至安东然后库存，给铁路运输造成极大困难。经过 50 天的抗洪抢修，到 9 月 13 日被水毁和炸毁的铁路设施全部修复。

1951 年 9 月至 1952 年 6 月，美军对志愿军交通运输实施“绞杀战”，铁路抢修的任务更加繁重。为夺取反“绞杀战”的胜利，1951 年 11 月，铁道部调天津、济南铁路局 1000 多名工务系统职工入朝，编为铁路工程总队第四大队。1952 年 6 月，反“绞杀战”最激烈的时期，铁道部又将原吉林局抢修大队 600 多人在完成辑安鸭绿江大桥抢修和朝鲜东线抢修任务之后，由大队长孙振东、副大队长耿杏天率领绕经国内，由安东过江进抵京义线补入工总第二、三大队。上述措施，使志愿军铁道兵团和铁路工程总队的总兵力达到 3 万多人。“据计，在为时 10 个月的反‘绞杀战’中，工总共完成修复土方 30 万立方米，清除废轨82公里,重铺新轨82公里,维修线路约1000多公里;重点区段往复维修12遍之多;按炸后抢修通车3日内提到时速15公里,10天内恢复正常时速之规定,上述重点区段线路都曾经历过一个全面摧毁、拆除加重建的过程。个别区段经美军飞机犁土或地毯式轰炸过后,路基土方都搅翻过多次,平均每月抢筑路堤10多公里,抢拆抢铺轨道20公里,最高一天内连拆带铺轨道38公里,约每20天平均维修全段线路一次。"[①]该总队在入朝3年期间,共牺牲245人。

1952年春季以后,铁路运输有所好转,能按计划将物资运达预定地点。在此基础上,就逐渐实行了有计划的运输,使得各级后勤之间,各种运力之间,运输工作与其他工作——首先是与后站工作之间,配合比较密切,因而避免了各种工作之间因衔接不够而造成运力的浪费,从而大大地发挥了运输的效能。1952年上半年比1951年上半年提高2倍多。1952年1月至12月,总过轨数是计划数的87.6%,实卸车皮数是计划数的97.9%。1952年12月,铁路运量为1951年1月运量的8.5倍。12月23日,志愿军召开党委扩大会议。会上"下达了战备工作的紧急动员令",任务是在2个月内完成各种物资4个月以上的储备。截至1953年2月底,志愿军各部队超额完成了储备任务。除弹药基本上完成了囤积任务外,主食、菜类囤积8个半月、马料5个半月、汽油4个半月,其中各部队囤积量均在2个月以上。

1953年年初,铁道部又为在朝的铁路工程总队调入3000多名公安干警退役人员。3月,铁路工程总队转战至满浦线。此时,铁道部又将原归铁道兵指挥的工务大队1000余人并入铁路工程总队。至此,铁道部已先后从国内14个局,分12批为铁路工程总队补入8600余人。除去4600多人的各类减员,铁路工程总队尚有9780多人,"兵

① 《中国人民志愿军铁道工程总队抗美援朝抢修铁路史》,第15页,中国铁道出版社2004年版。

力约占志愿军在朝铁道抢修部队总兵力的11.64%”[①]。1953年夏季战役打响前，铁道兵和工程总队从3月中旬到4月底，共新建、修复桥梁45座，便线延长79公里，便桥延长5355米。夏季战役打响后，铁道兵和铁路工程总队从5月13日至7月27日仅在主要运输线上即修线路270多处次，桥梁60多座次，车站330多处次，运输部队6000多车。装运弹药物资1.2万多车，共计1.8万多车，圆满地完成战役运输。1953年1月至6月，铁路运输总量达到11.4万余辆，为1952年下半年运输总量的1倍多，创抗美援朝战争中的最高纪录。1953年全年，火车除7月洪水期西线桥梁冲垮被阻10多天外，每月保持26夜通车时间，共接卸约3.4万个车皮，为1952年的1.5倍多，有效地保证了通车能力。1～9月，汽车运输效率超出运输定额的1倍多，比1952年提高12.5%，比1950年上半年提高1倍多。1～7月，车辆损失率为3.8%，比1952年减少40.7%。

阵地战阶段，“在后方强有力的支援下，前方铁路抢修部队和铁路运输队伍，不断得到更新与加强，前者经常保持在3万人以上，后者多达2万余人。用于朝鲜战场上的机车经常保持在240台左右，最多时达300台以上，货车经常保持近万辆，最多时达1.2万辆。运往前方的铁路器材有34634车，其中有可铺518公里铁路的钢轨及配件，有枕木280万根、双股电话线170多万米”[②]。“三年中，铁路运输共输送部队和物资38.52万余车，总重约800万吨；汽车运输共完成200万余台次，总重约480万吨，行驶3.2亿余吨公里；参加火线运输的先后有33个辎重团、64个运输营，448个运输连，以及各种畜力车、手推车、自行车共8.5万余辆。抢修铁路线路1400余处次、660余公里，桥梁2200余座次、120余延长公里；新建公路2500余公里，桥梁

---

① 《中国人民志愿军铁道工程总队抗美援朝抢修铁路史》，第13页，中国铁道出版社2004年版。

② 《当代中国的铁道事业》（上），第23页，中国社会科学出版社1990年版。

1100 座次,加宽公路 8100 余公里,桥梁 3200 余座。”①东北铁路系统在抗美援朝铁路运输中作出了突出贡献。3 年中,东北铁路部门共组织抗美援朝机车过轨 1.2768 万台次,回国 1.2591 万台次,保证了支前运输任务的完成。东北地区先后赴朝参加抢修、抢运的铁路职工有 4.2 万人,在朝鲜参战的铁路职工和铁道兵指战员最多时达到 15 万人。锦州、吉林、中长、齐齐哈尔 4 个铁路局,先后有 2.1952 万名职工,成为志愿军铁路运输部队的主要力量,他们被编入志愿军 897 部队序列,和朝鲜的铁路工人并肩作战。在朝鲜的机车经常保持在 240 台左右,最高时达到 300 台以上;在朝鲜的货车经常保持近万辆,最高时达到 1.2 万辆。他们当中,获一级战斗英雄称号的 1 人、二级战斗英雄称号的 10 人、二级模范称号的 3 人,荣立一等功的 1 人、二等功的 264 人、三等功的 1.7844 万人,有 574 人牺牲。

在公路交通运输动员方面,1951 年春,东北公路管理总局会同东北军区运输部,对辽东省和吉林省在 1950 年 10 月至 12 月抢修的道路进行了勘察。由于冬季施工,加上时间紧迫和施工标准低,这些路基路面的加宽工程多是冻土填起,有些地段的半径、坡度、安全视距达不到要求,有些山区路段有涎流冰,有些急弯陡坡处尚未设标志,个别大中桥因受时间限制或河床为岩层,只得用便桥便道维持通车。在这种情况下,东北公路管理总局和东北军区运输部决定对其中的部分线路进行复修,主要包括灌水至长甸、凤城至安东和凤城至大孤山 3 条公路,通化、桓仁两座江桥和浑江、半拉山 2 处渡口。同时责成辽西省抢修四平至梨树、锦西至葫芦岛 2 条线路和四平北桥。当年,除通化、桓仁 2 座江桥未能完工外,其他工程全部完成。共新建木桥 432 座 1391 延长米,新建石拱桥 1 座 6 米,修复过水路面 24 处 1249 延长米,路线改线 10.36 公里,建渡口 2 处。

汽车运输方面,东北军区后勤部于 1950 年 4 月初根据当时志愿

---

① 总后勤部军事交通部:《中国人民解放军军事交通史(1927—1987)》,第 245 页,解放军出版社 1990 年版。

军现有汽车、司机的数量和可能的损失，预测至当年可能需要补充汽车1.1万多辆、正副司机1万余人。

然而，汽车动员补充的情况却不够理想。1951年5月，总后勤部在给周恩来总理的报告中指出，兵站汽车的补充，前方要求增加到3500~4000台，尚差1300~1800台。5月份根据进口运输汽车的数量，先补充1000台，6月份再补充1000台。到6月，国内累计为志愿军补充汽车2977台，接近损失的数量。“入朝部队增至18个军和15个特种兵师，而汽车部队拥有的汽车不过2800台，能够出勤的仅1600余台，与繁重的运输任务相比，差距很大。”①8月，东北军区后勤部为志愿军组建了3个汽车团，补充汽车1130台，使志愿军后勤司令部所属的汽车团达到13个，拥有汽车3700余台。1951年全年共为志愿军补充汽车1.1888万台，招雇及抽调司机6358人，补充各种车辆修理工人312名。与此同时，汽车的损失也十分严重，全年“汽车被敌机直接炸毁的高达4988台，开夜车翻车事故约2460台，共损失汽车7400余辆”②。因此，志愿军后勤司令部可调遣的汽车仍严重不足。1952年，除大修及停驶车辆外，只有2300台担负后勤运输任务。但是，由于防空和公路状况的改善，以及运输经验日益丰富，汽车运输的效率与入朝作战之初相比，已经有了很大提高。入朝时汽车一夜仅行驶15~20公里，经1年多的实战锻炼后，夜间一般周转率为180公里，一夜在同一运间可以往返两次。汽车损失率也从1950年的45%，1951年的31%，下降到1952年的3.5%。至战争结束，除参军、中途回国和牺牲者外，东北地区临时动员的战勤司机还有3200人。1953年，志愿军的汽车运输进一步提高。1~9月，完成运输定额116.4%，比1952年提高12.5%，比1950年上半年提高118.5%。1~7月，车辆损失率为3.8%，比1952年的6.4%减少40.7%。

---

① 总后勤部军事交通部：《中国人民解放军军事交通史》(1927—1987)，第203页，解放军出版社1990年版。

② 《杨立三文集》下卷，第257页，金盾出版社2004年版。

在人力、畜力运输动员方面,据1951年4月东北军区后勤部概算,大车运输员,除已配属各军的大车所需运输人员由各军配备外,配属分部的大车3500台,需人员8000人。当月,东北人民政府为志愿军动员补充大车1000台。5月,志愿军要求将大车的数量补充到5000台,其中由总后勤部从关内动员的大车中为志愿军补充了2000台。8月,国内动员组建14个辎重团入朝。10月,志愿军后勤司令部直属的人力畜力运输力量,计有27个辎重团、8个运输营及3万多民工。根据东北军区后勤部不完全统计,1951年为志愿军动员提供的大车有4950余台,手推车5.9万余台,铁道平车500台,自行车500余辆。全年"共组织三十三个辎重团七万一千人"①。

(七)打破西方国家的经济封锁

1951年5月17日,在美国的操纵控制下,联合国大会第一委员会以45票赞成、9票反对、9票弃权的结果,通过了美国对华实行经济制裁的提案。5月18日,这一提案得到联大批准。此后,美国及其同盟国,以执行联合国决议为名,对中国实行更为严厉的经济战,企图以此遏止中国的经济发展及战争动员能力。

为打破西方国家对华的封锁、禁运,中国政府采取了一系列反制措施,首先是发展对苏联的贸易。在联合国通过全面对华禁运的决议后,中苏经过谈判签订了1951年至1954年苏联向中国提供60个步兵师武器装备的协议。此外,根据战争需要,苏联向中国提供了飞机、坦克、高射炮和汽车等装备器材。仅在抗美援朝期间,苏联即向中国提供了141个大型工程项目。1953年5月,中苏两国签订了苏联援助中国发展的协议书,向中国提供91个大型工程项目。作为回报,中国向苏联提供了农产品和橡胶等原料。1950年,中苏贸易额约占中国外贸的30%,1953年这一数字达到56.3%。东德和捷克分别成为中国的第二和第三大贸易伙伴。波兰还同中国建立了中波合营轮船公司,中国或中国委托他国从西方进口的禁运物资,大部是由该

① 《杨立三文集》下卷,第257页,金盾出版社2004年版。

公司运输的。中国同社会主义国家的贸易额，1951 年占总贸易额的 52.9%，1952 年为 72%，1953 年为 76%。

中国还积极发展与不同社会制度国家的经济往来。1952 年 4 月，中国派代表团参加了在莫斯科召开的第一届国际经济会议。会上，中国代表团分别与英国、荷兰、法国、瑞士、意大利、比利时、芬兰、锡兰①、印尼、巴基斯坦等 10 个国家签订了总额为 2.23 亿美元的贸易协定。当年，中国还与日本签订了民间贸易协定，民间贸易额双方各为 3000 万英镑。10 月，中国与锡兰签订了大米和橡胶 5 年贸易协定，规定中国每年出口锡兰 20 万吨大米，锡兰每年向中国出口 5 万吨橡胶，占锡兰出口橡胶的一半。对此，美国政府横加干涉，要求锡兰停止出口，遭到锡兰拒绝。美国对外援助事务管理署署长在致国会的报告中也承认，联大关于对中国的禁运，未能阻止"自由世界"同中国的贸易往来。他在报告中称，西方世界对共产党中国输送的物资，1951 年为 4.33 亿美元，1952 年为 2.57 亿美元，1953 年为 2.7 亿美元，而中国的出口也从 1952 年的 3.65 亿美元增加到了 1953 年的 4.25 亿美元。

猪鬃是制刷的一种原料，也是美国禁运的战略物资，美国在朝鲜战争中大量需要这种原料。而中国是生产猪鬃最多的国家。中国政府就全权委托爱国商人古耕虞同美国做生意。古耕虞利用台湾和美国的护照，在香港、美国注册了公司，秘密同美国做生意。1950 年 12 月，美国宣布对华全面禁运并对中国在美国的财产实施管制时，古耕虞在美国银行的 700 万美元也被冻结。1951 年，古耕虞经过不懈的努力，美国解冻了他的 700 万美金，同意他与中国大陆交换猪鬃。此外，香港的霍英东等一批爱国人士，也冒着危险为国家运回了大量急需的物资。

---

① 斯里兰卡民主社会主义共和国在 1972 年以前称锡兰。

第三节 “边打边建设”
(1952.08～1953.07)

起点:1952年8月4日,毛泽东主席讲天下大定。

截点:1953年7月27日,朝鲜战争停战协议签订。

抗美援朝战争开始后,国家在全力保障抗美援朝战争需要的同时,各方面的建设也在逐步展开。到1951年5月即抗美援朝运动战阶段快要结束时,许多基本的建设仍在进行中,比如中南、西南、西北都在修建新铁路重工业,沿海及边疆在增修公路,电力、煤矿、钢铁等重工业都在进行建设。与人民生活直接有关者,比如治淮,依原计划照常进行。1952年下半年,随着国民经济发展第一个五年计划编制工作的启动,加上抗美援朝战争国民经济动员的有力牵引,一个以工业特别是国防工业为中心的和平建设逐步展开,在使国民经济逐步得到恢复的同时,迈出了新中国国民经济动员基础建设的第一步。

一、动员基础建设的筹划组织

抗美援朝战争期间,国家对经济动员基础建设的筹划组织,主要体现在三个方面:一是提出了“边打、边稳、边建”的国家建设方针,“争取十年工夫建设工业,打下强固的基础”。二是确定了工业和交通的“三年军事建设计划”,明确了国民经济动员基础建设特别是国防工业基础建设的目标任务。三是在经济建设中开始贯彻“军民结合”的思想。

(一)“边打边建”的国家建设方针

1951年3月6日,李富春副总理在第一次全国工业会议上指出,美帝国主义正在朝鲜进行侵略战争并企图扩大侵略战争,国家为了巩固国防,不能不保持一定的国防力量。因此,能够用于建设的资金还很不够。因此，在边打边建设时期，"首先要集中力量搞好几个国防和民生最需要的基本建设工程，积累经验，并为今后长期建设准备必要的条件"①。5 月 4 日，周恩来总理提出"巩固财政状况，准备经济建设"的要求。为此，国家增加了经济建设的费用，以便"打下两三年后进行经济建设的基础"。周恩来总理指出："什么时候能够进行大规模的经济建设，这要看战争胜利的快慢而定。今年财政是困难的，但无论如何要拿出一定的力量来做，轻工业要用很大力量去增加花纱布的生产，以供应土改后农村的需要。"此后，国家在全力保障抗美援朝战争需要的同时，采取"边打边谈边稳"的方针，经济形势逐步好转。"但是国内的财政经济状况，能不能稳下来，那时还没有把握。过去只是讲'物价基本稳定，收支接近平衡'，意思是说，物价还不能稳定，收支还没有平衡。收入少，支出多，这是个问题。"②

从 1951 年下半年到 1952 年下半年，由于在全国范围内开展"增加生产，厉行节约"运动和"三反""五反"运动，国内的经济形势迅速好转。1952 年 8 月 4 日，毛泽东主席在谈到国内形势时指出，现在"问题完全清楚了，天下大定"，"我们的事情比较好办。国内的事我们可以完全作主"，"我们要争取十年工夫建设工业，打下强固的基础"。③ 在这一思想指导下，国家于 1952 年下半年，即着手编制国民经济发展第一个五年计划。12 月 22 日，中共中央针对编制 1953 年计划及 5 年建设计划纲要指出，国家大规模的经济建设业已开始，其建设规模和投资在中国历史上都是空前的。但国家大规模建设是在抗美援朝环境下进行的，因此必须按照中共中央提出的"边打、边稳、边建"的方针来从事国家的建设。

（二）"军民结合"思想的提出

"边打边建"时期，国家在筹划并着手经济建设之初，就提出了

① 《李富春选集》，第 82 ~ 83 页，中国计划出版社 1992 年版。
② 《毛泽东选集》第 5 卷，第 66 页，人民出版社 1977 年版。
③ 《毛泽东选集》第 5 卷，第 66、68 页，人民出版社 1977 年版。

“军民结合”的建设思想。这一思想,体现在国防工业“军需与民用相结合的原则”和“交通建设必须服从国防和经济计划”上。

1950 年 9 月 28 日,即全国兵工会议召开前,总后勤部部长杨立三在给中财委副主任李先念征求意见的复信中提出:“政府平时对一般已有非兵工生产工厂,应进行详细调查了解。对正拟建设、一般已有的非兵工生产工厂应多考虑军事因素,以便拟订战时动员计划。当战争到来时,根据需要即分别转入兵工生产。”①1952 年 12 月,中央军委兵工委员会决定“兵器工业要贯彻军需与民用结合的原则”,并在《工厂调整实施办法及步骤》中,确定兵工厂在制定产品生产纲领时,要有一种至几种与军品工艺相近的民用产品。国防工业在生产能力上实现“军需与民用相结合”,是国防建设“军民结合”思想的最初含义。

1951 年 7 月 16 日,国家有关部门关于交通建设贯彻国防要求致信周恩来总理。信中称,国家交通建设,无论铁(公)路都应服从国防和经济建设,绝不应单纯为交通而建设交通。当前的情况是政府交通部门有一套建设计划,而不包括在国防上的需要,因之军事系统又另作国防公路建设预算,这是很不合理的现象。因此,建议今后交通建设(包括铁路、公路)必须服从国防及经济建设提出计划。7 月 18 日,周恩来对此批示,指定总后勤部副部长张令彬、作战部部长李涛等负责,商定一个国防公路军政联合修建方针及年内国防公路修建计划。为此,总后勤部军事运输司令部组织进行了交通大调查,对全国主要铁路和内河的技术状况以及设备能力等进行了实地踏勘,并从军事角度编制成全面、完整的军事交通技术说明书,为保障当时繁重的军事运输提供了依据,同时也为国家交通运输建设从军事上提出可行性方案做好了准备。

“边打边建”的要求提出后,军队方面也在思考国家建设的“军民结合”问题。1952 年 4 月 4 日,副总参谋长粟裕在给中央军委主席毛

① 《杨立三文集》下卷,第 113 页,金盾出版社 2004 年版。

泽东和副主席刘少奇、周恩来的报告中提出，特别重要的是使整个的建军计划同整个的国家工业的建设计划密切地配合起来，以便更好地来保卫国家的建设与安全。为此，必须首先确定我们国家的整个战略方针，假定敌国及其进攻的方向（主要是从东北面及东面）以及次要的进攻方向等，以制定我们的作战方案（应该有几个方案）。而后根据我们的整个战略方针和几个作战方案来制订我们的国防建设计划，以便根据这个计划来布置战场与具体确定我们的国防警戒线、前哨阵地、主要阵地及要塞等应该建筑在哪些地方。基地、机场、港湾（军港与商港的分设）码头建筑在哪些地方，以及交通道路（军用公路、铁路以至于运河等）、通信联络、后方补给、营房仓库等怎样部署和屯兵场的确定等等。另外，为使军事部署能更有效地做到保护国家工业建设的安全，并使工业建设能与军事建设相配合，则又须知道我们工业建设区的重心是在哪些地区，以便妥善地部署兵力与防空等。同时，为了一旦发生战争能使军事方面得到更大更有力的支持，在民用工业建设中也须适当地照顾到将来军事上的需要。比如铁路、公路的修筑，运河的开凿，既应照顾到经济需要，也应尽可能地照顾到将来军事上的需要；又如海船的建造，最好也能照顾到将来作军用，以担负越海航行的任务。在城市建设方面，亦应照顾到一旦发生战争时防空、防火以及地面防御等方面的便利。即或是农林建设，最好亦能照顾到将来作战之需（如防护林将来能作防空及军事工程建设之用）。[①] 4月5日，周恩来总理批示："拟乘刘伯承来京时期，约集少数军委同志座谈一下这类问题，归纳出几个具体意见再报中央讨论。"

（三）政府首批动员机构的建立

新中国政府系统中最先建立动员机构的是铁道部。1951年1月1日，总参谋长、铁道部长和交通部长共同签署颁发了《中央人民政府人民革命军事委员会军事运输机关临时条例》，规定了总部、军区、交

① 参见《粟裕文选》第3卷，第73页，军事科学出版社2004年版。

通沿线各级军事交通机关的地位、作用、职权和领导关系。《临时条例》明确规定了三级军事交通体制:一是中央军事运输机关即中央军委运输司令部,是总参谋部的组成部门,受总参谋长领导,后改为总参谋部军事交通部。二是军区军事运输机关即军区军事运输处,是军区司令部组成部分,受军区参谋长领导,在军事运输方面服从中央军委运输司令部的领导。三是交通沿线驻军代表处,即铁路局、分局、车站(航务局、分局、港岸)军事运输处(办事处),隶属于军区军事运输(部)处。这些机关在动员方面或与动员密切相关的职责,主要包括:组织、计划、管理、统计及监督所有在铁路上及水路上军事运输的完成;研究铁路及水路上能用于作战目的之技术设备及其可能性;编制国内铁路及水路运输的军事技术说明书及可能作战地区的说明书;制定在具有军事意义之铁路及水路上改建旧线和修筑新线的任务及主要的技术规范;研究修复及破坏铁路和水路交通的问题;制定在铁路及水路上作战动员准备方案(办法);与铁路及水路运输部门协商为实现军事动员措施的工程设计和工程预算;研究及总结军事运输的经验。《临时条例》规定,为了制定及执行在铁路及水路上的军事动员方案和有关总参谋部(指军事运输方面)的军事动员工作问题,应于铁道部及交通部及其沿线的机关内建立军事动员部门(处、科)等。10月,铁道部依据《临时条例》,在铁道部机关成立军事动员局,各铁路局成立军事动员处,对外称技术清算局、技术清算处(即三局、三处、三科),主要职责是办理战时运输计划,制订军事运行图和战时抢修计划,负责动员准备工作。

在铁道部成立军事动员机构的前后,军队交通运输部门的动员机构也在建立之中。1950年5月12日,总后勤部运输部修改本部机关编制方案,编3室6处,秘书室、组织计划室、检查室和6个处。其中组织计划室下设组织科、动员科、计划科。8月31日,在中央军委正式颁布总后勤部机关编制前,为便于开展工作,总后勤部批准运输部编3室6处。其中组织计划室改为组织动员计划室。主要负责拟定全军有关军事运输的组织、动员、计划等,总结全军运输工作经验,拟定全军运输部门的各种规章制度、编制等工作。12 月，中央军委正式颁布编制时，总后勤部运输部组织动员计划室称计划室。11 月 24 日，华北军区后勤部编制计划处、军需部、军械部、卫生部、运输部。在计划处下设动员科，在军需部、军械部、卫生部、运输部下设计划室，各部(计划室)均下设动员科。1951 年 5 月 26 日，中南军区司令部军事运输部成立，辖郑州、衡阳铁路管理局军事运输处和华中水道军事运输处，其军事运输部设运输科、技术动员科、干部教育科、财务科、总务科、机要室和政委办公室。同月，西北军区为适应抗美援朝军事运输的需要，向西北地区铁路沿线派驻第一个军事运输管理机构——西安铁路分局军事运输处，该处下设技术动员科。1952 年 7 月，中南军区迁至广州后，原中南军区司令部军事运输部改为军事交通处。8 月 1 日，广州铁路局的前身衡阳铁路管理局决定本局成立技术科、分局成立技术股，其业务直接由局长、分局长领导，重点开展人防战备工作。到 1953 年 4 月，中南军区军事交通处和所属的广州航务军运处、汉口航务军运处、广州铁路军运处、郑州铁路军运处、柳州铁路军运处均设有技术动员科。1953 年 4 月 15 日，中南军区军交处根据军区颁布的编制，印发军区各级军交机构暂行编制表。军区军交处下设技术动员科。广州、汉口航务军运处设技术动员科。广州、郑州、柳州铁路军运处下设技术动员科。

继铁道部之后，重工业部于 1952 年确定了该部的动员职能。当年，中央军委兵工委员会在《关于兵工问题的决定》中，要求重工业部着手编制兵工生产动员计划，从而将兵工系统的动员准备及动员机构建设提到议事日程。随后责成重工业部在兵工企业调整之后组织兵工总局、机器局及化工局编制兵工生产的全国动员计划和复员计划，保证兵工与民用生产，能在战时与平时有计划的配合。1952 年，国家计委成立后，以原东北人民政府财政经济委员会军工处为基础，成立了军工计划局，对外称第 2 局，负责军工生产方面的综合计划工作，兼具动员工作职能。

二、国防科技工业动员基础建设

由于抗美援朝战争正在进行中,因此,国家在执行“边打边建”方针的过程中,借助苏联方面的大力支持,重点加强了国防工业建设。

(一)国家决定重点发展国防科技工业

新中国成立之初,工业基础十分薄弱。1949 年同历史上最高水平的年份相比,工业总产值减少约 50%,其中重工业产值减少 70%,轻工业减少 30%。这一年钢产量为 15.8 万吨,减少 80%;煤产量为 3243 万吨,减少 48%。1949 年工农业总产值中,现代工业产值仅占 17%。正如毛泽东主席所说:“现在我们能造什么?能造桌子、椅子,能造茶碗茶壶,能种粮食,还能磨面粉,还能造纸,但是,一辆汽车、一架飞机、一辆坦克、一辆拖拉机都不能造。”①

抗美援朝战争的严酷现实,使新中国清楚地认识到,没有一支强大的武装力量和实力雄厚的国防工业是不行的。1951 年 12 月,毛泽东主席指出:“为了完成国家工业化,必须发展农业,并逐步完成农业社会化。但是首先重要并能带动轻工业和农业向前发展的是建设重工业和国防工业。”②1952 年 12 月 22 日,中共中央认为,工业化的速度首先决定于重工业的发展,因此我们必须以发展重工业为大规模建设的重点。因此,在“边打边建”的方针下,集中力量进行基本建设,以有限的资金和建设力量(特别是地质勘察、设计和施工的力量),首先保证重工业和国防工业的基本建设,特别是确保那些对国家起决定作用的,能迅速增强国家工业基础与国防力量的主要工程的完成。

(二)国防科技工业建设规划的制订

1950 年 7 月 19 日,总后勤部部长杨立三和重工业部副部长兼兵工办公室主任刘鼎,联合向中共中央报送《关于兵工建设总方针的报

① 《毛泽东著作选读》下册,第 712 页,人民出版社 1986 年版。

② 《毛泽东文集》第 6 卷,第 207 页,人民出版社 1999 年版。

告》。《报告》的基本思想是，当前必须着手新中国的国防工业建设，一旦有事可以保证国家安全；必须彻底改造现有兵器工业企业（规划、设备、技术）非正规的问题，并有计划、有重点地根据整个国防方针来建设；正规的国防工业建设断非几年所能奏效，必须马上着手，不容再稍等待；我国的国土大，国防线长，军队所需武器装备依靠外援或缴获，或从国外购入都是办不到的，必须抱定自力更生的原则，建设自己的国防工业。据此，杨立三和刘鼎提出兵器工业的发展目标是，在4年半内能够制造所有陆海空军所需武器弹药。关于兵器工业的规划建设，他们提出四点建议：一是生产基地的建设要根据整个国防建设方针，选择在战略后方，且有重工业配合，原料能自给。二是交通方便，可到达本战略区的任何前方。三是在同一战略方向必须选择2个或2个以上的基地为主，1个或2个为辅。按当前情况看，暂定东北、西南两个区为主要基地、华北（太原为主）为次要基地；在第五年末尾，再考虑第三个主要基地（西北）的条件。在主要基地设重武器工厂、中小型炮厂、步枪厂、前（后）膛炮弹厂、山野炮弹和特种弹药厂、工兵器材厂、枪弹厂等；次要基地最低可设中小型炮厂、前膛炮弹厂、后膛炮弹厂、正规无烟药厂、枪弹厂等。四是工厂的规模，应根据战略基地供应国防的需要及该基地内原材料与重工业及交通的具体条件来决定。①

1950年10月，重工业部在北京召开第一届全国兵工会议，重工业部副部长刘鼎主持，各地区军（兵）工局长参加。会议根据《关于兵工建设总方针的报告》，讨论兵器工业全面调整问题。会议通过了《三年兵工建设方针草案》和《兵器工业恢复建设方针》。会议提出三年兵工建设的目标是：使陆军的全部武器弹药基本自给；部分供应海空军使用的武器弹药。生产基地的布局，按自然地理分为三组；每个兵工生产区，又分为前沿、前后方、后后方。基地、工厂区的条件，既有充足的原材料，又有重工业基础，地形适于防卫，交通便利，并且有

① 参见《杨立三文集》下卷，第78～80页，金盾出版社2004年版。

兵工生产基础。兵器工业恢复建设的方针,就是依靠原有设备及人力、物力,不影响原定生产计划,稳步地进行调整,以提高生产的能力和水平。各厂调整重点为:东北的南部地区迁移一部分工厂到吉林和黑龙江的齐齐哈尔、哈尔滨等地区;中南地区调整1~2个弹药厂,并扩大枪弹生产线;华东、华北地区改建1个枪弹厂、无烟药厂,并建1个火箭及无坐力炮弹厂。这次会议研究确定的事项,为兵器工业第一步建设绘制了蓝图。

1951年1月4日,中央军委兵工委员会成立。4月,重工业部成立兵工总局,刘鼎兼任局长,钱志道、郑汉涛兼任副局长。兵工总局成立后,国防工业实行中央与地方双重领导的体制,除加强增产支前工作外,开始进行兵器工业建设的准备工作。5月,总参谋长徐向前率中国兵工代表团赴苏。行前,毛泽东主席在同徐向前的谈话中指出:帝国主义如此欺负我们,我们没有自己的兵器工业,不解决部队的武器装备问题是不行的。要学习苏联,把先进技术拿到手,自力更生,建设一支强大的国防力量。根据毛泽东主席的指示精神,中国兵工代表团与苏联政府进行了谈判。这次谈判的议题是争取苏联政府提供武器的技术援助,以及为改善志愿军的装备争取支援。谈判历时半年之久,双方于10月签订了《关于中国工厂获得制造苏联制式枪炮、弹药特许权和交付苏式枪炮、弹药样品、生产技术资料及必要时派遣苏联专家给予技术援助的协定》。《协定》规定的武器为152毫米加榴炮以下的陆军通用武器。同时,苏联政府派出乌达洛夫等5人综合调查组来华,对中国兵器工业企业进行了为期3个月的考察,以确认中国制造苏式武器的可能性。乌达洛夫综合调查组最终给出的考察结论是肯定的,并且向中国方面提出了技术改造的建议。重工业部兵工总局根据乌达洛夫综合调查组的建议、兵器工业状况和总参谋部关于战备的要求,进行了综合分析,草拟了建设方案。以这个方案为基础,中央军委兵工委员会做出了《关于兵工问题的决定》。这个《决定》包括:确定中国第一批18种陆军武器型制,计枪械6种、迫击炮3种、野战火炮3种、高射炮3种、无坐力炮2种、火箭筒1种以及配套的弹药。其中采取苏联型制的15种,自行研制的3种。同时还审查批准了兵工总局提出的《兵工工厂调整计划纲要》和《兵工五年建设大纲》,明确了按专业化原则调整老企业的生产纲领和技术改造的原则,拟新建9个工厂。

1952年6月27日至7月8日,中央兵工总局组织召开第二次全国兵工会议。会议对中央军委兵工委员会草拟的《关于兵工问题的决定》、《兵工工厂调整计划纲要》和《兵工五年建设大纲》进行了讨论。李富春副总理在会上指出:"兵工历来在工业上是带头的,今后国家走向工业化,希望兵工也要带头,永远带头,推动其他工作前进。"与会人员一致同意三个文件的原则精神,并研究通过了《工厂调整实施办法及步骤》和《改组机构及其实施步骤》两个文件。此次会议之后不久,周恩来总理对《关于兵工问题的决定》进行了审查,并在批语中指出:我们现有的兵工工业,在品种上、数量上或技术水平上,对国防军的要求均相差很远。由于历史原因和缺乏统一计划的原因,全国兵工厂的分布,与我军事需要不相符;各兵工厂的机器设备的配置很不适当,与现规定的制式武器不相适应;全国各厂新老干部及技术人员的分配也极不平衡,技术及管理经验亦亟待交流。为了适应国防需要,首先应使现有的人力、物力发挥应有效率,以便在这一基础上进一步研究新厂建设问题。很快,中共中央批转了《关于兵工问题的决定》。《决定》明确兵器工业建设的步骤:第一步,调整现有工厂,使现有的人力、物力发挥最大效益。第二步,完成5年新厂建设方案。在调整工作完成之后,为进一步加强兵工生产能力,补缺配套,争取在5年之内建立一批新厂,使兵器工业初步形成体系。同时决定聘请苏联专家;充实力量,兴办学校,保证战备计划的完成。

(三)国防科技工业建设的初步展开

1952年8月,苏联政府按"转让生产"规定,开始向中国发送生产技术资料和产品实样,准许中国派工段长和车间主任等到苏联对口工厂实习接受培训,并向中国派出技术专家。兵工总局陆续收到苏联发来的技术资料,总计有数节车皮上百吨之多。兵工总局组织百余名懂俄文的人员组成翻译所将这些资料翻译成中文,尔后分期分批发往有关工厂。工厂在接到技术资料后,立即展开新产品的试制工作。“1953 年,兵器工业轻武器工厂成功仿制一批轻武器,有 53 式 7.62 步马枪(实为 1918 式水连珠枪),53 式 7.62 重机枪,53 式 12.7 高射机枪,53 式 82 毫米口径迫击炮。”①

1951 年 4 月 17 日,国家成立航空委员会,在重工业部组建航空工业局。此时,航空工业拥有工厂 18 个,厂房 16.5 万平方米,设备 1000 多台,职工 9000 多人。此后,国家对航空工业进行了调整,到 1952 年拥有工厂 12 个,学校 13 所,厂房 20.4 万平方米,设备 2560 台,职工 3.2 万人。

三、国防交通通信基础建设

20 世纪 50 年代初,中国的交通运输十分落后。铁路通车里程只有 2 万余公里,多分布于东北、华北、华东沿海一带。公路大多年久失修,仅存 8 万余公里,民用汽车 5 万余辆,绝大多数集中在沿海地区,广大内地主要靠肩挑、背驮和畜力运输。水路通航里程仅 7 万余公里,船舶很少,木帆船占总吨位的 93.3%。航空运输只有少数几条航线和少量陈旧飞机,年运输总周转量只有 156 万吨公里。国家实行“边打边建”的方针后,交通运输基础建设严重落后的局面逐步有所改变,并在抗美援朝和国家经济建设中发挥了重要作用。

(一)首批“国防公路”建设

1952 年前,国防公路建设多以“支前公路”的名义进行。1952 年年初,交通部决定“1952 年的公路修建,以入藏等公路与无铁路水路可通之工矿或较大桥梁为主”。7 月 29 日,政务院发布《关于修筑华南国防公路的决定》,计划新建、修建、改建海南岛地区公路 10 条,共计 2417 公里。工程包括海榆中线、那大线、乌那线、广海北线素东段,秀英、海安两港工程,嘉积大桥和海安港引道等。为此,交通部、中共

① 刘正栋:《铸剑》,第 173 页,航空工业出版社 2007 年版。

中央华南分局、广州军区成立华南公路修建工程指挥部，在广州设总部，在海南设前进指挥部。1954 年，计划修建的华南国防公路全部建成通车。通车之际，毛泽东主席题词："加强国防，巩固海南。"朱德副主席题词："好好建设公路为造福人民与巩固国防而努力。"

（二）"义务建勤"制度的实行

这一时期的公路建设，在专业队伍以及机械设备严重不足的情况下，国家采取动员民众义务参加公路建设勤务的办法，实行义务建勤制度。

1950 年，中央人民政府在关于 1950 年航务、公路工作的决定中，首次提出实行义务建勤制度。1951 年 5 月 31 日，政务院发布《关于 1951 年民工整修公路的暂行规定》指出，民工的发动、组织、领导等工作由专署及县、区、村各级人民政府负责，工程技术指导由各级交通部门负责；民工的出勤标准是每个劳动力每年义务建勤为 10 个工作日。主要承担土方工程和简易石方工程、桥涵工程及其构造物的普通工作、排水防水的普通工作、路面材料采运工作等。"民工建勤制度，在新中国成立初期恢复被破坏的干线公路和县乡公路建设中发挥了很大作用，而且在新中国历史上延续了较长一段时期。"①

（三）编写铁路军事技术说明书

在"边打边建"方针的指导下，铁路在抗美援朝战争期间得到了较快的发展。1952 年，国家新建铁路线 472 公里，成都至重庆、天水至兰州两条新线先后通车。此外，还修复铁路线 602 公里，包括金岭寺至承德线（锦承线的一段）、叶柏寿至赤峰线（热河境内）、杏树屯至城子疃线（辽东境内）和牛心台至田师傅线（辽东境内）；完成哈尔滨至长春复线工程 140 公里；开始了天水至成都、兰州至乌鞘岭（兰新线的一段）、丰台至沙城（河北境内）等三条新线的工程以及库图尔至图里河（内蒙古境内）森林铁路线工程；继续改建宝鸡至天水线。当年，全国铁路运输货物发送总吨数为 1.31 亿吨，比 1951 年增加了

---

① 《交通部行政史》，第 45 页，人民交通出版社 2008 年版。

18.46%;货运594.61吨公里,比1951年增加了15.4%。1953年,按计划国家将新建兰州至嘉峪关、天水至成都等11条铁路,可通车600余公里。铁路货运增加7.4%,达到638亿吨公里。①

编写铁路军事技术说明书,是铁路军事动员机构成立后,首先开展的动员业务建设。1951年上半年,为了掌握铁路军事动员潜力,研究国家交通状况和发展,保障平时战时军事运输任务的完成,中央军委运输司令部决定,组织力量编写一套反映铁路全面情况的技术资料,定名为《铁路军事技术说明书》,并下发了统一的编写提纲。《技术说明书》分为中央军委运输司令部、军区军事运输部、铁路局军事运输处和铁路分局(站段)军事运输代表办事处四级。《技术说明书》内容分为:分界点、通过能力、装卸设备、机务、给水、车辆、线路、大型建筑物、电力设备、防空、医院等11篇,以图表为主,辅以必要的文字叙述。要求自下而上编写,逐级汇总上报。当年10月,各军区军事运输司令部,根据中央军委运输司令部的指示和编写提纲,开始组织力量编写。中南军区首先组织衡阳、郑州铁路军事运输处进行调查编写。衡阳、郑州铁路局军事运输处为此举办编写训练班,学习铁路基础知识和站段技术说明书目录,了解编写内容、目的、意义和具体编写的方法、要求。编写前,各铁路局军事运输处成立了编写委员会,分局办事处组成编写分会,站办事处组成编写小组,中南全区共抽调98名干部参加编写。1952年3月,经过现场调查搜集与核对资料、讨论审查和正式编写三个阶段,中南军区完成铁路局军事运输处一级铁路技术说明书的编写。共调查编写了站、段442个,桥梁195座,隧道(不含50米以下)55座,铁路迂回线4305.3公里。1952年11月开始,中南军区组织编写全区铁路站段军事技术说明书。在此基础上,中南军区军事运输部开展了本级铁路技术说明书的汇总和上报工作。到1953年3月,铁路系统首次开展的铁路技术说明书编写工作

---

① 参见《中华人民共和国财政史料》第二辑,国家预算决算(1950—1981年),第29~30、36页,中国财政经济出版社1983年版。

全部完成。驻铁路沿线军事交通部门参加编写人员，占编写总人数的一半以上。

编写《军用货物装载标准图表册及手册》，是铁路系统在"边打边建"时期完成的另一项动员业务建设。1952 年 5 月 25 日，中南军区根据中央军委运输司令部、总后勤部、铁道部《关于技术装载试验的联合决定》，召集军区司令部、后勤部和汉口铁路分局开会，研究组织军品试装问题。会议决定，以军、区军运部为主，后勤部、汉口铁路分局派人参加，组成全国试装委员会中南分会。5 月 27 日，全国试装委员会中南分会召开会议，研究了试装范围，确定除全国试装委员会指定的棉军衣试装外，还选试单军服、胶鞋、空油桶、武器、炮弹箱等 75 种，使用 30、40 吨标准棚车和 30 吨敞车试装，以皇经堂、玉带门、武昌、滠口和姚家洲站为试装站。同时决定从军运部、衡阳和郑州铁路军运处、军区后勤部和汉口铁路分局等单位抽调 25 人，组成 3 个现场试验工作小组。6 月 1 日开始试装，16 日试装结束。7 月，由铁道部、中央军委运输司令部和总后勤部共同组织编制的《军用货物装载标准图表册及手册》编成定稿。1953 年 7 月，《装载标准》正式印发全军和铁路部门执行。定标后的装载标准和定标前相比，装载量提高较大。以标准车装车数计，原木从 2700 件增加到 3900 件，提高 44%；棉大衣从 2500 件增加到 4190 件，提高 67%；吉普车由 3 辆增加到 5 辆，提高 66%；82 迫击炮弹由 3086 发增加到 6520 发，提高 111.7%。[①]

（四）通信动员基础建设

1949 年 4 月 25 日，毛泽东主席和朱德总司令签署发布的《中国人民解放军布告》规定："凡属国民党反动政府和大官僚分子所经营的工厂、商店、银行、仓库、船舶、码头、铁路、邮政、电报、电话、自来水

---

① 参见总后勤部军事交通部：《中国人民解放军军事交通史（1927—1987）》，第 174 页，解放军出版社 1990 年版。

和农场、牧场等,均由人民政府接管。"①新中国接收下来的邮电企业,除国民党政府交通部管辖的官僚资本主义的邮政和电信企业外,尚有13家中小民族资本家经营的1万门城市市内电话(约占全国31万门市内电话的3.2%);美商上海电话公司经营的约7万门市内电话(占全国城市市内电话总数的22.6%),以及由印度政府经营的在西藏的几个电信点和邮驿站;在东南沿海侨乡由侨商经营华侨汇款和书信的几百处侨批局;340部分散在各个行政、金融、经济等部门的小电台。1950年11月,政务院做出规定,除军事通信及铁路专用通信外,一切通信工作应由邮电部统一管理。并指出,已设电信局所之处,各级政府及公私企业之电报,应经电信局收发;未设电信局所之处,可向邮电部租设电台,禁止自设专用电台,其已设者,应交由当地电信局接管。此后,原由地方政府或各公私企业专用的无线电台,陆续移交邮电部门管理。

新中国成立时,全国邮路及农村投递路线总长度为70万公里,电信明线线路长度为7.6万杆公里,邮运汽车400余辆,城市市内电话31万门,邮政投递绝大部分是步行,各省会和大中城市之间的电信联系主要依靠无线电台。全国2000多个县,其中有75%的县只在县城设立邮局,广大村镇很少有邮政机构。全国除沿海个别县城有电话外,90%以上的县没有电信设施。国际电信全靠短波无线电台联系。1949年12月,邮电部提出对邮政设施实行恢复、整顿和重点建设的方针。此后,首先恢复了铁路干线邮运网,开通了航空邮运网,尔后逐步恢复开通长江沿岸及北方沿海干线为主的水路邮运。西北、西南地区一向交通不便,主要依靠汽车邮运,为了能够与全国干线邮运网衔接,经采取种种措施,除西藏外,西北、西南各主要城市也都逐步恢复通邮。为恢复和建设国家干线通信网,从1950年3月到12月,国家新建明线线路8154公里,整修线路4027公里。1951年、1952年

① 《建党以来重要文献选编》(1921—1949)第二十六册,第325~326页,中央文献出版社2011年版。

又新建明线线路 8600 公里。至此,北京至各大行政区的干线都已联通,使国内长途通信网初具规模。1951 年 1 月和 5 月先后建成了北京国际收信台和北京国内及国际发信台,使北京成为国际无线电通信枢纽。1952 年年底同 1949 年相比,邮电局所由 2.6 万多处发展到 4.9 万多处,增加 88.2%。电报业务的服务点增加 85%,长途电话服务点增加了 127%,由邮电部门委托的"代办所"增加了 107%;邮路及农村投递线路总长度由 70.6 万公里发展到 128.9 万公里,增加 82.7%;电信明线干线由 7.6 万杆公里发展到 9.5 万杆公里,增加 24%;长途电话线路由 1950 年的 2881 路发展到 3777 路,增加 31.1%;电报线路由 1950 年的 3007 路发展到 4460 路,增加 48.3%;城市电话由 31 万门,发展到 39.4 万门,增加 26.6%。

四、物资动员基础建设

抗美援朝战争期间,国家相继建立了统配物资制度、战略物资储备制度和长期粮食储备制度。这些制度的初步建立,成为国家物资动员基础建设的开端。

(一)统配物资制度的建立

国家"统配物资",是国家统一分配物资的简称。抗美援朝战争时期,在物资紧缺的情况下,国家为满足国计民生特别是抗美援朝战争对物资动员的需求,建立了统配物资制度。

东北是抗美援朝战争的后方基地,也是最先实行统配物资制度的地区。1950 年,统配物资制度实行之初,只限于东北人民政府各部、局直属企事业单位生产、维修和基本建设的范围。1952 年,统配物资制度扩大到东北各省、市所属主要工农业生产和建设单位。随着经济的发展,由东北人民政府统配的物资品种不断增加,1951 年为 30 种,1952 年为 33 种。在东北工业部管理的产品中,直接分配的部分占其商品总值的比重,1950 年为 40%,1951 年为 71%,1952 年为 75%。东北地区对主要物资实行计划分配调拨的做法,为在全国范围内建立以计划分配调拨为主的物资流通体制提供了经验。

1960 年 5 月,在苏联政府停止对中国物资援助的情况下,为统一协调和组织国防军工各部门的物资供应,国家经委物资管理总局成立第七局,负责根据国家计委下达的年度物资分配指标,统一组织国防军工各部门的物资订货和调度、调剂。同时,国家计委将国防军工各部门和相关的民用工业协作配套部门的物资机构统一编成以"○"字打头的供应序列,称为"零"字单位,以区别于民用部门。至此,全国基本形成集中统一、相对独立的国防军工物资供应体系。

中央人民政府各主管部门掌握的统配物资,也称"部管物资"。这类物资是在国民经济中比较重要的物资,多数是专用性较强的物资或中间产品。这类物资的平衡计划和分配计划,由主管部门编制,部长批准,并报国家计划委员会备案后执行。1953 年部管物资有 115 种,主要品种有:黑色金属类,如生铁、钢材、铸铁管、废钢铁;有色金属类,如铜、铝、铅、锌、锡;燃料电力类,如原煤、汽油、电力;轻纺产品类,如棉纱、棉布、麻袋;化工产品类,如烧碱、纯碱、橡胶;森工产品类,如木材;建筑材料类,如水泥;机电产品类,如蒸汽锅炉、电动机、变压器、车床、磨床等。统配物资制度的建立,使国家物资动员的能力得到极大提升,为国家应对战争和军事威胁的物资动员提供了重要的制度保障。

(二)战略物资储备制度的建立

新中国成立后,各级人民政府陆续接管了官僚资本企业,清查接收处理敌伪物资。1950 年,全国仓库物资清理调配委员会及其在各大区和各省、自治区、直辖市的分会,在政务院财政经济委员会领导下,组织全国仓库物资的清理和调配,将清理出的物资陆续用于抗美援朝战争、国防建设、恢复经济和投入国内市场,并将一部分物资转入储备。

1951 年 1 月,总后勤部部长杨立三指示各军区后勤部:"更好地了解全国人力、经济、物产等具体情况及潜力,以配合战时后勤的总动员计划。在统一的计划下,要求各区均分别进行此一工作。""尽可能的筹存一些战略物资，如橡胶类、皮革类、药品类和一部分成品。”①同月，为加强清仓物资的处理调配工作，国家财政部成立物资管理总局。同年 4 月，中财委和财政部，根据国家经济建设和国防建设的需要，参照国外建立战略物资储备制度的做法，提出在中国建立国家物资储备制度的建议，得到中共中央领导的肯定。此后，国家战略物资储备工作正式展开。

1952 年 4 月 29 日，国家财政部物资管理总局局长罗青等 5 人向中央财政经济委员会主任陈云提出《建立国家物资储备建议》。《建议》指出，一年来，从仓库物资的清理与调配工作的作用及国防、经济建设发展的作用看，国家物资储备工作亟有逐步实施之必要。《建议》还对储备物资的资金来源及使用、管理等提出了具体的意见。即日，陈云对《建议》作了批示。年底，中财委规定暂以黑色、有色、稀有金属和橡胶及其制品（如轮胎）等 4 大类为储备物资。

1953 年 1 月，经政务院批准，财政部物资管理总局改为国家物资储备局，作为政务院的一个独立局，由财政经济委员会直接领导。原设在各大区的物资管理局改为国家物资储备局的分局，受国家物资储备局和大区财政经济委员会或计划委员会双重领导。在储备业务方面，由国家物资储备局领导，大区财委或计委监督执行；在仓库基本建设、干部教育、政治思想工作、行政工作和仓库保卫等方面，由大区财委或计委领导。从此，中国有了专门的国家战略物资储备机构，为国家战略物资储备工作的开展，提供了组织保障。

国家物资储备局初建时，所属单位有 5 个大区（东北、西北、中南、西南、华东）分局及 40 个从日伪和国民党政府手中接管的旧仓库。当时，仓储设施和作业条件都相当落后，以清仓调配物资的一部分收入和西南、西北行政区的一部分余粮变价款作为物资储备资金，储备物资的数量、品种不多。1953 年 5 月 7 日，国家物资储备局所属的国家战略物资储备仓库有：北京直属仓库、天津仓库、石家庄仓库、

① 《杨立三文集》下卷，第 159 页，金盾出版社 2004 年版。

西北分局4个仓库、西南分局15个仓库、中南分局5个仓库、东北分局3个仓库、华东分局5个仓库、山西3个仓库。当年,国家物资储备局接储了大批国外进口钢材、机器等工农业生产建设物资,也储备部分国内生产的物资。

(三)长期粮食储备制度的开端

1950年,国家粮食储存的总仓容只有114.04亿斤,其中由祠堂、庙宇改建的仓房仓容57.85亿斤,简易仓房仓容53.2亿斤,正式仓房仓容2.99亿斤。为了适应粮食储存的需要,中央财政经济委员会要求:"各地区必须在批准的粮务费用内,拨出一部分费用修建一些新粮库。"此后,国家开始有计划地建设粮食储备仓库。随着粮食生产和收购形势的逐步好转,国家从"1951年开始安排一定数量的公粮作为国家总储备粮"[①]。1952年,国家新建粮库的仓容达到102.7亿斤,包括简易仓房仓容82.9亿斤,正式仓房仓容19.8亿斤,使全国粮库的总仓容达到591.2亿斤。当年,全国粮食产量达到3278亿斤,超过历史最高年产量的9.3%,比1949年增长44.8%,国家粮食库存也比1951年增加32.7%。[②] 在这种情况下,中央确定在国家的粮食库存中,划定40亿斤作为粮食储备,国家长期粮食储备制度由此开端。但是,这一时期的粮食储备仍属于周转性的粮食储备,备战、备荒的粮食储备制度还没有建立。

---

① 《当代中国的粮食工作》,第65页,中国社会科学出版社1988年版。

② 参见《当代中国的粮食工作》,第68页,中国社会科学出版社1988年版。

第二章

动员现代化奠基时期

(1953.07～1960.02)

起点:1953年7月,朝鲜战争停战协议签订。

截点:1960年2月,中央军委广州扩大会议。

1953年6月,抗美援朝战争已近尾声。党和国家领导人适时地认识到,“摆在我们面前要解决的问题是能不能在政治上巩固我们已取得的胜利,能不能建设新中国,并逐步过渡到社会主义”①。同月,中共中央政治局提出了中国共产党在过渡时期的总路线,即要在过渡时期逐步实现国家的社会主义工业化,并逐步实现对农业、手工业和资本主义工商业的社会主义改造。7月,朝鲜战争停战协议签订。此后,以国民经济发展第一个五年计划的制订和实施为标志,国家从战争时期转入和平建设时期,以工业化为主要内容的现代化建设全面展开。由于得到苏联强有力的支援,国家顺利地完成了国民经济发展第一个五年计划,经济建设和社会事业取得突飞猛进的发展,使新中国国民经济动员的基础建设水平得到迅速提升。更为重要的是,国家在这一时期,自上而下系统借鉴苏联国民经济动员的先进经验,进行了具有现代意义的国民经济动员组织体制建设和物质基础建设。此举开启了新中国国民经济动员现代化建设的新纪元,为新中国国民经济动员现代化建设和发展奠定了基础。

---

① 《周恩来年谱》(一九四九——一九七六)上卷,第307页,中央文献出版社1997年版。

第一节 “一五”时期的动员基础建设
(1953.07～1957.07)

起点:1953 年 7 月,朝鲜战争停战协议签订。

截点:1957 年 7 月,中央军委扩大会议在北京召开。

1952 年 12 月,中共中央提出党在过渡时期的总路线,即从中华人民共和国成立到社会主义建成是一个过渡时期,国家在过渡时期的总任务是逐步实现国家的社会主义工业化,逐步完成对农业、手工业和资本主义工商业的社会主义改造。根据党在过渡时期的总路线,“一五”期间国民经济建设的基本任务,就是以苏联援建的 156 个项目为重点,优先发展重工业,初步建立社会主义工业化基础。由于“一五”计划的顺利实现,工业、交通、通信、能源等一大批基础工程建成投产,国家新增固定资产 460.5 亿元,相当于 1952 年年底国家固定资产总值的 1.9 倍,工业总产值比 1952 年增长 128.6%,重工业在工业总产值中的比重由 26.4% 提高到 48.4%,五年合计钢产量达到 1656 万吨,等于旧中国 1900 年到 1948 年钢产总量的 218%。在此过程中,国家抓住抗美援朝战争结束后国防和军队建设难得的战略发展机遇期,以平时能够武装 100 个步兵师、战时能够武装 300 个步兵师为目标,从工业动员的基础建设和国民经济动员计划工作入手,自上而下系统借鉴苏联国民经济动员建设的先进经验,在顺利完成工业动员基础建设的同时,健全了国民经济动员组织体制,使新中国国民经济动员现代化建设出现了第一个高潮。

一、动员基础建设的战略指导思想

1953 年以后,新中国进入了一个为期 10 年左右的和平发展时期,国防和军队建设出现了一个难得的战略发展机遇期。为此,国家确定了利用相对稳定的和平时期长期进行战争准备的思想,强调优先发展工业特别是国防工业，力求在工业化的基础上实现国防和军队现代化，达成“有步骤地建设一支强大的现代化的革命军队”的总目标，以应对帝国主义的战争威胁。在这样一个战略、政略指导下，国家提出了“积极防御”的军事战略方针，强调经济建设与国防建设统筹发展，力求将相当一部分国防能力寓于经济和社会建设之中。这些思想方针，成为“一五”时期国民经济动员基础建设的主要依据和快速发展的主要原因。

（一）抓住有利的和平发展时期

“一五”时期，国家建设的指导思想是党在过渡时期的总路线。总路线的思想基础，是“争取十五年不打仗是可能的”。1952 年 9 月 24 日，毛泽东主席首次提出党在过渡时期的总路线。“在此以前（一九五二年九月前）主要议论战争打起打不起来。结论大体是十年到十五年打不起来，再加七年（指一九四五年到一九五二年），二十二年；要打，是资本主义内部打，等等。从此议论到我们社会主义革命和建设的任务、时间等等。”①

1954 年 9 月，周恩来总理在第一届人大第一次会议上所作的政府工作报告中提出：“我国的经济原来是很落后的，如果我们不建设起强大的现代化的工业、现代化的农业、现代化的交通运输业和现代化的国防，我们就不能摆脱落后和贫困，我们的革命就不能达到目的。”②10 月 18 日，毛泽东主席在国防委员会第一次会议上指出：“中国是一个庞然大国，但工业不如荷兰、比利时，汽车制造不如丹麦。”“我们现在坦克、汽车、大口径的大炮、拖拉机都不能造，还是把尾巴夹起的好。”“为了我们共同的目标，应当搞出些名堂来，使国家像个样子。能不能办到？能够的，只要我们有信心。我们所有干部，都要努一把力。”“我们现在的工业、农业、文化、军事都不行，帝国主义估量你只有那么一点东西，就来欺负我们……但他们有一条对我们的

---

① 《薄一波书信集》下，第 590 ~ 591 页，中共党史出版社 2009 年版。
② 《建国以来重要文献选编》第五册，第 503 页，中央文献出版社 1993 年版。

估计是失算的,就是中国现在的潜在力量将来发挥出来是惊人的。”① 1957年10月3日,毛泽东在会见波兰军事代表团时讲到:“我们需要争取和平时间,如果二十年内无战争,事情就好办了,中国不仅能打游击,而且可以进行正规战了,也许那时候帝国主义就很难打了。”②

(二)率先实现国防工业现代化

1953年12月,中共中央宣传部撰文指出:“中国共产党领导的整个中国革命运动,包括新民主主义革命和社会主义革命两个阶段。中国革命第一阶段的任务,是由工人阶级领导人民大众,推翻帝国主义、封建主义和官僚资本主义在中国的统治,变半殖民地半封建的社会为新民主主义的社会,这个任务已经胜利地完成了。中华人民共和国的成立,标志着中国革命第一阶段的基本结束和中国革命第二阶段的开始。中国革命第二阶段的任务,就是要在中国建立社会主义的社会。”“从中华人民共和国成立,到社会主义改造基本完成,这是一个过渡时期。党在这个过渡时期的总路线和总任务,是要在一个相当长的时期内,逐步实现国家的社会主义工业化,并逐步实现国家对农业、手工业和资本主义工商业的社会主义改造。”“实现党在过渡时期的总路线,就是要充分地发展社会主义工业,并且把现有的非社会主义工业变为社会主义工业,使我国由工业不发达的落后的农业国变为工业发达的先进的工业国,使社会主义工业成为我国整个国民经济发展的起决定作用的领导力量。”“要完成这个任务,大约需要经过三个五年计划,就是大约15年左右的时间,那时中国就可以基本上建设成为一个伟大的社会主义国家。”③

---

① 《毛泽东军事文集》第6卷,第360、359页,军事科学出版社、中央文献出版社1993年版。

② 《建国以来毛泽东军事文稿》中卷,第352页,军事科学出版社、中央文献出版社2010年版。

③ 1953年12月,中共中央宣传部《关于党在过渡时期总路线的学习和宣传提纲》。载《社会主义教育课程的阅读文件汇编》第一编,人民出版社1957年版。

中共中央认为,要完成党在过渡时期的总路线,就是“为国家的社会主义工业化而斗争”。因为只有“实现国家的社会主义工业化,就可以促进农业和交通运输业的现代化,就可以建立和巩固现代化的国防,就可以保证逐步完成非社会主义经济成分的改造。实现国家社会主义工业化就可以大大发展社会主义的商业,大大加强工农联盟,并且大大提高国家的经济财政力量和人民的收入,使全体人民的物质和文化生活水平可以有把握地、不断地提高”。因此,“第一个五年计划的任务就是要为我国社会主义工业化打下稳固的基础”。而“实现国家的社会主义工业化的中心环节是发展国家的重工业,以建立国家工业化和国防现代化的基础”。因为“只有建立了重工业,才能使全部工业、运输业以及农业获得为发展和改造所必需的装备”。“苏联过去所走的道路正是我们今天要学习的榜样。苏联因为采取了社会主义工业化的方针,从建立重工业开始,所以在1941年到1945年的卫国战争中,能够击败德日法西斯主义的侵略,成为世界上第一个强大的社会主义国家。苏联因为建立了重工业,就有了机器制造工业,有了汽车、飞机、拖拉机等工业,就有了现代国防工业,就能使交通运输业、轻工业获得不断的有力的发展,就能使农业获得各种新式机器和化学肥料,迅速地实现农业的集体化。”因此,“我国第一个五年计划的基本任务是集中主要力量发展重工业,建立国家工业化和国防现代化的基础;相应地培养建设人才,发展交通运输业、轻工业、农业和商业;有步骤地促进农业、手工业的合作化,继续进行对资本主义工商业的改造,同时正确地发挥个体农业、手工业和资本主义工商业的作用;保证国民经济中社会主义成分的稳步增长,保证在发展生产的基础上逐步提高人民物质和文化生活水平”。“到那时候,我们将有自己的强大的钢铁工业、机器制造工业和现代化国防工业,将有自己制造的大量的汽车、飞机、火车头、轮船和农业机器,将有更好的更发展的轻工业和现代化的运输业,以及现代化的农业,我国将有比现在高得多的技术水平。到那时候,我们的国家将更加强大而繁荣,我国人民的物质生活水平和文化生活水平都将比今天大为提高。”①

(三)“积极防御”军事战略方针

1956年3月6日至15日,中央军委在北京召开扩大会议。会议“着重讨论和确定了保卫祖国的战略方针和国防建设问题”。因此,除军队方面的领导外,国务院副总理李富春、李先念,国家建委主任薄一波,交通部副部长王首道,铁道部部长滕代远,第一机械工业部部长黄敬,第二机械工业部部长赵尔陆,冶金工业部部长王鹤寿,石油工业部部长李聚奎等应邀出席了会议。

在这次会议上,国防部长彭德怀在《关于保卫祖国的战略方针和国防建设问题》的报告中指出:为了有效地防御帝国主义的突然袭击,保卫人民革命和国家建设的成果,保卫国家的主权、领土完整和安全,在未来反侵略战争中,应采取积极防御的战略方针。其中的原因,首先是由中国社会主义的性质和根本政策决定的,其次是中国的国情和军力均不具备战略上速战速决的条件。因为“采取速决的战略方针,就要依靠具有超过帝国主义的军事技术力量。……但是,中国的工业化程度、军队装备的数量、质量和科学技术水平等因素,远远落后于帝国主义。在这种情况下,要求整个战争速战速决是脱离实际的。因此,人民解放军必须进行持久作战的准备,实施积极防御的战略方针”②。现代战争的胜负,最终还是由国家的政治制度、经济制度、生产力发展程度、人民对战争的态度,以及军队士气、数量和质量、指挥员组织能力等因素决定的。“采取积极防御的战略方针,要求在战争爆发前,加强反侵略战争准备,不断增强中国的军事力量,采取积极措施制止或推迟战争的爆发。”只有采取积极的防御方针,才能在战争初期将敌人的进攻阻止在设防地区,把战线稳定下来并掩护全国人民由平时转入战时状态,迫使敌人同人民解放军进行持

---

① 1953年12月,中共中央宣传部《关于党在过渡时期总路线的学习和宣传提纲》。载《社会主义教育课程的阅读文件汇编》第一编,人民出版社1957年版。

② 《中国人民解放军军史》第5卷,第107页,军事科学出版社2011年版。

久作战，以便逐渐剥夺敌人在战略上的主动权，使人民解放军逐渐转入战略上的主动，由战略防御转入进攻，最后彻底打败敌人。在谈到国防动员时，彭德怀指出：今后战争规模大，战时需要动员人力和物力的数量也非常庞大，不仅要保证战时迅速扩建部队的需要，而且要保证战时人力物力巨大消耗的补充。为了应对突然事变，保证战争的需要，就必须在平时做好应付战争动员准备工作。否则，一旦战争爆发，临时准备措手不及。虽然国家拥有雄厚的人力物力资源，也很难及时发挥其作用。因此，会议要求，必须在军队系统内部及早建立动员机构，建立动员业务和制度，根据作战计划的需要，争取在 1957 年拟制出第一个完整的全国战时总动员计划。

1956 年 9 月 18 日，彭德怀在中国共产党第八次全国代表大会上作了题为《为中国人民解放军的现代化而斗争》的发言，进一步阐述了积极防御的战略方针、军队和国防建设以及战争动员准备的任务。他指出："全国大陆解放以后，我党中央和政府就明确指出，中国人民解放军要在原有的基础上，建设成为一支优良的现代化革命军队。我们建设这样一支军队的目的，就是为了防御帝国主义侵略，保卫我国安全。""我们从来没有想过，也永远不会想对别的国家进行侵略。因为我们的国家是工人阶级领导的、工农联盟为基础的社会主义国家，任何时候，任何侵略行动都是同我们国家的本质不相容的。我国的社会主义本质，是决定我们和平外交政策的根本出发点，也是决定我军采取战略防御方针的根本出发点。我们决不侵略别人，但是也决不容许别人侵略我们。如果侵略集团不顾一切对我国发动侵略战争，我国军民必然奋起应战，给侵略者以坚决的打击，直到最后消灭他们为止。""为着保证实现我军战略防御的方针，抵抗敌人使用常规武器和特种武器的袭击，几年来我军在国防前线和纵深战略要点进行了现代的国防工程建筑。如果帝国主义侵略集团一天不肯放弃侵略计划，我们的国防工程就要不断地加强和改进。我们坚信，这种国防工程与掌握现代武器的人民军队相结合，任何敌人对我国发动的侵略都不可能达到他们所幻想的目的。""现代战争的战场是辽阔的，所需的人力物力是巨大的。为着有效地防御帝国主义可能发动的突然袭击,我们必须认真解决常备军队和后备人员的结合问题,解决国民经济平时和战时的结合问题。除了常备军以外,必须积蓄雄厚的预备役军官和士兵作为后备。我国把志愿兵制改为义务兵役制,开始进行预备役军官、士兵的登记和训练,在高等学校中逐步增加军事训练课程,就是为着这个目的。我军为了准备随时应付突然事变,还必须储备一定数量的武器和物资作为战争初期的需要。战争整个进程中所需要的大量装备和物资,必须依靠国民经济从平时生产迅速转入战时生产来解决,必须依靠平时民用生产部门储备必要的军事生产设备和技术力量来解决。只有平时在国民经济计划中进行充分的准备,战争未来之前就能集中财力、物力、人力进行经济建设,缩小军事生产的比重,战争一旦爆发就能迅速发挥最大的战时生产能力,以源源不断的物资,支援全国军队作战,保证战争的胜利。"①

"积极防御"的军事战略方针及作战思想,对这一时期的国民经济动员建设起到了规定性作用。它既规定了国民经济动员建设的重点内容,又规定了国民经济动员的准备方向,还规定了国民经济动员的战略布局,成为这一时期国民经济动员建设的总方略。

(四)经济建设与国防建设统筹发展

"一五"时期,国家本着经济建设与国防建设统筹发展的思想,在各项重大经济基础建设项目中全面贯彻国防要求。此举成为这一时期国民经济动员基础建设取得显著成效的重要原因。

1955年3月,在中国共产党全国代表会议讨论国民经济发展第一个五年计划的会议上,总参谋长粟裕从战争准备的角度阐述了国家经济建设与国防建设统筹安排的问题,具体建议包括:"战时某些工厂必须迅速转为军事生产(如拖拉机厂改产坦克的某些部件等),这在和平时期即须有充分计划和准备。""处于国防前沿的工厂不宜

① 1956年9月18日,彭德怀《为中国人民解放军的现代化而斗争》。载《彭德怀军事文选》,第555~559页,中央文献出版社1988年版。

增加投资，并可以其为母厂逐步作内迁准备。”“在国防边沿的必要建筑物，须于开始建筑时即从国防着眼，以便在战时成为坚固工事。重要交通枢纽、铁桥和轮渡码头等，应对一旦被炸后的修复计划和平时备料预做准备；隧道应在设计时照顾到战时潜艇和快艇的车载装运；平板车要能载运重型坦克，载运部队的棚车应适当改善其设备，至少要有窗户流通空气，并有简单的卫生设备。修建铁路、公路、港湾、码头和开凿运河，既须照顾经济需要，又须照顾国防需要；修建水库、堤坝除用于水利外，应考虑可于战时便于利用以阻滞敌人进攻；修建防护林除用于防风和水土保持外，应考虑可于战时隐蔽集结军队，并便于就地取材料筑工事。城市广场要能于战时作直升机场，超级公路要能于战时作飞机跑道之用。在城市规划中种植树木的林荫道，应位于较宽马路之两旁而不应位于马路中心，以利战时军事运输。”①

1956 年 4 月 25 日，毛泽东主席在中共中央政治局扩大会议上论述了“经济建设和国防建设的关系”。毛泽东指出：“国防不可不有。现在，我们有了一定的国防力量。经过抗美援朝和几年的整训，我们的军队加强了，比第二次世界大战前的苏联红军要更强些，装备也有所改进。我们的国防工业正在建立。自从盘古开天辟地以来，我们不晓得造飞机，造汽车，现在开始能造了。我们现在还没有原子弹。但是，过去我们也没有飞机和大炮，我们是用小米加步枪打败了日本帝国主义和蒋介石的。我们现在已经比过去强，以后还要比现在强，不但要有更多的飞机和大炮，而且还要有原子弹。在今天的世界上，我们要不受人家欺负，就不能没有这个东西。怎么办呢？可靠的办法就是把军政费用降到一个适当的比例，增加经济建设费用。只有经济建设发展得更快了，国防建设才能够有更大的进步。”“第一个五年计划期间，军政费用占国家预算全部支出的百分之三十。这个比重太大了。第二个五年计划期间，要使它降到百分之二十左右，以便抽出更多的资金，多开些工厂，多造些机器。经过一段时间，我们就

---

① 《粟裕文选》第 3 卷，第 168 页，军事科学出版社 2004 年版。

不但会有很多的飞机和大炮,而且还可能有自己的原子弹。""现在我们把兵统统裁掉好不好? 那不好。因为还有敌人,我们还受敌人欺负和包围嘛! 我们一定要加强国防,因此,一定要首先加强经济建设。"①

毛泽东主席的上述思想,成为"一五"时期国家处理经济建设与国防建设关系的基本准则。在这个原则下,"一五"期间,"我国的国防支出和它在预算中的比例是一再减少的。国防支出的数字,1954年国家预算中所规定的国防费,虽比1953年减少,但仍列了52.7亿元,为总支出的21.11%。1955年为65亿元,1956年减为61.17亿元,1957年再减为55.23亿元;国防支出在预算支出中所占的比例,1955年为22.1%,1956年减为20%,1957年再减为18.85%。"②对此,国务院副总理李先念在第一届全国人民代表大会第四次会议上《关于一九五六年国家决算和一九五七年国家预算草案的报告》中指出:"从各类支出的分配上看,国防支出和行政管理支出在国家预算支出总数中所占的比重,进一步降低了。五年来,用于经济、文化建设的费用和用于国防、行政的费用在国家预算当中所占的比例,已经起了显著的变化。国防和行政管理支出所占的比重,1953年为36.3%,1957年下降为27.2%;经济建设支出和社会文教支出所占的比重,1953年为55.9%,1957年上升为63.22%。"③

"一五"时期,国防支出在国家财政支出中的比例虽然明显降低了,但由于国家在各项经济建设项目中,全面贯彻国防要求,使国家国民经济动员的能力得到大幅提升,取得了国防支出减少、国防能力不减反增的效果。

---

① 《毛泽东军事文集》第6卷,第365~366页,军事科学出版社、中央文献出版社1993年版。

② 《中华人民共和国财政史料》第二辑,国家预算决算(1950—1981年),第160页,中国财政经济出版社1983年版。

③ 《中华人民共和国财政史料》第二辑,国家预算决算(1950—1981年),第161页,中国财政经济出版社1983年版。

二、系统借鉴苏联经验

20 世纪 50 年代，苏联正处于国家发展的巅峰时期。由于经历了两次世界大战特别是第二次世界大战的战争动员实践，并且运用这些经验于战后国家战争动员的建设中，其战争动员及国民经济动员现代化水平，已经居于世界领先地位。为了迅速提高新中国战争动员及国民经济动员的现代化水平，党和国家借助于中苏之间的同盟关系，在全面加强国民经济动员基础建设的同时，从学习掌握国民经济动员计划编制工作入手，从基础的东西学起，自上而下系统借鉴苏联国民经济动员体制及制度建设的经验，据此建立了具有现代意义的国民经济动员体制及其运行方式。此举，不仅标志着新中国国民经济动员体制的真正形成，而且对新中国国民经济动员现代化建设产生了深远的影响。

（一）“以苏为师”的指导思想

早在新中国成立之初，党和国家就确定了学习借鉴苏联社会主义现代化建设的经验，尽快改变国家落后面貌的思想。1949 年 5 月至 8 月，中共中央书记处书记刘少奇在率领中共代表团秘密访问苏联期间，曾向苏联方面提出：现在我们管理国家及进行经济建设与开展外交活动，需要学习很多东西，希望苏联能在这方面给予方便。9 月，刘少奇在北平召开的高干会议上指出：在政治上、经济上、文化上都要学习苏联。此后，国家陆续聘请苏联的军事、经济专家来华，在军政的主要部门中担任顾问。1953 年以后，随着国民经济发展第一个五年计划的编制和执行，更多的苏联专家受邀来华。他们当中有相当一部分被安排到中央军委和国务院与国防建设关系密切的部门，指导军队和政府开展包括战争动员准备在内的国防和军队建设。

在苏联顾问陆续来华后，党和国家主要领导反复强调要“以苏为师”。1952 年 12 月 14 日，毛泽东主席在审阅中央军委训练部部长萧克关于与苏联顾问合作情况的报告后批示，要“改善我们和顾问的关系，认真地学习苏联的军事科学”。1953 年 1 月 7 日，毛泽东在高级步兵学校第一期开学典礼的训词中指出:我们的国家正在为着实现工业化和社会主义而进行大规模的建设,而我国的敌人帝国主义者则继续占领我国的台湾,并继续侵略朝鲜,威胁我国的安全。为了保卫祖国免受帝国主义者的侵略,依靠我们过去和较为落后的国内敌人作战的装备和战术是不够的,我们必须掌握最新的装备和随之而来的最新的战术。我们必须学习苏联的军事科学,以便迅速把我军提高到足以在现代化的战争中取胜的水平。9 月 9 日,中共中央做出《关于加强发挥苏联专家作用的几项规定》。9 月 15 日,国务院副总理李富春在全国人民政治协商会议常务委员会扩大会议上关于"一五"计划编制工作的报告中指出:"我们的任务是十分艰巨的,经验是非常不足的。要进行经济建设,必须认真学习苏联的建设经验,学习苏联的科学技术。"①

1954 年 9 月,周恩来总理在第一届人大第一次会议所作的政府报告中指出:"我国的经济原来是很落后的,如果我们不建设起强大的现代化的工业、现代化的农业、现代化的交通运输业和现代化的国防,我们就不能摆脱落后和贫困,我们的革命就不能达到目的。"②"苏共中央的档案提供了 1954 年第 1 季度苏联顾问在华工作范围和地区的证据:当时在中共中央和政府各部委的顾问达 403 人,这个数字大约占当时在华经济专家人数的 1/3,而且其中 318 人,即 3/4 以上的顾问集中在北京。这些顾问遍及中共中央和政府所有部门,从安全、军事、情报,到体育、卫生,无所不在。"③

1956 年 4 月 25 日,毛泽东在中共中央政治局扩大会议上,针对学习苏联经验中出现照搬照抄的现象指出:"我们提出向外国学习的口号,我想是提得对的。现在有些国家的领导人就不愿意提,甚至不敢提这个口号。这是要有一点勇气的,就是要把戏台上的那个架子

① 《李富春选集》,第 107 页,中国计划出版社 1992 年版。
② 《建国以来重要文献选编》第五册,第 584 页,中央文献出版社 1993 年版。
③ 范冠峰:《1949—1960 年苏联专家援华的功过是非》,中华网。

放下来。”“应当承认,每个民族都有它的长处,不然它为什么能存在?为什么能发展?”“我们的方针是,一切民族、一切国家的长处都要学,政治、经济、科学、技术、文学、艺术的一切真正好的东西都要学。”①9月18日,彭德怀在中共第八次全国代表大会上关于军事工作的发言,则明确阐述了学习苏联军事科学的重要意义。彭德怀指出:“现代化革命军队,不仅必须用现代科学技术装备起来,还必须用马克思列宁主义、现代军事科学武装起来。而现代军事科学是各种科学的集中表现,现代化革命军队的军官必须具备各种各样的科学技术知识和现代战争规律知识。可是我们在这方面恰恰是很不够的。因此,学习就成为我们压倒一切的中心任务。我们除加强马克思列宁主义和毛泽东著作的学习以外,必须加紧学习现代军事科学技术,学习现代化军队的作战指挥和新的军事制度。如果我们不加紧学好这些东西,就不能掌握和使用最新式的武器和指挥现代化军队作战,因而也就不能把我军建设成为优良的现代化革命军队。”“我军在现代化建设的开始,提出把苏军建军的一切先进经验完全学到手的要求是正确的,几年来我们的学习成绩是很大的。毫无疑问,苏军建军的先进经验仍为我军今后学习的主要方向,因为它是最先进的现代化革命军队,它的军事科学是优越的,军事技术是头等的,现代化军队作战的指挥经验是丰富的。我们努力学习苏军的一切先进经验,可以缩短摸索过程,少走弯路,迅速完成我军的现代化建设。”“我军有丰富的战争经验和建军经验,只要我们采取虚心和孜孜不倦的学习态度,端正学习的方法,纠正机械搬运、脱离实际、脱离群众的缺点,相信我们就能够把苏联和国际上一切先进军事经验学到手,并把这些经验与我军的历史经验和现代化建设中的实践经验结合起来,逐步形成适合我国实际情况的现代军事科学。”②

---

① 《毛泽东文集》第七卷,第41页,人民出版社1999年版。

② 1956年9月18日,彭德怀《在中国共产党第八次全国代表大会上关于军事工作的发言》。载《彭德怀军事文选》,第566～569页,中央文献出版社1988年版。

(二)“以苏为师”的早期成果

在“以苏为师”的思想指导下,新中国的战争动员及国民经济动员建设很快就取得了明显的成效。主要成效包括:中央军委和国务院在有关部门成立了动员机构;铁道部、交通部和第二机械工业部,单独或会同军队有关方面颁布实施了动员法规和规章,开展了动员业务建设;首部宪法对动员做出规定。

1954 年 7 月,交通部公路总局副局长伍坤山向交通部党组建议在交通系统中成立军事动员机构或指定专人负责军运工作。此后,交通部在原有技术部门的基础上,开始筹建动员机构。12 月 4 日,经苏联援华总顾问阿尔希波夫的同意后,苏联顾问班可夫向国家计委提出成立“军事经济计划局”的建议。班可夫认为:国防问题是个很重要的问题,必须把它与整个国民经济的发展联系起来,必须使军队的经济活动与政府的经济活动相配合。例如在基本建设方面,“一五”计划中军事部门的基本建设几乎占整个基本建设面积的一半,这些建筑工程应如何分布,与城市及其他企业分布的关系应如何安排?又如,有了飞机就要有飞机修理厂,这些修理厂应放在什么地方?军事经济的专用线路、液体燃料库、仓库等应如何分布?在生产方面,除了国防工业外,也要考虑军队的经济部门如何与国民经济各部门配合的问题。除国防部外还有公安部,他们的经济活动是整个国防经济活动的一部分,都应列入计划。为了审计公安部和国防部的工作计划,国家计委应成立一个专门的局,即“军事经济计划局”。有了这个局,国家计委就可以掌握全国的经济活动。军事经济计划局不仅管平时军事部门的生产计划,还应当研究如何将平时生产转入战时生产和为战争服务的问题。班可夫特别强调:国防方面的工作应在计委占重要地位,国家计委应开始注意这项工作;认为国防与计委无关是不对的。国家计委在听取班可夫的上述建议后,开始筹划组建军事经济计划局事宜。

1955 年 4 月,总参谋部仿照苏军成立了动员部,作为总参谋部主管武装力量动员的机构。此时,新中国最早成立动员机构的铁道部,其所属系统均建立了负责军事动员工作的技术局、处、科。同月,第二机械工业部结合整顿机关编制,以计划司远景计划处为基础成立了动员计划处,乔治任处长。根据动员准备工作的内容,在动员计划处内又设立了动员能力科(称为一科)和动员物资储备科(称为二科)。主管炮弹、引信、火化工行业的二局也成立了动员计划科,科长刘城基,科内分设动员计划综合组、民用工厂调查组、材料(物资储备)组,并拟定了工作条例。10 月 28 日,第二机械工业部党组下发《关于建立各级动员计划机构的通知》。按此通知,国防工业企业除各修理工厂、各广播器材厂及灯泡厂暂不设立动员机构外,其余各类制造工厂都要设立动员计划科(称为三科)。据此,第二机械工业部所属企业都成立了动员计划科。1956 年年初,中共第二机械工业部党组确定,各级动员计划工作的中心应该是健全组织机构、训练工作干部、查定生产能力、编制动员计划,要求各局在 2 月 10 日前成立动员计划处或科。主管武器、枪弹的一局成立了动员计划科,科长杨作洲。2 月 20 日,第二机械工业部颁布实施《工厂动员科典型工作条件》(草案),对兵工企业动员科的职责范围、动员科科长的权限,动员科与其他单位的工作关系等做出规范。其中规定动员科的基本任务是:根据国家颁发的动员任务,在厂长的指示下,按照战时班制及先进的技术经济定额,正确地组织各有关单位编制动员计划及保证动员计划顺利实施的措施计划;经常地组织与监督、检查战时动员生产准备工作的进行;办理为战时生产所必需的设备、工艺装备、原材料等物资的储备、保管及维护工作;保证迅速与有效地由平时转向战时生产。

在先期开展动员工作的国家部、委,除动员机构建设外,还在苏联顾问的指导下,主要利用苏联方面提供的文献资料,会同军队有关方面,着手建立动员法规制度。1954 年 7 月,国家交通部会同中央军委人民武装部起草的《中华人民共和国战时汽车、拖拉机义务法》和《中华人民共和国战时马类、马车义务法(草案)》颁布试行。1955 年 5 月,由国家交通部、铁道部、建设部和总参谋部动员部共同起草的

《中华人民共和国运输工具和工程建筑机构动员征购条例》颁布实施。10月,由铁道部起草的《中华人民共和国铁路军事动员准备工作组织条例》获准实行。同年,第二机械工业部部、局动员计划机构成立后,在学习苏联先进经验的基础上进行了一些业务建设工作,其基本任务是:根据国家计委提出的军事工业战时任务,按照战时班制及先进的技术经济定额,组织各有关单位和企业,编制战时动员计划及保证动员计划顺利实现的措施计划;监督、检查部属企业按照动员计划规定的内容,进行战时生产的准备工作;定期检查部属企业为战时动员所必须储备的设备、工艺装备、原材料、半成品的保管工作等。当年,为编制动员计划,第二机械工业部先后拟制了《各级动员计划机构工作条例》《编制动员计划的办法》《工业企业基本情况报告书》《查定工厂生产能力表格及说明》《编制动员计划的表格及说明》等配套文件,并在部分兵工企业进行了生产能力查定工作。通过查定摸清了企业生产中车间与车间、设备与设备、工序与工序之间的不平衡和各项技术经济定额落后与混乱现象,对制定技术组织措施方案,克服薄弱环节,充分挖掘企业生产潜力,提高企业管理水平,保证平时生产任务的完成和战时动员能力的发挥,起了一定的促进作用。但是,由于缺乏经验,查定工作也存在一些问题。例如查定采用的定额不够准确,致使查定结果不能真实反映企业实有生产能力。此外,铁道部和第二机械工业部还建立了动员工作保密制度。这项制度的内容主要包括:同一动员机构的人员,除主要负责人外,通常只参加其职责范围内的动员工作;有关动员问题的文书来往绝对禁止用密码和明码电报进行;定期对动员文件、档案进行核查等。

在"以苏为师"取得的早期动员建设成果中,最重要的成果莫过于首部宪法对动员做出规范。1954年9月15日至28日,第一届全国人民代表大会第一次会议在北京召开。大会于9月20日通过《中华人民共和国宪法》。首部《宪法》仿照苏联1936年宪法,对战争状态和动员的决定、宣布权限做出规定。其第六十七条:全国人民代表大会常务委员会在全国人民代表大会闭会期间,如果遇到国家遭受武装侵犯或者必须履行国际间共同防止侵略的条约的情况，决定战争状态的宣布；决定全国总动员或者局部动员；决定全国或者个别省、自治区、直辖市进入紧急状态。第八十条：中华人民共和国主席根据全国人民代表大会的决定和全国人民代表大会常务委员会的决定，宣布进入紧急状态，宣布战争状态，发布动员令。宪法关于战争状态以及动员的规定，确定了新中国最高权力机关——全国人民代表大会为战争状态和战争动员的最高决策机关，规定了国家最高权力机关决定和实施战争动员的基本程序，将战争动员区分为全国总动员和局部动员，使战争动员制度在国家高层得以初步确立。更为重要的是，宪法关于战争状态以及动员的规定，确立了战争动员在国家政治生活及国家安全中的重要地位，反映了国家重视和加强战争动员的意志和态度，为国家的战争动员建设及国民经济动员建设提供了宪法依据。

（三）赴苏进行动员制度考察

1954 年 5 月，中国经济代表团在莫斯科与苏联方面进行 156 个援助项目的最后一批谈判时，苏联部长会议向中国经济代表团提出，和平时期的经济建设涉及国民经济的战争动员准备，是一个专业性很强的复杂问题，建议中方派人赴苏考察国民经济动员计划工作，以便结合和平时期的经济建设，做好国民经济动员准备工作。

1955 年 9 月 2 日，国家计委党组向国务院报送了《关于赴苏联学习考察经济动员工作的报告》。10 月，根据国务院副总理兼国家计委主任李富春的指示，国家组成以国家计委副主任顾卓新、总参谋部动员部部长王平为正、副团长的国民经济动员计划考察团，赴苏联参观考察。参加考察团的有国家计委、铁道部、重工业部、第一机械工
部、第二机械工业部、电力部、劳动部、粮食部、公安部、邮电部
后勤部、总参谋部动员部和装备计划部 13 个部、委的人
在内总共 18 人。

赴苏联考察经济动员工作的同志于 1955 年 10 月 2
科后，先在苏联国家经济委员会听取 5 次关于国家经济

合报告,时间约 7 天;内容包括苏联经济计划委员会副主席马拉霍夫关于动员工作的组织机构、任务和动员计划编制的报告,动员计划局副局长捷明捷夫关于动员工作总原则和任务的报告,以及有关处长报告了动员计划的基本建设问题,战时物资技术供应问题等。然后分头到政府有关各部及国防部所属有关单位,听取各该方面动员工作介绍及谈话,并参观了莫斯科附近的一些工厂和基层兵役机构等,历时近 20 天。此后又赴列宁格勒(现名圣彼得堡)、斯大林格勒(现名伏尔加格勒)等地参观几个较大工厂的动员工作及个别军事学校等。最后返回莫斯科结束各项工作,并向苏联经委会做简单的总结汇报后,于 12 月中旬起程回国。全部在苏期间共计接触了 25 个经济部门,集体和分别参观了 30 余个工厂、运输组织、兵役机构、防空设施等。其中,集体参观的单位有列宁格勒的斯大林金属工厂、基洛夫电机厂,斯大林格勒的拖拉机厂、锯马厂(大炮厂)、红十月炼钢厂,乌拉尔的重机厂、化工设备厂、炼铜厂、电解铜厂 9 个工厂。苏联方面对中国这次考察活动很重视。考察团在回国后的报告中称:考察团到达苏联的第一天,即承萨布洛夫[①]同志亲自接见,尔后他又多次了解与问询考察团的工作及生活情况;苏联部长会议曾为考察团此项工作对各部下达专门的命令。经委会除直接报告及谈话外,还为考察团到各部及基层单位的学习与参观,做了很多的组织工作;到各部时大多有部长、副部长亲自接待会谈。在 56 天的考察中,由于苏方的热情帮助,使考察团对于国家动员计划,从战时国民经济的全面安排,到一个基层企业的动员工作,有了基本了解。考察团提出的关于国家动员工作的各种文件资料,苏方也多数同意供给,并交由我大使馆

……交。

……年 3 月 2 日,赴苏联国民经济动员计划考察团成员中的国
……任顾卓新、总参谋部动员部部长王平、铁道部副部长武竞
……副部长邱会作向周恩来总理和李富春副总理提交的考

——————

……国家计委主席。

察报告及其建议认为:制订国家经济动员计划,是使和平时期的国民经济为应对战争所做的准备工作。国民经济动员计划的任务在于:动员整个国民经济满足战争的最大需要和保证最低限度的人民生活水平;确定战时军需民用产品的比重,防止战时国民经济比例关系的失调;预先发现生产中可能出现的薄弱环节,及时采取措施加以克服;合理组织国民经济的一切生产要素,使其既能在战时发挥最大动员能力,又能在平时保证国民经济高速度的发展。为应对战争威胁,能在国民经济方面随时处在有准备的状态中,因而需考虑,可否即责成有关部门着手编制动员年度计划。除开始着手编制年度的动员计划外,同时还应当在编制第二个五年计划中,同时着手逐步编制长期动员能力增长计划,以使平时经济和战时经济的结合与转变问题,能得到合理的安排。为了做好计划工作,需要建立自上而下的动员计划工作系统,除国家计委应成立该组织外,其他有关经济部门也应迅速建立系统的动员机构,有关企业单位也应建立相应机构。工作步骤,建议先抽调干部,进行短期培训,建立机构,收集资料,争取在当年的上半年做好各项准备,到下半年即按中央军委提出的需要,试编1956年度动员计划,同时研究长远计划中军需民用工业的统筹安排。

(四)仿苏建立动员组织体制

赴苏国民经济动员计划考察团了解到,苏联政府系统的国民经济动员组织体制十分完善,从各政府部、局到企业多设有独立动员机构。苏联把经济动员工作几乎全部放在国家经委,经委设有动员局,有工作人员130余人,编制工业生产计划处、物资技术供应计划处、国民经济一般动员计划处(农业、交通、文教、卫生)、基本建设计划处、统合计划处(兼管劳动、财政、贸易)。苏联国家计委亦设有动员处,各经济部门则设有动员处、司或局,按工作需要设置的人数,自10余人(轻工、电力、原料工业部门)、20~30人(国防工业及重要机械、原料工业部门)以至70余人(铁道部门)不等。管理局一级只设2~3名专职检查人员;有动员任务的大企业设有5~10人的动员科,较小的企业则专设1~2人,再小企业中则为兼职。此时,在我国除铁道部设有20余人的动员局、第二机械工业部设有10余人的动员处外,国务院其他部委中尚无此项组织机构。

1956年国务院建立动员机构的部门及编制人数登记表

序号	部　别	人数	序号	部　别	人数
1	国家计委	60	12	建筑材料工业部	2
2	国家经委	15	13	轻工业部	2
3	冶金工业部	11	14	纺织工业部	6
4	第一机械工业部	25	15	铁道部	22
5	第二机械工业部	15	16	交通部	13
6	电机制造部	9	17	邮电部	10~15
7	化学工业部	3	18	农业部	3
8	煤炭工业部	3	19	粮食部	3
9	电力工业部	3	20	食品工业部	2
10	石油工业部	3	21	卫生部	3
11	建筑工程部	3			

1956年3月2日,国家计委军工局局长孙泱向国家计委领导提交了《关于建立经济动员计划机构的报告》。《报告》称:经济动员计划工作,主要包括制订战时国民经济动员年度计划、制订动员能力增长的长期计划、确定国家储备和动员储备三个部分。在苏联,这三个部分的工作都由国家经委的动员计划局负责制定。苏联计委的经济动员计划处只是根据经委所提出的长期计划与计委有关各局来安排基本建设的项目、规模及进展。因此,苏联经委动员计划局有130多人,但计委的动员处只有约20人。同时,孙泱又分析了中国军事动员能力的情况,结合1956年度动员远景计划,提出了国家经委、计委分开后,动员局应设在国家计委的设想。如果把动员计划放在国家计委,国家经委可设立动员计划检查局(处),主要任务是:根据动员年度计划检查各部门和平时期的生产准备工作;根据动员能力增长的长期计划,检查各部门年度的基本建设工作;检查原材料供应和储备中的问题。这样,国家计委可暂设数十人的经济动员计划局,国家经

委暂设10余人的经济动员计划检查处。3月6日,国家计委向国务院提交了建立经济动员计划机构的报告及孙泱的报告。国家计委在报告中称:建立经济动员计划机构是国民经济从平时向战时转变的必不可少的工作,对于正确安排第一机械工业部和第二机械工业部的长期规划有重大作用。因此,同意孙泱提出首先在国家计委及有关各部逐步建立动员机构的建议。这2个单位所需的数十名干部,可从中央军委机关抽调43%,从有关经济部门抽调28%,其余人员由国家计委内部调配。周恩来总理对此报告作了批示:由国家计委提出对各有关部门动员机构和编制动员工作长远规划的意见。国家计委据此召集有关部门赴苏学习的同志,以及各部原有动员机构的负责人进行了认真研究。

1956年5月24日,国家计委向周恩来总理呈送了国家各有关部门成立动员机构和编制动员工作长远计划的报告。报告称:苏联从国家各部(委、局)到企业多设有独立动员机构,按我国情况和对各部的不同要求,对于已独立设有动员局、处的部门,仍按原编制设独立局、处;与动员工作关系最密切的部门,应在计划司(局)设立动员处;与动员工作有一定关系的部门,可在计划司设专职工作干部管理这方面的工作;与动员工作关系不大的部门,可暂不建立动员机构。同时,要求对于动员工作关系最密切的部门,应在1956年6月以前建立起动员机构,其他部门于当年底前建立起机构,以便能够开始编制动员计划。7月3日,国务院向有关部委批转同意国家计委的这个报告。在此前后,国务院所属21个部委相继建立了动员计划工作机构,配备了专职或兼职干部。8月1日,国家计委经济动员计划局正式开始办公。由于国民经济动员工作处于创建阶段,保密性又很强,根据中央的统一安排,各省(自治区、直辖市)的动员工作分别由本省(自治区、直辖市)党委工交部负责管理。这样,从国家各有关部委到各省(自治区、直辖市)的动员管理机构已建立起来,经济动员管理体制构架初步形成。

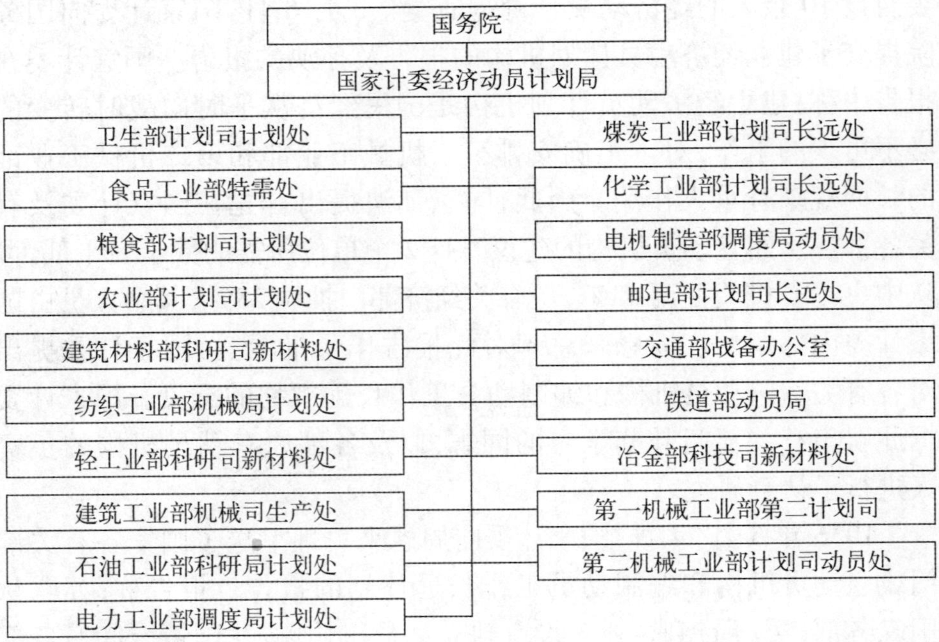

20世纪50年代后期国务院工业动员组织系统图

根据国家计委关于动员机构建设的方案,国家计委和国家经委的动员机构,负有全面管理职能。国家计委动员机构负责制订动员能力增长的长期计划和战时动员年度计划,确定国家物资储备和动员物资储备;国家经委动员机构,负责检查和平时期为战时动员任务而进行的生产准备工作和基本建设工作进行的情况。其他各部的动员机构,则在国家计委、国家经委动员机构的协调组织和督促指导下,负责组织开展本系统的动员工作。具体任务包括:编制动员能力增长计划和动员年度计划,按计划组织各项平时的准备工作;编制动员物资储备计划和管理动员物资储备;负责平时军事订货任务;掌握兵役的缓征工作。部属局动员机构的主要任务是:根据该部的动员计划,检查计划的执行情况。企业动员机构的主要任务是:掌握动员能力的计算,组织工艺措施的制定,管理动员物资储备和企业兵役的缓征工作等。

三、试编经济动员计划

建立国民经济动员组织体制的初衷，是为了满足国民经济动员计划工作的需要。因此，国民经济动员组织体制建立后的各项工作，主要围绕着国民经济动员计划工作来展开。在此过程中，一个由军队提需求，国家计委及其经济动员计划局统筹协调，国务院其他部委及其动员机构分工负责的国民经济动员计划工作机制得以初步确立。

（一）动员计划工作的基本依据

1955 年 3 月，总参谋长粟裕在谈到总参谋部的主要职责时指出："总参谋部在中央军委和国防部的直接领导下，进行积蓄武力的工作，但要做好这一工作，仍需依靠地方党政部门的大力支援，至于工业、技术、运输和其他方面的动员计划工作，亦需有关部门供给资料，大力协助。"①

1956 年 3 月，在北京召开的中央军委扩大会议确定了"积极防御"的军事战略方针。国防部长彭德怀在 3 月 6 日的讲话中，要求各有关部门根据军事战略方针和作战计划的需要，争取在 1957 年拟制出第一个完整的全国战时总动员计划。此前，为使"积极防御"的军事战略方针落到实处，同时也为战争准备及战争动员准备提供依据，总参谋部根据中央军委的指示，完成了《全军作战计划》草案的拟制工作。3 月 20 日至 22 日，即中央军委扩大会议结束不久，总参谋部召开会议对《全军作战计划》草案进行讨论和修正。同月，国家计委党组委员、经济综合局局长孙泱向国家计委领导提出：鉴于国民经济动员计划是以总参谋部所提需要为根据，而总参谋部所提的需要又必须照顾到整个国民经济的动员能力。这就要求在编制动员计划时，必须把这两个方面密切地结合起来，以最大限度地发掘整个国民经济的战时动员能力。为此，建议中央军委有关单位及早开始根据

① 《粟裕文选》第 3 卷，第 169 页，军事科学出版社 2004 年版。

作战方案、战时人员编制、装备编制和物资消耗供应定额,编制各项军需计划。与此同时,国家计委与各有关经济部门,则须及早进行动员能力的统计计算工作。4 月,总参谋部将修改后的《全军作战计划》报送中央军委,得到中央军委批准。

《全军作战计划》获准时,军队的动员工作由总参谋部负责,主管部门为总参谋部动员部。此时,国务院已经批准国家计委《关于建立经济动员计划机构的报告》,赋予国家计委及业经批准成立的经济动员计划局,牵头制订国民经济动员计划的任务。该局的基本任务是:制订动员能力增长的长期计划,制订战时动员年度计划,以及确定国家储备和动员储备。《全军作战计划》确定后,军队的兵员、装备、后勤、交通等项保障的计划工作也随即展开,军队作战对国防工业、交通运输、邮电通信、物资储备等方面的动员需求也逐步明朗。在这种情况下,国民经济动员组织体制建立之初,即围绕积极防御军事战略方针、军队作战计划及各项保障计划,着手开展国民经济动员计划工作。

(二)试编 1956 年度动员计划

1956 年 8 月,国家计委经济动员计划局正式成立并投入运转后面临的第一项任务,就是协调组织有关方面试编年度动员计划。国家计委之所以要这样安排,主要考虑是一旦战争发生,经济部门还不很清楚部队的需要量、消耗量;部队方面也不清楚,国民经济各部门在战时的动员能力。因此,只有在中央军委有关单位和国家计委及有关经济部门,编制 1 ~ 2 个动员年度计划后,才能够在实践中摸清情况、积累经验,逐步地做好动员准备。同时,国民经济计划考察团在苏联考察期间,苏联经济计划委员会副主席马拉霍夫也建议我们国家计委先组织试编年度动员计划,即使编成晚一点,也能取得经验。

按照苏联的做法及苏联顾问的意见,开始编制年度动员计划。要编制这样一个年度动员计划,对于刚刚成立的经济动员机构来说,是一项很艰巨的任务。国家计委综合各方面的意见最终提出:根据苏联经验,国民经济动员年度计划是包括整个国民经济的动员计划,不仅包括工业、运输业、邮电事业，而且包括基本建设、农业、商品流转、文教卫生和财政收支等。鉴于动员计划的重点是工业特别是机械工业，而且当前国际形势趋于缓和，故建议1956年编制动员年度计划时只包括工业、运输邮电事业和农业。其他各部门的年度计划以后再按其重要程度陆续增加。按照国家计委的安排，1956年试编年度动员计划的步骤是：首先抽调干部，进行短期训练；建立机构；收集资料；中央军委方面也同时指定相应机构研究动员年度的需要；争取在1956年上半年做好各项准备工作，下半年即按中央军委提出的需要，进行试编1956年度的动员计划；并同时研究对于长远计划中军需民用工业的全面安排问题。在得到国务院领导批准后，国家计委即按预定的工作内容和步骤，组织国务院有关部委试编1956年度的动员计划。

当时，主管国防工业的第二机械工业部，成为试编年度动员计划的主要单位。1956年3月，为完成国家计委赋予试编年度动员计划的任务，第二机械工业部在北京组织召开第一届动员计划会议。会议期间，第二机械工业部首席苏联顾问米辽新作了题为《关于动员计划的内容及其编制程序》的报告。他在报告中提出了工业动员计划应包括6个方面内容。即：编制战时工艺布置图；按规定期限达到生产能力的措施计划；计算从平时转入战时生产所需的扩大生产时间；计算各种物资储备量；编制战时所需干部数量及平时培养和使用干部计划；编制战时技术物资的供应计划。会上，第二机械工业部部长助理兼计划司司长郑汉涛向与会人员介绍了《关于动员计划工作的内容及其做法》，中央军委总参谋部装备计划部副部长安东和国家计委委员、国民经济综合局局长孙泱也在会上做了发言。会议确定，将编制动员计划及查定生产能力作为1956年的中心任务。这次会议之后，第二机械工业部当年即制定出《编制国防工业战时动员计划暂行办法》并以草案的形式在全系统试行。该《办法》规定：凡隶属本部的生产企业，均为国防工业战时动员计划的基层计划单位，本部和主管各生产企业的专业管理局，均为国防工业战时动员计划的综合计划单位。基层计划单位和综合计划单位,均须按照上级颁发的指示,控制数字和计划表格,在规定的时间内,编制本单位的战时动员计划草案。同时,明确了编制战时动员计划的基本程序。当年,第二机械工业部在对此前进行的企业生产能力查定工作进行总结的基础上,制定了《企业生产能力查定办法》。第二机械工业部有关局和兵工企业按照查定办法,对所属企业的生产能力进行查定,摸清了富余能力和薄弱环节,为编制战时动员生产计划,调剂生产设备余缺,扩大生产能力创造了条件。

1956 年 10 月,第二机械工业部制定供国防工业企业使用的国防工业战时动员计划表格主要分为 7 类:即动员能力计划、专门动员物资储备计划、战时生产协作计划、战时扩大生产所需时间计划、战时动力需要计划、战时劳动力需要计划和战时物资需要计划。这套计划表格的制定,不仅为国防工业动员计划的编制工作提供了依据和方法,也由此建立了国防工业动员的基本概念和理论体系。在此基础上,第二机械工业部试编 1956 年度动员计划,内容包括:战时动员生产能力计划,从平时转入战时动员生产并达到动员能力所需的扩大生产时间计划,物资储备计划,战时劳动力计划,战时物资需要计划,为建立动员能力必须增添的生产设备及其购置进度计划,为建立动员能力必须增建的生产面积及其建筑进度计划,战时动员生产财务资金收支计划。整个编制过程是“两上两下”:自上而下逐级颁发编制战时动员计划的指标和控制数字(即动员任务),自下而上逐级编制、审查和报送战时动员计划草案;自上而下逐级批准并下达战时动员计划,企业根据上级批准的计划指标修正本企业原报的计划草案,并逐级上报备案。动员计划依据的控制数字,是由国家计委根据总参谋部提出的战时军工产品需要量,经计算、审查和平衡后确定的,主要包括战时动员生产任务,建立动员能力和动员储备的期限,从平时生产转入战时生产并达到战时动员能力的扩大生产时间。同年,铁道部在国家制定和颁发有关编制战时动员计划的各项统一规定以前,制定了《动员时期军事运输计划编制细则》,规范了动员计划编制工作的程序方法。

国民经济动员系统试编1956年度动员计划的工作，除第二机械工业部在当年完成外，其他各部委都因动员业务生疏和动员基础过于薄弱而未能完成。整个“一五”计划期间兵器工业动员准备只是少数企业试编了战时动员计划，由于种种原因一直没有正式批准的战时动员计划。尽管如此，动员计划编制工作的开展，对于刚刚成立的经济动员机构尽快熟悉和掌握动员工作业务，建立经济动员工作机制起到了很好的推动作用。

在国家计委组织编制年度动员计划的同时，中央军委有关方面也在按照中央军委扩大会议的指示精神，抓紧进行战争第一年特别是战争初期武装力量动员计划的编制工作。随着此项工作的逐步深入，越来越多地遇到国民经济动员问题。按照苏联顾问的说法，武装力量动员计划的拟制，首先要考虑国家工业由平时转为战时生产所需的时间，以及转入战时生产后所能提供的武器装备数量，据此计划军队在战争初期的扩编计划。同时，还要考虑国家物资储备和财政、交通运输、医疗卫生、工程建筑等方面所能提供的动员保障能力，制订装备物资保障计划、财务保障计划、动员运输计划、医疗卫生保障计划等。然后向政府动员部门提出各种武器弹药、工程技术装备、燃料、粮食、服装等动员计划申请书。政府依据军队的动员计划申请书，拟制整个国民经济的动员计划，并按计划进行在战争开始后6个月内转入战时生产的准备工作，并将国家的人力、交通工具、通信、卫生设施、公共建筑、农业资源等准备好为战争服务。但是，由于经济动员机构刚刚建立，各项动员业务处在初创阶段，年度动员能力计划也是在试编阶段，短期内无法提供战争初期经济动员能力状况，因此，军队方面也难以编制一个完整的武装力量动员计划。在这种情况下，负责此项事务的总参谋部动员部向中央军委建议，先从兵员动员的角度，拟制武装力量扩编计划，等条件成熟后再编制完整的武装力量动员计划及国家年度经济动员计划。

(三)试编“动员能力增长计划”

国家计委在协调组织有关方面试编1956年度动员计划的前后，结合国民经济发展第二个五年计划编制工作，组织力量试编着眼长期的“动员能力增长计划”。

1955年，在国家计委的协调组织下，国民经济发展第二个五年计划的编制工作全面启动。当年，第二机械工业部根据中央军委提出的战时第一年的需要量，对国防工业在第二个五年计划期内的方针任务、发展计划和建设规模提出初步方案。这个方案，除重型轰炸机外，其他项目基本上可以满足中央军委提出的战时第一年的需要量。经国家计委研究，基本同意第二机械工业部所提的基本任务和建设规模，并提出：国防工业在第二个五年计划期内的基本任务是在第一个五年计划的基础上，集中力量用最快的速度建立我国强大的、现代化的国防工业。一切从准备战争出发，争取又快又多又好又省地完成国防工业的建设和生产任务，保证以最新标准和质量优良的军事技术来装备我国的武装部队，并结合动员其他工业满足战时需要。第二机械工业部关于第二个五年计划期间国防工业建设的基本设想是：第一个五年计划原规定国防工业改建、新建工厂为104个，根据基本任务的要求，拟将在第二个五年计划期内建成的30个工厂中，提前在1957年建成11个，同时再增建3个小型的工厂，这样第一个五年计划期内建设的工厂将增加到107个，其中应建成的是88个。第二个五年计划期内，拟新建135个军工厂，加上第一个五年内改建与新建的107个工厂，到1962年国防工业将拥有242个工厂。对某些需要量较少但需要特殊科学技术性的项目，如重型轰炸机、定向火箭、原子武器等，应积极进行准备，争取在第三个五年计划期内建设。对某些需要量较大，而在战时增产困难的产品，则应结合平时的生产作必要的储备，以满足战时的需要。国家计委在给第二机械工业部的回函中，就战时动员工作指出，应考虑动员以下几个方面的工业企业协作生产：在拖拉机厂、车辆厂及重型机械厂中，应年产中型坦克2700辆。在轻重武器的生产中，今后新建厂的零、部件应按一半能力或平时需要量进行设计，所余零部件，战时则依靠动员民用机械工业生产供应。在弹药生产中，凡能不使用水压机压制的弹体，应尽量动员民用机械工业生产供应，但铜壳、引信、火工品等，仍由国防工业的专业厂生产。火炮和坦克所用的随带工具，战时可动员其他机械工业生产供应，不另设厂。

在编制国民经济发展第二个五年国防工业建设计划的基础上，国家计委组织力量试编动员能力增长计划。国家计委认为，中国的情况与苏联有很大的不同，苏联之所以把编制动员计划的重点放在年度动员计划上，是因为苏联的常规武器已形成强大的动员能力。而中国现代化的国防工业建设刚刚起步，军队在战争第一年所需的经济动员能力，特别是国防工业动员能力还极为薄弱。因此，动员能力建设计划更应着眼于长远，结合国家经济发展计划来实现。按照赴苏考察团的实际考察和苏联顾问的意见，动员能力增长计划是根据年度动员计划中存在的缺口以及总参谋部关于长期战争准备的要求制订的，列入平时的国民经济基本建设计划。而我们在长远的国民经济计划中，还没有在各个国民经济部门全面安排战时动员能力增长的规划，因此不仅不了解长远计划中动员能力增长的程度，而且可能使长远计划中的某些安排不尽合理。还需要逐步编制长期的动员能力增长计划，并全面地安排战时民用工业的转产问题。此外，动员能力增长计划与年度动员计划不同，它在和平时期不受实际检查，是一种特殊的计划工作。因此，需要吸收各方面的专家来参加编制动员计划工作。要达到这一点，只有靠国家计划机关的各个环节积极参加动员工作，靠各部、主管机关和企业积极参加各有关部分的动员计划工作。1956 年 3 月，周恩来总理在审阅国家计委的报告后，要求拿出一个更为具体的方案。据此，国家计委召集了各有关部门赴苏联学习的同志和各部原有动员机构的负责人进行了研究。5 月 24 日，国家计委将研究的结果上报周恩来总理。国家计委认为：这次研究和第二机械工业部试编动员计划的经验都证明，可以首先结合第二个五年计划编制动员能力增长的长期计划，随后再编制国民经济动员的年度计划。对此,周恩来总理表示同意。试编动员能力增长计划的工作由此展开。

1956 年 12 月,国家计委完成了《1958 ~ 1962 年国民经济动员长期计划表格》的设计工作,并以草案的形式下发试行(见下图)。国家计委明确国民经济动员能力增长计划即长期动员计划,是根据国防部所提出的战时最大需要量编制的。通过这个计划,把国防工业与民用工业、战时工业与平时工业结合起来,使国家有可能充分合理地利用人力、物力、财力来保证平时国民经济迅速增长,又为战时军事产品最大的生产能力建立基础。由于编制这个计划在中国还是第一次,工作刚刚开始,缺乏经验,加之目前面临着经济基础薄弱、技术落后的状况,因此在这个计划里仅包括国民经济建设中的工业和基本建设两个部分。动员能力增长计划包括三套表格:第一套表格是国家下达的动员能力增长计划用表。第二套表格是国务院各部委和各省、市、自治区向国家计委呈报的动员能力增长计划草案和动员能力计划用表。第三套表格是国家计委上报的国务院动员能力增长计划用表。这三套表格的主要指标,在工业部分中有动员能力增长情况、协作要求、动员企业一览表;在基建部分中有基建投资额,用于动员转产的投资额,由投资而新增的动员能力,限额以上工程一览表。第三套表格的主要指标,在基建部分与国务院各部委和省(市)用表基本相同,在工业部分中有逐年满足中央军委所提出的年度最大需要量的增长情况,以及可能达到的动员产品产量。

1957 年 3 月,国家计委根据总参谋部提出的战时最大需要量,结合第二个五年计划方案,经计算概略提出第二个五年动员计划,即结合国民经济建设的动员能力增长计划。该计划经国家计委党组批准后报周恩来总理并中共中央。国家计委党组在报告中提出:战时民用机械工业实质是国防工业,大约有 74% 的固定资产可以直接生产军品;专业军工厂除火药厂外,各企业大致有 50% ~80% 的生产能力可生产民品,到 1962 年民品产值可能达到 20 亿元,军工厂愈是做好动员准备工作,就愈有条件调整生产线,放手发挥潜力去转产民品。

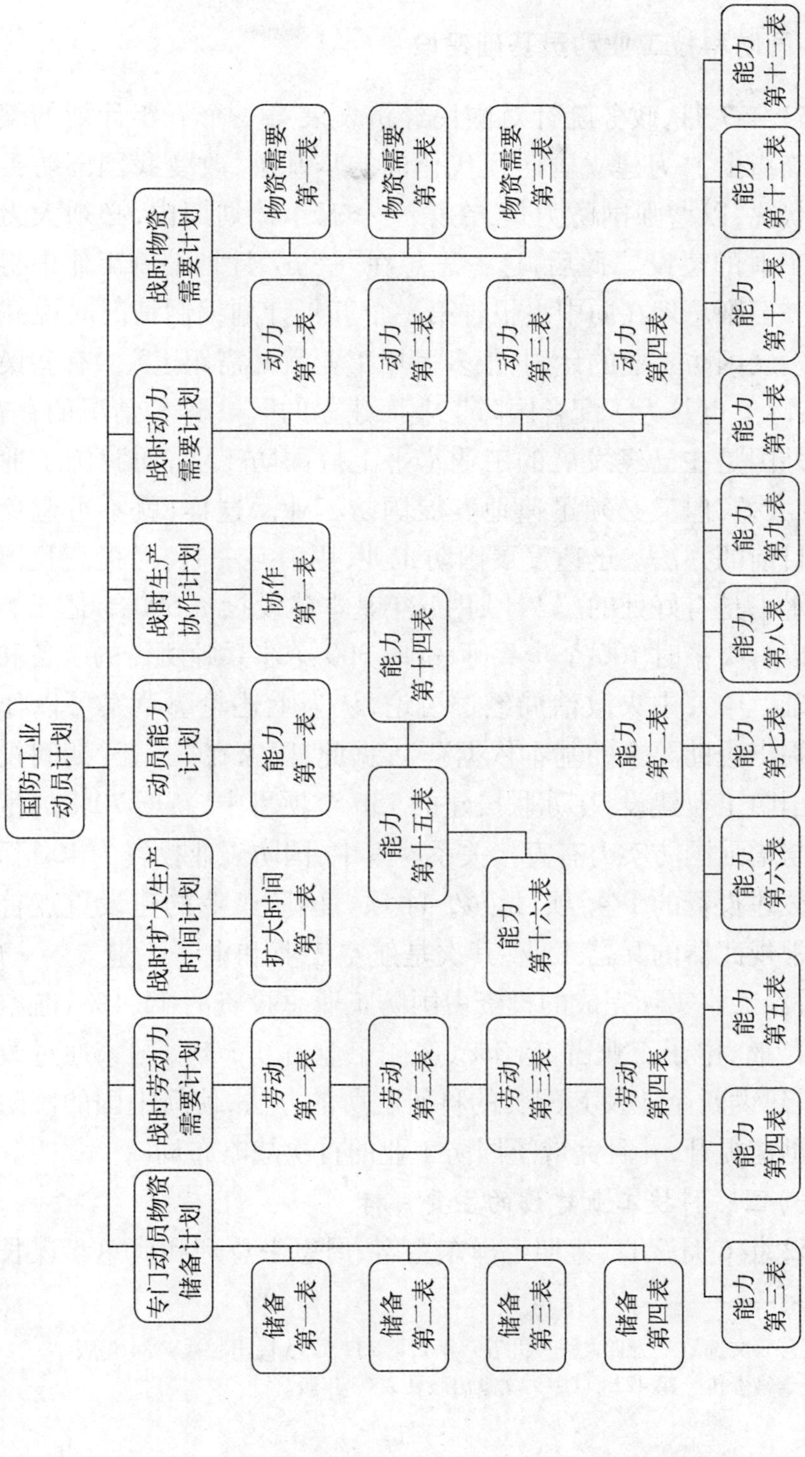

1956年12月国家计委下发的动员计划表构成图

四、国防科技工业动员基础建设

1953 年 7 月,政务院针对国民经济发展第一个五年计划的编制思想明确指出:"为建立国防现代化的初步基础,改变我国国防工业的落后状况,以增强国防力量,在第一个五年计划期内,必须大力进行国防工业的建设。"此后,这一思想在"一五"计划编制工作中得到贯彻。陈云副总理在向中央报告第一个五年计划编制情况时说:"为了实现发展国防工业的计划,很多民用工业就必需跟上","有些民用工业,实际上也是为了配合国防工业而建立的"。"这种情况的存在,是由于外国是在已经发展的工业水平上搞国防工业,而我国工业落后,基础太差,但又必须迅速地发展国防工业。这样,就不可避免地要采取目前的办法。迅速发展国防工业,用力赶一赶,对提高我国工业技术水平是有好处的。"①计划"五年基本建设投资 500. 5 亿元。军事工业以解决平时 100 个步兵师、战时 300 个步兵师所需的装备和弹药为基础。中共中央政治局经过讨论,认为上述轮廓草案可以作为向苏联提出援助要求的基本依据"②。据此,国家在"一五"期间投巨资进行国防工业建设,在苏联援建的 156 个项目中,新增 70% 的生产能力都与增强国防实力有直接关系。其中,国防工业投资为 40 亿元,占苏联援建投资的 1/4,项目个数 44 项。国防工业的建设重点首先是制造常规武器的兵器工业,其次是航空工业和电子工业。"一五"期间,兵器工业实际完成的投资占国防工业总投资的 44. 1% ,航空工业占 27. 7% ,电子工业占 17. 3% ,船舶工业占 6. 3% 。国家通过改造老企业、建设新企业及其配套的科研院所的办法,使新中国的国防工业水平迅速提升,并且完成了国防工业的首次战略布局。

(一)国防科技工业建设的主要目标

1952 年 6 月 2 日,遵照毛泽东主席、周恩来总理和代总参谋长聂

---

① 《陈云文选》(一九四九——一九五六年),第 239 页,人民出版社 1984 年版。

② 《李富春传》,第 422 页,中央文献出版社 2003 年版。

荣臻的指示，为配合国家编制国民经济发展第一个五年计划，准备同苏联谈判援助项目，总参谋部组织有关方面着手研究拟制1953年至1957年军事建设计划，即《军事建设五年计划》。6月中旬，总参谋部完成了《军事建设五年计划》的编制工作。计划提出：要在5年内完成必要的作战准备，以应对以"美国为首的侵略集团"，就要重点加强陆军和空军建设。其中，陆军正规部队应在5年内，由53个军整编为28个军、100个步兵师另2个陆战师，战时应当能够扩大到84个军、300个师，并在武器装备上达到平时、战时规定的数量。因此，国防工业应当在5年内主要提供平时100个步兵师、战时300个步兵师所需的武器装备。该计划经中央军委批准后，准备平时100个步兵师、战时300个步兵师所需的武器装备，便成为"一五"时期工业建设的核心内容和国防工业建设的主要目标。

1953年12月2日至1954年1月26日，全国军事系统党的高级干部会议在北京中南海居仁堂召开。这次会议，是"以党在过渡时期的总路线和总任务为指针，总结过去几年来的工作，确定今后的方针任务，并研究和解决当前军事建设工作中必须解决的若干重大问题"①。会议认为：中共中央规定过渡时期军事建设的根本任务，就是要在这个历史时期内，在现有的基础上，有步骤地建设一支强大的现代化的革命军队。人民解放军建设的总任务为："建设世界上优良的现代化革命军队，以保卫我国社会主义建设，防御帝国主义侵略，主要是防御美帝国主义和日本军国主义的侵略。"②其第一步目标，是在1957年年底，使国家武装力量在装备、培养干部和训练技术兵员上，都要达到一个相应的规模。其核心内容之一，就是积极地有步骤地改善武器装备，初步实现武器装备的现代化。"会议认为，现代化的军队必须有现代化的装备和现代化的交通及交通工具，这是单靠从

① 袁伟、吴殿尧：《朱德军事活动纪事》（1886—1976），第782页，解放军出版社1996年版。

② 《中国人民解放军军史》第5卷，第8页，军事科学出版社2011年版。

国外订货无法解决的,必须发展国家工业特别是重工业。"[1]国防部长彭德怀在会议第一天所作的报告中讲到:"党中央和毛主席关于党在过渡时期总路线和总任务的指示,国家第一个五年计划基本任务的确定,计划经济建设的开始,以及朝鲜停战的实现,这一些有着重大历史意义的事件,决定了我们的军事建设的方针、步骤和各方面的工作。正和经济建设同样,我国的军事建设已进入一个新的阶段。"[2]"在这个历史时期内,在现有的基础上,有步骤地建设一支强大的现代化的革命军队,就是摆在我们面前最根本的任务。因为这是保障我们祖国安全,保卫我国社会主义建设顺利进行和保障亚洲和平的一个最重要的条件。"[3]"兵工生产的计划,主要应根据国家的财政经济情况,根据今后战争可能的需要,以及按照苏联兵器规格来制定。因此,除把现有建制以内的国防部队和公安部队以及各军事学校所需要的武器,各特种兵所需要的地面武器,凡可能生产者加以全部解决外,准备再储备若干步兵师的武器。"[4]

全国军事系统党的高级干部会议召开前,中央财政经济委员会已会同有关方面,完成了《1953 年至 1957 年计划轮廓(草案)》即"一五"计划的前期编制工作。中央财政经济委员会在给中共中央和政务院提交的报告中称:五年计划的基本任务是为国家工业化打下基础,以巩固国防,提高人民的物质文化生活,并保证我国经济向社会主义前进。五年计划的方针是:经济建设的重点是工业,工业建设又以重工业为主、轻工业为辅。五年建设的布局是:要有利于国防和长期建设,并且与目前实际情况相结合。为了满足人民解放军在过渡时期现代化建设的要求,计划"五年基本建设投资 505 亿元。军事工业以解决平时一百个步兵师、战时三百个步兵师所需的装备和弹药为基础。中共中央政治局经过讨论,认为上述轮廓草案可以作为向

① 《中国人民解放军军史》第 5 卷,第 9 页,军事科学出版社 2011 年版。
② 《彭德怀军事文选》,第 474 页,中央文献出版社 1988 年版。
③ 《彭德怀军事文选》,第 475 页,中央文献出版社 1988 年版。
④ 《彭德怀军事文选》,第 495 页,中央文献出版社 1988 年版。

苏联提出援助要求的基本依据"[①]。据此,以副总参谋长粟裕为团长的中国政府代表团与苏联进行了长时间的磋商。1953 年 5 月 15 日,《关于苏维埃社会主义共和国联盟政府援助中华人民共和国中央人民政府发展中国国民经济的协定》正式签字。根据协定,苏联援助中国新建与改建 91 个项目,加上 1953 年 4 月以前苏联援助中国的 50 个项目,共 141 个项目。[②]

1954 年 9 月,第一届全国人大第二次会议通过《中华人民共和国发展国民经济的第一个五年计划》。到此,国民经济发展第一个五年计划最终确定。"一五"计划的基本任务是:"集中主要力量进行以苏联帮助我国设计的 156 个建设单位为中心的、由限额以上的 694 个建设单位组成的工业建设,建立我国的社会主义工业化的初步基础;发展部分集体所有制的农业生产合作社,并发展手工业生产合作社,建立对农业和手工业的社会主义改造的初步基础;基本上把资本主义工商业分别地纳入各种形式的国家资本主义轨道,建立对私营工商业的社会主义改造的基础。"[③]5 年内,全国经济和文化教育的支出总额为 766.4 亿元。其中,基本建设投资为 427.4 亿元,工业基本建设投资占基本建设投资的 58.2%,农林水利占 7.6%,运输和邮电占 19.2%。5 年内,限额以上的基建单位共有 1600 个,其中建成 1271 个。11 月 9 日和 12 月 19 日,国务院先后颁布命令,启动国民经济发展第一个五年计划。以国防工业为代表的国民经济动员基础建设由此全面展开。

(二)为解决 100 个师的装备而奋斗

"一五"期间,国防工业建设的目标,是"解决平时 100 个步兵师、战时 300 个步兵师所需的装备和弹药",以及储备与 300 个步兵师配套所需的地炮师和高炮师各约 40 至 50 个。其中,"解决平时 100 个

---

① 《李富春传》,第 422 页,中央文献出版社 2003 年版。
② 1954 年 10 月又增加了 15 个项目,总计 156 个项目。
③ 刘国光:《中国十个五年计划研究报告》,第 59 页,人民出版社 2006 年版。

师所需的装备和弹药”,即完成100个步兵师所需武器装备的生产任务,是国家为国防工业建设规定的基本目标。为达到这一目标,国防工业在“一五”期间,一方面加紧改造老企业,一方面投资建设新企业。

“一五”时期投资新建的国防工业企业,大部分要在“一五”末期才能建成,而形成生产能力还需要一定的时间。但是军队建设和军事斗争又不能等。因此,从速改造原有的国防工业企业,使之完成第一批制式武器的制造任务,并供应相应的弹药及各种必要的通信设备,以装备部队,就成为“一五”时期国防工业建设的首要任务。当时,兵器工业原有老企业的技术基础,虽然在抗美援朝支前动员中得到一些改善,但技术落后的状况并没有得到根本改变。主要表现在:企业产品的种类多,专业杂,管理水平低,目标不明确;产品规格不统一,技术和质量问题多;设备与人员不平衡;布局不合理,地区生产结构不能配套等。

兵器工业对原有企业的改造,是按照中央军委兵工委员会确定的《现有工厂调整方案》进行的。1952年11月,第二机械工业部在北京召开厂长会议。会议确定了各企业的专业方向、生产纲领和协作关系;制定了技术改造的内容、项目和实施步骤。会议确定了41个兵工专业化企业,并要求各企业按照确定的专业方向和产品纲领进行全面技术改造。技术改造的主要任务,是将39个原来无固定产品方向的兵工厂改造为能够生产专业化、制式化产品的工厂。从1952年下半年开始,到1955年上半年基本完成了技术改造任务。经过技术改造,兵器工业原有企业的面貌都发生了很大变化,所有企业在技术上和生产能力上都有了很大提高,许多重点改扩建企业,其生产能力提高了3~4倍。

1953年,兵器工业开始承担制式武器的试制任务,当年定型了4种枪械、1种火炮、2种枪弹、2种炮弹。1954年,试制定型了122毫米榴弹炮和76.2毫米野战炮。毛泽东主席向承担试制定型任务的企业签发了嘉勉信,指出:“这对于建立我国的国防工业和增强国防力量都是一个良好的开端。”同年，第一批陆军通用制式武器及其配套的弹药和观瞄仪器等全部试制定型投入生产。到1955年年末，兵器工业先后完成了35种制式武器弹药的试制和生产任务。1956年9月，第一台国产B2-34中型坦克发动机问世，结束了中国不能制造坦克发动机的历史。到1957年年底，兵器工业共试制成功85种陆军武器和配用的弹药，淘汰旧杂式武器弹药36种，为军队武器装备更新换代提供了一批制式武器。此时，兵器工业的生产能力仍处于较低的水平，陆军一般武器装备的生产能力仅能满足规划需要的40%左右，重型武器和空、海军所需的特种武器还不能生产。

“一五”时期的舰艇生产，也是通过改造老企业实现的。1954年，中央军委根据毛泽东主席提出的海军建设方针，确定海军15年造船远景规划为30万吨，作为国家发展造船工业的基础。“一五”期间，主要仿制苏联转让的5种军用舰艇。1954年3月，苏联造船专家委员会来中国调研后认为，中国造船工业原有的几家船厂经过必要的改造和扩建后，可以承担建造转让舰艇的任务。1955年1月，聂荣臻主持召开海军5年造船计划会议。会议决定，重点对上海的江南造船厂、沪东造船厂、湖北的武昌造船厂、安徽的芜湖造船厂和广东的广州造船厂进行技术改造，使它们具备仿制生产鱼雷快艇、猎潜艇、潜艇、护航驱逐舰的能力。此方案得到中共中央的批准。为此，“一五”计划期间，国家对上述各厂进行了相应的改建、扩建。1956年后，国家新启动了水中兵器、高速及中速船用柴油机、蓄电池、航海仪表等项目的建设，启动了大型舰艇制造厂的建设。到1957年，基本实现了转让的五型舰艇从装配仿制到批量生产，为自行制造中、小型军用战斗舰艇打下了基础。至1959年建成了船舶、动力、水中兵器及导航仪表等大型直属企业13个，已具备建造中小型军用舰艇及仿制生产水中兵器的技术能力。①

在组织老企业进行技术改造和生产的同时，国家依据国民经济

① 参见《中国人民解放军军史》第5卷，第98页，军事科学出版社2011年版。

发展第一个五年计划,在苏联的援助和指导下,新建了一大批国防工业企业。1953年5月15日,中苏两国政府签订《关于苏维埃社会主义共和国联盟政府援助中华人民共和国中央人民政府发展中国国民经济的协定》。《协定》规定:连同过去3年来帮助中国设计的50个企业在内,苏联援建中国141个项目。1954年10月12日,苏联政府又增了15个援建项目,使援建项目达到156个,内有国防工业44项。其中,航空工业13项、兵器工业16项、航天工业2项、电子工业9项、船舶工业4项。①

第一批工程进入全面施工后,为了搞好武器装备的补缺配套工作,国家又着手筹备第二批建设项目。1956年4月7日,中苏两国政府在北京签订了《关于苏联援助中国建设55个成套项目的协定》。在新增的55个项目中,国防工业有33项。其中兵器工业有6个项目。1956年下半年,正当各项工程进入施工高潮时期,国家的建设资金和物资供应出现了缺口。国务院、中央军委为确保航空工业、电子工业、核工业和导弹工业等新兴工业,决定放慢兵器工业的建设速度,压缩年度投资。据此,兵器工业撤销了2个项目、停建了1个项目、压缩了6个项目。到1957年年底,在开工建设的17个工程项目中,有6个项目竣工投产,6个项目完成了主体工程,超额完成了"一五"计划目标。到1957年年底已完成计划投资的70%。

在航空工业方面,1954年9月,总参谋部兵器装备计划部依据国家经济发展的状况、战略方针和各军兵种在未来反侵略战争中的作用,提出了1953~1967年军队装备建设远景方案。中央军委确定建设的重点为:军种建设以空军为重点,因为它在未来反侵略战争中,对于有效地配合陆、海军作战,掩护后方组织动员和生产运输具有重大作用。"一五"计划期间,航空工业的建设方针是由修理过渡到制造,重点安排了一批包括飞机、发动机、附件、电器、仪表等各种门类的制造和修理的新建和改扩建项目。其中,在1954年至1955年间,

---

① 参见刘国光:《中国十个五年计划研究报告》,第76页,人民出版社2006年版。

重点建设了生产教练飞机、活塞式发动机、喷气式歼击机和喷气式发动机的工厂。其中,除生产喷气式发动机厂是依靠老厂支援建设的新厂外,其他工厂都是由原来的修理厂改扩建而成的。“一五”期间,重点建设的航空工业 13 个项目有 8 个提前一至一年半完成,4 个如期完成。1956 年 8 月,首批喷气式飞机试制成功。

在电子工业方面,“一五”时期,国家在电子工业方面的投资为 5.55 亿元,占全国总投资的 1.1%,列入重点建设项目的有 11 个。其中 9 个是苏联援建的重点项目,有 1 个是民主德国援助建设的无线电元件联合厂,还有 1 个是自行设计、苏联帮助技术指导建设的无线电广播发射机厂。苏联援助的主要是无线电基础项目和军工急需配套项目。“一五”计划的 11 个重点项目,实际上马的有 9 个,其中有 5 个于 1957 年建成投产。这批项目的建设速度较快,大体用 1 年半到 3 年就分别建成投产,一般为 2 年左右。这批项目的建成投产和原有企业改建、扩建工程的完成,使中国电子工业的生产能力和技术水平有了较大的提高。在军事电子装备方面,通信电台、雷达已开始具备制造能力,并开始用部分整机装备部队。

在第一个五年计划期间内,国防工业建设占首要位置。5 年中,国防工业完成基本建设的投资占整个工业投资的 12.5%,基本上完成了对原有国防工业企业的技术改造并新建了 40 多个以最新技术装备的企业。到第一个五年计划末期,地面部队的武器装备基本都能自己生产,供应部队需要。在航空方面,已能成批生产喷气式歼击机、教练机及安 2 型多用途飞机,供军用及民用。无线电方面,已能成批生产雷达、电台及其他各种无线设备等等。可以说建成了国防工业的初步基础。不仅如此,国防工业的发展带动了其他工业的发展,增加了冶金、化工等工业的新品种生产。1954 年试制雅克 18 型教练机时,所用原材料中 82% 左右的材料是国外的,国内材料只占 18% 左右,而 1956 年时国内材料便占到 80% 至 90%;又如 1956 年开始试制米格 -17 喷气歼击机时,最初一二年内大部分使用国外材料,到 1957 年则国内供应的材料已经达到 90%。国家计委第三局在《国防工业第一个五年计划基本经验总结》中认为:经过第一个五年计划的基本建设,国防工业打下了初步基础。国防工业拥有的生产能力有相当大的发展。1957 年兵器工业生产能力与 1953 年相比增长 1 倍左右,1957 年的国防工业职工人数比 1952 年增加了 2.6 倍多。国防工业的大力发展,使武装部队的平时装备已逐步建立在我国的工业基础上。到 1957 年武装部队平时装备的补充、替换、储备,已经基本上从国内解决。

但是,由于国内生产能力与外汇条件的限制,国防工业在"一五"时期未能完成计划任务,致使原定"一五"期间储备 100 个步兵师武器装备的任务也未能实现。尽管如此,国防工业为军队现代化建设的贡献仍然是可观的。对此,国防部长彭德怀在一次党的会议上发表加强军队现代化建设的讲话时指出:"我军在原来步兵的基础上,组建了空军、海军、防空军、公安军,以及炮兵、装甲兵、工程兵、铁道兵、通信兵和防化学兵等。这样,就不仅使军队建设和国家经济建设密切地配合起来,而且完成了我军有史以来的重大转变。"特别是作为主体力量的步兵,其"装备已经有了基本改变。炮兵、坦克兵有了很大的加强,其他兵种技术装备也有了很大的改善。空军和防空军是现代战争中的重要军种,现在我国的空军虽然同最大的空军国家比较,相差很远,但已经不是最弱的空军国家了;防空军已经建设起来,并且有了相当新式的技术装备。海军的建设也有了相应的发展。虽然由于我军现代化建设为时不久,各军种、兵种还未能达到完全现代化的程度,但是已经达到我国空前未有的规模。随着国家经济建设的迅速发展,我军现代化水平必将进一步获得提高"①。

(三)国防工业战略布局的初步形成

1955 年 7 月 5 日,国务院副总理李富春在第一届全国人民代表大会第二次会议上作《关于发展国民经济的第一个五年计划的报告》。他在《报告》中指出:我国原有的工业布局是很不合理的。据

① 《彭德怀军事文选》,第 556 ~ 557 页,中央文献出版社 1988 年版。

1952年统计，沿海各省的工业产值占全国工业总产值的70%以上。逐步改变旧中国遗留下来的这种不合理的状况，在全国各地适当分布工业的生产力，使工业企业接近原料、燃料产区和消费地区，并使工业布局适应巩固国防的要求，逐步提高落后地区的经济水平，这是有计划地发展我国国民经济中的重要任务之一。[①] 此后，他又进一步指出："沿海七省三市的工业总产值，约占全国工业总产值的百分之七十三。在重工业方面，以钢铁工业为例，大约有百分之八十以上的生产能力分布在沿海，主要是在鞍钢；在资源丰富而尚未开发的内蒙、西北、西南、华中等地，几乎没有什么钢铁工业。在轻工业方面，以纺织工业为例，也有百分之八十的纱锭和百分之九十的布机分布在沿海，而在广大的产棉区和内地，纺织工业却很少。其他工业的分布情况，大致也是如此。"[②]对此，毛泽东主席也指出："我国的工业过去集中在沿海。所谓沿海，是指辽宁、河北、北京、天津、河南东部、山东、安徽、江苏、上海、浙江、福建、广东、广西。我国全部轻工业和重工业，都有约70%在沿海，只有30%在内地。这是历史上形成的一种不合理的状况。"[③]因此，"一五"时期的工业建设项目特别是国防工业建设项目，在计划编制阶段，就充分考虑到战略布局问题。当时，中共中央确定从防备敌人突然袭击、应付战争的需要出发，确定把新建工业企业布置在后方地区，特别是国防工业企业，除有些造船厂必须摆在海边外，其他都不摆在敌人飞机可以轰炸到的沿海地区。薄一波在回顾"一五"计划编制工作时谈道："当时，国家建委负责审批大项目的计划任务书和设计。审查厂址时，要把厂址标在地图上，并用直线标出它与台湾、南朝鲜、日本等美军基地的距离，说明美国的什么型号的飞机可以攻击到它。可见，从国防考虑，从安全考虑，是

---

① 参见《李富春选集》，第144页，中国计划出版社1992年版。

② 《李富春选集》，第165～166页，中国计划出版社1992年版。

③ 《毛泽东著作选读》下册，第725页，人民出版社1986年版。

当时确定厂址的主要因素之一。”①

按照上述思想,“一五”期间国家投资的694个大型工业项目有472个放在内地。特别是苏联援建的项目,主要配置在东北地区、中部地区和西部地区。156项中的106项民用工业企业,布置在东北地区的有50个,布置在中部地区的有32个;加强和改造上海、天津、江苏、山东等沿海地区的原有工业,形成了以鞍山钢铁公司为中心的东北工业基地,以武汉钢铁公司为中心的华中工业基地和以包头钢铁公司为中心的华北工业基地的建设。② 44个国防企业,布置在中部地区和西部地区的有35个,其中有21个安排在四川、陕西两省,在华北、西北形成了新的兵器工业基地。电子工业在改造老厂和建设新厂的基础上,注重调整布局,到50年代末形成西南、西北、华北、华东、中南5个军事电子工业基地。实际执行的结果是计划完成的1271个限额以上项目中有1/3属于国防经济调整布局。1949年,工业总产值沿海地区占90%,内地占10%,到1957年年底,改变为沿海占67.4%,内地增长到32.6%。

工业布局调整后,曾一度出现忽视沿海工业的问题。对此,毛泽东主席在《论十大关系》中指出:沿海的工业基地必须充分利用,内地工业也必须大力发展。在这两者的关系问题上,我们也没有犯大的错误,只是最近几年,对于沿海工业有些估计不足,对它的发展不那么十分注重了,这要改变一下。“过去朝鲜还在打仗,国际形势还很紧张,不能不影响我们对沿海工业的看法。现在,新的侵华战争和新的世界大战,估计短时期内打不起来,可能有十年或者更长一点的和平时期。这样,如果还不充分利用沿海工业的设备能力和技术力量,那就不对了。不说十年,就算五年,我们也应当在沿海好好地办四年的工业,等第五年打起来再搬家。”“认为原子弹已经在我们头上,几

---

① 薄一波:《若干重大决策与事件的回顾》上卷,第299页,中共中央党校出版社1991年版。

② 参见孙振环:《中国国防经济建设》,第23页,军事科学出版社1991年版。

秒钟就要掉下来，这种形势估计是不合乎事实的，由此而对沿海工业采取消极态度是不对的。”“这不是说新的工厂都建在沿海。新的工业大部分应当摆在内地，使工业布局逐步平衡，并且利于备战，这是毫无疑义的。但是沿海也可以建立一些新的厂矿，有些也可以是大型的。至于沿海原有的轻重工业的扩建和改建，过去已经作了一些，以后还要大大发展。”“好好地利用和发展沿海的工业老底子，可以使我们更有力量来发展和支持内地工业。如果采取消极态度，就会妨碍内地工业的迅速发展。所以这也是一个对于发展内地工业是真想还是假想的问题。如果是真想，不是假想，就必须更多地利用和发展沿海工业，特别是轻工业。”①此后，沿海工业建设得到重视，并始终发挥着重大作用。

（四）“军民结合”的早期实践

朝鲜战争结束后，国家进入相对稳定的和平建设时期，军品订货大幅度减少，“军工厂又处于停产、整顿状态。为维护职工生活，企业资金困难，经国家批准拨一些救济性的‘闲工费’，渡过难关”。1955年下半年，兵器工业轻武器生产企业，因“部队已齐装而减少订货，有的枪弹厂军品空空，全年没有生产任务”。当年，整个国防工业领取“闲工费”②的有2万人。在这种情况下，如何发挥国防工业已经形成且日益扩大的生产能力，为经济建设和社会发展服务，成为国防工业必须解决的重大问题。

1956年2月，第二机械工业部在认真研究新中国成立时兵器工业转产民品的情况和苏联等国家军工生产的经验后，向中共中央提出了工业企业“军民结合”的问题。当时，该部在给中共中央提交的军工动员方案中提出：和平时期，军事工业应掌握民品生产技术，以便在经济建设中发挥重要作用；部分民用企业要实行动员体制，并在平时进行少量的军品生产，使工人有机会掌握军品生产技术。2月17

---

① 《毛泽东文集》第七卷，第26页，人民出版社1999年版。

② 当时国家财政部发给国防工业“闲工”人员的工资。

日,第二机械工业部部长赵尔陆在向毛泽东主席汇报国防工业的建设情况时,再次提到工业企业应实行“军民结合”的问题,得到毛泽东主席的充分肯定。毛泽东主席指出:军事工业学会民用生产的本领,民用工业学会军用生产的本领,这个办法好。3 月,赵尔陆部长和部长助理杜星垣、计划司副司长刘正栋,在太原兵工厂进行了为期 1 个月的调研,“获得军工厂制造民品可行性的第一手资料,在‘军民结合、学会两套本领’问题上信心大增”。赵尔陆回到北京,就以第二机械工业部的名义给党中央写了关于《军民结合、学会两套本领》的报告。中央很快批准了这个报告,在批示中指出:“军工企业要‘军民结合’,‘学会两套本领’。从此‘军民结合’,‘学会两套本领’成为国防工业建设和发展遵循的方针之一。”①5 月,周恩来总理在国务院司局干部会议上,作了《调动一切力量为社会主义服务》的报告,进一步阐明《论十大关系》的核心内容和战略思想,明确了国防工业要实行“平战结合、军民结合”的方针。

在“军民结合”思想逐步明确的过程中,国家将国防工业的民品生产纳入了国家经济建设和发展计划。在国家计划的指导下,国防工业以钢铁、采矿、石油、发电设备、农业机械和交通运输机械为重点,组织开展民品生产。“截至 1957 年底统计,军工企业生产的民品有:金属切削机床及砂轮机 1350 台,锻压设备 246 台,工矿车辆 131 台,汽车钻机 20 台,自行车 287 辆,手电筒 49 万只,闹钟 61928 只,电风扇 1097 台,运动枪、猎枪 98835 支。”②

五、交通通信动员基础建设

“一五”期间,国家在交通、通信建设上的总投资为 89.9 亿元,占同期国家经济文化总投资的 11.7%。其中,用于交通、通信基本建设的投资为 82.10 亿元,包括“对铁道部投资为 56.70 亿元;对交通部投

---

① 刘正栋:《铸剑》,第 181 页,航空工业出版社 2007 年版。

② 刘正栋:《铸剑》,第 183 页,航空工业出版社 2007 年版。

资为13.39亿元;对邮电部投资为3.61亿元;对民用航空局投资为1.01亿元;对地方交通投资为7.39亿元”。建设的重点是对国家经济、社会发展和国家安全具有重大意义的交通、通信骨干网线。在此过程中,国家交通、通信系统认真贯彻经济建设与国防建设相结合的方针,积极在各项经济建设项目中贯彻国防要求,寓国防交通、通信能力于交通、通信基础建设之中,奠定了国家交通、通信动员的物质技术基础。同时,军政有关方面以“技术动员”为名,从组织编写“技术说明书”即动员潜力统计调查做起,积极开展动员业务建设,迅速改变了动员业务生疏、业务基础薄弱的状况,为全面开展动员准备打下了很好的基础。

(一)国家骨干交通网建设

国民经济发展第一个五年计划规定,“一五”期间铁路建设的任务有两项,一是加强和改造已有的铁路,二是修筑新的铁路。在“加强和改造已有铁路”方面,计划增加复线1514公里,加上原有的复线1457公里,共为2971公里。届时,铁路复线长度在全部营业线路长度中所占的比重,将由1952年的6.5%增加到1957年的10.8%。此外,还要对行车能力不足的692公里线路进行改建。在“修筑新的铁路”方面,5年内,将新建干线和支线约4084公里,其中干线约3284公里,主要包括兰新铁路、宝成铁路、包头到甘肃兰州的铁路、由江西鹰潭到福建厦门的铁路。此外还有从广西黎塘到广东湛江、河北省的沙城到丰台等铁路线。在水路运输方面,5年内,水路运输方面的主要任务是发展内河运输,以长江为重点,同时适当地发展海上运输。5年内,中央直属的内河船舶(包括公私合营)将增加28.9万载重吨,沿海和远洋的轮船将增加11.1万载重吨。为适应海上运输和长江运输的需要,新建广东湛江港和安徽裕溪口港,增建上海和汉口等主要港口的机械装卸设备和通信设备。在公路建设方面,5年内,由中央投资修建的公路在1万公里以上,新增加通车里程约7000公里以上。修建的主要方向是西南少数民族地区的公路和边疆、沿海重要的公路。包括改建青海西宁到玉树公路827公里,改建甘肃河口到青海西宁公路189公里，新建甘肃中堡到郎木寺公路209公里，新建康藏公路西康马尼岗果到西藏拉萨段1570公里，改建广东广州到海安公路北线735公里，改建广东曲江到江西赣州公路224公里，改建云南杨林到会泽(矿山场)公路280公里。在民用航空建设上，第一个五年计划期间，民用航空的发展，主要是加强首都同各地区主要城市和边远地区的联系；同时，为适应农业、林业和地质勘探等工作的需要，发展专业飞行。5年内，增开航线1.7万公里，建立北京同上海、广州、包头、银川等地的直达航空联系，以及广州到海口等航线。增加大型运输机，建设首都中央航空港。为此，国家在交通基本建设投资总额中，安排铁路投资59.16亿元、占65.6%，公路投资26.21亿元、占29%。1957年年底，全国铁路通车里程达到2.9862万公里，比1952年增加22%；公路通车里程达25万多公里，比1952年增加1倍；内河航运里程达14.4万公里，比1952年增长28.5%；空运线路达2.64万公里，比1952年增长101.5%。“机车从20台发展到1957年的200台，年均增长58.4%；民用船舶从1952年的84艘发展到1957年的1347艘，年均增长74.2%，载重汽车从零辆发展到1957年的4000辆。”①

“一五”期间建设的铁路网路，有相当一部分具有重大的国防意义。包括在西北地区先后建成的天水至兰州、兰州至西宁、兰州至包头等铁路。在西南地区建成的宝鸡至成都、成都至重庆、贵阳至柳州、黎塘至湛江等铁路。在公路建设方面，1953年7月27日，中共中央政治局听取了交通部副部长王首道代表交通部党组关于交通工作的报告。报告认为：“基本建设在今后一个时期内，为了适应国防需要，仍以完成国防公路工程为首要任务，其次是经济干线，然后是地方道路。”8月21日至9月4日，交通部在北京召开全国交通工作会议。会议确定：“1953年交通基本建设投资主要用于国防公路，建设规模大，任务艰巨。全年对公路计划投资相当于过去3年公路投资总

① 刘日新：《新中国经济建设简史》，第104页，中央文献出版社2006年版。

和的70%，基本建设是1952年的2倍以上，而且重点工程和大部分测设路线都位于康藏、青藏、海南、云南等边疆海防地区。”①会议期间，交通部颁发《关于公路建设与公路运输工作的指示》，要求首先修建国防公路，特别是边防、海防公路，并有重点地发展经济干线。在上述思想方针的指导下，“一五”时期的国防公路建设取得很大成绩。1954年12月，具有重要国防意义的康藏公路和青藏公路建成通车。1953年至1954年，广西改建了凭祥至水口关国防公路。这条公路位于桂西南的龙州境内，全长73.3公里，两端均与越南公路相通，是重要的国防和边贸线路。公路建成后达到5级公路标准，成为广西第一条质量较好的等级公路，有效缓解了援越抗法辎重运输的紧张局面。在西北的新疆，为了保证新疆政治局势的稳定和经济恢复，“一五”期间，主要恢复和改善乌鲁木齐通往星星峡、伊犁、喀什、阿勒泰、塔城等方向的公路。到1957年年底，新疆的公路通车里程达到1.2039万公里，公路通车里程比1949年年底增加了3.6倍。“一五”时期，“广大农民群众对公路养护和地方道路修建作出的贡献很大。据不完全统计，共动员民工约153亿工日，车辆28万工日，牲畜917万头。1957年，几乎近一半公路靠民工养护，地方道路则主要依靠民工修建”②。“从1950年到1957年的8年中，中央对公路交通的投资为9.27亿元，新建干线公路1.21万公里；各大区和各省、自治区、直辖市也投资9.73亿元，新建和改建了本区工农业生产发展急需的一些经济干线和县乡公路。”“截至1957年，全国公路通车里程达到25.4万多公里，使原来没有通公路的185个县通了汽车，提前一年实现了‘一五’计划规定的指标。”③主要建成的国防公路，在华东地区有上饶至南平、福州至温州等线，在西南地区有成都至阿坝、黑河至阿里等线，在西北地区有西宁经格尔木至拉萨、叶城至噶大克等线，在中

---

① 《交通部行政史》，第100页，人民交通出版社2008年版。

② 《交通部行政史》，第104页，人民交通出版社2008年版。

③ 《当代中国的公路交通》，第17～18页，当代中国出版社1991年版。

南地区有海口至榆林等10条。

(二)交通建设贯彻国防要求

1954年6月21日至7月17日,全国军事交通机关第四次部(处)长会议在北京召开。会议明确了军事交通建设的总任务,即根据军队建设的总方针及“一五”时期交通事业的发展,逐步建设现代化、正规化的军事交通事业,使国家交通适应国防需要。根据这次会议的精神,军队有关部门与政府铁道、交通部门在“一五”期间密切合作,在交通基础建设中积极贯彻国防要求,取得一定成绩。“一五”计划的后4年,“军队对国家铁路、水路建设提出国防要求约40项,其中有不少得到落实,初步改善了交通条件,提高了保障能力”①。

在铁路建设方面,每当新线建设时,军队方面都及时向铁路部门提出军事运输建设方案。方案内容包括线路走向、经由点、主要技术标准、通过能力、防空要求和军运设施等。军运设施主要指军用装卸线、装卸站台、军用饮食供应站、军用备用品仓库及军代表办公和居住房舍等。1953年,军队向铁路部门提出丰沙、兰烟、集二、海庄、肖宁等线的军运建设方案。1954年,军队向铁路部门提出定成、黎湛、鹰厦等线的军运建设方案。在旧线改造方面,1954年5月8日,中央军委运输司令部向总参谋部呈报关于《战时军事运输量》的请示,要求5年后14条主要铁路干线的军事运输能力,分别达到每天输送半个师到两个师的水平。总参谋部在批复中,除同意所提意见外,指示另4条铁路干线的战时动员量还要适当提高。1955年1月10日,为使铁路建设更好地贯彻国防要求,总参谋部军交部研究制定《新建铁路军运建设方案暂行编制实施办法》《改善旧线工作暂行办法》。其中,《新建铁路军运建设方案暂行编制实施办法》规定了新建铁路贯彻军事要求的程序方法。基本内容是:军区军事交通处在铁路进行初测前提出《军运建设意见》,初测后提出《军运建设方案》,报总参谋部军交部和总参谋长审查批准后提交铁道部。12月19日,总参谋

① 《当代中国军队的后勤工作》,第417页,中国社会科学出版社1990年版。

部就《铁路十五年建设计划》问题,复函国务院第六办公室并铁道部,除对规划表示同意外,要求提前修建白城子经张家口至集宁等9条线路,增修旅顺至单家等3条线路。当年,交通部根据军队有关方面提出的需求,在城陵矶修建军用斜坡式码头一座,同时修建的还有港外公路、仓库、军人休息室和广场等。该项目的建成,使川江通往中南地区的中转运输不再绕道武昌,缩短水路运输距离231公里,缩短铁路运输距离200余公里。交通部还根据军队的要求,组织有关方面在裕溪港、湛江港、塘沽港和秦皇岛港进行了一些战备设施建设。

1956年1月4日,国防部致函国务院第六办公室和铁道部,对铁路第二个五年计划的建设安排提出了意见。2月22日,铁道部、总参谋部军事交通部联合颁发《铁路部门与军事交通机关在有关军运建设上互相配合的几项规定》。该规定明确了十个问题:一是军事交通机关是人民解放军驻铁路的全权代表,它有权了解其驻在局的全部活动。二是军事交通机关向铁路部门提交的有关军事交通建设方面的要求,铁路各级组织必须慎重考虑贯彻。三是必需的军事交通建设,可以在铁路新建总的投资中,或在国家对铁路的控制经费中拨出一定数量的经费修建。四是在旧线上增建军事运输设备,军事交通机关和铁路部门协商后分别上报,列入年度基建计划中解决。五是新建和改建铁路时,有关设计部门应事先征求军事交通机关在军事上的意见。六是各级军事交通机关向铁路部门了解资料时,各级铁路部门应及时供给各铁路局每年查定通过能力的计算书,设计部门有关新线的草测设计意见书、初步设计、技术设计等文件。七是特种设计及预设计的文件除送军事交通机关1份外,全部由铁路技术部门保管。八是各级铁路部门在讨论计划任务设计鉴定时,需有军事交通机关的人员参加,最后应有军事交通机关负责人在文件上签字后始能施工;各种新建改建工程竣工和验收交付管理使用,除应有军事交通机关参加外,有关交接中的技术资料同时送军事交通机关1份。九是各级铁路部门有关防空备战的委员会应有军事交通机关代表参加。十是各铁路局研究讨论年度基本建设计划时,须事先征求军事交通机关的意见,或在讨论时请其派代表参加。上述规定在相当长的时间里,保证了军事交通运输需求在铁路建设中得到很好的体现。当年4月10日,广州军区军交处根据铁道部在第二个五年计划中改建柳州铁路枢纽的规划,向总参谋部军交部上报了《柳州枢纽军运建设方案》。此方案经铁道部批准,列入柳州铁路枢纽建设规划。在包兰线兰州至银川段和咸阳至中卫铁路规划设计阶段,兰州军区及时提出了《包兰铁路兰银段军运建设方案》和《咸阳中卫铁路军运建设方案》,对线路的走向、接轨点、主要控制点、通过能力和主要技术标准等方面,提出了规划意见和要求。"这些意见和要求,均经总参谋部军交部转铁道部,多数被列入国家铁路建设规划或计划,部分军运设施经努力付诸实施。"①

1957年1月,总参谋部军交部向铁道部提交《关于铁路线路基本建设工程竣工验收交接时应提交军交机关之技术资料名称》函。铁道部将此函转发所属各路局。到1957年年底,军队有关部门先后就38项铁路新线建设工程、9项旧线改造工程和25项铁路枢纽工程,向铁道部门提出了军运建设方案。这些铁路新线包括:兰烟、集二、宝成、鹰厦、兰新、包兰、湘黔、内昆、成昆、南福、芜鹰、川豫、丰沙等。其中,广州军区司令部提出的修建广州天河军用站和改善衡阳、马坝、新街、樟木头等车站军运设施的意见,均在项目建设中得到落实。建成的广州天河枢纽站军用站,有股道3条,侧面站台和顶端站台各1座,配有军用饮食供应站和军代表工作室等设施。

(三)"技术动员"的全面开展

"一五"时期,铁路、交通系统以"技术动员"为名的战备动员工作得到全面开展。继1952年年底完成《铁路军事技术说明书》的编写工作之后,1953年,中央军委运输司令部下达关于组织调研编制《航

① 兰州军区后勤部军事运输部:《中国人民解放军兰州军区军事交通运输史》1927~1988,第304页,解放军出版社1990年版。

务军事技术说明书》指示,同时下发《航务军事技术说明书目录》。据此,交通系统会同军队有关方面组织进行航务军事技术说明书的编写。1954 年 3 月 30 日,中南军区成立调查编写航务技术说明书委员会,下设华中调编组和华南调编组。华中调编组负责长江干线及河南、湖北、湖南、江西 4 省水路的调编工作,华南调编组负责华南沿海及广东、广西两省内河水路的调编工作。1955 年 5 月,武汉军区成立。此后,华中 4 省航务技术说明书的调编工作由武汉军区负责。华南两省的航务技术说明书的调编工作,于 1956 年 5 月 10 日结束。华南两省为编写航务军事技术说明书,共调查了沿海、内河大小港埠 100 多个,其中详述港口 30 多个,简述港口 60 多个;调查记述了华南及海南岛沿海全部航线,以及东江、西江、北江和韩江等主要内河干流 20 条、长 4300 多公里,概述内河 40 多条、长 11000 多公里;绘制航道图、港图、船图、码头仓库图、水路交通图和气象图等 400 多份、2400 多张;详细登记船舶 400 多艘,简要登记船舶 2300 多艘。至 1956 年年底,各战区《航务军事技术说明书》编写工作全部完成。在此期间,总参谋部军事交通部和铁道部对《铁路军事技术说明书》进行了两次修改,并为此颁布实施《铁路军事技术说明书的经常修改办法》。1956 年,总参谋部军事交通部对军运处、军交处、军交部三级技术说明书目录进行了统一。

《铁路军事技术说明书》和《航务军事技术说明书》编写工作的完成,使国家初步掌握了铁路和水路的动员潜力,为编制战时保障方案打下了基础。1954 年,中南军区军事交通系统,拟制了广九、湘桂铁路战时技术保障方案,并在装卸任务较多的樟木头、凭祥等车站修建了装卸设备。此外,还组织编写了《战时行车保障方案》草案,内容涉及战时临时给水所设置、战时运输调度区划分等。同年,出于战备和抵御自然灾害的需要,中财委批准铁道部建立特种储备,作为国家特种储备中属于交通战备物资的部门储备。1955 年 1 月 10 日,总参谋部军交部在北京召开军交技术动员科长联席会议,研究制定《部队于铁水路交通线上的生活保障办法》。据此,各战区组织军地有关方面全面启动了战时保障方案的编制工作。当年,中南军区组织提出了支援海南作战军运建设方案,拟制了战时铁路遮断与恢复方案提纲、铁路防空与抢修材料储备方案。同年,总参谋部军交部会同铁道部,组织开展了铁路装卸载地域规划编制工作。

1956年,总参谋部军交部与作战部门磋商,编制了铁路通过能力规划。与此相配套,总参谋部军交部确定了军用列车长度和牵引吨数标准、有关编制装卸载地域规划的办法。9月16日至25日,广州军区召开军交技术动员工作会议。会议着重研究技术动员工作如何贯彻以备战为主的工作方针问题。会议认为,朝鲜战争和苏联卫国战争的经验证明,战时铁路军事运输量占铁路总运量的比例,将从平时的2%至3%增加到75%至80%。因此,交通运输技术动员工作意义重大,任务繁重,军交系统应把85%以上的精力用于技术动员准备工作。会议确定,今后技术动员工作的主要任务,是大力开展备战工作,加强业务学习,开展业务工作研究,制定各项保障方案。11月20日至23日,为贯彻中央军委关于国防建设必须与国民经济建设紧密结合的指示,广州军区司令部召开军事交通战备工作联席会议。湖南、广东、广西省区计委、交通厅、航运厅和总参谋部军交部、武汉军区有关单位派员参加了这次会议。会议对如何在交通部门开展战备工作,军交机关与地方交通部门怎样配合与协作,以及对军区管内"二五"交通建设规划的军事意见和要求等问题,进行了研究和讨论。会议明确以下事项:一是建议各省区在交通厅、航运厅成立军事动员机构,有关军事动员工作条例由军区与各省区共同拟制;二是为了在国民经济建设中能及时贯彻国防军事要求,建议今后各省区召开有关交通规划会议时通知军区派人参加;三是为及时了解掌握情况,建立资料供应制度;四是关于运河开发、河道整治、港埠、公路规划,以及对船舶的军事要求,由军区负责汇总整理,统一向各省区提出,列入各省区计划。同年12月,为解决铁路战备工作的分工协作问题,铁道兵司令部致函铁道部部长滕代远和副部长吕正操,提出了划分战时铁路抢修区域的意见,建议由铁道兵负责沿海及战役纵深铁路的战时抢修和平时铁路的新建、改建工程，其他区域铁路的战时抢修和平时建设由铁道部负责。铁道部表示同意。

（四）国家骨干通信网建设

“一五”时期，国家用于邮电通信的基本建设投资为4.78亿元，占交通通信基本建设投资的5.3%。邮电系统利用此项经费，采取“重点建设，照顾一般”和“有线为主，无线为辅”的方针，加强了以北京为中心的国家电信干线通信网建设。至1957年年底，在国家各工业部门的支持下，全国已建成国内长途有线通信网和以北京、上海、新疆电台为骨干的国际无线通信网。北京至各大区中心及各省省会、自治区首府间已经全部沟通了直达的长途电话和电报电路，其中长途电话电路全部实现了载波化，电报电路也基本上实现了载波化。各省省会至专区、专区至所属各县的有线通信网，经过整顿、改造和扩建，也都基本沟通。少数边远地区和一些沿海岛屿使用了无线电通信。

这一期间，邮电部门根据政治、经济中心和新兴工业城市建设的迫切需要，新建和扩建了北京等25个城市的自动电话设备，使全国2000多个县城基本上有了市内电话，并对原有市话设备进行技术改造，提高了通信质量。到1957年，全国电信线路长度达209万公里，比1952年增长了137.4%，邮路总长度达到222.3万公里。1957年与1949年相比，全国邮电局所从2.63万处增加到4.54万处，增长了72%；邮路及农村投递路线总长度从70.6万公里增加到222.3万公里，增长2.15倍；长途电信线路总长度从7.7万杆公里增加到12.6万杆公里，增长了63.6%；市内电话从31.2万门增加到64.7万门，增长1.1倍；长途电话电路从2881路（1950年）增加到4684路，增长了62%；电报电路从3007路（1950年）增加到4964路，增长了65%；无线电台发讯功率增长10多倍；全国有96%的乡和80%的社通了邮路，70%的乡通了电话。邮电业务总量从13528万元增长到40888万元，增长2倍多。同时，邮政运输工具也得到很大的改善，1954年邮电部门在主要铁道干线上使用了自备火车邮厢。在邮件运输的组织管理方面,实行铁道邮路上的计划运输,并进而形成了铁道运输的调度责任局制度。由于邮运的改善,从北京发出的邮件,凡铁路通达的省会及自治区首府,可3天左右时间到达。

六、物资动员基础建设

“一五”期间,国家每年都拿出一部分资金用于国家储备。国家储备部门也适时提出了“备战、备荒、备产”的物资储备方针。到50年代末,国家战略物资储备、“甲字”粮食储备和军队动员储备制度得到确立,各类储备已初具规模,不仅为战时物资动员奠定了基础,而且在经济建设和应对自然灾害中发挥了作用。

(一)“备战、备荒、备产”的储备方针

1953年1月29日,政务院同意将中央财政部物资管理总局改为国家物资储备局,划归中央财政经济委员会领导。9月30日,国家物资储备局向中央财政经济委员会提出《关于国家储备工作的报告和建议》,首次提出:国家储备的目的在于有计划地积蓄国家战略后备的物质力量,以应对可能发生的非常事件。因此,国家储备的政策和任务是“备战、备荒、备产”,而以备战为主,“其余二者可视可能条件酌情办理”。“三备”方针,先后得到中央财政经济委员会领导和邓小平副总理、周恩来总理的认同,成为国家储备工作的基本方针和任务。

1955年4月12日,国家计委和财政部党组向毛泽东主席并中共中央呈送《关于国家储备工作三年来的基本情况和今后工作意见的报告》。这个《报告》,将国家储备工作的方针任务,从“备战、备荒、备产”,调整为“巩固国防,支援建设,应付灾荒”。经此调整,国家储备工作总的方针任务没有大的改变,但三大任务的轻重次序发生了变化,“支援建设”从以往的第三位,上升到第二位。这个报告还首次确定了三个方面储备的比例关系,即:“从资金使用上,军用物资大体可占60%左右,通用物资可占25%左右,备荒物资可占15%左右。”该《报告》建议在编制国家储备计划,特别是在规定储备物资的产品、规

模及数量时,应尽可能符合以下原则:适应与结合国家总动员的计划及需要;每种产品在国防军用和重点建设上的用途和作用;一旦急需,迅速提高生产量的可能性;适当规定各种产品、规格、数量间的比例,照顾其齐备性;统一对外订货及内外平衡,有意识地挤出一定品种、数量的物资作储备。这一报告提出的方针任务、储备比例和储备原则等,对国家储备工作起到了长久的指导和规范作用。

(二)“一五”储备计划的执行

1953 年,国家开始执行《国家物资储备 1953 ~ 1957 年计划草案》。5 月,国家物资储备仓库共有 38 个,包括北京直属仓库、天津仓库、石家庄仓库、西北分局 4 个、西南分局 15 个、中南分局 5 个、东北分局 3 个、华东分局 5 个、山西 3 个。

1956 年 3 月 2 日,国家计委向国务院提出建立国家物资储备的建议,主要实行三种储备方式:第一,国家储备,以保证战争三四年的需要和防备灾荒及经济发展的某些脱节,是国家最主要的、数量最大的储备。第二,工业动员储备,以保证企业在战争开始后 1 个月左右时间内的生产而设立的。一旦发生战争,一切有动员任务的企业就能立即用它转入军事生产,同时保证全部企业不受战争初期运输改组的影响。第三,军事动员储备和不可动用储备,这是设在军队中的,前者是为保证战争第一年部队消耗的补充,后者是为扩大和新建部队所需的全套装备、技术器材与物资,以保证军队在规定期限内开赴前方。6 月 15 日,李先念在第一届全国人大第三次会议《关于 1955 年国家决算和 1957 年国家预算草案的报告》中指出:国家必须有一定的物资储备。1955 年基本建设工程物资供应上遇到的限制和困难,反映了政府过去对于物资储备的注意不足,需要政府采取必要的措施,加强这一方面的工作。9 月 16 日,周恩来总理在中国共产党第八次全国代表大会上所作的《关于发展国民经济的第二个五年计划的建议的报告》中指出:“当我们制定一九五六年计划的时候,由于上年度农业丰收,社会主义改造又取得了巨大的胜利,因而有必要也有可能把国民经济发展的速度定得比较高些。但是我们没有很好地对于基本建设规模和物资供应能力进行适当的平衡,因而把基本建设的规模定得大了一些。同时,国民经济的某些部门也出现了齐头并进和急于求成的倾向。结果,不但财政上比较紧张,而且引起了钢材、水泥、木材等各种建筑材料严重不足的现象,从而过多地动用了国家的物资储备,并且造成国民经济各方面相当紧张的局面。"[①]因此,1957年"应该增加后备力量,健全物资储备制度。在国民经济的发展中,不平衡的现象是经常会出现的,这就必须保持必要的物资、财政、矿产资源、生产能力等的后备力量,特别要增加国家的物资储备,以保证国民经济的均衡发展和年度计划的顺利执行,并且应付可能遇到的意外和困难。今后若干年内,我国农业生产受自然灾害的影响还会是很大的,为了应付歉收,就必须有粮食和主要经济作物的储备;为了满足我国建设和生产规模日益扩大的需要,就必须有器材和原料的储备"[②]。关于物资储备的教训,周恩来总理指出:"这几年来,国家储备的物资虽然还不很多,可是对于保证生产和基本建设的需要曾经起了一定的作用,对于一九五六年的物资供应的紧张状况也曾经起了一定的缓和作用。但是应该指出,我们过去对于物资储备的重要性还认识不够。正像我们在前面说过的那样,当一九五五年某些物资略有多余的时候,就不适当地出口了一部分;到了一九五六年,由于基本建设规模的扩大,又感到这些物资的严重不足。必须认识,像我们这样一个经济落后人口众多的国家,在相当长的时期内,各种物资的缺乏是经常的现象,而物资的多余是暂时的现象。这就需要我们更加注意增加后备力量,建立物资储备制度,由国家储备

① 周恩来:《中国共产党第八次全国代表大会〈关于发展国民经济的第二个五年计划(一九五八年至一九六二年)〉的建议——关于发展国民经济的第二个五年计划的建议的报告》,第34~35页,人民出版社1956年版。

② 周恩来:《中国共产党第八次全国代表大会〈关于发展国民经济的第二个五年计划(一九五八年至一九六二年)〉的建议——关于发展国民经济的第二个五年计划的建议的报告》,第37~38页,人民出版社1956年版。

必要的物资，特别是比较缺乏的重要物资。”[①]当年，国家物资储备部门根据上述思想和要求，加大了战略物资储备的力度。

1957 年 4 月，国家用于战略物资储备的资金已占国家财政收入的 3%。国家物资储备部门估计，到 1957 年年底，比照“一五”物资储备计划，军用物资储备资金预计完成 41%，粮食储备资金预计完成 23.4%，国家物资储备资金预计完成 74%。此时，国家物资储备中有色及稀有金属、棉花、火炸药、橡胶、黑色金属计划完成得比较好，预计分别完成 121%、100%、70%、66%、63%、58.6%，原木计划完成最差只有 22%。

国家在“一五”期间的物资储备，达到了储以备用的目的，除平时动用国家储备物资外，还多次用于满足国防生产和经济建设急需。当时，国家储备物资的调用，需要部门先向国家计委提出申请，由国家计委审查核准后，报请国务院副总理或总理批准。1956 年 2 月 8 日至 6 月 26 日，国家调用战略储备物资镁锭、金属锰、高纯铝和各种钢材等合计 3700 多吨，用于第一机械工业部、第二机械工业部和重工业部等解决生产急需。1957 年，各项建设出现物资紧缺的局面。为此，国家在 1 月至 11 月间，四次动用国家物资储备用于经济建设。1 月，国家从战略储备物资中拨给商业部马口铁 3000 吨。5 月，国家动用储备棉 30 万担。6 月，动用国家储备杂铜 3000 吨，铜锭 3000 吨，木材 1 万立方米，以解决生产急需。7 月至 11 月，从国家储备中调拨工字钢、板材、管材等合计 2400 多吨，为第一机械工业部解决火车、基建等生产急需。

(三)军队动员储备的代储与移交

“1953 年起，军队开始储备作战需要的各类物资。”[②]1954 年春召开的军队党的高级干部会议决定，为准备应付突然事变，“在第一个

---

① 周恩来:《中国共产党第八次全国代表大会〈关于发展国民经济的第二个五年计划(一九五八年至一九六二年)〉的建议——关于发展国民经济的第二个五年计划的建议的报告》，第 37～38 页，人民出版社 1956 年版。

② 《当代中国军队的后勤工作》，第 58 页，中国社会科学出版社 1990 年版。

五年计划内逐步储备起一百个步兵师的装备"。1956 年,总后勤部根据中央军委"积极防御"的战略方针,对原来储备的装备物资结构作了清理调整,并逐年规定了储备物资的指标。到 1959 年,已储备了一定数量的战备物资。

这一时期,军队储备的战备物资,是由国家物资储备部门代储的。到 1956 年年底,国家储备部门为军队代储的军用物资,计有油料 10 万吨、板材 1 万余吨、汽车 840 辆及其他装备等。此后,军用物资储备划归总后勤部掌管。

(四)"甲字"粮食储备制度的建立

1953 年,国家开始对粮食实行统购统销政策。此举"立即扭转了粮食市场上国家购少销多的局面。到 1953 至 1954 粮食年度末,国家全年粮食收购量比上年增加近 30%,超过历年征购粮食的最高水平"①。因此,国家粮食的入库量和库存量有了很大增长。1954 年 10 月,中共中央在《关于粮食征购工作的指示》中指出:"目前国家手中毫无粮食储备,库存数字仅仅是必不可少的周转粮食,为了应付灾荒和各种意外,国家必须储备一定数量的粮食。""根据这个精神,从 1955 年度起,国家从周转库存中划出一部分粮食作为储备粮,并且划定了储备仓库,拨给了储备基金。"②此后,国家在粮食储备中将用于备战备荒的粮食即"甲字"粮,与周转库存粮区别开来,"甲字"粮储备制度由此形成。

随着粮食储备数量的增加,粮食仓容不足的问题日益突出。1954 年,国家储备的粮食约有 1/3 以上存放在露天货场。为解决储粮仓容问题,国家在财政并不宽裕的情况下,拨出大量资金建设储备仓库。"一五"时期,仅由基建拨款建成的仓容即达 440.5 亿斤。这一时期粮食储备仓库建设的方针,在布局上是"面向城市,照顾农村,一般建在大中城市和工矿区;以集中为主,分散为辅,选择交通便利

---

① 《当代中国的粮食工作》,第 96 页,中国社会科学出版社 1988 年版。
② 《当代中国的粮食工作》,第 289 页,中国社会科学出版社 1988 年版。

和安全地区,并应照顾到常年容易遭受灾荒的地区"①。储备布局如何满足军事需要的问题还没有提到日程上来。"1959 年,粮食紧张,加之储备粮管理办法又不完善,没有明确储备粮的动用权限,因此,已经划定的储备粮又都作为周转库存使用了。"②

七、支援解放大陈列岛作战

大陈列岛位于浙江省台州湾外,主要由上大陈岛、下大陈岛和一江山岛组成。国民党军在大陈列岛建立的防线绵延 120 余海里。其中,一江山岛为上、下大陈岛的前哨阵地,是国民党军大陈防区的北部屏障。1954 年 11 月 1 日至 1955 年 2 月 25 日,在华东军区的指挥下,参战的人民解放军陆、海、空三军部队,在夺取作战的制空权和制海权之后,对大陈列岛的国民党守军发起攻击,攻占一江山岛。此役迫使国民党军撤出上、下大陈岛等浙东沿海岛屿。为保障此次作战的胜利,国家以浙江省为主要动员区域,从工程建筑、海上运输、物资供应、医疗卫生等方面,进行了为期一年的动员准备,从而为此次作战提供了有力的动员保障。

(一)战前的动员筹划与准备

"1953 年 12 月,总参谋部作战部部长张震两次向彭德怀、聂荣臻提出先攻占大陈岛再攻金门的建议。毛泽东看到这封信后,认为张震的意见值得重视。总参谋部即按毛泽东的批示精神,重新作出部署。1954 年 1 月,华东军区提出陆、海、空三军联合攻打大陈岛的战役方案,经中央军委批准后立即着手进行作战准备。"③ 8 月,华东军区遵照中央军委的指示,成立了浙东前线指挥部,下设空军、海军、登陆 3 个指挥所。参战部队为步兵 4 个营,炮兵 2 个团另 2 个营,飞机近 200 架,各类船艇 180 余艘。此后,对一江山岛实施陆、海、空联合

---

① 《当代中国的粮食工作》,第 292 页,中国社会科学出版社 1988 年版。
② 《当代中国的粮食工作》,第 289 页,中国社会科学出版社 1988 年版。
③ 《中国人民解放军军史》第 5 卷,第 72 ~ 73 页,军事科学出版社 2011 年版。

作战的各项准备全面展开。

浙江省是承担大陈列岛作战动员支前任务的重点省份,主要动员地区在温州、宁波、舟山等沿海一线,核心动员区为温州地区的台州专区及其所属的温岭、黄岩、临海等县区。1953 年年底,浙江省政府对大陈列岛作战的支前动员准备任务进行了部署。1954 年年初,台州专署经检查发现,温岭县支前委员会尚未成立,黄岩县支前委员会虽已成立,但分工也不明确,委员亦不健全,其温家、三甲二区至 1 月 15 日仍未布置动员支前任务,也没有组织修理担架。为解决这些问题,台州专署于 1 月 26 日通知各县,要求尽快建立和完善支前委员会,落实担架和挑夫,为部队做好干粮的准备。黄岩、温岭县各准备担架 800 副。担挑民夫黄岩县为 3000 名、温岭县为 8000 名。干粮制作,黄岩县为 8000 斤,路桥区为 4000 斤,温岭县为 6000 斤。台州专署要求担架、挑夫在战斗发起时,应保证在 4 个小时内以区为单位集合起来,干粮制作应在 24 个小时内赶制出来。

1954 年 6 月,参战各部队相继抵达浙江沿海地区。浙江省随即组织各地为参战部队提供生活和训练保障。人民解放军第 20 军第 60 师进驻黄岩、乐清、穿山半岛一线时,当地政府动员组织单位和群众为部队解决住房和主、副食品供应问题。部队住在老乡家里,乡亲们主动拿出家用的桌椅板凳给部队用。干部战士换下的脏衣服,经常被乡亲们偷偷洗净晾干送回床头。乡亲们见子弟兵战备训练非常辛苦,便采摘自家的蜜橘、杨梅和自制糕点糖果慰问官兵,碰上节日还会送上自制的黄酒、年糕、粽子。部队进行海训需要船只,乡亲们主动提供渔船。

各部队到达指定位置后,各项工程准备随即展开。空军抢修了宁波栎社、路桥等前线机场,海军抢修了头门山、蒋儿岙临时码头,陆、海军在石浦港设置了起渡场等。为使参战部队尽早完成各项工程,浙江省动员大量人力、物力,支援部队工程施工。1954 年 8 月至 10 月,在国家有关部门和浙江省政府的大力支持下,作战的物资准备工作基本完成。其中,在铁路紧急运输上,共完成 17064 车人员、物资装卸和转运任务;配发参战部队弹药3280吨,筹备油料3300吨;配备5个医院,药材按1500人份,1月量配齐;筹措了主副食品1700吨,按部队需要储备了被服装具等军需物资。10月,即作战行动开始的前一个月,浙江省召开支前工作会议,对支前动员做了最后部署。

(二)一江山岛作战动员

1954年11月1日,参战部队开始实施第一阶段作战计划,从空中和海上对大陈列岛国民党军实施封锁,夺取制空权和制海权,一江山岛作战正式展开。11月2日,中共黄岩县委发出通知称:当发生激烈的空战时,双方的飞机及人员必有伤亡。为此,各区应成立视察小组,空战时注意飞机降落地点,及时组织救护组,急救受伤的航空员。

1954年11月12日,浙江省人民政府发布支前命令。命令指出:"目前驻在沿海地区的部队,生活供应方面及地方政府支援前线工作上,均存在不少问题亟待解决。为加强支前供应工作,省府特决定在黄岩设立浙江省人民政府黄岩支前办事处,下设动员、供应、联络三个组。由温州专署副专员徐寿考兼任办事处主任,省府民政厅优抚处副处长方建列兼任办事处副主任。各组干部由省府民政厅、财委、省供销合作社、浙江省军区后勤部调配。其任务是在省府领导下,负责督促、协助有关县区进行民力动员、物资供应及军政联系等事宜。"并"决定于11月18日由省府与各有关县、市府派员到黄岩县府开会,布置任务。11月19日起即开始工作。至于部队生活供应、民力、担架及支前工作中各项问题的解决办法,另由省府和浙江省军区下达联合通知"。11月16日,浙江省人民政府、浙江省军区下达《关于加强沿海地区军队供应工作的联合规定》。《规定》称:"本省处于国防前线,最近国防力量不断加强,供应任务日益繁重。因此,从各方面来妥善安排军需粮食、副食品、日用消费品的供应,则成为本省沿海沿铁路各级人民政府和各有关经济部门的重大政治任务之一。""国营商业、合作社必须迅即加强沿海地区军需粮食、副食品、日用消费品的调拨和筹集工作,增强这些地区的供应量。目前,应即加强洞头、黄岩、海门、泽国、路桥、乐清、清江渡、玉环、坎门、象山、石浦、临海等地的物资布置和调度工作,其中以海门、泽国、路桥三镇应作为重点,加强布置安排。”“为减少流转环节,决定前述地区的肉类、蛋品统一由合作社负责就地收购,就地供应部队,不足部分,由省食品公司在就近地区调拨供应。”“海岛部队的物资供应,除肉食、粮食、油、柴由部队自行负责运输外,其他日用消费品以及文具、烟、酒等由国营公司在海门、坎门两地负责组织两个流动经营组,定期随部队的交通船去海岛流动供应。”“海岛部队所需的青菜、肉食、黄豆等副食品,由国营公司或合作社分别负责调运到海门、泽国、路桥三地,由部队自行转运海岛。”日用消费品、副食品“如果对军队供应与当地市场供应发生矛盾时,要适当的照顾部队需要”,“沿海各县的猪肉、蛋品的外销任务,责成商业厅根据保证军队需要的新情况,加以必要的调整”。

1954 年 11 月 18 日,浙江省人民政府黄岩支前办事处在黄岩召开支前工作会议。参加会议的有各有关县、市、区负责同志及省财委、民政厅、军区后勤部、当地驻军代表共 29 人。会议认为,前段时间有的地区动员支前准备工作不够充分,有些品种诸如毛猪、蛋类和蔬菜等不能满足供应,致使部队到外地采购;担架虽已准备,但有的地区因无检查和专人保管,出现约有 1/3 的担架不合规格或残破;有的区、乡没有按每副担架 4 ~ 5 人配备,即使部队参加演习,有的乡应该出 14 副担架,结果只能出动 2 副担架。会议在分析存在这些问题的原因后,有针对性地提出改进意见。会后,黄岩县首先召开全县各区委书记会议,统一思想、部署支前任务。接着又召开县支前委员会会议,研究落实支前工作,并要求合作社、食品公司和油脂公司,立即召开支前工作会议,并尽快把工作中心转到支前工作上来,落实支前物资;迅速组织力量检修担架,必须保持能使用的担架在 800 副左右;除对澄江渡口进行检查外,全力解决过渡的问题,做好黄济、光明两轮船统一使用的工作。

1954 年 12 月 11 日,解放军陆、海、空三军联合登陆作战后方勤务部成立,统一领导与组织联合作战的后方指挥与物资保障。12 月

12 日，浙东沿海有支前任务的各县，均向所属各区、乡下达了做好动员支前准备的紧急通知。黄岩县支前委员会也发出特急通知，要求各区、乡"必须火速作好"各项准备，保证随时出动。12 月 20 日，浙东前指召开后勤保障会议。会议对一江山岛登陆作战所需各类动员保障程度进行了确认。在卫生勤务保障方面，按照参战部队的 25% 计划，需 800 至 1000 人的战伤救护器材，在海门、路桥、黄岩沿海开设野战医院和伤员收容所，准备烈士遗体安葬事宜。需要准备的各种弹药 1728 吨，另储备 817 吨弹药，各种舰艇油料 5175 吨，以及大量的粮食、副食品等物资。这次会议之后，浙江省对物资、医疗、交通等方面的动员准备情况进行了全面的检查和落实。省交通厅派人检查了公路、桥梁、渡口、码头和船只的安全情况，组织人力对不合格的部分进行抢修。省粮食厅按参战部队的要求，开设了 23 处粮草供应站。省卫生厅在宁波、台州、温州卫生系统抽调人员组成的医疗队、手术队及献血队，做好了随时接收伤员的准备。沿海各县、区也对支前工作落实情况进行了检查，在规定的时间内落实了各类支前组织，所需各类器材也全部到位。

一江山岛登陆作战所需船艇，是此次动员的重中之重。按照登陆作战方案，登陆部队分为两个梯队，共需船艇 181 艘。其中，第一梯队 3 个加强步兵营，需船艇 56 艘；第二梯队步兵和直瞄火炮、M－13 火箭炮及运输救护力量，需船艇 125 艘。然而，直到 1954 年 12 月 11 日浙东前指三军联勤部成立时，登陆部队手中只有登陆艇 38 艘、渔轮 19 艘。为此，浙东前指三军联勤部成立后，立即从青岛海军基地征调美式 LCM 型登陆艇 2 艘，从华东军区公安司令部征调美式 LCM 型登陆艇 3 艘，从福建军区征调美式 LCM 型登陆艇 9 艘。在军用船艇严重不足的情况下，浙东前指司令员张爱萍到上海，请求中共中央华东局和中共上海市委给予支援。中共中央华东局书记柯庆施和上海市委书记陈丕显得知情况后，立即召集上海江南造船厂、上海造船厂、求新造船厂、中国石油公司、上海打捞公司、"拆船公司"、上海港务局、邮电局、海运局等单位的负责人，进行紧急会商，决定全力满足部队需求。会后,江南、上海、求新等造船厂的干部职工,不顾天气寒冷,昼夜奋战15天,提前完成了110艘登陆艇的抢修和改装任务。据统计,为支援一江山岛作战,华东地区各船厂共抢修、改装各种舰艇和运输船舶437艘近10万吨。上海市、浙江省还应浙东前指的请求,动员110名经验丰富的海员加入登陆编队,仅江南造船厂船艇坞闸车间就有24名船艇驾驶员参加。经过各方的努力,最终为登陆部队补充各种舰艇45艘、机帆船23艘,连同海军舰队在内,参战的船艇总计达到144艘。上述船只在1955年1月15日前,先后到达穿山港。

1955年1月中旬,经过2个月对大陈列岛国民党军进行的空中和海上打击,人民解放军已经掌握了战场的制空、制海权,攻打一江山岛的作战时机已经成熟。1月18日上午8时,一江山岛登陆作战打响。在部队实施登陆行动中,100多名有经验的渔民冒着生命危险,驾驶着“炮船”参加战斗。90多条渔船为前线昼夜不停地运送物资、弹药和伤员。其中有5条担负运送伤员和烈士遗体的渔船,连续2个昼夜13次往返于海门港和一江山岛之间,行程800海里,圆满完成了运送994名伤员和423名烈士遗体的任务。

为了接运从海上运送回来的伤员和烈士,浙江省黄岩支前办事处在登陆作战开始后即向有关各县下达了担架队动员的指示。1955年1月18日上午,浙江省黄岩支前办事处接到联勤部电话通知后,便向有关县区作了部署,各县区随即开始落实。当天晚上,黄岩县支前委员会接到支前任务的通知后,立即向各区布置,并责成区长亲自负责支前工作,区领导均以战斗姿态,动员全体干部在19日凌晨分头下乡发动组织担架和民工,并指定区委委员和乡干部负责带领。1月18日夜,黄岩县桐岭区干部分头落实动员任务,共动员担架51副、民工278人,编组1个大队及2个中队、6个分队共22个班,每副担架5人为一组,共分51组,于1月19日早6时出发。黄岩县路桥区接到支前任务后,全区担架队员即集中住宿,当天晚上有男同志120多人,妇女有30多人,担架25副,在公路旁边等待任务,结果等待了一夜没有任务。但第二天一早又集中担架50副,他们一点没灰心,仍然精神百倍地抬着前方运来的伤员，每个担架队员争着抬。黄岩县澄江区参加接运伤员和烈士任务的共有担架51副、278人。他们是1月19日2时开始集中，20日6时出发，8时到达目的地——海门第三码头，连续徒步急行30多华里，有些担架队员直到下午也没吃上饭，当日13时担架队又接收抬伤员的任务，他们看到解放军指战员受伤牺牲，尤其是有些重伤员忍痛不喊，还说没有完成好任务，对不起人民，担架队员们普遍反映解放军指战员英勇作战流血牺牲，我们没吃上两餐饭算不得苦，一时勇气倍增，都表示要全力做好支前工作。接着一直抬到16时30分不吃饭，没有一人叫苦。

1955年1月19日早上，海门及附近各县区的担架队共4139名担架队员，还有各医院组成的救护队，在海门港的大小码头集结待命。黄岩县城关区发动群众购买棺材83具，组织了228人的慰问队，分为38个小组，并设立了慰问站，同时发动了群众自觉自愿地拿出慰问品，共有鸡蛋2684个、橘子350斤、奶粉1包、白糖14斤、糖果3斤、香烟2条、饼干70包、香蕉100斤。1月20日，海门区的广大人民群众聚集在码头和街道两旁，欢迎参战部队凯旋。1月24日，海门区积极组织人员配合部队开展善后工作，使烈士得以妥善安葬。黄岩、路桥、泽国和海门等地的群众自发捐献400多具棺材，用于安放烈士遗体。参加安葬的200多名担架队员，把烈士的遗体从凤凰山下沿着河边的小路一直抬到白门路廊(今烈士桥下)祠堂前的空地上，将烈士的姓名、籍贯、职务、部队番号等情况核准造册，将烈士的遗体用白布包扎整齐，再逐一入殓、下葬。

1955年2月2日，浙江省人民政府黄岩支前办事处在《报送解放一江山岛支前总结》中称：此次支前工作总计出动担架407副、民工2368人，船员1777人(此外黄岩、临海、海门一带的搬运工人全部出动)，供应了大米、面粉、黄豆、食盐、油脂、矿烛、麻袋、木料、棺材、水果、抽水机、鸡鱼肉蛋等物资，掌握了渡口，慰问了伤员，并配合部队在海门、路桥两地召开了欢迎凯旋的祝捷大会，最后作了善后工作。浙江台州先后参加各类支前活动的有2.47万人，抢修和改装船只

700 多艘,支援军需物资 3500 多吨,帮助部队运送作战物资 2000 多吨、油料 840 吨,组织 100 多名有经验的渔民民兵,冒着生命危险,驾驶着“炮船”直接参加战斗,发动 154 名干部群众为重伤员献血 2 万多毫升,组织 350 名妇女、教师、学生日夜护理伤员。黄岩县仅在 1 月份就供应部队毛猪 110 只、白肉(猪肉)25000 斤、牛 58 头、花生仁 4 万斤、食油 18200 斤、鲜鱼 5000 斤、大白菜 1 万斤、鸡 500 只、红白糖 15000 斤、香肠 2116 斤、咸肉 192 斤、猪油 200 斤、鸡蛋 2500 斤、粉丝 35000 斤、橘子 96135 斤。其次在木炭等供应方面亦满足部队要求。

(三)解放大陈岛的支前动员准备

1955 年 1 月 24 日,浙江省政府根据一江山岛收复后国民党军的活动情况,及省委关于支援解放台湾的指示精神,召集省黄岩支前办事处、浙江省军区后勤部和省各有关部门负责人开了一个会。会议决定:根据作战需要,应进一步调整充实支前机构,加强各项支前工作,特别是物资供应和交通运输保障工作。其中,加强黄岩、临海、梅岙、清江等渡口的支前运输又是完成下一步支前保障任务的关键环节。为此,会议决定在黄岩渡大桥竣工前,对梅岙、清江渡口实施军事管理,确保渡口安全畅通。这次会议之后,各专署和各县、区均召开会议进行再动员。黄岩县为了保证车辆安全和及时过渡,由部队与县成立渡口指挥所,县责成交通科长亲自负责,并抽调船运工会张阿宝同志参加具体工作,发挥搬运工人和船工的积极性,组织劳力轮流换班,做到渡船不休息,使车辆按次序及时渡过去。

1955 年 1 月 30 日,浙东前指下达进攻大陈岛的作战预令。同日,浙东沿海各县、区召开紧急支前会议,依照解放一江山岛支前工作经验,对支前工作进行动员部署。1 月 31 日,黄岩县支前委员会向各区下拨了支前经费。2 月 2 日,浙江省人民政府黄岩县支前办事处,要求各地立即做好解放一江山岛支前工作中的善后工作,折价赔偿动员后被损坏的衣被、船只等物品,核准支付民工的工资,为烈士墓立碑。同时,指示交通部门抓紧组织力量整修黄岩渡口、公路、桥梁等。此外,有关部门要做好公路干线桥梁、渡口的治安保卫和防空工作,修复被损的担架,搞好物资供应的准备,以作备用。2月3日,浙江省人民政府向所属各地区下发了关于沿海支前工作的各项措施和意见,对支前工作做出进一步安排。

1955年2月5日,台湾国民党当局为避免遭受更大的打击,决定从大陈岛等浙东沿海岛屿撤出全部守军。2月25日,浙东沿海岛屿的国民党守军,在美国海、空军掩护下全部撤往台湾。至此浙东沿海岛屿全部解放。3月1日,浙江省温州区支前委员会在通知中称:几个月来,在支援人民解放军解放沿海岛屿的斗争中,全区人民在民工担架、物资供应、交通运输、救护伤员、赶修国防工程及其他许多支前工作中作出了巨大贡献,保证了前线的胜利。3月19日,浙江省人民政府为撤销省府黄岩支前办事处发出通知。《通知》称:本省沿海岛屿已全部解放,对沿海部队的物资供应已能正常供应,温州专署专设了支前机构,负责沿海支前工作,因此,省府黄岩支前办事处无常设之必要,决定撤销该机构,今后沿海地区的支前工作分别改归温州、宁波、舟山专署领导,办事处的档案资料也分别交由有关专署管理。印信上缴省人民委员会,现有工作人员各回原单位工作。以浙江省黄岩支前办事处的撤销为标志,大陈列岛作战动员及战后复员活动基本结束。

八、"解放台湾"的动员准备

1954年5月以后,美国总统频繁派特使赴台,与台湾国民党当局讨论缔结《共同防御条约》。在美国与台湾国民党当局酝酿签订《共同防御条约》的过程中,中共中央、中央军委认为,台湾问题不能无限期地等待下去。7月7日,中共中央召开政治局扩大会议。毛泽东主席在会上指出:现在美国同我们关系中的一个重要问题就是台湾问题,这个问题是个长时间的问题。我们要想办法阻止美国与台湾国民党当局签订条约。会议决定发起一场声势浩大的"解放台湾运动"。8月31日,中央军委颁布《关于对台湾蒋匪军积极斗争的军事计划与实施步骤》。此后,"解放台湾"的经济动员准备全面展开。

(一)入闽通道建设动员

“解放台湾”的经济动员准备,以入闽、入粤通道建设为要。1953年抗美援朝战争结束后,中共中央华东局根据中共中央、中央军委的指示,加大了筹划和建设入闽通道的力度。1954年台海局势紧张后,入闽、入粤通道建设被提到党和国家“解放台湾”的议事日程,入闽、入粤的铁路、公路建设随即加快。

1954年,中央决定在东南沿海地区修建黎湛、鹰厦两条铁路。7月底,周恩来总理召集铁道部和铁道兵领导进行部署。8月1日,毛泽东主席在中南海召见铁道兵司令员王震,听取黎湛、鹰厦铁路修建准备情况汇报。毛泽东主席指出:关键要快,要用抢修的精神,战斗的姿态,迅速建成通车。黎湛铁路,北起湘桂线黎塘站,经广西贵县、玉林、陆川至广东湛江,全长315.6公里。9月,黎湛铁路开工建设。为修建这条铁路,铁道兵投入6个师,广东、广西两省动员组织民工10万人。1955年5月19日,黎湛铁路全线接轨,工期比计划缩短了1年。

鹰厦铁路北起浙赣线的鹰潭站,南到厦门,全长697.7公里。整条铁路跨越的地区,气候多变,地形陡峻,河流纵横,桥隧相连。线路由海拔40米升高到539米,后又下降为海拔10米。工程土石方达到5600多万立方米,需凿通总长12.7公里的47座隧道,建造1970多座桥涵,还要跨海修筑两条宽19米、长5公里的海堤,即杏林至集美至高崎的海堤,使铁路通到厦门岛,为此要填海182万立方米。1955年2月19日,鹰厦铁路开工建设。为修建这条铁路,铁道兵部队先后从西北、东北等地调集8个师和1个桥梁独立团,福建、江西两省动员组织12万余人的筑路大军。1955年10月,国防部长彭德怀要求提前一年建成鹰厦铁路的要求。为此,福建、江西两省再次进行民力动员,使参加修路的民工总数高峰时达到20多万人。截至1956年6月1日,鹰厦铁路福建段人力动员的情况是:铁道兵8501部队负责修建南平至安济路段,动员民工6200人,加军工人员共7000人。铁道兵8510部队负责修建安济至漳湖板路段,配备民工9600人,加军工、劳动改造人员共2.1万人。铁道兵8505部队负责修建津湖板至小箬路段,配备民工 6000 人,加军工、劳动改造人员共 1.8 万人。铁道兵 8511 部队负责修建小箸至官头路段,配备民工 1.38 万人,加军工、劳动改造人员共 2.62 万人。筑路军民经过 22 个月的艰苦奋战,于 1956 年年底完成鹰厦铁路铺轨任务,工期提前一年。鹰厦铁路通车以后,又经过一年配套工程的施工。1957 年 12 月 28 日,铁道部组织验收交接委员会对鹰厦铁路工程进行了正式的验收。1958 年 1 月 1 日,鹰厦铁路正式交付运行。

国家在组织力量进行黎湛铁路和鹰厦铁路建设的同时,还在福建省进行了外福铁路及其支线工程漳州铁路的建设,并在鹰厦铁路竣工后修建了南平至神州铁路。外福铁路以鹰厦线的外洋车站为起点,直达福州市,全长 194.19 公里,总投资 8267.2 万元。漳州铁路支线起自鹰厦铁路郭坑站,西跨九龙江至漳州南坑,全长 11 公里。南福铁路全长 200 公里。1956 年 3 月,外福铁路开工建设。8 月漳州铁路支线开工建设。12 月,南福铁路开工建设。为修建这三条铁路,福建省采取支前动员的方法,组织大量民工参加施工建设。鹰厦、外福铁路相继建成通车后,有关地区及时组织了支前动员的复员。1956 年 12 月 6 日,福建省晋江专区公署下发《关于做好民工退场安置工作与加强民工家属工作的指示》。该《指示》称:自 1955 年以来,晋江专区陆续动员大批民工参加鹰厦、外福铁路及其他国防工程的修建工作,对各项国防工程的顺利进行和胜利完成,起了一定作用。1957 年 9 月,漳州铁路建成通车。1958 年 11 月外福铁路建成通车。1959 年南福铁路建成通车。黎湛、鹰厦、外福铁路及漳州铁路支线和南福铁路的建成通车,极大地改善了东南沿海地区铁路运输状况,沟通了战略、战役后方至战役前方的铁路联系,大大提高了入闽通道的运输保障能力。

在加强铁路建设的同时,国家安排必要的财力、物力,用于东南沿海地区的公路建设。在国家有力支持的情况下,福建省在"一五"期间,先后测设了福鼎汾水关、仙游同安线、鼓岭线、港尾佛昙线、浮宫镇海、港尾屿仔尾线、漳州浦南线、连江黄岐线和福州温州线等多条公路,总长度达到 2887.87 公里,平均每年测设 577.5 公里。其中,浙江入闽通道——温州至福州线为这一时期浙江、福建两省公路建设的重点工程。该线路于1955年全面勘测施工,福建省境内有393.6公里。除这条公路外,同年福建省开工建设的公路,多为连接鹰厦铁路的地方公路。为早日修通通往沿海各专署、市县的主要公路、铁路,福建省商业厅根据省支前委员会指示,于1955年4月,成立省工地供应站,并分别在南平、沙县、永安、罗源、宁德、霞浦、福安及连黄公路等地设立工地供应站。根据工程需要,每个工区又设立了若干供应站,及时为公路建设提供商品供应。到1957年,福建省共建成公路4000多公里,通车里程达到6034公里。其中"一五"期间,累计改建公路1015.1公里,新建公路852公里,修建简易公路925公里,构建起福建公路网的骨架。

(二)军事工程建设动员

抗美援朝战争结束后,人民解放军的战备重心转向东南沿海地区,各项军事工程建设也随之在东南沿海地区展开。为此,国家和有关省市均以战备支前名义,进行了大规模的军事工程建设动员。其中,尤以军用机场建设的动员规模最大。

1953年10月,总参谋部下达解放沿海岛屿的作战指示,空军随即派工作组赶赴福建勘选机场场址。修建工作由华东军区、福建省和各机场工程指挥部负责领导。在施工高峰时,一个机场有近万人,上千台机械、车辆。1955年8月,第一批修建的福州、龙田、漳州、晋江机场先后竣工。1956年5月,第二批修建的惠安、龙田、连城、厦门机场先后竣工。上述机场的建设工期平均仅4个半月。在此期间,中共福建省委、省政府和各有关市、县,为修建机场成立了国防建设支前领导小组,组织开展了大规模的工程建设动员。

1955年3月7日,泉州专署下发"为紧急动员与组织人力物力保证4582工程提早完成"的紧急通知。在修建此项军事工程中,泉州地区的安溪县共动员土方民工3次、2163人,之后为加强小队领导力量又调去乡骨干42人。3月28日,厦门市国防建设支前小组在报告中称:厦门市为进行动员,由民政局和劳动局抽调干部196名,全市共动员调拨石工、碎石工2837名,共编成4个大队,即分石料1个大队、搬运1个大队、碎石2个大队。这些工人除石工60名支援福清工程外,其余都投入到支援漳州3613工程。厦门市粮食局,在保障参加国防工程建设支前队伍的用粮工作中,增设和保留4个供应点专为支前用粮服务,全年共计供应粮食265万斤。

1955年6月24日,福建省人民委员会颁布实行《福建省关于国防工程民工动员管理使用暂行办法》。这个《暂行办法》是为适应解放沿海岛屿和"解放台湾"的国防建设需要,做到有计划地及时动员组织、调配民工配合工程单位,保证国防建设任务按时完成而专门制定的。《办法》规定:工程指挥机关,应按工程任务需要,提出需用民工的具体计划,说明工程地点和需用民工人数,集中和开工时间,调配使用期限等,在开工前1个月,报请福建省人民委员会核准,并由省人民委员会按各地劳力分布情况实行统一调配,下达任务,保证按时集中到达指定位置。1956年3月16日,为了及时了解和研究民工的伤亡事故情况,以便采取消除伤亡事故的措施,保证安全施工,顺利地完成任务,福建省人民委员会批准省劳动局、省支前委员会颁布实施《福建省国防工程民工伤亡事故调查报告规程草案》。按此《草案》,福建省开始实行"福建省国防工程民工伤亡事故调查报告书"和"福建省国防工程民工伤亡事故月报表"制度。当年,连城县首批动员组织民兵、民工1700名,编成2个大队,参加7962工程即连城机场建设。

第二节 贯彻动员能力增长计划

(1957.07~1960.02)

起点:1957年7月,中央军委北京扩大会议。

截点:1960年2月,中央军委广州扩大会议。

1958年,在国民经济发展第一个五年计划顺利完成的基础上,国家开始实施国民经济发展第二个五年计划。"二五"计划的前三年,由于受到“大跃进”的冲击,特别是“以苏为师”活动的突然中止,国民经济动员的各项建设受到很大影响。尽管如此,借助于“一五”计划期间经济建设特别是“以苏为师”取得的显著成果,国民经济动员系统在“二五”计划的前三年中,努力克服种种不利影响,以实现“动员能力增长”为主要目标,以国家批准并纳入“二五”计划的国防工业、交通、通信和战略物资储备项目建设为主要任务,积极开展各项动员准备工作,很快结束了动员业务和制度建设的初创阶段,打开了国民经济动员建设的新局面。

一、“把国防能力建立在整个国民经济基础之上”

“把国防能力建立在整个国民经济基础之上”,是国家计委确定的“二五”期间动员能力增长的主要途径之一。其核心是结合国民经济建设,增加短线军需品建设,同时加强国家战略物资储备。1959年2月,中共中央、国务院颁发《关于经济建设和国防建设中若干问题的指示》,明确指出:国防建设计划必须纳入国家建设规划之内;军队方面应当提出国防建设的长期规划和年度规划,交国家计委统一平衡,全面安排;经济建设要尽可能注意到平时和战时相结合,并有转为战争服务的准备;某些国防设施,如铁路、公路、仓库、通信等工程,凡是有可能的,也都要适当地照顾到民用,做到军民两用。

(一)国防科技工业基础的初步形成

“一五”计划中期,国家计委在组织有关方面编制“二五”计划时,对国防工业的长远发展及动员建设进行了规划。1955年12月,国家计委组织召开分析研究第二个五年计划和十五年远景计划草案会议。当时,主管国防工业的第二机械工业部根据中央军委提出的战时第一年的需要量,对国防工业在第二个五年计划期内的方针任务、发展计划和建设规模提出了一个初步方案。以这个方案为基础,国家计委根据中共中央关于国际局势“肯定趋向和缓”的估计,提出在第一个五年计划胜利完成的基础上,继续发展喷气技术和无线电工业,建设生产新武器的企业,基本上满足武装部队平时装备的需要。

国家计委认为,国防工业在第二个五年计划期间的建设方针,应当是国防工业建设必须与国民经济各工业部门的动员相结合,对于已经有一定基础,并在战时可能大量动员民用工业生产军用产品,如各种轻型火炮,各种枪支、炮弹、枪弹和坦克装甲车辆等,不再建设新企业。为此,应通过全国机械工业的统一安排,发挥生产设备能力,承担民用产品的任务,重视建立工业动员制度。国防工业各企业,必须根据国家动员制度,认真做好各项动员准备工作,绝不能忽视和松懈。

国家在对"二五"期间国防工业发展进行规划的过程中,国防工业"三线"战略布局的思想得到坚持和体现。1956 年 9 月 16 日,周恩来总理在中共第八次全国代表大会上《关于发展国民经济的第二个五年计划的建议的报告》中指出:"为了合理地配置我国的生产力,促进各地区的经济发展,并且使我国工业的布局适合于资源和国防的条件,必须在内地有计划地建设新的工业基地。这是我们必须坚持的不可动摇的方针。"为此,"在第二个五年计划期间,必须继续进行华中和内蒙古两地区以钢铁工业为中心的工业基地建设,积极进行西南、西北和三门峡周围等地区以钢铁工业和大型水电站为中心的新工业基地的建设,继续进行新疆地区石油工业和有色金属工业的建设,并且加强西藏地区的地质工作,为发展西藏的工业准备条件。同时,我们必须充分地利用近海地区原有的工业基础"①。当时,国家对国防工业布局提出基本设想:主要是在东北、华北、西北、西南、华东、中南地区构建相应的航空母舰、无线电工业、枪(炮)及弹药等国防工业基地,以及军用飞机、坦克、船舶、鱼雷等制造厂。

到 1958 年,国防工业企业增加到 120 多个,职工总数 70 余万人,拥有金属切削机床 6 万余台,生产面积达到 400 余万平方米,工业总

---

① 周恩来:《中国共产党第八次全国代表大会〈关于发展国民经济的第二个五年计划(一九五八年至一九六二年)〉的建议——关于发展国民经济的第二个五年计划的建议的报告》,第 47 页,人民出版社 1956 年版。

产值40多亿元。另有科研机构27个、大学5所、中等技术学校24所、工人技术学校46所。其中,航空工业企业20多个,职工10余万人;兵器工业企业50多个,职工30余万人;无线电工业30多个,10余万人;军用船舶工业企业7个,职工5万余人,已经能生产中小型潜水艇、猎潜艇、鱼雷快艇、护卫舰、基地扫雷艇、港湾扫雷艇、护卫艇、小炮艇等产品。此时,国务院主管国防工业的部门,已由第三机械工业部改为第一机械工业部。按照第一机械工业部对第二个五年计划军事工业初步规划,到1962年国防工业的各类生产都将达到较大规模。其中,航空工业能够生产各种中程近程导弹、超音速2至3倍的喷气式歼击机、喷气式轰炸机和各种运输机、直升机和无人驾驶飞机,争取制成洲际导弹、人造卫星。无线电工业能够配合完成各种导弹、飞机、人造卫星以及其他各类武器和舰艇的无线电电子设备。制成自动化和半自动化防空体系所需要的各种无线电设备,各种侦察、干扰和反干扰设备,各种多路载波机和微波中继设备、红外线装备,并着手研究超音波武器。军用船舶工业和兵器工业能够生产核潜艇、核大炮、各种坦克和装甲车,开始建造巡洋舰。届时,航空工业战时年产飞机达到平时的1.5倍。兵器工业战时年产量也都超过平时年产量的1倍多,其中坦克为1.6倍、火炮为1.48倍、步枪(冲锋枪)为1.48倍。

1959年的国防工业国家直属企业总产值达到49.4亿元,比1958年增长40%,其中军品产值33.1亿元,比1958年增长43%。当年,航空工业已经从初创时只有几个修理厂,发展成为拥有29个直属大型企业;从只能搞飞机修理的比较小的行业,发展到具备成批制造活塞式教练机、运输机和喷气式歼击机能力的新兴产业部门。兵器工业第一批工程18个项目大部建成,个别项目虽未全面竣工,但也初步形成了生产条件。坦克、大口径高射火炮、机载火炮以及配套的弹药和水中兵器等骨干企业的相继建成,填补了我国兵器工业的空白,对提高军队装备现代化水平起到重大的作用。在国庆十周年阅兵大典中,受阅的兵器都是中国自己制造的,其中大型武器装备,如59式中型坦克、59式130毫米加农炮和152毫米加农炮、59式100毫米高射炮等，大都是这些新建企业生产的。在这种情况下，国家计委适时提出：我国部队装备中即便是地面武器，也没有完成装备计划的要求。因此，第二个五年计划期间，要正确安排常规武器的发展问题，把第一个五年已开始建设而未建成的常规武器工厂，尽快在一二年内继续建设完成，在第二个五年计划期中，一般不再建设新的常规武器工厂；要正确安排国防工业生产的完整性，保证成套生产；要大搞国防科学研究，鼓励独立产品设计，逐步建立国防科学研究和设计基础；要继续改善国防工业的地区分布，对国防工业企业布局进行合理的调整。改变此前只将常规兵器按计划安排，其他则多以专案形式或计划以外办法临时解决分散管理的做法。从1960年起，拟将统为国防为目的生产、建设和科学研究，实行单独编制计划。

到20世纪50年代末，以兵器工业为代表的国防工业初步形成了门类比较齐全、专业比较配套的工业体系，已经具备了生产各种武器装备的能力。不仅能独立生产半自动步枪、冲锋枪、前膛炮等轻型武器，而且开始具备生产大口径地面火炮、高射炮、中型坦克、大口径炮弹等一整套重型武器装备的生产能力；不仅为陆军提供了武器弹药，还为空军、海军提供了部分机载武器和水中武器装备。使中国的制式武器装备全部立足于国内，结束了武器装备依赖进口的历史。虽然此时的国防工业生产能力，还不能满足大规模战争的需要，但已经奠定了国防工业动员的基础。

（二）国防交通骨干网建设

"二五"期间，随着工农业生产的发展，基本建设规模的扩大，内地和边远地区的开发和建设，都需要大幅度增加运输和通信的能力。1958年2月1日，李先念副总理在《关于1957年国家预算执行情况和1958年国家预算草案的报告》中指出：一方面，应对原有交通线路和设备进行必要的改建和技术改造；另一方面，应继续进行新的交通线路建设，主要是西北和西南两个地区的铁路、公路的建设，沿海、长江的港口建设，同时还应增加必要的运输和通信的设备。运输和邮电部门应根据上述两方面的要求,区分轻重缓急,进行全面规划,以保证完成第二个五年计划建议中所提出的关于运输、邮电方面的各项任务。在1958年国家预算中,经济建设费175.48亿元,占预算支出53.07%,是1957年预计执行数的117.28%。其中,铁道、交通、邮电等支出25.4亿元,是1957年的114.47%。

1958年12月,结合国家“二五”计划的拟制,军队有关方面向国家提出了国防交通网主要干线构成的意见,要求将30条铁路、水路干线,作为战时铁路、水路军事运输的主要通道。同时提出在铁路、水路交通系统开展战备工作的建议:“国防交通建设,军队系统主要由总参谋部和各大军区司令部军事交通部负责规划、协调、组织;国家和地方系统主要根据国防建设要求由国家计委、铁道部、交通部分工负责组织实施;国防干线铁路的修建和沿海、战役纵深的铁路干线、支线、军事专用线的战时抢修由铁道兵负责;军事专用公路的修建由总后勤部运输部组织实施。”①上述意见得到国务院领导的批准,并在“二五”计划中得到了较好的体现。因此,“二五”时期国家进行的交通、通信骨干网络建设,有相当一部分具备经济发展和国家安全的双重功能。

1958年至1960年,国家在铁路干线建设上,除续建兰新线、川黔线、包兰线、内昆线、天兰线等工程外,新建干线建设项目多达36项。西北、西南和东南沿海地区是这一时期铁道建设的重点。西北地区,先后建成了天水至兰州、兰州至西宁、兰州至包头等铁路,并开始修建兰州至乌鲁木齐铁路,结束了西北地区没有铁路的历史。西南地区,建成了宝鸡至成都、成都至重庆、贵阳至柳州、黎塘至湛江等铁路,改善了西南战略腹地的交通条件。东南沿海地区,建成了鹰潭至厦门、外洋至福州和南平至福州铁路,改善了东南沿海与后方的联系。同期,新建铁路支线、桥梁的项目和规模也在不断增加。3年累计,铁路建设完成基本建设投资90.42亿元,相当于“一五”计划期间

---

① 《当代中国军队的后勤工作》,第417~418页,中国社会科学出版社1990年版。

5 年累计完成额 59. 16 亿元的 152. 8%，占同期完成的交通运输、邮电基本建设投资总额 143. 26 亿元的 63. 1%。3 年内，新增铁路正线铺轨里程 4198 公里，其中干线 2768 公里，支线 1430 公里；新增复线正线铺轨里程 2761 公里。同期新建铁路交付营业里程 5405. 5 公里，新建复线交付营业里程 3069 公里。3 年累计完成的正线铺轨里程中，支线和复线都分别较“一五”计划期间增长 1. 2 倍和 2 倍，干线相当于“一五”计划期间累计完成额的 65. 6%。

在公路、水运和民用航空建设方面，1958 年上半年，国家交通部先后在武汉、北京召开地方交通片区座谈会。会议提出了“依靠地方，依靠群众，普及为主”的公路建设方针。在这个方针指导下，从 1958 年下半年开始，“交通部把直属的公路建设队伍连同公路的计划投资体制，一起下放给省、自治区。之后，绝大多数省、自治区交通厅（局）又相继把公路交通企事业单位和干线公路的养护体制，也下放到地（即专区）、县，形成层层下放”①。因此，各省、市、自治区在 1958 年下半年分别拟制各自的公路建设“二五”计划。8 月 13 日，鉴于公路建设体制的改变和各地正在拟制公路建设“二五”计划的情况，总参谋部、总后勤部颁发《关于各军区修建公路的要求应纳入地方公路建设计划的规定》。《规定》指出：国家公路建设的权限下放地方后，交通部只负责全面规划，对地方计划进行平衡、调整；各军区对公路修建的要求，应本着国防建设服从经济建设，战时平时相结合和军民两利等原则，与省、自治区有关部门协商，以便将军队的公路建设要求纳入地方公路建设计划；如地方认为不是发展经济所急需，或途经数省的干线，各军区与省委同时上报，以便总部商交通部或国家计委研究解决。

公路建设权限下放后，调动了国家和地方的积极性，加快了公路建设的速度。1958 年到 1960 年，依靠国家投资建设的有路面的公路累计新增 3. 3572 万公里。同期，地方财政对公路交通拨款比前 8 年

① 《当代中国的公路交通》，第 23 页，当代中国出版社 1991 年版。

增加了1.89倍,依靠"全民大办"建设的简易公路有几万公里。这些公路虽然标准低、质量差,有的仅是土路,但对于改变公路运输仍起到很大的作用,并且为以后的公路建设打下了很好的基础。3年中,全国不通公路的县,从1957年的151个减少到20个。① 水运建设中,国家对沿海的秦皇岛、塘沽、上海、黄埔、湛江等港口进行了扩建,动工兴建了十几个万吨深水泊位,沿海港口3年累计新增吞吐能力1409万吨,相当于"一五"计划期间5年累计新增能力835万吨的168.7%。3年中,南宁、昆明、成都、贵阳等机场先后开始建设,民航通航里程新增1万多公里,1960年的客运量较1957年增长了2倍多。1958年至1960年,公路、水运、航空等交通事业累计完成基本建设投资45.82亿元,相当于"一五"计划时期5年累计完成投资26.21亿元的174.8%。

(三)长途通信骨干网路建设

1958年11月19日,国家邮电部党组和总参谋部通信兵部党委向中共中央、中央军委和毛泽东主席提交了长途电信建设方针的报告和第二个五年计划中的建设规划的请示。报告认为:长途电信是邮电通信中最重要的手段,平时也担负着有关国防的通信工作,战时则必须服务于战争需要和全国后方勤务等军事任务。从新中国成立至1958年,邮电部门负责建设了10多万公里的架空明线,在国家建设和国防通信上起到重要作用。但是,从我国高速度地发展国民经济和国防通信,特别是从一旦发生战事的情况看,长途通信的基础还比较落后,不能完全适应国民经济和国防通信的要求。当时,美国电缆、微波有7万余公里,一套载波机可开到1800个电路。而我国最多路数的只有12路载波机,并且第一个五年计划期间也只靠进口安装了8套,3路载波机虽然进口比较多,但总数也只有100套左右。为此报告建议,在第二个五年计划期间,计划敷设17个电缆工程,约为2.7万余公里。架设5个微波工程,约为9000公里。在全国范围内,

---

① 参见《当代中国的公路交通》,第23~24页,当代中国出版社1991年版。

组成东西方向的3大长途干线,南北方向的4大长途干线,辅以若干支线,组成骨干性的长途骨干线网路。从中央到各省(自治区、直辖市)的长途通信干线的建设部署:以北京为中心,通往各省(自治区、直辖市)及各战略要点的长途电信干线通信网络,并将电缆、微波沿途经过主要工业城市,纳入长途干线通信网络的规划范围之内,使上述地点,都有足够的长途通信线路。在通信时效上,使中央和各省(自治区、直辖市)政治中心、战略要点互相间的通信都能立即接通;北京和各经济协作区的所在地,可以实行长途电话的自动化。按照国防战略部署,沿海地区的各战略要点都有电缆、微波通信设备。不但前沿的战略通信有了必要的保证,并且在长途电话的网路布局,有了纵深的配备。这样部署建设后,如发生突然事件,其通信可以得到有效的保证。同时,对国防前沿的战术(战略)通信建设和战时省内的长途通信网路建设、各大城市通信枢纽建设等都作了明确分工。由于上述计划、措施得到较好的执行和落实。因此,国家邮电通信建设在"二五"计划的前3年中又取得了比较好的成绩。长途电话电路、载波机、传真机、市内电话和农村电话用户等都有较大增长。1958年到1960年邮电通信累计完成基本建设投资7.02亿元,相当于"一五"计划时期5年累计完成投资4.78亿元的146.9%;新增长途电缆103皮长公里、长途明线线条15.2万多对公里。新增长途明线线条对公里数,为"一五"计划时期5年累计新增数量的195.7%。

(四)军交"技术动员"的应战准备

1958年1月20日至30日,总参谋部军交部在北京召开全国军事交通技术动员工作会议。参加会议的有各军区、军兵种军事交通部门的人员和国家计委、建委、铁道部、交通部有关部门的人员。会议讨论了《军交部7年来技术动员工作总结》《军事交通备战工作原则》《1958年技术动员工作计划》《二五计划期间的技术动员工作计划初步意见》和《内河备战的提纲》。会议重点明确了军事交通战备工作的原则和军队军事交通部门如何加强与政府有关部门的联系问题。关于军事交通战备工作的原则,会议提出:战备工作必须以作战意图为依据,战备方案要贯彻勤俭建国、勤俭建军的方针,做到需要与可能相结合,军事要求与经济建设相结合。关于军政之间的工作联系,会议明确:在铁路、水路交通的备战方面,军队军事交通部门是具体的组织者与执行者,其任务是研究、筹划和检查督促铁、水路交通线的战备工作。为使平时的经济体制与战时要求紧密结合,国家计委、铁道部、交通部、公安部均设有专门的局或处负责军事动员工作。在业务上,国家备战工作的具体领导是计委第三局,军队方面应根据军事上的需要向上述有关部门提出要求和建议。为贯彻这次会议精神,广州军区司令部于11月20日至23日召开有湖南、广东、广西三省(区)计委、交通厅、航运厅负责人参加的军交战备工作联席会议。会议期间,与会人员就三省(区)"二五"交通建设规划如何体现军事要求,以及军队军事交通机关与政府交通部门之间的工作机制问题进行了研究协商。这次会议之后,广州军区司令部军事交通处向广东省航运局提出建议,要求各吨级船舶的设计在类型、规格上尽量统一,以利军事用途的造装、运输和管理,新建客货轮时,要加宽客轮床位、通道、厕所和窗口,以便于战时伤病员担架出入。建议还提出制造一定数量的300~500吨、吃水11米至18米并能经受5级风浪的通用铁驳,以适应装运坦克、车辆、火炮等重型装备。同年,沈阳军区司令部军交部率先试编"铁路战备技术保障方案"并将有关要求提交沈阳铁路局。

1959年,中央军委将战时交通保障指导方针概括为"军、政、民集中统一,铁、公、水综合运用,运、修、防紧密结合"。同年,总参谋部军交部在厦门召开战备工作现场会,重点研究了编写军交战备方案问题。会后,各军区编写军交战备方案的工作相继展开。当年,福州、广州军区都制订了交通保障计划,并与政府有关部门、铁路部门和铁道兵等单位,研究了落实措施。成都、武汉、南京军区军交部门会同政府有关方面,分别编写了重庆港、武汉港、沙市港等港口交通保障方案和南京、芜湖枢纽保障方案。

(五)国家战略物资的储备与调用

由于国民经济发展第一个五年计划的顺利实施,国家的经济实力有了很大增长。因此,国家战略物资储备在“二五”计划前三年有了很大发展。到 1958 年年底,国家战略物资储备仓库的面积,比 1952 年增加了 3 倍多,其中沿海地区占 20%,腹心地带占 55%,后方和边远地区占 25%。

随着战略物资储备数量的增长,战略物资在经济建设中的作用也日益突出。1958 年,国家动用钢材 46 万吨,有色金属 133 万吨,有力地支援了国家经济建设和国防建设。截至 1959 年 1 月 24 日,共计动用钨类性质的物资 66 万余吨。其中黑色金属 48 万余吨,有色金属 18 万余吨。动用棉花 200 万担、黄麻 12 万担、橡胶近 2 万吨、轮胎 5 万余套、梯恩梯 2. 3 万余吨、煤炭 10 万余吨、食盐 10 万吨、木材近 5 万立方米、皮张近 6 万张等。国家储备的黑色金属、轮胎、皮张等基本用完。动用的黑色金属主要用于各项工业生产、农业排灌、出口援外、基本建设、铁路及军工生产上,动用的有色金属主要用于工业生产和国防工业的急需。1959 年 7 月 3 日,国家计委在给中共中央书记处《关于国家储备工作的主要经验和今后方针任务的报告》中称:近年来的储备工作实践证明,以“防战、防荒、防备国民经济的重大脱节”作为国家物资储备工作的总方针是完全正确的。

“二五”计划前期,国家尚没有开展专项的战备物资储备。但一些省、市、自治区特别是东南沿海地区,则从战时支前的需要出发,进行了一定的战备物资储备或支前物资储备。1958 年 5 月 6 日,福建省政府和福州军区联合下发《关于福建省沿海支前动员组织计划的命令》。该《命令》要求沿海地区按计划规定储备支前物资,以备战时调用。当时储备的支前物资,主要以本地产品如木柴、木炭、食盐、土产品等为主。至于猪禽蛋菜等鲜活商品,则计划通过战时动员解决。1959 年 12 月,福建省商业厅对支前所需储备物资做出进一步安排。此时,福建省为支前进行的物资储备,有元钉、铁丝、铁锹、铁镐、锤子、硫酸、电石、皮线、花线、灯泡、金针菜、黑木耳、粉丝、饼干、豆腐皮、牛肉罐头等共16个品种。

二、机械制造工业掌握“两套本领”

“二五”期间,机械制造工业掌握军品和民品生产“两套本领”,增强工业动员能力和持续发展能力,成为实现国民经济动员能力增长计划的又一主要途径。为此,国家计委结合“二五”计划编制工作,对国防工业生产民用产品和民用工业进行军用产品的动员生产作了统筹规划。实际执行的结果是计划完成的1271个限额以上项目中,有5%的新建企业在设计时确定了平时与战时的两套产品纲领。

(一)“军民结合,平战结合”方针

1957年3月,第二机械工业部召开国防工业企业领导干部会议。会议传达了中共中央关于国防工业在和平时期必须“掌握两套本领,既能生产军用产品,又能生产民用产品”的要求,为贯彻军民结合方针制定了具体的政策、规划和措施。会议确定把“平战结合、军民结合、以军为主、寓军于民”,作为国防工业和平时期的总方针,努力学会两套本领,做到军品、民品都能生产。6月14日,国家计委党组颁布实行《关于在和平时期发挥国防工业的生产设备能力、组织生产民用产品的办法》。国家计委党组指出:在第二个五年计划期间,为满足国防现代化的要求,国防工业在新武器的制造方面仍将有进一步的发展,这是巩固国防、保障社会主义建设所必需的。但是国防工业面临着一个突出的矛盾,一方面国防工业仍将进一步的发展,另一方面在和平时期,由于军需缩减,国防工业工厂的生产能力又不能充分发挥。过去几年,由于抗美援朝战争还在进行,或者由于国防工业集中主要精力进行建设和新产品的试制,上述矛盾还不突出。当前多数国防工厂已经建成,如再有若干国防工厂陆续建成以后,这一矛盾就会越来越突出了。国家计委党组认为:解决这一矛盾的正确方法,是国防工业在和平时期应该承担双重任务,既要努力完成军事订货任务,又要发挥已有的设备生产能力生产民用产品。具体政策是:国防工厂转产民用品,对于新产品试制成功的企业,应按国家规定给予

奖励；国防工厂对于新产品试制完成以后和开始生产的初期，在与各方面商洽解决成本计算方法以前，产品成本和企业的利润可能出现各种不同的情况，必须妥善地加以处理，以便鼓励企业的积极性；生产民用品所需的原材料应纳入计划，国家物资分配部门按照计划予以审查分配，未列入计划的产品如需求量超过2000吨时，应先与物资分配部门商量，然后才确定生产，以便凡确定生产的产品，均能有充分的原材料供应。

1958年7月19日，国防部长彭德怀在谈到1962年军队武器装备储备目标时指出：要进一步研究解决军事工业和民用工业如何结合的问题，使军事工业的剩余生产能力平时为国民经济服务；民用工业战时能够为战争服务。这种军民两利、平时和战时结合的政策，应当坚决贯彻。同年，毛泽东主席在国家计委报送的《关于国民经济发展第二个五年计划意见书》上批示："学两套本事：在军事工业中练习民用产品，民用工业练习军事产品，必须如此做。"据此，国家计委决定：在第二个五年计划期间，要将军事工业和民用工业的建设项目结合起来安排。这样做的目的，是为了发展军事尖端技术的项目以及战时难于动员民用工业来转产的军工生产项目，如导弹、飞机、无线电、船舶等工厂，以安排和建立军事项目为主。一般常规武器厂，除了建立一定数量的骨干工厂外，为适应战时的大量供应，平时建设民用工厂为主，但设计时应考虑到生产军用产品，以便到战时立即转产军用产品。同时，已建成的军事工厂，在保持军事技术水平不断提高，满足部队平时装备需要和国家战备储备的情况下，必须充分发挥生产能力，生产民用产品，保证国民经济高速度发展的需要。第二机械工业部预计，到1962年如果不打仗，军事工业可以拿70%以上的生产能力进行民用产品的生产，总产值可达250亿元左右。

（二）国防工业的民品生产

1957年3月1日，第二机械工业部在北京召开第三次企业领导干部会议，传达贯彻中共中央、毛泽东主席关于军工企业生产民品的指示精神，并对此做出部署。根据这次会议的精神，国防工业为加强民品生产,从各管理局到企业都设置了民品生产管理机构,组织调查民品生产和市场需求情况,制定了民品发展规划。与此同时,国防工业企业结合自身的工艺技术特长,本着“不厌其繁、不厌其杂、不厌其小”的原则,组织民用产品生产,取得显著成绩。同年,第二机械工业部颁布实施《关于国防工业转产民品若干问题的规定》。《规定》明确:对于因停产或减产闲置的军品生产专用设备、关键设备及工艺装备,应逐台逐件进行编号登记,并指定有关单位负责保管或存入仓库封存保管,不得任意调用和改装使用;军民通用设备,平时用于民品生产的,应定期进行检查维护,保持设备精度;军品生产使用的精密设备,不准用于民品生产,所有在用设备,不得超负荷运用。《规定》指出:为生产民品,需要拆除军品生产线或拆卸生产线上的设备时,必须先报部、局批准,拆除后应妥善保管,保证恢复军品生产时能够顺利安装;当军品生产线全部转入民品生产时,原有的军品图纸及一切有关该项产品的技术资料、文件都要整理完整,原特殊工种的工人及工程技术人员都要建立名册,一般不准外调。平时军品任务不足而生产民品时,应坚持按结构相近、工艺相似、经济合理的原则,选择民品品种。凡停产1年以上的制式定型产品,必须由各级动员部门会同有关部门进行管理;停产后的半成品、原材料、工装、图纸、技术资料和技术经济定额等,分别由主管业务部门造册妥善保管,以备战时需要。

1958年2月11日,第一届全国人民代表大会第五次会议决定,第一机械工业部、第二机械工业部、电机制造工业部合并,组成新的第一机械工业部,部长赵尔陆。中共中央副主席、国家副主席朱德在第一机械工业部成立大会上指出:3个工业部合并,把全国的机械工业集中起来,既有利于贯彻军民结合的方针,更有利于支援国民经济建设。当年,第一机械工业部对军工厂的民品生产方案又重新进行了调整,大量安排了国家最急需的许多大型产品。通过1958年和1959年的连续大跃进,国防工业企业已经基本上掌握了两套生产技术、两套本领,不仅能够大量地制造各种军事技术装备,同时也能成批的生产各种民用产品，有力地支援了国家经济建设。国家发展和改革委员会档案处保存的相关档案显示：1958 年，国防工业民品总值是 1957 年的 3.8 倍；1959 年，国防工业生产的民用产品共有 30 大类 500 余种，民品产值占总产值的 41%，比 1958 年增长 35%。此时，兵器工业的民用产品生产已涉及许多领域，并且承担了一些国民经济急需的高、精、尖产品的生产任务，在经济建设中发挥了很大的作用。724 厂、127 厂在国家急需化肥设备的情况下，用小型设备制造出 160 吨至 300 吨、2400 千瓦、3200 个大气压的合成氨压缩机。547 厂仅用 3 个月的时间就试制成功了中国第一台水旱两用 27 马力“巨龙”牌拖拉机。456 厂为填补中国小型汽车的空白，承担起试制吉普车的任务，当年生产出 38 辆长江牌吉普车。此外，兵器工业企业还生产出 1.25 万千瓦水轮发电机组、500～1500 千瓦火力发电机组、大型轧钢机、矿山挖掘机、机床、锻压设备、无轨电车、高压气瓶等多种高、大、精、尖的产品和缝纫机、自行车、照相机等多种名优耐用消费品。到 1960 年，兵器工业的民品产值是 1957 年的 10 倍，占当年兵器工业总产值的 74.9%。同年，陕西省国防工业的民品产值占到总产值的 64.4%，其远东机械设备制造公司已经累计生产民品高压油泵 2.8 万台、喷嘴 61 万个、油泵芯套配件 8.7 万副、精密镗床 3 台等，年产值最高时达 2200 余万元，累计实现利润 3660 万元，连同上缴的固定资产折旧 784 万元，共计 4444 万元，超过了建厂总投资。东方机械厂生产的“东方”牌手表和“巨龙”牌自行车，成为市场上的畅销品。

（三）首批民用工业军品生产动员试点

1958 年年初，为落实机械工业掌握两套本领的工作计划，国家计委确定沈阳风动工具厂转产 56 式 7.62 毫米冲锋枪，作为民用工业军工生产动员试点。8 月，国家计委经济动员计划局在第二个五年计划中明确指出：要组织民用工厂学习军事生产技术，进行战时动员的准备。随后国家计委经济动员计划局组织工作组，对沈阳风动工具厂进行考察，与该厂研究转产冲锋枪的问题。工作组认为，沈阳风动工具和冲锋枪的生产特点比较相近，设备和工艺装置也适合生产冲锋枪,但还需要对有关设备和技术稍作调整和补充。即按年产2.5万支冲锋枪匡算,锻造设备可满足需要,铣床需增加100台左右;表面处理有技术基础,设备稍加补充即可满足;枪管加工专用机床和拉床需增加20至25台,冲床需增加10台左右,另需补充若干台台钻。这些设备,除枪管加工专用机床外,均可军民两用;工具车间规模较大,工具制造能力很强,基本上可以保证转产军品所需工艺装置的供应;技术力量基本上可以满足转产需要,只有枪管校直、挤线等技工和某些工序的检验工需要培训。此外,该厂在1950年至1951年曾生产过20毫米双筒信号枪,有一定的军品生产经验,加之各地正在纷纷建设风动工具厂。因此在沈阳风动工具厂稍加改造,进行转产冲锋枪的试点是可行的。

据《沈阳风动工具厂志》记载,1958年10月6日,该厂函告国家计委第三局,同意生产冲锋枪、手枪等轻武器。10月22日,计委第三局函复同意生产枪支。具体问题可与辽宁省计委和国家第一机械工业部军工动员处协商办理。最后协商的结果是将原定生产冲锋枪改为生产步枪。12月3日,第一机械工业部《关于沈阳风动工具厂生产步枪的安排》致函辽宁省人民委员会。具体安排是:沈阳风动工具厂承担56式7.62毫米半自动步枪的生产任务,计划1959年的产量为1万支。产品资料的提供、技术人员的培训由重庆建设机床厂负责,工艺资料按沈阳风动工具厂的需要提供并负责指导;工艺设计由第一机械工业部第五设计院协助进行;设备除利用沈阳风动工具厂的设备外,专业设备由重庆建设机床厂提供图纸,由辽宁省安排制造;所用材料按下放军工厂同样办理;调整设备和试制枪支所需经费,由辽宁省和沈阳风动工具厂共同解决;试验在53工厂靶场进行。按照上述明确的事项,沈阳风动工具厂即组成军工产品生产领导班子。12月9日,致函重庆建设机床厂,索取产品图纸三套、技术性能说明书、分设备的工台时定额、专用设备及详细规格各一份,以及专用检查设备图纸一套。组建了一支政治思想可靠,技术水平较高的工程技术人员和工人组成的军品生产专业队伍,抽调了一部分最精良的设备,设计和开始制造了一部分工艺设备,在工具车间、锻压车间、热处理车间、木工等车间各设一角,为军品生产场地。派员赴重庆建设机床厂等对口军工厂学习,各种原材料订货等各项筹备工作顺利进行。但是,由于“二五”期间,国家保煤保钢的任务繁重,需要大量风动工具,全国90%以上的凿岩机都要靠沈阳风动工具厂提供,因此该厂抽不出更多的力量用于军工生产试点,致使试点工作进展缓慢,直到1959年各项基础建设尚未就绪。

1959年,国家计委把有计划地安排民用工业工厂试制军用产品,取得战时转产的组织管理工作经验,作为1959年至1960年经济动员工作的主要任务进行了安排。因此,继第一机械工业部在沈阳风动工具厂建设首个动员厂之后,1959年国家计委还批准化工部安排吉林染料厂进行梯恩梯炸药动员试点,在轻工业部安排沈阳油脂化学厂、武汉化工厂、重庆永兴化工厂进行特种甘油动员试点。此外,纺织工业部在山西榆次纺织机械厂试制班用机枪,在天津纺织机械厂试制冲锋枪。上述试点,在“二五”计划前3年中大都处于起步阶段,完整的动员生产线和动员生产能力并没有建成。但是,这一阶段的试点工作,对于工业动员而言仍具有开拓意义,为后来军品动员生产线的建设和发展积累了经验。

(四)地方军工建设的开端

1958年9月8日,毛泽东主席在最高国务会议第十五次会议上指示:“最后一条,就是准备反侵略的战争。”“因为世界上有个垄断资产阶级,恐怕他们冒里冒失乱搞,所以,要准备打仗。”“我看,还是横了一条心,要打就打,打了再建设。因此,我们现在搞民兵,人民公社里头都搞民兵,全民皆兵。要发枪,开头发几百万支,将来要发几千万支,由各省造轻武器,造步枪、机关枪、手榴弹、小迫击炮、轻迫击炮。人民公社有军事部,到处练习。”[①]按照毛泽东主席的指示,国家

---

① 《建国以来毛泽东军事文稿》中卷,第417、418页,军事科学出版社、中央文献出版社2011年版。

计委军工局首先考虑在福建省建设4至5个小型的地方军工厂,主要生产步枪、枪弹和手榴弹。后因福建缺乏条件,改在河北省的保定地区和河南省的焦作地区建设小型半自动步枪厂。在河北省保定地区组建的小型半自动步枪厂为376厂,在河南省焦作地区组建的小型半自动步枪厂为396厂。

三、动员能力增长遇到的阻碍

"二五"计划的前3年,有三件事对国民经济动员建设产生较大的影响。一是1958年开始的反"教条主义"和1959年开始的反"右倾"运动,加上中苏关系的逐步破裂,使"以苏为师"的国民经济动员活动刚刚起步便戛然而止。二是频繁的政治运动和国防部部长的非正常更替,影响了国防和军队建设的连续性,武装力量动员计划和国家动员计划工作被一拖再拖。三是"大跃进"及其"浮夸风",使国防工业建设和生产受到严重冲击,造成军队武器装备储备目标降低。

(一)"以苏为师"的中止

1958年5月27日至7月22日,中央军委在北京召开扩大会议。会议的主题是反对"教条主义"。会议期间,毛泽东主席在讲话中指出:胜利以后,不打仗了,办了许多军校,开展正规的军事训练,请了许多苏联顾问,产生一些教条主义。"有些人就是搬外国,不加区别地搬外国,这是妄自菲薄。""小米加步枪"的经验还是重要的,把"小米加步枪"的经验否定了是错误的。对苏联经验应该有选择地学,"应该主要讲自己的,另外参考人家的"。国防部长彭德怀在会议总结时指出:1949年以后,在我军进入建军新阶段的初期,因为缺乏合成军队的建设经验,着重地强调了向苏联军队学习,这是正确的,成绩也是主要的。但是由于我们在学习态度和思想方法上有片面性,没有破除迷信,在若干方面忽视了我军自己的优良传统和经验,机械地搬用了一些不适合我国我军情况的外国经验,这是错误的。这种错误,在条令制度、组织编制、干部工作、后勤工作、兵役工作和国防筑城,甚至在政治工作中,都在不同程度上发生过。应当肯定,向苏联学习，这是一个坚定不移的方针，不仅过去要学，现在要学，而且将来也还要学。这几年来，我们在向苏联学习方面，取得的成绩也是显著的。我们进行反教条主义的同时，还必须注意防止经验主义。一切借口反对教条主义，而拒绝学习苏军先进经验的言行，都必须加以批判。但会议最终通过的《中共中央军事委员会扩大会议决议》并指出："目前时期的教条主义倾向，实际上是历史上的错误路线在某些内部的复活"，因此"要在全军展开关于两条军事路线和个人主义的鸣放辩论，为发扬马克思列宁主义和共产主义的正气，压倒教条主义和个人主义的邪气而斗争"。会议还确定了"以我为主"的国防和军队建设方针。此时，"以苏为师"虽然没有被完全否定，但在反对"教条主义"大背景下，"以苏为师"活动已经难以继续下去了。

1959年7月2日至8月1日，中共中央政治局扩大会议在庐山举行。会议通过了《关于彭德怀同志为首的反党集团的错误的决议》和《为保卫党的总路线、反对右倾机会主义而斗争》的决议。庐山会议后，中共中央在全党范围内展开了一场大规模的"反右倾"斗争。8月18日至9月12日，中央军委在北京召开扩大会议，继续批判彭德怀、黄克诚的所谓"反党罪行"，称彭德怀是"教条主义"的总根子。会议决议"彻底肃清彭、黄在军队中所散布的毒素和恶劣影响"。此后，全军自上而下开展"反右倾"机会主义斗争的整风运动。在这场运动中由彭德怀主持制定的军队建设方针、原则受到了批判，反"教条主义"也被恶性扩大，"以苏为师"遭到全盘否定。至此，从1955年开始仿苏建立战争动员体制的活动，在持续了5年左右的时间后便中止了。此种情况的出现，严重制约了新中国国民经济动员现代化建设的步伐，导致其在此后很长的时间里处于徘徊不前的状态。尽管如此，"以苏为师"在短期内取得的显著成果，仍使中国国民经济动员受益匪浅，积累了建设和发展的宝贵财富。

（二）动员组织管理的削弱

1958年2月11日，第一机械工业部、第二机械工业部、电机制造工业部合并成立第一机械工业部。合并后成立的第一机械工业部，下设动员计划司(简称第三计划司),主管动员计划工作。原第二机械工业部第一局、二局合并组成第五局(主管坦克的六局尔后也并入),主管兵器工业。第五局计划处设远景计划科,负责动员计划工作,由于受“大跃进”中大破大立、只破不立的影响,从部、局到工厂的动员计划机构大部分被撤销了。因此,动员组织管理工作受到很大的影响。

(三)动员计划工作的拖延

1957 年,在总参谋长粟裕的主持下,总参谋部对 1956 年确定的作战计划做了进一步修订,“以二百五十万人做个小计划”①,“形成了新中国成立以来第一个较完善的作战计划”。“但是这个作战计划一直到 1958 年尚未得到正式批准,因此没有能在军队建设和战争准备上起到它应有的作用。”②因此,国家武装力量计划和国家动员计划也未能确定。

1958 年 7 月 19 日,国防部长彭德怀在中央军委扩大会议的总结讲话中指出:为了完成积极防御的战略任务,中央军委提出的作战指导原则是:以陆军为主体,在空军、海军的协同配合下,把敌人进攻的主力歼灭在我国沿海地区的国土上。作战的形式是守备部队的阵地防御战和机动部队的运动进攻战相结合,同时在敌人暂侵入地区组织广大群众的游击战。根据战略方针和作战指导原则,我们必须进行一系列的战争准备工作。为了有效地有步骤地进行战争准备,应当制定全面规划。这个规划包括作战计划、战场准备工作计划、后备力量动员计划、军工生产和武器技术装备储备计划、干部培养计划等等。其中全军的作战计划因对其他方面影响较多应早日定案。对此,彭德怀还特别指出:1958 年春,总参谋部根据中央军委对战争准备工作提出的要求,已草拟了全军预定作战兵团使用扩建及作战保障计划。总参谋部应该根据当前的一些经验和新的情况,特别

① 《粟裕文选》第 3 卷,第 239 页,军事科学出版社 2004 年版。

② 《粟裕传》,第 905 页,当代中国出版社 2000 年版。

是在中央军委扩大会议中大家提出的一些意见和有关决议，再次组织征求各方面的意见，对这个计划加以修改，然后报中共中央、中央军委审查批准，作为全军进行战争准备工作的依据。据此，总参谋部组织有关方面对原有的作战计划进行了修订，同时研究制订了各类保障计划、战备计划和战场准备计划。但动员计划却迟迟没有制订。

1959 年 8 月，林彪接替彭德怀任国防部长。9 月 26 日，总参谋部动员部在给新一届中央军委的报告中提出：几年来，我军还没有制订战时动员计划。在平时，如果没有一个动员计划作奋斗目标，既不能使下面更好地理解上级的战略意图，我们也很难对下面提出动员工作的要求。平时不做好准备，一旦爆发战争，就会忙乱被动。各军区、省军区对此也提出过类似的意见。因此，当前亟须根据作战计划的要求，制订一个战时动员计划。这样，就可以合理地计划基干民兵和民兵干部的训练，调整民兵的装备，部署在战时的动员量等等。同时，各省委、军区就能更好地安排战时的准备工作，一旦发生战争，既可以根据部队作战需要进行人力、物力的动员，又可以适当控制人力、物力的动员，照顾战时生产。总参谋部动员部的上述意见，未能得到中央军委的及时采纳。直到 1960 年下半年，动员计划工作才正式启动。

（四）动员能力增长速度放缓

"一五"期间，国防工业实际完成的基本建设投资 30 多亿元，约占全部工业基本建设投资的 12%，占重工业投资的 14% 左右。由于未能如期完成建设任务，国防工业的生产能力不足，从国外购买又受到种种限制，因此，"一五"期间储备 100 个步兵师装备的任务未能如期实现。据总参谋部初步计算，如第二个五年继续把原决定的 100 个步兵师的通用军械器材储补齐全，需人民币 10.8 亿元。由于需要的经费较多，而国家在经费安排上又遇到很大困难。因此，中央军委降低了武器装备的储备目标。1958 年 7 月 19 日，国防部长彭德怀在中央军委扩大会议的总结讲话中指出，关于技术装备的生产和储备问题,原则上以自力更生为主,在保持常规武器一定数量生产储备的基础上,大力突击特种武器的生产和储备。不断地改进常规武器的质量,并要有适当数量的储备,即到1962年完成储备数十个步兵师装备的计划。这就意味着,原定300个步兵师武器装备的储备目标降低到数十个师,原定5年内实现的目标延期到1962年,总时间延长到10年。

1958年至1960年,全国范围内出现了一个不顾主客观条件、急于求成的“大跃进”运动。这场运动,不仅给经济和社会发展带来严重影响,也给国民经济动员基础建设及动员能力增长带来严重影响。在此期间,国防工业不顾条件和可能“大干快上”,使投资效益和产品质量都大打折扣。其中,兵器工业将“二五”时期的建设项目,几乎全部挤在1958年和1959年建设。1959年扩建了50多万平方米建筑面积。每年上马项目多,规模大,投资分散。项目忽上忽下,结果只建成29个项目,还不配套,停缓建项目占用的投资多达3.7亿元,投资效益很低。在这种情况下,国防工业生产能力无法满足军队武器装备生产和储备要求,致使原定的生产和储备目标虽一再降低也迟迟难以实现。

四、支援炮击金门作战

金门岛位于福建省南部海域,由大、小金门岛组成,总面积176.91平方公里,距离厦门仅几海里。1958年7月,美国政府派遣海军陆战队在黎巴嫩首都贝鲁特附近登陆,武装干涉黎巴嫩的内部事务,破坏中东地区的和平。与此同时,美国怂恿台湾国民党当局,频繁对大陆采取军事行动,大、小金门岛上的国民党军不断炮击福建沿海村镇。8月8日,美国海军参谋长扬言,美国海军正密切注视台湾地区的局势,随时准备采取如同黎巴嫩那样的登陆行动。8月23日,为反击国民党军队对大陆的严重挑衅和袭扰活动,反对美国当局干涉中国内政和美国军队侵入台湾海峡地区的活动,中国人民解放军奉命对盘踞金门的国民党军队发起大规模炮击作战。在此后两年多[①]的炮战中,国家以福建省为主,在东南沿海地区进行了低强度的局部动员,给予参战的人民解放军陆、海、空军部队以有力的支援。

(一)战前动员保障

金门炮战前,福建省支前委员会从参战部队的需要出发,动员人力、物力、财力,为参战部队完成作战准备提供动员保障。

战前的动员保障,是从完善支前动员组织体制开始的。在此之前,福建省各级政府均建有常设的支前委员会。进入战前动员准备阶段后,福建省从完成支前动员任务的需要出发,对支前动员组织体制进行了调整完善。1958 年 4 月 12 日,福建省支前委员会发出通知,要求有关地区成立党、政、军有关领导参加的联合"场站抢修委员会"。委员会的成员一般应以当地县委书记或县长,空军部队师团参谋长,后勤副师长、场站站长、政委,以及参加抢修工作的友邻部队负责人和有关人员等组成,并以师参谋长或后勤副师长,县委书记或县长为正副主任委员。委员会的办公地点固定在场站司令部,以便与有关部门保持密切联系。抢修委员会的主要任务是:负责统筹组织和统一指挥所有抢修人员,拟订抢修计划,督促检查抢修工具、材料准备工作,划分抢修区域,保证在一旦机场受到敌机轰炸后四小时内能够有计划地完成抢修任务。抢修委员会和驻场部队需要组织 2000 余人的抢修力量,并编组成若干抢修中队,每个中队 100 人左右,现役军人与地方民工所占比例为 7∶3。5 月 6 日,福建省人民委员会、福州军区联合颁布《福建省沿海支前动员组织计划》。该《计划》将支前动员分为储存战备物资、动员运力工具、专业支前任务三个部分。储存战备物资,主要包括大米、木柴、食油、食盐、花生米、马料等;动员运力工具,是指民工、担架、汽车、板车、三轮车、船只等;专业支前任务,主要是战地治安、卫生医疗、公路维修、副食品储存。计划的组织实施,战前由各级政府逐级传达贯彻,当地驻军师以上单位协同检查

---

① 1958 年 8 月 23 日炮战开始,1961 年 12 月中旬停止实弹射击改打宣传弹。

执行情况;战时由各专署、市组成支前指挥部(12~15人)和支前指挥所(8~10人),各级支前指挥部(所)的负责干部(即专、市、县领导)1人,参加当地作战合成军队的战勤指挥所为副指挥员,负责支前工作的组织指挥。同日,《福建省人民委员会批转卫生厅关于支前及防空救护工作方案》。方案明确:在暂时没有支前收容任务的情况下,应抓紧进行的支前及防空救护工作。全省组织普通外科手术组13组,每组9~11人,专科手术组4组,每组人员根据需要而定。这些手术组,由相关专署、市、县卫生局负责组织成立。当满足不了需要时,可动员护士学校学员支援工作。要采用适当的方式,通知所有公立的、联合性质的及私人医疗机构和各农业社保健站(室)、群众性救护组织、沿海渔盐民及广大群众中的保健卫生人员等,当一旦发现空军失事人员及陆海军散失负伤人员时,必须竭尽一切力量主动抢救,护送到附近医院,全省任何一个医院都应即时收容,竭力救治,并向上级报告后作处理,不得有误。军队用药材一般由军队供给系统自行供应,当不足时,各地医药部门应优先予以供应,此项供应一般由各县、市公司负责就地供应,如部分药品当地不足,可就近和批发站联系负责供应。依据上述指示,福建各地在支前动员准备工作全面展开前,均加强了支前动员的组织领导。厦门市委决定由财贸部部长任启东驻办公室办公,并抽调有关部门人员参加,即计委、工交、民政各1人,财贸2人,后因任部长另有任务,换由田副市长兼任支前委员会主任,下设办公室,办公室有5人负责日常工作的处理,并由工交部指定专厂担负部队武器装备的加工和修理工作,由劳动局和劳力调配处分担民工和技工的调配,副食品的供应由部队和地方在市区及江头分设2个供应站,并根据部队的布置情况,设若干供应点。为了掌握和处理前沿的情况,郊区办事处成立支前小组负责前沿物资搬运、民兵民工的派遣及前沿(老、弱、病、残、小)居民的迁移工作。

1958年7月18日夜,中央军委向参加金门炮击作战的部队下达了作战命令。7月19日,福州军区司令员叶飞率福州军区前线指挥部到达厦门。同日,参战各部队包括炮兵36个营6个连、459门火炮,海军5个大队4个中队、80余艘舰艇,航空兵9个团2个大队1个中队、200余架飞机,开始向指定作战地域机动。7月20日,叶飞司令员主持召开紧急会议,对作战和支前做出全面部署。会后,中共福建省委立即通知各地开展支前动员。各地接此通知后,按照《福建省沿海支前动员组织计划》立即行动。7月22日,中共晋江地委根据中共福建省委的指示,召开各县、市紧急电话会议,部署支前动员。当日20时,晋江专署通知各县、市立即动员民兵、民工,组成担架队、民工队,在23日5时到达指定地点集中。同日,根据晋江专署的电话通知精神,中共同安县委、县人民委员会发出通知,决定恢复调整同安县支前指挥所。支前指挥所设总指挥1人,副指挥1人,办公室主任1人,下设宣传教育、物资供应、民力组织、治安保卫、卫生医疗5个科。随即支前指挥所向各乡下达了物资、担架、民工等项动员任务,要求各乡在8小时内到指定地点集中。7月23日,晋江专区支前委员会成立。同时,为使前方部队和地方取得更密切的联系,及时调动后方一切力量支援前线,地委派出1个工作组,由地委委员刘玉群带领参加第28军战勤指挥部工作,第28军前指也派1名军官参加专区支前委员会工作,使前方的需要和后方的物资供应密切配合起来。

在部队向指定地域开进的过程中,福建省连续遭受暴雨袭击,山洪暴发,公路、铁路沿线遭到严重破坏,许多路段严重塌方。全省被冲毁大小桥梁43座,仅晋江地区被冲毁的100米以上的桥梁就有7座,给参战部队机动和支前运输带来很大困难。因此,福建各地最初动员的民工,大部分用于抢修水毁道路。1958年7月20日夜,从闽中和闽南各地向厦门、莲河战区开进的炮兵部队到达晋江,因泉州大桥被洪水冲断,部队前进受阻。泉州首批动员的民工与工程部队一起,采取架设大型门桥漕渡、加宽泉州西桥路面和修建迂回路等办法,帮助部队渡过晋江。当时,泉州市支前委员会原本只动员民工500人,“但群众一下子就去了2000多人”。7月24日,参战的炮兵部队、海军舰艇和空军第一梯队全部到达指定位置。

1958年7月25日20时,中央军委电令福建前线炮兵部队立即进入指定射击位置。当夜,各部队和首批动员的支前民工沿着各条急造公路向前沿阵地开进。7 月 27 日拂晓到达前沿阵地。当时,由 17 个炮兵营在莲河地区组成莲河炮兵群,15 个炮兵营在厦门地区组成厦门炮兵群,分别负责打击大、小金门的国民党军。另有 6 个海岸炮兵群,配置在围头、莲河、厦门一线前沿,主要负责打击大金门料罗湾的国民党军舰艇。另外,在厦门、莲河两个地区各组成一个高射炮兵群,各自保障本地区的对空安全。当时,炮兵第 135 团出岛配属莲河炮兵总群,执行作战任务。部队分驻在同安县前线乡沃头、欧厝和新店一线。当时来到驻地,因任务紧迫,要求迅速做好射击前的准备工作;又连日大雨道路泥泞,行动极不方便。因此部队在投入构筑阵地、工事作业后,对抢修道路,搬运弹药、器材、筹划战备物资等都发生了困难。通过部队与当地政府、干部联系,发动了 3000 多名民工,调动了成千上万的木材、石料等,从而保证了火炮、弹药、物资等及时进入阵地。7 月 25 日,晋江专区支前委员会、晋江专署财粮局下发《关于支前民工、船工、担架人员伙食补贴问题的联合通知》。《通知》规定:支前民工、船工和担架人员,凡在部队吃饭的一律不补贴,不在部队吃饭的,每天每人补贴 3 角 5 分,包括 1 斤半粮食及草菜资,此项经费暂由同安县财政科垫付,后集中向专署财粮局报销。同日,同安县支前办公室开始把全县运输工具全部控制起来,全力以赴组织投入运输支前物资。同时还把散布在农村之非专业的运输工具也组织起来,以备用。7 月 26 日,晋江专区支前委员会就“备战中交通工作”向所属各县(市)支前委员会发出紧急通知,要求各地派出民兵夜间看守 30 米以上的桥梁,组织警察和民兵昼夜看守 100 米以上的桥梁;对于受破坏一时难以修复的桥梁,立即开设便道或便桥,凡遇受破坏及水毁的道路、桥梁应立即组织抢修,并在 3 小时内电告专署支前办公室。7 月 30 日,晋江专署卫生局在省卫生厅召开紧急会议,研究部署支前备战卫生工作和防空救护工作。此时,晋江专区的 2 个专区医院已组织 2 个战时手术队,并在泉州筹建地下手术室 1 处,准备了 300 至 500 个床位。南安县已组织 7 人到沿海地区搞救护工作,并在沿海组织30个临时助理护士,献血队215人,惠安、泉州也分别组织了救护队,情况一发生就可以马上出发。

1958年8月4日,福建省支前委员会下达了《关于战时民兵、民工、船工供给标准及有关支前经费开支标准的通知》,对战时民兵、民工、船工供给标准做出补充规定:在未交部队前,其生活补助费由地方支前经费中开支,补助标准,每人每天可给0.38元,粮食每人每天按27两供应。部队接受后,按部队规定供给。鉴于参加支前的民兵、民工,部队只发本人生活补助费,因此民工出勤的农业社应给予适当的工分补助,如农业社负担过重,经县批准,可在支前经费中给予一定补助。在上述规定的基础上,福建各专区、县、市也都结合各自的情况,在开战前就对民兵、民工参战支前的相关待遇等问题做出规定,从而较好地维护了民兵、民工的利益,调动了广大民兵、民工参战支前的积极性。截至8月7日,晋江专区的南安、同安、晋江三个县,已经动员民工8万多人,担架1000多副,担架民工2800多人,已交部队使用的民工4800多人,担架160多副,担架员60余人;除一部分完成任务后返回外,在部队继续工作的民工还有1000余人。此时,晋江地区被洪水冲毁的公路和桥梁,除个别地区损坏严重正在抢修外,基本上保证运输的畅通。同时,为防备战时福州至厦门的主要桥梁被破坏,晋江支前委员会还采取了两条措施:一是分别在莆田江口大桥、泉州洋桥大桥、同安南门、西门大桥集结船只350艘,以备桥梁被破坏,立即架起浮桥,代替桥梁,保持通车;二是在重要桥梁和深水桥梁备足一些修理材料,被毁后能够在抢修时保证材料的供应,泉州顺济桥还制造2条方舟,供战时渡车用。

1958年8月23日前,福建各地的支前动员,不仅为参战部队的机动和战前准备提供了有力保障,而且完成了炮战开始后各项支前的基础性准备。为保证部队的商品供应,福建省商业厅成立了支前供应办公室,在福州、厦门、福安、闽侯、晋江、龙溪、龙岩、永安、南平9个专(市),福鼎、霞浦、罗源、宁德、连江、长乐、闽侯、福清、平潭、莆田、惠安、晋江、泉州、南安、同安、漳州、龙海、云霄、漳浦、东山、诏安、连城、崇安 23 个重点县(市)商业局相应设立支前供应办公室。同时,制定出一套支前军供办法和原则,包括对部队供应的对象与范围、对军官和军官家属的供应、对军人服务社的供应,以及编造计划的程序和战备物资储备保管等等。从 8 月 1 日至 20 日止,同安县平均每天为部队的供应量:大米 150 多担,面粉 16 担多,生油 6 担多,花生米 4 担多,大豆 5 担多,高粱 5 担多,麦皮 6 担多。8 月 1 日至 15 日,副食品供应:生猪 70 多头,干腌菜 240 多斤,鲜菜 7200 多斤,干水产品 1100 多斤,蛋品 450 多斤,木柴 150 多担,木炭 14 担多,稻草 3600 多斤。福建前沿地区各乡镇动员人力配合工兵部队和舟桥部队,完成炮击金门的战前工程保障任务,共构筑 90 个连的野战炮兵掩盖阵地、95 个连的露天阵地,抢修道路 150 公里、桥梁 500 余米。战前,福州、福清、惠安、晋江、同安、厦门、龙溪、连城等县支前委员会,还组织大量民兵、民工,参加整修福州、龙田、惠安、晋江、同安、厦门、漳州等机场的施工。仅福清县就组织 1000 人的民兵、民工抢修队,担负龙田机场的抢修任务,10 天内就为龙田机场准备石料 4100 多立方米、沙子 7800 多立方米。

(二)封锁作战阶段的动员保障

1958 年 8 月 23 日 17 时 30 分,福建前线部队奉命向金门岛实施大规模炮击,2 个多小时发射炮弹 2. 92 万发,人民解放军炮击金门的作战由此展开。从 8 月 23 日到 10 月 5 日,为金门炮战的封锁作战阶段,也是整个炮战最激烈的阶段。在此阶段,人民解放军共进行 4 次大打、83 次中小打和上千次零星炮击。8 月 26 日,福建军区下达《进一步加强战备工作指示》。该《指示》明确:自炮战开始后,福建地区对敌斗争已进入一个新的阶段,国民党军有可能对沿海突出部及岛屿,沿海城市、交通枢纽实施报复性的炮击。各地必须在现有战备和支前工作基础上,立即采取有效措施,进一步加强战备和支前工作。

在炮战封锁阶段,参战部队对弹药、建筑材料和给养的需要量很大。1958 年 9 月 5 日,福建省支前委员会、福州军区后勤部联合下发《关于当前有关支前工作的几项规定的通知》,要求在部队战前和战时移动、调防的过程中，确保部队战时给养不间断的供应。为解决物资保障问题，厦门市组织约200人次的采购员到辽宁、四川等7个省筹集货源，相继从河北采购粉丝600担，从安徽采购鸡蛋12万斤，还有四川的木耳、上海的水产等。福建省政府也为厦门调拨大批木材、水泥、元铁、毛竹、麻袋等。特别是五金、食品、食盐等单位的采购员，夜以继日地工作，及时地组织了亟须的支前物资。截至10月底，全省共动员各种支前民工48万多人次，供应水泥32600多吨，钢材4100多吨，木材11万多立方米，麻袋100多万条，毛竹100多万根。其他主副食品也都根据军队实际需要给予大力供应，基本上做到了前线部队"要东西有东西，要人有人，何时要何时给"，保证了军队需要。但供应上还存在一些问题，主要是物资供应紧张，特别是钢材、水泥、木材、白黑铁皮、铁钉、皮线等物资不能完全保证供应，柴、炭、毛竹、木材等战备库存空虚；各地对支前工作范围不够明确，致使大小事都找支前委员会解决，还有的地区以支前名义到外省（市）索要物资，有的采购员身装盖好公章的空白介绍信，随意填写；部分地区以当地支前任务来推托上调任务，致使物资难调动。

为使战时的军交运输得到保障，福建各地在炮战封锁阶段持续动员大量民工抢修道路。1958年9月上旬，同安县每天都有2500多民工，参加福州至厦门的改道工程。仅在开战后的10天，就完成土方4万多立方米，石方50立方米。9月3日，该县又动员永丰乡民兵155人，突击抢修同安至莲江公路，仅4天时间就铺设路面700多米，劈路肩1500多米。为了保证支前车辆畅通，同安县动员组织巷南、洪塘、美山等地150多名民工及部分车辆，对福州至厦门的重点路段进行整修。至9月16日，同安县参战支前的5225名民工中，有420人参加抢修鹰厦铁路，有2000余人抢修沿海公路与福厦线水毁路段。同安县马巷至下潭尾公路仅有3.4米宽，仅供牛马车及小吨位汽车行驶。自从全民搞钢铁工业和支前工作开始，这条运输线显得特别重要。为此，同安县支前指挥部和县交通部门每天组织200多名民工，从9月26日开始突击抢修这条公路。到10月6日已经完成第一阶段的施工,转入第二阶段的路面整修。

福建省支前委员会还组织了多支以各地机关车队、运输公司为主的支前运输车队,担负繁重的支前运输任务。炮战开始时,漳州、泉州的支前运输车队,在48小时内就把5000多吨杉木和9万多条麻袋运往厦门前线。漳州运输总站支前车队连续奋战9昼夜,把南靖、平和、漳州、角美等地的上千吨木材、麻袋、水泥、土箕、扁担、麻绳等运送到同安马巷和莲河前线。漳州保修厂的民兵曾连续奋战8昼夜,抢修汽车199辆,突击完成木结构平板挂车2辆。1958年8月25日,福建省同安县巷西乡100多名民工到厦门市搬运支前物资,遭国民党军炮击,有4人牺牲,2人负伤。但大部分民工没有受到影响,继续工作直到完成任务。某山炮阵地路险坡陡,一般汽车上不去。福建省交通运输部门特从上饶调载重10吨的"太脱拉"柴油车2辆,一夜间将60吨炮弹送上炮阵地。

炮战开始后,向阵地运送炮弹和火线抢救伤员成为支前动员的主要任务之一。为此,在福州军区和福建省军区的组织指挥下,福建前沿地带特别是人民解放军炮兵群所在地的围头、莲河、厦门等地,均为各炮兵阵地动员配属了大量的民兵、民工。1958年8月23日,仅同安县就动员组织盐山、前线等6个乡(镇)的担架民工480多人,担架130多副,卫生员5人,配属给驻前线、盐山、南安、陶江等地的6个部队。同安县配属给参战部队的支前民兵、民工,自8月23日进入前沿地带后,不但在炮战中出色地完成支前任务,而且二次传递炮弹帮助部队打炮300发,每天都是早出工迟收工。9月上旬,参战的炮兵第135团动员使用民工4000多人,3昼夜搬运了3个炮兵连所需的石料。10月上旬,该部队又动员使用民工400人,在七八天时间里,运送了3个连队所需的石料,保证了加固工事任务的及早完成。晋江县金井公社邮电所,从炮战开始就向前沿阵地派出抢修小组,先后抢修、接通线路30多处。截至1958年10月,福建省仅为构筑工事就支援了56万个劳动日。

同安县处于前沿地带的盐山、新岩、前线3个乡的群众,绝大部分都在8月23日下午炮击金门前后几个小时内分别紧急动员到巷南乡、巷东乡及马巷镇。围头、塘东2个大队是围头地区的炮战区。炮战前，围头地区有防空洞130个。炮战开始后，由于国民党军由90高炮、小型穿甲炮更换为155、203的大口径炮，原有的防空洞扛不住大口径炮弹压力，加上前沿沙土地质，建洞杉木小，时久已开始腐烂，竹、石和土木结构的已不能适应，需要立即更换。但实际战斗情况又不允许，经济上也不可能。在这种情况下，围头地区组织人力，加固、加高原有的防空洞109个，新建46个。该地区还分片成立了疏散组、检查组、治安组等防空防炮组织，因而在战斗中没有发生死亡和其他事件。据厦门市何厝、江头、五通3个乡统计，8月23日至9月底，遭到国民党军炮击的村庄42个村，致使23名民众死亡、伤81人，有12个村庄基本被炸平，原有房屋561座被炸平的有390座，大约每平方米就有一块弹片，遭受破坏最严重的是何厝乡兜岭村，国民党军连续炮击6个小时，村内、外落弹约650发，100座房屋被打倒83座，13个防炮洞被摧毁12个。厦门市对炮战中死伤的人员，及时进行了救治和善后处理。该市民政局还发给前沿民兵及困难农民棉被104条，棉衣100件，单被120件，夹衣100件，并有政法部门捐献给衣服49件，内衣20件，长、短裤48件，帽子2顶，鞋子7双，破棉被1条。

在炮战封锁阶段，兵器工业为满足参战部队的需要，紧急追加了炮弹生产任务。为此，经国家计委批准，国家物资储备局先后从战略储备中为军工企业调拨所需物资。1958年9月4日，调拨铜锭4500多吨、铅锭3000多吨、锌1000多吨以及铝锭等10种有色金属共9900多吨。另有梯恩梯6000吨。11月5日，调拨梯恩梯200吨。11月28日，调拨电解锌1000吨。当时，由于炮弹引信生产能力不足，制约了炮弹的产量。因此，国家紧急向苏联进口炮弹引信2000万发。

炮战封锁阶段的通信动员保障，虽全力以赴却不能满足需要。1958年11月19日，国家邮电部党组和总参谋部通信兵部党委给中共中央、中央军委的报告中称：由于通信设备落后，因此在炮击金门中，邮电部门只能把保证国防需要、各级党委主要负责人和重要电话会议的需要,作为长途通信压倒一切的任务。这样还出现了以下情况:往往由于保证了重要的电话会议,就不能保证长途电话;保证了主要负责同志的通话,就不能保证其他人的通话。

(三)“打打停停”阶段的动员保障

1958年9月底,在金门岛被全面封锁的情况下,美国政府企图让台湾当局放弃金门、马祖,以此制造“两个中国”。但蒋介石拒绝“两个中国”,坚持驻守金门、马祖。为了不给美国政府制造“两个中国”找到借口,中共中央政治局于10月3、4日召开会议,决定对金门炮击采取“打而不登,封而不死”的方针,“让蒋军留在金门、马祖”,反对美国制造“两个中国”。10月6日,国防部长彭德怀发表《告台湾同胞书》。此后,金门炮战进入打打停停阶段。与此相适应,福建省适时组织复员,金门炮战的支前工作“从过去那种突击的做法”转向经常化。此时,福建省已经累计动员各种支前民工(包括生产支前柴、竹、炭、木材的民工)48万多人次。

1958年11月25日至27日,福建省支前委员会召开支前工作座谈会。会议着重座谈前一阶段的工作情况和问题,研究了后续支前工作和支前物资清理结算等问题,并对复员工作做出安排。会议认为,随着取得与国民党当局斗争的胜利,斗争形势有新的发展,因此后续的支前工作也必须适应这一新的情况,从过去那种突击的做法,要转向经常化,这样既保证支前的物资需要,又能使生产建设得以正常进行。关于支前工作的范围问题,主要是保证部队的吃、烧和日常生活用品的供应,搞好国防工程的土建材供应,做好交通运输和铁路、公路的维护,动员组织支前民力的调配和战备民工、担架。属于基建工程方面的问题,要逐步移交给各级基建委员会处理。关于军队系统的物资申请调配问题,根据国家计委、国防部的规定,1959年军队所需中央调配的物资,均由军队系统向中央申请调配;凡属地方管理的物资由福州军区后勤部、福州军区空军后勤部及厦门水警区后勤部汇总,由福建省计委纳入计划,统一安排生产供应。关于支前物资清理问题,会议要求各地对尚未结算的支前物资,应根据福建省人民委员会和福州军区关于清理支前物资账务要求，抓紧清理结算，于12月底前清理结束。12月10日，福建省人民委员会批准了上述报告。

1958年12月9日，福建省人民委员会、福州军区联合下发《关于福建支前物资账务和在备战中、战斗中借用和损坏群众物资的偿还处理的几项规定》。各级各部门严格按照该《规定》，妥善地处理了善后工作。在偿还工作中，部队由各级政治机关、后勤、工程等有关部门参加，地方由各级支前委员会及有关业务部门参加，共同组织力量，研究协商，采取边调查、边处理、边偿还的办法逐级负责，从下而上和从上而下同时进行，先由供需双方进行清理结算，县(市)由县(市)负责，专区由专区负责，省由省负责，已经结算的，不再重新结算。

1959年10月6日，福州军区司令部在《炮击金门基本总结》中称：这次作战支前动员充分体现了人民战争的特色。人民在战争中提供了巨大的人力和物力，保证了军队作战的需要。仅战斗发起前后，就供应了木料近4万立方米、麻袋50万条。前线群众还热烈地开展了献石运动，自动将被国民党军击毁的房子、用不着的猪圈、厕所甚至战前准备建新房的石料献给部队。仅厦门何厝乡几天内就献石料5000立方米；群众在人力上的支援更是无法计算。据不完全统计，仅战役初期就支援了56万多劳动日，组织了各种搬运车600余辆、船150只。修工事、筑道路、运物资、救伤员、洗衣服、做茶饭、打石头、接电线，无不一呼百应，不呼自来。受国民党军炮火威胁最大的大小嶝岛群众共1万余人，除部分老弱、妇孺转移出岛外，坚持在乡的有6000余人，前阶段共出工4.3万多人次，在国民党军炮火下修公路7公里。各机场周围的人民群众也都全力支援空军作战。空军转场期间，群众出动25万余人、1500多辆车、近600只船为机场运输抢修材料。平潭地区群众为了救护被国民党军击落海的解放军飞行员，一次出动了1800余只船，冒着国民党军舰的威胁，出海寻找；晋江、惠安等沿海群众出动400只船救回5名落水的中国人民解放军海军快艇失事人员。各地人民还成立了献血组织,仅漳州地区就组织有5000余名地方干部、家属献血团。军队受领战斗任务的同时,福建省委就下达了地方支前的任务。不仅军队在前线开设了指挥机关,福建省委和省人民委员会也在前线开设了支前指挥机关。共同决策,共同行动,体现了过去战争时期"一元化领导"的作用,发扬了"军政一致"的优良传统。对于这次支前动员中存在的问题,福州军区司令部指出:虽然军民一体,军政一体是基本的,但战备初期,部队在动用民力、物资方面,存在着计划不周、手续不健全的现象;并有少数部队只顾自己需要,不顾群众利益,强迫命令,生硬粗暴,发生违法乱纪现象。

1960年6月16日至19日,福建前线部队对金门实施最后一次大规模炮击。6月16日,美国总统艾森豪威尔到访台湾。中央军委决定按照单日打炮的惯例,于6月17日艾森豪威尔到达台湾的前夕和19日离开台湾时,福建前线炮兵举行炮击示威,即"反美大示威炮击"也称"送瘟神"炮击。为支援此次炮战,福建省在厦门等前沿地区进行了较大规模的动员。6月16日上午,中共厦门市委组织召开支前会议。当日下午,中共厦门市郊区区委根据中共厦门市委的指示精神,分别在郊委、前线公社召开有集美、灌口地区的社、场党委书记和前线公社党委常委参加的紧急会议进行传达,具体部署了对敌斗争、防空防炮、组织前沿老弱妇幼转移等工作。前沿地区立即层层建立领导机构,进一步对民兵和人防组织进行了整顿与健全,并迅速把前沿老弱妇幼及耕畜、船只等物资于当天晚上向后转移。后方地区的灌口等公社也积极地做好支前准备和安置前沿家属工作。至17日下午6时前,前线公社已顺利地把前沿地区的老弱妇幼7638人(其中一线6522人)向后转移,留在前沿坚持生产、斗争的2775人。防炮设备也已作了全面安排。耕牛转移724头,生猪采取就地疏散,72艘船只也及时转到安全海面。6月17日18时至19日6时,部队对金门实施"反美武装大示威炮击",前沿群众掀起了群众性的支前运动。2天中,全社投入抢修道路132人、4条1065米;搬运炮弹224人、1649

箱;擦炮弹 205 人、2106 发;烧送开水、地瓜汤 208 人,93 担;洗衣服 223 人、1618 件。在这次炮击作战中,福州、沈阳军区会同铁路部门将大量弹药和油料紧急运往前线。沈阳方面,6 月 18 日装出弹药,6 月 25 日全部到达卸载地域。福州方面,6 月 20 日完成装车,6 月 22 日全部到达卸载地域。紧急运输时,正值福建连降大雨,鹰厦铁路沿线多处出现塌方。经铁道兵、当地驻军、铁路职工、民工日夜抢修恢复通车。在鹰厦线未修复前,军政有关方面采用铁路、公路、水路倒运方法,将军用物资运往前线。

第三章

贯彻“积极防御，北顶南放”军事战略方针时期

（1960.02～1965.04）

起点:1960 年 2 月，中央军委广州扩大会议。

截点:1965 年 4 月，中共中央关于加强备战工作的指示。

20 世纪 60 年代前期，随着美、苏之间“冷战”局面的进一步加剧，美国强化了其在南朝鲜、日本、菲律宾、越南等国的军事存在，不断在中国周边地区制造军事危机，并强硬干涉中国内政，加强台湾国民党军的军事实力。台湾国民党当局则加紧实施反攻大陆的计划，使台湾海峡处于一触即发的紧张局势。面对日益严重的安全威胁，中央军委适时确定了“积极防御，北顶南放”的军事战略方针，在全面加强人民解放军建设和战备的同时，适时纠正了“大跃进”对国民经济动员建设的不良影响，把国民经济动员建设和战备动员调整到正确的轨道上来，从而形成了强有力的防卫态势，不仅严厉回应了西方国家的战争威胁，而且有力打击了美、台的军事挑衅活动，有效遏制了台湾国民党当局企图反攻大陆的军事冒险行动。新中国的国民经济动员建设也在军事斗争任务的有力牵引下，迈出了新的步伐。

第一节　动员准备的调整和加强

(1960.02～1962.02)

起点:1960年2月,中央军委广州扩大会议。

截点:1962年2月,周恩来总理提出“备战整军”。

1960年年初,中共中央、中央军委基于对国家安全形势的分析,把应对战争及“防范帝国主义突然袭击”作为国防和军队建设的基点,明确提出了“积极防御,北顶南放”的战略方针。根据中共中央、中央军委的上述精神,国民经济动员系统一面纠正“大跃进”带来的种种问题,一面根据大规模反侵略战争对国民经济动员的需求,加紧进行各项动员准备,并且借助于日益紧张的战备氛围,使一度停滞的国民经济动员现代化建设,又得到全面的恢复和加强。

一、动员准备的指导思想

20世纪60年代前期,中央军委以美国为主要作战对象,以东部沿海为主要防御方向,先后确定了“积极防御,北顶南放”军事战略方针和“防止敌人突然袭击”作战准备思想。中共中央也适时提出经济建设与国防建设协调发展的重要方针。上述思想方针,成为这一时期国民经济系统进行动员准备的基本依据。

(一)“积极防御,北顶南放”

20世纪60年代前期,国民经济动员准备最重要的指导思想是“积极防御,北顶南放”的军事战略方针。

1960年1月22日至27日,中央军委扩大会议在广州召开。会议重点讨论了总参谋部关于调整军事战略方针的建议。该建议的核心内容是:未来卫国战争的主要作战对象是美国及其在亚洲的军事同盟国和台湾国民党军,战争准备的基点是打反侵略全面战争;主要战略方向是东部沿海地区;战略指导思想是积极防御,基本作战思想是在浙江省三门县以北至鸭绿江入海口的沿海地区要顶住敌人,在浙江省三门县以南至北仑河口的沿海地区要诱敌深入至纵深地区聚而歼之,防御的重点是三门县以北至鸭绿江入海口的北部沿海;作战样式是运动战与阵地战相结合,战争过程包括防御、反攻、追击三个阶段。上述思想概括起来就是"积极防御,北顶南放"。对此,国防部长林彪在会议上指出:什么叫顶呢?顶就是不后退,把它顶住;什么叫放呢?放就是诱敌深入,把它引进来好歼灭。在战争初期我们是防御的,在顶的地方我们要下与阵地共存亡的决心。等到把敌人消耗到一定程度,我们就可以转入反攻,最后还要进行追击,不仅从陆上追,而且从海上追,能追到什么地方就追到什么地方。

会议期间,随着战略方针的研究确定,并解决了一系列有关国防建设和作战指导的具体问题,如肯定全民战争和现代战争的思想,肯定战略反攻和战略追击的思想;肯定要建立独立完整的现代国防工业体系,在国防工业建设上又应以两弹为主、导弹第一,并大力抓携带导弹的新式飞机、舰艇以及无线电电子技术的研究和制造;在国防工程建筑上,主要是抓两头,即海岛和前沿第一线,以及纵深的首脑机关、重要工业城市、交通枢纽等。会议结束以后,根据新的战略方针,许多新的任务被提到议事日程上来,需要逐步加以解决。其中,关于国防工业的近景和远景规划,技术的近景和远景计划,干部的培养计划,军队编组远景计划,军队装备的远景计划,民兵武器的解决办法,以及战时动员的初步设想等等,也要继续加以研究,逐步编成较为切合实际的计划并组织实施。

自"积极防御,北顶南放"军事战略方针确定之后,国民经济动员准备的任务要求和着力点,都变得更为明确具体。立足点是准备"打反侵略全面战争",重点地区是"东部沿海",中、西部地区为战略后方,动员的过程和程度要与"防御、反攻、追击三个阶段"相适应。所有这一切,都在这一时期的国民经济动员建设中得到了较好的体现。

(二)防止敌人突然袭击

在中央军委广州扩大会议召开的前后,中央军委提出了防敌突然袭击问题。中央军委认为，根据第二次世界大战德国军队采取先发制人、突然袭击战略取得战争初期主动的情况，美国等帝国主义国家在未来战争中，也必将首先使用原子、导弹等新式武器，向中国的政治、军事、经济中心和重要工矿、军事工业、交通枢纽、主要后方基地等战略目标，实施集中的、连续的突击，企图陷中国于混乱和瘫痪状态，为尔后实施进攻创造条件。因此，必须加以研究和防范。

1961 年 3 月 12 日，总参谋部向中央军委提出了防敌突然袭击的建议。4 月 4 日，总参谋部根据国防部林彪的指示，向各军区、军兵种部署了防敌突然袭击工作。5 月 19 日，国防工业委员会决定，在基本建设工作中贯彻执行“山、散、洞”和“大、小、少”的方针。6 月 12 日至 7 月 5 日，中央军委在北京召开扩大会议，审查修改全军作战计划和防止敌人突然袭击的规定。8 月 12 日，总参谋部下达《关于加强防止敌人突然袭击工作的规定》，提出各大军区、各军兵种均要建立防敌突然袭击工作小组，专门研究敌突然袭击情况和防敌突然袭击的措施，并与有关单位加强联系，共同研究应对之策。9 月，总参谋部和各军区、军兵种相继成立“防止敌人突然袭击工作小组”，组织开展“防突”工作。

“防突”问题的提出，极大地增加了国民经济建设和发展以及国民经济动员准备的复杂性和艰巨性。城市的规划发展、重大经济项目的布局、重要经济目标及动员能力的防护、战略后方的安全性等，都成为这一时期国民经济建设及国民经济动员准备所要考虑和解决的问题。

（三）经济建设与国防建设协调发展

1959 年上半年，军队各有关方面根据中共中央、中央军委的指示，就军队和国防建设中需要国家和地方协助解决的问题进行了调查研究。中央军委有关方面根据各军区、各军兵种呈报的情况，按问题性质分为 10 个方面作了整理。11 月 16 日，中央军委副秘书长萧华将汇集起来的意见建议，向中央军委做了初步的报告。总的情况是国防建设和军事工作中需要国家协助解决的问题很多，主要包括：

军事工程建设,通信、气象、测绘建设,军事工业建设,军用装备物资储备,民兵和兵役,干部工作,人民群众支援军事斗争,科学研究工作等。其中,许多内容都与国民经济动员有关。

在国防交通方面,军队方面提出:从国防需要出发,铁路建设尚需新建一些线路,某些线路建设需提前完工。军队方面提出对铁路修建、扩建的意见和要求,由总参谋部负责统一研究,与铁道部门共同协商,列入国家铁路修建规划中。一般铁路修建都应当考虑到战时的需要。重要交通枢纽应修迂回线或者环线。重要指挥机关应修地下指挥所。重要桥梁应有迂回桥的设计和战时抢修计划。铁路隧道应适当加宽加高,按照坦克宽达 3.2 米和特种车辆宽达 4.2 米、高达 3.1 米标准衡量,原有的隧道不能通过,应设法补救。再修建新隧道时,也应当考虑到这种情况。铁路通信线路,据了解铁道部拟逐步埋入地下,但仍埋在轨道旁边,这样战时易遭破坏。建议在各大车站和重要桥梁等易作为敌机轰炸目标的地方,把线路埋设在距铁道 500 ~ 1000 米之处。在全国公路网建设中,应考虑到国防要求,有计划地增建一些线路,对某些现有线路适当加宽加固,以适应军运需要。同时,通盘研究规划全国军、商、渔港的建设问题和合理使用问题,主要内河干线的深度、宽度和桥梁的高度、跨度,应能通过海军中小型舰艇。

在通信动员方面,全国军用、民用通信网路建设应作统一规划,除中央一级由邮电部与军队通信部门发生密切联系外,军队系统的各一级军区与地方间的协作关系,也应适当解决。

在战略物资储备方面,军队方面提出,为保证战争初期军队弹药、装备、粮食、油料等消耗的及时补给,需要随着国家经济的发展,统一制订战略物资储备计划,并结合仓库建设,逐步付诸实施,在一定年限内达到储备要求数字。

1959 年 12 月 31 日,中共中央、国务院下达《关于经济建设和国防建设关系中若干问题的指示》。该《指示》关于国防建设中需要政府有关部门和地方协助解决的问题共有 16 个,包括机场建设、海港和航运建设、铁路建设、公路建设、水利建设和国防造林、国防工程和营房建设、通信建设、气象和测绘建设、战略物资储备和仓库建设、军用物资分配、非军事系统所需要的军用物资、大中学生的分配和国防体育工作、人民防空和国防教育、战时动员工作、军事技术科学研究工作、国防保密等。该《指示》对战时动员工作问题做出明确规定:为了当战争一旦到来时,能够在尽可能短的时间内,顺利地把全国从平时状态转入战时状态,满足战争对人员、物资和交通运输的巨大需要,应当在平时做好必要的准备工作。总参谋部应当着手研究和拟制战时动员计划,除了人力动员应与民兵、兵役工作结合考虑以外,对于国家各项基本建设特别是工业和交通运输事业,如何做到平时与战时相结合,如何在战时迅速转为战争服务等问题,向国家计划委员会提出要求和建议,由计委统筹安排。中共中央、国务院指出:为保卫社会主义建设成果,防止帝国主义可能对我国发动的突然袭击,在集中力量发展经济建设的同时,必须对国防建设给予足够的重视;建设社会主义和保卫社会主义这两项任务,是密切相关的,都必须努力做好。中共中央、国务院要求各级领导同志必须看到经济力量是国防力量的基础,国防事业的发展必须以经济事业的发展为前提;必须在经济发展的基础上,在经济条件许可的范围内,多、快、好、省地发展国防建设事业。为此,各级地方党委、中央各有关部门,在集中力量领导经济建设的时候,对于国防建设也必须适当照顾,把国防建设列入自己的工作日程,每年抓几次;凡是与国防建设关系比较密切的部门和地区的党委,还应当有专人分工管理这方面的工作;中央各部门同军队相应部门之间,各省、市、自治区党委和政府的有关部门同当地军队领导机关之间,应当建立必要的联系制度,除了日常工作上的联系以外,每年召开几次会议,讨论和处理有关国防建设的问题;国防建设计划必须纳入国家建设规划之内。军队方面,应当提出国防建设的长期规划和年度规划,交国家计委统一平衡,全面安排。经济建设要尽可能注意到平时和战时相结合,并有转为战争服务的准备。某些国防设施,如铁路、公路、仓库、通信等工程,凡是有可能的,也都要适当地照顾到民用,做到军民两利;军队修建的机场、场地、仓库、工厂、基地、工事等重点工程项目及其所需的设备(投资在300万元以上的),应当纳入国家基本建设计划。这些工程的设计、施工和需要的劳动力(包括部分技术人员)、运输力、材料、土地等,除军队方面担负的以外,均由国家统一安排;投资不到300万元的非重点工程,应纳入地方建设计划,由各地统一安排。

为解决经济建设和国防建设相互关系中存在的一些问题,贯彻经济建设与国防建设相结合、军用与民用相结合、平时与战时相结合的原则,中央军委同中共中央、国务院各有关部门经过多次研究,就当时比较迫切,又有条件可能解决的几个问题,于1960年11月9日,向中共中央提交了5个关于经济建设与国防建设相结合的报告,请中共中央批转中央各部门、各省(自治区、直辖市)研究执行。这5个报告是:《关于机场建设问题向中央的建议》《关于海军基地建设等问题向中央的建议》《关于在交通、水利、造林等建设事业中贯彻经济建设与国防建设相结合的原则和建议》《关于气象和海洋工作建设问题向中央的建议》《关于通信建设中几个问题向中央的报告》。中共中央、中央军委认为,经过几年的实践证明,毛泽东在《论十大关系》的报告中提出的关于处理经济建设与国防建设关系的总原则是完全正确的。在这个原则指导下,经济建设与国防建设的关系,基本上是协调的、良好的,随着国家经济较往年大发展,国防力量也显著地加强了。必须在经济发展的基础上,在经济条件许可的范围内,发展国防建设事业,在建立一个独立完整的现代经济体系的同时,建立一个独立完整的现代国防工业体系。国防建设必须纳入国家建设统一规划之内,根据中共中央、国务院的规定,军队方面提出国防建设长期规划和年度规划,由国家统一平衡,全面安排。国防设施要考虑到军民两用,凡是有可能的,也都要照顾到民用,做到军民两利。某些重要国防设施,如铁路、公路、仓库、通信等工程建设,要落实平战结合的原则。

二、国家总动员计划的编制和中止

1961年7月中旬,继“积极防御,北顶南放”军事战略方针确定之后,中央军委批准执行新的作战计划。以这一作战计划为依据,总参谋部在研究制订武装力量动员计划的过程中,协调国家计委,并以国家计委为主成立了战时人力物力动员计划筹备小组,研究制订国家总动员计划及国民经济动员计划。

(一)国家总动员计划的提出

1959年12月31日,中共中央、国务院在《关于经济建设和国防建设关系中若干问题的指示》中,针对战时动员工作指出:为了当战争一旦到来时,能够在尽可能短的时间内,顺利地把全国从平时状态转入战时状态,保证战争对人员、物资和交通运输的巨大需要,应当在平时作好必要的准备工作。总参谋部应当着手研究和拟制战时动员计划,除了人力动员应与民兵、兵役工作结合考虑以外,对于国家各项基本建设特别是工业和交通运输事业,如何做到平时与战时相结合,如何在战时迅速转为战争服务等问题,向国家计划委员会提出要求和建议,由计委统筹安排。

1960年2月27日,中央军委扩大会议结束后,军队根据新的军事战略方针拟制作战计划的工作逐步展开。5月30日,由于作战计划工作已经启动,总参谋部动员部将研究拟制战时动员计划工作列入下半年工作要点。6月25日,副总参谋长张爱萍在全军参谋长会议的总结讲话中指出:总参谋部马上就要动手搞战争动员计划,全军、全国也要研究这个问题,各军区、军兵种也要做好这方面的准备工作;战争年代的后勤工作以吃饭、穿衣为主,如再发生战争,部队最需要解决的问题是燃料、军械,吃饭、穿衣问题主要由所在战区的地方党政机关负责解决。7月8日,总参谋部关于军队战时动员计划的初步设想已经形成。7月20日,中央军委战略小组办公室完成《世界各国关于战争动员问题的经验教训》的编写。8月,总参谋部开始组织力量,搜集和研究有关资料,并着手拟制作战计划中的军队扩大动员计划。该计划规定了武装力量动员、国民经济动员和其他力量的动员。其中,有关国民经济动员的内容主要是:适应战时军事需要的国防主要项目的生产潜力和产量逐年增长情况;战时国防工业生产的潜力和各个时期(1963 年和 1967 年)可能达到的最高产量;战时国民经济体制转化,特别是民用工业战时转产军品的潜力、比例和要求。其他力量的动员包括:各种民用交通运输工具、机场及港口;各项通信设施和器材等;各种医院、医疗机构,仓库及后勤军需物资等。

1960 年 8 月 30 日,总参谋部动员部、装备部和军务部向副总参谋长杨成武提交了一个有关动员计划的报告。他们认为,动员计划涉及战时国民经济体制的转化和民用工业转为军事工业等军外动员问题,单由军队来完成困难很多,应当由国家计委和政府有关部门协助拟制。因此,他们建议以总参谋部名义正式函告国家计委等有关部门参加动员计划的拟制工作。10 月 24 日至 28 日,总参谋部动员部邀请 1955 年赴苏国民经济动员计划工作考察团的主要成员顾卓新、武竞天、安东、乔治、李克和王子刚、解衡等同志,介绍苏联动员计划工作情况,同时就拟制国民经济动员计划交换了意见。同月,总参谋部动员部将战时动员计划的初步意见呈送总参谋部领导。总参谋部动员部认为:应以敌人最大的动员量为主要依据来考虑自己的动员计划,其内容既包括国民经济及时转入战时轨道,也包括各种后备干部、后备兵员和全民的总动员;既包括战争初期战略展开阶段的部队补充和扩大,也包括战略防御、战略反攻和战略追击阶段的人力物力源源补充和扩大;既包括准备坚守地区的人力物力动员,也包括准备机动作战地区人力物力的疏散和转移。此外,既要准备在原子武器条件下的战争动员,又要准备在常规武器条件下的战争动员;既要准备在国内单独作战的战争动员,又要准备出国支援兄弟国家的战争动员。因此,战争动员的组织工作是巨大、复杂的,动员工作任务和基本原则应该是:在党委统一领导下,实行政治挂帅,全党动手,全民动员,贯彻多快好省的方针,一切为了前线,一切为了战争的胜利。10 月 28 日,刘伯承元帅在审阅了有关动员计划工作的文件后指出:

动员工作,对国家包括两个部分:一是国民经济动员;二是武装力量动员,两者要配套。负责这两个方面工作的部门和人员,要经常碰头协商。要设想到战争一旦爆发,可能出现的各种情况,例如,吃饭和穿衣;广大人民群众要疏散、转移,也要吃饭穿衣,而且要生产劳动。战争动员这绝非小事,而是国之大事,军队同地方要彼此协同,很好地组织开展这一工作。11 月 20 日,总参谋部动员部向副总参谋长张爱萍提交了《拟制战时动员计划的工作计划》。计划表明,全军动员计划工作将由副总参谋长张爱萍负总责,在总参谋部战时动员计划拟制小组的领导下,在 1960 年 6 月底至 7 月初初步完成计划的拟制工作。

(二)动员机构的恢复和加强

由于国家战争动员准备的全面启动,特别是战争动员计划工作的需要,国家各有关方面相应地加强了动员机构建设,使一度受到削弱的动员机构得到恢复和加强。

1959 年 10 月底,中央军委召集第一机械工业部、各军兵种和总部领导人开会,讨论军工生产和国防工业建设计划。会上,第一机械工业部部长赵尔陆提出:为解决军工生产的统筹安排问题,应成立国防工业部。11 月 7 日,中央军委常委听取了第一机械工业部部长赵尔陆关于国防工业情况的汇报,初步形成了在中央军委之下成立国防工业委员会的意见。11 月 11 日,中央军委在给毛泽东主席和中共中央的报告中称:目前我国机械制造工业还比较薄弱,如将原第二机械工业部从第一机械工业部分出来,则双方都不能配套,对整个机械制造工业和国防工业都不利;在这样一个过渡时期,既要充分满足国民经济高速度发展的需要,又要尽可能照顾国防工业的发展和统一规划,因此建议在中央军委领导下,成立国防工业委员会,吸收计委、经委、建委负责同志参加,并在这个委员会下边,成立一个小的办事机构,处理日常工作。同时,在国家计委、经委分别成立国防工业生产计划局,掌管国防工业的生产建设计划;计委、经委的国防工业生产计划局和计委的经济动员计划局,应同时接受中央军委的领导;提议方强同志任第一机械工业部副部长兼国防工业委员会秘书长。1960年1月5日,中共中央批准了这个建议。

在中央军委国防工业委员会组建过程中,有关方面酝酿建立了国防工业动员计划机构。1959年11月29日,拟任国防工业委员会秘书长的方强,根据中央军委副主席贺龙、聂荣臻和总参谋长罗瑞卿等领导的指示,提出了国防工业委员会办公室的组织方案。在这个方案中,国防工业委员会办公室由7个小组组成,即组织计划和动员组、导弹组、空军组、海军组、通信雷达组、军械防化与光学组、装甲坦克车辆工程组和一个秘书处。其中,组织计划和动员组包括组长在内共3人,分管组织计划和动员的组员各1人。该组的任务主要有5项,即:编订国防工业建设计划和生产计划;根据国家工业财政情况,编制国防工业基本建设布局、生产以及产品产量的长远计划和年度计划;调整钢材、器材、经费、劳动力各方面的平衡,并把它纳入国家建设计划和生产计划;组织军用民用工业两用问题,平时组织国防工业的民用,同时,计划战时民用工业的动员;在战争开始时组织实施工业动员。12月7日,中央军委副主席聂荣臻决定国防工业委员会共设7个组,即:组织动员组、空军组、海军组、通信组、装甲坦克与工程组、炮牵引车辆步兵武器组、秘书组。聂荣臻还特别强调:动员是个大问题,请方强同志、安东同志与总参谋部、国家计委动员局进行一次研究。国防工业委员会的组织动员组主要是做综合平衡工作,要把民用工业与国防工业密切结合起来。此后,方强根据聂荣臻的指示,将国防工业委员会办公室组成特别是动员机构的组建问题,先后征求了第一机械工业部、国家计委经济动员计划局和军兵种机关的意见,尔后上报中央军委并得到中央军委的批准。

1960年4月,全国国防工业三级干部会议在南京召开。这次会议之后,国防工业各级动员机构得到全面恢复。当时,中央军委国防工业委员会办公室设有动员计划组,国家计委设有经济动员计划局和国防工业生产计划局,国家经委设有国防工业生产计划局。8月,第一机械工业部在第五管理局成立远景动员计划处,负责动员计划工作。此后，第一机械工业部所属企业相继恢复和健全了动员计划机构，成立了主管动员工作的第三科并补充了人员。9月12日，第二届全国人大常委会第二十九次会议决定，国防工业管理机构从第一机械工业部分出，成立第三机械工业部。第三机械工业部成立后，在计划司设动员处，编制两个动员科，分别负责内部和外部的动员工作。同时在主管武器弹药行业的第五管理局，成立了动员计划科。主管坦克车辆行业的六局未设立动员计划机构，但负有战时动员职责。当年，国家计委国防工业计划局设有综合处和6个业务处，其中第6处分管动员工作及民用工业生产军品工作，年内编制了动员试点工作计划，研究了动员所需的投资、材料、设备从什么地方出比较好的问题，为如何进一步开展动员工作积累了一些经验。

1961年11月8日，中共中央根据周恩来总理的建议，决定成立国防工业办公室，作为国务院主管国防工业的部门，在党内向中央书记处和中央军委负责，直接管理第二机械工业部、第三机械工业部和国防科委所属范围的工作。其具体任务是：对常规武器、国防尖端、科学研究、干部培养以及生产、建设等工作，进行统筹规划，全面安排，组织执行和督促检查；加强国防工业部门之间，以及国防工业部门同其他有关工业部门之间，同各军区、兵种之间的联系，并且组织相互协作配合。国防工业办公室成立后，国防工业各部门，在制订计划和执行国家计划的过程中，各项生产建设工作，经常的生产协作，燃料、原料、材料的供应，以及设备的配套、物资调拨等等，仍然作为单独户头，由国家计委、经委负责布置，并且对执行情况进行督促和检查，国防工业办公室予以协助。中共中央任命罗瑞卿为国防工业办公室主任。另设副主任若干人，由1名常务副主任主持日常工作。国防工业办公室成立后，即作为国防工委、国防科委两委的第一线办事机构，两委的日常工作即由国防工业办公室组织进行。12月18日，中央军委决定将国防工业办公室列入军队编制。12月20日，国务院国防工业办公室正式成立。

这一时期，各省、市、自治区负责军工生产和军工动员的机构仍设在党委。河北省建立了中共河北省委军工领导小组及其第二、第三办公室。各地、市也相应成立第二、第三办公室。1960年夏,经中共河北省委批准,成立中共河北省委军事工业领导小组,下设办公室。主要职责是:负责军工企业的领导与管理,制订三线建设布局方案,负责三线建设方面与天津、北京、山西等省、市的协调工作。中共河北省委工业部副部长邵清华兼任军事工业领导小组组长,河北省经委副主任王江涛兼任副组长。“为适应军事工业工作的需要,省直属有关部、委、办、厅、局先后设立专门机构,统一称第二办公室,有人员近百名。”①

在铁路系统,1960年1月,铁道部恢复了1957年缩编的军事动员机构,铁道部机关下设的军事动员处恢复为军事动员局,所属各铁路局的军事动员科恢复为军事动员处。4月28日,广州铁路局成立民兵指挥部,下设参谋部,并在参谋部下设军事动员处,配备2名专职军事动员干部。5月,民兵工作与军事动员工作分开,广州铁路局分别设置军事动员处和人民武装部。1962年1月,广州铁路局军事动员处更名为第三处,并与人民武装部合署办公。

在交通系统,1960年3月4日,广州军区军交处以广州军区司令部名义致函广东、湖南省人委,建议在交通厅、航运厅增设军事动员机构,负责航运和公路方面的军事动员工作。省交通厅和航运厅局的军事动员机构直接隶属于厅、局长,人数根据各单位的实际需要而定。5月上旬,广东、湖南两省根据广州军区的意见,在交通厅成立了军事动员处。广东省还在航运厅成立了军事动员科。1961年,国家交通部要求各直属单位成立第三科,配备专职干部,负责动员工作。1961年3月至4月,国家计委第三局的三处和交通部计划局军事动员处组成联合工作组,赴连云港、南京、上海及武汉等地进行了调查,收集了一些资料,进一步探讨了如何开展动员工作的一些问题。5月25日,国家计委第三局和交通部统计局联合工作组向国家计委党组、

① 《河北省志·国防科技工业志》,第15页,河北人民出版社1995年版。

交通部党组提交了《关于交通部系统动员工作的调查报告》。联合工作组提出:交通系统的基层单位的具体战备工作当前还无人负责,各个单位由于无人担任此项工作,不但不能通盘考虑本单位的战备工作,即连应该做也能够做到的一些战备措施工作,也无法进行。对此,联合工作组建议:在重点的省、市交通厅(局)和较大的港口和航运局应设3人左右的动员科,受党委直接领导;其他单位也应设1~2人的专职干部。这些建议,得到国家计委党组和交通部党组的重视,并在1962年东南沿海紧急战备前采取了相应的改进措施。

(三)战时动员计划筹备小组

1961年6月,中央军委扩大会议在研究讨论全军作战计划时明确指出:作战计划确定后,如何拟制动员计划,是一件大事。此时,主管军队动员及动员计划工作的总参谋部,已经组织完成了"军队扩大动员计划"的编制工作,并从中感到这一工作"牵涉的面广、复杂","其基本任务和机构组成,有必要加以重新考虑"。为此,总参谋部在给中央军委的报告中提出:由于战时动员计划"关系着国家的全局问题",因此仅制订全军战时动员计划是不够的,需要根据军事战略方针和作战计划,结合国家的经济情况和人力、物力条件,统一拟制国家总动员计划。

1961年7月26日,为拟制国家总动员计划,总参谋部向中央军委提出成立国防动员委员会的建议。这一建议的主要内容是:国家总动员计划,既有武装力量动员,又有国民经济动员,它包括军事、政治、经济、交通以及精神力量动员等方面,范围很大,本身就是一个全国各方面有机结合的整体,关系国家和人民生活安危极为繁巨之事,确非军队系统单独所能完成,必须政府和军队的各有关方面密切协作,共同拟制。为此建议:在中共中央、中央军委和国务院统一领导下,组织"中华人民共和国国防动员委员会",下设武装力量动员和国民经济动员两个分会(简称一、二分会),分别由军队系统和国家计划部门兼任,另设办公室作为委员会的日常办公机关。委员会的人选,由1名副总理(或元帅)挂帅,军队、政府有关部门的负责人参加。国防动委会的主要任务:制订国民经济由平时状态转入战时状态的动员计划,主要是国家部分工业由平时为民用生产转入战时为军用生产的计划及准备工作;统一规划战时的人力、物力和军需民用物资的需要量;拟制武装力量的扩大动员计划;制订战时交通运输计划;制订战略物资的储备和后方基地的设置计划;研究实施动员计划的组织工作和政治动员工作等。这些计划的具体拟制办法,先由一、二分会分别拟制,然后由国防动委会做综合平衡工作。此后,总参谋部又根据中央军委的指示,组织各有关部门就文件的主要内容进行了多次协商。

1961 年 10 月 20 日,总参谋长罗瑞卿致信国务院副总理李富春、薄一波。信中称:看来要做好一个全面的动员计划,在短时期内是不容易做到的,鉴于 1961 年各项工作任务繁重,为了不牵涉过多的人力,可暂不成立国防动员委员会,先成立一个筹备小组,着手搜集资料进行研究,提出一个如何制订动员计划的方案;筹备小组由顾卓新主持,总参谋部动员部傅秋涛、曹宇光和总政治部群众工作部谷景生、总后勤部 1 名副参谋长参加,另外再抽调 3 ~ 5 名助手。不久,总参谋部将上述意见正式上报中共中央书记处。11 月 21 日,中共中央书记处书记邓小平批示同意。据此,国家总动员计划筹备小组正式成立。

(四)国家总动员计划工作的中止

到 1962 年 3 月 1 日,在国家计委副主任顾卓新的主持下,动员计划筹备小组的工作已全面运转起来,“在组织上和工作计划上都已有了眉目”。在组织上,筹备小组将动员计划工作划分为兵员动员(人力动员)、工业动员、交通运输与通信动员和后勤保障动员等组织单元。人力动员以总参谋部动员部为主,作战部、军务部和总政治部群众工作部、干部部以及国家劳动部等单位指定专人参加研究;工业动员以国家计委为主,总参谋部装备部、总后勤部、第三机械工业部、第一机械工业部及各有关工业部门指定专人参加研究;交通运输与通信动员以国家计委为主,总参谋部作战部、军交部、通信兵部、铁道兵、铁道部、交通部、邮电部等有关部门指定专人参加研究;后勤保障动员以总后勤部为主,有关部门指定专人参加研究。在工作计划上,筹备小组决定将调查研究动员需求和动员能力状况作为计划工作的第一步,并为此制定了“动员计划调查研究大纲”。其主要内容是:根据中央军委拟定的战略方针和作战计划的要求,以及国民经济发展的可能情况,对战时人力、物力需要与国力可能进行调查研究,大体摸清战时需要与国力可能之间的适应情况;国民经济的主要薄弱环节;为满足战争需要而必须建立的动员能力和需要进行的准备工作;研究5年、10年动员工作的任务、方针、政策和方法步骤,以及在平时国民经济建设中如何贯彻国防要求;向中共中央、中央军委提出编制战时动员计划的要点和控制数字,以及开展动员工作和建立健全动员机构的建议报告。顾卓新在给中央军委的报告中提出,上述任务拟用半年左右的时间进行研究,并向中央提出建议报告。待中央批准后,拟于1962年下半年起,用半年到一年的时间正式编制动员计划。国家总动员计划的基本点有两个:一个是50万人打半年,另一个是300万人打一年。动员计划筹备小组据此组织国务院有关部门,对国家国民经济动员能力进行调查研究和测算。国家计委、经委和各机械工业部,为此做了大量工作。

1962年5月5日,国家计委、总参谋部通知成立战时人力、物力动员计划筹备小组。通知明确:以国家计委和总参谋部为主,吸收总后勤部和国家有关部、委的人员,组成战时人力、物力动员计划筹备小组。其中,工业动员工作小组以国家计委为主,总参谋部装备部、总后勤部、第三机械工业部、第一机械工业部、农业机械工业部、纺织工业部、轻工业部、化学工业部、冶金工业部派人参加。6月,东南沿海紧急战备开始后,动员计划工作转向对台作战动员计划上来,国家总动员计划拟制工作因此停顿下来。

三、动员能力建设试点

20世纪60年代初,随着“积极防御,北顶南放”军事战略方针和军队作战计划的确定,以及国家总动员计划工作的全面展开,国家反侵略战争准备对国民经济动员能力的要求也逐步明确。然而此时国民经济动员的基础还十分薄弱,加上此前受到“大跃进”的冲击,50年代中期建立的国民经济动员组织和动员业务尚处在恢复之中。在这种情况下,国家计委在下达1961年国民经济动员准备工作试点计划中称:立即全面进行国民经济动员能力建设是不现实的,现阶段首先要做的是迅速整顿组织机构,重建动员业务,以便学习技术、积累经验,为建立动员能力准备条件,为编制长远动员能力增长计划准备资料。因此,从1960年开始,在国家计委的统一组织下,国家有关部门着手进行动员能力建设的试点工作。试点的内容主要包括:试编部分工业《1960~1963年战时动员规划》,进行民用工业转产军品试点,以及在铁路、交通、邮电部门进行战时抢修备料储备等工作。为了试点的需要,国家在物资供应上建立了民用工业和铁道、交通、邮电部门的军用物资订货户头,即此前只有国防工业企业才能享有的“〇字户头”。

(一)试编战时工业动员规划

1959年11月11日,中央军委在给毛泽东主席和中共中央的报告中明确:国家计委的经济动员计划局应按照中央批准的战略方针,着手规划平时工业转入战时体制的动员准备工作。1960年4月6日,总参谋部装备计划部门提出了战争第一年装备需要量。同月,中央军委国防工委、第一机械工业部在南京召开国防工业三级干部会议,传达中央军委广州扩大会议精神。会议确定的主要事项之一,是根据总参谋部装备计划部门关于战争第一年装备需要量的设想,试编《1960~1962年战时动员规划》,规划的范围限于第一机械工业部所属的国防工业和民用工业,及其全部军工产品包括动员产品。这次会议之后,根据中央军委的指示和总参谋部提出的战时动员需求,在国家计委主持下,结合拟制国家总动员计划,第一机械工业部试编《1960~1962年战时动员规划》工作全面启动。

国家计委在组织试编《1960~1962年战时动员规划》的过程中提

出的编制原则是:既要适应战时需要,又要满足发展生产的需要。总的目标是:为国防工业生产配套产品的民用工业企业,要做好与国防工业动员能力相适应的扩大生产能力计划和准备工作;根据战时需要,民用企业要做好战时转产武器装备的计划和准备;新建民用厂时,应按照军民结合原则进行设计,使之具有两套本领,既适应和平时期发展国民经济的需要,又适应战争时期国防的需要。总的要求是,战时动员能力和转产方向要根据已有工业基础,结合战时国家对军工产品、战略物资及民用产品的需要,综合平衡军需与民用,在满足军品配套并适当考虑战时民用产品的最低需要后,以最大可能动员生产战略物资或转产军品。由于国防工业动员计划工作的基础较好,加上“一五”期间国家工业化水平的迅速提高,以及“二五”计划工业建设的目标明确,因此,《1960~1962 年战时动员规划》的试编工作进展得比较顺利。

1960 年 7 月 12 日,第一机械工业部计划司完成《1960~1962 年战时动员规划》编制方案的拟制工作,并将编制方案发给第一机械工业部各有关部门及直属单位征求意见。7 月 28 日,第一机械工业部下发指示,对战时动员规划编制工作和其他动员准备工作提出明确要求。年内,在国家计委经济动员计划局的具体指导下,第一机械工业部完成了《1960~1962 年战时动员规划》的试编工作。规划规定了全国国防工业和民用企业参加战时武器装备生产的任务。其中,全国战时动员转产军品的民用企业为 155 个,其中包括重型机械企业 41 个、机床企业 30 个、电讯企业 51 个、电机企业 29 个、轴承企业 4 个,涉及华北、东北、华东、中南、西南、西北等各战略区。规划民用工业企业主要产品战时动员生产能力为:坦克 5600 辆、装甲牵引车 1000 辆,各种火炮 4.56 万门,火箭炮 4000 门,火箭筒 10 万具,各种枪支 105.6 万支,各种炮弹 1700 万发,引信 1900 万个。《当代中国兵器工业丛书·兵器动员》称:《三年规划》是中国工业动员的第一个动员规划方案(轮廓)。规划编制后,报送了国务院副总理李富春、贺龙。

第一机械工业部在试编《1960～1962年战时动员规划》的过程中,为获得充分的依据,进一步开展了“企业动员能力查定”工作。1960年,第一机械工业部要求军工企业,对生产能力进行一次普遍的查定,以便为编制动员计划提供依据。据此,各国防工业企业对生产能力进行了一次比较彻底的查定,有些企业还将查定工作制度化、经常化。1960年10月至1961年10月,282厂适时组织了三次生产能力查定工作。为此,第一机械工业部在国防工业系统推广了这个厂的经验。

第一机械工业部试编《1960～1962年战时动员规划》取得的经验,对这一时期国民经济动员业务建设和战时动员准备工作起到了很好的示范和指导作用。1961年6月2日,第三机械工业部下发《国防工业动员计划工作任务及各级动员计划部门的任务与职责范围(草案)》,对动员计划工作做出全面规范。同年,国家计委根据第一机械工业部战时动员规划试编工作取得的经验,制定并下达《关于1961年国民经济动员准备规划(草案)编制问题》的规定,为各经济部门编制动员准备规划提供了依据。同时,国家计委还依据第一机械工业部试编的战时动员规划,下达了《关于国民经济动员工作的准备问题》的指示,为战时动员规划的执行提供了依据。

(二)战时民用工业转产试点

这一时期组织开展的民用工业转产军品试点,主要包括三个方面:一是组织民用工业企业担负为国防工业的生产配套和原材料供应。1960年布加勒斯特会议以后,由于中苏关系出现破裂,苏联不仅撤走在华的苏联专家,而且停止了对国防工业重大设备、原材料和军事装备的供应。此前,国防工业所需原材料和配套单机的20%都是由苏联提供的。为支持国防工业建设和武器装备的生产,国家开始组织国内民品生产企业,为军事装备生产提供协作配套。为此,国家计委会同有关部门,制定了民用部门装备生产和配套目录。二是组织民用工业直接为部队生产和试制专用装备器材100多种(改装车29种、专用工程机械8种,防化救生器材、计时机械、器材等63件)。

三是根据产品工艺设备相近、经济合理、布局适当的原则,在民用工业企业建立武器动员生产线。在民用工业企业建立的武器动员生产线又分为三种情况:第一种,平时承担一定数量的军品生产任务,有一定的设计、科研、试制新产品的能力,战时能够成批完成军品生产任务;第二种,有一定数量的专业技术人员,平时以练技术为主,战时能迅速投入军品生产;第三种,平时做好组建工业动员生产线的规划、准备好图纸资料和专用设备,战时再健全生产线,组织军品生产。

1960 年 5 月 6 日,第一机械工业部党组向国家计委提交《国防工业 1960 ~ 1962 年建设计划(草案)》,"请国家计委审查指示"。按照该《计划》:民用工业从 1960 年开始就要编制动员计划,规定 1962 年时应动员的产品和数量,并在三年计划内进行民用工业转产军品试点,以便摸索经验,进行必要的准备,为战时动员创造条件。第一机械工业部党组认为:战时需要的大量常规武器,除了国防工业实行战时体制加大生产能力以外,大部分要靠动员民用工业来生产,为此必须作好民用工业战时动员准备工作。为把计划落到实处,第一机械工业部党组要求新成立的动员计划司,在 1960 年着手编制动员规划,同时选择一批民用机械工厂试制和掌握军用产品的生产技术,以便摸索经验逐步完成战时动员的准备工作。第一机械工业部党组还明确要求注意解决新建民用机械工厂怎样具备生产军用产品能力的问题。当年,"二五"计划前三年中安排的首批民用工业军品生产试点,仍在继续进行。承担 7.62 毫米半自动步枪动员生产任务的沈阳风动工具厂,第一批投料试生产后,因验正设备、工艺、工装、每道工序问题较多,废品率太高,零件品种没有收齐,成枪没有装成。同年 12 月 12 日,纺织工业部在天津纺织机械厂进行的冲锋枪生产试点正式开始。当日,该厂宣布成立军工车间——即原第九车间。车间职工由各部门选调组成,增添了相应的专用设备。由于生产的安全性和保密性,车间相对封闭独立,生产计划由上级军工部门和厂级专人领导。

1961 年上半年,由国家计委统一安排的战时民用工业转产试点,在国务院有关部委的组织下全面展开。4 月 17 日,经国家计委批准,国家建筑工程部《下达1961年国民经济动员准备工作试点计划》。该《计划》称:1961年国民经济动员准备工作试点计划的主要任务是学习技术,积累经验,为建立动员能力准备条件,为编制长远动员能力增长计划准备资料。据此,1961年动员准备试点工作有五项。即:准备工艺技术资料;进行少数干部和工人的技术培训;进行转产措施方案及转产设计的编制;进行战时动员规划的编制;在少数有条件的工厂企业中进行产品的少量试制。到1961年全国共组建了11条动员生产线。当年,国家计委在国民经济动员准备工作试点计划中,把四川省成都金属结构厂列为第一类动员准备转产企业,动员方案是生产1959年定型生产的"533"型轮式装甲输送车车体。为此,成都金属结构厂编制了转产措施方案,进行了转产设计和编制战时动员规划的工作。8月,中央军委国防工委在北戴河召开会议。会上,根据海军的要求,确定试制130毫米海岸炮,为此成立由海军政委苏振华、炮兵司令员邱创成、第一机械工业部副部长汪道涵、第三机械工业部副部长刘鼎、冶金工业部副部长刘彬等领导组成的专门小组,负责筹划岸炮试制工作。

经过半年的准备,1962年2月,国务院国防工办邀请国家计委、国家经委、冶金部、一机部、三机部、海军、炮兵等单位的负责人,开会讨论双管130毫米海岸炮试制问题。会后,国务院国防工办向李富春副总理、薄一波副总理提交了关于安排试制双管130毫米海岸炮的意见。该报告最终经周恩来总理、中央军委、中共中央书记处批准。此后,以富拉尔基第一重型机器厂为总装厂、以苏联OM-2-1双管130毫米舰炮为样本,由多个企业协作生产双管130毫米海岸炮的动员生产线建设正式展开,开创了动员生产线生产重型武器装备的历史。按照国务院国防工办、国家计委的要求,双管130毫米海岸炮动员生产线,以600万元的投资,在1964年年底以前形成6至8门火炮的生产规模。此项工作,由第三机械工业部第五管理局成立设计室,总设计师为李近仁,负责火炮的总体配置设计、炮架改装设计及指导有关配套设计和生产技术工作;第一重型机器厂为火炮试制和生产的主导厂,负责火炮的炮管、炮尾、炮闩、被筒、炮架、驻退复进机、方向机、高低机、运动体等的制造和火炮的总装,以及备件、附件与工具的配套;齐齐哈尔第一机床厂负责火炮引信测合机、装弹台、装定分划器三个部件的配套试制和生产;447 厂负责液压传动装置的试制和生产;123 厂为炮弹的试制和生产的主导厂,负责炮弹的工艺设计、生产和总装试验,并协调和指导引信、底火、发射药厂(524 厂、844 厂、375 厂)的试制和生产。

(三)弹药技术动员准备试验

1961 年 1 月,国家计委国防局主持召开了由总参谋部装备计划部、国防科委、炮兵司令部、总后勤部军械部、第三机械工业部派人参加的"弹药行业技术方面动员准备会议"。会议研究的主题,是在和平时期采取技术方法,保持弹药动员的生产能力,以解决弹药平时用量小、战时用量大的问题。会议确定,弹药行业技术动员准备的原则为:多研究,多试制,质量第一,符合战术、技术要求,和战结合,从战时需要出发,从战时经济需求出发。主要任务是:抓代用材料及新工艺的研究与试验。代用材料,主要是用钢质及陶瓷材料代替铜质材料,以及用阿马托代替梯恩梯炸药。新工艺,主要是研究解决弹药生产自动化、管道化,并从战时民用工业转产军工产品的需要出发,进行卷制法生产钢质药筒(即焊接药筒)和用热挤压法生产弹体、药筒及引信体的研制。这次会议之后,第三机械工业部根据会议的要求,在国家计委、国防工委、国防科委和总参谋部的支持下,有计划地进行了弹药技术动员准备,并在钢质药筒焊接上取得了突破性进展。

(四)动员物资储备工作的开端

为保证已定型的武器装备,能够在需要时顺利地由平时生产状态转入战时扩大生产状态,兵器工业从 1961 年开始,着手建立用于满足战时扩大生产需要的动员物资储备。1962 年,经国家计委批准,第三机械工业部在 42 个兵工企业进行了动员物资储备。在此过程中,建立动员物资储备的兵工企业,根据本企业生产中所需各项物资的目录,确定储备与否和储备时间,编制企业动员物资储备目录,而后根据上级批准的储备目录,编制动员物资储备计划。通常,原材料、半成品、配套件,按战时扩大生产需要量的3个月进行储备,特殊物资为6个月。一般工艺装置,按战时与平时月需要量的差额进行储备。产品图纸和技术资料,一般按照工厂由平时转入战时扩大生产的需要份数储备。此外,还要储备一些精密的、制造周期较长、易磨损的军工专用设备。动员储备物资的来源有三种:一是由国家按计划每年向企业调拨,二是企业从年度生产计划节余中转入,三是企业停产或减产后闲置的或剩余的物资。所需资金,原则上不从企业流动资金中解决,由国家按批准的储备物资计划拨付。日常的维护保管、试验消耗等费用,从企业管理费中开支。

(五)"战时抢修备料储备"试点

1960年,铁道部、交通部、邮电部根据国家计委关于国民经济动员试点的要求,进行了"战时抢修备料储备"试点。铁道部的"战时抢修备料储备",主要是钢轨、枕木、工字梁和一些抢修工具。此外,铁道部还根据铁路通信保障的需要,储备了通信电缆、裸铜线、被复线、电杆和通信信号设备。国家财政部为铁道部"战时抢修备料储备"专门设立了编号为"450"的特准储备资金科目,因此,铁道部的战备物资也称"450"物资。该项战备物资以铁道部直属的运输和物资管理单位为储备单位,抢修器材和轨料由运营工务系统具体管理,其他铁路物资由物资系统管理。交通部在试点中主要进行了储备公路战备钢梁的工作。所储钢梁,大都分配到各省、市、自治区交通部门代储代管,具体管理责任落实到公路管理部门。邮电部储备的战备物资主要有通信电缆、裸铜线、被复线、电杆和电话交换机。

四、"八字方针"与动员基础建设

1958年开始的"大跃进"运动,不仅对经济建设产生了严重影响,同时也对国民经济动员基础建设带来严重的冲击。1960年9月30日,经周恩来总理审定,中共中央批转国家计委党组《关于1961年国民经济计划控制数字的报告》,提出了"调整、巩固、充实、提高"的八字方针。在这一方针的指导下，国家经济战线逐步克服“大跃进”给经济建设带来的不利影响，并以此安排各项经济建设及动员基础建设，从而使国家经济建设及国民经济动员基础建设又有了新的起色。

（一）国防科技工业的全面整顿

1960年4月，国防工业委员会在南京召开国防工业三级干部会议。参加会议的有国务院主管国防工业和民用工业的各部部长、副部长、司（局）长，国防工业企（事）业单位和民用工业承担军品任务的企（事）业单位的党委书记、厂长，还有军种、兵种负责人。会议传达学习了中央军委广州扩大会议尤其是关于国防工业的方针政策，并就贯彻落实工作进行了部署，要求各有关方面按照中央“两弹为主、加强常规”的原则，优先安排导弹和原子弹研制配套任务，积极试验生产海军和空军所需的武器装备，同时加快自行研制陆军武器的步伐。

南京会议召开前，贺龙、聂荣臻等视察了成都飞机制造厂。该厂党委书记向贺龙、聂荣臻汇报说：这个厂是在1958年10月18日动工的，上级提的口号是“一个钱顶两个钱用”，“一百天建成工厂”，要全面铺开，快速施工，就地取材，因陋就简，还要边施工、边试制、边生产。因此，所有厂房的设计标准都低，屋架跨度大，横梁小，立柱细，承受重量过大。厂房全部采用木屋面、木望板、木檩条、木框天窗和木制大侧窗，就连铸、锻和热处理高温车间也是木结构，随时都有起火的危险。车间的地坪过薄，而且把原设计的水泥地面改成了沥青地面，机器一开，地面就震动、下陷，不能保证加工精度。

南京会议结束后，贺龙等将调查了解的情况同周恩来总理、李富春副总理等交换了意见。很快，国家计委就向成都两家飞机工厂派出专门检查组，并在两个月以后向中共中央提交了《关于成都两厂质量问题的检查报告》。中共中央在报告上批示：成都两个厂工程质量问题的性质是严重的，必须从中吸取教训。机械工业部应进行一次全面的工程质量检查，凡质量不好的，影响安全和生产的工程，从速采取措施，予以解决。5月24日，贺龙在实地考察后给中共中央提交了《关于沈阳飞机厂和沈阳发动机厂产品质量问题的报告》《关于国防工业生产和建设中几个问题的报告》。6月,毛泽东主席在上海会议上严肃地指出:“把质量提到第一位,恐怕到时候了。”同年9月,中共中央书记处主持召开了国防工业系统的电话会议,就整顿产品质量问题提出了要求。贺龙在电话会议上,就军工产品质量问题作了重要讲话。他说:军工产品质量不好,不仅影响了国家计划的完成,给国家经济造成重大损失,而且直接影响了部队装备供应和对敌斗争,还丧失了宝贵的时间,耽误了掌握新技术的进程。因此,必须明确认识质量问题的严重性和解决这个问题的迫切性,下最大决心狠抓质量。但是,由于种种原因,1960年上半年国防工业的生产形势仍十分严峻。国家有关方面调查发现,由于钢材供应不足,一些产品质量未能过关,很多备件生产亦不能满足部队装备、维护、修理的需要。

1960年11月30日至1961年1月6日,国防工业三级干部会议在北京召开。这次会议的主要任务是:以整顿军工产品质量为中心,整顿国防工业各级干部思想和作风。贺龙在讲话中提出了17条有关国防工业建设的准则。主要包括:国防工业建设必须立足于应付帝国主义发动的世界战争和核战争;国防工业必须为国防建设和军队建设服务;必须奋发图强,自力更生;国防工业必须随着国家独立完整的经济体系的建立逐步建成完整的体系;国防工业必须贯彻执行军民结合、以军为主的方针;国防工业必须贯彻质量第一,在确保质量基础上求数量的方针;在突破尖端技术或基本建设的工作中,应当集中兵力打歼灭战,使项目逐个按期完成;必须树立忠诚老实、实事求是作风,反对浮夸,反对弄虚作假;继续贯彻全党、全国、全军办国防工业的方针。国防工业系统三级干部会议结束后,中共中央批转了贺龙《关于国防工业当前存在的问题及今后工作安排的报告》。依据这次会议和中共中央批转的报告,国防工业系统开展了以提高产品质量为核心内容的整风运动。到1961年年底整风运动结束时,“国防工业面貌焕然一新,质量整风收效十分显著”。“这次质量整风运动,是国防工业建设史上规模最大、收效最好的一次整风运动。从此国防工业生产建设走上健康发展大道。”①据 1962 年电子工业系统对产品质量的分析,在 84 种整机中,第一类完全合格的产品有 68 种,第二类基本合格的产品有 12 种,第三类为某些技术条件尚未达到、使用部门同意降格使用的产品 4 种。电子元件的一类品上升到 60% 左右,三类品从 1961 年的 11.2% 下降到 1962 年的 6.5%。电子管的一类品从 1961 年的 42.2%,上升到 1962 年的 90%。

(二)“三线”布局思想的确立

1960 年 2 月,中央军委广州扩大会议,部署了反侵略战争的准备工作。这次会议为国防工业建设制定的总方针、总任务是:鼓足干劲,力争上游,多快好省地建设社会主义的国防工业,力争在不太长的时间内,随着国家独立完整的经济体系的建立,建立一个独立完整的国防工业体系。中央军委广州扩大会议指出:国防工业布局要完全符合我国战略方针的要求,保证在现代化战争条件下能够不间断的高速生产,保证防御、反攻、追击三个阶段对武器装备的需要。为此,第一,主要生产基地应设在预定固守的战略纵深,同时要考虑到各大战略区必要时独立作战的情况。第二,厂址选择要坚决贯彻“靠山、隐蔽、分散”的原则,尽可能在山洞或地下建设,或者随时准备迁入山洞和地下,同时要有防核、防化学的防护设施。第三,在充分发挥沿海一线国防工业企业潜力的同时,积极加强第二线和第二基地的建设,要使我国国防工业成为摧不毁打不烂的工业,在敌人实施大规模原子战略轰炸的情况下,即使第一线以及暴露部分遭受严重破坏,第二线和第二基地仍然能够继续高速生产,源源不断地以武器装备供应前线。

1960 年 5 月 6 日,第一机械工业部党组在向国家计委报送《1960～1962 年国防工业三年建设计划(草案)的说明》时指出:根据中央军委“北顶南放”的战略方针,确定各战略区国防工业企业占全国国防工业企业总数的比例,从高到低依次为西南区 23.8%、西北区

① 刘正栋:《铸剑》,第 228 页,航空工业出版社 2007 年版。

20.9%、华北区16.2%、中南区为16%、东北区为11.7%、华东区为11.4%。总的目标是:拥有强大的、完整的、布局合理的武器装备制造基地,保证战时持续生产。12月29日,总参谋部装备计划部在向总参谋部提出国防工业体系布局的建议中提出:国家在工业布局上存在着较多的问题,主要表现在:适于南方使用的水陆坦克,却设厂在西北地区;战时在沿海大量使用的水雷,却设厂在中原地区。此外,工厂规模过大,多数在2000人以上,甚至有多达2万人以上者,且绝大部分集中在几个大城市,一旦爆发战争,有在短期内被摧毁的危险。总参谋部装备计划部的建议是:国防工业建设在体系布局上,逐步地有计划地根据各地区的原材料供应情况,以不同的工业为骨干,分区分期建成特点不同、成龙配套、独立完整的体系,以防止在战争初期我各战略区被敌分割时,能就地装备,就地补给,独立地完成作战任务。具体建议是:在1961年至1967年内,逐步按省、市、区建成生产步兵营以下轻武器和弹药的工业体系23套;按战区建能生产师以下中型装备、弹药和一般技术器材的工业体系5套;按战略区建能生产师以上大型装备、弹药和较复杂的技术器材的工业体系3套;按沿海、沿江区建成能生产中、小型舰艇和其他尖端装备的工业体系1套。第一机械工业部和总参谋部装备计划部的上述规划和建议,得到国务院、中央军委的批准和采纳,对此后的工业建设特别是国防工业建设,产生了重大而又深远的影响。

(三)国防工业贯彻"和战结合"方针

自国防工业贯彻"和战结合"方针利用剩余能力生产民用产品后,如何保持国防工业的军品生产能力,就成为国防工业系统探索解决的一个问题。

1959年,国防工业总产值55.8亿元,其中民品产值28.9亿元,占总产值的52%。主要民用产品的产量:重型设备14762吨,通用设备7121吨,发电设备24.7万千瓦,变压器59.6万千伏安,机床6413台,锻压设备638台,吉普车281辆,公共汽车971辆,拖拉机58台,轴承210万套,动力机械24万马力,民用飞机170架。1960年计划总产值82.5亿元,其中民品产值39.7亿元,占总产值的48%。

1960年5月6日,第一机械工业部党组根据中央军委三年突破尖端武器和加速建设现代化国防工业体系的指示,明确提出:国防工业建设必须服从国家经济建设,服从国家战略方针,服从建军方针和服从现代战争及全民战争的要求。现代化的独立完整的国防工业体系,就国防工业本身应具备3个条件:第一,拥有强大的具有世界最先进水平的科学研究、产品设计和生产队伍,完全掌握了导弹、核武器以及其他各种最新式武器的技术,能够独立设计和制造最新型号的产品;第二,拥有强大的、完整的、布局合理的武器装备制造基地,无论是尖端武器或常规武器的制造工业都逐步齐全没有缺门,保证在战时持续生产;第三,按战时常规武器最大需要量在平时组织好民用工业的动员准备,在产品品种、数量、质量上逐步满足现代战争与全民战争的需要。为建立现代化的独立完整的国防工业体系,在做法上主要分为三个步骤,即3年开始突破尖端,5年大体形成体系,8年基本达到独立完整,使常规武器不断改进和提高。至于战时需要的大量地面武器,还需要动员民用工业的生产能力来解决。同时贯彻和战结合的方针,积极生产民用产品,支援国民经济高速度的发展,同时也装备自己。6月30日,第一机械工业部在向国务院的报告中提出:在国防工业企业中组织民品生产,不是另搞一套,而是根据各类不同企业的生产特点和设备能力,按照工艺性质和设备条件选择生产对象。第一类是工艺性质完全一样,厂房设备均可全部利用。如无线电厂生产各种民用无线电设备,军用造船厂生产民船。第二类是工艺性质基本相似,设备大部分可利用,厂房可全部利用,只需调整增加专用设备及小部分薄弱环节上的设备。如坦克厂生产拖拉机、推土机。第三类是工艺性质相近,一部分生产设备及大部分厂房面积可以利用,而必须增加大部分的特殊设备和大型设备,还须相应的增加一部分厂房及起重设备,如炮厂生产重型设备;炮弹厂生产大中型电机。第四类是工艺接近,只利用工厂的辅助车间及全体人员,基本车间全部新建。如火药厂生产人造纤维。当年,第一机械工业部在第一、第二类工厂中,大量地组织了民用产品的生产,在第三类工厂中进行了相当数量的生产,由于设备等条件限制,还没有充分发挥其潜在力量,第四类工厂只是进行了一部分化工原料的生产,产量还不大。第一机械工业部认为:一般情况下军民比重可以各占一半进行规划。其中:航空工业可按25%~30%,造船工业可按50%~67%,无线电工业可按30%~40%,兵器工业可按70%~75%进行民用产品的安排。据此,第一机械工业部在1960~1962年国防工业建设规划中,对每个重要的国防工业企业都按照它的特点和工艺性质,本着军民结合的原则规划了军、民两套生产方案。第一机械工业部预计,如果该计划能够顺利实现,则1962年国防工业的军、民品总产值可达到200亿元,其中民品总产值约100亿元,占军、民品总产值的一半,三年平均增长速度为51%,国防工业企业的民品产值约为全国民用机械产品总值的1/12。1960年,第三机械工业部下达了做好动员准备工作若干问题的指示,对国防工业军品生产能力保持的政策制度进行了充实完善。

(四)地方军工的初步建立

1959年9月,总参谋部动员部在编制民兵组织建设和军事训练三年规划时,对民兵武器装备的发展问题进行了分析。当时,全国民兵共有武器266万件,缺口大而且质量差。总参谋部动员部预计从1959年到1962年,部队能换装下来的枪仅有百万支,还不能全部交给民兵。在这种情况下,总参谋部动员部建议:凡有条件的省份,是否在1960年开始试造一些武器、弹药,逐步摸索制造民兵武器、弹药的经验。这个建议得到总参谋长罗瑞卿、副总参谋长杨成武、张爱萍的同意,并指示总参谋部动员部会同有关方面,对民兵武器的生产建设问题进行规划研究。在此后一年多的时间里,总参谋部动员部会同有关部门就1960年至1962年民兵武器装备生产计划及地方军工企业建设规划,先后拿出了多个方案,最终将三年民兵武器生产的种类,从步兵师的全套装备,降低到步兵轻武器和无坐力炮、迫击炮,将民兵武器生产量从最低700万件,降到300万件;将新建民兵武器制造厂的数量从最低206个，降到26个。

总参谋部动员部进行民兵武器三年生产规划的同时，也积极推进省区民兵武器、弹药制造厂建设试点工作。1960年2月24日，已有21个省、市、自治区研究制订了建设民兵武器制造厂的初步计划。其中，安徽、福建两省的民兵武器制造厂已按计划开工兴建。6月18日济南军区报告，该军区计划在1960年新建一个年产4万支半自动步枪、1万支冲锋枪的工厂，1961年下半年投入生产。1962年再筹建一个年产5万发步、机枪子弹的工厂。该军区还计划1960年在几个专区、市的机械工厂中，抽出一部分机床和工人就地组成修械车间，两年内将十多万支旧杂枪支修理完毕，并逐步试制半自动步枪或冲锋枪。到1962年将这些修理车间逐步加以扩建，使每个车间都能年产5000支半自动步枪。9月5日，武汉军区报告：河南省民兵武器制造厂筹建工作进展顺利，已配职工600名，预计年底时职工数可达到1000人左右；河南省委已同意为该厂投资200万元，并将这个厂的建设列入省基本建设重点项目，现已建成两个车间，准备试制武器。

1961年12月，总参谋部动员部对安徽、河南、内蒙古、河北4个“初具规模”的民兵武器制造厂的情况进行了调查。调查的结果是：这4个厂都是省委、自治区党委决策，地方投资，军区筹办的，已经过勘察设计、备料施工、购置装备、培训工人等系列工作，初步具备了生产基础。负责设计的是第三机械工业部五院，设计的规模：安徽、河南是年产半自动步枪各7万支，战时三班生产可达10万支；内蒙古是年产半自动步枪10万支，战时三班生产可达15万支；河北省是年产半自动步枪6000支到1万支。4个厂建成后年产量达25万支，战时可达36万支。第三机械工业部经与各厂研究，初步确定1962年的试制任务，分别为安徽、河南各150支，内蒙古、河北各500支，共计1300支。1962年1月16日，国家计委、总参谋部、第三机械工业部向河南、安徽、河北、内蒙古的4个民兵武器制造厂正式下达了试制生产任务。

(五)战略战役交通网路的早期筹划

1960年1月,铁道部召开全路军事动员领导干部会议。会议确定铁路战备工作应当贯彻“全面准备,重点建设”的方针和“掌握重点,带动全面,土洋结合,小集中,大分散,平战结合”的原则。5月17日,总参谋部军交部根据刘伯承元帅的指示精神,与总参谋部、总后勤部、海军、空军有关部门的负责人,共同研究提出了有关交通网路建设的原则和对铁路建设的意见,并将意见呈报总参谋部首长。总参谋部军交部认为:根据中央军委的战略意图和平战结合的原则,应当在国家统一规划下,逐步建成适应现代战争要求的战略、战役交通网,以保证战时部队机动和物资供应;战略、战役交通网的布局,应以全国主要政治、经济、军事中心,陆、海、空军兵力的基本部署,战略、战役的作战意图和各种基地的布局为依据;交通网路的运用,在战略上以铁路和水路干线为主,在战役上以铁路为骨干,并与水路、公路、空运结合成为完整的交通体系。交通网的构成,基本上既能保证战略、战役机动和变更部署,又能保证战略后方畅通无阻地进行组织工作和运输工作;在建设步骤和程序上,应以战略防御为重点,并积极为战略反攻、战略追击做必要准备,战略、战役交通网中的铁路和空运,以及具有战略性和重要战役性的公路和水路,应由总参谋部根据总的战略意图提出规划,上报军委批准后,呈请国家规划建设。为了做好防御敌人可能发动战争的准备,要求从1960年到1964年修建具有军事意义的铁路22条,总长7440公里,并建成长江黄河水下隧道,完成16个重要铁路项目的预设计和重点工程。整个战略、战役交通网要求在1967年前后基本建成。5月21日,总参谋部战略小组刊印了总参军交部呈报的《关于水路建设的意见》和《关于船舶制造的初步意见》,建议国家在建设以四纵(松辽运河、京杭赣粤运河、京广运河、郑芜运河)、六横(黑龙江干流、黄河干流、郑徐海运河、长江干流、淮海运河、珠江干流)十大干线为纲的全国水运干线网时,应当根据已确定的战略、战役交通网的构成原则,尽可能满足海军舰艇在内河机动和水路军事运输需要,避免战时港口、码头遭到破坏给军运带来的困难。7 月 17 日至 20 日，为贯彻总参谋部关于加强交通战备动员的指示精神，南京军区在南京召开交通战备座谈会。参加会议的有江苏、浙江、安徽、上海等省市交通、水利部门的负责人，还有本区内铁路、航务部门的负责人和各军种、兵种、省军区的参谋长和军区司令部有关处及驻沿线军运处的负责人。会议就交通网的规划、船舶建造、战时交通指挥管理体制、交通战备保障计划、军事动员机构建设等方面的问题交换了意见，并着重研究了南京军区关于铁、水、公路交通网的建设，如何与地方交通网的规划相结合的问题。9 月，交通部和总参谋部军交部在武汉召开港口战备工作会议，研究了港口的战备工作原则和措施，并对整个水路的交通战备工作进行了研究部署。

1961 年 3 月至 4 月，国家计委第三局第三处和交通部计划局军事动员处组成联合工作组，赴连云港、南京、上海及武汉等地进行了一次调查，探讨如何开展交通动员工作。5 月 25 日，国家计委第三局和交通部统计局联合工作组向国家计委党组、交通部党组提交了《关于交通部系统动员工作的调查报告》。联合工作组认为：以当时公路、水路与港口的现状，不能适应战时运输的需要。特别是对平时运输还不甚急需，而对战时运输影响较大的一些问题，尚未引起领导的足够重视，诸如省际间断头路较多的问题。另外，战略性公路一般标准较低，大部分雨季不能通车，这个问题在长江以北各省、市、区较为突出。水运方面存在的问题是战略性航道尚未开挖，码头设备还远不能适应重型装备装卸的需要，船岸之间引桥负荷能力太小。对此，联合工作组建议：交通系统的战备工作，必须根据中共中央平战结合的方针和中央军委积极防御的战略方针，结合交通的具体情况，把交通战备工作有计划有重点地开展起来。其工作重点是：摸清情况，分析薄弱环节，做到心中有数；根据需要与可能重点进行试点工作；积极创造条件及早编制战备规划与重点编制战备措施方案；并抓紧时机在平时的各项建设工程中贯彻国防要求，以适应整个国家的战备需要。1961 年至 1962 年，重点编写交通现状的技术说明书编制办法、港口战备措施编制提纲、船舶战备措施编制提纲和在平时经济建设中贯彻国防要求的办法等。

在国家有关方面筹划战略、战役交通网路建设的同时,各军区也结合实际进行了交通网路战备建设的调查筹划。1961 年 4 月,兰州军区召开有作战、军交和地方铁路、交通、运输、工程等部门参加的全区交通战备工作会议,研究军、政、民之间如何协同配合搞好西北交通战备工作的问题。兰州军区编制完成了宝成线宝鸡至略阳战时运输保障方案,调查了靖远至定西的包兰、陇海铁路联络迂回线和兰新、兰青两座黄河铁路桥,以及渭河 1 号大桥等重要目标战时迂回便线、便桥的技术状况。1962 年 4 月以后,兰州军区军交部门会同西安、兰州铁路局及驻局军代处,进行了历时 7 个月的调查研究,编制了西北地区西安、宝鸡、兰州 3 大铁路枢纽的应急方案。

由于当时国家经济正处于困难的时期,尽快发展经济,克服严重的困难局面,以解决人民群众基本生活问题,成为压倒一切的任务。因此,军队和政府有关方面在此期间提出的战略战役交通网路建设措施,只有少部分得到落实。尽管如此,此次战略战役交通网路建设筹划的原则精神,却在此后较长的时间里,对国家交通战备工作特别是交通骨干网路建设,起到了重要的指导作用。

(六)贯彻“三防”储备方针

1960 年 6 月,国家物资部门共收储钢材 125. 7 万吨、铜 23. 3 万吨、铝 9. 5 万吨、橡胶 4 万吨、棉花 273. 9 万担、棉布 4. 6 亿米。此外,还储备了一些其他物资。6 月 1 日,国家计委在给国务院领导的报告中提出了新的储备目标,计划到 1962 年年底各项战略物资储备达到:钢材 100 万吨、铜 128 万吨、铝 122 万吨,同时从进口的铬、镁、钛等稀有金属中挤出一部分作为国家储备;增加储备粮食 350 亿斤,木材 80 万至 85 万立方米,原棉 300 万至 400 万担;橡胶 4 万吨,汽油 50 万吨,柴油 10 万吨,纯碱 6 万吨,原盐 550 万吨。此外相应增加玻璃、石棉、纸张、麻袋、黄麻、皮张、汽车、机车、起重机械等物资的储备量。上述计划经国务院领导批准得以执行。但是,由于国家正值困难时期,国家战略物资因此出现入不敷出的情况。到1961年11月,国家储备物资除棉布、原盐数量较大外,其他物资则严重缺乏。

这一时期,由于粮食供应出现严重紧张的局面,各有关方面对粮食储备的意义有了更为深刻认识,粮食储备工作也逐步得到加强。1960年,粮食生产和供应的形势紧张,国家“为了应付紧急调度需要,又建立起由粮食部直接控制的少量国家储备”①。当年2月,李先念副总理在中共中央召开的全国财贸书记会议上,针对当时周转库存薄弱、调度困难的情况,提出各级要搞点粮食储备。5月,中共中央召开16省、市、自治区财贸书记会议,讨论农村粮食管理问题。会议认为:逐步建立粮食储备是战略问题,应当认真解决,做到国家有储备,公社和基本核算单位有储备,年年储一点,逐年增多。这次会议之后,国家粮食储备工作得以恢复。从1961年第一季度开始,国家通过粮食调度,在京、津、沪三地建立了由粮食部直接控制的储备粮。国务院明确规定,这部分储备粮未经中共中央和国务院批准,任何单位和个人不准动用。这次储备粮食的数量虽然不多,但对防止京、津、沪三市粮食脱销起到了重要的后备作用。

在军队物资储备方面,总后勤部在这一时期,根据中央军委关于加强战备工作的指示精神,多次研究制定过不同作战规模的战备物资储备方案。1960年11月,总后勤部司令部拟制下发了关于后勤战备物资储备和管理的文件,对筹措、储备战备物资的若干重要问题作了如下规定:1. 武器、弹药、油料等专用物资由军队储备;粮食、布匹、煤炭等军民通用物资,由军队提出专案储备申请,由国家和地方有关部门储备。2. 按战略、战役、战术三级储存与管理战备物资,战略物资由总后勤部储存、管理、调度,战役物资由军区和海、空军储存、管理、调度,战术物资按规定发给部队,由部队负责储存与管理。为应付紧急情况,对设防岛屿、边防守备和各类值班部(分)队的战术物资储备,要求做到配套补足,确保质量。3. 各级动用储存的战备物资

① 《当代中国的粮食工作》,第289页,中国社会科学出版社1988年版。

时,必须提前上报批准,紧急情况下可以边动用,边上报。① 此后,在国务院有关部门和地方政府的大力支持下,军队军需物资战略、战役储备均达到较高标准。总后勤部"1961 年规定,全军战略储备按数百万人份、几万马匹、几万个医院床位、几万个伙食单位的厨具筹备,共220 个品名。1961 年已备齐 100 种,1962 年备齐 64 种,其余 56 种于1963 年备齐"。军需物资战役储备,"1961 年,总后勤部根据各军区的战备任务和库存物资情况,确定在正常周转物资中拿出数十万人份被装物资和数千个伙食单位的厨具,作为战役储备,以保障军区部队应付紧急情况的需要"。"战役储备物资中被装类共 153 个品名,至 1961 年,除海军栽绒帽、空军地勤皮手套和地勤毡靴 3 种外,其余已基本调齐。厨具类共 21 个品名,其中行军锅、油桶、水桶、菜盆、小铝锅和麻袋等 6 种,由总后勤部统一拨付实物,至 1961 年底,除油桶外,其余 5 种已调齐。"②

第二节　1962 年紧急战备动员和作战动员
(1962.02 ~1962.11)

起点:1962 年 2 月,周恩来总理提出"备战整军"。

截点:1962 年 11 月,对印自卫反击作战结束。

1962 年,新中国在政治、经济和军事上都遇到了严峻的挑战。在政治上,中国与最大的盟友——苏联之间的关系进一步恶化。苏联不仅在政治上对中国施加压力,而且不断在中苏边境制造事端。在经济上,1959 年至 1961 年发生的严重自然灾害,使国家经济和人民生活遇到了严重困难。在军事上,美国进一步扩大对越南和老挝的侵略战争,支持印度反华,导致印度军队蚕食中国领土的侵略活动愈

① 参见《当代中国军队的后勤工作》,第 58 页,中国社会科学出版社 1990 年版。

② 总后勤部军需部:《中国人民解放军军需简史》1949 ~1976,第 281 ~282 页,解放军出版社 2004 年版。

演愈烈。在这种情况下,台湾国民党当局认为时机已到,决定实施反攻大陆的"国光计划",并为此在1962年上半年采取了一系列战争动员措施。为粉碎台湾国民党当局反攻大陆的军事幻想,给予入侵中国领土的印度军队以有力的打击,中共中央、中央军委从1962年5月至11月,先后在东南沿海地区和中印边境地区采取军事行动,并为此进行了局部战争动员。在此过程中,国务院各有关部门、东南沿海各省、市和西藏、新疆地区,在国务院、中央军委的统一领导下,采取多种国民经济动员措施,积极开展支前保障行动,为取得对台军事斗争和对印作战的胜利,作出了重大贡献。

一、东南沿海紧急战备动员

东南沿海紧急战备动员,始于1962年2月止于当年10月。军队作战对动员的基本需求是:准备50万人打半年。动员区域主要是东南沿海的福建、浙江、江西、广东等省,动员领域涉及国民经济动员的各个方面。这次动员,是继抗美援朝战争之后,新中国第二次进行大规模的局部战争动员。此前,国民经济动员系统为贯彻落实"积极防御,北顶南放"军事战略方针进行的战争动员准备,在这次战备动员中经受了考验。

(一)中共中央决定整军备战

1961年,肯尼迪就任美国总统后,制定了"灵活反应战略",准备在欧洲和亚洲同苏联、中国各打一场大规模战争,同时准备在某个发生"紧急情况"的地方,再打一场局部战争。同年,美国出钱、出顾问在老挝和越南发动"特种战争"。与此同时,随着中苏关系的破裂,苏联自1960年在新疆博孜艾格尔山口附近地区挑起第一次边境事端后,1962年春又在新疆伊犁、塔城、阿勒泰地区制造了中国边民外逃事件。印度则在美国和苏联的怂恿下,不断侵犯中国领土。在这种形势下,台湾当局认为反攻大陆的时机已到,遂从1962年年初开始,采取一系列临战动员措施。包括成立以蒋介石为首的"反攻行动委员会"和国防部"战时经济动员局";通过所谓"国防特别预算"征收

“国防临时特别捐”；提前进行1963年度的“现役征集”，下令延长军人的服役时间，军队进入临战状态，不断进行以大陆沿海地区为目标的登陆作战演习等。美国也加大了对台的军事援助，军政要员不断到台湾活动，并扬言蒋介石的部队“正在加强备战之中”，台湾海峡地区“任何时候都有可能爆发事件”。驻台湾的美国第13航空队特遣部队司令桑博恩5月20日说，只要美国政府下令，他的部队“能够在任何时间、任何情况下轰炸中国大陆”①。

针对台海地区出现的紧张局势，中共中央、国务院、中央军委适时采取了一系列应对措施。1962年2月28日，中央军委常委会研究对台作战问题，包括军队的作战准备和国家战备动员问题。周恩来总理在会上提出，敌人是在扩军备战，我们不扩军，是搞整军备战，通过整军，动员备战。4月初，福州军区针对台湾国民党军出现的异常情况，向部队下达了“加强战备工作，随时准备打仗”的命令。5月10日，国防部长林彪听取总参谋部关于台湾当局和国民党军动向的汇报。随后，林彪向毛泽东主席提出：国民党军可能对东南沿海地区进行中等以上规模的窜犯，建议在东南沿海地区实施紧急战备。对此，毛泽东主席表示同意。5月14日，周恩来总理听取总参谋长罗瑞卿等汇报中印边境斗争问题后指出：我们的主要注意力，仍应在海上。同日，总参谋部作战部和有关部局加强了战备值班。5月15日，总参谋部通知福州、南京、广州军区和海、空军等单位，要求加强对敌情的监视和报告，立即检查落实战备措施，修订作战方案，防止国民党军的登陆窜犯。5月21日，随同毛泽东主席在上海视察工作的总参谋长罗瑞卿，向在北京的周恩来总理传达毛泽东主席的指示：必须准备在今秋对付国民党军10万、20万、30万人的登陆作战，主要是部队、群众和粮食要做好准备。5月22日，周恩来总理将毛泽东主席的指示通告刘少奇、林彪等，并告总参谋部、总后勤部组织做好粮食、弹药、车辆、油料和通信装备等准备工作。5月26日，总政治部召开紧

① 《人民日报》1962-06-24(1)。

急电话会议，中央军委副秘书长萧华向福州、广州、南京军区传达了毛泽东、周恩来、林彪关于加强东南沿海地区战备的指示精神，要求对部队进行战备教育，并在6月15日前完成各项战备工作。此后，各军区党委都做了研究布置，各军也依次向干部、战士做了动员。5月31日，中央军委发出《关于加强东南沿海地区战备工作的指示》。

1962年6月初，总参谋部作战部会同有关方面，拟制完成了征集、动员、扩编方案和各种保障计划，报军委同意。与此同时，人民解放军第一批7个值班师、2个铁道兵师和2个舟桥团共12万人，向东南沿海地区机动，根据“积极防御，诱敌深入，聚而歼之”的方针，部署在沿海及300至400公里的纵深地区。6月9日至12日，总参谋部在北京召集有关军区和各军兵种、各总部负责人参加的作战会议。会议期间即6月10日，中共中央下达了《关于准备粉碎蒋匪帮进犯东南沿海地区的指示》。中共中央指出：盘踞在中国台湾的国民党军，在美国支持下，准备向东南沿海地区进行一次冒险进犯。1962年春季至6月，国民党当局就积极地进行反攻大陆的各种作战准备和军事部署。据判断，他们很可能在近期，即台风季节前后，对福建省和闽粤、闽浙接合部地区发动一次二三十万人规模的登陆作战，妄图在大陆上建立一块反革命根据地，作为它进行反革命复辟的立足点。美国试图利用国民党当局的这次军事冒险，试探中国的反应。中共中央号召全党和全国人民必须提高警惕，从各方面做好准备，绝不让美国支持国民党当局这一罪恶阴谋得逞。如果国民党当局敢于冒犯，就坚决、全部、彻底、干净地消灭它。当然，如果准备好了，国民党当局也可能不敢来。不管国民党当局来与不来，我们都要做好充分的准备，在思想上、工作上都要放在打的上面，绝不可有丝毫轻率大意和侥幸心理。中共中央要求各级党委应当立即根据本指示的精神在党内进行传达和解释。各地应当立即在群众中讲清这次作战的意义。提高群众的政治觉悟和战备观念，坚定必胜信心，克服麻痹松懈情绪。东南沿海准备作战的地区要立即做好战备动员工作，大力支援军队作战。这些地区，要在党委统一领导下成立支援前线委员会，统一领导当地的战备和支前工作,保证军队作战需要的粮食和柴火的供应;动员医院、交通、邮电等部门为前线服务;组织短途运输,组织担架队,做好战地救护;组织沿海民兵准备支援和配合军队作战,帮助军队送情报,搜捕空投特务,消灭空降匪军,保护工矿企业、仓库、交通要道和重要桥梁;进行防空教育,组织群众防空。在岛屿和前沿地区,要加强对地主、富农、反革命分子和坏分子的监督和控制。对于制造谣言、煽惑人心、进行破坏活动的现行反革命分子,应当依法惩办。

此次应战公开动员是在1962年6月23日。当日,新华社发表电讯。电讯称:"本社记者从权威方面获悉,在美帝国主义支持和鼓励下,盘踞台湾的蒋介石匪帮正在准备进行大规模的军事冒险,窜犯大陆沿海地区。""此间权威人士对新华社记者说:毛主席一向告诉我们,在战略上要藐视敌人,在战术上要重视敌人。蒋匪军多数人是被强迫来送命的,但也有一部分反革命死党是想到大陆来拼命的,或者是为了到大陆沿海地区进行抢劫,想发横财的。因为台湾人少,兵员不足,匪帮头子们则想到大陆沿海各地抓一批青壮年补充部队。因此,全国人民必须努力生产,支援前线,肃清敌特,巩固后方。东南沿海各省及其纵深地区的军民,更要提高警惕,从各方面做好充分的准备,以便随时迎击蒋匪帮的窜犯。工人、农民、学生以及各界人士,特别是民兵们,要在人民政府的领导下,注意防止和及时消灭潜伏的和空降的蒋匪特务的破坏活动,并从各方面大力支援人民解放军。如果蒋匪帮胆敢在哪里冒险窜犯,就坚决、彻底、干净、全部地把它消灭在哪里。"①

(二)落实军队作战对动员的需求

1962年2月28日召开的中央军委常委会议认为,美国指使台湾国民党军对大陆采取的军事行动存在三种可能:第一种可能是,先让蒋介石出头,作试探性的登陆,然后逐步扩大,占几个据点,或滩头阵

① 《人民日报》1962-10-24。

地;第二种可能是,试探性进攻成功后,美国便指使蒋介石出动更大的兵力,甚至美国直接出兵参战;第三种可能是,美国和台湾当局相互配合,共同发动对中国内地的全面战争。5 月 29 日,国防部长林彪召集中央军委战略研究小组、总参谋部、总政治部、总后勤部和军兵种负责人开会。会议认为,国民党军的登陆行动,将主要选择在福建地区和闽浙、闽粤交界地区,规模有大、中、小三种,倾巢出动的可能性不大。因此,对台作战准备立足应对中等以上规模的战事。对此,毛泽东主席表示同意并指示总参谋部:军事上必须从各方面做好准备,准备好了国民党军不来也没有坏处,山东、浙江、福建、江西、广东整个地区都要准备。参战兵力按不少于 50 万人准备。据此,中央军委决定对台作战要做好大打、中打和小打的三种准备:第一步按 50 万人打 3 个月,第二步按 50 万人打半年,后再视情况,按 300 万人打一年的需要量进行准备。由于“主要是对付中等以上规模的窜犯”,因此,对台作战和动员准备的重点,是 50 万人打半年。

国家层面的国民经济动员应战准备是从 1962 年 5 月 20 日开始的。当日,国务院国防工业办公室主任赵尔陆主持召开了一个紧急会议。参加会议的有总参谋部、总后勤部、国家计委、第三机械工业部等单位的有关人员。会议传达了中共中央和中央军委的指示,总参谋部研究提出了参战部队需要补充的武器装备,总后勤部按 50 万人打 3 个月概算了所需的后勤物资和给养,第三机械工业部计算了除年度计划外需要增加的武器弹药数量。5 月 25 日,总参谋部、总后勤部初步确定了紧急战备第一批所需装备物资。5 月 26 日至 6 月 4 日,总参谋部装备计划部、总后勤部,同国防工业办公室、国家计委、国家经委、财贸办公室等 18 个部门的相关负责人,对各种产品的增产、各项军需物资的需要以及相互协作配合等问题,逐项进行了研究安排。当时,国务院 18 个部门承担备战急需的装备和物资共计 435 项(其中包括三机部生产所需的配套产品和原材料)。总的安排是:可以如数满足的 357 项,占 82%;部分能够解决的 49 项,占 11.3%;待敲定的 15 项,占 3.4%;暂时不能解决的 14 项,占 3.3%。待一切商定后,国务院国防工业办公室主任赵尔陆去东北向周恩来总理汇报,北京则由国家计委、国家经委等根据李先念副总理的指示,向有关部门分配了任务,组织物资的生产和调拨等。到6月12日,总参谋部、总后勤部提出紧急战备第一批动员需求,已经基本落实下去,开始办理紧急战备第二批动员需求。

总参谋部、总后勤部第二批紧急战备动员需求是1962年5月31日提出的,6月10日得到国务院的批准。从6月12日开始,国务院国防工业办公室会同国家计委、国家经委、总参装备计划部、总后勤部等部门的有关负责同志,按照总参谋长罗瑞卿指示的三条原则(积极安排,保证质量,需要和可能结合)进行研究安排和逐项落实。第三机械工业部在当时的报告中称:经过10多天逐项的反复核算摸底,反复磋商,有的还同重点厂做了初步研究,积极挖掘潜力和按照各方面的条件和可能,凡是能够做到的都尽量满足,使需要同可能平衡;凡是采取紧急措施有条件安排的就积极安排,并同时制定具体措施;凡确实缺乏条件不能安排的,已向使用部队做了交代,暂不安排。截至6月27日,需要部门、生产部门和原材料部门、配套协作件供应部门,经过反复磋商,共同平衡后,基本取得一致意见。第三机械工业部和有关工业部门,都根据各军兵种的要求,尽最大努力作了安排。军队方面在了解了实际情况后,对动员需求清单作了精打细算,有的项目撤销了,有的数量核减了,有的适当延长了交付时间。

正当国务院有关部门按照50万人打3个月的标准,筹划展开国民经济动员行动之际,中共中央、中央军委又对国民经济动员提出了新的要求。1962年6月5日,中共中央、中央军委提出,在把50万人打3个月的需要准备好的基础上,还要考虑6个月的需要,研究300万人的需要。6月13日,国家计委范慕韩在给国家计委党组和李先念副总理的报告中称:中共中央、中央军委提出的作战需要是个很大问题,总参谋部和总后勤部根据中央军委的指示也进行了计算,在本月20日以前可以给国家计委一个概数,然后由计委、经委等再据此考虑物资的筹措办法,提出一个方案。军用物资,先查库存,再安排增产,尽可能不动用国家储备,同时要经委、物资总局积极研究如何能压缩一部分消费量把物资储备起一些,以便在紧张和必要的情况下能够动用。6月30日,总参谋部装备计划部提出“50万人作战半年装备需要量”。7月7日,总后勤部司令部本着“需要与可能相结合,不给国家出难题”的原则精神,在“会同各业务部及军、兵种后勤作了初步的概算”后,提出“50万人作战半年所需后勤物资”申请计划。申请计划是根据总参谋部预计此次东南沿海参战部队序列计算的,装备配件及其消耗材料,是参照总参装备计划部6月30日所报50万人作战半年装备需要量计算的。物资消耗量,是按常规战需要计算的。计算标准,属于装备、装具(如修理设备、医疗器械、厨食具等)物资,是按新编制需要量减去现有数,只提补缺数、周转数和损耗数;属于消耗性物资(如油料、药品与车辆、军械配件等),是按略低于志愿军战时消耗标准,加上周转数和损耗数。据此,向国家申请的后勤物资主要为吃的、用的、工程建筑、医疗救护、装备和维修等6大类,共折合人民币约57189万元(含油料经费34800万元)。主要物资品种包括:粮食和马料、亚麻帆布、饼干、食油、各种油料、棉花、运输马车、皮张、汽灯、军马、钢材、药品医疗器械、水泥、木材、有色金属、橡胶、变压器、轮胎、电缆、小型发电机。总后勤部司令部在报告中称:本计划所需物资仅是一个概略预算,未包括参战民兵、民工及临时增加部队的需要量,在实际安排生产和订货时,还需要进一步核实。

1962年7月18日,国务院批转《国务院国防工业办公室关于第二批备战急需装备和物资安排落实情况的报告》。国务院指出:“请即按此方案进行布置,迅速组织生产。”国务院同时指出:“在第二批任务下达以后,原则上确定今年不再增加新的备战生产任务。”此时,“遵照中央军委命令,人民解放军调整了东南沿海地区的兵力部署,指定33个步兵师,10个炮兵师(含4个高射炮兵师),2个铁道兵师,3个坦克团,5个工程兵团进入战备”。“空军准备了15个师30个团、1个防空导弹营、3个高射炮兵师,各型作战飞机680余架进入战备;海军各型舰艇180余艘,各型飞机150余架进入战备。”[①]仅直接部署在东南沿海作战区域的部队就有40多万人。

东南沿海紧急战备接近尾声时,国家计委、经委同总后勤部一起,对“506”专案物资计划进行了“复审和压缩”。压缩的办法是:将“503”专案并入“506”专案内统一考虑,即凡是“503”专案已申请订货能作为战备所需(除确已消耗者外)的物资,即从“506”计划中减去;正常供应与战备需要可以结合的某些物资(如军需被装等)不再申请或少申请;库存能利用的物资不再申请;军民通用、平战结合及临时动员易于解决的物资,暂不申请;由国家统一储备的大宗物资(如粮食、油料等),暂不申请。压缩的结果:军队后勤归口的战备经费,从原来的7.4亿元压缩到2.35亿元。减少钢材13989吨、木材48862立方米、水泥6724吨、棉花32000担。1962年9月30日,总后勤部将压缩后的“506”专案物资需求计划报国家计委并国家经委、财贸办公室和国防工业办公室。

(三)动员组织体制的平战转换

中共中央《关于准备粉碎蒋匪帮进犯东南沿海地区的指示》下达前后,国务院有关部、委,东南沿海地区特别是福建、浙江、江西和广东等省,为保证战备动员的顺利进行,均采取了相应的组织措施。

1962年5月20日以后,在未公开动员的情况下,国务院各部门都成立了专门负责此次战备动员的办公室,有的叫备战办,有的叫支前办,有的用代号。各部都指定1名副部长专门负责。国家计委吸收7个局的局长,成立备战办公室,负责人为白扬、范慕韩。6月11日,第三机械工业部第五管理局成立动员工作办公室,主任为刘正栋。主要任务是:负责组织与协调有关部门制订战备物资动员民用工业的生产计划;组织编制为民用工业动员产品协作配套的生产计划;掌握和检查动员生产计划的执行情况,组织有关业务部门进行动员产品所需原材料等向国家申请与分配工作。为解决动员组织力量薄弱

---

① 《中国人民解放军军史》第5卷,第316页,军事科学出版社2011年版。

问题，第三机械工业部从高等学校干部班中，抽调了一批老兵工，负责兵器动员生产的组织与管理工作。到6月13日，“经过近20天的工作，各部门都感到乱一些”。为此，国家计委、国家经委、国防工业办公室等单位共同拟定了一个工作程序。这个工作程序包括以下内容：一是军事部门的动员需求要归口，装备由总参谋部提，给养由总后勤部提，各军兵种、各军区不直接向国务院各部、各省市提需求；二是国务院各部门要分工负责，军队需求的接受和核定由国家计委、国家经委等部门负责，向各部门分配任务和“统一平衡”由国家计委负责，任务下达后的组织工作，则由国家经委、国防工业办公室等单位负责；三是国务院有关部门要定期会商，每周由国家计委、国家经委、国防工业办公室负责汇总各部情况，提出办理意见，向国务院总理、副总理写出专题报告。

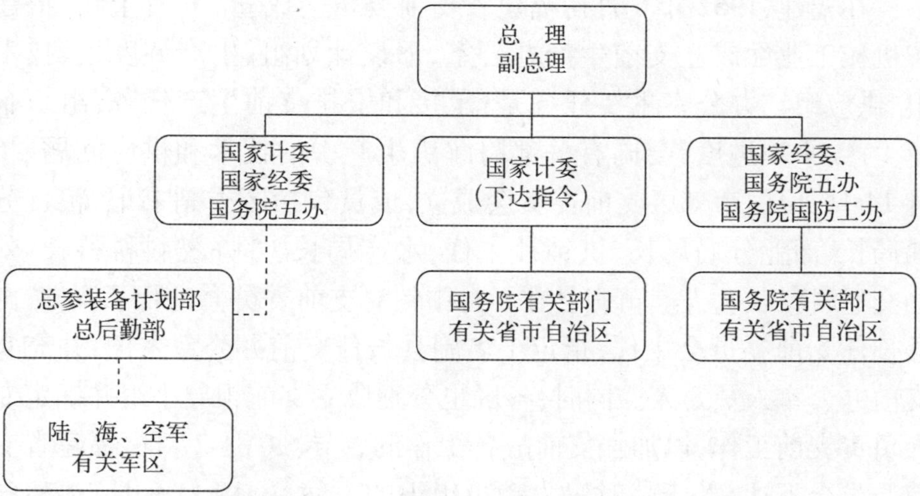

1962年东南沿海紧急战备国民经济动员组织指挥系统图

在交通、通信系统方面，1962年6月5日，为实现战时交通运输的统一指挥，中央军委决定由铁道部、交通部、总参军交部、总后运输部、铁道兵等单位抽调人员，组成鹰潭军事运输司令部，任命刘建章为司令员，下设5组1室，共228人。同时，福州铁路局和驻福州铁路局军运处联合成立交通运输指挥部,增设邵武、南平、龙岩铁路军事运输代表处,组成9个卸载指挥部。6月21日,国家邮电部、总参谋部通信兵部为保障战时军事通信的需要联合颁发《战时电信通信设施使用和管理的暂行规定》。按照该《规定》,战时电信通信的组织办法是:战区内有线电网络的组织、设备的加强和调整、战时维护抢修组织等,由邮电部指派专人会同军委通信兵部,商订计划,组织实施;邮电部派工作组驻"前指",协同"前指"通信部门组织调度战区内邮电系统的电信设备和电路,并接受邮电部的领导;相关的省邮电管理局派工作组驻省军区指挥部,根据军队通信部门的要求,负责调度本省内报话设备和电路,并接受省邮电管理局的领导;省军区以上领导机关,认为必要时,可与有关邮电部门商定向南方重要局站派出战时通信联络员。联络员接受派出部队和驻在局局长的双重领导。

在福建,1962年6月初福建省支前委员会成立。6月上旬,福建省机械工业厅成立支前生产办公室,下设计划组、生产调度组、技术组、供应组。办公室主要任务是:承接和安排支前生产任务,组织企业生产,掌握进度,会同有关部门解决生产中的技术和供应问题。6月14日,厦门市郊区支前委员会成立,成员包括区委副书记、粮食分局局长、商业分局局长、供销社主任、水产局长、郊办燃料科科长、郊办交通科科长7人。莆田县在6月中旬对支前委员会进行了调整,由县长任支前委员会主任,指定1名副县长任支前办公室主任,并充实支前办公室人员8人。同时,各区也分别成立支前领导小组并确定专人负责支前工作,以加强支前战备工作的领导。6月27日,福建省支前委员会下达《关于战时民力动员组织的方案》。10月9日,福建省编制委员会和福建省支前委员会联合发出《关于确定各级支前干部编制的通知》。通知规定:全省各级支前委员会总计编制170人,其中省10人,福州市9人,厦门4人,三明市2人,闽侯、晋江、龙溪、福安、龙岩等专署3至6人,各县1至6人,部分县无编制。此编制自10月15日起执行。

在浙江,1962年6月7日,中共台州地委就成立台州专区支前工作领导小组发出通知，同时要求各县要立即建立支前组织（名单报地委），并指定专人负责，加强同专区领导小组联系。各县的支前组织人员名单，不要向下发。在布置这项工作时，要注意保密，涉及面不要太广。6月18日，中共台州地委决定将成立不久的台州专区支前工作领导小组，改为台州专区支援前线委员会。6月19日，中共浙江省委发文，公布了浙江省支援前线委员会办公室及财粮贸组、工交组、民政卫生组、治安组、征兵和民兵动员组主要负责人的名单。6月20日前后，台州各县区支前委员会成立。6月27日，浙江省人民委员会印发了浙江省支援前线委员会《关于战时人力动员若干问题的暂行规定》《关于备战中部队使用地方车船的暂行规定》《关于支前经费开支的暂行规定》《关于支前民兵、民工和地方工作人员供给的暂行规定》等文件。

在江西，1962年6月14日，江西省成立了以方志纯、李杰庸、胡定千、王实先、石明之等14位领导组成的江西省支前委员会。委员会下设立了办公室、物资供应组、交通运输组、通信联络组、军工生产组、医疗卫生组、接待服务组、保卫组、财务组，分工负责日常工作。接着，赣南区各专（市）及17个重点县市镇的支前委员会相继成立。

除东南沿海地区外，其他省（自治区、直辖市）也根据中共中央的备战指示，成立了支前动员领导组织。6月下旬，北京市工业、商业部门为了更好完成支援前线的任务，加强对前线所需物资的生产采购的统一领导，成立了支援前线动员小组，由牟泽衔（北京市计委副主任）、安林（北京市财贸办公室副主任）、张萍（北京市委工业生产委员会副主任）3名同志组成，牟泽衔同志为组长，统一安排生产和采购军需所需物资。

（四）战备动员经费的统筹安排

关于东南沿海紧急战备动员经费，国务院副总理李先念事后曾指出：“1961年国家财政困难，人民解放军同志厉行节约，自动把国防费紧缩为50亿元。1962年由于蒋介石反动集团企图窜犯沿海地区，由于印度反动政府向我国边境发动了武装进攻，我们在当年增加了一部分战备费,国防费又恢复到56亿元,其中有2亿元左右,是由于道路桥梁的检修加固和防空设施等方面的开支。”①

东南沿海紧急战备开始后,国家在财政预算中共安排战备经费8亿元,截至1962年7月22日,各部门、各地方共提出需要备战费用12.06亿元,国家计委、财政部会同有关部门审查后已批准2.4亿元(已拨款2.13亿元),报国务院审批的有军队备战经费4.23亿元。当时,铁道部按50万人打3个月的目标,向国家计委报送了备战预算。预算的范围只限于福州、南昌、上海、广州4个铁路局,其余各局不作具体备战行动。备战的安排原则,尽量少安排基本建设以避免建而不用,相对地多安排一些抢修备料可以机动灵活。在基本建设方面力求简易,收效迅速。基建项目建成时间都在3个月之内。备战物资的储备和基本建设的安排,只着重于行车有关部门的需要(电务、机务、车辆、运输部门)。备战总经费1.07亿元,其中,铁道部内部能够动员的为0.19亿元。包括抢修备料费、备战用基本建设费和运输用物资储备费、其他费用和机动费。上述预算,得到国家计委的同意。整个紧急战备期间,国家财政部陆续拨出战备经费7.5亿元,涉及的经济部门有22个,主要用于武器装备和军需物资生产、交通运输和战略物资的转移和储备等。

为提高战备动员经费的使用效率,使战备动员活动得到必要的经费保障,国家财政部在紧急战备期间,连续下发了多个文件。1962年6月13日,中央内务部、财政部和总后勤部颁布有关支前人员供应的暂行规定。7月2日,为迅速处理有关战备费用的财务问题,确保国家机密,国家财政部下发有关办理战备费用财务问题的通知。通知规定:凡有关战备紧急措施的专案开支事项,财政部指定文教国防行政财务司副司长葛复村为总联系人,有关方面的问题,请径与葛复村同志联系。关于战备经费的拨款和具体业务方面的问题,请分别

① 《中华人民共和国财政史料》第二辑,国家预算决算(1950—1981),第270页,中国财政经济出版社1983年版。

与各业务司联系。具体安排是：属于战备生产，战备物资储备，流动资金拨款和主要企业迁移，防空措施等项财务事宜，与经建财务司联系；属于战备基本建设工程方面的基建投资拨款事宜，与建设银行总行联系；属于部队战备方面的拨款和有关省、市支前经费的拨款及其他战备措施方面的财务处理事项，与文教国防行政财务司联系；属于战区国营农场、劳改农场迁移后的安置拨款和气象局战备措施拨款，与农业财务司联系；属于有关省、市战备经费的拨款和解冻资金用于战备措施方面的问题，与预算司联系。在办文过程中，凡涉及战备财务问题的文件，一律通过机要交通按绝密文件处理，电报一律用密码拍发。有关战备工程的基建拨款，一律使用代号，不得使用全称，规定在主管部门或省、市简称的前面冠以“30”代号，如冶金部为“30冶”，福建为“30 闽”。建设单位的代号由各主管部门和各省市自行规定。为了保证战备费用的专款专用与及时了解情况，国家财政部于 7 月 31 日决定并通知各地：1962 年在国家预算收支的有关科目中增设“专项经费支出”科目，其中分为：基本建设拨款、物资储备资金、增拨企业流动资金、支前费和其他经费 5 个项级科目。其中，“基本建设拨款”是指战备军工和有关支前的基本建设拨款，“物资储备资金”是指储备战备物资拨款，“增拨企业流动资金”是指增拨军工企业的流动资金，“支前费”是指民兵、民工等在战时执行支前任务时按规定所开支的一切费用，“其他经费”是指其他有关战备的开支，如防空措施费等。财政部明确：今后不论中央和地方有关战备方面的费用均列入“专项经费支出”科目。唯有拨付中央军委的作战费仍列“国防支出”，不列“专项经费支出”。10 月，为了适应战备工作的要求，保证战备工作的顺利进行，及时、准确地处理战备工作中的经费开支问题，国家计委、财政部颁发《关于紧急战备工作方面经费开支审批程序的暂行规定》。其中规定：军工生产部门由于增加战备生产，计划外基建，由中央各主管部门提出计划，报国家计委、财政部审批。所需的流动资金，应先动员内部的自有资金解决，不足部分由中央主管部门提出计划，报国家计委、财政部、人民银行总行审批。

在国家计委、财政部采取上述措施的同时,东南沿海各省、市也对战备动员经费进行了统筹安排。1962年6月6日,福建省支前委员会、福州军区后勤部联合通知,废止了1956年6月30日颁布实施的《关于支前经费开支范围划分的规定》,颁布实施新的《关于支前经费开支范围划分的规定》。新的规定按照"由军队系统负责开支报销部分""由地方支前经费报销部分"以及"由地方行政或事业部门报销"的部分,对支前经费的开支办法做出明确规定。6月17日,福州军区后勤部颁布《关于支前人员供给标准与经费领报办法暂行规定》,"特对部队正式接收后的支前民兵、民工、船工、汽车司机、向导、翻译和地方干部等一切人员的供给标准与经费领报办法重新规定"。6月18日,福建省支前委员会颁布实施《关于战时支前人员经费开支的暂行规定》。6月28日,福建省支前委员会颁布实施《关于战备所需资金的划分规定》。该《规定》将战备所需资金分门别类进行了规范。其中,"战备物资的储备,一般由省林业、粮食、物资、商业、供销、卫生等部门,负责统一计划储备,其所需资金,由省直接拨给主管部门,专款专用。各地区的储备任务由省支前委员会各有关部门下达计划,其资金亦由各部门负责解决。有关此项储备资金,需要向银行贷款者,未经省分行批准,一律不予贷款"。"支前公路、桥梁、港口、码头、车船、航道、电讯架设的修建,照明设备的添置,以及经常性需要的器材设备,一律由省支前委员会交通运输部(包括交通、邮电)统一计划,经批准后,专款拨给省交通厅、邮电局统一掌握使用。各地区需要以上范围的修建费用和储备资金,可以编造计划,经省支前委员会批准后,分别由省交通厅、邮电局专款拨给。战时公路、桥梁、线路等急需抢修时,各地支前委员会可一面组织抢修,一面报省审批。""各级卫生部门支前所需储备物资和经费开支,如药品器械设备等,地方支前民兵民工负伤住院期间的伙食、津贴、医药费和一次发给民兵民工负伤费,各级卫生医疗机构随军参战的医务人员,在集中后,未移交部队以前的一切费用,均由各级卫生部门编制预算,报经省支前委员会卫生部审批后,由省卫生厅从支前经费中拨给。"[1]此外,该《规定》还对战勤经费、伤亡抚恤经费、行政机关和事业单位的战备经费、企业战备经费,都一一做出规范。7月4日,福建省支前委员会下发《关于支前经费开支范围划分中有关医疗卫生经费开支的补充规定》。7月23日,福建省支前委员会颁布实施《有关支前经费的使用范围和领报办法的规定》。该《规定》称:近据各地反映,有关省拨的支前经费使用范围和领报办法仍不够明确,因而特此规定。在支前经费开支范围方面,《规定》指出包括:地方支前机构本身使用的战时民兵、民工、船工等支前人员的伙食、津贴、工资、公务费、差旅费;支前人员返乡旅费、住院期间的医疗费和伙食费、负伤费、埋葬费和征用的交通工具损坏、牲畜死亡的赔偿费用;担架添置和修理费用;反空降和剿匪特民兵的伙食费、津贴和公务费用;经省、专区批准的慰问团经费;省支前委员会批准指定的有关项目的费用。在领报办法和使用科目方面,《规定》明确:有关经费领报办法,在省未正式下达文件前,各地支前委员会应将6、7月份支前经费开支情况编造计算表,送各级财政部门审查后,分别报送专区、市支前委员会和财政局汇总,由专区、市支前委员会和财政局分别报送省支前委员会和财政厅核销。8月30日,为了集中反映战备经费的使用情况,福建省支前委员会下发了《转发专项经费支出预算科目的通知》。

为使支前商品的调配供应顺利进行,金融系统也采取了相应措施。1962年7月26日,人民银行总行、商业部、"01单位"向各省、市、自治区商业厅(局)和人民银行分行,天津、广州、重庆第一商业局和人民银行分行,第三机械工业部驻上海、太原、重庆、天津、沈阳、武汉、西安、哈尔滨办事处,下发《关于战备物资的交易货款结算问题的暂行规定》。《规定》指出,为保证战备物资的供应和生产,特对有关战备物资的交易货款结算暂作明确规定,即:根据目前战备物资的供

① 1962年6月28日,福建省支前委员会《关于战备所需资金的划分规定》。此件存同安县档案馆。

应情况,规定今后各销货和购货单位,均按照商业部、“01 单位”开出的调拨通知单和物资分配证明文件,代替购销合同,及时办理购销业务,原则上双方不再签订合同;各销货单位接到商业部各专业总公司(专业局)开出的战备物资调拨通知单和“01 单位”分配物资证明文件后,应根据通知的商品品名、规格质量、数量及时发货到购货单位,并向当地开户银行办理“托收承付”(在托收凭证的备注栏,写一“备”字),委托银行向购货单位收回货款;“01 单位”对所属各购货单位分配的战备物资所需资金,事先安排专项指标,专款专用,各购货单位应按照结算制度规定的期限,保证按期承付货款;各级人民银行对战备物资交易结算,应按照结算制度规定的进行严格监督,必须在发运商品以后,才能办托收,专款专用,按时承付货款。

(五)邮电通信动员保障

紧急战备开始后,国家邮电部根据中央军委通信兵部关于东南沿海通信的需要和福建省邮电管理局提的规划,以福建省为主,对福建、浙江、广东、江西等省有关的通信网络进行了调整和加强。在有线方面,主要以解决北京至福建省内的永安、连城、龙岩、南平、崇安、漳州等通信重点的直达电路及这些通信重点之间的电路为主,对福建省永安、南平、龙岩、连城、宁都,广东省兴宁、梅县,浙江省临海、平阳等地的通信设备作了适当的加强,增装了 12 路和 3 路载波机,相应的增加各地的电源设备,迁移需要迁移的站址,架设部分新的通信线路。在无线方面,主要在福建省新建备用省中心台 1 座,拨发了收发讯机、天线及电源设备;对专署及重要县增加了小型无线电通信设备,调整了有关省际无线电路。6 月 18 日,邮电部在报告中称:除油机和通信车等部分器材尚未完全解决外,大部设备和器材已经备齐。少数急需设备已空运入闽,其余备妥的器材也于 6 月 14 日由京、沪、汉等地分别装车发运。为执行网路调整计划进行的各项工程的安装工作,已由相关省管局组织力量开始施工。根据浙江、江西、广东、江苏和上海等省市邮电管理局的报告,各省、市委已就有关加强军事通信作了布置,各省、市邮电管理局也作了规划,所需器材清单正在报送途中。

为保障战时军事通信的需要,国家邮电部、总参谋部通信兵部于1962年6月21日联合颁发《战时电信通信设施使用和管理的暂行规定》,对战时有线电通信设施和调度、使用等做出规范。按照该《规定》,战时电路调度原则和方法是:进入战时,电信电路应优先保证军事作战通信的需要,同时必须最低限度地保证中央及地方党政通信的需要。军方调用电方电路,应在自备电路不足、阻断或不能构通直达电路情况下,根据电路调度第一条原则及电方现有设备和网路组织进行。陆、海、空军要用调用邮电长途电路时,必须经军区通信兵部提出要求,由邮电部门计划调度。在此基础上,邮电部根据战备初期电路调度中一些具体情况,又与通信兵部商定,凡军方租用省际二级以上电路由通信兵部统一归口和邮电部研究办理,省内电路由省军区统一归口和各省邮电管理局研究办理。为加强战区各省、市电路和设备的维护工作,国家邮电部向有关省、市下达了《关于加强东南沿海通信电路维护工作》的指示,就战备通信电路的维护工作提出了具体要求。为了加强战备通信的保密工作,邮电部又专门对下布置了加强保密教育和进行保密检查的任务。为了通信安全,邮电部开放了以北京至汉口为中心,对东南沿海各省中心局的战备短波无线电路,加强了战区各省内短波无线网路,安排了上海国际无线电台部分国际无线通信电路转移。为解决福建省战备期间机务报务人员相对不足的问题,又从部分省、市、自治区抽调90余名机务、报务人员紧急入闽。至6月30日,需要架设的通信线路,邮电部商同中央军委通信兵部提出了方案,报国务院、中央军委审批。按照邮电部的统一部署,福建等省召集专区、县局局长会议,具体研究和布置了战备通信工作的任务,对战备期间的通信组织、电路调度、设备维修、器材分屯、抢修分工等都作了具体细致的安排。6月末至7月初,有关省、市先后向国家计委提交了邮电通信的战备方案。

中央档案馆保存的相关文献记载,紧急战备全面展开后,国家邮电部根据中央军委通信兵部关于东南沿海战备通信的需要和战区各省邮电管理局提出的规划,在抓好一线地区通信建设的同时,加强了福建省第二线及粤东、浙东地区的通信网路和通信设备的建设。1962年年底,福建、浙江、广东三省共增加长话电路66条。福建省通过调整和加强,形成了以永安为中心的电报网路,新建了省备用无线电台。凡有战备设施的局,如福州、厦门、漳州等都分别将备用电报长话载波设备迁入了坑道和地下室,没有适当设施的重要通信枢纽,也根据各地不同的情况,采取了不同的措施。8月4日,连江县人武部会同县邮局、龙岩长途中心站和空军部队组成通信线路检修领导小组,县里设一个抢修队,各公社成立一个抢修小组,承担军队、地方长途有线通信联络和县至公社之间的电话中继线的维护和抢修工作。龙岩地区在9月14日前,配合部队安装6套无线电台和机组,安装了15部载波机,架设了永安至龙岩长达225公里的新线,整修了830多对公里的旧线路。

中央档案馆保存的相关文献记载:紧急战备通信保障工作全面展开后,国家邮电部实行了战备值班制度,逐日掌握主要电路的障碍情况,结合军方反映的障碍情况,及时分析采取措施。战区各主要市局如福州、南昌、厦门等局也都采取了很多具体措施,加强了1~4类报话业务、重要市话用户的监督检查和设备的维修工作,保证重要通信的畅通。紧急战备期间,邮电部还根据军队需要,组织了邮电通信器材的紧急生产。生产供应军方的通信战备器材有:电信打字机365部,硒整流器40台,电讯电缆50公里。截至1962年12月底,上述器材已全部交货。为完成此项任务,邮电部在有关司成立了“专案办公室”和“专案器材总调度办公室”,并在有关省、市邮电管理局和部属供应处、部属邮电工厂,设立了专门机构或配置了专人。承担战备生产任务的工厂按规定每旬向邮电部汇报一次,及时反映生产进度和存在问题。为加强此项工作,邮电部还颁布实施了《关于加强专案工程计划、统计、供应、财务工作的规定》《战备抢险器材的管理制度》等法规文件。

中央档案馆保存的相关文献记载:战备期间,战区的邮电部门各级干部和广大职工的情绪高涨，干劲充沛，不辞辛苦，努力工作，不少同志坚守工作岗位，要和机器共存亡。上海市邮电局对机要通信作了两套安排，即在正常情况下，机要通信按平时组织进行工作，并保证现有封发、投递频次、投递深度和时限要求。在紧急情况下，如遇到蒋匪空袭、空降等，由机要局直接投递的，投送范围仅限于重要单位，如华东局、市委、市人委、各区委、各军政领导机关、市级各局、厂、矿、大专、部队等共160个单位左右。并划为东、南、西、北、中、浦东6片，实行定线定人投递。市至县机要文件，在特殊情况下，分5条路线，采用定点交接式直接投送，并实行武装押运。为加强军事邮件和部队报刊的处理，上海市以邮政处、转运处、发行处、机要局等单位指定适于作联络工作的干部组成一个联络小组，与军区、驻军司令部取得密切联系，指导邮件报刊发送方向，商讨解决驻军邮政通信遇到的问题。在邮件处理部门相应地建立军邮组，负责处理军队邮件和报刊封卷移转的封发工作。根据邮电部做好前方部队邮政通信的指示要求，机要邮件和部队私有信件的投递，原则上可以办理到团一级以上机关，团一级以下由部队自己处理。

江西省在1962年7月7日前，一方面对重要设备和线路进行了整修和防护，新修和改装了一部分线路，并在重点城市中储备了必要的预备设备和器材；另一方面着重部署了战时电信线路的防护抢修器材，以及抢修器材和劳动力调配等准备工作。7月7日以后，江西省邮电局抓紧整修与恢复吉安、清江等地受水害的机房设备，抢修被毁长途线，做好九江、彭泽等地预防水害的准备工作，继续完成南昌地区载波机的迁移和安装，水底电缆的查勘、设计和施工。同时组织重点专区、市、县局制定各地区的战备通信技术组织措施，分发和设立16个重点市、县局的电台，组织会昌、筠门岭至武平的长途线路的施工，以及省际载波光路设备的加强工作。

浙江省邮电局在1962年6~7月间，两次召集各专区邮电处和几个军事通信重点局的负责同志会议，对战时通信工作进行了研究部署。浙江省邮电局组织工作组，随“前指”行动，以保障前方军事通信工作,并抽调了电信处副处长和2个工程师以及载波、电力、电报、特高频等技术人员17人随军支前。同时还组织由24人组成的线路抢修队随"前指"工作组。抽调了3路载波机2部、多路载波机17部、特高频收发讯机3整套、电传机1部、55型报话机1套,油机发电机组6台等器材配合军方建立"前指"通信枢纽。开通长途电话电路12条、电报电路3条。为供"前指"至军师之间及师团营之间通信,调用了县内电话电路26条,线路全长计3300对公里,并配合军方于7月8日架成了分区前指至瑞安2公里铜线一对,全长70公里。浙江省各级邮电部门均成立了抢修组,储备了必要的抢修器材。紧急战备期间,浙江省邮电局向温州、金华、临海等前沿地区,运送铜线9.8吨、铁线10吨、被复线2.5万米,以备线路抢修之用。此外,为加强无线电通信,浙江省邮电局按照无线通信以小型为主、以电报为主的原则,在全省各县均配有55型的小型报话机,并配备专职无线报务人员。对重点地区设有较大功率的无线电台,除温州、定海、宁波原来均配有较大功率的发讯机设备外,在临海新设了150瓦的发讯台。同时,在杭州另设有150瓦的备用发讯台。在邮政通信方面,为了防备铁道干线和通向东南沿海地区的主要自办汽车邮路受阻,浙江省在铁路和公路干线上分别安排了1~2条副线邮路,以便在任何情况下都能使邮件继续绕道发运。在重点邮件转口局组成了邮运驳运突击班,在温州市邮电局等建邮件转运站。为保守军事秘密,保证军事邮件的安全,在13个重点县邮电局建立了军邮站。省局组织了军邮联系组,负责指导军邮站的工作和决定邮件的发运路线,并规定了必要的封发手续。对东南沿海地区的专区、县(市)机要文件,实行绝密分封。为建立战时邮电通信工作秩序,浙江省邮电局在紧急战备期间,先后颁布了《保证战时电信通信畅通的工作指示》《保证战时邮政和机要通信畅通的工作指示》《邮电工作人员战时工作纪律》等临时文件。

1962年8月5日至6日,国家邮电部在上海召开东南沿海有关省市邮政通信战备工作座谈会。参加会议的有邮电部邮政总局工作组的全体人员,还有江苏、浙江、江西、福建、上海等省、市邮电局的邮发处长和机要局长。会议着重讨论了押运工作、干线运输、机要调度、邮件发运、报刊发行和军邮处理等问题。关于押运工作,会议商定:机要文件与普邮的押运工作,在干线车次上,统由上海市邮件转运处负责办理,各省的区间车仍按当时情况办理。如遇铁路临时阻断,列车不能直达时,应按照《上海调度区雨季阻断运邮办法》中的有关规定办理。铁路干线采取分段运行时,可采取分段负责的押运办法,其中上海至鹰潭由上海负责,杭州至宁波由浙江负责,鹰潭以西地段由江西负责,鹰潭以南由福建负责。上海局有权根据各段情况随时作必要的调整。公路方面,一旦入闽铁路干线阻断或因军运紧张,邮政运输受到影响和限制时,为了保证入闽邮件畅通,确定两条入闽的汽车邮路。第一条,由福建省局负责建立以浙江省江山为中心的江山—浦城—南平(或福州)线,运送浙江省及浙江以北各省发闽的邮件。第二条,将江西省目前由南昌—宁都的汽车路线延伸至福建省境内的长汀,运送江西省及西南、中南、西北各省发闽的邮件。关于邮件发运,会议决定:在一般备战情况下,邮件的发运一切按照原订的发运计划办理。如遇火车班次减少,在运邮空间压缩的情况下,除机要文件、信函及报刊仍应照常发运外,其他邮件可以考虑利用水路或绕道发运,或暂停发运。如遇运邮空间压缩过多,运能受到限制时,刊物和比照信函发运的邮件(除快包等),除另行规定提前发运者外,也可以考虑水运或绕道发运,但内部刊物随同信报发运。在进入战争状态时,应视运能变动与邮路阻通情况,结合以上各种办法,积极采取分区、分段负责的办法,组织驳运,保证机要文件、信函和主要报纸的传递。至于一般报纸、期刊等邮件的运输,可视当时运输条件和具体情况,临时采取绕道、停运或用其他方法疏运。在战争期间,运能特别紧张,信报的发运势将有碍机要文件的发运时,应首先保证机要文件的运递,其他各类邮件的运输另作调度。关于军邮工作,会议决定:已经开展了工作的福建、浙江两省,应继续与部队加强联系,从实际工作中,根据新的情况,逐步摸索和积累经验。江苏、江西、上海三个地区军邮组已经组织起来,应抓紧批转军邮邮件,开展工作。

1962 年 12 月 20 日,国家邮电部发出通知,对东南沿海紧急战备通信工作进行总结,同时要求所属各有关方面也要对战备动员情况进行总结。邮电部在总结中提出:此次紧急战备邮电通信动员的主要问题,国家虽安排了邮电专案通信工程,但所需的器材没有完全安排,这就使得计划的执行,缺乏保证;在工业生产方面,由于要求完成任务的时限较短,有些新产品(如硒整流器)从试制到投产,工作特别紧张,影响产品质量;工业生产所需的元件、原材料,如生产 430 收讯机所需的特殊电子管、生产电信和整流器所需的优质钢、矽钢片、防潮防腐材料等,未及时保障,影响了生产。同时,期货脱期,供货单位不知道是为军方生产用的,在时间上配合不够好。

(六)国防工业"备战增产"

在东南沿海紧急战备动员中,最早开展的是军工生产动员。当年,国防工业除正常的年度生产任务外,特别为紧急战备安排了两次"备战增产"任务。第一批"备战增产"任务,1962 年年初下达,要求在 4 至 6 月间完成;第二批"备战增产"任务,1962 年 6 月下达,要求在 10 月底前完成。"备战增产"的"重点是滩头抗登陆作战的远射程压制火炮、大口径炮弹和适于滩头作战的轻便武器和弹药,以及海军和空军所需的弹药"①。主要原因是军队"作战装备的储备不足,生产不平衡、不配套,有的还有缺门,虽采取以小代大,以旧代新和抓紧修理等办法,并抽调了一部分二线部队的装备,挖了某些装备的库存,但仍感到不敷需要,所以不得不临时向国家提出了安排急需的装备物资的生产要求"。"备战增产"的组织领导,是"在周恩来总理亲自领导下,由国务院国防工办组织武器装备和军需物资的生产"②。

从 1962 年 6 月 12 日开始,第三机械工业部在国防工业办公室的

① 《当代中国的兵器工业》,第 60 页,当代中国出版社 1993 年版。
② 《当代中国的兵器工业》,第 60 ~ 61 页,当代中国出版社 1993 年版。

直接领导下，同中央各有关部门和军、兵种在一起，对总参谋部和总后勤部提出的第二批备战急需装备和物资积极地进行了安排。这批备战急需物资，是由总参谋部和总后勤部于6月3日、8日、9日、10日、12日先后5次提出的，涉及武器装备的76项、零备件2787项、器材117项、修船145艘，共计3125项。76项武器装备需求，可以如数满足的43项，占57%；部分满足的17项，占22%；安排试制的9项，占12%；不能安排的7项，占9%。

为扩大生产能力，完成备战急需装备物资的生产任务，第三机械工业部在1962年上半年，主要采取了四项措施：一是“增加少量的基本建设”。到1962年5月，第三机械工业部为“备战增产”安排的基建项目有24个，投资1553万元，增加设备518台。6月，第三机械工业部又在32个老厂投资2257万元，分两批进行基本建设。第一批15个项目，投资1256万元；第二批17个项目，投资1001万元。其中引信厂6个、火工品厂3个、炮弹厂9个、枪弹厂7个、炮厂3个、火药厂2个、航弹厂1个、光学厂1个。二是保持和增加劳动力。年初，第三机械工业部直属企业按要求应精简2.7419万人，“备战增产”开始后，决定少减2万人，不足部分从部属学校毕业生中和当地部属企业中进行调整补充，再不足时请当地调剂解决。三是调整年度生产计划，将一些非备战急需的产品生产放缓或推后。四是“动员民用工业生产一部分产品”。

解放军档案馆保存的相关文献表明，1962年上半年国防工业“备战增产”的186个项目中，属完成和超额完成的有126项，占68%；出了成品但未完成计划的43项，占23%；未出成品的17项，占9%。其中，第一批“备战增产”任务，计划在6月份前出成品的有17项，实际出成品15项，未出成品的2项（120迫击炮弹和152加农炮弹）。国务院国防工业办公室在事后的报告中认为，包括第一批“备战增产”任务在内，1962年上半年未完成国防工业生产计划。未完成任务的主要原因有三条：一是1962年的生产计划下达得较迟，给企业管理、生产安排造成了一定的困难；二是列入1962年上半年生产计划的部分产品技术不过关;三是部分关键材料短缺或是质量达不到要求,以及部分协作配套件供应不及时。

1962 年 6 月 4 日,国务院国防工业办公室开始在沈阳组织召开国防工业企业领导干部会议,动员部署第二批备战增产任务。6 月 8 日,周恩来总理亲临会议进行动员。他在讲话中指出:“在这次动员中,要注意把过去的工作和经验教训总结一下,不要多,有几句话就行了。”“要千方百计克服困难,战胜困难。军工生产过去十多年来,是有成绩的,成绩是主要的。抗美援朝取得了胜利,打败了世界上最强的敌人,使朝鲜可以和平建设。两年半的抗美援朝,东北的军工发挥了作用嘛! 我们自己进行军工建设,也是付出了心血的。加上苏联的帮助,打下了常规武器生产的基础。在全国工业化的基础上,初步打下了国防工业的基础,因此,今天一动员就能生产。”周恩来总理要求国防工业系统要“集中在备战的前提下,统一步骤,一致行动起来。各部门要协作,共同努力完成生产任务。第一批的生产任务已经下达,要努力完成,还要布置第二步的任务,也还要从更大的方面设想,要准备有更大范围的布置。既然开动了马力,就要把第一、第二步连接起来,准备在今后十年中,把常规武器搞充足起来。不管敌人打什么仗,都一定要把敌人埋葬在我国国土上”①。这次会议之后,国防工业系统全面转入临战生产状态,为完成全年生产任务特别是两批“备战增产”任务昼夜奋战。第三机械工业部在沈阳会议后立即向所属机构和企事业单位下达了《关于立即行动起来,加紧进行备战整军工作的指示》,具体部署了备战生产任务。当时,兵器工业的“备战增产”任务,“品种多、数量大、时间紧,远远超出了兵器工业的生产能力。具有光荣革命传统的兵工战士,克服困难,全力以赴投入备战生产。绝大多数企业改变了正常生产安排,实行日夜两大班工作制,

① 周恩来:《关于国防军工生产的几个问题》,载《周恩来经济文选》,中央文献出版社 1993 年版。

突击生产”①。

（七）民用工业的首次应战动员

紧急战备期间，尽管国防工业系统全力以赴，开足马力生产，仍不能完全满足部队战备的需要。特别是手榴弹生产只能满足 11%，迫击炮弹生产只能满足 28%。在这种情况下，国务院国防工业办公室会同国家计委分两批动员民用工业企业组织动员生产线，承担紧急战备的武器装备生产任务。这次动员，是民用工业的首次应战动员。

1962 年 6 月初，国家计委下达了第一批动员生产任务，即动员民用工业企业生产手榴弹 300 万个、82 毫米迫击炮弹体 100 万发。到 6 月 30 日，经过各部门和各地方积极努力，承担第一批动员生产任务的民用工厂已经选定。手榴弹选在北京、上海、衡阳 3 个点，每个点的动员生产线都是由几个协作厂加上 1 个总装厂构成。其中，北京点以 506 厂为总装厂，由北京 2 个机器厂、1 个铸造厂协作弹壳，1 个五金厂协作铁盖子。上海点以 526 厂为总装厂，由上海市某家锅炉厂协作弹壳及铁盖子。衡阳点以 516 厂为总装厂，由其附近城市的 1 个动力机厂、1 个水泵厂和 1 个机械厂协作弹壳，1 个无线电元件厂协作铁盖子。手榴弹木柄 410 万个（包括为三机部协作 110 万个）全部安排在北京市 2 个器材厂和旋活厂。82 迫击炮弹体选在上海市 2 个机器厂各 15 万发；江苏省某市通用机械厂 10 万发；湖南省某市通用机械厂 12 万发；湖北省某市汽轮机厂和鼓风机厂 8 万发；辽宁省 3 个市的 4 个机床厂 20 万发、1 个电工机械厂 10 万发；黑龙江省（待定厂）15 万发。国家计委在 6 月 30 日的报告中指出：各有关部门都按照国家计委下达的任务紧张地进行准备，从 7 月份开始即可陆续试制生产。第二批任务中，需要动员民用工业生产的航空炸弹体、发烟罐、火焰喷射器、飞机副油箱、观察、瞄准器材等 23 种产品，初步确定由一机、化工、邮电、铁道、纺织、文化、教育 7 个部的工厂安排生产，各部正在积

① 《当代中国的兵器工业》，第 61 页，当代中国出版社 1993 年版。

极安排。

由于“备战增产”任务十分繁重,承担任务的企业都实行了战时工作制,工人劳动的强度很大。1962 年 7 月 15 日,国务院向各省、市、自治区和冶金部、化工部、一机部、三机部、农机部、轻工部、建工部下达《关于担任战备任务的工厂增加夜餐粮的通知》。《通知》规定:由于备战需要,有些企业不得不增开第三班。无论军用工厂或承担备战任务的民用工厂,凡需增加第三班的,可直接报省人委组织劳动厅(局)、粮食厅(局)进行审查,凡情况属实的,应按规定增加夜餐粮食,保证生产任务的完成。9 月 17 日,为使动员生产线的建设和管理有章可循,国家计委、国务院国防工业办公室,根据第一机械工业部、第三机械工业部的建议,颁发了《关于 1962 年动员民用工业部门生产军品的几项规定》。

整个紧急战备期间,仅兵器工业就组织了 26 条动员生产线,涉及 9 个工业部门、67 个企业,15 个省、市、自治区,生产 20 种武器或半成品。“其中有:北京、上海、湖南三省市由 23 个企业组成的 3 条手榴弹生产线;辽宁、黑龙江、上海、江苏、湖南、湖北 6 省市的 17 个企业组建的 11 条 82 毫米迫击炮弹弹体生产线;东北、华北、中南、华东 4 个地区组建了航空火箭弹壳体、发烟罐体、光学瞄准器材、引信及地雷发火件等 10 种产品 12 条生产线。”①这些动员生产线,仅用半年时间,就完成选址、组线、改造、试制、定型等各阶段的任务,并分别生产出 82 毫米迫击炮弹 22.8 万发和木柄手榴弹 23.7 万枚。

紧急战备期间,国务院有关部门还根据总参谋部、总后勤部、第三机械工业部等单位的要求,组织所属民用工业企业承担国防工业“备战增产”的协作配套任务。为此需要追加申请的物资,一律凭国家计委开具的任务证明信前往各有关单位联系办理。当时,国家冶金部承担了第三机械工业部提出的“紧急军工生产用原材料”的生产,包括炉料 23 种、5.489 万吨,钢材及金属制品 74 种、10 万多吨,有

---

① 《当代中国的兵器工业》,第 374 页,当代中国出版社 1993 年版。

色金属9种、5000多吨，有色加工材料14种2000多吨，铯片570片。到1962年6月1日，炉料全部满足需要；钢材及金属制品，全部满足需要的58种，部分满足需要的10种，不能供应的6种；有色金属全部满足需要；有色加工材料，全部满足需要的5种，部分满足需要的4种，不能供应的5种；铯片因原料需要进口无法生产。到1962年7月底，在国家计委的统筹协调组织下，由民用工业、交通、财贸部门承担的备战物资生产任务，已全部安排完毕。在军事装备方面，共安排了工程机械551台，防化、救生器材10种，载重汽车1500辆，特种车488辆，各种工具38.1万件(套)，及一些其他装备器材。第三机械工业部备战生产急需的原材料和配套产品，除了第二批备战任务需要的物资，有一部分因为提出时间较晚，尚在进行安排外，大部分也已安排完毕。共安排钢材2.12万多吨，有色金属材料1900多吨。国家计委在报告中称：这些“备战生产”所需的大部分物资是在原订年度计划以外增加安排的，这不能不对国民经济各部门的计划发生或多或少的影响。如在钢材的短线品种方面，有27个品种全部给了军工；甘油、甲苯等原材料和一部分军需物资，也多少挤了市场和其他部门的需要；有些机械产品如载重汽车、工程机械等，减少了其他部门的分配指标。不能解决或者没有完全解决的金属材料主要有薄壁钢管、冷拉不锈钢材、优质钢带、梯形弹簧钢、精密合金，以及一部分国内不能生产的宽镁板、钯银丝、镁铝合金粉、钽铌带、金属钴等稀贵金属材料。非金属材料方面不能解决的主要有氰化钾、癸二酸辛脂、聚乙烯醇缩丁醛等几种化工材料，电容器纸100吨，安排尚不落实的有电容器用的云母片。

1962年8月初，国家计委在给国务院领导的报告中指出，备战任务的计划安排工作虽然已经结束，但是按照中央军委提出的落实标准(各项军事装备和物资器材必须按照部队验收标准运到指定地点方为落实)来要求，其备战工作还有许多工作需要做。从备战物资的生产和交货情况看，大部分产品的生产情况比较正常，但是也有一部分产品的生产情况不够好，如冶金部生产的某些优质钢材，农机部生产的小型发电机组,要按时完成任务,还需要进行艰苦的工作。

(八)抢修抢建入闽通道

首批参战部队向闽浙赣地区实施机动时,闽浙赣地区的公路、铁路、水路正处于全面受阻的状态。

江西省是大部分参战部队入闽的必经省份。1962 年 5 月底,赣江、抚河流域洪水漫溢,全省有 1800 公里公路、700 座公路桥梁(8500 米)被水冲毁,浙赣铁路温家圳段 1300 米路基倒塌,全省交通濒临停顿。"前患未已,后患又临"。6 月中旬,江西省又普降大雨,河流漫溢,决堤 166 处,刚恢复的道路桥梁又遇水患,被毁情况更为严重。下旬以后,洪水更大,赣江堤岸决口频频出现,全省又被水冲毁公路路面 5300 公里、桥梁 1441 座(24281 米)、涵洞一二百处,浙赣铁路从梓树至白亚 80 公里路基全部被水淹没,赣江导航标志几乎全部损坏。至此,全省交通几乎处于瘫痪状态。同样,福建省的交通运输也因洪水灾害一度处于中断状态。当时,福建省交通厅在给交通部的报告中称:全省公路 1.3 万多公里,属于简易公路或达不到简易公路标准的道路有 8853 公里,分布特点是沿海平原较多,内地山区较少,纵向路线较多,横向迂回路线较少,还有不少路线与邻省路线连接不上,主要干线的部分路段在雨季中经常淹水阻车。航道、港口问题也很多,闽江、九龙江因水土流失和疏浚不利,航道通行困难,闽江南港和马尾港淤泥严重。据闽浙赣三省不完全统计,三省公路共塌方 240 万立方米,冲毁主干线 264 公里、大小桥梁 1627 座、涵洞 1270 个。

对参战部队机动部署影响最大的还是铁路。在运输最紧张的 1962 年 6 月至 7 月,鹰厦、外福、浙赣和南浔铁路,先后发生水害 98 处、147 次,塌方 25.5 万立方米。当时,江西通往福建只有一条鹰厦铁路。这条铁路建设的标准较低,通行能力差,北段的通过能力为 17 对,南段仅有 10 对,且全线有 36% 的车站只有两股铁道。由于闽赣两省的洪水灾害,鹰厦铁路水毁严重。特别是 5 月,闽江铁路大桥第

13 号桥墩被木排冲塌后,鹰厦铁路曾中断行车 55 天。7 月 7 日,闽江大桥再次被洪水冲毁。

面对闽浙赣三省严重的交通运输状况,为保证参战部队按期完成机动部署及大量人员物资的前运后送,国家有关部门和鹰潭军事运输司令部,对入闽通道的抢修抢建工作进行了筹划部署。1962 年 6 月 8 日,交通部副部长、鹰潭军事运输司令部副司令员潘琪回京,向李富春副总理和中共中央华东局负责人,汇报闽浙赣三省交通抢修抢建的计划安排。与此同时,交通部就闽浙赣三省公路抢修抢建的分工问题,向国家计委、总参谋部提出建议。主要内容是:闽浙赣三省负责省辖公路的新建、改建任务,组织对省辖公路水毁路段的抢修;鹰潭军事运输司令部负责三省新建、改建公路设计文件的审批,并对公路的测设、施工和水毁公路的抢修进行监督检查;交通部负责经费、筑路机械所需配件和“国拨材料”的拨付。6 月 18 日,国家计委根据交通部的建议,下发《关于修建公路工程分工问题》的文件。6 月 25 日,国家计委、总参谋部、交通部联合致电鹰潭军事运输司令部、闽浙赣三省省委和福州、南京军区,同意投资 3430 万元用于交通的修建恢复。明确指示:修建恢复工作要以福建为重点,确保闽清至德化,德化至漳平公路全线抢通,如有力量再考虑修建其他线路;浙江境内可先修建文成至景德线,建好 10 个重点渡口;江西与福建连接的石城至宁北、会昌至武平、南丰至建宁 3 条公路可暂缓修建,由鹰潭军事运输司令部提出建设计划,报国家计委审批。6 月 30 日,国家计委在给国务院、中央军委的报告中称:交通部正在迅速调集施工力量,准备施工;铁路方面已计划资金 1000 万元,储备抢修用料,其他方面的安排,铁道部正在研究。7 月 1 日,鹰潭军事运输司令部向总参谋部、国家计委、交通部上报《关于第一期交通战备项目的安排》,计划对闽浙赣三省公路建设,分别投资 2320 万元、847 万元和 263 万元。7 月 2 日,总参谋部、铁道部、交通部联合发出《关于当前运输工作的几项规定》。该规定明确了鹰潭军事运输司令部的职责范围,闽浙赣区域内铁路、公路、水路运输及道路抢修防护工作的组织指挥权限,规定了各项保障办法。7 月 6 日,国家交通部、财政部、计委、经委和总参谋部、总后勤部联合召开会议,审查批准了鹰潭军事运输司令部《关于第一期交通战备项目的安排》。

鹰潭军事运输司令部在筹划入闽通道抢修抢建工作的同时,统一组织闽浙赣三省,进行了大规模的交通运输动员,抢修水毁的铁路、公路,利用公路、水路转运铁路输送受阻的参战部队和军需物资。1962 年 6 月 26 日,福建省支前委员会根据鹰潭军事运输司令部的统一部署,为迅速抢通德化至永太、平和至永定的公路,下达《关于动员劳力抢修支前公路和桥梁的通知》。《通知》明确:根据工程量和提前完成的要求,需要劳力 29400 人,其中福州市 4850 人,厦门市 2750 人,晋江专区 9650 人(包括泉州市),龙溪专区 1950 人(包括漳州市),闽侯专区 1050 人,龙岩专区 650 人。工程展开后,福建省又在公路沿线就地就近动员大量民工加入抢修队伍,以增加抢修力量,提高抢修效率。当时,晋江养路段管辖的各线,运输量有了突出的增长,特别是晋永、福厦、郊同等干线,行车密度日达 400 至 500 辆,比原来运量增加 1 至 2 倍,加以适逢雨季来临大大地促使了路面的损坏,交通战备保障的任务十分繁重。为此,该养路段从 6 月初至 7 月初,多次动员工区力量,并发动群众抢修,先后加固诗山、长潭、西安大小桥梁等 43 座,同时发动群众 7000 余人突击三天左右,整修晋永等干线路面 2170 多公里,基本上消灭大小坑洞。

1962 年 7 月初,闽浙赣三省根据鹰潭军事运输司令部下达的第一期交通战备项目,开始组织新建、改建公路的测设施工。7 月 2 日,国务院、中央军委电示鹰潭军事运输司令部及闽浙赣三省,规定由鹰潭军事运输司令部统一指挥铁道兵、工程兵、铁路员工和福建、江西动员的民工,对鹰厦铁路水毁路段进行抢修,重点抢通鹰厦线和外福线,修复闽江大桥。参与抢修的力量计有铁道兵 3 个师,铁路员工 2767 人,沿线民工 21 万多人。当月,福建省完成了境内闽清、德化、漳平公路的测设任务,并投入 1.4 万余人进行施工;浙江省开通杭州至金华公路229公里，开通三枝树至西杭段公路15公里。[①] 此时，浙赣铁路西段和71条干线公路尚未通车。鹰潭军事运输司令部赋予江西省的任务是：“上饶至卢水关线的路面整修和桥梁器材的储备；南昌经抚州、宁都到瑞金的路基修缮和桥梁改建工程。”要求是：“先求通车，然后再进行整修改建。”“务求水退到哪里，路修通到哪里。”7月7日，江西省支前委员会在给中共江西省委、省人委的报告中称：自接到任务后，当即全力以赴抢修水毁铁路、公路和桥梁。在抢修过程中，江西省共动员了数以万计的民工，在干部带领下突击施工，由于全省暴雨量过大，时间过长，此时洪水尚未退落，道路桥梁修而复毁，毁而又修，直至紧急抢修。其中，江西南丰至福建建宁和江西石城至福建宁化的两条公路，虽经日夜抢修，仍有部分工程尚未完工。

整个战备期间，福建省投入抢修水毁道路的民兵、民工，高峰时达到5万人左右，共修复桥梁166座，修复路基68万立方米，修复路面410公里，整修新建航道、码头23处。据鹰潭军事运输司令部统计，共修复鹰厦、外福铁路水害塌方89处、25万立方米。此外，鹰潭军事运输司令部还组织力量修建铁路支线9条、300余公里，修建铁路军事专用线11条、34公里。

（九）抢运参战部队和战备物资

1962年5月30日，中央军委向各参战部队下达了入闽作战的预先号令。6月10日至7月17日，参战部队根据中央军委的指示，采取隐蔽运输的方式，分两批从战略后方经铁路输送进入福建、浙江等预定作战地域。这次战备机动是朝鲜停战后规模最大的一次，其时间紧迫、任务繁重、涉及面广、运输线长、方向集中、交通情况不好。负责此次交通运输组织指挥的鹰潭军事运输司令部为此确定：在保证军运的原则下，尽量照顾民运；局部性的运输，服从全国性的运输；先运部队，加大部队的物资携行量，同时又尽量利用运输部队的间隙

① 参见总后勤部军事交通部：《中国人民解放军军事交通史（1927—1987）》，第274～275页，解放军出版社1990年版。

抢运急需物资,最后再突击运输一般物资,并适当地照顾到民运的需要。

在这次铁路运输中,沈阳军区奉命参战的第39军、第191师和高炮第61师,共装运452批2601车,开行63整列,沿途供应饮食3.55万人次。其中紧急收拢31批626车,调整补充人员、装备、物资303批792车,第39军"前指"和第116师开进装运25列727车。此外,还完成海、空军部队调动运输93批456车。在组织运输的过程中,沈阳铁路局采取了分散挑车、集中编组、整车回送、逐级验收的办法,保证了车辆技术、卫生完全合格。锦州铁路局认真抓好机车保障,实现了安全、及时接运。哈尔滨铁路局及时调拨了捆绑加固器材、移动设备和装卸工具。首批参战部队共输送2个军"前指"、6个步兵师、3个铁道兵师、2个舟桥团、1个高炮团,开行175列、4866车。"另有福州本区部队调动开行16列、405车;补充新兵33列、710车;前送作战物资914车。组织各种运输工具后送军队、地方干部家属5万余人。有2个步兵师、1个舟桥团分别由上饶、南平乘汽车抵达闽南。在闽部队1个步兵师及零散人员5875人,物资5872吨,经水路运抵闽南。南京军区组织运送了本区参战部队共1个军部、3个师、20个团、7个营、3个连、8个医院和6个场站。其中经铁路输送5118车,利用租用船舶24851吨。"①

为保证参战部队的铁路输送,国家铁道部仅在4天之内就调集先头部队的全部用车4400余辆,在军运开始后,又主动制订了最大的行车方案,开设了通信线路,组织了3000余人的抢修队伍,调集了大批的抢修材料,为满足军事运输发挥了铁路交通的最大能力。在2个多月的时间里,铁道部先后从16个省、市22个铁路局调集棚、板车1.8563万辆。1962年6月8日,首列载着参战部队的军列进入福建地区。此后,鹰厦铁路运输骤然紧张起来,几百个列车每日以高达8

---

① 总后勤部军事交通部:《中国人民解放军军事交通史(1927—1987)》,第273页,解放军出版社1990年版。

至10列的进度由装载站发出，占用鹰厦线的通过能力高达88%甚至100%。军运紧张时期，福州铁路局为确保部队运输，在运输安排上遵循“以前沿地区为主，先军属后一般，先长途后短途”的原则，管内旅客列车基本停运，除了照顾出差的军人、工人外，一般旅客不发售车票。对于旅客列车一律按超员50%乘坐，票额由铁路局按计划分配给车站，其中50%至80%的票额交给驻站军事代表掌握。鹰潭车站连接鹰潭、浙赣两线，车流量大。为减少进入鹰潭车站的车流量，鹰潭军事运输司令部采取了扣留浙赣线列车的方法，高峰期间，南京军区管内扣留51个列车，平均每25公里就有1列，广州军区管内扣留14个列车。8月5日至8月23日，中央军委决定将在闽的1个军部和3个步兵师由一线调到战役纵深地区的江西。为此，铁道部共调度开行78列、1993车，运送物资4058车。为了妥善处理当时前沿地区粮煤紧缺的问题，在保证军运前提下，对军民运输实施了统筹安排，专门抽出一段时间抢运粮煤。整个战备期间，组织开行军用列车610列，使用车皮2.47万辆。

在南平闽江铁路大桥被冲毁、鹰厦铁路中断行车的55天里，鹰潭军事运输司令部会同军地有关方面，动员组织汽车和船艇在铁路中断处实施倒运，将2个步兵师、1个舟桥团分别从江西上饶和福建南平输送到闽南。1962年7月中旬，在闽江大桥两端，倒运军列8列，旅客列车7列，计7.1万余人，行李2.9万余件。在外福线一塌方处，调用汽车500多辆，倒运军列22列、旅客列车15列。福建、浙江、江西三省动员汽车1690辆和部分船只，共运输物资8.7万吨，运送人员7818名。

在输送外区入闽部队的同时，福州军区和南京军区还组织船艇保障战备物资运输和人员输送，其中福州军区有船艇百艘左右，南京军区有船艇74艘，编成5个船队，保障在闽部队1个步兵师及零散人员5875人、物资5872吨，经水路抵达闽南。福建省在南平港增设了临时码头，福建省航管局与铁路局联合组织了铁、水接运，通过闽江航运输送物资12.5万吨，直接为部队运送的作战物资达2355吨，人员 4765 人。在此过程中,闽、浙两省共组织民船 1199 只。闽江航运采取水口至南平夜间航行和福州至南平“连班转”的办法,在 2 个月中共组织夜航 155 艘次,从而缩短了航次周转时间,提高了运输效率。

整个战备期间,东南沿海的许多省、市,都组织了战备汽车运输队和船运队,承担军事运输、支前运输和疏散运输任务。1962 年 6 月 30 日前,广东省已将 1500 多辆汽车按照部队的建制组织起来,一旦需要,24 小时到 28 小时之内,即可集中到指定地点,担负支前任务。福建省沿海的地方交通部门,对各种民间运输工具和装卸搬运队伍进行了军事化的编队。晋江专区为了使民间运输工具更好地为支前备战服务,各县(市)根据实际情况,实行战时组织体制,以县、社、队为基础,编成大队、中队、小队,有的组织突击队。6 月至 8 月,晋江专区完成水陆运输支前物资 14 万多吨,占同期水陆货运量的 33.1%。至 9 月下旬,晋江全区组织参加支前各种人畜力车达 10138 辆,河海木帆船 606 艘,地方汽车拖拉机 57 辆,搬运装卸及挑运队 1.9 万人。漳州、泉州两地的汽车运输总站,对所属车辆进行了编组,以总站为大队,以车队为中队,配备了修理、技术、政治等方面的人员。沿海机动船也采取编队航行,以 3 艘船为一队,其中领队船配有电台,各船配齐了武器弹药。福州市交通部门对交通系统的民兵组织进行了整顿,经过挑选组成 2 个民兵团,编有基干民兵 1454 人,共完成支前物资的短途运输和装卸任务 9.4 万吨。杭州运输公司奉命运送一批战备物资去海防前线,61 名驾驶员接到命令后,驾驶 22 辆汽车,按时完成了任务。江西省支前汽车队从交通系统抽出 300 辆,全省各企业、事业单位抽出 200 辆,抽调的汽车均交给省交通厅统一组成车队,统一指挥,平时分散,有任务时集中。除组织汽车和船舶运输外,福建省还组织了大量的挑运民兵或搬运民兵,负责战备物资的短途运输。整个战备期间,福建省组织的挑运民兵、民工有 11 万人,其人数位于各类支前队伍之首。

1962 年 10 月 23 日至 11 月 16 日,参战部队归建。外区参战部队回撤 2 个军部、7 个步兵师、2 个舟桥团。部队从闽南、赣南地区乘火车经鹰厦、浙赣线外运共开行 138 列,4208 车。整个战备期间,铁路部门为战备运输共开行 610 列,用车 2.47 万余车,是朝鲜战争结束以来运量最大、持续时间最长的一次。此外,闽浙赣三省还组织汽车 1696 辆,运输人员 7818 人,运输物资 8.78 万吨。福建闽侯、晋江、龙海、长乐四县共组织木船 1199 只,人畜力运输队伍 1 万余人,共运输物资 6.74 万余吨。[①] 11 月 7 日,总参谋部、总后勤部决定撤销鹰潭军事运输司令部。11 月 20 日,鹰潭军事运输司令部撤销工作结束。

(十)军需物资的筹措与供给

为满足参战部队对军需物资的需求,国家粮食部、商业部、轻工业部等应总后勤部的统一申请,进行了物资动员保障。紧急战备期间,总后勤部"共计申请粮食、马料、大豆 5500 万斤,食油 100 万斤,饼干 250 万斤,食盐 100 万斤,猪肉罐头、干咸鱼、干咸菜、粉条、水果罐头等副食品 632 万斤,手电筒 1 万个,马灯 1.3 万盏,马缰绳 4.2 万条"。这些物资,"由国家有关部门分别安排调拨,组织加工生产或布置地方筹供。对不便于统一筹措的肉、菜、烧柴、马草、日用品及部分装具等,由军区和部队向省或当地有关部门联系,就地筹措"[②]。

1962 年 6 月 13 日至 15 日,国家商业部鉴于自当年初加强战备后,东南沿海各省纷纷来电请求调拨支前物资,品种多、数量大,而且大部分与总后勤部所重复。至此,商业部邀请广东、福建、江苏、浙江、江西、新疆六省、区商业厅主管支前工作的领导同志进行了座谈,对有关问题进行了研究。会上,商业部副部长张永励首先对当前形势作了简要说明,并提出了座谈会研究的中心问题,总后勤部军需部副部长史一民对于部队供应的范围和有关的规定作了介绍,接着各省汇报了支前工作情况。大家认为,在政府各部门拥军支前和我军艰苦克己的优良传统下,部队与商业部门紧密配合,支前工作是有成

① 参见总后勤部军事交通部:《中国人民解放军军事交通史(1927—1987)》,第 273 ~ 274 页,解放军出版社 1990 年版。

② 总后勤部军需部:《中国人民解放军军需简史》1977 ~ 2000,第 286 页,解放军出版社 2004 年版。

绩的,部队是满意的。会议决定,将部队所需的物资按三种方法提供保障:一是国家直接拨给部队的物资,由总后勤部统一筹划组织,直接分配供应给部队;二是商业部统一平衡的物资,计划外要货由商业部安排解决;三是地方物资,由各省自行筹划解决。凡属地方物资(主要是第三类物资),由各省就地解决;凡属商业部统一管理物资,由总后勤部提请商业部统筹安排;各省驻军所需的日用品、副食品等,由各省负责供应。如因部队增加,该省在供应上货源发生困难时,省商业厅与军区后勤部联合报请商业部与总后勤部支援;凡部队向当地申请的物资,如当地确实不能解决须由外省支援时,双方联合上报;各部队提出的物资计划及解决结果,由军区及商业厅分别上报;为了支前的需要,不论部队管理与地方管理的物资,商业部可以下令从有关省份抽调。对原驻防部队所需副食品,仍按当地原供应水平由驻在省安排供应。在行动部队调离省境时,必须带走一个月的副食品,满期后由新驻在省就地供应。有些行动部队确未带足1个月副食品或所带品种不全的,地方商业部门也应尽量解决。对于海、空勤人员所需副食品,必须按照原驻在地标准就地保证供应。海、空部队提出要求增加储备时,商业部门可以按照规定标准采取提前拨付的办法给予解决。对于驻海岛部队副食品的储备,商业部门必须大力支持,并根据当地条件拨给适于储备的物资。关于工业品供应问题,如牙刷、牙膏、牙粉、肥皂(包括公用部分)、香皂、纸烟、火柴等7种日用品,商业部门必须保证供应。但牙膏、肥皂由于全国货源不足,可以用一部分牙粉、洗衣粉代替。这7种日用品,各地行动部队在调离省境时,驻在省必须按照规定标准一次拨足3个月供应量,由部队带走,期满后由新驻地接供。鉴于有些省牙膏、肥皂货源较紧,由商业部百货总公司根据各省实际情况酌量先拨一部分,以应急需。用具、工具、马装具、油料和医药用品的供应,原则上都由总后勤部与商业部解决,但是对于部队的零星或临时需要,地方商业部门还必须千方百计,积极协助解决。特别是对于煤油、电池、炊事小用具如铲子、勺子等,五金类锯子、斧头等,马具中缰绳、毡垫以及药品和医疗器械等,必须做必要的准备,以保证军队在一定情况下的零星补给。6月28日,商业部向福建、广东、江西、浙江、新疆、安徽、辽宁、河北、河南、湖北、湖南、广西、贵州、山东、甘肃、云南等省、自治区商业厅,和上海市第一、第二商业局,北京市商业局、副食品局,转发了《六省商业厅长支前座谈会纪要》,此外还就会上悬而未决的5个问题做出答复。第一,关于各省要求对于统配物资的机动权问题。商业部明确:在当前战备阶段,物资管理更要强调统一和集中。对于商业部平衡物资,未经商业部批准的,任何单位和个人均不得动用。对于地方库存的重要物资,在必要的时候,商业部统一调度。第二,关于战备物资的储备资金问题。商业部明确:战备物资储备,要根据实际需要,切实计算,做好安排。在储备中要采取“推旧储新”的办法,以免储存时间过长,影响商品使用价值和造成损失。战备物资所需资金,由各省(自治区、直辖市)商业厅、局列在季度商业信贷指标中解决。第三,关于支前及疏散物资所需费用开支问题。商业部与财政部共同规定:关于疏散物资及仓库伪装所需运杂费和包装费等开支,可以在商品流通费项目内列支;有关单位急需的油库加固、山洞整修、仓库维修等所必要的零星修建,暂以待建费用专户列支。但各地对上列费用,必须根据实际情况作出规划,经省人民委员会同意,报商业部批准后动支。在特殊情况下,也可经省人民委员会同意后,一面报部,一面动支。支前任务结束时,由商业厅专案报商业部解决。第四,关于价格问题。商业部规定:所有高价商品一律不得按平价供应,以免打乱全国高价供应的部署。但部队确有需要时,要由总后勤部提出计划,由商业部统一按平价拨给。商业部门供应部队属于支前性质的整批物资的价格,农副产品按合理收购价格(猪、禽、蛋等二类为收购牌价,三类为议价)加各种合理费用作价。日用工业品一律按批发牌价供应。商业部门供应后勤和军工生产的物资,过去订有作价办法的,仍按原规定办理。第五,关于动员民工增加投放的货币回笼问题。商业部规定:对各省由于动员民工修建国防公路、铁路而增加的货币投放,商业部将根据各地的实际情况分发部分物资给各地增加回笼力量。为了保证部队需要,做好支前工作,商业部建议各省在省委领导下,建立统一组织,由各省计委统一负责筹集分配工作,并通过地方党委与军区协商,迅速解决要货口子过多的问题。同时要求各地商业厅、局与军区后勤部密切联系,对需要和物资情况互相亮底,商业部门要尽力做好支前工作,尽量满足部队的需要。上述规定出台之后,军需物资动员保障工作的秩序性和有效性大为增强。至8月中旬,经国家计委协调组织,备战用粮1亿斤,其中拨出5500万斤,并运到第二线的指定地点实施储备;压缩干粮及饼干,按照部队的要求安排生产;战备部队需要的食油、副食品及马草、马料,如数安排落实;药品、医疗器械及生活用品,大部分交付了现货;沿海岛屿和备战部队的3个月口粮,均由地方筹措解决。

在福建,战备开始,部队纷纷入闽,各地立即在交通沿线动员了数千名劳务人员,开设了食宿站、供应站和茶水站,在沿线险要的道路桥梁和渡口,都有群众护送部队过境。部队所到之处,群众搬行李、让房子,送茶做饭,热情接待,亲如家人。仅据龙溪专区的不完全统计,部队入境后,群众共让出房屋8219间,铺板41765副,各种用具11228件。各地对后移的军官家属,同样作了妥善安置。接待任务较重的龙岩地区,在支前委员会下还设立专门的接待安置处,及时地帮助军属解决安置中的一些具体问题。福建省在1962年6月至7月间,共调集战备粮5000万公斤和大批副食品。福建龙溪专区在战备期间,根据军事斗争形势的需要和省支前委员会的指示,对战备物资作了全面的调整和充实:大米从原备93万斤,调整为292.75万斤;面粉从原备12.3万斤,调整为29.2万斤;食油从原备3.36万斤,调整为8.247万斤;黄豆从原备3.8万斤,调整为16.27万斤;马料从原备12.57万斤,调整为30.36万斤;马草原备很少,调整为49.5万斤;木柴从原备257万斤,调整为349.28万斤;木炭调整为2.33万斤。以上8大品种经检查落实结果,准备数均超过省的任务数。

在江西,截至1962年7月4日,据不完全统计,各地供应过往部队、家属和转移人员的主要物资计有:粮食468963斤(其中面粉

35284 斤、大豆 8029 斤)，食油 6645 斤，马料马草 31869 斤，鲜菜 13 万斤，烧柴 80 万斤，开水 21503 担，各种副食品 34000 余斤，生猪 149 头，食糖 20356 斤，饼干 7000 余斤，卷烟 6932 条，以及罐头、肥皂、电池、胶鞋等其他物资。仅鹰潭一地，就接待 17000 多名过往的家属食宿。到 7 月上旬，江西调往福建前线的粮食，共计完成 1524 万斤，油脂完成 39. 6 万斤，还准备了干菜 150 万斤。

动员的军需物资，一部分用于参战部队的日常消耗，一部分根据备战需要储备起来。“主副食、燃料储备，海岛部队一般储存几个月量，一线部队储存 2 个月量，机动部队 1 个月量。依保管条件，部队自存和地方代存相结合。国家粮食部通过调运，到 1962 年底，在福建、浙江、广东三省几十个点的粮食部门储存粮食数千万公斤、食油数十万公斤。副食、燃料、马草等由有关省安排储存。被服装具及野战给养器材由军队储存，除配发给参战部队的以外，在南京、广州军区的几个后勤分部和战备后方军需仓库储存陆、海、空军主要被服装具数十万人份，血衣血被 3. 5 万人份，白袍衣近 2 万件，解放鞋 38. 5 万双，野战医院卫生被服 5000 床位份，马装具 3000 份，马掌 2 万副，马灯 5000 盏，以及行军锅、菜盆、油桶等给养器材，为部队战备提供了必要的物资准备。”①福建省各专署在战备期间供给部队的物资，一般在正常库存中解决，需要动用省属战备物资时，各专署与部队联合上报军区和省商业厅批准。福建省商业厅规定：“战争打响后，部队需要省储备物资时，凭部队团以上军政首长签署的证明，直接向专市县支前委员会联系办理出仓手续，并一面办理，一面上报省厅。”福建省商业厅，要求各二级站对战备物资储备，认真执行“推陈储新”的原则，坚持勤检查、勤调换，做好防火、防空、防特、防盗、防霉工作，保证储备商品始终处于完好状态。1962 年，福建省商业系统储备的战备物资有石油、五交化、副食品、针纺织品、百货文化用品、医药 6 大类 44 个

---

① 总后勤部军需部：《中国人民解放军军需简史》1977 ~ 2000，第 288 页，解放军出版社 2004 年版。

品种,单是咸菜、干菜一项就储备了900多万斤。

紧急战备期间,在物资动员实践的推动下,物资动员制度得到完善和发展。1962年6月28日,福建省晋江专区支前办公室下发《关于改进战备物资会报制度的通知》。《通知》称:为及时了解各地战备物资的调运、供应、储备完成情况,重新拟定会报制度。关于会报时间,暂定为每两天会报一次,逢单日会报,每次会报前两日的情况。关于会报的代号,包括单位代号和品种代号,品种代号包括任务数代号和完成数代号。关于会报方式,日会报必须用电报,并在会报日当天下午2点钟发出。每月的1、6、11、16、21、26日,以机密信件会报一次。内容是:全县战备物资储备任务的完成情况;担架、民工、运输工具、卫生救护的组织情况;战备物资的储运完成情况;交通桥梁的抢修、保养、看护情况,整个支前备战工作和当前支前物资供应采取哪些措施,存在哪些问题,部队有些什么意见和要求;对问题解决意见和办法。7月4日,晋江专区支前委员会根据省支前委员会运输部的指示,又通知各县、市支前办公室,建立支前运输进度会报制度,要求各县、市支前办公室应将县管的车船每5天的运输累计进度,每逢1日、6日分6天用电话或电报向委交通科各会报一次。

(十一)国家储备物资的转移和疏散

东南沿海紧急战备之初,国家物资管理部、商业部组织有关省、市,对东南沿海地区的国家储备物资进行了转移和疏散。

1962年3月,台海出现紧张局面后,国家物资管理部便组织有关方面将国家储存在东南沿海的部分战略物资向内地转移。5月16日,国家物资管理部、财政部下发《关于为备战转移物资所需费用的财务处理问题的通知》。《通知》称:为备战而转移的物资,在转入地区需要搭盖一些临时性的库房时,按每平方米造价30元左右,修建一些简易仓棚。转移物资所开支的运杂费用,在“物资流转费—转库搬运费”项目列支;为储存转移的备战物资修建的简易仓棚,在“物资流转费—保管维护费”项目列支。7月11日,国家计委为各地国家储备物资在战备工作中有关疏散转移问题发文给河北、山东、云南、甘肃、辽宁、湖北、陕西、四川、湖南、黑龙江、吉林、内蒙古、山西等省区，明确指出：为了进一步加强国家储备物资的统一调度，凡储存在各地的国家储备物资，其疏散转移计划、行动，均由国家物资储备局负责统筹安排。各地储备部门凡未接到该局疏散、转移物资的通知者，一律暂不移动，以便统一掌握，避免人力、物力、财力上的浪费和损失。

商业部在紧急战备初期，为了防止库存石油遭到轰炸，对国家库存石油采取了疏散和隐蔽措施。1962 年 6 月 29 日，商业部下达《关于做好石油战备工作的通知》。《通知》称：到 5 月末，全国石油库存 140 万吨，各地储存容器已经饱和。沿海地区的福建、浙江、江西、广东、上海、江苏 6 个省市和中央站库的存量为 30 万吨，其中存在 3000 立方米以上金属油池内的有 18.1 万吨。因此，只有挖掘各地现有包装容器，积极做好石油的疏散和防护工作，以利支援军需和防止遭破坏。商业部要求，东南沿海地区 6 个省（市）的库存，作为全国疏散工作的重点，减少 1000 立方米以上（不包括土油池）油库的油池储存量，一般保持在当地 1 个月的销售量，最多不超过 1 个半月。并将现有油桶由省市集中管理起来，在省市范围内统一调拨使用，必要时将油装桶分散保管。第三季度的煤油可说服群众至七、八月份内提前一次购买。除东南沿海地区 6 个省（市）可适当压低现有库存尽力疏散外，其他省（市）和中央站油库根据现有情况储存量不可能减少，而且还要力争多存。同时，在（北）京汉（口）线以东交通沿线上的所有油库和其他地区 3000 立方米以上的油库，均应做好防空伪装隐蔽工作。7 月 14 日，河北省商业厅下发《关于作好石油战备工作的通知》。当时，河北省商业部门石油仓库存量很大，储存容器已经饱和，有的地区已超过安全容量。为了保证完成石油接卸、储存任务，支援军需和防止敌人破坏，河北省商业厅要求铁路沿线 3000 立方米以上石油库，应做好防空伪装隐蔽工作。伪装办法，各地按当地地理环境，可采用不同颜色涂刷油池，也可采用带色绳网和其他方法，以减小目标。建立起一支精干的保卫、消防队伍，配备必要的枪支弹药，增添消防工具。

除对储备石油采取疏散、隐蔽措施外,商业系统还对储备的一般商品采取了相应的疏散隐蔽措施。但是,由于缺乏统一规定,各地的商品疏散工作很快便出现无序的状态。一些不该疏散的地区将储存商品进行了疏散,造成了很大的损耗。一些地方过于强调战备储备需要,影响了市场的正常供应。对此,1962 年商业部适时颁布实施了《关于商业部系统疏散物资试行办法》。该《办法》规定:商业部门的备战工作,必须本着立足战争,立足于打仗与和战结合、常备不懈的精神去进行;既要做好战备物资的储备,又要保证市场需要。具体做法是:沿海大城市,前沿中等城市要有计划地进行物资疏散工作。内地、后方中等城市原则上不疏散物资,县一律不搞物资疏散。必须疏散的物资是指易燃易爆、剧毒性的危险品,一般副食品、日用品、纺织品、医药、五金、交电器材、煤炭、化工原料原则上不疏散。但在大仓库集中存放的物资,可据情就地分散,中央一级站和沿海有外调任务的地区所集中存放的物资,除保留必需的周转库存和为旺季调剂需要留的机动物资外,应调拨的一律按时调拨或商得销区同意后提前调拨。进口物资,要随到随调,原则上口岸不存放。沿海部分大中城市加工出口和供应市场的活猪,必要时可把调进的活猪,暂时适当分散到郊区或委托公社生产队饲养几天。有些物资要疏散,但属当前供应不足的,应首先供应市场,暂不疏散。上述规定出台后,商品疏散的混乱局面得到迅速扭转。

(十二)医疗卫生动员保障

紧急战备期间,地处战区的各省、市,按照国家卫生部的统一部署,进行了医疗卫生动员,为参战部队提供医疗卫生勤务保障。

江西省在 1962 年 7 月 7 日前,已经从部队医院接受了 139 名病员,并将他们转移至地方医院。7 月 7 日以后,江西省先在抚州、宜春、横峰等地设立了 4 所后方医院,可收治伤员 2000 人。同时,为了准备支援战地救护,各地共组织 6 个战地救护队,抽调 90 名医务人员,现已做好了内部的组织工作,进行了战地救护训练。一旦需要,即可集中。

福建省龙溪专区、漳州市组织了3个战伤医院分设7个收容所,配备政治可靠的医务人员634名,可收容伤员1000名,各县也相应地组织战时伤员急救、转运站或战伤收容站,下分设手术组、医疗救护组、药械供应组和机动组。为适应战时的需要,各地还以公社、中学为单位训练了一批急救包扎人员,仅龙海、云霄两县就组织了2573名。同时,专区和各县(市)医药部门都开展了补血工作,各地还组织了一批输血团,仅龙海、诏安县就组织了1937人,从各方面做好准备,以确保战时伤员抢救和医疗之需要。福建省福清县由福清医院组织由15人组成手术队,配备应需药械,战时配合722医院或支援平潭部队抢救伤员,县共准备800个床位(包括代平潭准备300个在内)平时照常接收病人,战时接收伤员。同时组织3个急救队99人,3个转运站,各镇组织三防救护组。在此期间,医务人员进行政治、业务学习,以适应战时需要。

二、对印自卫反击作战动员

1962年10月20日到11月21日,为了维护国家领土主权和尊严,打击印度当局反华、排华的嚣张气焰,给入侵中国领土的印度军队以应有的惩罚,创造和平稳定的中印边境,中国西藏、新疆边防部队,根据中共中央、中央军委的命令,在中印边境东、西两个方向上对入侵中国领土的印度军队实施自卫反击,共毙、伤、俘印军8700余人,夺回了被印度军队侵占的部分中国领土。为保证此次作战的胜利,国家以西藏和新疆为主,组织了一次规模有限的局部动员。

(一)中央军委的对印作战部署

1962年春,印度的反华行径和对中国领土的入侵行动变本加厉,导致中印边境形势紧张。5月21日,总参谋部召开中印边境小型作战会议,参加会议的有西藏军区、新疆军区和总部有关部门的负责人。会议传达了中共中央、中央军委关于中印边境斗争的指示,分析了中印边境斗争形势,研究了防备印军挑衅的作战方案和战备工作落实情况。会后,总参谋部根据会议的有关决定起草了中印边境军事斗争报告,得到周恩来总理的批准。5 月 29 日、30 日,总参谋部向新疆军区、西藏军区发出指示,要求:在西段地区,增设哨卡,恢复巡逻,加强一二线兵力,增大物资储备;在中段地区,以现有兵力扼守哨卡,待机歼敌;在东段地区,由西藏军区组织 2 个步兵团和部分炮兵,准备由棒山口、察隅、墨脱等方向出击,配合西段斗争。总参谋部要求新疆、西藏军区在 6 月底前完成作战准备。

1962 年 6 月 19 日,总参谋部指示西藏军区会同西藏工委做好部队预定行动地区的群众工作,改进民族关系,以利巩固后方交通和补给。7 月至 9 月,得到美国支持的印度当局,不顾中国政府的抗议和谈判解决边境问题的意愿,乘台海局势紧张之机,调集重兵集团扩大侵略中国领土的军事行动。在中印边境西段,印军在中国领土上设立据点 43 处,在中印边境东段,印军越过"麦克马洪线",侵入中国克节朗地区。印军还在西段和东段制造了多起严重的流血事件。10 月 8 日,中共中央在中南海颐年堂召开研究中印边境斗争问题的会议。毛泽东、刘少奇、周恩来、朱德、邓小平、贺龙、聂荣臻、徐向前等参加会议。会议做出准备对入侵印军实施自卫反击作战的决定,要求迅速做好行动准备,要打就要全胜;一切行动听从中央命令,做到令行禁止。

(二)支前动员的组织指挥

对印自卫反击作战在高原山区进行。东段西藏方向,在喜马拉雅山脉的南侧,是高山、峡谷、密林地区。西段新疆方向,地处喀喇昆仑山、冈底斯山山脉,除班公湖、狮泉河两岸谷地海拔为 4000 米外,大部分地区在海拔 5000 米以上,气候恶劣,高寒低压,干燥多风,缺氧缺水。为搞好此次作战的支前动员,西藏、新疆均加强了支前动员的组织领导。

在西藏,1962 年 10 月 11 日,中共西藏工委、西藏军区发出《关于西藏目前形势与任务的指示》,对支前动员工作做出部署。中央人民政府驻藏代表、中共西藏工委第一书记张经武,在西藏军区组成的前指会议上说:"你们管打仗,我管支援,要什么给什么。"10 月 14 日,中共西藏工委组成了以副书记、军区副政委王其梅为首的支前工作领导小组。西藏自治区筹委下属的各部门及有关各地(市)相继成立了支前指挥机构。各级党政部门把支前当作压倒一切的中心工作。全区动员地方干部1280人，组成临时随军小组。其中西藏工委和西藏筹委机关463人、拉萨市87人、林芝153人、昌都286人、山南267人、江孜18人。上述人员包括战勤工作队、达旺工作队、3个战俘医院及财贸、银行、邮电、勘测、记者、摄影、工程技术人员和翻译。10月23日，中共西藏工委发出《西藏目前形势与任务的补充指示》，向全区发出了“一切为了前线，一切为了胜利”的号召。

在新疆，1962年6月，新疆党委发出《关于支前工作的指示》，明确指出：“为了保卫祖国领土不受侵犯，必须提高警惕，做好一切准备。战争的胜负，不仅取决于前方战斗力的强弱，而且决定于后方的支援。”新疆党委第一书记王恩茂要求自治区有关部门和南疆各地县，要树立“一切为了前线，一切为了胜利”思想，认真做好粮草、物资补给及修路、运输等支前工作。10月，新疆成立了以辛兰亭副主席为主任委员的支前委员会，自治区粮食、商业、交通、卫生、民政等各厅厅长担任委员。同时，抽调干部组成支前办公室。喀什、和田专署及有关县、市，组成了由主要领导参加的支前委员会，设立了支前办公室。

西藏军区、新疆军区根据作战要求、战区自然环境和能够动员使用的民力，对后勤保障进行了部署。在东段战区，西藏军区后勤部抽调540名干部分赴前线，在达旺、瓦弄等方向开设了后方指挥机构。西段战区，新疆军区抽调350人组建了“前指”后勤部。上述后方指挥机构，随战役指挥机关行动，分别负责各作战方向的后方组织指挥以及与地方支前动员机构的联系。针对后方运输线长、战区地形复杂、部队分散的特点，西藏、新疆军区后勤部在部队前进方向上，沿线开设基地兵站、补给站和转运站。基地兵站设在战区的适中位置或公路终点，配属相应的仓库、医院、技术勤务保障分队，战前储备物资，战中组织补给和后运伤员，战后负责组织部队和装备物资的回运工作。当部队向前推进时,“前指”后勤部组织精干人员和军地运力,适时开设补给站,随带物资及医疗救护力量深入战区,保障向敌纵深穿插迂回部队的补给。

(三)武器装备生产动员

对印自卫反击作战的武器装备生产动员,是与东南沿海紧急战备中的武器装备生产动员统一组织实施的。1962 年 6 月,国家在安排东南沿海紧急战备第二批“备战增产”任务时,一并安排了为西藏、新疆边防部队生产武器弹药的任务,并且在产品种类上增加了适应高寒山区作战的武器弹药,赶制出 120 毫米迫击炮、82 毫米迫击炮、榴弹炮、加农炮、75 毫米无坐力炮、40 毫米火箭筒、自动步枪、手提式冲锋枪等武器及其弹药。247 厂接到生产 85 加农炮的战备任务后,实行两大班战时生产制度,使年产量增加了 5 倍。547 厂根据前线需要恢复了 40 毫米火箭筒的生产,年产量从 1961 年的 3000 多具增加到 1 万多具。该厂 75 毫米无坐力炮的产量,也从 1961 年的 33 门提高到 709 门。该炮性能好,很受部队欢迎,在中印边境自卫反击战中发挥了很大作用。某连前后四次作战,发射 252 发炮弹,90% 以上命中目标,而且多系首发命中,共摧毁敌碉堡 17 座和指挥所、火力点、单炮阵地等目标 19 个。

(四)军需物资的预储和动员

对印自卫反击作战,受地理自然条件的限制,作战地区就地取给困难。东段作战地区居民较少,参战部队多,物资消耗量大,所需物资除木料和烧柴外,都不能就地取给,全靠后方补给。战前,国家为应对中印边境日益恶化的紧张局势,预先进行了军需物资储备和动员。

1962 年 6 月,国家有关部门会同总参谋部、总后勤部,为西藏军区和新疆军区边防部队调集大量作战物资和军需给养。到开战前,西藏、新疆中印边境各作战方向上,均储备了较为充足的给养、弹药、战救药材,以及油料和取暖材料等。具体情况是:“为一线部队储备了 11 个月的粮食,9 个月的副食,6 个月的燃料;为二线部队储备了 6

个月的主食。”临战时，西藏军区后勤部又在中共西藏工委的大力支持下，为前方部队准备了一定数量的主副食、弹药、柴草、马料、酥油、糌粑、修路器材，并赶制了轻型驮鞍、帐篷、小油桶等物资。“新疆军区给部队补充主副食23.5万公斤，固体化学燃料1万公斤，在叶城、康西瓦储备被服装具1.2万人份、两个野战医院的卫生被服、8000人份日用品及部分厨具。”①

战斗打响后，为保障作战部队的肉食供应，新疆军区后勤部组织力量，从和田、皮山出发，翻越海拔5000多米的大板，行程1800多公里，先后为作战部队赶送活羊6800多只。西藏各级支前机构，配合部队后勤部门，前线“要什么，支援什么”，积极为参战部队筹集和运送军需物资。西藏商业厅负责人刘鹏杰带领工作组到南疆，深入各地解决物资筹措中遇到的问题。整个作战期间，西藏动员支前的主要物资有糌粑237万斤、酥油6.4531万斤、牛羊肉31.7316万斤、烧柴299.3056万斤、马草151.8834万斤、马料9.5万斤、蔬菜31万斤。共拨付支前银元14万元、印度卢比现钞11万盾，用于支前经费约30余万元，全区用于支前的商品物资总值350余万元。

军需物资动员存在的主要问题：没有统一管理审查的部门，缺乏对请领物资的单位进行有效的协调和审查，致使提供物资时分不出轻重缓急，甚至出现趁机乱抓的现象。加之运力不足，库存物资少，事先准备不充分，对需要的物资心中无数，在支前过程中显得有些混乱。有的部队烧柴接济不上，砍了一些市区的树木，影响很不好。

（五）动员民力急造军用公路

战前，东段战区公路终点离前沿有100公里左右，西段战区公路终点离前沿更远。因此，西藏、新疆都在战前组织大量民工配合部队急造军用公路。急造军用公路虽然比较狭窄，坡度大，曲率半径小，汽车行驶速度受限，但却能够保证汽车直达前沿阵地，为大量物资和

① 总后勤部军需部：《中国人民解放军军需简史》1977～2000，第289～290页，解放军出版社2004年版。

伤员的前运后送及火炮的机动提供了重要保障,并且缩短了人力、畜力运输的距离。

在中印边境东段,1959 年始建的边防公路,到 1962 年开战前还没有修完。错那方向仅修到错那,昌都方向仅修至扎拉。而从错那、扎拉到达旺战区 100 公里仅通乡村路。为保障部队机动和供应,中共西藏工委和西藏军区在战前动员组织大量民工,配合工程兵部队抢建吉公至雄纠、薄山口至麻玛、错那至达旺三条急造军用公路,使公路到前沿的距离缩短为 20 公里。在错那至达旺急造军用公路施工过程中,由山南、江孜地区和拉萨市动员组织的 3 个民工大队共 8000 多人,与工程兵部队一起苦战 9 昼夜,急造军用公路 81 公里。除上述 3 条急造军用公路外,西藏地区还动员民力抢修了西山口至邦迪拉、然乌至雄纠等 107 公里的边防公路,改善了拉萨至曲水段的公路。拉萨至曲水段抢修工程,9 月 22 日开工,要求在 10 月 10 日前修好 6 座桥梁、9 道涵洞及路基。参加施工的 300 名军工和 500 名民工艰苦奋战,仅用 10 多天就完成了任务,完成各种土石 8529. 4 立方米。林芝地区的民工先后赶修骡马便道 6 条,共计 300 多公里,并配合修桥部队,修建了解放大桥、月儿东桥和阿尼桥。整个作战期间,西藏动员参加支前的民工总数为 32237 人,占全区人口的 2. 66%。其中:拉萨 5171 人,占该地区人口 3. 2%;昌都 8069 人,占该地区人口 2. 69%;江孜 881 人,占该地区人口 0. 82%;林芝 5071 人,占该地区人口 10%;山南 13045 人,占该地区人口 8. 06%。其中用于修筑急造军用公路、维修公路及抢修骡马道等 21106 人(不包括军工)。全区共新修公路 3 条,全长 190 公里,参工总人数 15339 人。加修和维修公路 14 条,全长 1942 公里,参工人数 5767 人。修复和加固桥梁 3 座(巴河桥、加美其美桥和卡达桥)。新修骡马便道 5 条、全长 175 公里。

在中印边境西段,新疆组织以公路局第 308 筑路队的 4 个施工队为主,动员组织南疆 20 多个县的民工,在战前抢建天文点、河尾滩、空喀山口 3 个区域的边防公路,共修建急造军用公路 20 条、480 公里,使大部分前沿阵地能够通汽车。此外,还抢修驮马路 25. 3 公里,架设小河桥梁6座。[①] 战斗打响后，新疆将4个公路工程队共430多人，部署在容易出事的地段，担任道路维修和改善任务。另外抽调530多名工人，组成5个道路养护队，连同原有的道路养护人员共2500多人，担负新藏公路的养路、修路任务。

（六）战略后方到战役前方的支前运输

战前，国家铁道部和交通部会同总参谋部军交部、总后勤部运输部，以及西藏、新疆两地的交通运输部门，完成了“104任务”即输送参战部队向预定战区开进的任务。1962年10月10日，中央军委决定调1个步兵师、1个炮兵团、2个炮兵营及雷达团一部至中印边境指定地点集结。这些部队连同大批作战物资分别从战略后方70个车站装车，经铁路输送至盐湖、柳园、西宁、成都4站卸载，而后用汽车接运至集结地点。10月13日，总参谋部军交部在北京召开了有关军区军交部长会议，对这次军事运输进行了研究部署。会议确定该项运输一律按“特殊运输”掌握，有些情况特别紧急的任务，可以打破常规组织抢运；零装整车随最早列车挂运，必要时可开专列。为此，西安、兰州铁路局成立了由主管运输的副局长、驻局军运处长、局运输处长、公安处长等人参加的“104任务”领导小组。乌鲁木齐铁路局成立了由路局、驻局军运处和新疆军区司令部军交部门等负责人参加的运输领导小组，下设组织指挥组和保障组；各级铁路办事处和主要站、段，都由站、段负责人亲自掌握军运情况；各调度班组中，均有专职人员办理“104任务”。

按照总参谋部制订的运输计划，各参战部队在全国70多个站点登车，经千里铁路输送，分别到达盐湖、柳园、西宁、成都等车站，再由汽车接运至指定地点。铁路运输过程中，“在快速、准确的原则下，人员列车按旅客列车定点运行，技术作业尽量在有军供站的车站进行，以提高运行速度，压缩运行时间，如军列从石嘴山站至西宁站，原需

---

① 参见总后勤部军事交通部：《中国人民解放军军事交通史（1927—1987）》，第271页，解放军出版社1990年版。

47小时左右,经调整压缩了10个小时。零星车辆随最快列车挂运,预先在前方中转站留轴等待,列车一到,先摘解军用车辆,编挂到事先安排的接续列车上,使其尽量缩短中转时间。如西安东站中转时间最快达到1小时21分,比正常情况中转缩短了2小时以上"①。至1962年11月30日运输结束,新疆境内接入军列119列,其中人员整列运输9列,计4000余人,各种装备物资1375车。"兰州军区司令部军交部根据铁路沿线原有9个军供站不能满足需要的情况,商请陕西、宁夏两省区政府民政部门在包兰、宝成铁路沿线及时增设了银川、中卫、凤州三个军供站以及石嘴山供水站。并派干部到军供站协助工作。新疆军区司令部军交部还商请地方政府在柳园、哈密、吐鲁番设立了临时军供站。"②为加强卸载的组织领导,避免出现堵塞、积压和混乱现象,有关军区按照总参谋部和总后勤部的统一要求,在盐湖、柳园、西宁、成都等重点卸载站,组成由军区军交部门、参战部队和铁路部门参加的卸载指挥所,统一组织领导卸车工作。在兰州铁路局管内,列车车辆进站、倒运、排空等各项工作有条不紊,30分钟内即可卸完11个平板车上的11辆汽车和11门火炮,并及时组织汽车联运。每天最多时有50余辆汽车,装货达250吨至350吨。

各参战部队乘火车到达到盐湖、柳园、西宁和成都等主要卸载车站后换乘汽车,分别沿着川藏、青藏公路,从战略后方向中印边境东、西段预定的战役后方,直至作战地区开进。此时,交通运输动员由铁路运输力量动员转向以汽车为主的公路运输力量动员。

东线从战略后方到战役后方的公路运输,在青海、四川两个方向组织实施。青海方向,由总后勤部青藏办事处和兰州军区运输部负责,需要前运的参战部队有12个步兵团、3个炮兵团和边防、工兵等部队约3.75万人,还有2112吨作战物资。为此,总后勤部青藏办事

---

① 兰州军区后勤部军事运输部:《中国人民解放军兰州军区军事交通运输史》1927～1988,第244页,解放军出版社1990年版。

② 兰州军区后勤部军事运输部:《中国人民解放军兰州军区军事交通运输史》1927～1988,第246页,解放军出版社1990年版。

处和兰州军区运输部在西宁和格尔木等地设立了3个指挥所。总后勤部青藏办事处共调用4个汽车团、2000余辆汽车。兰州军区后勤部运输部抽调军区汽车团和汽车第9团共186辆汽车，在甘肃、青海两省动员地方汽车235辆。军、地临时调集和动员的车辆，加上参战部队配备的车辆，总计投入青海方向公路运输的汽车有603辆。1962年10月23日，运输车队载着参战部队从西宁出发，沿青藏公路经格尔木入藏，途经海拔4000米至5600米以上的昆仑山、唐古拉山、喜马拉雅山，跨越雅鲁藏布江。11月14日，车队到达西藏的邦山口和达旺等作战地域，行程2500公里。在四川方向，需要前送的部队为1个步兵师，包括人员7365名，物资2576吨，军马676匹。路线是由四川乘汽车沿川藏公路进抵西藏的瓦弄地区。这一方向的车辆运输保障，由总后勤部重庆办事处和成都军区后勤部运输部负责。总后勤部重庆办事处在成都成立指挥部，在甘孜、昌都、白马等地开设修理站，组织汽车第17、第20团和1个独立汽车营运输。成都军区后勤部运输部会同四川省交通运输部门，动员组织军地车辆872台。10月19日，车队从四川雅安出发。11月1日，车队到达川藏公路的终点——扎松，行程1200公里。整个作战期间，成都军区共调用军车800余台，四川省支援汽车870台，除前送部队外，还前运物资1.1万余吨。

在西线，从战略后方到战役后方的公路运输，由新疆军区统一组织实施。需要前运的部队，有6个步兵营、2个炮兵营、2个工兵营，共6300人。运输的距离，从新疆乌鲁木齐至战役后方——新疆叶城基地有3000公里，从叶城基地到西段战区还有1450公里。新疆自治区政府、新疆生产建设兵团、喀什、阿克苏、库尔勒等地区，成立了支前运输指挥部，先后从各单位抽调汽车1167台，动员驾驶员和修理人员2224人。除抽调50多台汽车配属部队行动外，其他车辆担负从乌鲁木齐（盐湖火车站）、喀什、叶城等地向战区运送参战部队和装备物资的任务。为加强汽车的维修保养力量，新疆军区将驻喀什的南疆军区汽车修理所扩编为汽车修理厂，在叶城基地配置了汽车修理点，并组织修理力量前出康西瓦执行车辆维修任务。

在战略后方至战役后方支前运输全面展开的同时,从战役后方至战役前方的支前运输也在紧张进行。当时,拉萨作为东线战场的战役后方,既是青海方向进藏部队及装备物资的中转站,又是通向战役前方的大本营,前送后运的任务十分繁重。为此,西藏军区调动所属汽车第16团、868辆汽车,兰州军区抽调汽车第14团、121辆汽车、280余名车勤人员,加入拉萨至战役前方的运输队伍。西藏军区后勤部在拉萨、日喀则、曲德贡、上洞亭、邦迪拉等地,设立了车辆维修机构。对印自卫反击作战中,地方的汽车,基本上停止了正常的运输,全力参加支前运输,共完成9537个车日(包括昌都),减少了可以运进的进藏物资5319吨。西藏自治区参加支前的地方汽车为876台次,999757车公里,其中筹委交通处676台次,914076车公里;昌都167台次,57681车公里;工筹委直属机关33台次,28000车公里。交通系统2063台营运汽车中,有1/3的车辆专门执行由格尔木到边防前线的军运任务,总计行车99.96万公里,运输量达到17.39万吨。大部分职工在此期间加班加点,汽车司机日夜兼程,发扬了吃大苦耐大劳的革命精神。有不少司机在支前时得不到休息,有时一日一餐,仍坚持完成任务。

战役后方至战役前方的支前运输,由设在战役后方的汽车运输指挥所统一指挥。汽车运输指挥所的位置设在运输起点和重要转运站附近。为使支前运输有序进行,各汽车运输指挥所对军、地车辆实施统一编组,按照先弹药,后给养,再其他物资的顺序依次编队出发,有的分段接转,有的则直达前沿。在西段,新疆生产建设兵团组织的支前汽车队,是首批担负从战役后方向战役前方实施运输任务的地方车队之一。1962年7月24日,新疆生产建设兵团开始组建支前汽车队。兵团第3汽车运输公司奉命抽调100多人、78辆汽车组成1个支前汽车连。8月1日,该连开始执行向边防部队运送作战和生活物资的任务,所有人员在叶城后方基地换上没有帽徽、领章的军装后,分3批离开叶城后方基地,向藏北高原阿里方向出发,将第一批从喀什装载的军用物资，运往前线指挥部驻地康西瓦。此后，他们在中印边界前线执行战地支前服务，先后将参战部队和弹药物资，分别送至中印边界前哨阵地——天文点、空卡、库尔斯堡、日土宗、孔西岗、康孜、加勒万河、班卡等地。据总后勤部的不完全统计，在此次反击作战中，共动用军车4766辆，地方支援汽车800辆另876台次，行驶约3700万车公里，输送人员约9.2万人次，运输各种物资5.1万余吨。其中，西段组织汽车输送部队和各种物资1.8万吨，行驶1300万车公里，其中新疆地方支前车队就运送物资1.3万吨、人员2704人次，完成了全部运输量的46%。东段达旺方向组织汽车输送部队、民工及各种物资1.5万吨，共行驶683万车公里。

汽车运输力量动员的主要问题是：第一，运输组织不够统一，物资供应、运力计划、调度实施分头掌握，车辆使用高度分散，又未预留机动，造成既难以发挥应有的运输效益，又不适应紧急情况运输的需要。当作战部队接到命令需要立即开赴作战地域时，因车辆紧张，曾一度发生了随意扣车的现象，使正常的物资供应运输保障处于停顿状态，给运输工作带来困难。第二，车材供应考虑车型、车况不够，致使供需矛盾突出，有9%的车辆待料停驶。第三，地方支援车辆未建车队，无防寒设备，任务紧急时不便调用，只能作第二线使用，否则影响部队的作战行动。此外，计划工作不周，降低了运输力量的使用效率。有时订了计划，一变再变，因而造成有时前方车辆拥挤不能行；有时车辆在家等任务，不能及时周转，浪费运力现象。有些前运的车辆与民工集结地点脱节，民工已集结一二天，汽车未到，有时中途汽车发生故障抛锚，没有替换车辆，停一二天上不去。

（七）战役前方运输力量动员

对印自卫反击作战物资消耗较大：东段消耗炮弹16663发，枪弹180635发，手榴弹4688枚，喷火油料303公升，炸药300公斤。西段消耗炮弹6313发，枪弹221317发，手榴弹2392枚，喷火油料374公升，炸药1759公斤。由于战役前方通往作战前沿地带的道路较差，许多地段汽车无法通行，大量物资用汽车运达前沿地带后，主要靠人力和畜力运输。人力、畜力运输虽然只有几十公里至百余公里,但因山高林密,道路崎岖,运输非常困难,每次前运或后送,少则3至4天,多则7至8天。为此,西藏、新疆均动员大量的人力、畜力,担负前沿地段和随军物资的运输任务。西藏先后动员民工3.2万人,牲畜1万多头;新疆先后动员民工2万多人,牲畜1300头。整个作战,共组织军工参加搬运物资3884人次,运送各种物资71.5吨,后送伤员、烈士190名;民工参加搬运物资400人次,运送各种物资1.24吨;牲口驮运165匹次,运送物资6吨。

当时,人力、畜力运输有两种组织形式:一种是在后方基地和前方补给站之间,以当日可以往返的路程设置多个转运站,实施逐站接力倒运,形成站供点、点供面的物资保障格局。某师在瓦弄地区作战中,按师补给站、团补给点、前沿阵地的顺序实施供应。从公路终点至前沿阵地,中间开设4个补给站,每站相距20公里左右,组织军工500余人、军马592匹,接力倒运前沿阵地所需的物资,并组织民工6500余人、民畜785头,用于站、点之间的前运后送。某团三营在攻占邦迪拉的当天,由师后勤部组织的90名民工,就将该营所需的炮弹送达阵地。另一种是跟随部队补给。某师在纵深穿插迂回作战中,组织民工1500人,随队跟进前运给养13日份,弹药0.5个基数。边防某团后勤组织骡马运输队跟随作战部队前进,连续行走9天1夜,然后又由龙拉至达旺连续行进9天2夜,先后驮运补给物资2.8万多公斤。

据总后勤部战后统计,东线部队与民工的比例(民畜按一匹折两人计算)为:达旺方面1∶0.7,瓦弄方向为1∶1.4,梅楚卡方向1∶1.6。支前民工按县编大队、区编中队、乡编小队的原则进行编组。每小队编30至60人,或民畜25至30头。主要在团以上部队后方,一般不上营、连一线。背运民工背着几十斤的物资,不分昼夜伴随部队保障。在抢运物资时,有的1人背20发82炮弹。跟随某师的1000多民工,迂回距离6天行程,没有掉队的,完成了背运13天给养和半个基数弹药的任务。西藏山南地区先后组织民工1万多人、牲畜7555

头，担架250余副，伴随部队保障。同时，他们仅在达旺地区就运送各种物资250万公斤（包括回运物资）。林芝地区第一批民工为前线运送物资30多万公斤。当时，西藏全区骡马有22万余匹，其中拉萨地区3万匹、昌都5万匹、林芝6600匹、山南3万匹、江孜2万匹、那曲2万匹、日喀则5万匹。除去老弱残和边远地区外，能动员的约有30%至40%。实际动员驮运牲畜10575头。其中山南8598头、昌都807头、林芝1170头。另外，为作战部队抽购骡马235匹，其中工筹委直属机关41匹、拉萨市46匹、那曲29匹、日喀则45匹、昌都50匹、江孜16匹、林芝8匹。

为有效组织人力、畜力运输，西藏军区“前指”后勤部设立了支前民工、民畜指挥部。在遂行人力、畜力运输任务中，各级后勤部门和地方支前机构认真实行了定人员、定任务、定时间的制度。西藏左贡、八宿县通过实行“三定”制度，出勤率由80%提高到95%。广大支前民工在长途跋涉的运输线上，同部队一起，不畏艰险，忍饥耐寒，日夜兼程，部队打到哪里，他们支援到哪里，出色地完成了支前任务，对取得作战胜利作出了很大贡献。在东段作战中，某师共组织军工500余人，军马592匹，担负前沿阵地运输。参加瓦弄反击作战运输的民工有6500余人，民畜785头；参加克节朗、邦迪拉作战运输的民工达2万余人，民畜1万余头。在第二次战役中，参战部队与运输保障民工的比例高达1∶1.6。整个反击作战期间，西藏动员的民工达3.2万余人，民畜1万余头；新疆动员的民工共3200余人，民畜1300余头。西藏军区司令员张国华在中印边境自卫反击作战总结时说：民工的作用很大，如果没有这些随军支前民工，要定下战役决心，保证战役全胜，将是很困难的。

对于民工动员存在的问题，中共西藏工委在战后总结中称：由于开始预计执行任务时间短（1个月），实际执行时间长，民工对家中生产、生活的安排产生顾虑。背运民工由于有时兵站发物资人员少，形成大批民工排队等着发物资，造成窝工浪费。表现比较好的方面：有些单位给民工积极分子发一红布条戴上，民工感到特别光荣；物质奖励分价值10元、7元、5元三等,对民工鼓舞很大。需要注意的问题,就是工资以计时工资加奖励的办法比较好。由于部队执行战斗任务繁重,情况不易掌握,工资不能及时发放,最好由各县带领民工的干部组织发放,经费由前方后勤财务部门供给,俟后统一结算。

(八)战区卫生勤务力量动员

作战地区海拔高,空气稀薄,部队人员特别是从内地初到高原的人员一般都有高山不适应症,严重的发展为肺水肿、高山昏迷。东段多雨潮湿,流行痢疾、疟疾、麻风等疾病。西段山高雪深,极易发生雪盲、冻伤等病症。部队人员初次进入海拔4150米的康西瓦,高山病的发病率为30%至50%,而进入5000米以上的天文点,发病率增加到80%至90%。作战期间,非战斗减员占总减员数的56.7%,其中冻伤占总减员数的38.8%。

作战中,在东段战区共展开5个野战医院,配置在兵站或转运站附近,以便利用前送物资的运力接治和后送伤病员。总后勤部从各军医大学和有关军区的医院抽调专家、教授等医务人员76名,组成6个医疗手术队。西藏军区又从驻军医疗单位和地方医疗机构抽调100余名医护人员,分配到各野战医院和担任纵深迂回任务的师、团。团、营的医疗救护力量负责一线伤员的救治工作。在西段,新疆在喀什地区建立了一个有100个床位的野战医院,另从其他医院组织了3个战场手术组,阿里地区的日土县组织了前线救护队,担负一线伤员的救治工作。

整个作战,西段参战部队的伤亡人数总计有328人。在班公洛地区战斗中,部队伤病员较多,部队医疗队顾不过来,日土县委书记和县长亲自组织医务人员和县委、政府机关的女同志参加看护工作。小学教师丹巴索巴、还俗喇嘛贡觉才旦自告奋勇,夜以继日地照顾伤员,他们脱下自己的皮袄给伤员盖,打好酥油茶喂伤员。东段参战部队的伤亡较多,总人数有2091人。为将这些伤亡人员及时从战场转运到后方,西藏各地动员的随军支前民工克服了极大的困难。1962年10月20日,在克节朗地区作战中,桑日县民工抬运解放军伤员时,把自己的衣服脱下来给伤员盖上,遇上险道就一个个地把伤员背过去。山南一个民工细心护理23名伤员,3天3夜没睡觉。桑日县雪巴乡次仁平措、嘎玛登增,发现一个解放军战士被冻昏在雪地里,便急忙把这个战士抬进自己的帐篷,设法救活了这位解放军战士。桑日县平琼乡支前民工索朗欧珠、索南平措等12人,在火线运送伤员时,活捉4名印军士兵。据山南地区统计,该地区支前民工在支前期间,击毙印军1人,俘虏印军11人,缴获机枪1挺、长短枪42支。在这次自卫反击作战中,西藏、新疆两地共有17名支前民工光荣牺牲。

第三节 东南沿海紧急战备后的动员建设 (1962.10~1965.04)

起点:1962年10月,全国动员工作会议。

截点:1965年4月,中共中央关于加强备战工作的指示。

东南沿海紧急战备和对印自卫反击作战,不仅极大地提高了国家各层面对国民经济动员重要性的认识,也极大地提高了国家各层面加强国民经济动员准备的紧迫感。此后的三年中,中共中央、国务院、中央军委针对两次局部动员获得的经验教训,相继采取了一系列改进和加强国民经济动员建设和战备的措施。在此期间,国民经济动员系统按照国务院、中央军委的指示,着眼“满足300万人打一年的需要”,借助于国民经济的全面恢复和发展,扎实推进国民经济动员各项基础建设和紧急战备动员,使国民经济动员的建设和发展,出现了继50年代中、后期“以苏为师”之后的第二个高潮。

一、国民经济动员工作的全面统筹

东南沿海紧急战备开始后,国家计委特别是由国家计委副主任顾卓新领导的国家动员计划筹备小组,在抓紧编制国家总动员计划的同时,以大规模反侵略战争准备为牵引,研究提出了国民经济动员工作的方针,制定实行了《国民经济动员工作纲要》,报请中共中央、中央军委批转了《关于国民经济动员计划的基本情况和今后工作任务的报告》,对国民经济动员工作进行了全面的统筹安排。

(一)“三结合”国民经济动员工作方针

1962 年 6 月 30 日,即东南沿海紧急战备动员全面展开不久,由国家计委副主任顾卓新领导的国家动员计划筹备小组,研究提出了“三结合”的国民经济动员工作方针,即把国民经济动员计划工作同备战工作紧密结合起来,根据中央军委提出的战备需要,组织民用工业企业生产部队大量需要而军工生产能力不足的装备、武器、弹药、海空军零备件以及其他军需产品,同时组织交通运输及其他部门做好动员准备;把打局部战争同开展全面性的动员准备工作结合起来,虽然准备的是局部战争,也要动员全国的力量进行准备,应当有一个全面的规划;把紧急备战任务同编制年度及长期动员计划结合起来,为应付急需,动员工作是边计划边行动,当前应当着手编制全面的动员计划,并根据计划组织实施。动员计划筹备小组认为:动员工作的重心仍然是工业、交通部门,通过工业交通动员工作的开展,带动其他方面。如原料材料、财政、防空、新兵动员等方面,都要在可能条件下,相应地进行研究。8 月 17 日,即东南沿海紧急战备后期,国家计委适时向国务院领导建议当年 10 月组织召开全国动员工作会议。国家计委在建议中称:过去几年,在经济动员工作方面,虽然做了一些准备工作,但是由于缺乏全面规划和具体的组织安排,工作进展不大。随着国家备战工作的深入进行,国民经济动员工作也被带动起来。有 22 个经济部门承担了军事装备和军需物资的生产供应任务,有 7 个民用部门的生产企业,承担了武器、弹药的动员转产任务;交通备战措施,也在逐步开展。为了加强对动员工作的领导,必须尽快地编制出动员工作规划,建立动员工作的机构,有计划地组织各民用工业企业生产部队大量需要而军工生产能力不足的武器、弹药、海空军零备件及其他军需产品,并组织交通运输及其他部门做好动员准备。

10月，由国家计委、第一机械工业部、第二机械工业部组织的全国动员工作会议在北京如期召开。会议在对1962年战备和作战动员实践进行认真总结的基础上，重点讨论了国民经济动员的“三结合”方针以及军工生产动员的方针任务，总结交流了民用工业转产军品的试点经验，对《国民经济动员工作纲要（草案）》《国民经济动员计划工作暂行简则（草案）》进行了讨论和修改。

1963年1月中旬，国家计委国防局派人到福建和广东等地，调查了解1962年紧急战备动员情况。2月10日，国家计委国防局将调查的情况和建议报告给国家计委党组。调查组认为：备战工作不是简单的“支援前线”工作，而是在军事上有所安排之后，需要在政府工作和经济工作方面加以适应；备战设施也不是短期突击所能完成的任务，必须结合长期建设计划，加以安排才能实现。国家计委国防局在调查中发现：军事上有了完善的安排，前线有了规定的值班部队，军事工程逐步完成，对部队的一套供应制度，也在逐步改进，无论在原则上和具体工作上都有明确的安排或计划。相比之下，政府相关部门的经济工作还没有完全适应备战的要求。因此，国家计委国防局建议：由国家计委和总参谋部共同通知有关部门和地区，必须把备战作为各部门、各地区长期计划的内容之一，不能把这部分留下来作为专案处理。同时，要结合动员工作，要求各部门、各地区（包括大区）的计划部门成立专责机构，这个机构的人员多少，可按实际需要，有的部门、地区（如东南沿海各省）多些，有的部门、地区少些，这个机构要既负责本部门本地区的战时动员工作，又负责备战和国防工业企业的建设和生产。此外，报告还就“搞通备战需要的盲肠线”和对汽车运输实施统一管理等问题，提出了具体的解决办法。同月，在李富春副总理主持下，国家计委党组向毛泽东主席、中共中央和中央军委呈送《关于国民经济动员计划的基本情况和今后工作任务的报告》。《报告》中称：“中央多次指示我们，在平时的建设中，必须做好应付战争的准备，采取‘和战结合’‘军民结合’的方针，增强我国国民经济的军事潜力和抵抗侵略战争的能力，使我国的国民经济在一旦发生全面或局部战争时,能够迅速而有秩序地转入战时轨道,保证战争需要。"《报告》的中心内容是:根据中央"立足于应付大战"的思想,在自力更生的基础上,突破和掌握尖端技术,加强常规武器,有计划、有步骤地结合国防工业部门的生产能力,建立民用工业生产军事装备的能力,在"三五"期间或者更长的时间里,满足300万人打一年对武器装备生产的需要,逐步建立和加强战略物资储备。为此,报告提出加强国民经济动员准备的七项任务:一是合理布局,在大战略区以军工厂和民用厂相互协作,形成武器装备生产基地;二是扩大为军品生产的配套,争取10年内,在品种、数量上满足要求;三是增加民用工业直接为部队生产的装备,约占部队需要装备品种的40%;四是采取措施扩大军工原材料生产,逐步做到轻武器原材料可以就地成套生产,并加速新型材料工业的生产、试制和建设;五是交通邮电部门在充分发挥已有设备能力基础上,首先加强首都和东南沿海及东北地区主要战役方向干线网路建设,做好抢修、抢运组织准备;六是在10年内加强西北、西南两个大后方基地建设,每个大区也要适当规划自己的后方基地;七是对战略物资储备进行全面规划,建立国家储备、军队储备和企业储备,关键材料和重要战略物资由国家储备,军事装备储备由军队安排储备,企业储备三个月或半年的原材料或半成品。3月10日,中共中央批转了国家计委党组的这个报告,为这一时期国民经济动员工作提供了基本依据。

(二)计划300万人打一年

东南沿海紧急战备期间,国务院有关部门在国家计委的协调组织下,先后完成了"50万人打3个月"和"50万人打半年"的国民经济动员计划工作。此后便根据中央军委的要求,转入国民经济动员计划工作的第三步,按照300万人打一年的需要,抓紧收集材料,进行概括核算,为编制第三个五年计划和长期的动员计划做准备。为此,国家计委副主任兼国家动员计划筹备小组组长顾卓新曾向中央军委领导提出:动员计划筹备小组的职能应从筹备工作转到编制动员计划和组织执行计划,其组织形式:一是可考虑成立小型的国民经济动员委员会,由一位副总理挂帅,有关部门负责同志参加,办事机构为国家计委;二是将现有的动员计划筹备小组扩大,吸收各工业、交通部门的同志参加,工作范围也相应扩大;三是由国家计委组织进行动员计划工作。

1963 年 3 月,中共中央、中央军委根据国家计委及国家计委副主任、动员计划筹备小组组长顾卓新的建议,决定在动员计划筹备小组基础上,由国家计委、有关工业部、总参谋部、总后勤部等有关部门,组成长期动员规划小组,下设规划小组办公室,各有关部门也成立相应的规划小组。编制长期动员规划的方针和任务是:贯彻“和战结合、军民结合”的方针,在民用工业部门建立生产军事装备的动员能力,担负国防工业生产能力不能满足或缺门短线的轻武器、弹药,以及部分专用装备器材和零备件的生产;努力和加强民用工业部门为国防工业部门配套产品的生产;努力增加工程机械、防化器材、改装车辆、气象测绘仪器等专用装备器材的生产;加强发展军工原材料的生产,以满足常规武器生产的需要;交通运输、邮电部门在“三五”计划期间的备战任务,应根据中央军委作战方案的要求,在现有基础上采取必要措施,首先加强首都和东南沿海以及东北地区的主要战役方向的运输和交通干线,建成便于战役机动和互相支援的交通通信联络网;为保证战时扩大军工生产和部队作战的需要,分级建立战备物资储备。长期动员规划计划分三个阶段用半年时间进行编制。第一阶段,主要是研究任务,摸清需要,各有关部门分别提出规划纲要建议,规划小组办公室进行初步综合平衡;第二阶段,主要是组织各地区对各有关部门的动员规划纲要提出修改和补充意见;第三阶段,规划小组办公室进行最后综合平衡。

1963 年 7 月中旬,总参谋长罗瑞卿在中央军委扩大办公会议上提出,“准备在年底召开军委扩大会议,把战时人力动员计划列为会议议程之一”。据此,国家计委组织有关方面开始对劳动力动员潜力进行统计调查。9 月初,中央军委决定在人力动员计划的基础上,编制武装力量动员计划。9 月 10 日,总参谋部战时武装力量动员计划研究小组成立,组长为副总参谋长李天佑,副组长为副总参谋长彭绍辉和总参谋部动员部部长傅秋涛。国家计委派人参加了研究小组。9月中旬,战时武装力量动员计划研究小组汇总了各方面提出的问题。9月25日,总参谋部战时武装力量动员计划研究小组办公室就上述问题向总参谋部和中央军委做出了报告。同月,国家计委制定《国民经济动员计划工作暂行简则(草案)》,对各级动员计划机构的职责、动员计划编制程序及动员计划表格作了规定。10月15日,徐向前在听取了有关方面关于动员计划工作的汇报后指出:战争初期主要是把敌人挡住,是否在后方把国民经济动员都搞起来,还是问题。国民经济动员是很复杂的,不是一下子能完成的,也应该是有步骤的。同月,周恩来总理在审阅战时武装力量动员计划研究小组的报告后指出:战时动员工作问题很大,涉及的面很广,各有关部门要了解掌握平战转换期间,军队有些什么要求,应该做哪些工作,已经做了哪些,有什么成效,有哪些没有做,哪些是有条件做而没有做,哪些是应该做目前还没有条件做。

1963年11月前,国家计委国防局、劳动工资局等部门,从军队编制战时人力动员计划的需要发出,先后完成了《1962年国民经济各部门职工人数分布情况》《动员劳动力的试算资料》等人力动员潜力的统计调查,并据此提出战时劳动力动员的基本数据。主要包括:1962年全国劳动力资源即男性16岁至60岁、女性16岁至55岁,不包括军人、劳改犯人和残废丧失劳动能力的人,共30530.3万人,占全国人口总数的45.8%。其中男性劳动力为16481.8万人,占54%;18岁至40岁的男性劳动力为10417.2万人,占34.1%;18岁至22岁的男性劳动力2472.8万人,占8.1%。1962年全国农林牧副渔方面共有劳动力21278.1万人,扣除上述为保证农林牧副渔业的生产正常进行所需要保留的劳动力19078.1万人外,可以从农林牧副渔方面动员出来的2200万人,占社会劳动者总数的8.5%,占农林牧副渔劳动力总数的10.3%。此外,家务劳动者、待学待业劳动者、中等以上学校在校学生还可动员500多万人,工业、基本建设和运输邮电等8个部门可动员146万至192万人。这样，全国可动员的劳动力为2836万至2922万人。11月19日，中央军委办公会议决定，将“总参谋部武装力量动员计划研究小组”改为“军委武装力量动员计划研究起草小组”，由副总参谋长彭绍辉任组长，徐立清、傅秋涛为副组长。

1963年12月13日，中央军委武装力量动员计划研究起草小组，初步完成了战时武装力量动员计划的编制工作。该计划认为：战争动员准备的基点，应立足于应对最困难最复杂的局面，按照1965年爆发战争来安排，从可能达到的最高动员量（5000万）出发。计划提出：应该根据这个方针和预定的军队动员扩编的步骤和指标，在战争爆发之前，首先按照战争初期我军投入的兵力打一年的要求，储备充足的战斗装备和军需物资，而后视国家战时工业生产的情况，再逐步装备后续投入战斗的部队。计划规定：为了保证我军在战争初期，完成稳定战局，掩护国家总动员和作战的需要，应该尽可能争取在1965年左右，除了保证常备军“填齐补缺”和一年的战争消耗所需的战斗装备和军需物资之外，还必须储备好第二批投入的兵力打一年的战斗装备和军需物资。为了保障战时部队的迅速集结和机动，平时必须根据军民两用、平战结合的原则，做好战时军事运输的必要准备。其主要工作：根据作战预案、部队集结点的分布、后勤基地位置，结合铁路与公路、空运与水运等具体情况，规划主要军运干线，构成交通运输网，制订战时军运计划；地方交通部门，对于铁路、公路、内河航运等主要线路的基本建设，以及交通运输工具的制造，既要适应平时的经济建设，又要适应战时的军事运输；对于各公社、厂矿、机关和企业事业单位的车辆、骡马、船舶等交通运输工具，都要进行调查研究，制订征用方案，以便战时征用。上述内容，成为国家计委组织开展国民经济动员长期规划工作的基本依据。

1964年春，国务院召开全国机械工业调整工作会议。在这次会议上，为编制与武装力量动员计划相配套的战时军工生产动员计划，国务院部署了机械工业战时动员计划编制工作，并将有关动员规划的原则和方法等文件发给了与会者。3月24日，国务院下发了《关于进行战时动员规划调查研究工作的通知》。《通知》称：在全国机械工业调整过程中，应同时进行战时动员规划的调查研究工作，即在各省、自治区、直辖市现有企业的基础上，考虑有哪些民用工业工艺与哪些军工工艺相近，在战时可能承担动员任务。当前只在企业领导机关中进行研究，更进一步的工作，待全国平衡以后再进行。这一工作，需要各省（自治区、直辖市）计委抓总，并立即着手组织有关人员共同进行此项研究工作。据此，国家计委和各省、自治区、直辖市计委分别组织有关方面的人员，按照全国机械工业调整工作会议下发的有关动员规划的文件精神，进行动员规划的调查研究。调查和选点工作的基本原则是，既要考虑战时工业动员的总体需要，又尽量考虑到当地驻军方面的意见和企业动员的实际可能。动员企业的选厂定点条件，主要是：看生产设备能否军民通用；看工装制造有无能力和来源；看生产民品的工艺与生产军品的工艺是否相近；看布局是否合理、就近配套；看技术水平能否适应；看战时能否转产军品。从4月中旬开始，国家计委组织有关部委组成动员规划调查小组，到华东、东北、华北和西北地区，进行战时动员规划的调查选点工作。调查小组对各地区的机械工业（除汽车、铁道、机床行业外）普遍进行了调查，按照军民两种产品工艺相近的条件进行选点，在专业化协作的基础上就地就近组织协作，并适当考虑合理布局。通过调查，在华东地区，选择了89个民用企业，规划了19种产品；在东北地区，选择了101个民用企业，规划了19种产品；在华北地区，选择了70个民用企业，规划了15种产品。此后，由于抗美援越和三线建设的展开，民用企业战时动员规划工作没有继续展开。

（三）试行《国民经济动员纲要》

1962年9月，国家计委会同有关部、委研究制定了《国民经济动员纲要（草案）》。同年10月召开的全国动员工作会议，对《国民经济动员纲要（草案）》进行了研究讨论，会后下发试行。

《国民经济动员纲要（草案）》共4章26条，首次对国民经济动员工作做出全面规范。关于国民经济动员工作的任务，《纲要》指出：

“未来的战争是全面的现代化的战争，要求国民经济各部门都能最大地发挥动员潜力，并充分考虑到新技术的发展，以保证最大限度地成套地满足战时军事的需要和尽可能地保证战时国民经济生活有秩序有组织地进行。”因此，“国民经济动员工作是组织国民经济各部门在平时做好战时的动员准备，预先克服战时的薄弱环节，并组织由平时到战时的转变方案，预先编制战时年度国民经济动员计划”。“根据我国工业基础薄弱的特点和国际形势总的趋势，动员工作首先应着重安排长期的动员能力增长计划，将军事工业与民用工业统筹安排，使我国动员能力在工业化的基础上逐步增长，以满足未来的战争需要。”“国民经济的军事动员能力主要建立在国家工业化的基础上，必须通过国家工业化的总目标来建立起动员能力。因此，既要反对忽视建立军事潜力的偏向，又要防止脱离国家工业化的总目标，孤立地建立军事潜力的偏向。”

关于平时的动员准备，《纲要》规定：平时的动员准备，应根据国防部所提出的需要，编制长期动员能力增长计划，并通过年度动员能力增长计划，组织国民经济各部门来实现。其中，机器制造工业和原料工业系统的任务是制订并实施动员能力增长计划；“运输事业的动员准备是保证战时军事运输和国民经济生活正常进行的”；“农业方面平时的动员准备工作主要是在全面发展农业生产的基础上增加粮食后备，和发展有关军事需要的特种作物和畜牧业”；“轻工业、纺织工业和食品工业方面，主要是建立部队的服装、专门用具和某些专门食品（如压缩干粮、军用罐头、脱水蔬菜等）的生产潜力”。除此之外，“动员机构应研究和提出对于长期和年度的国家储备的要求，以便逐步建立起战略物资的国家储备”，“会同有关部门研究战时技术干部和熟练工人的需要和平时的培养办法”，“研究战时的人民生活，提出战时城乡人民最低限度生活水平的标准，并拟定保证此项标准的措施”，“研究战时的国民收入、财政收支发生变化的情况，并研究战时增加收入和厉行节约的办法”。

关于战时的动员工作，《纲要》提出：战时的国民经济动员工作，通过战争第一年度国民经济动员计划予以实施。“战时年度动员计划的任务,应保证在该年任何一个月算起的(即战争开始的时间)十二个月内完成,开始执行的日期由政府的专门命令规定。”战时,工业、农业、运输、邮电、财政、物资、文化教育和卫生事业,都要根据以军为主、兼顾民生的原则,按计划、有秩序地开展活动。《纲要》规定:各部门得根据本纲要的精神和各部门的需要制定自己的动员工作纲要、规程或条例等文件,以便于进行工作。

《国民经济动员纲要(草案)》颁布试行后,国家各有关部、委也相应颁布实施了动员工作的规章制度。在工业动员方面,1963 年 9 月,第三机械工业部制定了国防工业《战时动员与平时准备工作条例》。《条例》对国防工业平、战时动员工作的指导思想、原则、任务、平时进行的生产能力查定、动员计划、动员储备、军工设备能力的保存、停产物资的管理、战时产品的技术标准及工艺规程、战时人员的补充培训等方面的工作内容、程序、方法做出了全面具体的规范。11 月 19 日,第三机械工业部颁布《民用工业为战时动员在平时作好准备的工作条例(草案)》,对民用工业战时转产的主要任务、指导思想和原则、建立动员能力、动员储备、动员军品试制与定型、动员生产年度计划、动员生产技术管理、技术监督与质量检验、动员生产财务管理、动员生产物资供应、与国防工业部门的关系、保密制度等一一做出规范。第三机械工业部计划司司长刘正栋在《关于民用工业为战时动员在平时作好准备的工作条例的几点说明》中称:1962 年,“为了使迅速铺开的动员工作有章可循,经第一机械工业部、第三机械工业部共同建议,由国防工业办公室、国家计划委员会联合批准颁发了《关于民用工业生产军品的几项规定》,这就是我们目前所执行的六项规定。这一办法对我国动员工作规定了工作程序,起了一定作用。但是在一年来的实践过程中,各方面也逐渐感觉到需要对它进行进一步补充与修订,使之在已有基础上再提高一步,更趋于完善,并逐步形成适合我国情况的动员工作条例,以适应当前动员工作的需要,为进一步推动动员工作,创造更有利的条件”。1964 年 6 月 23 日,“为了协助民用工业做好动员军品生产任务，逐步地建立起一套动员工作的规章制度”，国家计委向第一机械工业部、农业部、纺织部、轻工业部、文化部、教育部、水电部、铁道部、化工部、建工部和林业部，转发了第五机械工业部拟制的民用工业动员军品工作的几项暂行办法，包括《动员产品图纸资料供应办法》《动员产品小额材料订货的暂行办法》《动员厂参观实习暂行规定》和《动员产品年度计划执行情况的统计报告办法》。关于“动员产品图纸资料”，国家计委规定：“对口厂供应动员厂的产品图纸资料必须是经过国防科委批准的定型的完整的图纸资料”。关于“动员产品小额材料订货”，国家计委规定：“动员厂转产军品生产，需用的小额原材料，由于数量少，不足订货起点数，可由国防工业部属对口厂代为订货。”方法是“动员厂在全国材料订货会议前一个月，应按照订货目录，提出小额材料订货计划交对口厂一并汇总上报”。“对口厂为动员厂代订的原材料所发生的材料费用和运输费用由动员厂负担。由对口厂与动员厂直接结算。”关于“动员产品年度计划执行情况的统计报告”问题，国家计委规定：民用工业部门生产的动员产品，统一由国防工业部门统计上报。为此，凡是承担动员产品的有关民用工业部在汇总上报所属企业产品的年度、季度、月份计划执行情况统计报表的同时，抄送有关国防工业部门一份。

二、动员组织机构的调整

东南沿海紧急战备和对印自卫反击作战的动员实践，以及动员计划工作的全面展开和动员准备任务的逐步明确，对国民经济动员组织机构建设起到了有力的推动作用。1962 年 6 月 30 日，即东南沿海紧急战备开始不久，国家计委副主任、动员计划筹备小组组长顾卓新就向总参谋长罗瑞卿建议：国务院有关各部、各中央局和大部分的省市，都应立即成立动员机构；国务院有关各部可在计划部门设一个处，各中央局计委或经委可设一个局，多数省市（除西藏、新疆、青海、宁夏外）都要设立动员机构。10 月，国家计委关于加强动员组织机构的建议，得到国务院领导的批准。此后，无论是主管国民经济动员的国家计委,还是主管国防工业的各机械工业部,以及铁路、交通、邮电等部门,都调整加强了动员组织机构,为这一时期动员工作建设和发展提供了组织保证。

(一)国家计委的动员机构

1962年,国家计委将经济动员计划局(对外称三局)与成立不久的科学研究局[①]合并,组成国防工业计划局,主要任务是:制订国防工业各部门科研生产和建设计划,拟订动员计划的控制数字,计划草案,计划程序,表格和方法,并督促检查计划的实施。民用工业转产时,有关部门之间的重大协作均由国家计委三局统一安排。9月,国家计委颁布《国民经济动员工作纲要(草案)》和《国民经济动员计划工作暂行简则(草案)》。这两个《草案》均确定,国家计委三局是国民经济动员工作的组织机构,也是国家计委组织动员计划工作的职能机构。11月2日,国家计委初步确定了国防工业计划局的"工作任务、业务范围和与委内各局的分工"。其工作任务是:第一,根据国民经济发展的方针,结合国防工业的特点,研究国防工业各项计划中,如何正确地具体地贯彻执行中央和军委的有关方针、政策和指示;第二,研究国防建设长期和年度的需要,结合国民经济的可能,正确安排国防工业部门的生产、基本建设和科学研究长期和年度的计划任务,使我国的国防建设不断得到加强和发展;第三,研究国民经济平时动员准备和战时动员工作的方针、任务,组织编制国民经济动员的长期规划和年度动员安排计划,做好战备需要的各项动员准备;第四,协助委内各专业局安排专用军事装备、军工配套产品的生产试制任务和"新型材料"的研究试制及基本建设任务;协助各综合局做好工、农、商、学、兵各项计划的全面综合平衡工作,负责提供"兵"方面的情况、问题和建议。该局的业务范围:管理三机部、二机部、国防科委、科学院新技术局和总后勤部五个国防工业部门的生产、基本建设和科学研究计划,负责这些计划的编制、审查、综合平衡和上报下达

---

① 该局对口国防科委和核工业、航天工业。

的全部工作;组织国民经济各部门编制动员工作的长期规划,汇编国民经济的年度动员计划;分配国防工业各部门的基本建设投资,审查大中型项目的设计任务书;对民用各部门承担的军工生产和试制任务,提出计划安排的意见,汇编民用部门的军工生产计划,统一上报中央批准下达;给有关局介绍国防工业部门所需的"新型材料、关键材料、专用非标准设备和仪器仪表"方面的情况,协助各专业局安排"新型材料"的研究试制和基本建设任务;协助各物资分配局审查军工生产、基本建设、科学研究和部队需要的统配物资的计划;会同各有关局安排国防工业部门承担的民用产品的生产试制任务和其他协作配合任务;根据国民经济计划的统一体制,结合国防工业局特点,研究和起草国防工业生产、建设、科学研究和国民经济动员的有关规章制度和办法;经常了解和研究国防建设的各项需要情况,并及时将这些需要情况介绍给有关部门,同时了解各部门的安排意见和问题;经常了解和检查国防工业各部门的生产、基建、科研、地质等计划的执行情况和存在的问题,提出改进意见,及时向党组报告这方面的情况。关于国防工业计划局有关各项计划同委内的分工,涉及动员工作的有两项,其中在国防工业生产计划方面,各民用部门担负的军工生产和动员任务,由国家计委国防工业计划局负责提出安排意见,送各有关专业局进行平衡安排,并汇总其结果,统一上报中央。计划执行情况的检查,以及需要由国家计委解决的问题,以各专业局为主进行。国民经济动员计划,由各部门根据中共中央、中央军委的方针、指示和有关规定,结合本部门的情况进行编制。计划的编制和审查工作,民用部门的由各专业局负责,国防工业部门的由国防工业计划局负责。整个动员工作的规划、计划的综合汇总和其他综合性工作,由国防工业计划局负责。国防工业各部门的文教卫生计划、战略物资储备计划,分别由计委文教局、物资储备局负责审查综合平衡,必要时国防工业计划局介绍有关情况,参加审查。

1963 年 11 月 19 日,第三机械工业部颁布《民用工业为战时动员在平时做好准备的工作条例》。《条例》重申:国家计委组织和领导国民经济各部门的动员计划工作。民用工业部门、国防工业部门的动员机构和有关军事部门,在国家计委的业务指导下分工负责本部门所担负的动员任务。因此,这一时期,国家计委三局实际承担着国民经济动员的综合计划和组织协调职能,为国家国民经济动员的核心机构。

(二)工业动员管理机构

1962年6月,为适应东南沿海紧急战备的需要,第三机械工业部在第五局成立动员办公室(对外称第二办公室),陈杰任主任,负责兵器工业紧急动员及战备生产。9月,第三机械工业部第五局设远景动员计划处,由局动员办公室人员和计划处远景计划科人员组成,负责人王仁亭,下设综合计划科、武器科和弹药科。其基本任务之一是平时负责直属企业的战时动员准备以及外部动员产品的定点、试制和生产准备等工作。战时,由经济计划处组织直属企业把战时动员计划变为年度生产计划。

1963年年初,第三机械工业部在关于动员工作的指示中,要求所属各单位加强对动员工作的领导,整顿与健全动员工作机构,调整与充实动员计划工作人员。此后,第三机械工业部系统的动员机构得到恢复和加强。动员任务较大的企业单独设立动员工作机构,主要搞内部动员准备并兼管长远计划工作。动员任务较小的企业在经济计划科内设一个组,负责动员准备工作。4月21日,国务院国防工业办公室在给总参谋长罗瑞卿、国务院总理周恩来、中央军委副主席林彪、贺龙、聂荣臻的报告中,提出"中央局和省、市、自治区军工管理机构问题"。《报告》称:"目前凡是有国防工业的地方,在该地党委或经计委中,都已建设有军工管理机构,或指定专人管理工作。"鉴于每个战略区都要建立武器、弹药工厂,民用工业动员的"工作量很大","建议在中央局和省、市、自治区计委成立动员工作的管理机构,上面和国家计委对口"。8月1日,国家计委办公厅将其草拟的《关于民用部门承担专用军事装备生产的计划管理问题(草案)》印发军队和国务院有关部门征求意见。其主要内容是:部队需要民用部门生产和试制的专用军事装备，统一由总参谋部提出申请，报国家计委、国家经委和国防工业办公室，并按照国家计委规定的军事装备计划产品目录，分送各归口部门；承制部门根据总参谋部提出的要求，结合企业的生产能力、技术条件和原材料供应的可能，进行综合平衡，提出安排方案，列入各该部门的生产计划，送国家计委和国家经委。其中，属于国家计委批准的产品，由国家计委审查平衡后，报中央批准下达；属于各部批准的产品，由各部批准后下达，并抄送国家计委、国家经委和国防工业办公室。

1963 年 9 月，第三机械工业部分解组成第三、第五、第六机械工业部，分别主管航空、兵器、舰船工业。此时，国务院有 7 个部门承担军工生产动员的管理职能，他们是负责国防工业统筹的国务院国防工业办公室、分管民用机械的第一机械工业部、分管核工业和核兵器工业的第二机械工业部、分管航空工业的第三机械工业部、分管电子工业的第四机械工业部、分管兵器工业的第五机械工业部和分管船舶工业的第六机械工业部。此外，承担军工生产动员管理职能的还有交通部、轻工业部等。上述国务院职能部门承担的军工生产动员管理职能，主要是针对民用工业转、扩产武器装备，包括动员民品生产企业与军工企业协作配套生产，组织动员生产线，以及战时民用工业的大规模转产准备等。当年，第一机械工业部专管军工配套和军队装备机械的第一办公室、专管动员工作的第二计划司和专管原子能设备的第九局合并，成立新的第一办公室，下设动员处，主管军工配套和动员工作。新成立的第三机械工业部在文件中明确规定：国防工业企业应单独设立动员计划科，直属厂长领导，根据业务的需要配备 3 人至 8 人；部、局、企业各级动员计划机构，可与远景计划结合，设置远景、动员计划司、处、科。当时，主管兵器工业的第五机械工业部，动员的任务最重，动员组织机构也相对比较完善。该部计划司内设有动员计划处，专门负责民用工业的动员工作，并协助国家计委管理民用工业的兵器动员工作；部属企业的动员工作由计划司的长远计划处负责。1964 年 8 月，第五机械工业部党组扩大会议决定成立动员计划司,加强对民用工业动员和地方军工厂业务归口管理工作,协助国家计委和国防工办进行民用工业动员和地方军工厂的长远规划和年度生产计划的编制工作。第五机械工业部党组同时决定,在所属16个工厂成立第三科,负责企业动员工作,其他工厂可设专职人员负责动员计划工作。同年10月10日,国务院批准第五机械工业部成立地方军工局(代号七局),主管地方军事工业。为使地方军事工业管理工作与民用工业动员更好地结合起来,第五机械工业部在成立地方军工局的同时,将地方军工局与动员计划司合署办公,对外统称第七局。第四机械工业部和第六机械工业部也在有关司局内,设有专职或兼职的动员工作机构或人员。纺织工业部、农机部、铁道部、邮电部、水电部、文化部、教育部、化工部、林业部等,也从军工生产动员的角度,充实和加强了动员工作机构。

由于东南沿海紧急战备期间进行了较大规模的民企军品生产动员,由此赋予各省、市、自治区政府军工生产动员的组织管理职能,但却没有对管理机构做出统一规定。因此,各省、市、自治区的军品生产动员管理机构,从名称、组织形式到隶属关系都不尽相同。其基本组织方式是:动员企业的选点、定点、生产任务的安排,措施投资,增添设备等均以企业归口部为主,与省、市、自治区有关厅局协商解决。动员计划的组织实施与检查监督,设备的调整,组织协作,生产调度等是以省、市、自治区有关厅局为主进行。当时,山西省承担军品动员生产任务后,迅速成立了军工动员领导小组及军工动员办公室,归省经委领导。辽宁省在承担军品动员生产任务后,在省国防工业办公室设立了专管军品动员生产的机构,辽宁省计委、经委、建委编设军工处。1963年8月,国家计委、第三机械工业部、第一机械工业部召开工业动员厂长座谈会。会后,国家计委、第三机械工业部、第一机械工业部在给国务院的报告中建议,以各大区的中共中央局计委军工局为主兼管工业动员工作,先从动员规划工作做起,逐步研究这一机构的任务和编制。各省、市、自治区除保留省、市、自治区党委的军工部继续抓军工动员工作外,在省、市、自治区的计委成立军工处,在大区的组织下，先搞工业动员规划，再进一步研究这一机构的任务和编制。该报告得到国务院批准。当年，辽宁省在省计委、经委、建委、机械厅设立了军工（处）局。省机械厅军工局直接管理除沈阳、大连两市的所有动员企业，为此设四科一室，分别负责动员计划、生产技术、产品质量、物资供应和财务等项业务。省计委负责动员计划统筹，省机械厅负责组织管理，省物资局负责动员企业的物资调配和材料供应。“1963 年 5 月 30 日，中共中央西北局批准成立甘肃国防工业办公室，是中共甘肃省委管理国防工业的办事机构。同年 7 月正式办公，代管中央在甘肃的 21 个企事业和省属 5 个企业党的建设和思想政治工作。办公室下设 4 个处共 15 人。”“一处负责管理三、四、五机部在甘的企事业单位；二处负责管理二机部在甘的企事业单位；三处为综合处；四处（1965 年设）负责管理七机部在甘的企事业单位，对外称为 062 办事处。”中共甘肃省委国防工业办公室，“作为省委管理国防工业的办事机构，也是管理国防工业的行政机构”①。

（三）交通战备动员机构

1962 年 6 月，东南沿海紧急战备开始后，交通部副部长潘琪率工作组到江西、福建等省调研交通系统备战情况。9 月 30 日，交通部党组根据交通部副部长潘琪的调查报告，向毛泽东主席、中共中央呈报《关于加强交通运输战备工作的报告》，建议中央和地方成立交通战备领导小组，以加强交通战备工作的组织领导，平时做好战时交通保障的准备工作。与此同时，总参谋部也根据东南沿海紧急战备交通运输保障的情况，向中央军委提出了加强交通战备机构建设的意见。10 月 18 日，中共中央向总参谋部、交通部、铁道部、国家计委、国家经委各党组、各中央局，批转了交通部党组的报告，确定“以总参为主，组成交通战备规划小组，提出实施计划，报中央审查”。

1963 年 1 月，交通部成立战备领导小组，该部计划统计司第三处为战备领导小组办事机构。4 月，铁道部恢复铁路分局，各铁路分局

---

① 《甘肃省志 · 军事工业志》，第 282 ~ 285 页，甘肃人民出版社 1992 年版。

的军事动员机构同时得到恢复。5 月 17 日,中央军委经与铁道部、交通部、国家计委协商,向中共中央提交了《关于交通战备规划小组的任务及其组成的建议的报告》。关于交通战备规划小组的组成,《报告》建议:由国家计委交通局局长钟毅,国家经委交通局局长史堪,铁道部副部长刘建章、军事动员局局长徐彬,交通部副部长马辉之、计划统计司副司长臧智,副总参谋长杨成武和总参谋部作战部副部长李静、军交部副部长徐斌、栗培元,总后勤部副部长张池明,铁道兵副司令员郭维城 12 位同志组成。小组组长拟由杨成武同志担任,副组长拟由刘建章、马辉之同志担任。交通战备规划小组的办公室,设在总参谋部军交部,编 2 人至 3 人负责处理日常工作。各大军区的交通战备规划小组在各中央局的领导下,以军区司令部为主,组织作战、军交、后勤、铁道兵等部门及有关省市的计委、交通厅和铁路局等单位,相应地成立各大军区交通战备规划小组。交通战备规划小组的任务主要包括:根据中共中央、中央军委的战备方针和要求,提出交通战备的长期规划,报中央军委、国务院和中共中央审批;根据国家人力、物力、财力的可能,分轻重缓急、前方后方,提出分期分批逐年实施的计划方案,经国家计委综合平衡后,报中央军委、国务院审批,列入国家年度计划;对国家批准的交通战备计划,进行督促检查,推动各有关部门贯彻实施;研究有关交通战备方面的一些原则性问题和重大问题,向中央军委、国务院、中共中央提出建议。5 月 27 日,中共中央批转了这个报告。

1963 年 7 月 18 日,中央军委交通战备规划小组召开第一次会议。会议决定:小组办公室设专职副主任 1 人,参谋 2 人,同时设兼职主任 1 人、副主任 3 人。兼职主任由栗培元同志担任,副主任由徐彬(铁道部)、刘汉章(交通部)和葛云祥(国家计委)担任。此外,设联络员若干人,由小组成员各单位指定。7 月下旬以后,各大军区交通战备规划小组相继成立。7 月 29 日,经中央军委批准,兰州军区交通战备规划小组成立。兰州军区参谋长李书茂任组长,中共中央西北局计委交通局局长杨笑萍任副组长,成员有陕西、甘肃、宁夏、青海四省区的计委副主任,兰州、西安两铁路局的副局长,铁路第一勘测设计院院长和军区司令部作战部、军交部副部长,军区后勤部副部长等。兰州军区交通战备领导小组办公室设在军区司令部军事交通部,由部长兼任办公室主任,兰州、西安两铁路局第三处处长兼任副主任。办公室临时设2至3名专职干部,与各大单位联络员共同组成小组办公室。

到1963年8月,国家和战区一级的交通战备规划小组已组建完毕。但绝大部分省、市、自治区交通部门都还没有设立战备动员机构和配备专职干部,因此,实际工作还很难开展。为解决这一问题,交通部、国家计委下发《关于建立和加强交通战备动员机构的建议》,要求云南、广东、福建、浙江、江西、江苏、湖南、山东、河北、辽宁、吉林、黑龙江、四川、青海省,上海、北京市和广西、新疆、西藏自治区,应首先在交通厅(局、处)成立交通战备领导小组,并设立专职的战备动员处或科(为便于保密起见,对外可称第三处或第三科);其余各省、自治区交通领导机关,可根据本地区的具体情况自行考虑,但起码要指定专职或兼职党员干部,负责战备动员工作。此后,各省、市、自治区陆续成立了交通战备动员组织领导机构。

1964年2月19日,河北省交通战备规划小组召开筹备会议。成立河北省交通战备规划小组,成员有河北省交通厅厅长王世煜、省计划委员会副主任王子兴、省经委副主任齐亚泉、省水利厅副厅长丁适存、省军区副参谋长田同春。王世煜任组长,田同春任副组长,下设办公室。陕西、甘肃、宁夏、青海四省、区,先后成立了交通战备规划小组,由省、区计委主任或副主任任组长,吸收省区内铁路、交通、邮电等部门的领导参加。在省区计委设办公室,增编2至3名干部作为省区交通战备规划小组的办事员兼军区交通战备规划小组的联络员,从事小组日常工作。陕西、青海两省交通厅也成立了交通战备领导小组。在这种情况下,交通部下发文件,对交通动员的基本任务、范围、职责进行了明确。交通部在文件中指出:交通动员就是在平时交通工作中做好战时准备,一旦国防需要,就能使交通部门的一切工作迅速地由平时转入战时轨道,为人民战争服务。因此,它的基本任务是:积极进行战时交通运输的抢运、抢修和防空的准备,在敌人突然袭击破坏的情况下,减少人力、物力的损失,保持交通运输能力,尽最大可能满足战时军事运输和国民经济运输的需要。动员部门必须与其他各业务部门分工协作,紧密配合,共同完成交通动员任务。它的基本职责是:认真贯彻执行有关动员工作的方针、政策和上级指示;研究制定本单位、本辖区交通动员工作的全面布置,根据"平战结合"的方针,有重点、有步骤地加以实施,以确保战时交通工作的顺利进行;编制交通动员计划与规划,并及时检查、分析和掌握计划执行情况;研究编制与国防有关的公路、桥梁、渡口、港口、航道、交通枢纽点、交通工业以及通信联络等动员措施方案;负责动员建设项目设计任务书的审编、上报与下达等工作;并参与有关贯彻国防要求的经济建设项目设计文件和审查工作;组织研究战时交通运输和铁、水、公联运倒运等运输方案;协助人民武装部门制订交通民兵专业技术训练计划等工作;组织研究交通人民防空工作,并制订交通枢纽、车、船、港、站及机械设备的战时疏散隐蔽方案。到1964年3月,许多省、市、自治区都在交通部门建立了动员机构或指定了动员专职干部,没有建立的也在"积极酝酿筹建中"。

(四)物资动员管理机构

1963年9月9日,为加强战略物资储备工作,中共中央、国务院决定将设在各省、市、自治区的国家物资储备机构改由国家物资储备局垂直领导,并为此下发通知。通知称:为了加强国家物资储备工作的集中管理,确定将原有黑龙江、吉林、辽宁、河北、山西、内蒙古、河南、湖北、湖南、陕西、甘肃、四川、云南、山东、江苏、上海16个省、市、自治区的国家储备物资管理机构,统一改由国家物资管理总局国家物资储备局垂直领导,原有省局一律改称为"国家物资储备局某某储备物资管理局",上海、云南、江苏三个处,均改称"国家物资储备局某某储备物资管理处"。同时,受省、市、自治区的监督;党的关系仍属省、市、自治区党委不变。人事工作以国家物资储备局为主,省、市、自治区协助管理，并负责配备、补充干部和处理不适宜作储备工作的人员，以加强国家物资储备的管理工作。

三、工业动员准备的加强

东南沿海紧急战备和对印自卫反击作战后，随着国民经济动员方针、任务的明确，以及动员组织计划工作的不断加强，作为国民经济动员重中之重的工业动员准备得到全面的加强。

（一）规划落实“3001 方案”

东南沿海紧急战备期间，国家计委在给国务院领导的报告中指出：通过备战任务的安排，比较全面地暴露了过去几年国防工业在生产、建设方面的一些问题和计划工作中的缺点，主要表现在：国防工业的生产能力还有不少的缺门和薄弱环节。此外，民用工业部门的协作配套产品，也不能完全适应需要，特别是轴承、微电机、仪表、小型发电机组等配套产品，在品种和数量上都有很大缺口。特别是原材料短缺，极大地限制了国防工业的战备生产能力。据第三机械工业部测算，在该部 1962 年生产所需的 6.7 万种原材料中，国内可以正常供应的有 5.1 万种，只占 76%。东南沿海紧急战备之后，国家计委协调组织国务院有关部门，依据总参谋部、总后勤部提出的“3001 方案”，着眼克服“短板”、弱项，对工业动员进行了全面规划。

规划过程中，国防工业部门在对照“3001 方案”核定国防工业动员能力时发现，枪和枪弹生产能力与军队需要之间存在较大差距。按当时的生产能力，要达到军队需要的数量，各种枪需要生产 4 ~ 13 年，各种枪弹需要生产 7 ~ 20 年。而且枪厂和枪弹厂的布局不合理，枪、弹生产跨战区，一旦战争爆发，交通受阻，这些地区难以及时保证需要。为解决这个问题，国防工业部门提出在第三个五年计划期间，扩大现有枪和枪弹工业的生产能力并调整布局。具体意见，除对生产枪、弹的国家军工企业进行技术改造，提高其生产能力外，主要是在今后若干年内，逐步实现在各战区建立 1 套枪弹生产企业的规划。为了解决备战急需和弥补枪弹工业已形成的不够合理的布局，建议在3~5个省利用民用工厂各改建一个年产0.3亿发的大口径枪弹厂。抓紧沈阳风动工具厂、天津纺织厂、上海第二纺织机械厂和山西榆次经纬机械厂的动员试制、生产工作。按此设想,到1967年枪的生产能力可达到年产60万~65万支,枪弹9亿~12亿发。

(二)国防工业战时动员准备

1962年6月,第三机械工业部根据国务院副总理聂荣臻的指示,制订了《战时产品生产和验收技术标准的制订原则(草案)》,在报国防科委批准的同时,送各军兵种征求意见。同时,第三机械工业部要求各兵器专业标准化中心,各企业、事业单位在制定战时标准的有关工作中试行。战时技术标准的主要内容,包括产品图、产品技术条件、专用原材料标准等。第三机械工业部认为,战时产品生产和验收标准,凡应该并且能够在全国范围内统一的技术标准,都必须采用统一标准,以利全国通用,做到用一种型号产品的质量、规格,形成同类产品的系列,以提高同类产品协作配套件的通用程度。到1962年年底,各有关专业标准化中心已完成首批战时标准的制定工作。但是,由于第三机械工业部提出的战时标准草案存在较多的技术缺陷,加上军地之间分歧较大,所以未能获准实行。此种情况,导致各专业标准化中心制定战时标准的工作一度中断,只有枪及枪弹专业的标准化工作一直进行。

1963年9月20日,第三机械工业部分为第三、第五、第六机械工业部后,国防工业战时动员准备得到继续加强。这一时期,在国防工业系统进行的企业生产能力查定工作,是与动员计划拟制工作相结合的。这项工作,不仅是编制战时动员计划的基础工作,也是修订动员计划的主要依据。查定的目的,是在既有生产设备和生产面积条件下,规定正确可靠的战时最大生产量;为编制战时动员计划提供可靠资料;发现技术、设备等生产中的薄弱环节,制订技术组织措施及生产设备的调整方案,以提高设备和生产面积的利用率,充分发挥潜在能力;为编制长远规划和基本建设计划提供必要的资料。查定的原则,要从战争的观点出发,贯彻勤俭建国的方针,一切可能利用的生产面积和设备,都要加以利用,尽可能不增加或少增加人员、面积和设备。查定的步骤是:研究查定方法,准备有关资料,正式核算。

到1964年4月2日,第五机械工业部在贯彻《战时动员与平时准备工作条例》方面,开展了编制战时计划的一部分准备工作,已经做的和当时正在进行的工作主要有:一是企业生产能力查定工作。查定时间:除企业领导及时了解情况外,部一般每年进行一次,查定时间在当年第二季度末。二是战略动员物资储备工作。做法是:首先由企业提出物资储备目录,经国家批准,然后按批准的储备目录品种按计划逐步地进行储备。目录中规定储备的范围和重点,一般是加工困难或周期较长的成套产品,关键、稀缺、贵重和运输困难的原材料、半成品、配套协作件、关键工装、图纸、技术资料、专用设备及仪器等。储备数量:原材料、半成品、配套件一般是按战时扩大生产需要量的3个月进行储备,对关键、稀缺、加工困难、周期较长及有特殊要求的物资或进口的物资可增加到6个月或再多一点的储备量;工艺装置通常按战时与平时生产需要量之差额进行储备,但对关键工装按战时三个月的需要量的差额储备;图纸技术资料按照战时扩大生产需要储备一定数量,关键的易磨损的专用设备与仪器也要储备一些,作为战时备用。三是军品生产能力的保持与停产产品的管理。同时,该部已经着手进行各类产品战时技术标准的制定工作。此外,第五机械工业部技术司在1964年度工作计划中安排了19项战时标准的制定工作,其中轻兵器和枪弹17项,无烟药和梯恩梯各1项。8月11日,国务院军工产品定型委员会向有关部门印发了《关于制定军工产品战时技术标准的规定》。该标准涉及的军工产品,主要是那些战时消耗量大、军事专用的技术装备,内容包括战时产品图、产品技术条件、产品工艺技术条件、专用原材料标准等。为了便于管理,使战时标准和平时标准有所区别,标准封面上的“部标准”改为“战时部标准”,标准代号“WJ”改为“ZWJ”。产品图纸代号“W”改为“Z”,并在每张图纸的右上方盖上“战时用”的红色印记。此后,第五机械工业部在征求各军兵种意见的基础上,颁布实施《关于制定军工产品战时技术标准的补充规定》,经国务院二级军工产品定型委员会批准后,在有关工厂贯彻实施。到1964年年底,一些企业根据国务院产品定型委员会和第五机械工业部的有关规定,已制定出穿甲燃烧弹、火炸药、火工品、枪械、火炮等一批产品的战时技术标准。由于制定战时技术标准的复杂性和形势变化等原因,1965年制定战时产品技术标准工作就停止了。

(三)民用工业战时转扩产准备

1963年8月,国家计委、第一机械工业部、第三机械工业部在北京召开动员企业厂长会议。会议总结了东南沿海紧急战备期间企业动员的经验,对《民用工业为战时动员在平时作好准备的工作条例》草案进行了讨论修改。

动员企业厂长会议之后,国家计委总结提出了利用民用工业扩大战时军品生产规模的三种途径:第一种,根据军工生产的需要,结合当前的国民经济调整和备战工作,将有条件生产军事产品的民用工厂交给军工部门一批,直接变民用厂为军工厂,以利于解决军工产品的配套和合理布局问题。当时国防工业部门生产的装备有207种,需要民用工业部门配套的有5275项,能够生产的有2590项,正在试制的有705项,还有1980项没有落实生产点;能生产的在数量上平均只能满足40%。国家计委打算在10年内,使民用工业的军品配套生产,在品种、数量上达到所需的要求。第二种,动员民用工厂的部分生产能力担负军品生产任务,工厂的建制和领导关系不改变;增加民用工业直接为部队生产的装备,占部队需要装备品种的40%左右。第三种,组织更多的民用工厂做动员准备工作,一旦需要,再转为军工生产。

1963年10月20日,第五机械工业部颁布《民用工业动员军品工作的几项暂行办法》,对动员产品图纸资料的供应、动员产品小额材料订货、动员厂参观实习、动员产品年度计划执行情况统计报告的方法做出规范。第五机械工业部还编制了《民用工业转产军品建议方案》,涉及4类共16种产品,并在国家计委的统一组织下,参与了民用工业动员选点调查工作,主要负责介绍动员产品的生产技术要求,同时按照民用企业的现有具体条件,根据工艺相近、布局适当,经济合理、协作方便的原则,提出动员转产的意见。另外为了便于选点调查工作的进行,第五机械工业部还整理编印各种动员产品生产技术要求的条件,如产品劳动量、工艺要求、设备要求等,供选点调查人员参考。该部还协助已确定的动员企业编制总体设计方案,帮助动员企业进行产品试制和定型生产考验工作,根据动员产品装药及火工装配的要求,按照动员企业地区分布情况,相应地建立装药、装配站。11 月 19 日,第三机械工业部颁发《民用工业为战时动员在平时作好准备的工作条例》。《条例》分十三章,依次是总则、动员转产的原则、战时年度动员计划、动员能力、动员储备、军品的试制与定型、平时军品生产计划、技术管理工作、技术监督与质量检验、财务制度、物资技术供应、保密制度、与国防工业部门的关系。《条例》规定:民用工业动员转产军备的任务,应由各主管部根据国家关于全面动员的要求及国民经济的计划任务,为企业规定不同程度的动员任务。动员任务包括三个方面:一是平时担负一定量的军品生产任务,战时扩大动员能力承担扩大的动员生产任务;二是平时只建立和保存动员能力,战时担负动员生产任务;三是平时只承担动员准备的部分工作,战时继续完成动员准备工作,作为战时动员生产的后备力量。国防工业动员工作的领导体制是:由国家计划委员会组织和领导国民经济各部门的动员计划工作,由国家经济委员会组织领导动员工作执行;民用工业部门、国防工业部门和有关军事部门在国家计委及国家经委的业务指导下,分工负责该部门应该担负的动员任务;各省、市、自治区计委、经委及有关工业部门,应担负各该地区的动员任务;企业的动员任务由中央各部或各省、市、自治区主管部门确定。国防工业部门应负责供给民用工业部门有关动员转产的军工产品图纸、工艺资料及标准样品及计算资料,并协助民用企业代为培训技术工人及生产技术管理人员,必要时应进行指导,并配合各兵种做好产品技术鉴定工作。民用企业动员生产中,必须由国防工业供给的火工品、元件等,由民用工业提出需要计划报国家计委下达,国防工业生产供应。民用部门应向国防工业部门提供动员企业的生产试制情况和民用工业企业的基本概况资料等。

1964 年 3 月召开的全国机械工业调整工作会议,在讨论机械工业调整工作的同时,讨论了战时工业动员问题,着重研究了工业动员的任务和方法。会议认为:工业动员工作的任务,是在平时做好战时生产的准备,一旦发生战争,能够有计划地迅速地转入战时生产,保证战争的需要和保证战争的胜利。工业动员,是整个国民经济动员的核心。特别是机械工业,是平时做好战时动员,生产军事装备的主要对象。应结合机械工业调整同时进行。战时工业动员规划的对象,应以现有企业为基础。战时动员生产的军事装备,先安排战时大量消耗的步兵轻武器弹药。列入动员规划的品种,初步定为 4 类 16 种,即:手枪、冲锋枪、半自动步枪和班用轻机枪;75 毫米无坐力炮、82 毫米迫击炮、60 毫米迫击炮、40 毫米火箭筒;枪弹、60 毫米迫击炮弹、82 毫米迫击炮弹、40 毫米火箭弹、地雷、手榴弹、爆破筒以及轻型喷火器等。建立战时动员生产能力的步骤包括:第一步选点,即“选择动员企业”。选点原则有 4 条:一是各部门直属企业或地方所属企业,不分部门和行业,除了战时必须保持或扩大原有产品产量的企业(如汽车、机床厂等)外,其他在战时可以减少或停止生产原有的产品,并符合战时动员生产军品条件的企业,均可考虑选为动员对象,承担动员生产任务;二是企业现有生产工艺同战时动员产品的生产工艺基本相近,现有各种技术设备,稍加调整或补充,就可以进行生产;三是在专业化协作的基础上,就地、就近组织若干工厂共同担负一种产品的生产任务,达到一种军品在一个地区能够成套生产,避免远途运输和在一个企业中增添过多的设备;四是为保证企业安全和战时不间断生产,必须一方面考虑充分利用现有企业的基础,又要根据作战部署的要求,使企业分布合理。战时消耗量大的地雷、手榴弹、前膛弹等,应尽量多布点,并接近前方,以便减少战时运输,就近供应部队;比较复杂的产品,则应尽可能地安排在后方纵深地区。第二步“设计与建设”,就是经过全国综合平衡而确定的动员企业,立即编制动员设计任务书,根据军品生产的要求,从工艺设备和劳动组织各方面编制企业动员设计。动员设计批准后,在年度计划中安排动员企业的建设。第三步“动员产品试制”,即在动员设计获得批准后,动员企业即可进行动员产品的试制并达到鉴定合格。第四步“生产考验与动员能力的验收”,就是动员产品试制合格,还要经过一定批量生产的考验,以便发现企业中在投入战时动员生产时可能发生的问题,事先采取措施,加以解决。经过一定批量生产考验后,由国家指定有关部门组织验收,发给动员能力验收批准书。基本做法是:在选点之前,由省市管军工的同志同军区联系组织实物参观学习,介绍产品性能和工艺要求。然后进行选点。选点时,由省市计、经委为主,组织有关厅局进行研究企业可能动员生产的产品与估算产量。不同企业见面,不做具体计算。选定的动员企业经主管部审查并经全国平衡确定之后,由主管机关估算动员规模和投资、设备需要量,提出工业动员规划草案。在此基础上,结合机械工业调整规划工作,有关部门将派出工作组,在中央局领导下进行规划。在工作进行过程中要征求军区意见,并尽可能地加以考虑。

(四)动员生产线的规划与调整

由于动员生产线在东南沿海紧急战备中发挥了重要作用,因此,动员生产线建设在东南沿海紧急战备之后,得到重视和加强。

1963 年,在国家计委编制的《国防工业建设 10 年发展规划》中,民用工业动员企业的数量比 1962 年有了显著增加。国务院 12 个部在 80 个民用企业,规划了 4 项动员任务 54 项产品。4 项动员任务包括:枪、炮、弹等武器装备,各种仪表、光学器材等专用军事装备,为武器装备生产配套的引信等产品,为扩大军工生产能力动员民用厂改造为各种炮弹的装药厂。54 项产品中,已经生产的有 40 项,试制的 14 项。动员产品的分布是:60 毫米或 82 毫米迫击炮及炮弹,1963 年在 6 个大区各组建 1 套;手榴弹除西北地区外,其他 5 个大区各组建 1 套;各种枪支(4 种)安排在华北、东北和华东。

1964年,根据国家计委的统一部署,国务院各有关部门对动员生产线进行了调整。调整的方案是:1962年动员的67个厂,保留24个,撤销25个,将生产条件较好的18个转交地方军工;1963年规划建设的80个企业,按照逐步升级的原则重新安排。当年调整的结果是:全国保留55个动员厂、57条动员生产线,生产14类、34种产品。这些动员厂,隶属11个部、委,分布在18个省、市、自治区。

四、交通、通信动员的规划建设

东南沿海紧急战备后,国家交通部、邮电部和总参谋部、总后勤部等单位都充分认识到加强交通、通信动员的重要性和紧迫性,单独或联合向中共中央、国务院、中央军委提出关于交通、通信动员规划建设的意见建议,并很快得到批准和付诸实施,掀起了交通、通信动员建设和战备的新高潮。

(一)交通动员的国家规划

1962年9月30日,交通部党组在《关于加强交通运输战备工作给毛主席、党中央的请示报告》中称:东南沿海紧急战备也暴露出很多问题,交通条件还不适应战备要求,教训很深刻。主要问题表现在五个方面:一是公路标准低、质量差,简易公路占很大比例,江西占1/3,福建达半数以上,许多道路原计划行车密度每昼夜为200车次,军运繁忙时实际有2000车次,"以一当十,力不胜任";桥多木质且多腐朽,江西逾龄险桥占28%,福建腐朽待修木桥占59%,1962年上半年已发生断桥坠车事故20起。二是渡口多、渡船少、渡运效率低,如浙江梅岱渡,仅一艘渡船而且漏水,军运紧张时只能用抽水机边抽水、边渡运;河淤水浅、航标不全、航行困难,如闽江、赣江、九龙江都亟待疏浚整治。三是公路管理以省为界,缺乏统一规划,以致路多断头,互相联络不上。四是公路养路、维修力量薄弱,养路人员每公里只有0.6~0.7人,而且工资低、粮食定量少,多不安心工作;车船维修人员不足,设备缺少,汽车完好率不高,福建为68%,江西为59%,浙江为79%。五是汽车型号复杂,民用车辆达70~80种,而且前沿比后方复杂；军车也有同样问题，仅福州军区的车型就有22种，甚至某些值班师也还有美国造的杂牌车，船舶情况更差。为有效解决这些问题，“避免一旦需要措手不及”，交通部党组向中共中央提出三点建议：第一，在东南沿海采取根治公路、整治铁路的方针。从1963年起，逐步提高闽、浙、赣三省21条、6000余公里军用干线公路的通过能力，逐步整治闽江和赣江的航道、航标，以利水运，逐步解决公路、水路与铁路在水毁和战时阻车地段接运、倒运等有关问题，抓紧修通闽浙、闽赣、闽粤间联结公路。第二，根据中央军委的作战计划，按战役地区，制定交通战备规划，然后根据形势的发展和人力、物力、财力的可能，分轻重缓急，前方后方，分期分批逐步实现。第三，加强战备道路的养护、修建和运输机动力量。以战役地区为单位成立国道管理局，专管国防公路的养护工作；适当掌握一部分汽车，组成平战结合的机动运输队伍，将铁道兵作为战时全国铁路的机动保障力量。10月18日，中共中央批转交通部党组的报告，并在批语中指示：以总参谋部为主，组成交通战备规划小组，于1963年内提出逐年实行的规划，交中央审查。12月26日，中央军委办公会议做出关于修建国防公路工作分工的决定，责成总参谋部作战部负责拟制、审定国防公路修建规划，并就公路建设平战结合问题，与交通部有关部门进行协调。

1964年2月17日，交通部下发《关于1964年交通动员工作要点的通知》。《通知》明确：交通动员2年内的主要工作任务是：在过去动员工作初步开展的基础上，继续按照交通运输半军事性的特点，贯彻“平战结合”的方针和“常备不懈，有备无患”的指导思想，进一步开展交通动员工作；根据国防需要，研究编制交通动员规划和有重点地编拟应付突然袭击的动员措施方案，在保证全面完成年度交通动员计划任务的同时，还必须抓紧在平时交通基本建设工作中不失时机地贯彻国防要求，为全面而深入地开展动员工作树立良好基础。1964年交通动员工作的要点为：编制交通动员规划，并在规划建设项目时与平时交通建设规划项目区别开来，对于纯属或主要是为了国防需要的方可纳入动员规划;1964 年交通动员计划业经国家批准下达,凡有动员计划任务的单位,必须做出妥善安排,努力完成 1964 年动员计划任务;研拟、修订动员工作制度,建立动员工作正常秩序;充实动员工作力量,建立健全动员专职机构。交通部要求各级各单位在编制交通动员规划时,搞清动员规划的前提依据,明确指导思想。组织力量充分探讨未来战争的规划、范围和特点,研究战区对水陆运输保障的要求,本辖区的战略地位、作用和任务,以及遭敌袭击破坏的可能情况等等;结合本单位、本地区的交通状况,分析战时可能出现的薄弱环节;根据需要与现实可能的条件,提出规划期间的目标与任务,从而研究各种战时组织体制、各项技术保障措施、动员建设项目,以及物资储备等方案。最后据以编制全面的交通动员规划。

1964 年,根据交通部年度工作安排,各省、市、自治区对本区域的交通战备动员工作进行了规划。2 月,河北省为制定规划,编制"河北省交通运输现况资料"。包括:公路网概况,内河航运概况,大铁路及地方铁路的概况资料,公、铁路及航道交通网现况,1963 年年末,公路、水路专业与非专业运输工具的经济类型、能力数字、分布及主要车船队伍的技术状况,交通运输系统的职工构成及分布概况,车船维修工业概况等。调查研究的重点,是战时交通运输可能出现的薄弱环节及加强措施和战时运输体制问题。1964 年 6 月前,河北省完成了《1964 年至 1970 年交通战备规划》的修订,拟制了《1971 年至 1980 年交通战备规划》,研究制订了铁、公、水路保障计划,并且有重点地对省内公路、水路情况进行调查研究,形成铁路、主要公路、河道、桥梁、渡口、码头、水库的防护抢修方案;研究制订车、船战时动员计划;研究制订车、船的维修计划;研究制订在交通沿线加强民兵建设的计划。

在各省、市、自治区对交通动员工作进行调查和规划的基础上,各军区在 1964 年先后完成了本战区交通动员规划的编制工作。2 月 11 日,兰州军区交通战备规划小组办公室研究完成《兰州军区军事交通保障规划》的编制工作。该规划包括国防交通建设计划、换装倒运计划、交通线的抢修计划等。这是西北地区第一个军事交通保障规划,成为这个时期交通战备保障工作的基本依据。2 月下旬,根据中央军委交通战备规划小组及中共中央西北局的指示,为使兰州战区交通战备规划纳入国家建设计划,陕西、甘肃、宁夏、青海四省区和西安、兰州两铁路局,铁道部第一勘测设计院,共同编制了兰州军区 1964 年至 1970 年交通战备七年规划。3 月 9 日,北京军区完成《北京军区七年 1964 至 1970 年交通战备规划》。当时,华北地区的交通在布局上,主要战役方向和通往后方的交通干线少,很难保障部队机动,沿铁路线的公路多数不能保证畅通,交通枢纽、重要车站缺少环行和迂回线路,主要线路每日通过能力仅 15 对,每列牵引 600 吨,不能满足战时运输的需要。公路方面,线路标准低,质量差,简易公路占很大比例,晴雨通车线仅占全线的 15%。在 400 座公路桥梁中,临时性桥梁占 40%,负荷只能达到 2 至 8 吨。内河方面,渡口设施简陋,渡船少,且均为人力摆渡,有的渡口还不能渡运汽车。许多河流因上游修建水库,除洪水期外,水源不足,通航能力很低,全区只有 1492 公里河道可通轮驳船,其余仅可通过百吨以下木船。各港口制式码头很少,多利用自然堤岸进行装卸。为解决上述问题,北京军区计划在 7 年时间里,修建铁路 10 条、1437 公里,其中急需修建的有 4 条、483 公里,修建公路 25 条、5145 公里,其中急需修建的有 15 条、3483 公里,修建水路 4 条、1238 公里。

(二)国防公路纳入国家基建计划

从 1962 年年末开始,各大行政区依据交通部会同有关部门制定的分片建设规划,在各军区军事交通部门的统一组织下,有计划地开展国防公路建设。1963 年,“国家计划中开始对国防、边防公路建设列专项投资”①。建设的重点是沿海地区,先后投资建设的国防公路主要包括浙江省的东坑到西坑、云南省的小孟养到勐拉、福建省的水口到漳平等公路。

---

① 《当代中国的公路事业》,第 26 页,当代中国出版社 1991 年版。

这一时期,作为国家交通战备建设的重点,福建省投资5.2亿元用于改善交通状况。在公路建设方面,到1965年,全省公路通车里程为14251公里,比1957年增加8217公里,增长1.36倍。公路运输网密度,从平均每个人4.15公里提高到8.1公里,平均每万平方公里拥有的公路,从497.9公里增加到1175.8公里。将近80%的农村人民公社通了汽车。在铁路建设上,继鹰厦铁路和外福铁路通车后,又陆续开工兴建漳龙线(漳平到龙岩)、梅剑线(漳平县梅水到安溪县剑斗)、永加线(永安县城到加福)等支线铁路,到1965年,全省境内铁路营运里程达到873公里,比1957年增加229公里。这些铁路线跨越22个县市,把福州、厦门、三明、漳州、邵武、南平、永安、龙岩等主要城市联成一体,沟通了福建与全国各地、福建沿海与闽西北山区的联系,成为福建交通运输的大动脉。

然而,由于经济上遇到的暂时困难,使这一时期的国防公路建设没能达到规划的要求。1963年交通动员计划只完成年计划的83%,有些项目没有按国家下达的任务完成,甚至有的建设项目完成情况还不到计划的10%。在这种情况下,交通部于1964年3月向总参谋部和国家计委建议,将国防干线公路建设的目标下调为5.5万公里。

(三)民用船舶修造的"和战结合"

1963年4月13日至20日,根据中央军委副主席、国务院副总理聂荣臻的指示,国家科委、总参谋部、海军司令部邀请造船科研、生产、使用部门的领导和工程技术干部召开了座谈会。座谈会的主题是军用造船科学技术的发展方向和步骤,即建设"一支精干的有战斗力的海军",在科研设计和生产上搞什么以及怎样搞的问题。与会的人员一致认为:如果再不开这样的会,解决造船工业方面存在的问题,把造船工业搞上去,我们就可能犯错误。此时,全国有大小修造船厂188个,职工15万多人。在生产技术上,已能装配鱼雷快艇、导弹快艇、鱼雷潜艇等中小型战斗舰艇和万吨远洋货轮。会议认为,造船工业总的水平比较落后,其中新型舰艇的制造与造船技术较高的国家比较:快艇约落后8~10年,常规潜艇约落后10~12年,驱逐舰落后约15年。主要原因是造船所需设备、材料不配套。体制上的原因就是管理分散，没有实行统一管理。会议提出：造船工业军民结合的特点十分突出，因此，造船工业切实执行中央和军委确定的“军民结合，以军为主”的方针，更有特殊的意义。会议提出了开展民用船舶“和战结合”工作的建议。该建议将民用船舶分为三类：第一类包括国家定型的系列产品、地区制造但批量很大的船舶产品和海峡渡轮、火车汽车渡轮、水上修理船等关键性船舶。此类船舶在设计时即应考虑战时适应性，在满足平时使用的经济性和适用性条件下，把战时需要尽量结合到船舶性能、结构、设备及布置等方面去。同时要做好一套战时改装设计，以便满足战时进一步改装的需要。第二类包括堪用的旧船、新造非系列定型船舶，制造批量不大又非关键性船舶和非国防前线地区地方新制小批生产的船舶等。此类船舶在设计建造时不必考虑战时适应性，但应做好改装设计，以便战时改装。不属于上述两种船舶类型的为第三类，就是在设计时，不必考虑战时的适应性，也暂时不做改装设计。会议确定，民船战时动员技术准备工作主要包括，成立相应的组织，对第一类民船在设计建造时提交的技术任务书及改装任务书进行审核批准，对第二类民船战时改装规划及改装设计进行审批，对第三类民船进行调查登记，“以便临时动员”。新建船舶因战时适应性的需要和新建时即行加装的战时设备，统计表由用船部门负责，一律列入造船基建投资内。战时动员时的改装费用由征用部门负责。平时结合大修进行改装的费用，由征用部门负责补贴，或专案报请用船部门上级批拨专款。

（四）局部地区的动员征用准备

1964年下半年，出于抗美援越和东南沿海紧急战备的需要，经国务院批准，国家计委和总参谋部先后在西南、中南和华东的局部地区开展了动员征用准备。

1964年9月15日，国家计委、总参谋部向周恩来总理提交了《关于建议在援越战备中开展动员征用工作的报告》。《报告》称：我军准备援越的战备部队，第一、二梯队缺编装备和预计半年战耗的装备共需268项,其中230项可由军内调整或在年内生产解决(其中161项如数解决,69项部分解决),38项暂不能解决,其中有34项系军民通用装备,可以设法从地方征用,建议在此次战备中即在西南、中南两区进行试点。这样,在战争一旦爆发时,既可立即解决战备部队的需要,又可避免临时征调,打乱国家整个计划,还可为未来战争的大规模动员取得经验。工作程序是:国务院向西南、中南两区及所属各省下达征用试点的指示,由国家计委会同总参谋部组织实施;西南、中南两区及所属各省按要求在其所辖区域内的各单位(包括区属、省属及中央直属的各机关、企业等)中进行征用,并组织被征用单位与驻在地军区(昆明、成都、广州、武汉)联系,具体研究征用的品种、规格、数量和一旦需要时的征用手续,以及如何保证质量和按时来队等问题,上报国务院(抄国家计委、总参谋部);由国务院正式下达动员征用的预令,当形势一旦需要时,即按预令征用。9月24日,国务院批转国家计委、总参谋部的上述报告,并指示相关地区和军区"请即着手进行这一工作,于11月底前将计划报来"。

1964年10月27日,国家计委、总参谋部向周恩来总理提交《关于建议在东南沿海战备中开展动员征用工作的报告》。国家计委、总参谋部在《报告》中称:总参谋部最近对东南沿海战备部队所需各种装备,进行了计算,并根据可能作了补充、调整,其结果是:枪、炮、普通弹药、工兵、防化、观测、通信器材等,可基本满足需要,海、空军的飞机、副油箱、专用弹药缺编较大,需待战时突击生产,汽车33种缺编5640辆不能解决。其中军民通用可从地方征用者8种5029辆。本着事先准备好和为未来战争动员征用工作摸索经验的精神,仿在援越战备中开展动员征用工作的办法,建议上述汽车,在战时由华东、中南两区进行动员征用。被征用的车辆,要求质量良好,司机随车来队,按支前供应。此报告经周恩来总理批准,由国务院转发华东、中南行政区会同有关军区执行。

以上两次动员征用准备,经过半年多的协调计划后全面展开。1965年5月7日,中共中央中南局下达中南沿海备战动员征用计划的指示。6月17日,广西壮族自治区战备领导小组办公室根据区战备领导小组的有关文件精神,下达备战动员征用任务。广西壮族自治区农垦局在接到征用任务的当日,便向所属单位下达了征用通知,要求各单位接到通知后,请迅速研究确定征用任务的车辆和人员,并请按附表指定专人进行登记、审查,经单位盖章后于6月20日前呈报区战备领导小组办公室。为了切实保证征用装备和有关支前人员的质量,各种车辆原则上规定最低储备里程为2万公里以上。征用时,应带足必需的零备件和部分燃料。各车辆零备件按2000公里消耗定额的数量储备。原则上规定各种征用车辆,在动员令下达后72小时内及时到达指定地点集结。动员令未下达之前,征用的车辆仍归各场使用。

(五)邮电通信战备的规划建设

1964年,全国邮电部门为适应备战需要,加快了通信网路建设。主要进行了云南、广西两省区的长途干线国防工程的建设。在云南,围绕昆明建成第二个省通信中心,保证在昆明线路吃紧的情况,中央到省以及中央到越南的通信畅通。架设了昆明到文山的长途杆线,沟通了边境军事通信。安装了昆明到河口的12路载波机,加强了中越通信。在广西,以都安为第二个通信中心,加设若干长途干线,以便在南宁线路吃紧时,将这个方向的通信中心迁至都安,保证中央到广西和中央到河内的联系。为了便于广州军区的指挥,将广州到南宁的3路载波电路改成12路载波电路。1964年年底,国家计委在对一、二线各省后方建设进行调查研究的时候,对各省拟制的战备通信建设计划,在大区审核的基础上进行了综合平衡。当年,邮电部还将10%的部管储备物资从沿海疏散到三线地区。

1965年2月,副总参谋长杨成武召集有关部门对战备通信建设做了进一步研究。根据这次研究确定的事项,邮电部、总参谋部对一、二线省战备通信建设问题进行了总体规划。规划认为,一、二线省在整个后方建设的同时,相应建设大区和省内以战备为主的通信干线网,是十分必要的。其建设的原则是:以战备为主,按照中央和地方的需要相结合,平时和战时使用相结合,省内前方和后方通信相结合,军队和地方建设相结合的原则,统一规划,合理安排;在现有通信网的基础上,调整改善,重点加强。本着勤俭节约的精神,凡能利用的尽量利用,能挂线的不立杆,能扩建的不新建,十分必需的才可新建;所建的通信设备一定要保证质量,搞好维护,做到平时尽量有用、战时随时能用,人员要纯洁,技术要过硬;集中力量打歼灭战,先搞要紧的,尽量先安排一线省的建设项目,逐步搭起战时通信网的骨架。建设的范围:一、二线省的战备通信建设,主要是按照战时布局和指挥组织,建设大区和省内的有线电干线网,调整加强省专无线电网;建设各省、市、自治区首脑防护工程附近的长途通信备用站。重点建设一些重要通信枢纽的环行线。此外,各省建设一个通信修理所,并争取储备一些必要的抢修物资和车辆。匡算建设规模,华北、华东、东北、中南四个大区各省和云南、新疆,约需投资 2 亿元。共架设铜、铝线 3 万对公里,其中新立杆 1. 6 万公里,共设载波机械 177 套、电台 560 部。上述规划从 1965 年开始逐步付诸实施。

五、战备物资储备的加强

东南沿海紧急战备和对印自卫反击作战,使国家各有关方面进一步看到战备物资储备的重要性。国家计委、经委、总参谋部和总后勤部等单位,均于 1962 年第四季度,先后向国务院、中央军委提出加强战备物资储备的建议。总参谋部在关于东南沿海紧急战备的总结报告中称:由于几年来福建前沿炮战的需要,炮弹储备比较充分,其他物资也进行了相应储备。所以,这次战备,在比较短的时间内,即筹划了 34 万吨作战物资。因此,根据战略方针和作战计划,在东北、山东、云南、广西等主要方向上有计划地合理地储存必要的战备物资,是一件必须抓紧的工作。由于国家有关方面的高度重视,加上国家经济形势逐步好转,战备物资储备工作在这一时期得到有效加强。

(一)国家粮食储备新增"506"储备

1962 年,国务院、中央军委决定为军队作战建立战备储备粮油。

1963 年,国家粮食部门开始按“50 万人打半年”的需要量,以“506”为代号,在东北、华北和西南地区储备粮食数亿斤。① 储存战备粮、油所需仓库、油池和加工设备,由粮食部门在既有仓库、油池和加工设备中调剂,经调剂确实不足,必须新建的,由省、自治区粮食厅单独编造基本建设计划,经粮食部审核汇总,专项报国家计委申请安排。“506”战备粮油储备制度建立后,计划经济条件下国家粮食储备的框架基本形成。在这一框架内,粮食储备分为国家储备和农村集体储备两大部分。国家储备又分为“506”粮和“甲字粮”两大类。“506”粮的粮权属于中央军委,实行军队和政府共管;“甲字粮”的粮权属于国务院。农村集体储备的粮权属集体所有。

1963 年 3 月 3 日,中共中央、国务院下达《关于粮食工作和农产品收购工作的几个问题的规定》。当时,中共中央、国务院“预计 1963 年 3 月底(新粮食年度年末)粮食库存可达到 342 亿斤,比 1962 年 3 月底的 329 亿斤将增加 13 亿斤;预计到 1963 年 6 月底(老粮食年度年末,通常是粮食库存最低月份)可达到 222 亿斤,比 1962 年 6 月底的 189 亿斤将增加 33 亿斤左右。这个库存数量还远远不能维持正常周转的需要”。中共中央、国务院认为:“在我们国家,每年 6 月底的正常周转库存大约需要 360 亿斤,加上战略储备,需要就更多。应当逐年补充周转库存,建立国家储备。”此后,“全国范围内普遍开展了计划用粮、节约用粮、藏粮于民、备战备荒的宣传教育,推动集体和个人储备粮食”②。

“从粮食情况已有好转的 1964 年起,国务院决定把国家储备粮列入年度粮食收支计划。”③同年,国家决定提高“506”战备粮油的储备标准,从“50 万人打半年”的储备量提高到 300 万人打 1 年的储备量,使“506”储备粮油增至数 10 亿斤,分储在 5 个省、市、自治区。为

---

① 参见总后勤部军需部:《中国人民解放军军需简史》1977～2000,第 285 页,解放军出版社 2004 年版。

② 《当代中国的粮食工作》,第 130 页,中国社会科学出版社 1988 年版。

③ 《当代中国的粮食工作》,第 289 页,中国社会科学出版社 1988 年版。

此,国家加强了粮食储备的管理。1964年5月14日,国务院向辽宁、吉林、浙江、福建、广东、云南、广西七个省区和沈阳、南京、广州、昆明四个军区,批转粮食部、总后勤部制定的《战备粮、油、马草管理暂行办法》,首次对战备粮、油、马草管理做出统一规定。按照该《办法》,战备粮、油,由粮食部、总后勤部统一管理,制订和下达储备计划,由省、市、自治区政府粮食部门和各大军区后勤部,根据上级下达的储备计划,选定储备地点,由各级粮食部门负责保管。战备粮、油的来源,由粮食部统一安排,储存战备粮、油所需的麻袋、面袋、油桶等包装用品,由省、市、自治区政府粮食部门列入计划,统一安排,所需的仓库和加工设备,由负责保管的粮食部门从既有的仓库和加工设备中调剂解决,必须新建的由省、市、自治区政府粮食部门单独编制基本建设计划,报粮食部审核汇总,专项向国家计委申请安排。所需资金和费用开支,纳入粮食企业财务收支计划和信贷计划,粮食部门在财会上不单独核算。马草储备,采取"国家补贴,生产队储备"的方式,由省、市、自治区政府粮食部门和各大军区后勤部,根据粮食部、总后勤部的储草计划,制订分县储草计划,由县级政府按照"分散储备,合理负担"的要求,安排生产队储备。粮食部对生产队储备的马草,不预付价款和订金,每年给予储草金额10%左右的补贴。11月27日,粮食部下达《关于国家储备粮的安排和管理暂行规定的通知》。《通知》明确:自12月1日起,实行《国家储备粮管理暂行规定》。《规定》明确:国家储备粮,由粮食部根据国务院的安排具体下达入库计划,各地即按照粮食部通知入库的时间、品种、数量和储存地点及时组织入库。国家储备粮的动用权属于国务院。非国务院批准不得擅自动用。具体支拨手续,由粮食部在国务院批准的范围内负责办理。国家储备粮的储存地点,未经粮食部批准不得变动。国家储备粮与当地商品粮必须严格分开,单独建仓储存,单独立账,单独统计上报,不得混淆。当年,国家赋予河北省战备粮油储备的任务是:1964年到1967年,储存中央战备粮食8亿斤,食油1000万斤。储备的方针是靠山、隐蔽、分散、机动与"和战结合,调动灵活,有利于经营管理,便于推陈出新”。河北省决定将这批中央战备粮油，储存在京包、京承和京广等铁路沿线。

但是，由于资金不足，国家在上述计划执行的后期，压缩了粮食仓库建设的投资，到1965年国家基建拨款完成的仓容仅有109.8亿斤。仓容不足，严重制约了国家粮食储备计划的完成。在这种情况下，以农村社队为基础的集体粮食储备得到重视和加强。1962年9月，中共中央做出《关于粮食工作的决定》，对社队储备粮提出的要求是：“从今年秋后开始取消公社、生产大队提取机动粮、自筹粮的办法，以减轻生产队和社员的负担，更好地完成国家征购任务。生产队本身允许保留一定比例的储备粮。以生产大队为基本核算单位的，或者以公社为基本核算单位的，它们也都可以保留一定比例的储备粮。”1963年10月，中共中央下发《关于粮食工作的指示》，强调：“应当在合理分配、节约粮食的基础上，逐步增加国家的粮食库存和集体、个人的粮食储备。逐步做到国有余粮，队有余粮，户有余粮。”并明确规定，某些生产队自己保管有困难的，也可以委托粮食部门代为保管，可以存粮取粮；也可以存粮时由粮食部门按价付款，取粮时再交还价款。中共中央的这一指示下达后，国务院在全国范围内开展了计划用粮、节约用粮、藏粮于民、备战备荒的宣传教育，积极推动集体和个人储备粮食。各地粮食部门也积极帮助生产队储备、保管粮食。因此，粮食的社会储备工作，得到农村各级组织的重视，并且比较广泛地开展起来。1965年1月3日，粮食部部长沙千里在全国人民代表大会上发言时，介绍了生产队建立集体储备粮的情况。他指出：据14个省、自治区的17个县的典型调查，1963年有储备粮的生产队占这17个县生产队总数的44%；1964年秋收以后，增加到64%，储备的粮食比1963年增加了1倍多。国家代生产队保管的储备粮也逐年增多，到1965年，全国各地粮食部门代生产队保管的储备粮总数达到45.7亿斤，比1964年增加1.5倍以上。同时，好多社员户有余粮，出现了“手里有粮，心里不慌，脚踏实地，喜气洋洋”的景象。辽宁省建平县的许多生产队，从1962年开始集体储备粮食。

1964 年该县受灾严重,安排灾区群众生活用粮需要 300 多万斤,全部用集体储备粮解决,没向国家要一粒粮食。

这一时期,在“积极防御,北顶南放”军事战略方针和军队作战计划的规定下,沿海岛屿成为战时必须坚守的要点。与此相适应,国家安排了海岛战备粮油和商品的专项储备。1964 年,根据中央军委海岛战备工作业务会议制定的岛屿部队后勤建设规划,国家粮食部和总后勤部,按设防岛屿驻军 3 个月至 6 个月的需要量计算,开始在 195 个岛屿上建设储备仓库,计划建库 7 万多平方米,仓容 6380 万斤。1964 年 3 月 16 日至 25 日,国家粮食部、总后勤部在福州召开岛屿战备粮仓建设与军粮储备座谈会。出席会议的有:沿海 5 省粮食厅、5 个军区、海军和要塞区后勤部等单位的代表共 42 人。会议研究了军用战备粮油暂行管理办法,编审了岛屿战备粮仓建设规划,讨论了岛屿部队粮油供应问题,交流了仓库建设经验。7 月 25 日,国家粮食部、总后勤部印发《岛屿战备粮仓建设与军粮储备座谈会纪要》和《岛屿军用战备粮油暂行管理办法》。关于岛屿战备粮食仓库建设,《纪要》规定:凡设防岛屿,均根据军事需要建设战备粮食仓库并相应的配置粮食加工设备,本着先远岛后近岛、先小岛后大岛的原则,分期分批进行建设,所需基建投资,由粮食部统一申请,统一划拨,统一报销。有粮食机构的岛屿由粮食部门施工,无粮食机构的岛屿由部队施工。根据军民联防作战的要求,还应储备民用粮,民用粮的储存方法,除由粮食部门根据仓库条件,适当储存部分外,必要时可采取预售给居民的办法,由居民分散保管。《岛屿军用战备粮油暂行管理办法》规定:设防岛屿,原则上应当储存 3 个月到 6 个月的战备粮油;战备粮油由军队后勤部门和粮食部门分别管理,共同监督,定期联合检查;凡无粮食机构的,由部队负责储存;有粮食机构的,由部队伙食单位储存一个月需用量的成品粮、油,其余由粮食部门负责储存;战备粮油的动支权,平时属于省粮食厅与军区、舰队后勤部,未经批准,任何单位均不得动用。战时的动支权限与手续,由省粮食厅和军区、舰队后勤部根据战时需要和严格管理的原则共同制定,并报粮食部、总后勤部备案。粮食部门储存粮油所需资金与费用，统一纳入粮食商业财务收支计划，统一核算；部队储存的战备粮食，凭粮食部印发的“军用粮票”领取；部队储备的副食大豆和食油，凭粮食厅核批的计划向指定的粮食部门价购；粮食部门储备的粮油所需包装器材，由粮食厅统一安排。部队储备的粮油所需包装器材，由后勤部门安排。粮食部门建成的战备粮仓和加工设备，列为粮食企业的固定资产，部队建成的仓库和加工设备由部队管理。

（二）战略物资新增“506”储备

1962年8月中旬，即东南沿海紧急战备后期，国家计委提出“结合备战要求，增加国家的物资储备力量”的建议。国家计委认为：1962年的备战任务虽然只是局部的短时间作战准备，军队方面还压缩了需要量，但经济战备动员仍然跟不上要求。这一方面是因为经济基础薄弱，另一方面是缺乏必要的储备，一些军事装备就是因为缺乏关键材料而不能完成“备战增产”任务，因此有必要在平时的计划安排中，增加针对战时生产的物资储备，凡是军工生产必需而平时生产比较薄弱的关键材料，都要确定一定的数量，成套地进行储备。一些资源较少，并同市场、出口及其他部门的生产需要有矛盾的物资，如甘油、四苯、牛皮、油脂等，在每年安排计划时，也应考虑备战的需要，分项储备一些。少数国内尚不能生产的材料，还需争取进口一些储备起来。当时，“关于物资的储备问题，国防工业办公室已经起草了一个办法”，国家计委也同国家物资储备局研究确定了需要储备物资的品种和数量。当年，由于实行以“调整”为中心内容的经济建设方针，经济建设过热的形势得到有效扭转，大量动用国家战略储备物资的情况因此得到控制。国家战略储备库存物资除有色金属因战备生产的需要继续减少外，其他物资的库存量均有较大增长，年末库存量相当于年初的3.21倍。1963年，国家战略物资储备进一步增加。年末，国家储备物资库存总的情况是：库存主要物资继续有所充实，黑色金属有较大幅度增长，有色金属亦有增长，非金属物资有所减少，黑色金属已达历史最高库存量。更为重要的是，国家物资储备局根据国家物资动员计划,在继续增加通用战略物资储备的同时,又增加了军工战备物资(506 专案)储备,首批储备了钢材、油料等 13 种物资。

在军队动员储备方面,1962 年以后,随着国家经济形势的好转,总后勤部计划储备的战备物资逐步到位。1964 年 1 月以后,总后勤部把战备物资储备的重点转到配套储备上来,强调按配套原则储备物资,即武器、野战食品、被服、装具、炊事装备、药材等,按整师、整团配套储备,弹药按武器配套储备,汽车器材按车型配套储备,油料按主、副油比例储备。9 月,总后勤部针对检查中发现的问题,发出《关于使用战备经费、物资的规定》,强调"战备物资非到战时不能动用"的原则,并对动用后如何及时补充作了规定,要求对战备经费购置的物资,实行单独核算,单独统计,报销时必须附有物资统计。为使储存的战备物资与战场、战区建设和作战预案相适应,总后勤部提出了全军分战区按比例储存物资的方案。到 1965 年,全军已形成了战备物资的网状配置体系,储存的数量也基本上能够保障部队应付局部突发事件的需要。

(三)战备盐储备制度的开端

原盐属国家统配物资。1964 年以前,国家有储备盐制度,但没有建立战备盐储备制度。1964 年 11 月 9 日,轻工业部颁布实施《关于移储平衡储备盐的暂行办法》。该《办法》规定:"将产区一部分存盐,运到销区分散储存。"此项工作,由中国盐业公司负责安排并组织调运。各省、市、自治区指定一个代管单位同中国盐业公司进行联系,办理具体移储事项。这部分"移储盐"便是国家统一计划管理的战备盐。按照轻工部的规定,"移储盐与正常商业经营盐性质不同,应单独存放,单独列账,严明制度,切实管好"。根据上述规定,各省、市、自治区的商业系统和供销社系统,选择交通方便,有利于集中和调度的地方,建设战备盐仓,开始储备战备盐。1965 年年初,湖南省盐业公司确定在岳阳地区储存战备盐 9250 吨,其中国营商业系统储存 5000 吨,供销社系统储存 4250 吨。

(四)战备商品的统筹管理

经过东南沿海紧急战备动员,各省、市、自治区的商业部门进一步加强了以战备为目的的商品储备。1962 年,福建省商业系统储备的战备商品有石油、五交化、副食品、针纺织品、百货文化用品、医药 6 大类 44 个品种,仅咸菜、干菜就储备了 900 多万斤。1963 年,福建省对战备商品储备的种类进行了调整,调整后储备的战备商品有五金、副食品、纺织品、百货文化用品、医药共 5 大类 20 多个品种。

1964 年 6 月越南战争升级后,国家为保障援越部队的军需物资需求,加强了西南地区的战备商品储备。8 月 24 日,国家计委、总后勤部召集商业部、云南省商业厅、物资局,昆明军区后勤部,座谈“战备物资申请储备分工问题”。会上,云南省商业厅和物资局的领导就战备物资的储备分工、仓库、周转资金、包装材料、物资运输和支前民工物资供应等问题,提出了详细的意见;昆明军区后勤部对战备物资的需要情况作了说明。9 月 12 日,国家计委、总后勤部印发《战备物资申请储备分工座谈会纪要》。《纪要》规定:西南战备物资储备分工,原则上按照东南沿海战备有关规定办理;军队战备需要的物资,属于统配和部管物资,由总后勤部统一归口审查后向国家申请;属于地方(三类)物资,由军区审查,报请地方解决,地方无法解决的物资,可由地方和军队联合报请上级解决;肉类罐头、蛋粉、奶粉、机制干菜等几种主要军需物资,由总后勤部统一归口向国家主管部门申请解决,一般日用品,即肥皂、香皂、牙膏、牙刷、纸烟,由总后勤部商请国家商业部下达计划,由地方商业部门储备供应,所需周转资金,由商业部门根据可能进行安排;战备物资的包装,弹药、医药的携行箱、包装箱,由总后勤部统一下发;总后勤部统筹的食品、日用品等的包装,由中央轻工业部、商业部连同实物一起解决;支前民工的物资供应,由地方负责解决。会议建议省、市有关部门在可能条件下储备一部分战备物资,以应战时急需。

六、战略后方建设的筹划与启动

在贯彻“积极防御,北顶南放”军事战略方针时期,由于国家防御的主要方向在东部沿海地区,这一地区便成为针对美、日、台作战的前沿地区,而西部地区就成为国家的战略后方。由此产生了一、二、三线的划分,一线主要是指东北和沿海各省;三线是指西南、西北地区,包括长城以南、京广线以西的广大地区;二线是位于一线和三线之间的广大地区。1964年,鉴于美国在越南的军事行动日益升级,战争的危险日益临近,战略后方建设的重要性和迫切性日益突出。在这种情况下,国家筹划并启动了战略后方建设。

(一)中央决定进行战略后方建设

1964年年初,由美国发动的越南战争进入第5个年头。种种迹象表明,越南战争有进一步扩大的趋势。在这种情况下,总参谋部作战部根据副总参谋长杨成武的指示,以美国空军对越南北方实施的战略轰炸为例,开始对国家经济建设如何防备突然袭击的问题进行调研。4月25日,总参谋部作战部向副总参谋长杨成武提交了《关于国家经济建设如何防备敌人突然袭击的报告》。《报告》称:通过对国家经济建设如何防备敌人突然袭击问题进行的专项调研得知,国家经济建设在防备敌人突然袭击上的"问题是很多的,有些情况还相当严重"。这些问题集中在四个方面:一是工业过于集中。仅14个100万人口以上的大城市,就集中了约60%的主要民用机械工业,50%的化学工业和52%的国防工业,包括:飞机制造工业的72.7%,舰艇制造工业的77.8%,无线电工业的59%,兵器制造工业的44%。二是大城市人口多。据1962年年底的统计,全国有14个100万人口以上的城市,有20个50万至100万人口的城市。这些城市大部分都在沿海地区,易遭空袭。战时如何组织城市防空,疏散城市人口,保障坚持生产,消除空袭特别是核袭击后果等问题,尚无有效措施。三是主要铁路枢纽、桥梁和港口码头,一般多在大、中城市及其附近,易在敌人轰炸城市时一起遭到破坏。同时,这些交通要点,都还缺乏应付敌人突然袭击的措施,战争初期,交通可能陷入瘫痪。四是水库的紧急泄水能力都很小。容量达1亿到350亿立方米的大型水库有232座,其中52座位于主要交通线附近,有17座位于15个重要城市附近。此外,尚有不少中、小型水库位于政治、经济、军事要地和交通干线的要害位置。一般大型水库,要将蓄水降至对下游没有危害的程度,往往需要几十天的时间。这样,战时来不及处置,就可能遭敌破坏,酿成巨大灾害。总参谋部作战部认为:上述问题是关系到全军、全民和直接影响卫国战争进程的一些重大问题,建议由国务院组织一个专案小组,根据国家经济的可能情况,研究采取一些切实可行的积极措施。这个报告,后经总参谋长罗瑞卿报送毛泽东、刘少奇、周恩来、邓小平和彭真等党和国家领导人。

1964 年 6 月 6 日,毛泽东主席在中央工作会议上指出:只要帝国主义存在,就有战争的危险;我们不是帝国主义的参谋长,不晓得它什么时候要打仗。决定战争最后胜利的不是原子弹,而是常规武器,要搞三线工业基地的建设,一、二线也要搞点军事工业。各省都要有军事工业,要自己造步枪、冲锋枪、轻重机枪、迫击炮、子弹、炸药,有了这些东西就放心了。此后,毛泽东又多次强调三线建设特别是小三线建设问题。6 月 8 日,毛泽东主席在中共中央工作会议上指出:“我们要注意越南南方的游击战争。那里只有一千几百万人口,还没有我们一个省的人口多,但是能打仗,游击战争打得非常好。难道我们就不行?假使敌人占领了我们的地方,怎么办?我们一个省能不能打游击战争?我看各省都可以打。我们沿海各省要搞手榴弹厂、炸药厂、军工厂。讲了几年了,都没有搞起来。打起仗来,不能等二、三线给你送去。每个省都有一、二、三线嘛!军工部署也要考虑一下,只搞大的不行。每个省,就是讲沿海的广西、广东、福建、浙江、江苏、山东、河北、辽宁,还有黑龙江,那是对修正主义的,都要搞点地方的,属于地方所有的军工厂。”[①] 6 月 16 日,毛泽东主席在中央政治局常委和各中央局第一书记会议上,在谈到卫国战争战法时指出:“不能放在顶得住上。所以各省要搞民兵、地方部队,省、地、县都要搞,不要靠中央,不要只靠几百万解放军。”“由大区领导,各省要作个计

---

① 《建国以来毛泽东军事文稿》下卷,第 225 页,军事科学出版社、中央文献出版社 2010 年版。

划,包括民兵、军工厂、修理厂。”“基本的是每省要搞个兵工厂。四川也可以搞一点,你不用,支援别的省嘛。”①7月2日,毛泽东主席又指出:“各省要搞兵工厂,先搞修理,再搞制造,要自己造步枪、冲锋枪、轻重机枪、迫击炮、子弹、炸药。”“有人说怕敌人不来用不上,不是浪费吗?那不对,一定要搞,准备好了敌人可能不来,准备不好敌人就可能来……敌人不来也不是浪费,你说浪费就浪费,浪费也不可惜,一定要搞。”②8月12日,毛泽东主席在审阅总参谋部作战部《关于国家经济建设如何防备敌人突然袭击的报告》后批示:“要精心研究,逐步实施。”

根据毛泽东主席的批示,国务院副总理李富春、薄一波、罗瑞卿,迅速召集有关方面的领导开了一个会。会议研究提出了多项措施,并于1964年8月19日向毛泽东主席提交了书面报告。报告称:经研究决定在国务院成立专门小组,由李富春、李先念、谭震林、薄一波、罗瑞卿、谢富治、杨成武、张际春、赵尔陆、程子华、谷牧、韩光、周荣鑫13人组成,李富春任组长,薄一波、罗瑞卿任副组长。此外,决定在经济上采取6项措施:一是今后不在第一线,特别是15个100万人口以上的大城市安排新的建设项目;二是第一线,特别是15个大城市的在建项目,除1965年或1966年可投产见效的以外,其余一律要缩小规模,不再扩建;三是在第一线的老企业,特别是工业集中城市的老企业,要把能搬的企业或一个车间特别是有关军工和机械工业的,能一分为二的,分一部分到三线、二线;能迁移的,也应有计划地有步骤地迁移;四是从1965年起,不再新建大、中型水库;五是一线的全国重点高等学校和科学研究、设计机构,凡能迁移的,应有计划地迁移到三线、二线去,不能迁移的,应一分为二;六是今后一切新建项目不论在哪里建设,都应贯彻执行分散、靠山、隐蔽的方针,不得集中在某几个

---

① 《建国以来毛泽东军事文稿》下卷,第229、230页,军事科学出版社、中央文献出版社2010年版。

② 《建国以来毛泽东军事文稿》下卷,第243~244页,军事科学出版社、中央文献出版社2010年版。

城市或几个点上。具体分工是:工业、交通系统的安排,由经委、计委负责;铁路枢纽的防备措施,由铁道部负责;国防工业的安排,由国防工办负责;对全国性的一、二、三线的划分,以及国防工事、战备动员的安排,由总参谋部负责;水库的防备措施,由谭震林同志负责;高等学校和科学研究、设计机构的安排,由张际春和韩光同志负责;城市建筑和机关、事业单位的安排,由周荣鑫同志负责。工作计划是:9月、10月进行研究,提出分步施行的方案,经专案小组综合研究以后,报请中共中央批准,然而分别纳入1965年计划和第三个五年计划。这个报告的获准执行,拉开了三线建设即战略后方建设的大幕。同月,中央书记处召开会议,讨论研究“三线建设”问题。会议决定:首先集中力量建设三线,在人力、物力、财力上给予保证,新建的项目,都要摆在三线,立即进行勘察设计,不要耽误时间。沿海能搬的项目要搬迁;一二年不能见效的续建项目一律缩小建设规模。

1964年9月,由国务院国防工办统筹安排,赵尔陆率国防工业各部规划组分赴三线地区考察。由第五机械工业部副部长王立带领的兵器工业规划组,在对四川等地进行勘察后,制订了以重庆为中心的兵器工业建设总体规划方案。规划在重庆地区原有兵工企业的基础上,要求分迁部分一、二线企业和新建一批企业,使重庆地区形成一个品种比较齐全、就地协作配套、拥有相当规模的后方生产基地。10月,中共中央批准《国防工业一九六五年工作要点》,要求国防工业各部门坚决调整第一线,集中力量建设第三线。10月30日,中共中央批准1965年国民经济年度计划。这个计划的基本指导思想是:争取时间,大力建设战略后方,防止帝国主义发动侵略战争。11月,国家计委协调各有关部委组成工作组,分赴华北、东北、华东、中南各大区进行三线规划的研究。

1965年2月20日,赵尔陆就大三线实地踏查情况向党中央提交了《关于三线建设的布局问题》《关于三线建设的厂址选择问题》《关于三线建设的设计和施工问题》3个报告。2月21日,中共中央批准了建设重庆基地的规划方案,要求用3年左右时间建成。2月26日,中共中央、国务院发出关于西南建设体制问题的决定,成立中共西南建设委员会,由中共中央西南局书记李井泉、国家计委第一副主任程子华、副总理彭德怀、中共中央西南局书记处书记阎秀峰等人组成,统一领导西南三线建设工作。同时在重庆地区设立"重庆地区常规兵器配套建设指挥部",由第五机械工业部副部长朱光、中共重庆市委书记鲁大东、建筑工程部第二工程局局长李景昭、国家物资总局局长刘南生等人组成,朱光任总指挥。4 月 5 日,中共中央批转了上述 3 个报告,三线建设的基本框架由此确定。

(二)国家建委召开搬迁工作会议

1964 年 6 月 18 日,总参谋部作战部在给中央军委防敌突然袭击领导小组关于国家经济建设防敌突袭落实情况的报告中称:中央已批准 1964 年和 1965 年两年搬迁项目共 226 个,从一线地区迁出职工约 13 万人。已搬迁并投入生产的项目 30 个,预计到 1964 年年底搬完的项目可达 123 个,尚有 103 个项目到 1966 年或以后才能陆续搬完。8 月 21 日,国家建委根据毛泽东主席和国务院领导的指示,在北京召开全国搬迁工作会议。会议的中心议题是落实李富春副总理等向毛泽东主席报告的搬迁方案。会议指出:搬迁工作必须立足于帝国主义发动侵略战争,从准备早打、大打出发。对搬迁项目要实行大分散、小集中的原则,凡国防尖端项目,要按照"靠山、分散、隐蔽"的原则建设,有的还要进洞。以这次搬迁会议为标志,国家战略后方建设即"大三线"建设全面启动。

1964 年 9 月 18 日,国务院副总理薄一波在给毛泽东主席和中共中央的报告中称:"根据主席最近关于战略部署的要求,关于要吸取斯大林'一不做工事、二不准备敌人进攻、三不搬家'的教训的指示,我召集工交各部有关同志,研究了我国工业布局的现状,安排了工交系统搬厂的工作。""目前的情况是:钢铁、机械(包括各种机械)、化工等重要工业,一线所占比重,达到百分之七十五到百分之九十,二、三线的比重很小。虽然经常讲,要有战争与和平的两手,但是在规划和建设工作中,实际上是把战争这一手忘记了。主席这次又提出注意战备和三线建设的问题,再次敲起了警钟。""现在必须立即动手,对工业布局重新加以部署。"薄一波副总理据此提出了十点意见,主要内容包括:"首先必须坚决迁建与国防有关的重要企业(车间、设备),包括生产或试制常规武器和国防尖端产品所需的原料、材料、配套产品的企业,以及生产民用关键产品的企业。""吸取抗美援朝时国内迁厂和苏联反法西斯战争时搬迁德国工厂的经验。确定迁建的企业,要先编好设备顺序号,拍好照片,训练好拆装人员;一分为二的企业(车间)要准备好两套干部;要先在三线搞好厂房,打好基础、地脚,力求搬去就能很快安装生产。在选择厂址时,要贯彻分散、靠山、隐蔽的方针。""迁建的企业,要尽可能挤到三线现有的生产企业中去,同时要充分利用下马的厂矿以及楼、堂、馆、所、仓库、学校的现有房屋。""必须分散分批,集中力量打歼灭战。即:先品种、后数量(先解决有无,后解决多少);先协作,后配套(近期先依靠一、二线协作,将来逐步在三线配套);先搬设备,争取快出产品,先不带家属(一心一意建设,平时当作战时)。""一线企业迁建三线,凡是一分为二的,从建设到生产,由一线原企业负责到底。""这次搬家,必须防止造成工业交通布局上新的不合理。国家计委必须进行思想革命,根据主席提出的战略要求,多谋善断,统筹安排,使工业交通和整个国民经济的布局,能够有利于应付战争,有利于多快好省。"薄一波副总理在提出上述意见时,还"将冶金、一机、农机、化工、铁道、邮电、石油、地质、建工等九个部的初步迁厂方案附后"①。

各方面上报的搬迁计划,由国家计委平衡后,经李富春、薄一波、罗瑞卿三位副总理审查同意,报请中共中央审批。当时确定"三五"期间施工和全部建成的大中型项目有1400多个,其中80%布置在内地,多数为整体搬迁或一分为二的迁建企业。为了抢时间,争速度,第一批搬迁项目,采用"三老带三新"(沿海老厂带新厂、老人带新人、老设备带新设备)的原则,利用西南、西北地区已投产的小厂或"大跃

① 《薄一波书信集》(下),第520~522页,中共党史出版社2009年版。

进”后的停、缓建工程为立足点,从沿海地区选择对口厂组织搬迁。在沿海和内地各有关方面的大力支持和协作下,第一批搬迁项目,只用了2~3个月就搬迁完毕。多数工厂1~2个月内就搬迁完毕,一般性产品很快在新的基地组织了生产,并进行了扩建。

(三)地方军工三年建设规划获准

1964年6月上旬,国家计委根据毛泽东主席的多次指示,着手对“小三线”及地方军工厂建设问题进行研究,并与有关方面进行了协商。各地也对地方军工厂建设问题进行了研究,提出了初步设想。6月下旬,总参谋部动员部向省军区系统做了预告,要求各省军区大力支持地方军工建设,积极参与其中。8月,全国国防工业会议召开。会议围绕着国家计划委员会和国防工业办公室拟定的地方军工厂建设规划,进行了研究讨论。会议认为:建设地方军工厂是毛泽东主席和中共中央整个战略部署的重要一环,必须说办就办,越快越好,争取时间,抢在战争爆发以前,做好准备。因此,第一步先搞小一点,三年内建设起来,然后再根据形势的发展,安排第二步。这次会议之后,各省、市、自治区加快了“小三线”建设的步伐。8月26日,福建省委召开扩大会议,会议认为应该按照建设“大三线”的精神,建设一个政治上、军事上、经济上、文化上能独立自主的巩固后方。会议确定,将福建省划分一、二、三线地区。第一线为福州、厦门、漳州、泉州沿海地区;第二线为鹰厦线南段,由建瓯、南平至漳平、龙岩地区;第三线为闽赣边区,武夷山以南,鹰厦线以西,包括长汀、连城、清流、宁化、建宁、泰宁、光泽、邵武、顺昌、建阳、松溪、政和一带。9月18日,中共广东省委向中共中央并中共中央中南局提交《关于广东省国防工业和三线备战工作的请示》,称:美帝国主义目前正在积极准备扩大对越南北方发动的侵略战争,广东省加紧进行战备工作是十分必要的。省委经研究打算加速地方军事工业建设,并从广州等前沿城市中迁建部分民用工业到三线去,同时进行后方电力工业建设。“请示的主要精神是:在粤北三连(连县、连南、连江)地区、海南岛琼中县建立生产枪、枪弹、手榴弹和炸药的兵工厂,以及与兵工厂建设有关的原设备厂等。”①

1964年9月21日,总参谋长罗瑞卿根据全国国防工业会议议定的事项,向毛泽东主席、中共中央和中央军委提交了《关于地方军工厂建设问题的报告》。报告对地方军工厂建设做出了全面规划,初步确定:地方军工厂的任务,主要是解决民兵和地方部队需要的装备,生产的品种以轻兵器及其弹药为主。凡新造的武器、弹药,要与正规军使用的口径统一,战术、技术性能一致,以便战时互相配合使用。产品包括半自动步枪、冲锋枪、轻机枪、重机枪、高射机枪共5种枪,40火箭筒、60迫击炮、82迫击炮、无坐力炮共4种炮和11种弹药。规划明确:半自动枪、步枪弹、手榴弹、地雷、爆破筒、硝胺炸药等大量需要的产品,除个别地区外,每个省都要能够生产;其余产品,以大区为单位成套生产。第一步规划,全国共计划建设154个工厂,职工总数7万多人。争取用3年时间,到1967年全部建成。这些工厂全部建成后,可以具备的年生产能力是:半自动步枪24万支,冲锋枪6万支,轻、重机枪2万挺,高射机枪1500挺;40火箭筒1100具,迫击炮8100门,无坐力炮800门;枪弹6.13亿发,迫击炮弹870万发,无坐力炮弹11万发,40火箭弹9万发,手榴弹、地雷2272万枚,硝胺炸药5.6万吨。这样可装备基干民兵150万人左右。整个建设采取“两条腿”走路的办法:一方面要集中力量按照“靠山、分散、隐蔽”的方针,在各地区纵深地带建立专业化的小厂,以利于战时能够坚持生产;同时,为了加快建设和试制生产,各地要划拨一些机械工厂和一批机械设备,搬到后方基地改为军工厂。建设工作由国防工业办公室、五机部协同各大区共同规划,各省分工建设与管理。所需投资、人力、物力,由各省、市、自治区提出计划,大区审查,报国家计委统一平衡。10月16日,中共中央在批转罗瑞卿总参谋长《关于建设地方军工厂的报告》时指出:建设地方军工厂,是适应形势发展需要的重大战略部署,不仅是为了供应地方武装的需要,而且也解决了轻武器弹药的地区成

① 《广东省志·军事工业志》,第63页,广东人民出版社1995年版。

套和合理布局问题。实现这个部署,可以分几步走。当前最关键的问题是抢时间,要把第一步规划在三年内实现。因此,各地区、各有关部门应紧密配合,大力协同,分秒必争,把这件事办快、办好,千万不要拖拖沓沓,贻误时机。

1964年10月22日,毛泽东主席在中共广东省委《关于国防工业和三线备战工作的请示》件上写下如下批语:广东省是动起来了,请总理约瑞卿谈一下,或者周、罗和邓、彭一起谈一下,是否可以将此报告转发第一线和第二线各省,叫他们也讨论一下自己的第三线问题,并向中央提出一个合乎他们具体情况的报告。无非是增加一批建设费,全国大约需15亿左右,分二三年支付,可以解决一个长远的战略性的大问题。现在不为,后悔无及。10月25日,周恩来、罗瑞卿等邀请有关同志讨论了广东省委《关于国防工业和三线备战工作的请示》和主席对这一《请示》的指示。10月29日,周恩来、罗瑞卿向毛泽东主席、中共中央提交《关于一二两线各省、市、区建设自己后方和备战工作的报告》。《报告》称:根据广东省委的报告和中南、华东、华北、东北四个大区的部分省、自治区在这次全国计划会议上提出的要求,一、二两线的后方建设和备战工作,大体上包括以下几项内容:建设一批地方军工厂,包括枪支、子弹、地雷、手榴弹和炸药等轻武器的制造厂;为了配合地方军工厂的建设和保证战时的供应,要从大城市搬迁一些必要的配套工厂到省、区自己的后方,并且在后方相应地区建设一些小煤矿、小电站和必要的修配工厂;搞好现有的公路、桥梁、渡口和通信线路,新建或者改建一些运输、通信设施和边境上的江河护岸工程;修建一批储备粮食、原盐、汽油等战略物资的仓库;加强一、二两线后方地区的农业建设,特别是山区建设;迁建或者新建一些必需的医院和学校;省委和军区领导机关的防护工程。完成上述这样一个部署,一线省、市、区加快点搞,可能需要三年时间,二线省、区为尽快完成一线部署,可能需要五年时间,但其中有些主要项目,也应当力争在三年内建成。11月3日,中共中央转发了广东省委的报告、毛泽东主席的批语和周恩来、罗瑞卿的报告,要求一、二两线各省、市、自治区抓紧进行后方和战备工作。1965 年 3 月 8 日，中共中央批准总参谋长罗瑞卿《关于建设地方军工三年规划报告》。《报告》称：为积极贯彻执行毛泽东主席关于地方办军工厂的指示，将抓紧在 3 年中完成 154 个地方军工厂的筹建工作并使其尽早投产。以此为基础，计划到 1980 年，使民兵武器达到 2000 万件，首先把 8000 万基干民兵武装起来，以便逐步实现毛泽东主席关于民兵“四个人一条枪”的指示。3 月 31 日，中共中央批准了关于“小三线”建设规划。以此为标志，从 1965 年到 1967 年为期 3 年的地方军工厂建设全面展开。此举标志着“后方建设工作，已经由规划的阶段转到实际建设的阶段”。

“小三线”地方军工厂的布局，前 3 年按总参作战部对全国东北、华北、西北、中南、西南、华东 6 大区一、二线省区划定的 21 块后方基地进行部署安排。重点是华东、中南、华北、东北沿海一、二线省区和云南、新疆地区。地方军工厂的主要任务是生产团以下轻武器及其弹药，装备民兵、地方部队，也供应野战军。工厂布局，是以 6 大行政区为战略区，在各个战略区内，建设轻兵器成套生产基地，以便于未来反侵略战争中能就近就地供给民兵和作战部队轻武器装备的需要。建设规划和工厂设计都是按照三线建设的具体方针政策进行的。建设项目有地方军工企业，还有为地方军工协作配套和服务的冶金、机械、化工、电力、木材加工、仓库、动力、交通、通信以及医疗、商业、生活文化设施等。建设项目的分布，由大行政区结合各自战略地位、地方部队和民兵的编制数量、地方的经济力量、与中央直属的轻型武器装备生产企业和兵器动员生产线的分布，进行综合平衡，统筹规划。地方军工项目由省、市、自治区统一组织建设。

从 1964 年下半年开始，地处一、二线的省、市、自治区的“小三线”及地方军工建设相继展开。1964 年 11 月，广东省成立国防工业建设领导小组，省委书记林李明兼任领导小组组长。领导小组下设办公室，广东省经委副主任韩林兼任办公室主任。1965 年 1 月 24 日，定点在粤北山区的北江机械厂开始动工兴建。同月，广东省在连县九陂动工兴建 7.62 毫米枪弹厂，对外称国营岭南工具厂，计划年产

7.62毫米枪弹2300万发。北江机械厂所需的“通用机器设备除了搬迁汕头机械厂、广州黄埔农垦机械修配厂有关设备外,并从省范围内有关单位选调一批设备。制造枪支的整套专用设备,订购于四川重庆二九六厂”。岭南工具厂“工厂初建除抽调广州电机厂部分设备及工人、干部外,生产枪弹的技术干部和工人从湖南枪弹厂八六一厂调来68人”①。2月,在海南岛琼中县毛阳区动工兴建手榴弹厂,对外厂名国营海南农具厂(后改国营南江机械厂),计划年生产手榴弹50万枚及部分地雷。②

1964年12月9日,中共吉林省委决定:以张广才岭和长白山为依托,蛟河以南,辉南以东,安图、和龙以西为第三线地区。为加速地方军工厂建设,在中央和东北局统一领导下,计划于二三年内,首先在辉南、桦甸、蛟河、靖宇之间一带地区建设半自动步枪厂、冲锋枪厂、手榴弹厂、炮弹厂、引信厂、火工厂和炸药厂等8个军工厂。1965年建设半自动步枪厂、枪弹厂和手榴弹、地雷厂。为保证战时供应,在抓紧第三线军工厂建设的同时,拟从长春、吉林等市往三线地区搬迁一些战时供应配套的制药厂、卫生材料厂、玻璃厂注射器车间、橡胶厂、火柴厂、电池厂、针织厂和汽车、拖拉机修配厂等企业,并在长期规划中安排人造纤维厂和人造纤维纺织厂。为配合第三线的建设,计划在蛟河和桦甸利用当地资源开采两个小煤矿,建设两个小型火力发电站,以解决战时生产的用电。在交通通信方面,包括4条公路、4条通信线路。并在三线地区储备一些物资,计划到1967年储备粮食2.5亿斤,供40万军队和职工1年半的用粮;储备食盐8万吨,供300万人5年用盐,储备石油7.2万吨,金属、化工等材料亦应有一定储备。高等院校有些重点科系,平时在森工林场选好校址,战时搬迁。卫生医疗主要是充实三线地区的重点县、社卫生院和森工部门的职工医院的医务人员和医疗设备。

---

① 《广东省志·军事工业志》,第65~66页,广东人民出版社1995年版。

② 参见《广东省志·军事工业志》,第27页,广东人民出版社1995年版。

第四章

立足“早打、大打”的大规模战备动员时期
（1965. 04 ~ 1978. 12）

起点：1965 年 4 月，中共中央关于加强备战工作的指示。

截点：1978 年 12 月，中共十一届三中全会召开前。

从 20 世纪 60 年代中期到 70 年代末期，为应对来自美、苏两国特别是苏联的战争威胁，国家以“早打、大打”和应对最困难的战争局面为基点，以“积极防御，诱敌深入”军事战略方针为指导，将国防建设及战争准备提到国家建设和发展的突出位置，克服“文化大革命”造成的种种不利影响，投入巨大的人力、物力、财力，进行大规模的国防建设和战争准备，力求使国家具备打赢大规模现代战争的能力，从而使国家处于长期的战备状态。在此过程中，国家根据第二次世界大战的经验和武装力量的作战需求，在国民经济领域进行了长时间、大规模、全方位的应战动员准备，使国民经济动员能力迅速提升。此举，不仅满足了这一时期国家准备“早打、大打”的战争准备需要，为最终遏制战争、维护国家安全发挥了重大作用，也极大地促进了新中国国民经济动员现代化水平的提高。同时，长期临战状态下的国民经济战备动员，给国家经济建设和发展带来诸多不良后果。

第一节　大规模战备动员前期
(1965.04～1969.03)

起点:1965 年 4 月,中共中央关于加强备战工作的指示。

截点:1969 年 3 月,珍宝岛自卫反击作战。

从 1965 年 4 月到 1969 年 3 月珍宝岛事件发生前,是新中国长期进行大规模战备动员的前期。在此期间,美国先是派兵进入越南南部,继而把战火烧到了越南北方,并且不断派飞机侵入中国领空,对中国南部边疆形成直接威胁。与此同时,随着中苏关系的最终破裂,苏联在对中国施加政治压力的同时,频繁在中苏边境制造武装冲突,对中国实施军事压力。面对来自美、苏两个"超级大国"的安全威胁,党和国家在决定和实施抗美援越战略举措的同时,做出了"立足于准备早打、大打,从各方面来打"的应战策略,进而将国民经济发展第三个五年计划的建设方针,"从解决吃、穿、用"调整为"立足于战争"和"积极备战"。从此,以大规模的战略后方建设即"三线"建设的全面启动为标志,一个临战式的大规模国民经济战备动员全面展开。

一、国防建设指导思想转入战争轨道

1965 年春,面对越南战争升级和中苏交恶的严重局面,国家被迫放弃抗美援朝战争后确立的和平建设方针,将国家建设思想从以经济建设为中心转向以国防建设及战争准备为中心;军事斗争准备的战略方向,不仅包括针对美、台的东部沿海,而且包括针对美国的南部边疆,和针对苏联的"三北地区"[①];军事战略方针从"积极防御,北顶南放",转变为"积极防御,诱敌深入"。上述转变,构成了这一时期国家战争动员准备的思想基础和指导方针,决定了战备动员前期国

---

① "三北地区",指东北、华北、西北地区。

民经济动员的方式方法、深度和广度。

(一)国家决定立足“早打、大打”

1965年春,约翰逊出任美国总统。此后,美国政府改变了对越南的军事策略,将其出钱、出顾问的“特种战争”,升级为直接出兵的局部战争,中国南部边疆的安全因此受到直接的军事威胁。在这种情况下,中共中央做出加强战备的决定。4月9日,总参谋部召开会议,对全军进行战备动员部署。同日,在邓小平的主持下,中共中央书记处为中共中央起草了关于加强战备工作的文件。该文件的核心内容是:密切注意越南战局的发展,美帝国主义很可能把战火烧到我们国土上来;要准备应付最严重的情况,准备对付美帝国主义轰炸中国的军事设施、工业基地、交通要地和大城市,以至在我们的国土上作战,我们对小打、中打以至大打都要有所准备。4月10日,毛泽东主席批示同意。4月12日,中共中央发出《关于加强备战工作的指示》。中共中央指出:美国正在越南采取扩大战争的步骤,直接侵犯越南民主共和国,严重地威胁了我国的安全;我们准备随时同越南人民一道共同战斗,我们还要准备对付美国把战火烧到我们的国土上来;中央认为,在目前形势下,应当加强备战工作。为此,“我们必须把情况设想得严重一些,把备战工作做得充分一些,特别是在重要的军事设施、工业基地、交通要地和大城市,要切实做好对付敌人空袭的准备。我们对小打、中打以至大打,都要有所准备。这样,对我们只有好处,没有什么坏处。只要我们做好一切准备,无论出现什么情况,我们就立于不败之地”①。

1965年4月12日,总参谋部完成《全军战备计划》的制订工作。5月,总参谋部召开全军作战会议,研究反侵略战争准备问题。会议期间,刘少奇、周恩来、朱德在听取有关战略方针的汇报时相继做出指示,中心内容是:1. 要立足于准备早打、大打,从各方面来打,我们

---

① 《建国以来毛泽东军事文稿》下卷,第307页,军事科学出版社、中央文献出版社2010年版。

准备好了,敌人就不敢轻易来打,就有可能推迟战争,甚至使战争打不起来。2. 要从战略上考虑问题,处理好经济建设与国防建设的关系。对增加兵员,要从全局来考虑,军队搞得太多,就要影响国家经济建设。3. 备战工作要有重点,现在必须搞好工事,搞好部队的武器装备。可以先从部队抽一点力量去搞工事。4. 要从军事思想、物资基础和军队的政治工作三方面做好战争准备。[①] 6 月 2 日,毛泽东主席在看了国际关系研究所编印的《帝国主义动向》第十五期上登载的《从美国统治集团内部在越南问题上的争吵看美国扩大战争的动向》一文后批示:"他们认为有可能马上打仗。我看也许如此,也许暂时还不会。一、二、三年之后才打,我们就有准备了。但是我要放在马上打的基础上部署工作,中央已作了决定了。"6 月 9 日,毛泽东主席又指出:"现在我们要准备打仗。准备打,也许打不起来;不准备打,打起来就措手不及了。这点在人民中间要进行宣传。看来,帝国主义是准备打的,不然军火商发不了财。"[②] 7 月 11 日,美国对越南北部的轰炸进一步北移,同时开始派飞机侵犯中国领空,对中国进行侦察、挑衅。7 月 27 日,约翰逊政府作出"在东南亚进行更大战争"的决定。9 月 12 日,中央军委明确提出:战争是不以人们的意志为转移的,我们必须高度发扬爱国主义和国际主义精神,以临战姿态,加紧做好战争准备,立足于打,准备早打、大打,准备打常规战争,也准备敌人把核战争强加在我们头上。至此,立足"早打、大打"的战争准备思想在国家高层得以确立,成为应对大规模侵略战争的总方略。

准备"早打"主要是因为美国已经把侵越战火烧到了越南北方,"严重地威胁了我国的安全"。准备"大打",一方面是准备同以美国为首的强敌作战,另一方面是准备同美国和苏联同时开战。对此,毛泽东主席在 1964 年 6 月和 7 月反复指出:"不能只注意东边,不注意

---

① 参见《建国以来毛泽东军事文稿》下卷,第 311 页,军事科学出版社、中央文献出版社 2010 年版。

② 《建国以来毛泽东军事文稿》下卷,第 312 ~ 313 页,军事科学出版社、中央文献出版社 2010 年版。

北边；只注意帝国主义，不注意修正主义。"①"要准备帝国主义可能发动侵略战争，立足于最困难的情况加强战争准备工作。"②1965 年 10 月 10 日，毛泽东主席在有各中共中央局第一书记参加的会议上讲道："我们要准备，不但准备帝国主义整我们，还要准备帝国主义和修正主义合伙整我们。"③

（二）"积极防御，诱敌深入"的军事战略方针

中共中央、中央军委在确定准备"早打、大打"战争准备方针的过程中，根据形势的变化，对 1960 年确定的"积极防御，北顶南放"的军事战略方针做出重大调整。这次调整，对国民经济战备动员的重点工作、重点地域和方式方法都起到了规定性作用。

1965 年 4 月 12 日 ~5 月 31 日，中央军委在北京召开全军作战会议。会议根据毛泽东主席的指示，对军事战略方针进行了调整，将此前的"积极防御，北顶南放"，调整为"积极防御，诱敌深入"，从而解决了"早打、大打"的作战指导和作战方法问题。在此前后，毛泽东主席在多种场合对这一军事战略方针所包含的作战思想进行了阐述。其主要思想是："敌人可能中间突破，切断我南北，把我们分成两半，这比较对我威胁大。"同美国这样的强敌作战，在作战指导上"不能放在顶得住上"，"顶，要顶一下，顶不住还不是走？"④"中国领土相当大，它想到哪里就让它到哪里，这个办法比较好。我们和它打游击战，可以吃掉的就吃，要想吃掉它就把它引进国境。"⑤"无非你占了我什么地方，听起来名誉不好。名誉不好就名誉不好，主要不是名誉好不好

---

① "帝国主义"指美国，"修正主义"指苏联，当时称苏联为社会修正主义。

② 《毛主席关于战备工作的指示》，载总参谋部动员部《1964 年人民武装工作文件汇编》。

③ 《建国以来毛泽东军事文稿》下卷，第 328 页，军事科学出版社、中央文献出版社 2010 年版。

④ 《建国以来毛泽东军事文稿》下卷，第 229 页，军事科学出版社、中央文献出版社 2010 年版。

⑤ 《建国以来毛泽东军事文稿》下卷，第 270 页，军事科学出版社、中央文献出版社 2010 年版。

的问题,而是最后胜利的问题。"[①]"我看,就是怕它不进来,它只在边沿上搞一下,那就实行许世友的建议,在边沿上把它整下去。还是要诱敌深入才好打。"[②]"诱敌深入有两个深度,差不多了,还要看形势。这是还没有同敌人打仗以前的想法,打起仗来,你晓得敌人怎么搞,现在可以这样设想。反正要在第一线顶几个月、半年的时间,使后方有所准备。还要考虑顶不住。"[③]

军事战略方针确定之后,总参谋部在原有的基础上,很快研究制订了新的《全军作战计划》。1965 年 6 月 28 日,总参谋部将《全军作战计划》呈报中央军委、中共中央和毛泽东主席。不久,刘少奇主持召开中共中央政治局常委会议对《全军作战计划》进行了审议并给予肯定。1966 年 1 月和 4 月,总参谋部先后召开全军作战会议,部署以"三北地区"设防为主要内容的各项战备工作。此次会议后,人民解放军的战备建设重点由东部沿海地区转向"三北地区"。"积极防御,诱敌深入"的军事战略方针和新的《全军作战计划》,决定了军队作战的基本方法,也决定了军队作战对国民经济动员的需求。国民经济在战备动员前期的活动,包括地方军工建设、战略后方建设、战略物资储备数量和布局等,无一不反映军事战略方针和作战计划对国民经济动员准备的要求。

(三)"三五"计划转向以备战为中心

1964 年年初,经过 1961 ~ 1963 年的调整,国家经济建设和发展的形势趋好。此时,国家计委编制的国民经济发展第三个五年计划已基本成形,其指导方针是:在第三个五年计划期间,按照农业、轻工业和重工业的顺序,以不高的标准基本解决人民的吃、穿、用问题,兼

① 《建国以来毛泽东军事文稿》下卷,第 252 页,军事科学出版社、中央文献出版社 2010 年版。

② 《建国以来毛泽东军事文稿》下卷,第 314 ~ 315 页,军事科学出版社、中央文献出版社 2010 年版。

③ 《建国以来毛泽东军事文稿》下卷,第 335 页,军事科学出版社、中央文献出版社 2010 年版。

顾国防建设。对此，中共中央和毛泽东主席给予充分肯定，各省、市、自治区也按照这一方针，分别编制了各自的“三五”计划。3 月 17 日，经中共青海省委批准的《关于编制第三个五年计划工作安排的意见》规定：青海省在第三个五年计划期间，为解决吃、穿、用的问题，将采取一切有效措施，实现粮食、油料自给有余；加强牧区建设，争取牲畜总头数尽快恢复和发展；把现有企业办好，合理利用资源，适当地发展地方工业，更好地为农牧业生产和城乡人民生活需要服务；相应地加强农村与牧区的文教、卫生事业；争取财政收支基本平衡；在工农牧业生产发展的基础上，进一步改善人民生活。

1964 年 5 月间，毛泽东主席就“三五”计划多次做出指示。核心思想是“三五”计划要把国防建设特别是战略后方建设提到重要位置。6 月 6 日，毛泽东主席在中央工作会议上明确提出：我们不是帝国主义的参谋长，不晓得它什么时候要打仗。要搞三线工业基地的建设，一、二线也要搞点军事工业。各省都要有军事工业，要自己造步枪、冲锋枪、轻重机枪、迫击炮、子弹、炸药。有了这些东西，就放心了。8 月 6 日，毛泽东主席在审阅《中国政府抗议美国侵犯越南的声明》后批示：“要打仗了，我的行动得重新考虑。”[①]在毛泽东主席的反复强调下，“三五”计划以国防建设及战略后方建设为主的思想，在国家高层得以确立。据此，国家计委重新编制“三五”计划。当年，国务院副总理“李富春在九月三、四、十三日连续致信毛泽东，一方面是继续检查计划工作存在的问题和提出改进的措施，一方面是汇报加快三线建设的设想和安排”。关于三线建设，李富春提出 7 个方面的措施：一是加快成昆铁路的建设，争取 1969 年全部通车。二是准备用 3 年时间，以重庆钢铁公司为中心，在重庆地区建立一个生产常规武器和机械制造的工业基地；用 5 年左右的时间，以酒泉为中心，在西北地区建立一个生产常规武器和必要的机械制造的工业基地；用 7 年左右

① 《建国以来毛泽东军事文稿》下卷，第 255 页，军事科学出版社、中央文献出版社 2010 年版。

的时间,以攀枝花为中心,在西南地区建立一个较完整的工业基地。三是在三线地区加强公路、地质勘探、煤、电和水源的建设,并且在西昌地区和河西走廊以军垦为主的办法,解决农业问题。四是对于二线地区尚未完工的重要项目,必须继续建设完工,以利于今后的工业发展。五是从 1964 年起,在三线地区有计划地分期分批储备一批战略物资,如粮食、布匹、石油、生铁、钢材、有色金属、盐等。六是把"和战结合"作为一个长期的指导方针,在一些生产民用产品的工厂,做好转产军品的准备;重要的工厂、铁路枢纽和水库,从 1965 年开始有计划地开展民防工作。七是制定第三线和第一线总体调整规划,并使之成为第三个五年计划的重要组成部分。① 在上述思想指导下,"1964 年用于国防方面的支出 709000 万元,比上年的 646000 万元增加 63000 万元,增长 9.8%。增加的部分,主要用于加强军队装备,充实国防力量"②。

1965 年 3 月 12 日,周恩来总理在向中共中央报告"三五"计划草案时指出:"第三个五年是建立一个独立的比较完整的工业体系和国民经济体系的关键时期。我们认为,必须从应付战争出发","立足于打仗,抢时间,改变布局,加快三线建设,首先是国防建设(包括国防工业和同国防有关的基础工业、交通运输和小三线的建设)"。"加快建设以钢铁和机械为中心的基础工业,把屁股坐稳,做到既能支援国防和农业,又能为第四个五年更大的发展做好准备。""加快三线建设,是中央既定的方针,也是第三个五年计划的核心。三线的建设,必须充分依靠一、二线现有的工业基础。""一、二线的工业固定资产约占全国的百分之八十七,财政收入约占全国的百分之九十。一、二线应当为三线建设出人、出钱、出技术、出材料、出设备。一、二、三线要相互促进。""第三个五年建设的重点是三线。但是,不同行业的布

---

① 参见《李富春传》,第 641 ~ 642 页,中央文献出版社 2002 年版。

② 《中华人民共和国财政史料》第二辑,国家预算决算(1950—1981 年),第 325 页,中国财政经济出版社 1983 年版。

局，要从具体情况出发：冶金、机械、化工、石油、国防工业，以及配合这些建设的煤炭、电力和交通运输，一定要把建设重点放在三线；同人口、耕地等分布情况和出口有密切关系的工业，如化肥、农药、轻工、纺织等，应当就原料、就市场分散布点，不能片面强调在三线的比重。”“为了争取时间，给三线建设和第三个五年计划创造更有利的条件，凡是看准了的事，就应及早动手。”① 7 月，一个全新的“三五”计划由国家计委编制完成。国家计委在《关于第三个五年计划安排情况的汇报提纲》中明确提出：“三五”计划立足于战争，从准备大打、早打出发，积极备战，把国防建设放在第一位，加快“三线”建设，集中力量尽快把“三线地区”的基础工业和交通运输业建设起来，逐步改变工业布局；发展农业生产，相应发展轻工业，逐步改善人民生活。《汇报提纲》要求把建设重点放在“三线地区”，强调指出将“三线”建成初具规模的战略大后方是关系国家安危的大问题，如果在这个问题上不采取坚定的态度，就会犯方针性错误。同月，国务院副总理兼财政部部长李先念在第三届全国人民代表大会常务委员会第十三次会议上所做的《关于一九六四年国家决算和一九六五年国家预算草案的说明》中指出：“美帝国主义正在越南采取扩大战争的步骤，不仅加紧侵略越南南方，而且从今年 2 月开始连续轰炸越南北方，直接侵犯越南民主共和国，严重地威胁我国的安全。我国全国人民代表大会常务委员会已经在 4 月 20 日郑重宣告：中国将继续尽自己的一切可能，坚决地、无保留地支援正在进行抗美爱国正义斗争的越南人民。在这种情况下，我们必须实行和战结合、立足战争的方针，加强备战工作，加快建设速度。这就要求财政上增加新的支出，以保证援越备战和生产建设必不可少的需要。”为此，“1965 年国家预算支出，比上年决算增加 564000 万元，增长 14.1%。根据当前援越备战和加快建设的要求，支出增加的部分，主要是用于基本建设、国防战备和对外援助方面的需要”。其中，在基本建设方面预算支出增加 229%，“增

① 《周恩来军事文选》第 4 卷，第 504～506 页，人民出版社 1997 年版。

加的投资,着重用于加强内地工业建设和有关备战援外的建设”。在国防费预算支出方面,增长18%,“增加的部分,主要用于增加军队装备和加速国防工程建设”①。李先念副总理最后指出:“我们既要加强备战,又要加快战略后方的重点建设,这样做是会遇到困难的。”因此,要“边备战,边建设。既要准备打仗,又要做好各方面的经常工作。既要保障备战和重点建设的需要,又要保证人民正常生活的需要和市场物价的稳定”。做到“四保”,即:“保国防备战,保对外援助,保后方建设,保重点项目。”②9月18日~10月12日,中共中央工作会议在北京举行。会议着重讨论1966年的国民经济计划和国民经济发展“三五”计划。会议原则同意国家计委对国民经济发展第三个五年计划的安排,确定“三五”计划的基本方针为:“以国防建设第一,加速‘三线’建设,逐步改变工业布局。”从此,国家经济建设的中心从解决吃、穿、用,转变到国防建设及战争准备上来,国民经济动员从此进入临战动员准备的“大战备”时期。

(四)经济动员准备的概略筹划

在中共中央《关于加强备战工作的指示》下达前,国家计委已经下达并且正在组织执行《一九六五年工业、交通战备动员计划》。该计划包括1965年工业、交通战备动员基建计划、1965年工业动员试制计划和1965年工业动员生产计划。中共中央《关于加强备战工作的指示》下达后,国民经济动员面临的形势任务发生了重大变化,国家计委需要对国民经济战备动员做出新的筹划。当时,需要解决的主要问题有两个:一是军队对国民经济动员的概略需求,即军队计划在战争中投入的总兵力;二是动员准备的时限问题,即在多长时间内完成大规模经济动员准备。

1965年4月12日,即中共中央发出《关于加强备战工作的指示》

---

① 《中华人民共和国财政史料》第二辑,国家预算决算(1950—1981年),第326~327页,中国财政经济出版社1983年版。

② 《中华人民共和国财政史料》第二辑,国家预算决算(1950—1981年),第330页,中国财政经济出版社1983年版。

的同一天，总参谋部研究制订的《全军战备计划》开始在全军贯彻执行。这个战备计划内容，大都与战备动员密切相关。例如：对战时兵力最高动员量的规定；主要战略方向国防工程建设和北部地区设防工程建设；军事交通和通信建设的任务；战略后方基地和战役后方基地建设；按300万人打一年储备战略物资。此时，经过1962年以后的不断扩编，人民解放军的“人数增至447万人（含公安部队30.3万人，铁道兵、工程兵80.9万人），其中作战部队占总人数的79.4%，机关占总人数的15%（含5个后勤办事处，311所医院，544个仓库的人数）”①。陆军总数达到338.5万人，海军18.2万人，空军43.3万人。所谓“300万人打一年”，是军队作战第一年对战略物资储备的需求，也是对国民经济动员准备的基本需求，主要涉及工业动员能力及物资储备能力。因此，这个动员需求并不是军队作战对国民经济动员提出的全部需求。随着战争准备工作的逐步深入特别是动员计划制订，军队作战对国民经济的全面需求逐步得以明确。

1965年上半年，国家计委在协助总参谋部拟制完成《战时武装力量动员计划》的基础上，主持完成了《战时人力动员计划》及其附件的起草、修改工作，为下半年召开的中央军委扩大会议做准备。6月，全军作战计划确定后，战时动员计划的拟制工作也随之加快。总参谋部的预想是：战前人民解放军总兵力约500万人，战争初期6个月内，约需动员800万人，伤亡补充按年40%计算，半年需补充伤亡260万人，总共在战争初期人民解放军需要动员补充兵员1260多万人，并在整个战争期间保持在1200万~2000万人，大约占全国总人口的3%。如战争持续4年，则总计需动员3060万人。战争后期如果兵力达到2000万人，除伤亡补充外再增加动员700万人。这样预计总动员量为3760万人，占全国人口的5.4%。按照上述预想，国民经济动员将首先满足战争初期1200万军队作战的动员需求，并通过持续动员以满足1200万~2000万军队作战对经济动员的需求，动员高峰时则要

① 《中国人民解放军军史》第5卷，第306页，军事科学出版社2011年版。

满足3760万军队作战对动员的需求。据此,国家计委从1966年年初开始,会同中央军委和国务院有关部门对战时经济动员涉及的各类资源量进行了概略的测算,在此基础上着手编制国民经济战备动员计划,以此作为国民经济动员准备的基本依据。

战备动员之初,包括国民经济动员在内的整个战争动员,原本是按"三年半"准备的。1965年10月10日,在有各中共中央局第一书记参加的会议上,毛泽东主席在谈到战争准备期限时讲道:"我们搞计划,不能放在不敢打上。余秋里报告[①]提准备五年,我说要争取三年半或更多一点时间(今年下半年算在内)。为什么要三年半?主要看看美国总统选举时是什么腔调。"[②]届时,即1968年美国选举下一届总统时,视美国总统的更替及其对越南战争的态度,再决定是否延长或缩短战争准备期限。后来的情况表明,1968年12月尼克松当选美国总统后不久,便着手使美军从越南战争中脱身。但是,由于越南战争实际上是美国和苏联两个超级大国之间的较量,因此越南战争的走向并不完全取决于美国政府。当时,美、苏两国争霸的主要方向并不在亚洲而在欧洲。苏联希望越南战争拖下去,使美国难以顾及欧洲。因此,美军不仅无法在越南战争中迅速脱身,反而越陷越深。与此同时,苏联对中国的军事威胁也日益迫近。因此,新中国临战式的国民经济动员准备,并没有从1965年下半年开始的三年半后结束,反而在很长的时间里以更大的规模持续进行。

二、战备动员组织机构的充实调整

1965年4月以后,为贯彻落实中共中央关于加强备战工作的指示,使动员组织领导工作与逐步展开的大规模战备动员活动相适应,国务院各部委、各大区和省、市、自治区,均采取了相应的组织措施。

---

① 时任国家计委第一副主任兼秘书长余秋里关于第三个五年计划期间备战工作的报告。

② 《建国以来毛泽东军事文稿》下卷,第327页,军事科学出版社、中央文献出版社2010年版。

(一)区域性战备动员领导机构

中共中央关于加强备战工作的指示下达后,各大行政区和省、市、自治区均采取了组织措施,相继调整建立了战备动员领导机构。

各大行政区,通常成立战备工作领导小组及战备办公室。当时,华北地区战备领导小组由杨勇、廖汉生、郑维山、阎达开、王谦、万里、吴涛、肖文玖等组成,由杨勇、廖汉生任组长。在小组下设办公室,由李家益(军区司令部副参谋长)任主任,王锡琴(军区司令部作战部部长)任副主任。华北地区战备工作领导小组成立时,中央军委还特别指示:鉴于该小组所讨论的问题,均属国防绝对机密,因此参与的人员面要窄,并请注意严加保密。此外,该小组讨论国防战备工作的范围,只是华北地区,主要是北京军区范围内的。有关全国和其他各区的,请不要在小组会上传达。

各省、市、自治区也参照各大行政区的做法,成立了由党、政、军主要领导参加的战备工作领导小组及战备工作办公室。1965 年 5 月 14 日,中共广西壮族自治区党委、广西军区指示各地:建立强有力的备战领导班子,在各地、市、县党委的领导下,成立战备领导小组,统一领导和安排有关备战工作,并要有一名党委或政府的负责同志担任组长,下设办公室。特别是第一线的地、市、县以及主要交通线和建设任务较重的县,要抽调若干名政治可靠有办事能力的专职干部,处理日常工作。此时,广西壮族自治区战备工作领导小组和战备工作办公室均已成立。自治区战备领导小组及办公室的工作,由覃应机、钟枫具体抓。重要问题,战备领导小组开会研究,报区党委决定。具体问题则召开办公会议研究解决。他们还根据支前工作的需要,增加了区计委副主任何忌、区财办副主任郭城等为区战备领导小组成员。此外肩负抗美援越任务的凭祥市,为了加强凭祥市各部门的密切合作,统一领导,凭祥市已组成战备领导小组,由市委负责同志任组长,总后勤部凭祥办事处、铁路凭祥车站、公安部队边境检查站、市武装部、市公安局、工交、财贸等单位的 9 名同志为小组成员。同期,广东省海南行政区,绝大部分县、市和单位都成立了战备领导小组或核心小组,并指定1～2名政治上可靠的干部专管日常备战工作。

(二)政府部门的战备动员机构

中共中央关于加强备战工作的指示下达后,国务院有关部、委和县以上各级地方政府的有关部门,也从完成分管的动员工作出发,建立健全了战备动员组织机构。

工业动员方面,1965年4月27日,继国防工业办公室、国防工业政治部发出关于加强备战工作指示之后,第四机械工业部向所属单位下达了《关于进一步做好备战工作的指示》,要求各单位要立即建立起有领导值班制度,不论昼夜或假日,均须有厂一级的领导干部参加值班。

商贸动员方面,1965年4月17日,商业部为了保证战备、支前物资的供应,恢复了1962年东南沿海紧急战备时成立的"第十号办公室",具体工作由劳保特需用品局彭一副局长负责。4月30日,商业部向云南、广西、广东、福建、浙江、江苏、贵州省商业厅发出《关于恢复第十号办公室的通知》。除通告商业部成立第十号办公室以及负责人及联系方式外,要求这些省、自治区迅速恢复或成立专管机构。不久,上述省、自治区商业厅依照商业部的做法,成立第十号办公室。当时,福建省商业厅和各专署(市)商业局都成立了第十号办公室。福建省商业厅还明确了商业系统战备动员工作应遵循的基本原则,主要包括:立足于打仗,实行平时与战时相结合的原则,保证军需民用;合理安排沿海和内地的商品调拨和储备,保证平时与战时的市场稳定;商品库存摆布、油库和仓库的建设既要做到靠山、隐蔽、分散、安全、机动,又要符合商品流向、节省费用的原则,并随时准备战时补给。中共广西壮族自治区党委在给中共中央中南局的报告中称:区财办及其所属的粮食厅、商业厅、供销社等单位,成立了备战支前办公室。

邮电动员方面,1965年4月23日,国家邮电部在报告中称:全国各省邮电管理局,都有以局长或副局长、总工程师为首组成的调度班子,领导干部负责通信指挥工作。邮电部要求省到县的通信指挥工作,各县都有领导干部负责。邮电部还要求各局都要做好组织安排,即一分为三,报话通信都应有3套人马,一是坚持当地通信,二是随同前指指挥,三是随撤后方,使党政领导在任何情况下都有通信联络。首都备战通信,除已经部署坚持通信的队伍和随同撤往后方的队伍外,组织3套班子,确保中央、华北局和北京市委的通信。

物资动员方面,国家物资部当时负责战备动员的机构为“第七办公室”。部分省、市、自治区也照此成立了“第七办公室”。1965年5月7日,陕西省物资管理总局成立备战防空应变小组,下设“第七办公室”。7月16日,内蒙古自治区物资厅下达《关于设立第七办公室的通知》。《通知》称:该厅已设立了“第七办公室”,专门处理军工、备战、三线建设等保密项目的物资供应事宜。

1966年6月“文化大革命”爆发。当年,政府各部门的战备动员机构没有受到太大的冲击,如中共中央华北局经济备战小组及其领导下的交通、军工等备战办公室,仍能正常履行职责。1967年1月以后,随着群众造反组织的“夺权斗争”自上海迅速蔓延到全国各地,各级政府部门及其战备动员机构受到严重冲击,大部分战备动员机构名存实亡,仅有很少的战备动员机构还在保持运转。年初,河北“将省委军事工业领导小组和中共河北省委战备领导小组两个办公室撤销,其部分人员集中到河北省生产指挥部组成了军工组”①。4月15日,厦门市粮食局在向福建省粮食厅的报告中称:遵照省粮食厅通知,经研究决定,成立厦门市粮食局第二办公室,负责有关军供、战备等工作的事宜。当年,铁道部撤销了军事动员局,全路战备工作改由部计划统计局负责。广州铁路局将分管战备工作的武装部撤销,整个武装部只保留2人,其他人均被下放“五七”干校进行劳动改造。交通部负责战备动员的计划统计局三处未受太大的影响。邮电部在计划财务司设立了处级邮电战备办公室。福建省粮食厅在遭到群众造反组织的冲击下,坚持成立第二办公室负责战备动员业务,并要求

① 《河北省志·国防科技工业志》,第16页,河北人民出版社1995年版。

各地、市、县粮食部门都要成立第二办公室。

(三)国家对要害部门实行军事管理

1967 年年初,鉴于群众造反组织的“夺权运动”给政府行政管理造成的严重冲击,国家开始对政府要害部门实行军事管理。最先由军队接管的是交通运输系统。1 月 26 日,国务院、中央军委发布《关于民用航空系统由军队接管的命令》。3 月 19 日,毛泽东主席指示:一切混乱的铁路局,都应实行军事管制,迅速恢复正常秩序。一切好的铁路局,也应派出军代表,吸取那里的好经验,以利推广。此外,汽车、轮船、港口装卸,也都要管起来。同日,中央军委做出《关于集中力量执行支左、支农、支工、军管、军训任务的决定》。《决定》要求中央军委各总部、各军兵种机关“除了照顾战备、援外和必需的工作外,视情况抽调三分之一、二分之一,甚至三分之二的人员,立即投入支左、支农、支工、军管、军训的任务”。此后,政府要害部门的军事管理活动全面展开。3 月 20 日,毛泽东批准对国防科研机构实行军事接管。3 月 27 日,中共中央指示对沿海 6 大港口实行军事管制。

国家邮电部门也是受群众造反组织冲击最严重的国家要害部门之一。1967 年 3 月,各级邮电部门大部分已被群众造反组织夺权或改组,“有两个省会局和十几个县局的机房被占领,通信全部中断,通信设备遭破坏、被抢掠。其中,济南、郑州长途通信枢纽被造反派占领,在周恩来总理直接干预下,才恢复了通信。山东烟台、新疆哈密、陕西安康、吉林延边等 8 个邮电局的机房被烧毁。值班人员执行通信任务受阻挠、被殴打等情况时有发生。邮车不能正常出班,国际邮件不能正常交换,国内函件、报刊、包裹大量积压,机要通信被截抄等情况不断发生。全国长途电信干线屡遭切断,省内通信线路经常不通,县以下通信设备损毁更为严重”①。4 月初,北京电报大楼已不能正常工作,国家通信枢纽濒临瘫痪状态。在这种情况下,中共中央、国务院根据邮电部的报告,决定从 4 月 8 日开始对北京电报大楼实行军

---

① 《当代中国的邮电事业》,第 65 页,当代中国出版社 1993 年版。

管。5月，经国务院、中央军委批准，人民解放军对全国105个担负国家通信的大型电台、国家通信干线上的枢纽局和机要通信局、载波机务站、专用通信器材仓库实施武装保护。

1967年5月底，铁道部、交通部和第二、第三、第四、第五、第六、第七机械工业部也都实行了军事管理。7月1日，中共中央、国务院发出《关于对财政部实行军事管制的决定》。8月，中共中央、国务院、中央军委决定成立邮电部军事管理委员会，领导全国的邮电工作。同月，中共中央、国务院、中央军委和中央文革小组发布《关于派国防军维护铁路交通的命令》。到9月上旬，人民解放军共派出2个师部、6个团、28个营、190个连、43个排、33个班，分别配置在191个主要车站和110对旅客列车上，执行维护铁路交通秩序的任务。12月25日，中共中央、国务院、中央军委、中央文革小组发出《关于对长江航运系统实行全线军事管制的决定》，成都军区、武汉军区、广州军区、福州军区、南京军区奉命分别负责辖区内交通单位的军管工作。

1968年11月，第五机械工业部军管会宣布撤销司局管理机构，成立政工组、生产组、规划建设组和办事组。军品动员生产工作由生产组负责。同年，河北省革命委员会成立军工组，主管军工生产动员工作。甘肃省革委会生产指挥部在部内成立国防工业组，"国防工业组成立后，主要负责人为军队支左干部李文福和地方干部魏建华，但均无正式任命文件，内部没有设置任何处室。办公地点设在省革委会院内"①。

三、战略后方建设的全面展开

战略后方建设即大三线建设，是全面的国民经济后方建设，包括国民经济的各个部门。这个从1964年启动的大型战备工程，在1965年全面备战的形势下，作为战备动员前期应对大规模全面战争的核心措施，以更大的规模和更快的进度全面展开。

---

① 《甘肃省志·军事工业志》，第285页，甘肃人民出版社1992年版。

(一)国家战略后方的工业建设

战备动员前期的国家战略后方建设,初期集中在西南的四川、贵州、云南和西北的陕西、甘肃5省。1967年以后,国家战略后方建设扩展到豫西、鄂西和湘西地区。

国家战略后方建设的最初措施,主要是将一线的工业交通企业和国防工业企业迁往西南、西北地区重建。继1964年下半年完成第一批项目的迁建之后,1965年进行了第二批项目的迁建。当年3月以后,便有大批企业迁入青海。包括从上海、山东、黑龙江等地迁入的机床制造企业;从河南、辽宁、天津等省市迁入的拖拉机、内燃机制造企业;从上海、江苏、河南、北京等地迁入的电机、电器制造、轴承和标准件制造企业。当时,上海市的搬迁任务较重,并为此"对搬厂、军工、援外任务的统筹安排问题,提出了一些意见"。4月,上海市在给国务院副总理薄一波的信中称:"根据国家经委的批准规划,今年上海要搬迁一百零八个工厂,职工二万八千人。最近一机部、四机部、化工部等部门和华东计委又提出新的搬厂名单来同我们商量,初步统计共有二百八十三个工厂、职工七万四千余人。大部分是机电、仪表工厂。""现在全国'大三线'要搬的是这些工厂,华东'小三线'要搬的也是这些工厂,承担军工生产任务和援外设备制造任务的主要也是这些工厂。"造成战备生产和企业搬迁出现许多矛盾问题。此事经薄一波副总理过问后最终确定:"根据备战要求,分别轻重缓急,进行排队,统筹安排搬厂和军工、援外等生产任务。"① 中央档案馆保存的文献资料显示:1965年,全国从一线地区迁往西北地区重建的项目就有54项、38546~39646人。按行业分:冶金8项、12500人,第一机械23项、7571~7671人,农机3项、500人,化工5项、1720人,水电4项、1058人,建工1项、297人,铁道2项、2500人,国防工业系统8项、12400~13400人。按省分:陕西17项、6940人,甘肃13项、6677人,青海4项、5060人,宁夏10项、5922~6022人,尚未确定省(区)

---

① 《薄一波书信集》(下),第561页,中共党史出版社2009年版。

的10项、13940～14941人。第二批企业迁建活动一直持续到1966年。当年，第一机械工业部完成的迁建项目中，新添贵州光学仪器厂、贵州虹山轴承厂、宁夏大河机床厂等，当年都在新址建成投产。1966年以后，由国务院有关部、委组织的企业迁建活动仍持续不断。到1969年，仅从内地整体或部分迁入青海的机械工业企业就有31个，在青海组建工厂企业19个，共迁入职工1.08万人，包括家属在内2.5万余人。

国家战略后方建设的主体是国家的国防工业建设，即“大军工”建设。1965年，国家为战略后方国防工业建设共投资6.87亿元，占全年投资的54%。在总计52个新开工项目中，当年施工、当年投产的有11个。重点建设项目是以重庆为中心的地面常规兵器生产基地。这个基地的建设，按地区和工程分期、分批进行，进度很快。国务院国防工业办公室经调查后认为，该基地选定主要新建基地的厂址，在布局上基本符合战略分散的要求，有的进山、进沟、进洞，或沿山沟作了分散布置。存在的问题是：一些工厂将厂房建在山坡、山腰或靠山的小盆地上；有的布局过于集中，不利于对空隐蔽；有些工厂的规模过大，未能贯彻勤俭节约的原则。1965年6月11日，为保证国家战略后方国防工业建设的顺利进行，商业部就军需、国防工业部门所需商品供应问题通知各省、市、自治区商业厅，明确指出：军需、国防工业部门所需物资，必须作为一项政治任务保证供应，并要逐级设政治可靠的专人主管，积极主动地解决问题。属于商业部系统主管的商品，除原规定由部和各总公司直接安排的品种不变外，其他品种，均由当地商业部门负责积极组织供应。列出专项供应计划，确保军工生产需要。

1966年年初，国家各有关部、委召开会议，总结国家战略后方初期建设经验，安排第二批建设项目。6月，“文化大革命”爆发，国家战略后方建设的形势从此急转直下。1967年上半年，群众造反组织的“夺权运动”，使不少三线建设项目施工现场的领导班子处于瘫痪状态，工程指挥调度系统调度不灵，现场出现无人负责状态，一些建设中的问题,得不到及时处理。各派群众造反组织之间的武斗,又造成劳动力严重不足,交通运输也因此受阻,中转车站、码头积存有一大部分建设物资,不能运抵现场。国家战略后方建设已不能正常进行。当年,国家为战略后方国防工业基本建设投资17.3亿元,到6月底仅完成投资3.3606亿元,占全年投资计划的23%。其中,第二、三、四、五、六机械工业部分别完成年计划的22.3%、20.6%、20%、29.4%、21.8%。

1968年,国家战略后方建设的形势仍未见好转。8月29日,国防工业军管小组、国务院国防工业办公室在给中共中央、国务院、中央军委、中央文革小组的报告中称:根据对各部直属项目完成情况的初步检查,上半年完成投资1.24亿元,为全年计划的10%。三线地区计划投资9.1亿元,占投资的72%,上半年完成10.8%。4个重点省份计划投资7.86亿元,占投资的65%,上半年完成11%。分别完成情况是:四川省,完成12.4%;贵州省,完成11.2%;陕西省,完成3.8%;甘肃省,完成16.8%。尽管如此,1965年~1969年年初,国家在战略后方进行的国防工业建设仍取得明显的战略效果。此前,西南的四川、贵州、云南和西北的陕西、甘肃等省的国防工业只能生产一般的轻兵器、电子元器件、雷达通信导航设备和一般的歼击机等。经过建设,重兵器、坦克车辆、高级歼击机和战略武器等逐步形成生产能力,改变了中国武器装备的生产原来主要靠一、二线的局面,大大改善了国防工业的生产布局,在提高国防工业生产能力的同时,提高了战时国防工业的生存能力。

为满足国家战略后方国防工业建设和生产对各种钢材、有色金属材料、化工原料、大型铸锻件、精密设备、仪器仪表以及燃料动力等方面的需要,国家在战略后方建设初期,就在西南、西北地区安排了大量的冶金、能源、化工、机械等方面的建设项目。当时,上述工业在西南、西北地区十分薄弱。稍具规模的钢铁厂仅有重庆钢铁公司等少数几个单位,1964年生铁总产量为41.5万吨左右,钢和钢材各60万吨左右,在全国总产量中分别占4%和8%;1964年,西南、西北地区生产的原煤仅有2200多万吨，发电量72亿度左右，分别占全国总产量的9.7%和12.8%左右。机械工业的情况也大体相同。到1964年年底，机械工业的主要生产能力特别是一些重要的、关键产品的生产能力，仍集中在沿海地区。对此，国家在原材料工业方面，以四川为重点，重点建设了攀枝花钢铁公司、攀枝花冶金矿山公司、长城钢厂、成都无缝钢管厂和扩建重庆钢铁公司、重庆特殊钢厂等8个项目。与此同时，在贵州的六盘水地区建设水城钢铁厂，在陕西新建略阳钢铁厂等规模较小的钢铁企业，改扩建昆明钢铁公司、贵阳特殊钢厂、陕西钢厂、甘肃酒泉钢铁厂和相应的一批铁矿、铁合金厂，耐火材料厂，钢铁制品厂，冶金机械修配厂等。在能源工业建设方面，由于受资源的限制，三线地区能源工业建设的重点是煤炭和电力工业，石油工业占的比重很小。1964年8月，煤炭工业部确定三线地区煤炭基地建设以六盘水为重点。1965年1月，煤炭工业部西南煤矿建设指挥部成立后，从华北、华东、东北等老矿区成建制地抽调了近10万人的基本建设队伍，从全国煤炭系统调集了约50万吨材料、设备，进行六盘水煤炭基地建设大会战。1966年，六盘水煤炭基地建设进入高潮。与此同时，国家对原有的云南个旧锡矿、东川和易门铜矿、四川西昌地区会东铅锌矿、拉拉铜矿、甘肃白银有色金属公司以及郑州铝厂、贵州铝厂等进行了改建扩建，重点建设了铜和铝的加工工业。主要建设项目是内迁和新建了西北铜加工厂、兰州连城铝厂、兰州铝厂、冥河铝镁冶炼加工厂、西北铝加工厂和重庆西南铝加工厂。国家战略后方的化学工业建设，重点是为国防工业服务的炸药、树脂、橡胶、医药，以及为农业服务的化肥和其他化工项目。建设布局的重点在四川、贵州、云南等省。

四川省是三线建设的重点省份。从1965年到1967年，四川省基本建设投资总额为71.15亿元，其中国家预算内投资为66.7亿元，占总额的93.7%，占同期全国基本建设国家预算内投资总额的14%，比1958~1964年7年国家在四川的基本建设投资总额还多。在此期间，国家安排在四川的国防、冶金、机械、化工、煤炭、电力、建材、轻纺等工业建设项目共有200多个,其中多数属于国防工业的项目,或者是与国防工业配套、为国防项目服务的。这些项目,大多数分布在四川的腹心地带,主要是沿成渝、宝成、川黔等铁路干线两侧布点,一部分沿长江、嘉陵江、渠江两岸布点。同时,通过建设成昆铁路和攀枝花钢铁工业基地,四川省除甘孜、阿坝藏族自治州外,几乎各个地、市都分布有三线建设项目,其中不少是万人以上的大厂。据统计,1964年和1965年,从沿海和东北地区迁入四川的工厂和事业单位有90多个,内迁职工包括科技人员达3.7万多人,设备有5000多台。1965年,四川境内全民所有制企业的职工,由1962年的229.26万人迅速增加到299.04万人。

(二)国家战略后方的铁路建设

为改变国家战略后方区域内铁路运输的落后状况,加强国家战略后方与战略前方之间的铁路运输能力,"铁路在'三五'时期安排了一个积极备战、加快三线铁路建设的计划。其方针是:集中力量加快西南地区的铁路建设,加强京广线以西的铁路战备保障;铁路工业把重点放在支援三线地区的新建工厂上,实行以老厂带新厂;同时搞好牵引动力改造,主要是内燃化改造,以适应三线铁路运输的需要;沿海地区的铁路局、工厂要求在现有的基础上发挥潜力,尽量不进行大的投资建设"①。

"三五"时期,国家新建铁路完成正线铺轨4025.2公里,交付运营里程4384公里。在此期间,国家重点安排了成昆铁路、川黔铁路、贵昆铁路、湘黔铁路和襄渝铁路建设。通过这5条铁路的建设,不仅使川、黔、滇3省铁路连成一体,而且形成川、黔、滇、鄂、湘等5省的铁路运输网。加上已经建成通车的成渝、宝成和黔桂铁路,使整个西南地区与华中地区之间有了湘黔、襄渝2条铁路通道,与西北和华南地区之间也各有1条铁路通道,即宝成铁路和黔桂铁路。

1964年9月,西南铁路建设总指挥部成立,中共中央西南局第一

---

① 《当代中国的铁道事业》(下),第214~215页,中国社会科学出版社1990年版。

书记李井泉任总指挥,吕正操、郭维城、彭敏、张永励、熊宇忠任副总指挥,下设工地指挥部、技术委员会和支援铁路建设委员会。总指挥部确定:以成昆铁路为中心,采取先取川黔,再取贵昆,后战成昆的施工策略,在加快修建川黔、贵昆铁路的同时,抓紧成昆铁路的施工准备和关键工程的前期施工。1965 年大规模的三线建设开始后,三线铁路建设投资迅速增加。1966～1969 年,国家新建铁路投资占铁路基本建设投资的比重高达 66.2%。[①] 1965 年 8 月建成川黔线,1966 年 3 月建成贵昆线,1970 年 7 月成昆铁路全线通车。

(三)地方战略后方建设

1965 年是地方军工建设的第一年。年初,国务院国防工业办公室、第五机械工业部在北京召开了落实地方军工厂建设的会议。参加会议的有各大行政区、各省、市、自治区,各大军区、省军区和国务院有关部、委的人员。会议重点确定了 1965 年地方军工厂建设项目和实施方案。这次会议之后,各大行政区分别组织军队和有关方面,研究部署各大行政区和各省、市、自治区的战略后方建设及地方军工建设。3 月 19～24 日,东北行政区召开战略后方建设会议。会议安排了地方军工厂和相应的配套工厂,以及必要的军需民用工厂和公路、通信等建设项目共 100 个,其中辽宁省 33 个、吉林省 37 个、黑龙江省 30 个。同时,为地方军工厂配套的冶金、机械、化工、电力、煤炭等工业,共安排了 34 个项目。交通建设,主要安排了贯通辽宁、吉林和黑龙江省后方基地以及通往关内的公路干线共 24 项,3 年内共新建、改建公路 2200 公里。为此,国家为东北行政区拨专款 3.3 亿元。

1965 年 4 月,中共中央下达关于加强备战工作的指示以后,以地方军工建设为主要内容的地方战略后方建设得到进一步加强。中央档案馆保存的相关文献记载:6 月,经中共中央批准,国务院、中央军委将 1965～1967 年规划建设的地方军工厂,从先前的 154 项,增加到 202 项;规划建设 17 个片区,生产品种为 12 种轻武器和与其配套的

① 《当代中国的铁道事业》(上),第 71 页,中国社会科学出版社 1990 年版。

14 种弹药,总投资约占整个地方战略后方建设投资的 30%。10 月 29 日,国务院国防工业办公室在北京京西宾馆召开小三线建设会议。会议对各地区在国防工业工作会议期间对小三线建设提出的意见进行了研究。这些问题包括:工装制造、材料供应、设备供应、模具厂扩建、技术力量援助等。对此,与会的各部委人员代表本部委提出了解决意见。会议一致认为,1965 年小三线建设,由于认真贯彻执行了中共中央、中央军委的指示,进展很快,成绩显著。1966 年,必须进一步贯彻"集中力量打歼灭战、勤俭办一切事业"的方针,发扬拼搏精神,把各方面积极性都调动起来,以保证建设和生产任务的胜利完成。1965 年,东北地区开工建设的项目有 39 个,计划建成或部分建成使用的有 26 个。

1966 年,国家将地方军工厂建设规划进行了调整,计划建设的项目总数从 202 项,调整为 196 项。当年,国家为地方军工厂建设投资 7 亿元,加上地方自筹和 1965 年结转资金共计 8.91 亿元。4 月 27 日,国务院国防工业办公室针对"有些工厂选择在地形比较开阔的地方;有些工厂建的厂房比较高大,不结合山区地形,搞方块式布置,过分集中;有些工厂在建设时破坏地形地貌,从空中观察,目标比较暴露"的问题,发出《关于小三线地方军工厂的厂址选择和厂区布置的几点意见》。对地方军工厂厂址的选择、厂区布置和建筑形式、厂区附属工程、宿舍和食堂的建设都做出详细规定。截至 5 月 13 日,全国地方军工正在建设的有 96 项,即将动工的有 56 项。6 月 8 日,第五机械工业部在济南召开地方军工会议,对 1965 年地方军工厂建设经验进行总结交流,并向各地推广河北省地方军工建设的经验。当时,河北省动员全省的力量,仅用 56 天就建成了曲阳步枪厂并试制出合格产品,受到中共中央的通报表扬。这次会议之后,"文化大革命"便全面爆发了,对地方军工厂建设的不利影响也很快显现出来。当年,地方军工厂建设仅完成投资的 72%。

1967 年是地方战略后方及地方军工厂三年建设的最后一年。国家计委、国务院国防工业办公室认为:必须力争全面完成这个规划,为早打、大打做好物质准备。为此建议：1967 年小三线的投资，按 8.17 亿元安排，原定三年规划中，尚有 2.12 亿元，要跨到 1968 年继续完成。总计需要完成的建设项目共 363 个，包括 196 个新建项目和 167 个续建项目。其中，新建地方军工厂 61 个，主要是无坐力炮厂、迫击炮厂、炮弹厂、火炸药厂和火工品厂。此外，还有 54 个配套项目。全年生产共安排 15 个品种，其中半自动步枪 21 万支，冲锋枪 3.2 万支，高射机枪 2305 挺，枪弹 4.34 万发，迫击炮 2300 门，炮弹 165 万发，手榴弹 1770 万枚。经过 1 年的努力，三年规划建设的 202 个地方军工厂，除江西发射药厂、安徽梯恩梯厂、广西高射机枪厂、湖南硝铵炸药厂等部分项目需跨入 1968 年外，其余年内可基本建成。但是，由于“文化大革命”此时已进入“夺权”阶段，加上施工中不讲科学、急于求成，使计划的执行遇到了相当大的困难。1967 年 3 月，国家在陕西省规划建设的 977 厂采取边设计边施工，因而发生超支，且生产工装年需 5733 种没有保证。地方军工厂建设遇到的问题，也同样出现在配套项目建设上。广州军区交通战备规划小组办公室在向中央军委交通战备规划小组办公室的报告中称：该区 1966 年跨年度和 1967 年动工兴建的国防公路及小三线公路工程建设项目共 27 项，1967 年年底，完成了 13 项，其余 14 项，有 12 项在继续施工，2 项未动工。工程进展缓慢的主要原因，是“夺权斗争”导致施工的领导班子一度陷入瘫痪，工程管理混乱，施工队伍派性斗争严重，劳动纪律松弛，出勤率低，工程预算大大超支。

尽管遇到了很大的困难，地方战略后方建设及地方军工厂建设仍在努力推进。中央档案馆保存的文献显示：到 1967 年年底，国家在 3 年中共规划 700 多个项目，总投资 21 亿元，实际拨款 19 亿元，完成 15 亿元，70% 的项目基本建成。其中 196 个地方军工厂，已建成 140 余个。三年规划完成后的概貌是：在全国一、二线省、市、区，初步形成了以地方军工为主的后方基地。全国各省、市、自治区，除贵州、青海、宁夏外，均有了半自动步枪厂和枪弹厂，年产总能力，半自动步枪 37 万支，子弹 7.7 亿发；除贵州、四川外，均有手榴弹地雷厂，年产总能力手榴弹2800万枚;6个大行政区,均有高射机枪厂、轻机枪厂、冲锋枪厂、迫击炮厂以及相应的弹药厂,年产总能力,高射机枪4700挺,迫击炮9000门,轻机枪和冲锋枪7.6万挺(支)。有些省还建成无坐力炮厂、炸药厂等。步兵团以下武器,基本上可以做到按大区进行生产。此外,三年规划为地方军工配套项目建设也取得很大成绩,公路已建成6000余公里,约占计划的50%;华北、东北、华东、中南山区的通信干线网,已经初步沟通。为使地方军工建设三年规划得以全部完成,国家计委、国家建委、国务院国防工办建议,将原计划3年完成的地方军工厂建设,延长到1968年,并计划在1968~1970年间,再补充一部分建设项目,重点是增建高射武器厂、火炸药厂和相应的弹药厂、光学仪器厂以及一部分反坦克武器厂。这些建议得到国务院领导的批准。

1968年3月5日~5月21日,国家计委、国家建委、国务院国防工办在北京组织召开地方军工工作会议。各大军区、省军区和省、市、自治区革委会以及中央各有关部门共200多人参加了会议。会议期间,毛泽东、林彪、周恩来等党和国家领导两次接见与会人员,周恩来总理听取了会议汇报,并做了重要指示。此时,从1965年到1967年三年规划的700多个项目,近70%已经基本建成或部分建成。国家投资的21亿元,已完成14亿元左右。其中地方军工厂202个,投资9亿元,已经基本建成120个,职工约8万余人。会后,国家计委、国家基建委、国防工办、物资管理部下发《小三线物资供应暂行办法》。《办法》规定:小三线基本建设、生产、试制、经营维修、技术措施等所需中央统一分配的物资,由各省、市、自治区按国家物资分配体制,统一纳入各地区年度计划,统一申请和组织供应。其中,小三线建设所需的钢材、木材、水泥,以及军品生产、工装、维修、技措等所需钢材、木材、统配有色金属,由国家单独下达分配指标,各省、市、自治区可以“011”户头组织订货。凡列入小三线基本建设计划的地方军工、配套项目,以及汽车修配厂所需的机电产品,可作为成套项目由成套总局负责申请并组织供应。关于军品生产所需专用材料方面的问题,通知规定:地方军工生产所需化工、石油、纺织、商业、一轻、二轻等部主管分配的军工专用、特种物资,应纳入各省、市、自治区物资年度申请计划,以“011”代号单列需要量,报有关主管分配部门申请分配。关于二类机电产品方面的问题,通知规定:地方军工生产所需二类机电产品,由所需企业直接向各省、市、自治区机电公司申请分配,就近就地组织供应。各省、市、自治区机电公司不能保证地方军工生产需要时,可由各省、市、自治区机电公司报请中国机电设备公司调剂解决。6 月,各省、市、自治区召开会议,传达贯彻全国地方军工工作会议精神,研究部署本辖区的地方军工建设。

四、工业系统的战备动员

国家在大力进行大、小三线军工企业建设的同时,从军队扩编、战时补充和援越抗美的需要出发,组织国防工业、地方军工和部分民用企业,进行了大规模的武器装备生产。

(一)国防工业的“备战增产”

从 1964 年下半年开始,国务院国防工业办公室就根据国务院、中央军委的指示,为满足军队扩编、战备和援越抗美对武器装备的需要,向国防工业各部门下达了备战增产的任务。

援越战备部队第一、二梯队缺编装备和预计半年战耗补充装备

	合计	一梯队缺编	二梯队缺编	一梯队战耗	二梯队战耗
各种车辆(辆)	5559	2615	1033	1143	768
各种船只(艘)	9	5		4	
各种机械(部)	215	144	12	55	4
各种油电机(部)	123	18	60	34	11

1965 年 4 月 27 日,第四机械工业部、中共第四机械工业部政治部向“部属各单位”下达了《关于进一步做好备战工作的指示》。该《指示》称:“部属各单位”的备战增产任务已通过两次会议进行了布

置,各有关单位应迅速连同原定计划任务进行层层落实,力争提前和超额完成任务。尚未布置增产任务的企业,要将原定计划任务力争提前完成,并做好随时接受新任务的准备。5 月 12 日,第一机械工业部就战备增产任务下发通知,强调这批增产任务,是各国防部门的急需,各企业对原计划中已有订货的产品,应立即进行赶制,尽快交付使用单位;新增加、增产项目,应抓紧做好生产准备工作,力争尽早安排,提前完成交货。

在战备动员形势和“备战增产”任务的有力推动下,1965 年国防工业总产值完成 71.5 亿元,比 1964 年增长 61.5%。全员劳动生产率达到人均 1.035 万元,比 1964 年增长 51.7%。可比产品成本,比 1964 年降低 21%,降低额为 6.9 亿元,产品产量达到了历史上最高水平,生产能力也有较大提高。15 大类主要常规产品,同 1964 年比较,最高的增长 4 倍多,最少的也增长 25%。其中,37 毫米高射炮生产了 712 门,比 1964 年增长 52%;37 毫米高射炮弹生产了 182 万发,比 1964 年增长 46%;14.5 毫米高射机枪生产了 572 挺,比 1964 年增长 1.9 倍。米格式歼击机生产了 217 架,比 1964 年增长 1.1 倍。地面雷达生产了 194 部,比 1964 年增长 92%。战斗舰艇生产了 38 艘,比 1964 年增长 2.3 倍。1965 年年底,兵器工业拥有生产企业 85 个,职工 33 万余人。①

1966 年,国防工业的备战增产任务仍十分繁重。第一机械工业部在《印发一九六六年军工方面的工作要点》中通告所属单位:1966 年总的任务将比 1965 年增长 40% 左右,有些产品在数量上增加的幅度更大,而且有很多重大项目和重要新产品,包括战时动员任务,即 37 高炮、副油箱以及地方军工厂专用设备。然而,随着“文化大革命”的爆发,特别是群众造反组织之间大规模“武斗”的发生,国防工业遭到严重冲击,企业正常的管理和生产秩序被打乱,许多企业处于停产、半停产状态,“备战增产”的形势急转直下。1967 ~ 1968 年,坦克

① 参见《当代中国的兵器工业》,第 66 页,当代中国出版社 1993 年版。

工业的生产大幅下降。据有关方面当时对9个坦克生产厂的统计，坦克工业总产值1967年比1966年下降了48.95%；1968年比1966年下降了58.42%。1968年，光电工业的工业总产值仅有2312万元，已下降到1959年的水平。

（二）地方军工的初步贡献

1966年6月，第五机械工业部在济南召开地方军工会议。此时，有一批较早开工建设的地方军工厂已经基本建成并投入试生产。当年，国家正式向地方军工厂下达生产任务，全年生产了半自动步枪2.9万支，冲锋枪5200支，枪弹1亿发，82迫击炮弹16万发，手榴弹1200万枚。

1967年，随着更多的地方军工厂建成投产，国家也增加了地方军工厂的战备生产任务。当年共安排15个品种，其中半自动步枪21万支，冲锋枪3.2万支，高射机枪2205挺，枪弹4.34亿发；迫击炮2300门，炮弹165万发；手榴弹1770万枚。7月，华北地区已建成15个地方军工厂，生产的枪、迫击炮、手榴弹、枪弹等军工产品分别被总后勤部和北京军区接收。

1968年年底，全国已建成的地方军工厂仅小规模的枪厂就有28个，其中半自动步枪厂22个，冲锋枪厂6个，有1/3的枪厂已具备生产条件或试制条件。1969年2月，河北省共有5个军工厂，已生产步枪3.21万支，子弹7577.4万发，手榴弹61.9877万枚，底火7400万个，还有一些其他军工配套产品。

（三）第二次民用工业动员

1964年11月18日，国家计委下达《一九六五年工业、交通战备动员计划》，同时下达《一九六五年工业、交通战备动员基建计划》《一九六五年工业动员试制计划》和《一九六五年工业动员生产计划》，对1965年的工业和交通战备动员做出部署。

1965年4月初，国家计委、国务院国防工办下达了动员产品增产计划。4月18～25日，第一机械工业部召开军工会议，就动员产品增长计划，同各省（市）机械厅（局）和承担动员任务的工厂进行会商。5

月8日,该部下达1965年第一批动员产品增产任务的通知,要求各厂充分发动群众,挖掘生产潜力,大搞技术革新、技术革命,确保第一批增产任务如期、保质、保量地完成。要求原生产线封存的企业,立即启封,并抓紧做好生产前的设备调整、验证工装、调集人员和筹备材料等一切准备工作,以期尽早投入生产。如经平衡,确实有困难的,需要少量的劳动力,分别由专业局和地方省(市)厅(局)解决。生产所需的材料,在核查库存后,将其不足部分按物资申请体制编制计划,报送有关部门申请解决。

1965年7月,中越两国签订了《关于中国给予越南经济援助的协定》,其中包括援助武器装备。10月15日,国务院国防工办、国家计委、第一机械工业部、第五机械工业部召开会议,研究拟定增产和加速高射武器、弹药建设的措施。会后向国务院报送了《关于增强高射武器生产能力问题的报告》。《报告》提出,在华北、华东和中南地区建立高射炮和炮弹厂,同时加强在民用工业建设高射武器的动员生产能力。周恩来总理于1966年5月2日批准了该《报告》。5月7日,国家计委、国务院国防工办批准第五机械工业部关于高射武器的建设方案。此后,民用工业军工生产动员全面展开。这次民用工业军品生产动员,是继1962年东南沿海紧急战备时期进行的大规模生产动员之后,国家组织开展的第二次大规模生产动员。

第二次民用工业军工生产动员,主要内容是组建高射机枪、高射炮、光学器材和火炸药的动员生产线,以满足援越抗美的需要。从1966年到1968年,兵器工业选择工业基础较好的15个省、市、自治区,组建了43条动员生产线。这43条动员生产线中,按生产任务划分,高射武器24条,光学配套产品9条,火炸药6条,其他4条。按地区布局划分,北京市6条,天津市6条,河北省2条,山西省1条,辽宁省6条,吉林省3条,黑龙江省3条,山东省3条,上海市2条,江苏省2条,河南省1条,湖北省3条,湖南省1条,四川省2条,广东省2条。1966年建成16条,1967年建成17条,1968年建成10条。到1968年年底,第二次民用工业军工生产动员,共动员生产37毫米高射炮452

门,14.5 毫米高射机枪 50 挺,12.7 毫米高射机枪 394 挺,其他动员产品尚处于试制准备和试制定型阶段。

在第二次民用工业军工生产动员中,国家除继续加强双管 130 毫米海岸炮等重型武器装备的动员生产外,新建了 59 式 152 毫米加农炮、双管 130 毫米舰炮、“A521”轮式装甲输送车、“6501”指挥仪车和“211”水陆两用坦克装甲件动员生产线。这些产品的动员生产,标志着民用工业军工生产动员水平的提高。

1964 年,国家决定恢复建设停缓建的第二重型机器厂,同时决定在该厂增加动员生产 59 式 152 毫米加农炮的任务,设计纲领为平时 300 门、战时 600 门。1965 年 3 月,动员生产线开始动工建设。8 月,第二重型机器厂建厂指挥部成立军工专业处(对外称二处),根据 127 厂提供的技术资料,进行火炮试制的技术准备和生产准备,从 127 厂、247 厂、447 厂和第一重型机器厂调入军工技术骨干 52 人,从本厂抽调技术骨干 200 人到 127 厂等单位接受培训。但是,由于“文化大革命”的干扰,1967 年 7 月 1 日试制出 59 式 152 毫米火炮的愿望未能按期实现。

1964 年,国家计委批准成都金属结构厂“521 产品动员设计任务书”,确定动员生产“A521”轮式装甲输送车。据此,该厂利用国家投资对动员生产线进行了扩建。1966 年试制出样品车,后因没有订货而停产。1967 年,国家计委将成都金属结构厂的动员产品,由“A521”轮式装甲输送车改为“6501”指挥仪车和“211”水陆两用坦克装甲件。设计纲领是:“6501”指挥仪车平时年产 100 辆,战时年产 200 辆;装甲件平时年产 100 套,战时年产 200 套。为此,成都金属结构厂制定了产品转产措施,调整生产计划安排,组织新产品试制。1968 年,试制出“6501”指挥仪车样品车,1969 年正式生产 100 辆。

1965 年 11 月,经批准第一重型机器厂双管 130 毫米海岸炮动员生产线转入正式生产。1966 年通过国家试验定型,命名为 66 式双管 130 毫米海岸炮,当年生产 6 门。1967 年 2 月,国务院国防工办决定第一重型机器厂停止双管 130 毫米海岸炮的生产,转入双管 130 毫米舰炮的试制生产。

第二次民用工业军工生产动员,还将动员生产的领域扩大到航空工业。1965 年,第三机械工业部为了解决辅机不能满足主机配套要求的矛盾,打破航空工业独家经营的局面,将一部分产品、一定工序转向地方企业,组织社会协作。当年,上海人民电器厂成为上海市首家动员企业,主要生产航空工业所需的传感器和温度继电器。1967 年,上海东风照明器材厂开始为航空工业生产航空灯具。1968 年上海新中华金属品厂成为动员企业,批量生产上海航空电器厂所需的扳动开关。

五、铁路、交通、通信、卫生系统的战备动员

中共中央下达关于加强备战工作的指示后,全国铁路、交通、通信、医疗卫生等系统也迅速做出响应,积极开展各项战备动员行动。

(一)铁路系统的战备动员行动

1965 年 4 月,铁道部党委向柳州、昆明、广州、福州铁路局党委发出关于加强战备工作的紧急指示,要求各局加速战备基建工程施工,尽快落实既定的战备方案,加强民兵专业分队建设和战备训练。4 月 12 日,广州铁路局党委会议对全局战备工作进行了研究,会后下发《立即抓好当前战备工作会议纪要》,成立广州铁路局战备总指挥部,以局第三处为主成立战备办公室,内设运输指挥组、抢修组、安全保卫组、后勤组。7 月,铁道部就柳州、昆明、广州和南昌等 4 个铁路局管内的交通目标防空问题向总参谋部提出了建议。12 月,武汉铁路局根据武汉军区的作战意图,恢复了 1957 年武汉长江大桥建成后停航的火车轮渡,拟制了战时轮渡方案。同年,铁道部、总参谋部发出《关于拟制铁路应急战备计划的指示》。此后,编制战时保障计划方案的工作,在全国铁路系统全面展开。

1966 年 6 月,广州铁路局武装部将应急战备方案下发有关单位,要求结合本单位的情况,迅速落实各项措施,为战时运输生产做好一切准备。1967 年,铁路系统各级领导机构受到群众造反组织的冲击,

战备工作陷入停顿状态。1968 年 2 月 6 日，针对徐州群众造反组织破坏铁路运输的事件，中共中央、国务院、中央军委、中央文革小组发布命令，要求各地对煽动、操纵和指挥不明群众破坏铁路、炸毁桥梁、袭击列车的极少数破坏分子，以反革命罪予以镇压。2 月 18 日，中共中央、国务院、中央军委、中央文革小组发出《关于维护铁路交通，保障援越物资运输畅通的紧急补充命令》。《命令》指出：为保障援越物资的运输畅通，特紧急补充命令如下：第一，煽动和指挥对行驶列车鸣枪威胁，到车站、港口无理取闹，挑动铁路交通部门群众搞武斗，殴打和绑架铁路、港口军管人员等破坏铁路交通运输畅通的行为，一概是反革命的土匪行为，必须采取专政措施，坚决按“二六”命令办理。第二，铁路港口广大职工要坚决克服无政府主义，坚守生产岗位，决不允许迟到早退。对无故不上班而逾期不归者，应扣其工资。第三，军管人员和护路部队、当地驻军要积极制止铁路港口内外串联，制止武斗。如制止无效，造成运输、装卸中断，则坚决按“二六”命令办理。第四，中央立即派出监督小组，分赴重要站段和港口，监督“二六”命令和紧急补充命令的执行。

这一时期，铁路系统的战备科研和战备物资储备工作取得明显进展。1965 年，柳州铁路局和铁道部第四设计院，进行了邕江铁路浮桥的研究设计。1967 年，上海铁路局在沪杭线 34 号桥上游 50 米处，进行了架设浮桥及通车试验，为战时利用就便器材架设铁路浮桥提供了经验。同年，铁道部储备的战备物资共有 8 大类，其种类和数量分别为：钢轨及配件 2 万多吨、一般钢材 6 万多吨、镀锌铁线 2154.9 吨、铜线 439.5 吨、野战电缆 145 吨、油脂 4105.4 吨、机车车辆配件 12.6 万多件、木材 13 万多立方米。

（二）交通系统的战备动员行动

1965 年 4 月初，交通部向国务院报送《1966 年西南地区重点工程基本建设计划初步草案》，计划投资 4400 万元，建设 2 条公路、3 座大桥。为此，交通部向国务院提出组建工役制施工队伍。4 月 27 日，国务院发出《关于组织两万六千人工役制公路修建队伍支援国防公路建设的通知》。5月13日,交通部依据国务院的指示,要求河北、河南、山东3省征集2.6万人,组成工役制公路修建队伍,支援云南省的国防公路建设。服工役制的人员为18~35岁的男性青壮年,条件参照陆军征兵标准,服役2~3年,供给标准低于义务兵。5月24日,商业部发出《关于工役制公路修建队支援国防公路建设所需被服补助用布的通知》。同月,交通部和总参谋部军交部通知各地,从战备动员形势发展的需要出发,研究提出新的交通战备动员任务,以便全国统一规划。6月25日~7月11日,总参谋部军交部在北京召开全军军事交通工作会议。会议根据中共中央关于加强备战工作的指示,从准备应付最严重的情况出发,要求军交部门积极协同国家铁道、交通部门尽快做好应急战备计划。7月13日,交通部在南昌召开全国地方交通工作会议。会上制定了以国防和后方战略基地为中心加速公路网建设,积极改善现有公路技术状况,以适应国防建设和经济发展需求的方针。会议认为:全国的公路干线还没有贯通成网,省际公路还有不少断头线;桥梁标准低,质量差,目前亟待改建的危桥仍有8万米以上;渡口多,渡船少,渡运效率低。因此,许多国防、经济干线"联不上,通不过",对战时部队机动极为不利。特别是通往后方基地和前沿地区的公路数量少、质量差,已成为当前加速基地建设和边防建设的突出问题。同时,运输力量、施工力量、养护维修力量不足,汽车修理保养网点分布不平衡,备战组织措施和技术保障措施不够落实,不能适应备战工作的需要。会议根据中共中央关于加强战备的指示,提出公路与汽车运输部门的各项工作都要放在准备打仗的基础上,认真贯彻平战结合的方针,在平时生产建设中要为战时提供可以保证部队机动和物资供应的公路条件和汽车运输能力;要做好思想工作和组织工作,发挥人的主观能动作用,调动职工群众的革命积极性,从思想上、组织上、物质技术上做好一切准备,一旦战争爆发,在敌人狂轰滥炸的情况下,使交通不瘫痪,运输不中断,保证战时军需民用的运输需要。会议要求今后一个时期,要重点抓好以下事项:一是做好战时国防公路干线防护抢修的准备工作,抓好主要国防与经济干线公路的建设及养护；二是把各省、各大区的公路与后方基地联系起来，把省与省间的公路联系起来，修建通往前沿的战略、战役公路；在现有公路的基础上构成8万公里左右能够通得过、联得上、重型车辆和重型坦克可以晴雨安全通行的公路干线网；三是抓好汽车运输的备战组织措施，各省（自治区、直辖市）都要抽选10%左右技术状况较好的车辆，组成平战结合的半军事化的机动汽车队，平时作为汽车运输的骨干，战时是汽车运输部队，必要时由交通部在全国范围内调动，以完成集中的紧急运输任务。7月16日，交通部和总参谋部以全国地方交通工作会议研究确定的事项为基础，下达《关于加强交通备战工作的指示》，对公路、水运的备战工作和交通备战的组织工作提出明确要求。公路方面，要对当时正在施工的国防公路工程，分清主次缓急进行排队、落实，编制战时保障方案，做好战时抢修、抢建工程队伍的组织准备工作，组织战备车队；水运方面，以船舶、港口为重点，进行战时防护与坚持生产的准备，在保证战时征用船舶的基础上，各省（自治区、直辖市）要参照组织战备车队的办法，根据现有轮驳船及木帆船装载性能，进行战备组织工作。组织上，除拟制交通备战应急方案外，战时在省（自治区、直辖市）党委的统一领导下，以交通厅、省军区为主组织有关部门，统一领导和指挥本地区的抢运、抢修和防护等工作。9月，交通部《关于发展内河运输问题的报告》经薄一波副总理转呈毛泽东主席。毛泽东主席批示同意，并要求将此件印发政治局、书记处。交通部在这个报告中提出：二战以来，世界各主要国家都在大力发展内河运输。美国二战后新的企业中有96%的炼钢厂、100%的炼焦厂都分布于内河两岸。西德按产量计算，80%的煤炭、70%的冶金工业设在莱茵河区。这些国家如此重视发展内河运输的主要原因之一，就是："铁路、桥梁一旦被炸，运输便会阻塞。要炸断一条天然水道，则不可能。"[①]为此，交通部建议正在编制的第三个五年计划，应考虑加强内河运输问题，为平时经济社会发展特别

---

① 《交通部行政史》，第256页，人民交通出版社2008年版。

是战时交通运输提供重要保障。此时,全国重点建设地区共有河道50多条,长1万多公里,绝大多数处于自然状态。

1965年的大规模国防公路建设是从7月中旬开始的。全国地方交通工作会议之后,各大行政区和各省、市、自治区根据交通部、总参谋部统一部署,以国防公路和地方战略后方公路建设为主,全面开展战备动员工作。7月下旬,华北行政区向所属各省、市、自治区下达了战备动员任务。9月,山西省按照北京军区确定的6级双车道晴雨通车标准,安排1800万元改建大同杀虎口、龙泉关石咀、沙河长治、太原古交温家庄等6条公路。9月,内蒙古自治区包头市青山至大庙、哈德门沟至明安2条全长62.5公里的战备公路竣工。包头市参加这次公路建设的共有462个单位,平均每天出动2000人,40个汽车台班。最高时达到6000多人,150个汽车台班。

1966年2月23日,全国交通工作会议和全国交通政治工作会议在北京举行。此时,全国交通战备工作,在中共中央、中央军委和各级党委的正确领导下,较普遍地建立了交通备战组织;对职工群众进行了备战形势教育、阶级教育,加强了交通民兵工作,开展基本功训练,加速国防公路和三线交通建设,大部分省、市、自治区的交通部门和直属企业、事业单位都在1965年内研究编报了备战措施方案,部分单位还进行了备战演习。以此为基础,这次会议的主要内容是"大抓备战思想和战备工作的落实"。4月14日,交通部以全国交通政治工作会议议定的内容为基础,下达《关于当前交通备战若干问题的指示》,要求交通备战工作,坚决贯彻中共中央、中央军委和国务院有关备战工作的指示,树立早打、大打、打核战争的思想,把全部工作的立脚点都放在"打"字上,抓紧时间,积极做好"两个准备"、做到"三个坚持"、完成"三个任务"。"两个准备"是:由平时转入战时的准备和战时抢运、抢修、防护的准备。"三个坚持"是:坚持前方战争情况下的运输;坚持后方支援前方的运输;即使在敌后也要坚持运输。"三个任务"是:完成临战和战争时期的军运任务;完成主要交通线不被敌人炸断,确保部队迂回机动的任务;完成战时国民经济的运输任务。交通部要求各级在开展战备工作的过程中,要把落实各种组织准备与物资准备作为重点。组织准备包括战时交通组织管理与指挥和抓好战时坚持运输生产队伍、战时车队、战时船队、战时抢修队伍、各种防护抢修队伍和民兵队伍。物资落实主要是指战时坚持生产必需的材料、设备、工具、燃料、油料、水电、通信器材、抢修抢建器材、防护救护器材,以及民兵武器等物资储存量、地点、来源都要落实。6 月 8 日,国家计委、建委批准交通部继续按照义务工役制的办法,从山东、河南、河北、山西四省为云南国防公路建设征招 7400 人,这样两次累计征招的义务工役制工人已达 3.34 万人。6 月 21 日,交通部印发《关于“三五”全国公路国道网建设规划的实施方案(草案)》。该《方案》由交通部会同中央军委交通战备规划小组办公室等有关单位制订,主要包括 8 万公里国道网实施方案及 88 条国防公路和经济干线的建设任务;新建长度 50 公里以内的断头路 33 处共 1186 公里,不通车地段 29 处共 4746 公里,改建土路和单车道路基 2200 公里;新建独立大桥 3 万延长米;改建危桥 16 万延长米,改线加宽 2.3 万公里;铺筑沥青路面 1.5 万公里;以及改善渡口、码头,植树绿化等。1966 年年底,西北边防公路已初具规模,共修筑边防公路 1024 公里。当时新疆军区共有 91 个边防站,有 58 个通了公路。

1967 年 6 月,内蒙古自治区制定《内蒙古自治区交通运输战备工作规划、任务与措施》。此时,该地区公路干线还没有贯通成网,基本为自然土路,晴通雨阻,与邻省间还有不少断头公路;桥梁标准低、质量差,亟待修的险桥 5008 米/300 座;渡口、渡船少,效率低。通往后方基地和前沿地区的公路少、质量差,同时运输力量、施工力量、勘测设计力量、养护维修力量不足;汽车修理、保养网点分布不均衡,力量不足,战备组织措施和技术保证措施也未全部落实。为此,内蒙古自治区总计规划了 10 条干线公路、9 条连结支线公路、6 条后方基地干线公路、11 条后方基地支线公路、15 条边防公路、黄河渡口 6 处、额尔古纳河码头 6 处、黄河浮桥 2 处的修建任务。

1968 年,交通部确定的交通建设思想是:集中力量加速国防公路和大三线重点交通建设,扩大川江和沿海外贸港口的通过能力,大力发展水运工业。8 月,交通部为直属单位安排的基本建设投资总计 3.76 亿元,其中国防及大三线公路 1.59 亿元。1968 年春,随着各省、市、自治区革命委员会的建立,社会生产、生活秩序逐步有所好转,交通战备建设也很快有了新的起色。在驻地部队的直接参与下,各地组成国防公路建设指挥部,掀起新一轮国防公路建设的热潮。当时,山西省同时修建的国防公路有 10 条,几乎县县有工程。作为重点地区的雁北,成立了以山西省军区和省革委会主要负责人为领导的国防公路建设指挥部,组织民兵 7 万人上路。此外,又组织群众和干部上路,总人数达 14 万人。经过几个月的苦战,到 8 月份已初见成效。9 月 14 日,交通部军管会向部分省、市、自治区下达 1968 年国防公路基本建设计划,总投资 1.3 亿元。

各地在抓紧进行战备公路建设的同时,根据交通部和总参谋部的统一要求,进行了战备汽车队的组训工作。河北省从 1965 年 9 月 21 日开始,用 2 个多月的时间在唐山汽车公司进行战备车队的组训试点。唐山汽车公司滦县汽车四队经过战备试点,从汽车四队选出 50 辆一类汽车,67 名历史清、思想红、技术好、身体壮的司机和 35 名保修工组成了机动汽车队,全面实行了"五定"。同时,在组织职工结合生产、结合业务大练战时过硬本领方面也取得了一定成绩。有 137 名司机(占司机总数的 50%)能够驾车通过圆木桥、钢轨桥和弹坑;106 名司机(占司机总数的 35.6%)掌握了排除 8 项故障和 8 项急救技术;大部分司机能够做到无照明行车;并有 60 名司机能在无照明的情况下只开小灯通过圆木和钢轨桥;有 32 名保修工人能在无照明的情况下用 50 分钟的时间完成二保作业,34 名保修工人学会了战地抢修的技术,并革新制造了适应战时需要的各种专用工具 101 件。10 月,为建立战略性的战备运输力量,交通部成立直属第一汽车运输公司,下辖第 1、2、3、4、5 分公司,分别由北京、辽宁、山东、安徽、河南负责组建,并在云南省组建了 1 个大型运输车队。1966 年 6 月,交通部依托北京、辽宁、山东、安徽、河南 5 省(市)交通厅(局)组建的 5 个汽车运输分公司共1500辆汽车，开始在攀枝花钢铁基地承担运输任务。9月19日，交通部向国家建委、计委、经委报送《依靠地方建设汽车运输野战军的初步经验》。基本方法是："汽车运输野战军"所需的车辆、设备、劳动力指标和投资由交通部拨给，具体的组织建设由地方负责；车队建成后，调度权归交通部，经营权归地方。交通部认为，这样做中央可以掌握一支机动灵活的运输力量，保证完成国防战备、重点建设、抢险救灾等任务，能够做到平战结合，并克服中央与地方的矛盾。10月18日，交通部下发《关于建设直属汽车运输野战队伍有关体制和经营管理等方面的意见》。12月，交通部委托湖南、江苏、浙江、甘肃4省交通厅，组建交通部汽车运输总公司第6、7、8、9分公司。这样，由交通部掌握的"汽车运输野战队伍"总数达到9个。当年，甘肃省根据交通部的指示，在运输方面抽调了200辆解放牌载货汽车成立了4个战备车队，每个车队下设有2个运输排、1个保养排、1个后勤排；在公路养护方面以大中修工程队的民兵组织为基础组成了公路抢修连，下设4个排；另外，各单位普遍成立了民兵组织，进行了基本军事知识的初步训练。这些为转入战时做了初步的准备工作。

（三）邮电通信系统的战备动员

1965年4月23日，邮电部在给国务院的报告中称：依据"平战结合，以战为主"的原则，在有线通信方面，已经针对长途干线南北向集中，东西向薄弱，中南、东南集中，西南、西北薄弱的情况，加强了北京通向西南、西北以及东北的迂回通信网路，使西南、西北都有干线通向东南沿海及东北地区，从而达到长途电信线路纵横贯通，大中城市对外通信都有几个不同方向出口，以保证战时的通信。在无线电通信方面，加强国际和国内无线电通信网路的建设。邮电部计划在1965年继续加强西南、西北和中南地区的长途干线的工程建设，主要完成7个方面的战备建设：第一，建立迂回战备网站。有线方面：在北京、保定、郑州等20个省会和重要通信枢纽局建立备用站，迁移部分设备，建立部分杆线，以上各线，京广、京沪、东北和京太4大干线在城市破坏的情况下，仍能保证通信联络。无线方面：建立国际备用台，防止北京、上海、乌鲁木齐和国际电台遭受破坏而中断国防通信;在西安等地建立了若干国内备用台。第二,将北京邮电器材厂微波车间和邮电科学院的微波研究室迁到西安,扩大西安邮政器材厂,建立西安邮电科学研究所;将上海邮电器材厂的生产设备和人员,转移部分到重庆,使后方形成生产12路载波机的生产能力;将上海邮电器材厂的多路载波车间和邮电科学院的载波研究室迁到四川眉山。第三,增加邮电工厂载波机的生产。第四,疏散通信物资,建立特殊储备,拟建后方仓库,作为沿海物资疏散储存之处。第五,建立抢修队伍。第六,开展后方通信建设。第七,加强对苏的边防通信,协同军队建设乌鲁木齐至伊犁、乌鲁木齐至北喀山的边境线路。4月25日,邮电部在北京电报大楼召开会议,对战备工作作出全面的筹划部署。会后,邮电部计划司起草了给国家计委《关于请批加强战备紧急通信问题的报告》。报告中关于"加强战备紧急通信"的措施主要包括:一是在北京、郑州、武汉、衡阳、长沙、广州、天津、济南、南京、上海、杭州等重要通信枢纽,将现有的进城线路,绕开城市5~10公里,并根据可能,利用民房或建设简易机房,迁移部分载波设备,组成临时紧急备用站。"为了争取时间",邮电部在向计委报告前"已向有关省、市、自治区邮电管理局做了紧急部署,并先以大修费用和材料垫用,力争四季度前完成"。二是拟在山西选择适当地区先建设临时性战备国际收发信台。此外,拟利用西安省中心无线电台现有的条件,同时在襄樊地区租赁或建设简易机房,调装现用的收发信机,架设必要的天线,补充相应的电源设备,以重点保证紧急国际通信及转接国内必要的通信需要。三是为加强沿海省对专、县的紧急通信,计划下拨中小型无线电台400部,已下拨170余部。四是抓紧完成在广东、广西、云南已安排的紧急战备通信建设任务,同时研究尽快改变这些地区通信薄弱的方法。6月底,全国有21个省、市、自治区的邮电管理部门,已完成投资84.9万元,为当年计划的2.4%,已开工项目有11个,为全年计划开工项目的14.1%。

1965年9月30日,邮电部下发《关于当前备战工作的安排重点》,要求重点加强“以第二机务站为枢纽的备战有线通信网”和“战时邮运网”建设。前者主要是迅速提高第二机务站和机线设备的质量,加强维护抢修,健全管理制度,使以第二机务站为枢纽的备战有线通信网,在市内通信设备遭到破坏的情况下,能够保证主要通信联络。同时,加强中央干线无线通信网路、战备密台和省内无线通信网路的日常管理,进一步调整省内无线网路的布局,做到机动、灵活、安全、可靠,随时准备战时应急。后者,主要是组成战时铁道干线邮运网,并制定战时邮运规划,保证邮件畅通。此外,邮电部要求各级邮电部门做好战时军邮通信准备。具体措施是:在各省会局和主要转口局设立军邮台,负责战时军事邮件的查转工作;有军事任务的省、区,机关邮电管理局要与有关军区密切联系,设立军邮分拣站或军邮台,办理军事邮件的收寄、处理工作;邮电队伍做好一分为二、一分为三的准备,特别是大、中城市局要准备好几套班子;继续加强通信指挥调度工作,健全各级通信值班制度,组织一个熟悉业务调度的班子,坚守值班岗位,保证战时通信调度安全可靠。9 月 14 日,北京市电话局 1965 年计划完成的备用通信网、流动电话站、区民防指挥电话和市委专线迂回线等 4 项建设,已有两项取得成效。其中市委专线迂回线已经竣工,备用通信网建设也进行了一部分。11 月 3 日,邮电部党组召开扩大会议研究战备工作。会议决定在原有各项战备措施的基础上,加强邮电工业战备。据此,邮电部计划司于 11 月 4 日和 5 日,召集了陕、甘、川、黔、滇 5 省的有关处长,做了传达,并进行了紧急布置。主要内容有两项:一是积极扶植和加强省修机室,使其在短期内,迅速承担一定的生产任务。每个修机室不超过 100 人且应远离省会及大城市。计划 1965 年年底前做好规划和协作方案,1966 年 3 月底前做好调整、搬迁等生产准备工作,6 月底前进行试生产,年底前正式生产;二是将“部属厂的产品转移”。当时,邮电部部属厂的产品如电报设备、长途交换设备、磁石电话机和交换机、邮票印刷等几项主要产品,都在一线地区。转移的具体方案是:生产电传机的上海一厂分出 70 人,连同必要的设备转移到贵阳;北京邮票厂分出 100 人,连同胶版和铅印机转移到四川;生产长途交换机的长春厂分出100人,连同必要的设备转移到兰州;电话机转移到山西。

到1965年年底,邮电部基本建设成绩显著,重点工程"建设速度快,投产多,质量好"。全年共完成投资1.3亿多元,为年计划的87%,是1964年完成投资额的2.7倍,重点地建设了7大干线,即:适应抗美援越通信急需的南宁—昆明—贵阳和汉口—长沙—广州12路载波工程;适应对苏战备需要的乌鲁木齐—伊犁3路载波工程;适应大三线建设通信需要的西安—成都、西安—重庆、重庆—贵阳12路载波工程;"以及加强前沿和后方相互间通信联系的汉口—重庆12路载波工程"。当年,有32个重要城市的通信枢纽在城市外围,"因陋就简"建立了预备站(二站),建立必要的郊外迂回线路,使长途干线通信的安全性有了很大提高。在广西、云南、广东等前沿省区,集中力量建设一批适应作战需要的紧急通信工程,如湛江—南宁3路载波工程,海南岛地区3路载波工程,昆明地区迂回网路工程,友谊关、河口等地区的战备通信工程等。特别是在1965年上半年,当侵越美军不断侵犯中国领空领海时,邮电部组织20个大中城市将主要通信设备用1个月的时间临时从城内迁到城外。

"文化大革命"爆发后,邮电通信战备动员工作虽受到严重冲击但仍取得一些成绩。河北省邮电管理局在1976年的报告中称:1965~1968年,该省利用邮电部专项拨款1575万元,建设了穿越该省西北和东北部山区的长途明线杆路1182公里和15个载波站。

(四)医疗卫生系统的战备动员

1965年4月,国家卫生部下发通知,对医疗卫生系统的备战工作作出部署。9月4日,河北省卫生厅向国家卫生部报告,该省遵照卫生部的指示精神,已经组织7个战备医疗队,共170人,其中天津市组织3个队,石家庄市2个队,唐山、保定各1个队。10月11日,卫生部、商业部、化学工业部、总后勤部卫生部下发《关于军需药品和医疗器械供应办法的联合通知》。《通知》规定:军队各卫生医疗部门,因特殊情况所需之部分主要药品和医疗器械,由当地医药商业部门作补充供应。总后勤部卫生部因战备、援外和特殊任务所需主要药品范围以外的药品，由中国医药工业公司或中国医药公司安排供应；所需主要医疗器械范围以外的器械，由中国医药公司或其各采购供应站和各省、市、自治区公司安排供应。1966 年第四季度，卫生部召集部分省、市卫生厅（局）负责人，召开战伤救护和“三防”工作经验交流会。会议探讨了战伤救护和“三防”工作平战结合、战伤救护和“三防”训练及所需装备器材问题。

六、物资系统的战备动员

1965 年 5 月，中共中央批转财贸工作会议纪要，要求财贸系统贯彻落实中共中央关于备战工作的指示，“工作安排要立足于战争”。此后，财贸系统全面转入战备动员状态。在战备动员最初的 4 年中，财贸系统围绕军队备战对各类物资的需求，重点抓了战备物资储备和疏散。此项战备工作的基本依据，是总后勤部在“三五”期间后勤物资储备计划纲要中提出的储备原则，即：主要作战方向多储，次要方向少储；战役基地多储，战略基地少储；中间地带多储，两翼地区少储；战时来不及筹措的多储，来得及筹措的少储；以军队自己储备为主，军队不便和无力储备的，报请国家储备。

（一）国家战略物资储备

1965 年 4 月 13 日，中共中央发出关于加强备战工作的指示后，国家战略物资储备的全面备战工作随即展开。最初，各级物资部门在各级党委的领导下，抓了备战工作，多数省、市物资部门在各级党委的领导下，抓了备战工作，成立了备战机构，制定了备战规划，在职工中进行了一些备战教育，安排了一些重点建设地区的仓库建设，疏散了部分物资，进行了一些民兵防空训练等。其中物资疏散，主要是将沿海地区集存的物资疏散到二、三线地区。疏散的基本原则是：凡是准备供应外地的，都要及时调运出去，随生产随调运，不要在沿海地区存放。5 月 10 日，为使存放在沿海及大城市、交通要道的国家战略物资和部分重要中转物资得到安全转移，国家物资管理部、公安部下达《关于国家战略储备物资重要中转物资转移中安全保卫工作的指示》。

1965 年 5 月 18 日,国家物资管理部就“三五”期间国家战略储备物资计划向国家计委作了书面汇报。此后,国家计委根据总参谋部装备计划部初步计算的战时军事装备需要量和国民经济的可能,经与国务院国防工业办公室和军队有关方面研究后向周恩来总理作了专题报告。报告的核心内容是:按照战时班次一年生产的需要,建立军工材料的战略储备。储备的具体指标,按照长期计划中安排的 1970 年军事装备的生产水平,增加 50% 匡算。初步匡算结果,大约需要钢材 150 多万吨,其中包括锻件 8 万吨,有色金属材料 12 万多吨,枪托木 250 多万个,引信 2000 万个左右,以及一部分其他非金属材料。这些材料可以生产的主要军事装备产品为:飞机 1600 余架,舰艇 900 余艘,坦克和车辆 3100 辆左右,火炮 4 万多门,枪械 190 万支左右,炮弹 2700 万发左右,枪弹 21 亿余发,雷达 4000 余部,通讯设备 48 万部左右。国家计委在给周恩来总理的报告中提出:上述军工生产材料,数量很大,如果全部储备起来,再加上国民经济其他方面的储备,就需要占用大量的物资和资金,建设大量的储备仓库,在财力和物力上都有一定的困难,安排得不好,还会影响平时的生产建设,拖长储备的建立时间。因此,建议“一部分储备物资,一部分储备生产能力”。如钢材 65 万吨为储备物资,其余 90 万吨储备生产能力。有色金属材料,由于在国家的战略储备中,已经储备了一批有色金属材料,但还需继续储备一批,军工生产需要的部分,可不再单独储备。国家最终确定第三个五年计划(1966 ~ 1970 年)国家战略储备物资的任务是:钢材积累 200 多万吨,其中军工生产专用“3001 方案”储备 100 万吨左右,相应战略储备 100 万 ~ 140 万吨,增加储备 86 万 ~ 126 万吨;有色金属积累 50 多万吨,其中“3001 方案”储备 30 多万吨,相应战略储备 10 多万吨,增加储备 35 万多吨;稀贵金属积累 10 多吨,其中“3001 方案”储备 3 吨多;金刚石积累 40 万克拉左右;橡胶积累 10 多万吨;火炸药积累 20 万吨左右;军用油料积累 60 多万吨;棉布积累5亿米左右；棉花积累约250万担；麻袋积累约1000万条；纸张积累约5万吨；枪托木积累约100万个。以上储备共需资金50多亿元，增建各种类型仓库90多个，其中综合库50多个、火炸药库10多个、油库20多个，需资金约4亿元。按照上述计划，1965年财贸部门的基本建设以备战为中心，把重点放在战略储备库的建设，全年计划投资7亿多元，完成6亿多元，施工的重点项目共530多个，当年建成的有460多个。

1965年，在国家物资管理部的统一组织下，各地组织力量将沿海地区库存的12.7万吨物资转移到二、三线地区，并且开始对沿海地区余下的3万余吨不适宜战略储备的物资进行轮换。当年，国家安排的储备工程项目大部分完成，主要战略物资的储备数量都有所增长，并且增加了储备品种。金属物资年末库存146万多吨，比年初增加26万多吨。非金属物资年末库存：橡胶库存5万多吨，比年初增加1万多吨；油料库存10多万吨，比年初增加约5万吨；火炸药库存约6万吨，比年初增加约1万吨；棉花库存约160万担，比年初增加43万多担。库存总值达到38亿元。

1966年1月29日，国务院要求“应当继续以战备储备库作为建设重点，集中力量打歼灭战”。为此，国家拨专项资金用以改造、扩建储备仓库。储备仓库由初创时期单一的综合库，发展为能适应不同需要、存放不同物资的多种专业库。根据国务院的要求，物资管理部下达《关于物资部门加强备战工作的指示》。该《指示》明确规定：物资部门的备战，必须在中共中央、中央军委和各级党委的统一领导下，按照备战的要求，做好准备。一旦战争爆发，就能立即把平时为生产建设服务的工作，转向适应战争要求的轨道，使物资供应工作做到管得好、运得快、供得上，哪里战争需要，就供应到哪里；哪里生产需要，就供应到哪里。为此，物资部门的备战工作，必须切实掌握以下原则：第一，从当前生产建设出发，考虑战时生产和建设的需要；第二，必须和工业、交通等有关部门的战时生产安排相适应；第三，根据国家对于内地生产建设的布局安排物资部门的工作。具体任务是合理调整和安排仓库布局,搞好物资的疏散工作。同时,物资管理部还要求各级各地物资部门做好战时物资调度供应工作的准备。9月2日,物资管理部向国家计委提交《关于报送1967年基本建设计划的报告》。《报告》称:为了调整国家储备仓库建设布局,保证国家储备物资任务的完成,1967年储备仓库基本建设计划,按9000万元进行编制。在计划安排上,西南、西北地区投资4672万元,占51.9%;二线后方地区投资2410万元,占26.5%;小三线地区投资1805万元,占20%。当年完成基建投资4298.73万元。到1967年年底,国家战略储备物资库存无论是品种还是数量都有较大增加,库存总值达到43.6亿元。

(二)国家战备粮油储备

继1964年国家全面恢复战备粮油储备之后,1965年的战备粮油储备工作,在备战形势的推动下发展得更加迅速。1960~1965年,国家基建拨款完成的仓容仅109.8亿斤,而第三个五年计划时期由国家基建拨款完成的仓容达303.7亿斤。

1965年2月,全国粮食厅(局)长会议,对1967年前国家战备粮食储备做出全面安排。根据这次会议的安排,各省、市、自治区的战备粮油储备任务及仓容建设任务都有大幅增加。6月12日,广西粮食厅在给粮食部《关于战备粮仓建设工程进度情况汇报》中称:中央安排广西战备粮仓建设任务共3批:第一批投资250万元,安排建仓45个点47栋,仓容7150万斤;第二批投资90万元,安排建仓11个点16栋,仓容5000万斤;第三批投资350万元,安排建仓94个点95栋,仓容1.6亿斤。截至5月底,第一批任务,除有一栋50万斤尚未开工外,其余已基本完成。第二批任务到5月31日止,已开工的有8个点10栋,仓容3700万斤。第三批5月中旬下达任务,计划7月中旬陆续动工。按照国家粮食部的安排,河北省到1967年将储存中央战备粮食8亿斤,食油1000万斤。其中1965年需储存粮食3亿斤,食油500万斤。这些战备粮油主要储存在京包线、京承线平泉以西、京广线保定以南和石太线周边地区。为此,经粮食部同意,河北省全年建设战备粮仓容量，中央 1.15 亿斤，建筑面积 2.8388 万平方米；地方小三线容量 4150 万斤，面积 1.285 万平方米，合计容量 1.565 亿斤，面积 4.1238 万平方米。

1965 年 6 月 1 日，国务院批转粮食部、总后勤部修订的《军用战备粮、油、马草管理暂行办法》。《办法》规定：储备战备粮、油、马草的任务，中央确定后，由粮食部、总后勤部统一管理。战备粮、油的来源，由粮食部统一安排，马草由地方安排。省、自治区粮食厅和军区后勤部必须共同把国家储存在本地区的战备粮、油、马草管好、管住。粮食部和总后勤部根据国家给予的任务联合制订粮、油储备计划。省、自治区粮食厅和军区后勤部应当根据上级规定的储备计划，本着平战结合的精神和“分散、隐蔽、靠山、机动”的原则，按照军事需要和交通、仓库、加工设备、粮油购销、调拨等情况，选定储备地点，制订具体储备计划，联合上报粮食部、总后勤部备案；在上级规定的计划范围内，调整储备地点、品种、数量时，由省、自治区粮食厅和军区后勤部协商办理，并将调整计划呈报粮食部、总后勤部备案。战备粮、油的动支权属于国务院。平时动支战备粮、油由粮食部、总后勤部在国务院批准的范围内，以文、电或拨付通知书通知有关粮食部门拨付。战时动支手续，由粮食部、总后勤部另行规定。储备军马草，采取“国家补贴、生产队储备”的方式进行安排，省、自治区粮食厅和军区后勤部根据粮食部、总后勤部的储草计划，报省、自治区政府批准下达，并向粮食部、总后勤部备案。国家粮食部门对生产队储备马草不预付价款和订金，为减轻生产队的负担，每年给予储草金额 10% 左右的补贴。当年，广西计划储备马草 200 万斤、广东储备马草 100 万斤。1967 年，粮食部在《关于建设国家储备库的几点意见》中指出：建设新储备库根据“分散、隐蔽、靠山、机动”的原则，一般要在离开铁路线 10 公里以外的正式公路线和水运航线选点；其布局和规模，要按“小土群”的原则，建立仓库群；设计应符合备战要求，做到“三化”即民房化、院落化、村落化。

国家在加强中央战备粮油储备的同时，还积极发展农村集体粮食储备。1965年10月,国务院批转《粮食部关于开展农村集体储备粮工作座谈会的报告》,对建立集体储备粮的指导思想和具体管理办法做出规定,将1962年建立的农村集体储备粮转为国家储备粮,称为"甲子粮"。当年,全国各地粮食部门代生产队保管的储备粮总数达到45.7亿斤,比1964年增加1.5倍以上。1966年3月12日,毛泽东主席关于"要为地方争一部分农业机械制造权"给国家主席刘少奇的回信中,就粮食储备问题指出:"又此事应与备战、备荒、为人民联系起来,否则地方有条件也不会热心去做。第一是备战,人民和军队总得先有饭吃有衣穿,才能打仗,否则虽有枪炮,无所用之。第二是备荒,遇了荒年,地方无粮棉油等储蓄,仰赖外省接济,总不是长久之计。一遇战争,困难更大。而局部地区的荒年,无论哪一个省内常常是不可避免的。几个省合起来来看,就更加不可避免。第三是国家积累不可太多,要为一部分人民至今口粮还不够吃、衣被甚少着想;再则要为全体人民分散储备以为备战备荒之用着想;三则更加要为地方积累资金用之于扩大再生产着想。"①毛泽东主席的上述指示,后经概括为"备战、备荒、为人民",成为这一时期国家开展粮油储备的指导方针。

(三)战备商品调配与储备

1965年4月上旬,国家商业部"召集东南沿海各省市及云南、贵州、广西石油公司经理开会研究了四天,作了具体布置",意在解决油料战备问题。会议商定的措施包括:对地处东南沿海和中越边境地区的油库,采取修筑防护墙和加固防火堤等防空防火设施;最大限度地减少这些油库的储油量,部分油库做好疏散腾空准备;将上海、柳州、昆明等地过于集中、过于危险的一部分油库,拆迁到三线地区或其他安全地区;为了保证这些地区的油供应,拟在适当地点分散修建一部分隐蔽库和小油罐,增配一部分油桶,以备机动使用。4月22日,商业部在给国务院关于战备工作的报告中,提出了商业系统的全

① 《毛泽东军事文集》第6卷,第405页,军事科学出版社、中央文献出版社1993年版。

盘战备计划。具体包括：对于一般的仓库和冷库，也要采取防空备战措施。物资比较集中的沿海大中城市（如上海、天津、广州、青岛），要及早把供应内地的商品疏散调运出来；以后生产的商品，要随收购、随调运，不要积存在沿海城市。新建的油库、冷库、仓库都必须从战争着眼，按照“分散、隐蔽、靠山、机动”的原则进行。为保证前方用油的供应，首先要把西南地区需要的油料和储存器具准备好。初步安排，在1965年上半年，给西南地区调进30万只油桶；到1965年年底，给西南地区建造2.2万立方米小油罐和5.8万立方米油库。此外，商业部再掌握40万只机动油桶以备应急使用。同时，抓紧向西南地区运油。把西南地区的储油设备装满以后（包括40万只机动油桶），可以供应1万辆汽车13个半月的需要。当时，总后勤部提出的需要量是满足“前方军队”一年的商品，包括奶粉、蛋粉、罐头、脱水蔬菜、药品和五金交电用品等，另外还要准备一部分民工担架需要的装备，如帆布、苫布和蚊帐布，商业部据此进行了安排。在战略物资储备方面，除石油、煤炭请国家计委统一安排外，商业部打算逐渐储备为装备2000万部队用的棉布和絮棉，并且储备一批药品、手术器械等军需物资，其他战略物资也要逐项研究，提出储备计划，逐步储备起来。商业部建议：为了保证战时需要，对于目前供应不足的一些重要商品，要节约使用，在不太影响当前市场供应的前提下，挤出一部分储备起来。对于少数必需的、国内不能生产的战略物资（一部分药品和化工原料），在严格控制品种、数量、节约外汇的前提下进口一些。

1965年4月29日，国务院发出《关于严格控制商品的削价处理和适当增加一部分商品储备的紧急通知》。《通知》称：有些商品库存多了，应当积极推销，特别是向广大的农村市场去推销。一时推销不了的，只要是质量较好而又可以保存的，应当增加储备。要从备战出发，多留一些后备。后备要有计划地分散到销地储存，不要过多地集中在产地。同日，商业部电话通知河北、河南、陕西3省商业厅，将把天津、上海、广州、青岛等一级站储存的百货、纺织、交电、化工、医药、食糖等数百吨商品，疏散到河北、河南、陕西等地分散储存。

1965 年 4 月 30 日,国家商业部决定将上海、天津、武汉、大连代商业部储存的 12.5 万吨食糖(上海 51400 吨、天津 29800 吨、武汉 20780 吨、大连 23000 吨),分散安排到 20 多个省、市、自治区,其中作为第二、三季度调拨计划分给各地 5.9 万吨,转移继续储备的 6.6 万吨。6 月 3 日,商业部将疏散转移商品的品种从食糖扩大到百货、纺织、交电、化工、医药等多种商品。商业部在《关于商业部战备商品储备的通知》中明确:为了适应战备的需要,决定从 6 月起,陆续将各一级站及有关省、市公司储存的百货、纺织、交电、化工、医药、食糖等数商品,疏散转移到河北、河南、陕西等地作为商业部战备商品储备起来。其中,糖烟酒总公司移储 1 万吨到宝鸡、咸阳、西安;纺织品总公司移储 800 吨到西安,医药总公司移储 924 吨到西安,五金交电总公司移储 4966 吨到西安,化工总公司移储 1.36 万吨到三源,百货总公司移储 7055 吨到西安。全年计划疏散转移战备商品的数量为 3.7345 万吨,库存 2.9639 万吨。商业部明确要求,广州、上海、天津等一级站和沿海有外调任务地区集中存放的物资,除了供应当地需要和必需的周转库存以及旺季调节所需要的机动部分以外,凡是应当外调的部分,应当进行疏散,提前调到销区。以后随生产随调出,各有关总公司,应当立即组织提前调拨工作。

商业部在疏散转移战备商品的同时,加强了重点地区的商品库存。1965 年 6 月 4 日,商业部下发《关于切实做好备战中商品调配安排工作的几个问题的通知》。《通知》所指的"前沿地区",主要包括云南、广东、广西、福建、浙江、贵州 6 省区,主要措施是为"前沿地区"增调商品库存。商业部要求各有关方面,对于前沿地区需要调入的商品,必须抓紧时间,提前调进。具体的调入地区和调入商品,由各有关总公司分别联系安排。7 月 8 日,商业部下发《关于战备商品储备工作的补充通知》。《通知》指出:云南、广东、广西、福建、浙江、贵州 6 个前沿省区的战备物资和主要商品库存,本部已经分别作了安排和充实,今后这个几个省、区有关战备商品的要求,除了个别品种本部未作安排的,继续研究安排以外,一般均在已经安排的储备和充实的库存当中解决，在正常情况下，不再另外增拨商品。

1965 年 5 月以后，各有关方面按照商业部的统一部署，迅速展开各项战备工作。陕西省是沿海食糖分散储备的省份之一。5 月 1 日，陕西省商业厅党组召开会议贯彻落实商业部的电话指示精神，并从 5 月 3 日开始，相继抽调 40 多人分赴省级公司和有关专、县动员，具体协助调仓库，确定调整的单位，接受任务后，思想重视行动积极，昼夜突击进行工作。截至 7 月，河北省共调整出仓库 18616 平方米、货场 5000 平方米，将商业部分配给该省的储备任务全部落实到储存单位。安排在第二季度的数量，除上海将移储的古巴糖、松香和医药物资到达部分外，其余全部到达。河北省也是接受国家分散储备商品任务较重的省份。5 月 22 日，河北省商业厅下发《关于石油库防空及备战工作的通知》。《通知》称：根据中共中央关于加强备战工作的指示和国务院批转商业部系统油库防空和备战措施的报告，以及商业部关于加强石油库防空备战工作的通知，经本厅研究确定先将唐山、保定、沧州石油库的 200 立方米以上的立式油罐，采取用砖砌墙，顶部加网的方法，进行防护、伪装。河北省商业厅要求唐山、保定、沧州等地区商业局，积极落实施工力量，编制所需资金、材料预算，并于 5 月底前报省石油公司批准后，立即施工。

针对战备商品储备和疏散转移过程中可能出现的问题，商业部在有关通知中明确：除了本部统一掌握的战略储备和长期储备以外，前沿省份的商业厅也可以在本部统一分配的计划范围内，适当掌握一定数量的物资机动力量，以备省内临时紧急需要；但是省以下各级商业部门一律不要再搞储备，以免层层储备分散力量，影响当前市场正常供应。有些大城市对供应当地市场的物资，在进行疏散时，要注意有利于保证市场正常供应和便利保管。并且要分别针对不同商品的具体情况，区别对待。除了易燃、易爆、剧毒性等危险品以外，一般的商品，不要急于分散，以免造成不必要的浪费损失。有些地区对“战备商品储备”安排范围过宽，为了便于安排进行有关的工作，特对“战备商品储备”和“市场商品储备”的范围作了划分。关于“战备商品储备”,是指本部主管的极少数与战争直接有关系的商品。如某些医疗创伤必需的药品和医疗器材,装备民兵和行军作战用的帆布、棉毯、背水壶、桅灯等,由有关总公司统一安排品种范围和管理办法,各地不得任意扩大“战备商品储备”的范围,以免造成工作上的混乱,影响对市场的正常供应。关于“市场商品储备”,是指为了支持生产发展和积蓄稳定市场的物资力量而储备的商品,如食糖、呢绒、某些化工原料商品,百货商品当中的部分超定额库存商品,以及沿海各一级站疏散到各地集中保存的商品等。这部分储备商品范围比较广泛,大都是当前市场货源比较充裕,在保证当前市场供应以后有余的商品。逐步建立起这部分商品储备,对于支持当前工农业生产发展,实行存欠调剂,以及战时稳定市场等各方面都有很大作用。这部分储备商品,属于本部和总公司管理的商品,原则上也由有关的总公司统一安排,前沿省区需要做些“市场商品储备”的,可由省(自治区、直辖市)一级在已分配的资源内适当安排。省(自治区、直辖市)以下不得再层层搞“市场商品储备”。商业部关于充实“前沿地区”商品库存的通知下发后,云南、广东、广西、福建、浙江、贵州6省区的战备商品库存都得到显著增加。1965年年底,福建省已开展的战备商品储备,有百货文化、药品器械、五金交电、针纺织品4大类86个品种,其中专项安排的物资达67个品种。

战备商品储备工作全面展开后,商业部组织力量对落实情况进行了检查指导。1965年8月16日~9月25日,中共中央监察委员会①驻商业部监察组,到储备商品较多的邯郸、郑州、洛阳、西安、三源、宝鸡等地区,通过逐仓察看,开箱抽查和召开仓库领导及保管人员座谈会等方法进行了检查。检查的情况表明,各地对储备疏散商品工作是重视的,各有关公司仓库也认真负责,在商品到达前做好的

① 1955年3月,中国共产党全国代表会议通过《关于成立中央和地方监察委员会决议》,将中央纪律检查委员会更名为中央监察委员会。1977年恢复成立中央纪律检查委员会。

必要的准备，商品到达以后积极组织人员卸车码垛，使所有储备疏散商品安全地进入库房和货场。为了保管好这些商品，各地都想了很多办法。例如：有些食糖途中被雨淋，储存单位就用当地销售的食糖来替换。9月24日，商业部在其下发的《关于加强备战防空和物资疏散工作的通知》中称：自从中央指示加强备战工作后，各省（自治区、直辖市）积极开展这一工作，取得了比较显著的成绩。但有些地区在物资疏散中，也存在不少问题。主要是：疏散物资品种太多，数量太大，地点太分散，有的疏散以后，为了城市供应又不得不往回运。有的地区由于疏散去的物资数量太大，仓库不足，有些商品放在学校、庙宇、托儿所、厨房和办公室中，甚至猪栏也堆满了商品，损失比较严重。为此，商业部制定并实行《关于商业部系统疏散物资试行办法》。该《办法》规定：沿海大城市，前沿中等城市要有计划地进行物资疏散工作。内地、后方中等城市原则上不疏散物资，县城一律不搞物资疏散。必须疏散的物资：属于易燃、易爆、剧毒性的危险品，必须疏散出城市。但在疏散前必须选择好地点，准备好仓库和防空、消防等设备，以免发生爆炸、燃烧等事故。一般副食品、日用品、纺织品、医药、五金、交电器材、煤炭、化工原料原则上不疏散。但在大仓库集中存放的物资，可据情就地分散。中央一线站和沿海有外调任务的地区所集中存放的物资，除保留必须的周转库存和为旺季调剂需要留的机动物资外，应调出的一律按时调拨或征得销区同意后提前调拨。有些物资虽然需要疏散，但属当前供应不足的，应首先供应市场，暂不疏散。对疏散出的物资，要加强保管，建立检查制度，定期检查，防止损失浪费。10月1日，《广西壮族自治区储备商品管理试行办法》开始实行。该《办法》规定：储备商品包括战备商品储备和供应市场商品储备两种。储备商品的储备计划由区厅、区公司下达，自治区以下的商业部门一律不设商品储备，以免层层储备分散物资力量，影响市场供应。储备商品的品种、数量、调出、调进，均由下达计划的单位统一调度安排，未经批准代管单位无权动用。储备商品的计划下达后，代管单位和调出单位必须严格遵照执行。凡不是区厅、区公司计划下达的商品,均不属于储备商品的范围。为了防止商品过时失效、变质,必须有计划定期组织储备商品更新轮换。储备商品所需要的保管员、仓库、货架和枕木等,由当地商业局和代管单位解决;二级批发站、分公司也有责任协助解决。在重点县新建的储备仓库,必须储存储备商品,由当地商业局统一管理、统一调度。储备商品所需的资金,由区公司向银行贷款解决,盈亏由区公司核算。代管单位所需要支付各项费用的备用金,由区公司统一拨付。

到1966年,商业系统战备物资储备的商品,涉及百货、五交、化工、糖烟、纺织品5大类共34个品种。1967年,商业系统的战备商品的种类和品种进一步增加,涉及石油、五金、交电、化工、糖烟、纺织、针织、百货、文化、西药、中药11大类共460多个品种。

(四)战备盐在农村的分散储备

1965年9月20日,第一轻工业部、中华全国供销合作总社下达《关于由供销合作社在农村储存战备盐二百万吨有关事项的联合通知》。《通知》称:在全国储备盐300万吨中,除第一轻工业部负责储备100万吨之外,由供销合作社负责在农村储备200万吨,争取在2年内完成。关于管理办法,第一轻工业部规定,由当地盐务部门通过储存点与所在的县供销社订立代管合约,并由县财委监证;储存的盐坨由所在地的基层供销社负责管理;盐坨的维修工程费用、保管费、运销业务等由盐务局负责,基层社负责日常管理。

1966年,陕西省商业厅从第一轻工业部接受的任务是:在两年内储备战备盐3万吨。陕西省商业厅的安排是,在礼泉县粮食购销站储备战备盐5000吨,在西安市糖业烟油公司所属西站盐库储备5000吨,在富平县食品加工厂和县五金公司储备1.5万吨,在华阴县华山车站国营旅社储备5000吨。这批战备盐储备均不另征购土地,也不建正式库房,全部采用“砖围瓦盖散储法”储存,所需修建材料如青砖、青瓦、石灰、水泥、钢材等,统由该省盐业公司与各地担负储备任务的单位联系,分别作出预算计划,除钢材、水泥由该省盐业公司负责解决外,其余物资由各地根据预算计划向当地物资部门申请解决。

1966 年第四季度，第一轻工业部首批向陕西省调入战备盐 1 万吨，全部储存在富平县。

1967 年 3 月 28 日，广东省人民委员会下达 1967 年战备盐计划。该计划是根据第一轻工业部 1966 下达的计划编制的。计划全年全省共移储战备盐 5 万吨，4 个季度分别移储 1.2 万吨、2.3 万吨、1.2 万吨和 3000 吨。从 3 月开始调运，当年年底前完成。农村战备盐也是国家的战备物资，由供销社负责管理。盐价款由盐务总局负责，不缴纳盐税，动销后收回垫付盐价款和纳盐税。广东省下达了密码代号为“6560”的战备盐年度储备计划，代储国家战备盐。同年，陕西省商业厅和第一轻工业局，从榆林专区定边县生产的盐中移储 2 万吨，分别储备在定边、鱼河堡、绥德和延安等地。

（五）沿海岛屿战备物资储备

从 1964 年开始，出于加强岛屿长期坚守能力的需要，国家在加强岛屿军事防御力量的同时，加强了岛屿的粮食储备。经过 3 年的努力，到 1966 年年底建成地面库数万平方米，仓库容量数亿斤。基本达到驻岛部队 3 至 6 个月的需要量。[①] 1966 年 2 月，毛泽东主席在听取中央军委副主席叶剑英汇报战略方针和设防岛屿粮食储备情况时说，海岛储备半年的粮食不够，要多储备一些粮食，打起仗来才能持久。对此，粮食部、总参谋部、总后勤部进行了认真的研究。

1967 年 4 月 13 日，粮食部、总参谋部、总后勤部联合下达《关于加强海岛粮食储备和建设粮库的指示》。后又召集沿海省、市、自治区和几个军区有关部门的负责人开会研究。会后向国务院、中央军委提交了《关于海岛粮食储备和粮库建设工作会议报告》。10 月 18 日，国务院、中央军委批转了这个报告。1968 年，第二期海岛战备粮油储备工程全面启动。工程所要达到的目标是：军用粮、油储备，原则上按照 6 ~ 12 月计算，有些可以 6 个月、7 个月或更多一些，有的可

① 参见总后勤部军需部：《中国人民解放军军需简史》1977 ~ 2000，第 373 页，解放军出版社 2004 年版。

储备1年量,使粮食总储备量增加几亿斤。储备的粮油,岛上有粮食机构的,由粮食部门负责管理,驻军给予协助。岛上没有粮食机构的,由部队自建自管。所需经费和钢材、木材、水泥等由粮食部和总后勤部向国家计委专项申请解决。当年,海南行政区分批储备战备盐1.7万多吨,分别储存在白沙县、保亭县和琼中县的13个地点。因当时任务重,时间紧,资金有限,各点储备的盐坨只用茅草片苫盖。

1968年,在岛屿战备粮油储备第二期工程全面开工建设的同时,商业部、全国供销合作总社和总后勤部,就建立岛屿商业物资储备召开会议进行部署。总的安排是:岛屿商业物资储备,贯彻"以岛为家,长期固守,独立作战"的原则,做到平战结合,以战为主,既能保证战时供应,又便于推陈出新;储备的品种、数量,煤、柴、食盐与海岛的粮、油储备相适应,副食品依据岛屿的战略位置和军队的需要,结合各岛自给情况,按3~6个月或更长一些时间进行储备,日用品和其他商品,除主要供应点可搞固定储备外,一般可采取加大周转量解决;货源由省、市、自治区统筹安排,不足时由商业部、全国供销合作总社解决。关于物资储备分工和资金,原则上有商业网点的由商业网点储备,有供销社网点的由供销社储备,同一岛屿两者皆有的,按商品管理分工进行。所需资金,商业系统由省、市、自治区商业厅局拨给,没有网点的由驻岛部队自行储备。储备仓库所需投资的钢材、木材和水泥由国家专项安排。

(六)试行支前装备物资供应标准

1965年7月31日,商业部、总后勤部、全国供销合作总社向国务院提交了《关于支前人员和支前汽车、民畜的装备供应试行标准的报告》。该《报告》规定:随军支前的地方干部、司机、民工、役夫所需被服、厨具等物品和支前汽车、民畜所需装具,按下列标准,由征集的省(自治区、直辖市)人民委员会负责装备。其中,"出国支前人员",国家配发的物品较多,包括棉被或棉毯1条、棉上衣1件、单衣2套、布胶鞋或塑料凉鞋2双、蚊帐1顶、防雨油布或塑料布1块、草帽或斗笠1顶、挂包1个、干粮袋1条、水壶1个、铁脚码1副。出发前,在指定的供应点，自费免票售给一定数量的汗衫、袜子毛巾，但每人不得超过汗衫2件、袜子2双、毛巾1条。"在国内随军支前人员"，每人发蚊帐1顶、防雨油布或塑料布1块、鞋1双、干粮袋1条、水壶1个。凡是应当由国家装备的物品，由征集的省（自治区、直辖市）支前委员会负责配发。当需要补充、更换时，归地方领导使用的，由地方负责；配属部队使用的，由部队负责。9月4日，国务院批准上述规定。此后，《支前人员和支前汽车、民畜的装备供应试行标准》，首先在广西、云南、广东、贵州等地试行，而后推行到其他省份。

第二节　大规模战备动员中期

(1969.03～1972.12)

起点：1969年3月，珍宝岛自卫反击作战。

截点：1972年12月，三年国防工业建设计划结束。

1969年3月，苏联边防军入侵中国珍宝岛地区，中国边防部队被迫进行自卫反击，中苏之间爆发大规模战争的可能性骤然增大。4月，中共第九次全国代表大会召开。会议严正指出："我们决不可因为胜利，放松自己的革命警惕性，决不可以忽视美帝、苏修发动大规模侵略战争的危险性，我们要做好充分准备，准备他们大打，准备他们早打，准备他们打常规战争，也准备他们打核战争。总而言之，我们要有准备。"[①]此后的3年间，"准备打仗"成为全党、全军、全国人民压倒一切的中心任务。在此期间，以"大军工规划"的制定和实施为主要标志，国民经济战备动员达到了高潮。

一、珍宝岛自卫反击作战动员

"1969年3月2日晨，苏联边防军侵入中国黑龙江省珍宝岛地

---

① 1969年4月，中国共产党第九次全国代表大会公告。

区,开枪打死打伤我边防军人员多名,制造了一次极为严重的边境武装冲突。”①中国边防部队被迫进行自卫反击,经3月2日、3月15日和3月17日激烈战斗,给予苏联边防军的入侵行动以有力打击。此后,为反击苏联边防军的入侵行动并防止战事升级,人民解放军向珍宝岛地区增派了兵力。这些兵力分属5个军、1个省军区、15个师的建制,计1个团、13个营、108个连和18个排。为使参战部队得到可靠的保障,国家以黑龙江省为主,实施了应急性局部动员。整个动员涉及物资供应、交通运输、邮电通信、医疗卫生、军械修理和军工生产等多个方面。

(一)支前动员的组织指挥

珍宝岛自卫反击作战支前动员的组织指挥,是在事发后短期内迅速建立起来的。3月2日战斗,由于事发突然,完整的支前动员组织领导体制尚未建立,支前动员活动主要由合江地区革委会战备领导小组和合江军分区组织实施。这次战斗以后,沈阳军区成立了前方指挥部,黑龙江省革委会和合江地区革委会分别成立了由3~4名常委组成的支前领导小组,设立了支前办公室。合江地区各县、特区革委会也建立了支前领导小组,有的边境县成立反侵略斗争指挥部。处于作战地区核心地带的饶河、虎林、宝清、集贤等县的所有公社都建立了支前组织。各县、特区革委会及直属各有关部门,普遍建立了支前值班、值宿制度。黑龙江生产建设兵团在全面开展支前动员的同时,特别加强了农垦第3师的支前动员。该师地处中苏边境地区,全师14个团2个独立营,40多万人口,分布在10个县,有4个团与苏联只有一江之隔,边防线长达200余公里。为更好地担负参战支前任务,该师自上而下建立了支前领导小组和支前办公室,并在前指设立了保障领导小组,派专人参加福利屯兵站的后勤工作。

在沈阳军区前指的统一组织下,前指后勤机构与合江地区支前机构,共同建立了由福利屯兵站经853农场、向阳至五林洞长达360

① 1969年3月2日,新华社电讯。

多公里的兵站运输线。在这条兵站运输线上，前指后勤机构沿线配置了1个兵站、1个分站、1个野战医院、2个汽车连、1个汽车修理连和1个军械修理排；地方支前机构则根据部队的需要，设立了许多服务站、加油站、修理站，以及多种保障队伍。合江地区支前机构还在临近战区的大岱组织了支前物资供应站，为部队筹划、供应主副食和其他物资。至3月15日战斗前，形成了1条兵站线、军地2条供应线，合力保障作战部队的局面，为后续部队迅速完成作战部署及战前准备提供了保障。

3月17日战斗后，沈阳军区前指指挥部根据前3次战斗保障的情况，组织前指后勤部门和地方支前机构，对后方支前动员保障做出新的部署，主要措施有三项：一是增设1条由林口经东方红、853农场至五林洞的兵站运输线，沿线配置了1个兵站、1个分站、1个100张床位的医疗队；二是在按需供应的基础上，开始进行弹药、物资的储备；三是按参战的4个大单位，划分了4个供应区，由各大单位统一组织保障，参战的空军部队则由前指直接代供。在此基础上，建立了必要的手续制度，加强了管理，吃饭、加油实行餐券、油票制度，扭转了供应工作上的一些混乱现象；与地方支前机关研究了地方物资供应和经费结算办法，明确了地方物资，统由前指筹划供应。此后，支前动员的组织指挥更加便捷、顺畅、有序。

（二）军需物资动员保障

由于实行就地就近动员，参战部队所需的军需物资大部分是由黑龙江省特别是合江地区动员提供的。全省从3月初到5月中旬，为前线部队提供主食8种2110吨，副食品41种2940吨，其他各种生活必需品如炉具、帐篷等计31种27.8万多件，还供应了一批钢材、水泥、木材、机电设备、化工产品，各种车辆配件、施工工具和药品、医疗器械等物资。其中，合江地区供应支前物资，包括钢材116.7吨，木材443.5立方米，水泥59吨，炸药332.3吨，原煤296吨，油料1093.5吨，汽车、拖拉机等配件22万多件，电机22台，地方工业产品240种2万余件，粮食685.5吨。

此次作战的军需物资动员高峰出现在3月2日战斗以后。当时，大批增援部队进入战区，军需物资动员保障的任务陡然增加。为解决部队住宿紧张的问题，合江地区支前指挥机构，派出工作组深入工厂、农村，很快筹借了23顶大帐篷，解决了800多人的住宿问题。合江航运局职工在住房紧张的情况下，腾出房子给部队用。饶河县五林洞林业站的工人群众，主动给部队腾房子、劈烧柴、烧炕。3月下旬，珍宝岛地区的积雪开始融化，支前部门主动为前线部队赶制了1万双棉毡鞋垫和5000副防雨鞋带。部队需要炉筒子，集贤县的白铁社只用半天，就加工了1400节炉筒子，相当于平时1个星期的工作量。佳木斯服装厂下午4点接到为部队制作500套伪装军衣的任务，要求半夜12点完成，晚10点就全部完成。合江地区烟酒、蔬菜、土特产等公司职工，每次接到任务都是连夜出库、装车，争分夺秒，按时完成。3月14日，黑龙江生产建设兵团农3师第18团第1营商业连突然接到要在40小时内加工3000斤麻花的任务。团、营、连支前领导班子当即动员干部、战士和革命职工、家属，经过16小时的奋战，提前24小时完成了任务。

在黑龙江省东北边境合江地区宝饶、虎饶两条战备公路的交叉点附近，有一个20户人家的营林村—大岱林业经营所。大岱，距珍宝岛50公里左右，距珍宝岛地区边防部队和前指15～45公里不等，距饶河县城22.5公里。由珍宝岛地区作战部队战勤组、合江军分区后勤部、合江地区革委会、饶河县革委会和生产建设兵团3师联合建立的支前物资供应站就设在这里。大岱供应站的前身是饶河县革委会支前办所属的大岱供应站，当时，只有10余人，虽然县革委会和人武部对支前工作很重视，加强了领导，并派财贸系统革委会主任和人武部的同志坐镇指挥，但是工作仍然有些忙乱、被动。后来发现问题出在体制上，因为站是县里的支前组织，但是它担负着接纳、储存从合江地区各市县、生产建设兵团三师各团以及全省各地运进的支前物资，并直接供应珍宝岛地区各部队的任务。但站无权直接从生产建设兵团和各兄弟市县征集、调拨物资。3月上旬，部队需要猪肉、粮、油和其他副食品，本来就近的生产建设兵团就有，但受站的权限所限，无法调拨。同时，这个站也不完全了解部队所需物资的品种、数量和时间。此外，站的组成与支前供应渠道不相适应。如，前指或各部队向供应站提出需用物资品种、数量后，供应站要报给前指战勤组，并委托前指转告合江军分区，再由军分区转告地区支前办，地区支前办再组织货源，调配车辆，这样，就拖长了物资供应时间。3月16日，建立了有珍宝岛地区部队战勤军需部门、合江地区革委会支前办、合江军分区后勤部、黑龙江省生产建设兵团三师后勤部、饶河县革委会支前办代表参加的军队、兵团、地方"三结合"的领导机构，全面负责大岱供应站的组织领导工作。工作人员也由原来的10余人充实到30余人。这个"三结合"的领导机构出现之后，一改过去的忙乱局面，立即显示出它的优越性。具体做法是：军队的代表提出军需物资的供应、储备、分配计划；地区、兵团、饶河到的代表负责组织货源，调拨运输车辆，具体安排、执行物资的进货、供应计划。在具体业务上，收进支前物资，边卸货，边清点，卸完当场签发接收单，并以此代替实物收据，交司机带回发货单位。部队领取物资时，边检斤、查件、边装车，车装好了，清单也开好了。在当时不能结账的情况下，领物部队的经手人在发货票上签字，并给其带走一份（三联单），即可拉走。每半月供应站利用部队取货的机会或去部队，用"对账结算清单"和部队核对结算。对收进的物资，供应站每天当晚验收单和入账。交验收单（三联单）转回饶河县各商业公司归口，由各公司和发货单位结算。从部队结算收回的物资款项，由供应站造表后统一交各公司。物资的损耗和差价，由各公司承担。后来，进出物资2700余吨，达数十万件，做到了件件有着落，笔笔账目清。

（三）交通运输的应急动员保障

珍宝岛作战的铁路运输保障，由沈阳军区司令部军事交通部及沿线军事交通机关负责组织。3月2日战斗打响后，铁路系统首批将秘密增调的1个步兵团、2个炮兵营、1个高炮营，另1个侦察连，紧急输送战区。4月6日晚，沈阳军区决定利用铁路再向边境地区紧急增调1个炮兵团和1个高炮团。沈阳铁路分局会同有关方面,在13个小时内,集结代客车、棚车和平车共321车,保证了8个军用列车按计划开赴战区。整个参战期间,铁路系统除承担紧急输送参战部队外,还为前线部队紧急输送武器弹药和其他物资近1000车,包括帐篷800余顶和草袋10万个。为了先于苏军将击毁的苏军坦克拖回,铁路部门组织专门车辆,以附挂于旅客快车和单机专送等办法,从旅顺将绞盘机快速装运至前线。3月17日战斗结束后,前指决定抢修东方红至858农场的森林铁路,以开辟第二条兵站运输线。任务下达后,森林铁路职工全力以赴,对这条森林铁路进行了紧急抢修和加固。从4月初至5月20日,铁路部门利用这条森林铁路运送物资1460吨,包括缴获的苏军坦克。

作战物资通过铁路运抵卸载站点后,改用汽车沿兵站线向战区前送。战前,通往前线地区的铁路、公路多为林业生产用路,道路少、通行能力低。特别是当后续部队进入战区后,公路交通问题愈发严重。因此,改善战区的公路交通状况,提高通行能力,成为整个作战保障的重中之重。在国家交通部的有力组织和支持下,黑龙江省动员大量人力、物力,抢修抢建战区公路。"从3月2日至20日,共动员黑龙江生产建设兵团和宝清、饶河两县8000多人,对宝清、饶河地区288公里公路进行了紧急维修,清除积雪,加固桥梁,建立标志,基本保障了通车。3月17日战斗后,为了开辟第二兵站运输线,合江林业局又组织3000余人的施工队伍抢建858农场附近的急造军路20公里。3月下旬,勃利县出动民兵1700余人,顶风冒雪,奋战十余天,抢建道路17公里、简易直升机场1处及3公里长的公路飞机跑道1处,保障了前指与后方的空中交通。"①

珍宝岛地区的道路抢修抢建任务,主要是由合江地区组织完成的。为此,合江在加强原有国防公路建设指挥部的基础上,地区革委

---

① 总后勤部军事交通部:《中国人民解放军军事交通史(1927—1987)》,第316页,解放军出版社1990年版。

会于3月7日成立了国防公路领导小组，在前指领导下，负责战区新开线路和原有道路维修的组织领导，组织1.1万人修筑公路。参加修筑公路的广大民兵，劳动在深山林区和沼泽地带，食宿十分艰苦。1个月时间，就完成了45.5公里的路面铺装，82公里的新开支线任务。合江林管局革委会所属东方红林业局，组织1800余人，抢修101公路工程和东方红至炮军营的铁路铺设，半年任务，半月完成。在修建福利屯至宝清、宝清至饶河及其他新开支前公路的过程中，沿佳福、福宝、宝饶公路线的各县、公社和生产建设兵团，都建立抢修公路的领导班子，在490余公里的路面上，以行政区分段包干，清理积雪，刨冰铺沙，修治返浆道路，加固桥梁。从3月中旬到5月中旬，黑龙江省为抢修抢建战区道路，共动员8.4万常年施工的战勤民工，抽调了800台汽车和800台拖拉机，解决了300万元自筹资金。仅黑龙江生产建设兵团农3师，就先后动员1.0520万个劳动力，投入6.3256万个工日，抢修公路380余公里，桥梁94座。

军地在组织力量抢修抢建战区公路的同时，以铁路各卸载点为起点，相继开设了3条兵站运输线，同时动员组织军地汽车运输力量投入人员、物资的前送后运。

3月2日战斗打响后，合江军分区后勤部在距珍宝岛25公里的五林洞设立了1个后勤组，并为这个后勤组配备了15辆载重车和5辆救护车，主要任务是配合医疗队前接和后送伤员。3月5日，沈阳军区前指战勤组为保障部队开进和物资前运，开设第1条兵站运输线，起点为铁路运输卸载站福利屯，经宝清至五林洞前指所在地，运距360公里。在福利屯开设的兵站，配属有2个汽车连，有汽车101辆，另配置1个汽车修理连，负责兵站运输线上的汽车维修。同时，合江地区、饶河县和生产建设兵团农垦第3师共同组成的支前机构，动员支前汽车500余辆（少时170多辆），并沿兵站运输线设立3个食宿站、4个加油站、1个汽车修理站。车辆使用分工是：兵站组织车辆主要是前送弹药和作战物资；地方支前机构主要是前送主、副食品和作战物资器材等。3月17日战斗以后，由于修通了858农场至五林洞近20公里的急造军路,沈阳军区前指战勤组又组织开辟了由林口经东方红至五林洞的第2条兵站运输线,距离为69公里。第3条兵站线是由合江地区、饶河县和生产建设兵团农垦第3师共同开设的。在大岱组织了供应站,为部队筹划、供应主副食和其他物资。上述3条兵站线成为人员、物资前送后运的主要路径。为加强车辆的组织工作,将地方支前车辆编成1个运输大队,下设5个中队,各中队每10辆车编为1个运输小组,由地区战备办公室人员任大队长、政委,各单位带队人员任中队长、指导员,指定战斗组长。部队汽车分队配备修理所或修理组,沈阳军区后勤部从分部抽调1个汽车修理连,组成2个汽车修理所,总共配备维修人员185名,军车平均每4辆有1名修理工。地方支前机构也在适当地点设立车辆维修点保障车辆修理。集贤县汽车修理厂、生产建设兵团农垦第3师拖拉机修理厂都专门设站抢修车辆。部队还使用地方单位的器材6813件折价1万余元。军地汽车运输力量,在3月15日前,前送弹药210吨、汽油200吨,以及其他物资,分别储存于向阳屯、五林洞地区,及时保障15日、17日作战的消耗。至4月下旬的50天中,汽车共行驶400多万车公里,运送参战人员1.5万人次,各种物资7327吨,使前线建立了较充足的物资储备。整个作战期间,从铁路运输卸载站到前指,运输车辆不断增加,高峰期间,在兵站运输线上每3分钟就有2辆汽车通过。总共使用军车700余辆,地方支前汽车600余辆,合计有汽车1336辆,车勤人员2469名。

黑龙江省及合江地区、黑龙江生产建设兵团抽调的600多台汽车,担负了70%的物资运输任务。合江地区支前车辆最多时占该区全部车辆的40%以上。在运输线上的1300多名司机,53%是复员转业军人。绝大部分有汽车的单位,都能做到随叫随到。合江汽车修配厂职工,日夜抢修支前车辆。运送支前物资的汽车司机,昼夜兼程,积极抢运。合江地区支前指挥部还在佳木斯、福利屯、853农场和大岱等地,设立加油网点和汽车维修网点,为过往军车和支前车辆提供维修保障。黑龙江生产建设兵团农垦第3师各团虽然处于抢修机械、备耕生产的大忙季节，仍抽出大量人力物力组成了支前车辆抢修组，昼夜值班，凡是路过的车辆，什么时候坏就什么时候修，在哪里坏在哪里修，缺什么零件补什么零件，有的生产建设兵团把自己汽车上的零件拆下来，装到军车上，保证军车迅速开往前线。对路过农垦第3师的车辆，各团做到了“七有”，即：车到有人站岗，车坏有人修理，车辆缺油有人加油，车陷住了有拖拉机牵引，道路被积雪堵塞有推土机开路，桥坏了有人抢修，沿途桥梁和重要地段有人昼夜守卫。福利屯至宝清、宝清至饶河及新开支前公路沿路群众组织起来伪装桥梁，沿路夜间有民兵巡逻守护。

(四)组织民兵担负火线抢救任务

民兵担负火线抢救伤员的任务，主要集中在3月2日和3月15日的战斗中。执行此项任务的，主要是距离珍宝岛战区较近的五林洞林业经营所民兵担架队和黑龙江生产建设兵团农垦第3师第21团民兵担架营。五林洞林业经营所，在乌苏里江畔的珍宝岛附近。全所有男女基干民兵36名、普通民兵46名，编为1个民兵连。3月2日战斗中，当上级领导批准他们出担架队时，就立刻动手制作了简易担架，准备马上出发。青年民兵纪连和，半个月前抬大木碰伤腿还没好利索，也一瘸一拐地跑来要求参加战斗。最终，五林洞民兵连挑选24名民兵组成担架队，在副连长谢学阶的带领下，赶赴前沿阵地支前。他们冒着枪林弹雨前送弹药，后送伤员，每次往返10多里路，先后前送弹药122箱，后送伤员64人。五林洞留守的民兵，除为参战部队提供后勤保障外，还积极为伤员输血。女民兵则全都动员起来参加伤员的护理工作，不分昼夜地照顾伤员。

黑龙江生产建设兵团农垦第3师第21团民兵担架营，是在3月2日战斗打响后迅速组建起来的。担架营组建时，本来只要450人，报名要求参加者竟有6000余人。这个担架营从开始动员到组成不到2小时，便全部开上一线。在向前线开进时，长途行车一昼夜，许多同志鼻子冻红了，脚冻伤了。到了驻地，400多人只有两间四面透风的破草房，没法睡觉，就挤坐在一起，无人叫苦。3月15日早晨，担架营第1连3排奉命往珍宝岛运送弹药,抢救伤员。该排受领任务后,急行军18个小时将炮弹送上炮兵阵地。当他们准备上岛抢救伤员时,苏军的炮火很猛烈,机枪打得人抬不起头来。但民兵们毫不畏惧,奋不顾身地冲上岛去,往返10华里的路程,争分夺秒地抢救伤员。民兵班长黄元信的鼻子被弹片击伤,民兵孙文斌的臂部被炸伤。

(五)依托邮电部门组织战区通信

此次作战,不仅沈阳军区要直接指挥和尽速了解第一线战斗进展情况,而且最高统帅部也要直接指挥和尽速了解第一线战斗进展情况。这就给通信保障工作带来了通信容量大、通话质量要求高、保密性强、组织通信联络要快等特点。但过去虎饶地区军事通信设施很薄弱,基本上没有军用通信线路,整个参战部队的通信联络必须依靠地方邮电部门的通信设施。因此,黑龙江省各级邮电部门特别是合江地区的虎林、饶河两县的邮电部门,在此次作战中发挥了重要作用。1969年3月22日,沈阳军区司令部通信兵部在《珍宝岛反侵略斗争通信保障简结》中称:邮电部门各级革委会都以最大的热情,最快的速度,选调最好的电路,挑选最可靠的人员参加值机;广大革命群众主动积极地与我们一起,夜以继日地奋力抢架通信线路,发挥了人民战争的巨大威力,保障了通信线路的及时建立和调整。

虎林、饶河两县邮电部门在执行通信保障任务的过程中,坚持24小时昼夜值班,只要前线需要电路,宁可自己不用也调给部队使用。担任通信线路架设任务的853农场、大和镇和青山口的群众,与部队共同奋战七天七夜,架设大和镇到沈阳军区前指的永备线路70公里。从3月初到5月中旬,黑龙江省组织力量抢建通信线路8条,总里程954杆公里,其中,国家安排的6条,734杆公里,省内安排的2条,220杆公里。

(六)以地方力量为主组织军械保障

珍宝岛自卫反击作战,参战部队较多,分布在约60公里的一、二线阵地上,地理条件大都是沼泽山林,交通不便。加上该地区冬季漫长,气候寒冷,无论是军械修理还是武器弹药前送的任务都十分繁重。然而，部队自身的军械保障力量却十分有限，成建制的军械修理分队只有4个，共88人，且新兵占51%。为解决这一问题，经沈阳军区前指与地方支前机构协调，在虎林、饶河和黑龙江生产建设兵团农垦第3师动员一批机械人员，与部队军械人员混编，按方向配置在各个作战供应点上，前指仓库10多个人，5个部队供应点各3~5人，分别负责组织弹药的请领、接收、保管、发放和押送工作。合江地区还动员组织500多人，在转运站、前指仓库和一、二线阵地之间，担负弹药的装卸、运输和押送工作。仅在前指仓库弹药装卸力量中，支前人员就占80%，有时一天就要收发弹药170车。3月16日3时至凌晨，紧急发出85加农炮1860发。半个月中收发弹药1033车。

（七）兵器工业突击研制反坦克武器

珍宝岛战斗打响后，国防工业特别是枪炮工业转入战时生产，"各工厂广大职工以国家安危为重，克服困难，坚守岗位，努力生产。部队急需数以百万计的破甲弹防滑帽，承担这项紧急任务的296厂、456厂、127厂等10多个枪炮厂，开足马力，昼夜不停，以最快速度突击生产，按期完成了计划"①。

珍宝岛战斗表明，人民解放军反坦克武器不能对苏军坦克实施有效打击。因此，珍宝岛事件发生后，国务院及时主持召开反坦克武器科研生产会议，研究解决人民解放军反坦克武器薄弱的问题。会议拟定20个重点项目，包括从地面到空投，从近战到远射等多种打坦克武器。其中既有改进型，也有新研制的武器系统。这次会议之后，以第五机械工业部为主，组成"八二三"会战指挥部，统筹安排反坦克武器的科研和生产任务。为了加紧反坦克武器的生产研制，第五机械工业部除制订超产计划外，还调整安排626厂、396厂、137厂、167厂紧急研制新产品。626厂和396厂承担了新增67式反坦克枪榴弹发射具生产任务。137厂原生产75无坐力炮，由于该炮破甲威力不足，奉命转产65式82无坐力炮。167厂在7个月的时间里紧急生产

① 《当代中国的兵器工业》，第181~186页，当代中国出版社1993年版。

40火箭筒1.6万具。40毫米反坦克火箭筒,经过改进改型,射程提高2倍。装备量很大的85毫米加农炮,使用新型微旋破甲弹后,破甲威力提高近1倍。无坐力炮推出威力更大、直射距离更远的新型号,口径从57毫米、75毫米、82毫米发展到105毫米。坦克炮不仅有多种口径的线膛炮,又新研制出100毫米滑膛炮,既可发射尾翼脱壳穿甲弹,也可发射空心装药破甲弹,穿甲威力达国际水平。此外,单兵反坦克火箭弹、空投反坦克子母弹、火箭布雷车等也相继研制成功,填补了反坦克武器的空白。

二、中共中央决定“要准备打仗”

珍宝岛事件发生后,中共中央立即做出“要准备打仗”的决定。1969年8月13日,苏联边防军在中国新疆铁列克提地区,对正在执行边防巡逻任务的中国边防军巡逻分队发动突然袭击,制造了严重的流血事件。与此同时,苏联进一步加强了针对中国的军事部署。8月28日,中共中央发出准备打仗的命令。此后,以“三北”地区为重点方向,以战略后方建设为重点,以工业动员准备为核心的大规模战备动员,在国民经济领域全面展开,从而将1965年开始的战备动员推向了高潮。

(一)中共中央发布“八二八”命令

1969年3月2日,苏联边防军侵入中国珍宝岛地区,中国边防军被迫进行自卫反击。3月4日,《人民日报》《解放军报》发表社论——《打倒新沙皇》。社论指出:“苏修叛徒集团不断武装侵犯我国领土,制造边境事件,这个事实又一次使全世界人民看清,这一小撮叛徒是彻头彻尾的社会帝国主义者,是地地道道的新沙皇。他们在把东欧的大片土地划入他们势力范围的同时,又把这一套搬到亚洲来,妄图侵占中国的领土。”社论警告“苏修叛徒集团”:“中国的领土主权绝不允许任何人侵犯。如果你们继续进行军事挑衅,就一定要受到严厉的惩罚。不管你们来多少人,不管你们联合什么人一起来,我们都要把你们坚决彻底干净全部消灭之。”社论发表后的10天里,严守纪律,做好一切战斗准备,密切注视敌人动向,做到一声令下,立即行动。军队人员“不允许任何破坏纪律的现象存在”。不准擅离职守,不准外出串联。经教育不改者,一律严加惩处。第四,一切革命群众组织,必须坚决执行中共中央、毛泽东主席的指示,实行按系统、按行业、按部门、按单位的革命大联合。所有跨行业的群众组织,要立即解散。任何另立山头,重拉队伍,都是非法的,要强令解散。第五,坚决贯彻执行中共中央的“七二三”布告,立即无条件停止派性武斗,解散各种专业武斗队,撤除一切武斗据点,上交一切武器。凡武斗队强占据点,负隅顽抗者,必须发动政治攻势,强制缴械。第六,绝对不准任何人冲击人民解放军,不准抢夺军队的武器、装备和车辆,不准妨碍军队的战备行动,不准泄露和盗窃军事情报。第七,保护交通运输,保证通信联络畅通。凡发现破坏铁路、公路、水路运输,破坏通信联络,切断电线的行为,必须追查惩办。第八,狠抓革命,猛促生产,大力支援前线。遵守劳动纪律,坚守生产岗位,努力搞好工、农业生产。一切离开生产和工作岗位的人,必须立即返回本单位“抓革命、促生产、促工作、促战备”。如有不按期返回的,工人、职员停发工资,农民停记工分。并视情节给予纪律处分,直至开除。对煽动威胁职工或农民离开生产和工作岗位的坏人,必须依法惩办。第九,坚决镇压反革命分子。对那些里通外国、策划外逃、破坏社会治安、抢劫国家财产、破坏生产、杀人放火放毒、利用宗教迷信制造叛乱的反革命分子,必须坚决镇压。“八二八”命令下达后,全国各地的派性斗争得到有效制止,多年形成的混乱局面得到迅速扭转,加强战备,准备打仗,成为压倒一切的中心任务。10 月 7 日,国务院、中央军委向各省、市、自治区和全军各大单位转发总参谋部《关于建立全国范围防止敌人突然袭击警报问题的报告》。12 月 23 日,中共中央、国务院、中央军委转发总参谋部《关于防敌战略突袭警报使用和要求的说明》。

1971 年“九一三”林彪外逃事件发生后,周恩来总理主持中共中央和中央军委的日常工作。9 月 14 日,中央军委下达紧急战备指示,明确提出苏联当局可能对我实施突然袭击,要求人民解放军全面做略布局及各战略区实施独立作战所需配套的武器装备,进行国防工业生产能力建设。为此,除原有建设项目收尾外,规划新建大中型项目95个,老厂改扩建项目93个,新建厂区建筑面积1300万平方米(不包括生活区面积),新增金属切削机床9万台,新增职工90万人,总投资120亿元。

"大军工规划"出台之初,就受到国务院有关部门的质疑。原因在于,当时国家的财力有限,1970年全国预计用于基本建设的投资仅为200多亿元,而兵器工业的"大军工规划"就需要120亿元,相当于此前20年兵器工业投资总额的2倍。因此,"大军工规划"实际上是一个既不可能也无法完成的任务。对此,第五机械工业部主管基本建设的张连奎副部长在"115会议"上提出,国防工业生产能力建设要考虑需要与可能。在同期召开的兵器工业系统"抓革命,促生产"大会即"6911会议"上,张连奎副部长在讲话中分析了国家基本建设投资与国防工业基本建设投资的关系,进一步说明"大军工规划"是不切实际的。"6911会议"后,第五机械工业部报送的1970年兵器工业基本建设计划投资为20亿元,经国家计委和军委国防工办平衡后,确定为16亿元,占全国计划内基本建设投资的7.27%。尽管如此,"大军工规划"的总规模和总目标并没有大的改变,并在1970年2月制订的国民经济发展第四个五年计划中得到全面体现。《国民经济发展第四个五年计划草案》提出:"四五"期间要狠抓战备,集中力量建设战略后方,建立不同水平、各有特点、各自为战、大力协同的经济协作区;初步建成独立的、比较完整的工业体系和国民经济体系。

在"大军工规划"酝酿和制订的过程中,军队的规模也在迅速扩大。1969年,陆军增加3个军部,组建和改建30个师。海军组建了广州、上海、烟台基地,龙门巡防区扩编为龙门水警区,组建了秦皇岛水警区。空军组建了2个军部、8个航空兵师和2个高射炮兵师。总后勤部组建了20个师级兵站。"至1969年底,全军在编人员增长到631万余人,超过抗美援朝战争时期的最高数额,成为新中国成立以这一时期,除“大军工规划”的项目外,国家对动员生产线和交通战备项目的投资也在大幅增加。1970 年年初,国家计委在报告中称:按各部门和省(自治区、直辖市)呈报的数字统计,1970 年大约需要动员措施费 2.6 亿元(其中战时抢修器材储备费 6700 万元),试制费 6400 万元,机床 2900 台。本着充分挖掘、自力更生的精神,在全国计划会议上,经与大军区、省军区及省(自治区、直辖市)革委会领导同志研究,1970 年安排动员措施费 1.44 亿元(其中战时抢修器材储备费 4840 万元),这部分费用由财政预算总预备费预留的 2 亿元中安排;产品试制费安排 4840 万元,这部分费用在财政预算动员措施费 5000 万元中安排。另外,动员生产所需的机床安排了 900 台(其中包括成套项目 300 台)。所需其他主要物资均已在 1970 年物资分配计划中做了安排。为加强战备动员经费的管理,中央和地方都出台相关文件,对这部分经费的管理使用做出规定。1969 年年底,广东省革委会生产组对战备动员活动中涉及的“工厂搬迁费、防空壕和防空洞建设费、人员疏散安置费”做出规定。《规定》明确:凡属战备需要经批准后搬迁的企业,所需投资应首先在本单位的折旧留成和福利基金结余中解决,不足部分按预算隶属关系由各级革委会统筹安排。其拆卸、搬迁运费,停工损失,可在企业“营业外支出”中列支。挖防空壕,建防空洞,不准动用生产、基建用的三大材料,不得随意打入成本开支。各级革命委员会统一规划修建的较永久性的防空设施,其所需投资费用,由各该级财政部门自行解决,不得挤占企业资金,不得摊派款项。干部、职工的家属,因疏散所需的路费、运费及生活安置费等,原则上均由干部、职工本人负担。干部、职工个人因战备所需的一切生活用品均由本人自理,不得在公款中开支。1971 年 4 月 19 日,财政部、总后勤部下发《关于战时支前经费和物资的供应结算规定》,对战时支前人员、马匹、车辆的经费、物资供应和结算办法,做出明确规定。其中,“对支前人员的供应”规定是:参加支前满半个月的,发给全月零用费,不满半个月的,发给半个月的零用费。工资制人员的工资,仍由原单位发给；农村人民公社社员由原生产队给予记合理的工分。
员的伙食费，“按部队战士标准供给”。其中，地方干部如
一同起伙的，按所在部队同职级干部标准供给。非工资制
食费由公家负担；工资制人员的伙食费，由原单位在每月
时按每月 9 元（每天 3 角）计算扣除。支前人员所需的被
本人自带。支前人员在执行任务中，确需御寒服装和劳保
由所在省、市、自治区革命委员会根据需要和条件确定。
在完成任务返乡时，由部队或支前机关按现行标准发给到
费、伙食补助费和车船费。支前人员的医疗费及住院期间
和伙食费，由所在单位按部队的标准供给。住院期间的零
乡归队的差旅费等，均由所在医院发给，由医院向县以上
报销。残废金和抚恤费须凭团或支前大队证明，由原派出
委会按现行标准发给。支前人员自带的车、船、工具等损
死亡，由团或支前大队证明，回原派出县（市）支前机关酌
关于“对支前马匹、车船的供应”，其供给标准，按部队饲
行，支前车船维修费和油料，随军的按部队标准执行，未随
方规定执行。关于“支前物资的供应和结算”分 6 种情况
部队向地方筹购和动员的物资，统一归口由支前机关办理；
向地方采购的物资、器材等，必须及时结算付款，不得拖欠；
支前机关供应部的主副食品和生活用品，由接受单位验收
算；四是地方支前机关动员的作战物资、器材等，不论是军
或支前机关安排使用的，一律由县以上支前机关凭使用单
收据负责核销上报；没有使用的部队，由县以上支前机关负
存或处理；五是部队借用地方的车、船、马匹等，用完后应
如损坏丢失，应折价赔偿；六是在必要的情况下，部队车、船
修、加油，所使用的材料和油料，由地方县以上支前机关凭
票、修车票或开给的正式收据负责核销上报；地方车、船在
加油，所使用的材料和油料，由部队团以上单位凭地方使用
的票证或开给的正式收据统计上报。关于“支前经费开支

支前的人员、马匹、车船等,在未交部队接受前,由地方负责供应;部队接受以后,由部队根据介绍信和支前人员花名册以及马匹、车辆等实力负责供应。地方各级革委会对过往的支前人员和部队人员应设法安置住宿,必要时当地驻军应协助安置。对住宿人员就餐,应如数收伙食费(含粮票);使用马草料,应如数收马料票和马草费。其余,一律免费接待。地方收容的伤病员,不论是部队交给的或地方零星收容的,其开支的各项费用均由地方收容单位向县以上支前机关报销。部队开支的支前经费,由部队负责领报,并列“其他经费”科目,专案上报总后勤部,由总后勤部向财政部报销;地方各单位开支的支前经费,由地方各开支单位向县以上支前机关领报,除残废金和抚恤费在“抚恤支出”内报销外,其余各项开支均列“支前经费”报销。

(四)动员组织体制的恢复和加强

珍宝岛事件发生后,各省、市、自治区特别是“三北”地区的各省、市、自治区,均加强了对战备动员工作的领导。在黑龙江省,1969 年 4 月 11 日,黑龙江省革命委员会召开第 22 次常委会议,会议确定:把全省工作的立足点放在准备打仗上面,重点解决常规武器配套生产、国防公路修建和边疆地区通信建设。5 月 11 日,黑龙江省革命委员会战备办公室正式成立。6 月 14 日,黑龙江省革命委员会第 33 次常委会议决定,成立省反侵略斗争指挥部,主任由该省革命委员会主任潘复生兼任。8 月 27 日,中共黑龙江省核心小组决定建立省战备领导小组,潘复生为组长,统一领导全省反侵略斗争、军工生产、三线建设和支前工作。领导小组下设作战办公室、防空指挥部、国防工业办公室、战备办公室。同时,撤销原省反侵略斗争指挥部、国防工业领导小组。10 月 2 日,中共黑龙江省核心小组召开第 16 次会议,会议要求各地切实抓好城市人口疏散,加快挖防空洞、防空壕和地道;迅速搞好文件、档案清理鉴定销毁工作,需长期保管的于 7 日前全部进山洞。在吉林省,1969 年 7 月 22 日,吉林省革委会下发《吉林省革命委员会试行编制方案》。《方案》明确:省革委会办事机构为三部

三、国防工业三年发展计划的执行

在国防工业“以军为主”的领导体制下,1970～1972年国防工业建设计划即“大军工规划”,以临战状态超常规开展起来。因此,国家在国防工业基本建设方面的投资规模在此后的几年中急剧增长。1970～1972年,国防工业投资91.23亿元,占同期工业基本建设投资总额的16%左右。其中,兵器工业在推行“大军工规划”的第一年即1970年,其投资预算占国家预算内投资的13.7%,超出了正常投资比例的几倍。仅1970、1971年,兵器工业用于基本建设的投资就达20多亿元。“大军工规划”的建设项目,由于建设进度要求急,摊子铺得大,多数项目仓促上马,大部分新建项目齐头并进,造成了严重后果。到1984年,仅工程和器材损失就达2.26亿元。

(一)大三线的扩建和战备生产

1969年年底,已经开工的大三线建设项目有许多尚未完成。1970年“大军工规划”实施后,新建项目又大量上马。当时,经国家批准的“大军工规划”建设项目和其他建设项目(不包括地方军工项目)共计75个。新、老建设项目使国防工业基本建设的战线越拉越长,除此前的四川、贵州、云南、陕西、甘肃、河南、湖北、湖南8省外,又扩展到广东、福建、青海、新疆等地。到1970年年底,第三、四、五、六机械工业部,共拥有工厂848个(其中生产工厂498个),职工140多万人,机床15万多台,固定资产113亿元,可以制造现代化的飞机、导弹、舰艇、坦克、轻重兵器、雷达和电子设备。

1971年,“大军工规划”的建设规模进一步扩大,建设项目总数从1970年的75个猛增到125个,总投资达20多亿元。1972年,因投资减少,国家被迫对“大军工规划”建设项目进行调整,停建和缓建了一些项目。但国防工业的建设和生产规模仍十分庞大。当年,国防工业总产值达到210亿元,比预计增长14%左右,其中:航空工业增长10%;电子工业增长18%;兵器工业增长15%;造船工业增长21%。152个基本建设项目包含的504个单项工程中,进入收尾阶段的153

开了落实新型坦克车辆研制工作会议。会议决定分别成立中型坦克、轻型坦克、水陆坦克和履带式装甲输送车等4种新型坦克车辆,以及发动机、火炮、光学仪器和装甲材料等专项会战组。后来又增加轮式装甲输送车和"轮履合一"装甲车,扩展为6种车辆会战。其中,在617厂成立122中型坦克会战组,在674厂成立132轻型坦克会战组,在256厂成立212水陆坦克会战组,在618厂成立532装甲输送车会战组。5月4日,经常规兵器工业领导小组批准,成立新型坦克车辆会战领导小组,并在装甲兵部设立"二四"办公室处理日常工作。与此同时,新型坦克车辆的研制工作在坦克工业的各厂、所迅速展开。国务院有关部委、有关军兵种和军区,以及有关省、市、自治区180多个单位的2600多名科研人员、工人、干部和解放军指战员参加这一会战。在各会战组的共同努力下,1970年9月试制出第一轮试验样车。10月5日,新型中型坦克、双37自行火炮、130自行火箭炮以及民用工业生产的坦克等车辆在北京南口进行汇报表演。汇报表演时,几种新车的技术状况都不尽理想。南口汇报表演后,新型车辆会战领导小组在北京召开6种新型车辆定型车任务落实会议。会议研究了各种车辆的改进方案,要求在1971年第一季度各种新车都要试制出第二、三台样车,并在7月1日前试验定型。这次会议之后,各会战组制订了新的试制方案,并在1971年年初先后试制出第二轮样车。1970~1971年,坦克工业主要产品产量不断增长,工业总产值逐步上升,实现扭亏为盈。反坦克武器方面,"大军工规划"执行期间,国家在东北、西北两个地区,抢建3套40火箭筒及火箭弹厂。这套项目共4个厂即5203厂、5204厂、5213厂、5207厂,以后将5213厂合并到5203厂。1970年4月开始建设,1972年基本建成投产,累计完成投资1.049亿元。吉林的一套40火箭筒及火箭弹厂包括5523厂、5514厂、5517厂。由吉林省革命委员会和吉林省军区设立的"五五工程指挥部"进行筹建,1970年年底完成了大部分生产区和部分生活区的工程建设,1971年年底基本建成投产。在河北省新建的40火箭弹厂,1970年开始建设,1973年建成投产。

省、市、自治区。在各省、市、自治区国防工办和机械厅局的组织下，以就地配套为原则，采取‘一厂一角(件)、百厂成线’的协作形式，建立起400多条动员生产线，突击生产了一大批武器弹药，配合兵器工业完成了战备生产任务”①。“其中步枪生产线140条，反坦克武器生产线66条，此外还有高射炮和高射机枪、坦克、舰炮、岸炮、反坦克炮弹、防毒面具和防弹衣生产线，等等。”②

1969年2月9日，周恩来总理向有关方面传达了中共中央、中央军委关于动员民用工厂生产高射武器的指示。11月5日，中央军委常规兵器工业领导小组在北京召开兵器工业规划会议。同月，第五机械工业部在北京召开“抓革命、促生产”会议(史称6911会议)，安排1970年战备生产工作，部署兵器工业基本建设，将兵器工业生产能力不足的产品，提交国家安排动员民用工业企业转产。1970年4月16日，国家计委、中央军委国防工业领导小组在给国务院业务组和中央军委办事组的报告中称：自总理传达中共中央、中央军委的指示后，各军区及省(自治区、直辖市)立即进行贯彻落实，充分发动群众，发扬共产主义大协作的精神，采取“一厂一角，百厂协作，一厂一件，百厂成线”的做法，大搞土法上马、土洋结合、自力更生，打破了军工生产“特殊化”“神秘化”的框框，使动员工作很快形成一个轰轰烈烈的群众运动，由原有的85条动员生产线，增加到183条。这些动员生产线完成计划的情况都比较好。5月6日，国家计委、中央军委国防工业领导小组下达1970年战备动员计划。计划称：1970年动员民用工业生产、试制军品计划，是遵照毛泽东关于“要准备打仗”的指示制订的。1970年动员生产任务大幅度增长，动员范围较广，必须重视产品质量，按照“军工产品质量第一，在确保质量的基础上求数量”的方针，做好生产组织工作，严格掌握产品质量标准。此计划的下达和执行，拉开了动员生产线第三次大规模战备动员的序幕。当年，国家计

---

① 《当代中国的兵器工业》，第75页，当代中国出版社1993年版。

② 《当代中国的兵器工业》，第374页，当代中国出版社1993年版。

三次民用工业紧急战备和作战军品生产动员(兵器工业)

次序	第一次	第二次	第三次
时间	1962 年	1964 ~ 1968 年	1969 ~ 1979 年
原因	东南沿海紧急战备 对印自卫反击作战	抗美援越	珍宝岛自卫反击作战 及对苏战备
动员产品	手榴弹、82 毫米迫击炮弹、航空炸弹、深水炸弹、M-6 引信、15 倍望远镜、小倍率潜望镜、82 毫米迫击炮瞄准镜、75 毫米无坐力炮镜、二硝基苯等。	高射炮及瞄准具、高射机枪及瞄准具、无坐力炮和迫击炮瞄准镜、电击发装置、光学像生仪、高炮指挥镜、望远镜、炸药、半自动步枪、舰炮、加农炮、6501 仪车等。	中型坦克、高射炮、舰炮、无坐力炮、火箭筒及弹、单兵火箭及弹、反坦克地雷、防毒面具、防弹衣和火炸药等。
组建动员生产线	26 条	43 条	400 多条
备　注	根据《当代中国兵器工业丛书·兵器动员》整理		

1971 年,民用工业动员计划完成得较好。国务院国防工业办公室 7 月份的统计:主要产品产量比去年同期有所增长,完成高炮 632 门,为年计划的 47%,比去年同期增长 43%。各种枪完成 9.5 万支,为年计划的 40%。当年,上海市手工业系统承接军工任务的企业迅速增加,承担的任务有航空、航天、舰船和常规兵器 4 大类产品、近 600 个品种,先后有 117 家工厂承担军工任务,约占上海市手工业系统企业数的 23.6%。

1972 年,由于规划建设的动员生产线过于庞大,规定的任务难以完成,因此有关省、市、自治区压缩了动员生产线的建设规模。当年,广东省将动员生产线从 26 条压缩到 13 条,定点生产厂减少近 53%。规模压缩后,仍可生产 7.62 半自动步枪、37 双管高射机关炮、改 40 火箭筒、高射炮指挥仪、雷达、14.5 双联高射机枪、飞机副油箱、防毒面具、尼龙防弹衣、701 直升机等武器装备。撤销的动员生产线中,多是没有列入国家计划的动员生产线。如韶关、肇庆、惠阳地区在 1969 ~ 1970 年间自行筹建的 3 条半自动步枪动员生产线。

中型坦克的性能要优于121型坦克。新的生产纲领和动员范围是:在1972年至迟在1973年第一季度形成以武汉军区为重点,洛阳为中心,由洛阳拖拉机厂和洛阳矿山机器厂总装的2000辆中型坦克的生产能力。力争1971年第四季度至迟1972年第一季度投入小批生产(几十辆),借以考核工艺工装。动员的范围包括武汉军区的河南省、湖北省,兰州军区的陕西省、甘肃省,广州军区的湖南省,济南军区的山东省和南京军区的上海市共6省1市。主要动员企业共170个,其中河南省55个,湖北省50个,陕西省38个,甘肃省21个,湖南省6个,山东省1个,上海市待落实(配套厂中由省市安排的未计在内)。在没有专用设备和工艺装置,对坦克生产技术还不熟悉的情况下,坦克动员生产会战采取边筹建、边试制的方法,在1年的时间内,先后试制了7台121中型坦克和4台704中型坦克。但因质量较差,试验效果不佳,原定最迟在1973年一季度达到2000辆中型坦克生产能力的目标没有实现。在反坦克武器会战期间,国家物资储备局从黑龙江233处调拨"专特"物资850吨,以满足20多个单位应急科研生产的急需。

防化器材的动员生产始于1970年6月。当时,国家计委、中央军委办事组国防工业领导小组召集东北、华北、中南、西南等军区国防工办负责人会议,部署防化器材动员生产。当年,各军区根据会议确定的产品型号,共组建了11条69型防毒面具动员生产线,计划达到的年生产能力为24万具。1971年,69型防毒面具未经生产定型即转入动员生产,产品质量达不到要求,部队的意见较大。此后的几年中,有关部门和动员企业反复进行试验论证,没有再进行批量生产。

防弹衣的动员生产始于1971年3月3日。当时,国家计委、中央军委办事组国防工业领导小组、总后勤部在北京召开防弹衣动员生产会议。参加会议的有国家建委、轻工部、燃化部、冶金部、一机部、商业部和沈阳、广州、北京、南京军区国防工办负责人,以及北京、上海、辽宁、黑龙江、河北、江西、湖南等省、市的国防工办负责人。会议部署的动员任务是:1971年生产防弹衣3.5万件,所需各种材料的防局、海运局、航道局、大连港务局、交通部第二航务工程局等水运单位编制了计划或保障方案。

1971年,国务院、中央军委批转总后勤部《关于加强军事运输建设的报告》。该《报告》提出"军、政、民统一指挥,铁、水、公综合运用,运、修、防紧密结合"的交通战备保障方针。同年9月6~12日,兰州军区研究制订了《兰州军区战时交通初步计划》。根据该《计划》,兰州铁路局按照兰州军区和铁道部提出的"能防、能打、保通、保运"要求,对管内64座大、中铁路桥梁中的41座编制了战时应急抢救方案,对兰新、兰青、兰包三大干线上的黄河铁路桥做了方向迂回和便线抢修的保障方案,对兰州、武威、干塘3个编组站制订抢修方案和武南、干塘两个编组站便线抢修迂回方案,以及26个重点车站的工程抢修保障方案。同年11月,兰州军区提出各省战时交通保障初步计划。据此,西北各省、自治区相继制订下达战时交通保障计划。

1972年年初,根据总参谋部的统一部署,总后勤部军运部与交通部、铁道兵等单位着手编制全国《战时交通保障计划》,同时要求各军区编制战时交通保障计划。2月下旬,兰州军区召开军事运输工作座谈会,研究《战时交通保障计划》的编制工作。3月6日,甘肃省根据兰州军区军事运输工作座谈会议的精神,制订《甘肃省战时交通保障初步计划》。该《计划》规定:战时,甘肃省将以公路作为交通战备的重点,集中人力、物力,重点保障联结大区、省际,沟通后方基地和通往战场的道路。其中重点保障公路21条,4619公里;重要迂回线5条,513公里;共26条,5132公里。战时要做到随炸随修,保障不间断运输。其余为一般保障公路,战时可根据需要予以保障。保障的重点是重要的桥梁、渡口和隧道。基本方法是分工负责,分段落实,各地(州、市)负责本地区范围内铁路、公路保障工作,省公路工程队伍作为机动力量,主要实施对黄河上的桥梁、渡口及其他重要桥梁的保障。运输方面,全省地区以上交通运输部门的货运车队,应全部编为战备车队,每个公司(团)的战备车队中,应有1至数个基干战备车队。各地(州、市)对机关和社会的车辆及畜力进行统一组织,成立战继续向格尔木延伸。当年,国家在战略后方新建铁路2400公里。

1972年,京原、湘黔两条具有重要国防意义的铁路建成通车。京原铁路从北京至山西原平,全长418公里,东接京广、京包、京沈、京承等铁路,西连同蒲铁路,是华北战区的一条重要干线铁路。湘黔铁路全长902公里,东接京广、浙赣铁路,西连黔桂、贵昆铁路,是南方贯通东西的交通干线,沟通了西南与沿海战区的铁路运输。

这一时期,西北地区的铁路建设,由铁路部门编报计划,军区提出军事要求,上报中共中央、国务院和中央军委批准,然后由铁道部勘测设计部门测量设计,国家铁路工程局和铁道兵组织施工。从1969年动工修建侯(马)西(安)线开始,先后开工的有阳(平关)安(康)、西(安)延(安)、青藏(西宁至格尔木)、南疆(吐钼番至库尔勒)、襄(樊)渝(重庆)等干线和白宝(白银西至红会,后改为红会支线)、热水(哈尔盖至热水)、梅七(梅家坪至前河)等支线。到1976年10月止,侯西、阳安、白宝、热水等线竣工,襄渝线在兰州战区各路段已基本竣工,连同其余各线的修建,共铺轨1117公里。

(三)"三北地区"三年国防公路建设

1969年年初,国家确定了一个庞大的国防公路建设计划。全年共安排63个国防公路建设项目,其中续建项目37个,新建项目26个,计划投资2亿元。珍宝岛自卫反击作战后,国务院、中央军委决定加强"三北地区"的公路建设,计划修建国防公路33条、6095公里。5月30日,国务院、中央军委批准北京军区、内蒙古自治区关于投资300万元修建边防公路的方案。同日,国务院、中央军委批准新疆军区、新疆维吾尔自治区投资460万元修建3条边防公路。8月,交通部在黑龙江省召开国防公路基本建设经验交流现场会。参加会议的有国家建委、总参谋部军交部和26个省、市、自治区以及各大军区有关部门、交通部直属单位等。会议推广了黑龙江省国防公路建设经验,参观了正在施工的二龙山至抚远的国防公路。

从1969年3月开始,根据中央军委的备战方针和兰州军区防御作战的部署,兰州军区所属地区修建了宜(川)兰(州)、击(至)城路网,除少数地区外,基本上达到社社通汽车”。为此,计划在“四五”期间,“计划新建改建干线公路7万公里,达到晴雨通车,并将危桥改为永久性桥梁,以适应战备和经济发展的需要。1972年以前,集中力量建设东北、华北、西北地区的国防公路,使边防前哨与战备后方畅通无阻”①。当年,国防公路新建、改建5780公里,投资2.5亿元。“三北地区”以国防公路建设为重点的交通战备建设继续大规模展开。年初,甘肃省启动实施《“四五”期间和1971年战备油路建设方案》。当时,甘肃省有沥青路面650公里,占公路总里程的2.5%,远远落后于其他省份,不能适应战备和工农业生产发展的需要。为改变此种情况,甘肃省在1971年安排铺沥青路面26条、2248公里,包括8条主干线和18条运输量较大的公路。计划在“四五”期间,全省铺设沥青路面1万~1.2万公里。当年,甘肃省参加油路会战的11个地(州、市)、44个县(市)、332个公社的广大革命工人、贫下中农,经过一年时间的艰苦奋战,在全省主要干线公路上新建油路1452公里,协助厂矿、部队修油路67公里,共计1519公里,并在旧油路上罩面56.5公里。到1971年11月,甘肃省已建成战备公路13条,约989公里,相当于1960~1966年7年间修建公路的总和。1971年建设油路1500多公里,相当过去20年建设油路总和的2倍。

1972年是“三北地区”国防公路3年建设的最后一年。年初,国务院、中央军委批转总后勤部《关于加强军事运输建设的报告》。该《报告》在对交通战备建设做出全面部署的同时,对“三北”国防公路3年建设规划最后一年的工作做出安排。4月21日,交通部下达1972年交通基本建设规划,其中国防公路建设项目57个,新建、改建3000公里,投资2亿元。当年,“三北地区”各省、市、自治区为完成各自的任务,动员大量人力、物力投入国防公路建设。到1973年年初,“三北地区”国防公路3年建设目标基本实现,各省、市、自治区的交通面貌都有了很大改观。此时,山西省晴雨通车公路里程由1965年

① 《交通部行政史》,第286~287页,人民交通出版社2008年版。

的2100公里增长到1.25万公里，增长近5倍。“打通了若干断头路，连通了邻省出口公路。如太原大同公路打通了代县太和岭，汽车可以安全顺利地通过雁门关隘。修建了什林汾河大桥，把公路从韩信岭上搬下汾河岸，使太原去临汾的行车时间由原来十几个小时，缩短到半天。修建了军渡和保德两座黄河大桥，一改过去黄河渡口摆渡的历史，极大地提高了汽车运输能力，为山西与陕北经济发展，发挥了重要促进作用。此外还打通了通往内蒙古、河北等邻省出口公路，使山西封闭的状态大为改善。”①截至1973年5月，仅陕西、甘肃、宁夏、青海四省区新建和改建的国防公路就达3万多公里，相当于新中国成立前西北公路里程总数的2倍以上。在新疆战区，焉耆至伊宁，乌鲁木齐至巴音沟，莎车至塔什库尔干，巴音沟至东麻札，独山子至东麻扎，碟布林至什普奇，新源至库车，红旗拉甫至塔什库尔干，石棉矿（女若）（枪）等干线公路相继建成。

在东北地区，陆续建成了铁岭至长甸，四平至辑安，锦州至赤峰，二龙山至抚远，大石桥至景家堡，白城至五常，吉拉林至吉拉木图，锦州至乌（单）等干线公路。在华北地区，建成了北京至原平，北京至盘岭，赤峰至承德，包头至集宁至乌兰浩特，阳泉至集宁至土木尔台，大同至集宁，阜平至阳泉，临汾至宜川等公路。在西北地区，建成了城固至铁匠亚，青新公路，周至到城固，西安至长治，府谷至新街，（搞）兰至永宁，军渡至叶盛堡，刚察至乌兰，民和至门源等公路。

1969～1972年期间，包括“三北地区”的国防、边防公路在内，国家每年竣工的公路都有数千公里，仅1970年就修筑了7600公里，创历史最高纪录。此外，在“三北地区”的黄河干流上还架设了军渡、叶盛堡、平阴、北镇等大型公路桥梁。

（四）公路飞机跑道建设

从1969年加强战备工作开始，一些军区会同有关方面相继修建了少量的公路跑道，有的军区提出修建公路跑道的计划。1971年5

① 胡凯：《山西国防公路建设漫忆》，载《山西政府网》2009－07－21。

月,国务院、中央军委下发《关于公路跑道建设问题的指示》,对公路跑道建设做出4项规定:一是统一计划,重点建设;二是充分利用旧机场;三是修建和维修经费在公路建设和养护费中开支;四是施工由大军区、省市自治区统一安排,空军负责技术指导。同年,国务院、中央军委批复空军关于公路跑道建设问题的请示,同意在"四五"期间修建25条公路跑道,其中1971年应结合国防公路施工,在青海刚察、新疆米兰、山东宋家坡、安徽涡阳至阜阳、河南尉氏至通许等地,修建5条公路跑道。此后,公路跑道建设逐年列入国防公路建设计划。

(五)落实战时交通保障措施

战备动员高潮时期,在公路、铁路国防交通能力得到大幅提高的同时,战时交通保障措施也得到全面落实。

1969年4月,山东昌潍地区把铁路沿线民兵和31个车站的铁路职工,组成统一指挥的战备护路联防网,并在铁路沿线2.5公里以内和2.5公里以外,建立了一、二、三线联防民兵连672个,共计13万余人。1970年11月,甘肃省武威地区创造"路社联防"制度。当时,该地区由武威军分区、武威地区行署、武威铁路分局等单位联合组成路社联防总指挥部,负责组织协调本地区的"路社联防"活动。根据铁路线的分布和联防区内防护目标的重要性,重点联防范围确定为兰新铁路干线和干武线:劈柴沟—武威—张掖、干塘—武威。张掖、山单(单东)、武威、古浪、天祝、土门子设联防指挥分部,下设44个联防小组。参加联防活动的有铁路沿线5公里内各公社、大队的社员,共计1.5万人,备有胶轮马车380辆,架子车400辆。此办法经兰州军区和铁路部门推广后,整个兰州战区铁路沿线均很快实行了"路社联防"。

这一时期,各地根据军队作战的需要,加强了战备汽车运输队的组训工作。1969年,昆明军区和云南省委决定,在云南省交通厅直属企业——下关汽车运输总站组建战备汽车团,编8个运输连、1个修理连、1个保障连,共1590人,汽车542台。1970年11月25日,新疆维吾尔自治区战备领导小组对自治区和专区、州(市)组建战备汽车运输连、战备马车运输连、战备骡马运输队的组织编制、任务分工、动员等问题做出明确规定。此时,新疆维吾尔自治区共组建战备汽车连104个,计有运输汽车4970车,战备马车运输连22个和战备骡马运输队713个。1971年,"全国各省、市、自治区专业运输部门有载重汽车近9万辆(约占1/4),企业事业单位有载重汽车25万多辆(约占3/4)"①。当年,各省、市、自治区按照国家交通部的统一要求,以专业运输部门的载重汽车为主,对公路运输战备支前组织进行了编组。甘肃省在全省1.2万辆载货汽车中,组建专业运输战备汽车队26个,编组载重汽车1500辆。其中,兰州市已组成战备车队39个,编入汽车1000多辆。这些车辆平时是经济建设运输上的主要力量,战时军事运输的骨干队伍。有些地区贯彻毛泽东关于"两条腿走路"的方针,把大量民间运输工具,按民兵形式组织起来,以平战结合,劳武结合,进行拉练演习,完成紧急物资运输任务。

交通运输系统在战备动员高潮时期,还进行了战备工程建设和战备试验、演习。1969~1973年,西安、兰州两铁路局在铁道部和军区战备领导小组的领导下,以较大规模开展了铁路战备工程建设,共建成铁路局级永久性指挥所和战时应急指挥所各2处,铁路分局级永久性指挥所和战时应急指挥所4处,地下运转室35个,安装了内部、外部指挥所配套的有线和无线通信设施。新疆铁路局先后建成局外部指挥所和应急指挥所及其附属工程;建成哈密、乌鲁木齐西、吐鲁番、柳园地下运转室,柳园机务检修车间、通信站、吐鲁番机务疏散线。同时,该局还建立车、机、工、电、转、卫生等系统,修建了地下运转室、地下机车检修洞、库、工务地下指挥所、地下通信站、地下救护站、局地下指挥所等战备工程项目,共25个。兰州铁路局还在兰新铁路河口黄河大桥和包兰铁路黄河大桥处架设了通信迂回线,埋设了水下电缆,完成了桑园子黄河大桥的战备桥墩;对宝天铁路线上的颜

① 《粟裕文选》第3卷,第502页,军事科学出版社2004年版。

家河旧隧道进行了工程技术改造;建成了机车和洗、检修隐蔽洞。[①] 1970年5月24~27日,广州军区后勤部军运部在南宁组织进行了邕江架设铁路浮桥通车试验,粤、桂、湘3省领导和有关部门的负责同志及工程技术人员到现场参观。这次试验架设的铁路浮桥,由10只120吨铁驳船和120个中-60型钢浮箱组成,全长468.80米,是当时国内最长的铁路浮桥。

这一时期,大型的交通战备动员演习较多。1970年11月30日,济南战区利用齐河、洛口、大清河镇3个渡口,进行了一次民船漕渡黄河实兵演练,利用民船将1个步兵团、1个师炮团和1个军炮团顺利送过黄河。1971年4月10日,北京军区后勤部军运部在津浦线99.9公里的北排河大桥,进行了在空袭条件下铁路线桥抢修演习。铁道兵第12师、沧州军分区、8700部队、天津铁路分局、驻北京铁路局、天津铁路分局军代处等500人参加演习。演习假定北排河大桥遭到严重破坏,难以恢复,在北排河大桥下游90米处抢建5孔77米便桥一座,并与正线接通。此次演习,探索了战时军、路、民协同抢修线路组织指挥的程序方法。1972年1月11~24日,武汉航务军代处会同长江航运公司、湖北省航运局等单位,在长江白浒山至噪声城段组织实施了实兵民船装卸渡运演习,动用各种船舶70艘,架设临时重件码头6座,组成5条对渡航线,渡运部队5795人和火炮、坦克等重装备。

(六)全国5年战备通信网建设

1969~1973年,邮电系统在建设方针上,执行的是"平战结合,以战为主""军民两用,以军为主"的方针。1970年,全国邮电系统结合国民经济发展第四个五年计划,开始了为期5年的战备通信网建设。按照邮电部确定的建设规划,力争在"四五"期间把全国建成一个地上、地下、电缆、载波、微波、散射、短波、卫星等立体式的通信网,成为一个为保卫国防、建设社会主义和支援世界革命服务的有力工具,成

---

① 参见兰州军区后勤部军事运输部:《中国人民解放军兰州军区军事交通运输史》1927~1988,第371页,解放军出版社1990年版。

为一个打不断、炸不烂的通信网。为此，国家决定投资 17 亿元，到 1973 年时用地下电缆、微波将 29 个省（自治区、直辖市）的中心城市连通起来，逐步实现大通路、自动化、快速化；农村要在 1973 年达到大队通电话，广播载波化，即电话、电报、广播同时开放，互不干扰，实现全国农业发展纲要规定的指标。为使这一规划得到落实，邮电部在 1970 年上半年，相继召开了全国电视专业会议、广播战备座谈会和全国战备电信会议。在全国战备电信会议上，邮电部明确提出邮电战备工作要做到“六通”“五保证”。“六通”，就是电话、电报、传真、传数据、广播和彩色电视要通。“五保证”，就是保证毛泽东主席的指挥畅通，保证中共中央的指挥畅通，保证中央军委的指挥畅通，保证各级军区和革命委员会的指挥畅通，保证在任何情况下都能够做到迅速、准确、保密、不间断。各军区和省、市、自治区，根据规划的原则精神及赋予的任务，通过召开会议很快将任务要求部署下去。部分省、市、自治区承担的建设项目，在当年上半年便开工建设。7 月，沈阳军区组织东北三省实施北京到东北三省的微波干线工程——“208”工程。各省的任务是包建“208”工程省区段的土建、安装和电力工程。北京至沈阳段在 8 月 1 日前完成，沈阳至哈尔滨段 10 月 1 日完成。

5 年战备通信网建设的前 3 年，即 1970 ~ 1972 年，全国邮电基本建设严格执行“平战结合，以战为主”“军民两用，以军为主”的方针，“基本建设还是取得了较大成绩”，但通信战备网建设也存在严重的问题。主要是“对电缆、微波干线这样复杂的通信工程，既缺乏周密的调查研究，又未对设计进行科学论证，不按基建程序办事，而是以大搞群众运动一哄而上的办法来进行的。不少项目完工后，技术不合格，不能投产使用，形不成通信能力”。在路线选择和施工方法上，执行了“山、散、洞”的方针，“远离了大道，该进城市的不进城，不能接联城市市内电信设施，不能充分发挥作用；又因所选路由高山、密林、沼泽泥潭、山沟小路，造成长期维护不便。所建数万公里明线，有 1/3 因故未建成，半途而废，建成并发挥作用的约有 1/5”，所建微波线路 7400 公里，后来有相当一部分重新施工。“全国有 1/5 微波站建成后,因路由不合理或站址不适宜而报废。所建电缆干线,能用于邮电通信的不到1/3,没有体现改变邮电通信落后面貌的精神,使国家不得不进行改建、补建和重建,加大了投资,推迟了时间。”①在战备通信网建设的过程中,其他方面的通信战备工作也以临战状态全面展开。

五、国家储备物资的应战措施

珍宝岛事件发生后,国家不仅动用战略储备物资用于军工生产等战备急需,而且首次将储存在东北、内蒙古、宁夏等北部边境省份的国家战略储备物资向内地转移,同时进一步加大了国家战略物资储备的力度。

(一)储备物资的紧急调用

1969年3月22日~11月19日,在近8个月的时间里,经国务院、国家计委批准,国家物资部先后11次借用、调拨、动用国家战略储备物资18.8万多吨,为国家8个部、3个市(县)解决了汽车、造船、生产交通运输等方面的急需。1969年12月31日~1970年11月29日,国家物资部在得到国务院领导批准后,又先后25次借用、调拨国家储备物资8万多吨,为国家9个部、局和南京、广西解决了经济建设、国防建设、军工生产、出口援外等各方面的急需。

在国家粮食储备方面,1969年3月以后,中央军委将大批部队调往“三北地区”,使“三北地区”的粮食供应骤然紧张起来。在内蒙古自治区个别地方出现部队买不上粮、吃不上饭的严重情况。11月,集宁市需军粮100万斤,而10月底全市仅库存面粉96万斤、小米2万斤、莜面29万斤,仅民供销售量就需350万斤,军供难以解决。11月,察右后旗土牧尔台需军粮50万斤,而库存仅有面粉11万斤、小米9万斤、大米50万斤。在这种情况下,国家向“三北地区”紧急调拨了大量粮食。仅兰州市东方红粮库一地,国家在5月份就向该粮库调拨粮食4000万斤,6月份又从秦皇岛向该粮库调入进口粮4000万斤。

① 《当代中国的邮电事业》,第72~77页,当代中国出版社1993年版。

同时，甘肃省也向该粮库紧急调进粮食2000万斤，为储存这些粮食，该粮库征用面粉厂东墙外居民空地9000平方米，另征用面粉厂东墙外居民区10000平方米。

（二）储备物资的转移和疏散

1969年8月28日，中共中央发布备战命令后，国家战略储备物资、国家储备粮油和备战商品，均在国家有关部门组织下进行了转移和疏散。

1969年9月下旬，国务院决定将存放在东北、内蒙古、宁夏地区的国家战略储备物资紧急向内地转移。这一战备措施涉及河北、河南、湖北、湖南、山西、内蒙古、甘肃、陕西、四川、辽宁、吉林、黑龙江、青海、贵州、宁夏等15个省、自治区。经过一段时间的筹划准备，国家物资部于10月19～20日，在北京召开有上述15个省、自治区物资储备部门负责人参加的紧急会议。会上，物资部军管会生产指挥部负责人袁宝华传达了国务院关于部分国家战略储备物资向腹心地区转移的指示，对物资转移工作进行了全面部署。整个疏散转移工作计划在12月上旬完成。这次会议之后，一场大规模的国家战略储备物资转移工作全面展开。截至10月底，有任务的15个省、自治区的储备部门干部职工，“以战斗的姿态，用最快的速度，均已完成或提前完成了10月下旬的发运和接收物资任务”。

在国家物资部将“三北地区”的战略储备物资部分转移到内地的同时，国家粮食部、商业部从有利于防护和使用的角度，组织“三北地区”各省、市、自治区，将国家计划储存的粮食和战备商品进行了疏散配置。从1969年9月4日开始，根据甘肃省粮食局的指示，兰州市粮食公司将国库存放的3500万斤成品粮，疏散到全市146个粮站，同时在一些较大的厂矿、企业、机关单位、大专院校分散储备成品粮3500万斤。同期，甘肃省商业厅也组织进行战备商品的疏散。当时，该省库存商品10.4万吨，约为3个季度的供应量。其中比较重要的商品占70%左右，除在兰州留1个季度的销量库存外，将超出的5万吨物资，疏散到榆中清水、柳沟河一带。疏散的办法：按供应渠道，采取预拨1969年第四季度和1970年上半年的商品指标进行疏散。为在7天时间里疏散这些商品,仅计划动员的汽车就有3000辆。1970年4月底,河北省张家口、承德、邯郸、邢台4个地区,代省储备物资有177种,97种已下放到点。其中,承德地区下放81.9%,邢台地区下放73.9%,邯郸地区下放63.5%,张家口地区下放37.5%。这些物资分存到199个点,其中食盐113个点。

(三)作战物资的战场预置

紧急战备高潮时,由于对苏作战方案已经确定,大量预定参战的部队已经到达指定的作战区域,尤其是“三北地区”更是大军云集。因此,军政各有关方面加强了作战物资的战场预置。

1971年9月22日,兰州军区后勤部在兰州友谊饭店召集陕西、甘肃、宁夏、青海4省区生产指挥部和商业、粮食部门,以及各省军区后勤部的负责人,共同研究了战时支前的问题。会议最终商定:抓紧落实粮食储备、组建加油站。具体任务为:陕西省给陕北地区调运粮食5000万斤,甘肃省往兰州以北至景泰调运粮食1000万斤。为确保作战部队粮食供应,请地方从甲字粮或“506”储备中调整粮食布局,调整时黄豆、食油、马料都要按比例储备。甘肃、青海、宁夏、陕西4省区共建33个加油站,每站储汽油300~500吨。另外,还要求储备药材和解决部队吃水、吃菜、马草等供应问题。9月27日,陕西省革命委员会商业局在《关于战备存油及设立供应点的安排意见的报告》中提出,省军区指定设立的26个供油点中,有8个点可以达到要求,其余18个点,没有存油设备,计划分两期由省燃料公司负责,安装油罐9000立方米,可装油6750吨。

1971年12月7日,陕西省革命委员会、陕西省军区下达陕北战场作战物资储备计划。计划规定:根据预计的部队数量和作战时间,对部队需要的主副食、油料、肉类、蔬菜、煤炭进行预储。其中,主副食按数十万人、数月的需要量,分别储存在榆林、延安地区的51个点。油料按数千台车、数个月的需要量,分别储存在松林、延安、渭南和铜川的26个点上。1972年1~4月,陕西省战勤办、商业局和燃料公司组成检查组，到延安、榆林、渭南、铜川等四地（市）的30个县，60个储备点，检查了解各地“战场作战物资储备、医疗保障计划”的执行情况。检查组了解到的情况是：计划在延安、榆林两地储备粮食为3600万斤。经过1971年11月中旬~3月底的紧急调运，榆林地区所有储备点和延安以北地区储备点的粮食基本调齐，调进粮食1624万斤，共落实储备粮2339万斤，占任务的65%，后续的调运工作还在继续进行。副食储备任务为126万斤，已落实117万斤，占任务的93%。未落实部分，已告各地粮食局就地划转备齐。马料储备任务324万斤，已落实295万斤，占任务的91%。食盐储备任务90万斤，由省商业局从本省储备盐中划转储存。马草储备：榆林地区落实比较好，除一个点没有落实外，其他各储备点均已划定储存，并由粮食部门付给10%的保管费。陕北战场车辆机械用油共需储备2.915万吨，设置油库26处，除原有的8处库和延川永坪炼油厂的油罐可供储油外，还需新建油库17处。陕北51个储备点，都各配备65型小钢磨2台，所需柴油机除24个点解决外，尚有延安地区27个点没有配齐。

1972年9月11~15日，陕西省革委会商业局、陕西省军区后勤部、陕西省革委会战备领导小组战勤办公室，在西安召开了战备粮油马草管理工作座谈会。此时，陕西省已经按计划完成了战备粮油储存定点、调运和划转任务，并基本上进行了配套。由于各级党委的重视，粮食部门广大职工的积极努力，粮油储存基本安全。据不完全统计，安全粮食占90%以上，安全油占95%以上，全省有储备任务的256个粮站中，203个粮站的管理工作搞得比较好，如延安县青化粮站的职工，发扬自力更生，艰苦奋斗的革命精神，自己动手，腾仓并库，搭盖简易仓棚，很快完成了战备粮油接收任务。

（四）物资储备的进一步加强

战备动员高潮时期，国家有关方面从准备打仗的需要出发，在进行储备物资的调用和转移疏散的同时，进一步加大了战略物资、战备粮油和战备商品的储备力度。

在国家战略物资储备方面,1969～1970年,正值第三个五年战略物资储备计划收尾和第四个五年战略物资储备计划启动之际。1969年12月上旬,国家对1970年的国家战略物资储备仓库建设做出安排。总的思想是:国家储备仓库建设必须立足战争,适应国防建设、军工生产和战略物资储备需要;改变储备仓库布局,加快三线仓库建设,适应战争的需要。据此,国家物资储备局计划在1970年投资8000万元,安排46个储备仓库建设项目。此外,在三线地区投资4040万元进行储备仓库建设。到1970年年底,除综合库建设基本完成计划指标外,油库建设只完成"三五"计划的42%,火炸药库建设只完成"三五"计划的57%。因此,火炸药、油料均没有按时完成收储任务。

1970年9月中旬,国家物资部门下达了第四个五年战略物资储备和仓库建设计划。该计划根据国民经济发展第四个五年计划"要积极增加战略物资的储备"的要求,确定第四个五年战略物资储备的方针是:从战备出发,立足于打,以军用、军工为主,统一计划,分工管理,多快好省办储备。储备的主要任务是:储备军用主要物资一定时间的用量,以解决战时除正常供应外的紧急需要;同时储备以军工生产为主的工业生产及交通运输方面的关键原材料,以备战时生产、抢修和准备反攻时起一定的应急作用。此时,甘肃省储备的国家战略物资有20多万吨。主要包括:炸药(包括梯恩梯、泰安、二硝基萘)计2.6万吨;汽车2万辆;火药(包括单基药、双基药)6500吨;有色金属(包括铝、锡、铜、汞)1万吨;黑色金属(包括槽钢、角钢、重轨等20多种)计5.2万吨;橡胶1.1万吨;轮胎1.1万套;布匹类(包括军用帆布、细白布)700万米、麻袋60万条;63式自动步枪管2000吨,配套材料8600多吨。按照国家给甘肃省下达的第四个五年战略物资储备的任务,甘肃省要在第四个五年计划期间,储备各种钢材30万吨,有色金属材料5万吨,火炸药5万吨,油料30万吨,汽车6000辆,轮胎1.5万套,氧气瓶5000个,控制电缆1万公里,铜芯铝胶线130吨,铜线150吨,被复线1000公里,橡胶线200公里。1971年年底,国家库存战略储备物资总值71亿元。与1970年相比，有色金属增加近2.4万吨，稀贵金属增加721公斤，火炸药增加6.8万吨，油料增加12万吨，棉布增加3842万米，各种车辆增加1519辆，凿岩机增加500台，有机玻璃增加10吨多。

在战备商品储备方面，1969年和1971年是战备商品储备的高潮期。1969年9月15日，陕西省革命委员会生产组《关于战备工作的报告》称：商业部门的物资储存项目多、数字大、任务重，要加速已经列入计划的汽油库、冷库和各种仓库的建设，增大物资储备。计划在现有物资内先储备汽油5000吨、煤油3000吨，国家已给战备盐2万吨指标，争取1970年6月底再存2万吨，全省民用盐储量基本可食用半年。战备商品主要存于公路沿线，目标是：肉1500吨、蛋35万斤、鱼60万吨、酱菜30万斤、白布100万米、药纱布10万米、棉纱200件、帆布7万米、牛皮3万张、羊皮2万张。其他火柴、毛巾、矿蜡、手电筒、电池、水壶、铁镐等共43种商品也要适量储存。1970年春，河北省商业局对张家口、承德、邯郸、邢台4个地区战备物资落实情况，进行了为期一个月的检查。检查的结果表明，这4个地区代省储备的战备物资共有177种，有52种完成了储备计划，有99种商品完成9%～85%，未储备的26种。28种主要战备物资，有11种完成计划，完成6%～90%的10种，完成30%～50%的6种。其中，食盐计划储备15.1253万吨，完成10.0971万吨。4个地区共有1631万人，按每人每月1斤计算，可食用1年。在此期间，各省、市、自治区均突破了国家商品储备目录的限制，增加了商品储备的种类。1970年，福建省商业系统储备的战备商品有副食品、糖烟酒、日用品、五交化、燃料、医药6大类共90个品种。1971年，随着商品流通体制的调整，原由商业部门统一储备的商品，大部分由医药、煤炭公司和供销社等归口储备，但储备的种类、品种没有太大的变化。

1972年以后，战备形势有所缓和，加上储备资金不落实和市场供应紧张等原因，商业部对战备商品储备的品种数量进行了调整。7月，商业部在其下发的《关于各省、市、自治区战备商品储备管理意见》中规定:战备商品储备,由中央和省两级统筹安排,省以下不搞战备商品储备,凡有储备的一律投放市场供应。同时,在减少战备商品储备品种、数量的基础上,商业部重新拟定了战备商品储备目录,要求各省、市、自治区严格按新的战备商品储备目录储备战备商品,现有储备商品中凡未列入战备商品储备目录的,必须有计划地投入市场。据此,各省、市、自治区减少了战备商品储备的品种、数量。7月31日,甘肃省商业局下发《关于战备商品储备问题的通知》,对战备商品目录调整后的储备工作做出具体规定。《通知》明确:今后战备商品储备,由省商业厅统一计划、统一安排、统一调拨,由有关省公司负责落实,储备地区商业部门(站)负责保管,非经省上批准,不得擅自动用。储备商品所需资金,由各有关省公司和二级站从正常的银行贷款中解决,发生的各项费用从商流费中开支。列入目录的储备商品,由主管省公司负责,分季分月,于1972年年底以前完成储备任务。11月3日,河北省商业局土畜公司在其下发的《关于战备商品转市场销售的通知》中称:全省暂定战储商品52种,涉及土畜产品,只有绵羊皮筒子一种,原储存的牛带草和毛毡不再列入战储商品,可转市场销售。据此精神,全省储存的牛带草1万张,毛毡5万片,就地转市场销售。

在国家战备粮油储备方面,珍宝岛自卫反击作战以后,国家在加大"三北地区""506"战备粮油储备的同时,将"506"战备粮油的储备范围扩大到中原地区,储备总量"连同原有储备总规划为数十亿斤,其中战役储备数十亿斤,战略储备(豫西、陕南、鄂西北、晋南、晋东南)数十亿斤,实际安排数十亿斤"①。1969年8月,粮食部向黑龙江、山西、河北、青海、甘肃、宁夏、内蒙古转发了国务院1965年6月1日批转的《军用战备粮、油、马草管理暂行办法》。各地根据国家储备规划和相关规定,加强了军用战备粮油和马草的储备。当年,广西壮

---

① 总后勤部军需部:《中国人民解放军军需简史》1977~2000,第377页,解放军出版社2004年版。

族自治区桂林专区全面检查了中央储备粮4897万斤，其中保管良好的3369万斤，一般的1528万斤。代国家储备的棉花880担，青麻4000担，黄麻1100担，棕片350担，保管也较好。1970年6月1日，陕西省革命委员会、陕西省军区分配西安、铜川、渭南、咸阳、宝鸡5个地区储存“704”粮食8亿斤（其中大豆4000万斤，马料6000万斤），食油1400万斤，马草6000万斤。粮油从甲字粮油内划转粮食5.5亿斤，食油747万斤，不足部分另行安排调拨。马草由地（市）分配，落实到生产队代储。陕西省革命委员会、陕西省军区要求这部分粮、油，应根据“分散、隐蔽、靠山、机动”的原则，按照平战结合的要求，尽量存在国家库内，也可搞10%左右的土圆仓。所谓“土圆仓”是黑龙江省明水县粮食部门发明的一种简易储备设施，所用的材料主要是草和泥，基本不用钢材、木材和水泥，造价低，财务上又允许在流通费用内支出，不受基建投资限制。此法经1969年全国粮食工作会议推广到全国各地。1971年2月1日，商业部、总后勤部印发《军用战备粮油马草管理办法》，强调战备粮油的动用权属于国务院，平时动用须经国务院批准，由商业部办理手续；战时动用须经军区和省、市、自治区革命委员会决定并及时上报国务院备案。

这一时期，在各级政府的大力支持下，军队如期完成了军需物资储备任务。1969年，总后勤部对“三五”期间储备品种、数量进行了调整补充：寒区被装由数万人份增至数百万人份，储备品种增加线手套、带色风镜、保温水壶套和“三北”特需的棉胶鞋、毡袜子、鸭绒被、毡垫子、毛袜、坑道防潮布等。1970年年底，总后勤部提出的“三五”期间军需物资储备计划全部完成。1971年，总后勤部在“三五”期间储备的基础上，增加被装数万人份，卫生被服4万床位份、马装具1200匹份，野战厨具数千个伙食单位。“到1971年，‘四五’储备达到：被服装具数百万人份（其中寒区被装数百万人份、温区被装数百万人份、热区被装数百万人份）、卫生被服数十万床位份、乘马装具31600匹份、驮马装具35000匹份、海勤特种工作服数十万人份，野战厨具数万个伙食单位、压力锅4000口、汽油炉5700个、班用套锅

15000 套、保温桶 6 万个、各种食品 250 万斤、固体燃料 20 万斤,还有其他地区性被装。”①

六、“全民办后勤”运动

1969 年 5 月,在初步完成珍宝岛自卫反击作战支前保障后,黑龙江省从全民防御的目的出发,调动各方力量加强后方基地建设,当年就形成了由物资储备供应网、军工生产网、装备修配网、交通运输网、医疗救护网、战勤服务网等构成的后勤保障体系。1970 年年初,总后勤部和国家商业部、粮食部共同组织“三北”各省、区的财贸、商业、粮食部门和军区、省军区后勤部门的人员,到黑龙江省参观考察了解“全民办后勤”的情况。总后勤部在考察后向中央军委办事组呈报《军民结合,全民办后勤》的调查报告,认为,“黑龙江省全民办后勤的基本经验具有普遍意义”,值得在全国特别是在“三北地区”推广。4 月 10 日,中央军委向全国推广了黑龙江省“全民办后勤”的做法。此后,各地按照中央军委“军民结合,全民办后勤”的指示和黑龙江省“全民办后勤”的做法,兴起一场“全民办后勤”运动。

(一)东北地区“全民办后勤”

按照总后勤部的考察结论,黑龙江省的“全民办后勤”主要由四个方面构成:利用国家的商业、粮食供应网点,加大库存品种、数量;按照作战部署,在边境重点地区设置供应站,在纵深地区设中转站,在后方基地设储备库;社社、队队都搞储备;发动群众,家家户户储备粮食、蔬菜和猪肉等。通往边防的交通要道,设立了 21 个接待站和加油站;沿线的社、队都做好了就地就近设饮水、修鞋、缝补等服务站的准备,还有一些农家落实了接待过往部队住宿的“战勤炕”。战区“全民办后勤”有两个层次的目标指向。一个是指向战术层次,即准备战时与作战部队后勤部门和保障分队协同,参与对作战部队实施直接

---

① 总后勤部军需部:《中国人民解放军军需简史》1977 ~ 2000,第 371 页,解放军出版社 2004 年版。

保障。另一个是指向战役层次，即战时接受战区后勤部和后勤分部的指挥，承担战役后勤的保障任务，其中一部分按军区下达的组（扩）编方案，直接补入战役后勤按“两个寓于”组成的保障“架子”部（分）队，人员、装备列入军队编制；另一部分作为政府的支前力量，承担战役后勤的支援保障任务。沈阳军区下达战区战时组（扩）编计划以前，沈阳军区后勤部会同黑龙江省政府有关部门，对该省支前准备工作的一些好的做法进行调查、研究、总结，将总结的“军民结合，全民办后勤”的经验推荐给吉林、辽宁省。真正与黑龙江、吉林、辽宁省共同协作抓动员、组织落实的工作还没有全面展开。在中央军委办事组转发黑龙江的经验、沈阳军区下达战区组（扩）编计划之后，沈阳军区后勤部开始组织机关人员与黑龙江、吉林、辽宁省政府和省军区联系，共同研究“全民办后勤”和战役后勤部队组（扩）编的动员问题。在经反复协商、统一认识的基础上，逐步建立和完善了以省政府为中心，有军区后勤部（含驻省的分部）、省军区参加的联席会议制度，正式建立军区后勤部司令部与省战备办公室、省军区后勤部有关业务部与省政府有关部门的对口工作关系。经过反复实践、摸索，基本形成了以省政府为领导，以政府系统为主体，由军区后勤部（分部）、省军区后勤部相协助的“军民结合，全民办后勤”的工作体制。此外，沈阳军区还按省政府、军区后勤、省军区的协作模式，先后建立了地（市）级政府、后勤分部、军分区之间的组织、协作、工作关系，确立县人武部、战役后勤部队之间的关系和具体落实措施。在这个制度框架下，沈阳军区后勤部司令部与黑龙江、吉林、辽宁省统计部门建立了信息联系制度。按照该制度，黑龙江、吉林、辽宁省统计部门除每年末向沈阳军区后勤部提供工农业经济综合统计年鉴外，在沈阳军区后勤部制订和调整动员计划时，黑龙江、吉林、辽宁省统计部门还应邀为沈阳军区提供国民经济发展计划资料，并对动员计划提出咨询和建议，使动员计划建立在切实可行的基础之上。为随时掌握地方经济动态，经协商，黑龙江、吉林、辽宁省年度计划工作会议，都邀请沈阳军区后勤部司令部派员参加，并提供主要的会议文件资料。

各后勤分部根据战役作战保障方案,在地方政府和人武部门的支持下,组织各有关仓库,分片按调查提纲,有计划地对未来展开地域的地形、交通、气象、工农业生产、供应网点等及有关资源进行了普遍、翔实的调查,整理印制了各战役方向的兵要地志,与地方政府共同研究,落实后勤部队的组(扩)编计划和地方力量的动员、支前工作,并对战时展开兵站线的沿线附近的就近支前问题做了重点部署。"军民结合,全民办后勤"和"两个寓于"将战役战备工作推向了一个新的高度,取得了很好的实效,总结了不少经验。但在有些问题上也有失之偏颇的缺陷,特别是各级政府为此花费了相当大的精力,在后方基地建设、战备物资储备、三线建设等方面投入了不少经费和物资,对地方经济的发展带来了某些负面影响。

(二)战时生产和物资基地建设

1969 年和 1970 年,东北 3 省从城市迁往后方基地并建成投产的工厂有 208 座。其中军工厂 9 座、机械加工厂 75 座、日用品厂 82 座、纺织被服厂 30 座、食品加工厂 8 座、制药厂 4 座。同时还在后方基地建设"六小企业"即小煤窑、小化肥、小水泥、小电站、小钢铁、小药厂 3000 多个。1970 年 6 月,吉林省已在南北两线建立了 13 座战备库,有计划地储备了医药、棉花、棉布、五交化、日用工业品、锹镐、农药、马草、肉类和其他副食品等主要物资 200 余种,金额达 5206 万元。吉林省的目标是:建立商业战备物资储备供应网,以做到战时前线有供应点,后方有储备库。在网点的建立上,以原有的二、三线站、供销社、分销店商业网点为基础,组建编成战时商品供应网。根据战场的位置,战争的规模,设置临时的军需、民用相结合的支前物资供应站和流动售货组。在战时每个基层供销社要在接近战斗的前线设立 1 ~2个综合性的支前物资供应站和加油站,分销店要成立流动售货组。地、县商业部门要保证战时前线物资调拨和运输,也可以成立前线物资供应站。军用的大批物资和战略性物资,可直接从地区二线站或战备库调拨。到 1970 年年底,东北 3 省已储备 56. 6 亿斤粮食、1. 8 亿元的日用工业品、1100 多万元的药品、2. 9 亿斤副食品、6500 万斤马草。

这一时期,华北、西北各省、市、自治区的战时生产和物资基地建设,也在“全民办后勤”运动的推动下进展迅速。当时,河北省张家口市是北京军区防御的重点地区之一。在“全民办后勤”运动开展前,张家口市就集体和户挖粮食洞、窑2.3914万个,可储存粮食2566万斤。1970年,张家口市为了保证战时军需民用,代国家储粮1亿多斤;地区、集体储粮3亿多斤和一大批物资。这些粮物分存在前、后方和纵深地带的190个储备点上,“不战不动,无荒不用”,形成前方有储备供应点,纵深有集散点,后方有储备库,地上和地下、集体和群众、储备和加工相结合的物资储备供应网。1970年,甘肃省革命委员会生产指挥部根据《甘肃省全民办后勤规划》,共储有棉花、棉布、食盐、药品等73种,价值3700万元。到1971年9月13日,甘肃省战备商品储备包括食品、农副产品、百货纺织、药品、其他5大类40种。并且代商业部储备食盐2.1万吨,棉花318181担,大麻23444担,苇席80万张,楠竹1万根,八角200担,松香1.4吨。

(三)战时运输力量的预建预储

1970年9月17日,北京军区后勤部在通知中规定:全区所有军、地各级油库(站)都是战时油料供应网的组成部分。为了保证反侵略战争的胜利,战时必须军地结合,全面动员,统一组织实施对作战部队和支前车辆的油料供应,保证部队走到哪里,油料就供应到哪里。战时油料供应办法:本着方便部队,简化手续,严密制度的原则,由北京军区后勤部供应部印制全区“战时通用油票”,油料不分品种,统一规定一个价格,战时军地油库凭票发油,地方由省商业局定期汇总,统一与北京军区后勤部供应部结算。为了在主要作战方向和公路干线上,弥补军地油库分布的空白点,商定先在河北、山西省内尽快建立14个战时加油站。当年,张家口市为确保战时的前运后送,在检修原有公路的基础上,新建了8条战备公路,组建了有3.19万多人的护路护桥队伍,成立了10个战备运输团,并对汽车、拖拉机和马车进行了分类编组。初步形成了干线与支线、机动车与马车、畜驮与人背、专业车与群众运输相结合的交通运输网。此外,张家口市还划分了从前方到后方,从坝上到坝下的 4 条修理线,明确了 14 个修理厂,组建了流动修理队和固定修理点。同年年底,东北 3 省组织了 7 万多铁路民兵和 24 万沿线群众的“路社联防”护路队伍,铁路局和分局都修建了地下指挥所、机车隐蔽所。东北 3 省共动员落实了民兵汽车团 34 个,汽车 1 万余辆。

(四)战时医疗卫生动员准备

1970 年 8 月 21 日,《人民日报》以“用战备观点发展农村医疗卫生事业”为题,刊登了衡阳县革委会、人武部、新华社记者联合调查组在湖南衡阳县上峰公社的调查报告。文章称:“上峰公社遵照伟大领袖毛主席‘备战、备荒、为人民’的伟大战略方针,在中国人民解放军某部农村卫生工作队的帮助下,大搞群众运动,用战备观点发展农村医疗卫生事业。经过一年多来的努力,已初步建立起一个要医有医,要药有药,平时能防病治病,战时能救护伤员的农村医疗卫生网。”“现在,全公社已培训了一支以基干民兵为骨干的 1500 余人的医疗卫生大军,组成了公社、大队、生产队三级防治、救护网;全社 8 个大队,队队办起了土药房,91 个生产队,队队办起了草药室,公社中草药加工厂还成功地试制了许多膏、丹、丸、散、酊。全公社 7000 多人,有 25% 的人基本学会了新针疗法。所有的赤脚医生①、生产队卫生班长、家庭卫生员以及基干民兵、部分社队干部,还学会了止血、包扎、骨折固定、搬运伤员等战时救护技术,一旦打起仗来,就可以处处有救护,户户设病床。”②

1970 年,河北省张家口市建立前方医疗队(组)68 个,后方野战医院 19 个,三防医疗队 10 个。万全县红庙大队是张家口地区较早进行战时医疗卫生动员准备的单位。此时,已经建成地下转运站、

---

① 当时农村中兼职的卫生工作者。

② 《用战备观点发展农村医疗卫生事业》,载《人民日报》1970-08-21。原载《红旗》1970 年第 9 期。

地下医院和土药厂，培训了野战外科手术队，组织了担架队、输血队，训练了战备卫生员、护理员、针灸员。截至1971年10月，据不完全统计，河北省共建后方医院和战备医院200多个，地下医院也有不同程度的发展。还组织了一定数量的救护所、站、队、三防队、担架队、输血队。为民兵队伍配备了卫生人员。群众性的三防知识、四大技术的普及更加深入，家庭护理员、针灸员也有新的发展。野战外科骨干力量的培训大为加强。仅张家口、承德、天津、沧州、石家庄、邢台、唐山7个地区的统计，新培训的野战外科骨干就有9600余人。承德地区已有20%的公社建立起赤脚医生手术队，其中隆化县已有50%的公社有了外科手术组。唐山地区培训赤脚医生外科人员1300余人，组成外科手术队400余个，一个适应战备需要的群众性的各级战备医疗救护网，已初步形成。此后，河北省又投资118万元，在邯郸武安、邢台将军墓、石家庄平山各建一所100张床位的战备医院。其中，平山战备医院有为省革委机关后方基地服务的任务。组建3个战备医院的人员共359人(其中包括工勤人员28人)。均从新医大学所属各医院下放人员中挑选，平时为三线厂矿工人和贫下中农服务，战时为战备服务。1970年年底，东北三省医疗救护网已落实床位10万多张，后方和野战医院172个，专科手术队73个，三省70%以上的县、80%的社队实现了合作医疗，培养赤脚医生7万多名，卫生员24万余名。各地在开展全民办后勤运动中，普遍进行了战时医疗卫生的动员准备。同年，吉林省组织长春卫生材料厂生产战备储备急救包10万个，到1971年12月，共生产38万个，半成品6万个。1972年，鉴于战备急救包平时用量很小，而且保存期只有3～4年，为避免国家财产遭受损失，吉林省停止了战备储备急救包的生产，对原套机器设备进行封存，已生产的急救包全部作为战备储备。当年，吉林省还在该省三线地区的永吉、磐石、辉南、柳河安排了"医药战备暖库"建设，每个暖库1000平方米，投资12万元左右。

第三节　大规模战备动员后期
(1972.12～1978.12)

起点:1972 年 12 月,三年国防工业建设计划结束。

截点:1978 年 12 月,中共十一届三中全会召开前。

1972 年 12 月,持续 3 年之久的国防工业建设即“大军工规划”基本完成,全国战备动员高潮也告一段落。但针对苏联的全国性战备动员却没有结束,军队应战准备对国民经济动员的需求也没有明显的降低,大规模的国民经济应战动员准备仍在继续,直到 1978 年中共十一届三中全会召开后,经过重大的调整、压缩,才逐步回归到和平建设轨道。此次战备动员,虽因需求过高,超出国家财力、物力的限度,并且受到“文化大革命”的严重冲击,而成为不可能完成的任务,客观上也给国家经济建设造成严重的不利影响。但长期临战式的战备动员,却使举国体制的国民经济动员优势尽显,各级党委、政府及国民经济动员系统,也因此对现代条件下的国民经济动员形成了比较完整的认识,并且全面掌握了大规模战争国民经济动员准备的思想方法,不仅为国家应对战争建立了比较雄厚的物质基础,也把计划经济条件下的国民经济动员建设推向了最高峰。

一、中共中央决定继续加强战备动员

20 世纪 70 年代初,随着中美关系正常化、中日外交关系的建立,以及中苏边境谈判的重启,新中国的安全环境有了很大的改善。但是,苏联对中国的战争威胁仍然没有解除,中、苏两国军队在边境地区的对峙局面仍在继续。在这种情况下,中共中央、国务院、中央军委决定继续加强针对苏联的反侵略战争准备及战争动员准备。

(一)“四五”计划坚持以备战为中心

1970 年 2 月 15 日～3 月 21 日,国务院召开全国计划工作会议。

会议讨论了国家计委初步拟定的《国民经济发展第四个五年计划纲要(草案)》。同年9月,在中共九届二中全会上,“四五”计划纲要草案作为参考文件印发与会者。1971年3月,中共中央在批转1971年国民经济计划时,“四五”计划纲要草案的部分内容也作为附件下发各省、市、自治区征求意见。

1973年第一季度,全国计划工作会议在北京召开。会议的主要任务是研究修订“四五”计划。会上,与会的部分人员对多年来以备战为重点的经济计划方针提出质疑,建议按照先农业、后轻工业、再重工业的顺序,对“四五”计划进行大的调整,缩短过长的基本建设战线,降低过高的国防经费支出,以便于国民经济的尽快恢复。但是,这方面的意见没有得到采纳。这次计划会议的主导思想,仍然坚持以备战为中心。1973年7月,国家计委形成了“四五”计划纲要修正草案,提出“要与帝修反抢时间,争速度”,大力加强国防建设,狠抓战备,集中力量建设全国的战略后方;建立不同水平、各有特点、各自为战、大力协同的经济协作区;同时要高速度发展钢铁工业,许多地县都要建立小矿山、小铁厂、小钢厂,形成大中小结合,星罗棋布的钢铁工业布局;粮食不足的省、区要尽快做到粮食自给有余,扭转南粮北运。

(二)“十大”提出继续准备反侵略战争

1973年8月24~28日,中国共产党第十次全国代表大会在北京举行。8月24日,周恩来总理在报告中指出:当前国际形势的特点,是天下大乱,“山雨欲来风满楼”。“缓和是暂时的、表面的现象,大乱还将继续下去。”“中国没有侵占别国的领土,难道要中国把长城以北统统让给苏修,才算表示我们赞成缓和世界局势,愿意改善中苏关系吗?中国人民是骗不了、吓不倒的。中苏之间的原则争论不应妨碍两国关系在和平共处五项原则基础上的正常化,中苏边界问题应在不受任何威胁的情况下通过谈判和平解决。‘人不犯我,我不犯人,人若犯我,我必犯人’,这是我们的一贯原则。我们说话是算数的。”“我们必须坚持毛主席关于‘备战、备荒、为人民’,‘深挖洞、广积粮、不称霸’的教导,对帝国主义可能发动的侵略战争,特别对苏修社会帝国主义对我国发动突然袭击,保持高度警惕,做好一切准备。英雄的人民解放军和广大民兵要随时准备歼灭入侵之敌。”①

1973 年 9 月 11 日,中共中央、中央军委下达《认真检查落实几项战备工作》的指示,要求“各省、市、自治区党委和各军区党委要在传达贯彻党的十大精神的基础上,狠抓一下军队和地方的战备工作,结合形势,切实搞好战备思想教育,克服和平麻痹思想,坚持常备不懈”。检查的内容包括“检查战斗实力”“海边防地区的设防工事”“城市防卫”“民兵建设”“国防工业和小三线的军工生产”“战备训练”“战时交通运输保障计划的制订和落实情况”。根据中共中央、中央军委的上述指示,各省、市、自治区对战备工作进行了一次全面检查,并进一步加强了各项战备措施。

二、战略后方建设的继续推进

按照国民经济发展第四个五年计划纲要的规定,国家在“四五”计划期间,继续大力推进战略后方建设,并且扩大了战略后方建设的规模,使工业动员特别是国防工业动员的基础建设水平和动员能力得到进一步提升。

(一)国防工业管理体制的调整

1973 年 9 月 10 日,国务院、中央军委下达《关于成立国务院国防工业办公室的通知》。《通知》指出:为了加强对国防工业的统一领导,经中央批准,成立国务院国防工业办公室,受国务院、中央军委领导,以国务院为主。主要任务是对国防工业的生产、建设和科研,进行统筹规划,全面安排,组织执行。中央军委国防工业领导小组及其办公室,即行撤销。10 月 1 日,国务院国防工业办公室开始办公。11 月 16 日,国务院、中央军委下发《关于抓紧军工生产的通知》。《通知》指出:国防工业管理体制正在调整,望各省、市、自治区加强对国

---

① 1973 年 8 月 24 日,周恩来《在中国共产党第十次全国代表大会上的报告》。

防工业的领导，注意衔接，严防脱节。在新的机构未成立以前，原有管理国防工业的机构和干部要坚守岗位，认真负责地做好工作。

1973 年 11 月 21 日，中共广东省委发出《关于调整我省国防工业管理体制的通知》，决定将国防工业由省军区移交政府管理，省革委会成立国防工业办公室。“省国防工业办公室与省工交办公室合署办公，两个牌子一套机构，由省工交党委统一领导。”[①]1974 年年初，广东省军工局正式成立，下设组织处、宣传处、保卫处、基建处、劳动工资处、技术处、计划财务处、常规武器处、造船工业处。1974 年 1 月 1 日，甘肃省革命委员会国防工业办公室正式成立。“1974 年 1 月～1975 年年底，国防工办下设政治部、办公室、计划生产处、技术处、科研处、基本建设处、财务处、物资处、军工动员处。全工办编制 120 人。”[②]

1974 年 5 月 1 日，为了“充分发挥中央和地方两个积极性，整顿好国防工业，加强国防工业的发展”，国务院、中央军委决定将第三、第四、第五、第六机械工业部，由中央军委领导改由国务院直接领导。为此，撤销中央军委国防工业领导小组和航空、造船、常规兵器、电讯 4 个领导小组。同时，将第三、第四、第五、第六机械工业部的直属企业、国防工业的高等院校和其他学校，下放给省、市、自治区，实行地方和军队双重领导，以地方为主。在省、市、自治区革命委员会内，设立国防工业办公室或相应机构。撤销各大军区管理国防工业的机构。1975 年 5 月，国务院批准第五机械工业部重新设立司局机构。据此，第五机械工业部恢复了综合计划局及下属的动员计划处。

1977 年 12 月全国计划会议期间，国务院国防工业办公室邀请部分省、市、自治区党委书记座谈国防工业体制问题。之后，国务院国防工业办公室又多次征求有关方面的意见。12 月 21 日，经国务院批准，第五机械工业部恢复第七局建制，负责地方军工、军工动员、民爆

① 《广东省志·军事工业志》，第 156 页，广东人民出版社 1995 年版。
② 《甘肃省志·军事工业志》，第 289 页，甘肃人民出版社 1992 年版。

器材的业务管理工作。该局下设动员计划处。1978 年 9 月 26 日,国务院、中央军委批转国务院国防工业办公室关于调整国防工业管理体制的请示报告,规定:国防工业重点企业、事业单位以及重要配套工厂,实行中央主管部和地方双重领导,以部为主。其余单位和小三线军工企业,由地方管理。各省、市、自治区设立"国防工业办公室",作为省、市、自治区党委和革命委员会管理国防工业的办事机构,按照中央部和地方的分工,对本地区的国防工业企、事业单位的党政和业务工作进行统一管理,直接对省、市、自治区党委和革命委员会负责;在业务工作上同时接受国务院国防工业办公室领导。国防工业比较多的省、市,应有一位书记或副书记分工专管国防工业。同年,广东省军工局(第二机械工业局)下设组织处、宣传处、保卫处、常规兵器处、造船处、科技处、动员处、基建处、物资公司、办公室。

(二)"大军工规划"建设的继续

战备动员后期,"大军工规划"仍在继续执行,除少量项目停、缓建外,总体规模仍然较大,并且从西南的四川、贵州、云南和西北的陕西、甘肃,逐步扩展到中南的河南、湖北和湖南的西部地区。使战略后方建设从原计划的 5 个省扩大到 8 个省。这 8 个省的土地面积占全国总面积的 1/4,人口数量占全国人口总数的 40%。

"四五"时期,中央军委赋予国防工业的任务为:国防工业计划"四五"期间新增飞机生产能力 750～770 架;造船能力从 1970 年的 34 万吨,增长到 1975 年的 65.4 万吨,新增生产能力 31.4 万吨;坦克新增生产能力 3000 辆,5 年增长 278%;炸药增加生产能力 49.2 万吨,增长 3 倍多;常规兵器,力争在各战略区建成不同水平、不同规模、成龙配套、独立完整的现代化常规兵器工业体系。1971 年 9 月 8 日,国务院国防工业办公室在给中共中央、中央军委的报告中称:各部"四五"规划共需投资 180 亿元,但 1971 年和 1972 年预计只能完成 50 亿元左右,后 3 年将要完成 120 亿元左右,任务是艰巨的。

1973 年 9 月 11 日,中共中央、中央军委关于《认真检查落实几项战备工作》的指示下达后,国务院有关部门、各军区和各省、市、自治区均对国防工业进行了一次大检查。检查的情况表明:“生产形势不好。”四川有82.9%的生产厂没有达到设计能力,有50%的企业亏损。截至10月底,仅完成年计划的57.8%,预计全年只能完成计划的70%~80%。西北地区有10%~15%的企业领导班子问题没有解决,影响生产比较大。11月16日,国务院、中央军委发出《关于抓紧军工生产的通知》。《通知》称:“苏修亡我之心不死”,形势和时间都要求我们必须加强战备观念,加速发展军工生产,力争完成和超额完成今年生产计划,适应战争和援外的需要。国务院、中央军委请各省、市、自治区党委对军工生产和承担军工协作配套任务的工厂进行一次检查,督促他们完成和超额完成国家计划,并切实做好明年的生产准备工作。

1975年8月3日,中央军委副主席邓小平在国防工业重点企业会议上,要求国防工业注意军工产品的质量问题。邓小平指出:这个问题很重要,特别是军工产品。在战场上关键时刻有几发炮弹打不响,就可能影响整个战斗。现在的军工产品是现代化的武器,更要注意这个问题。我最近看到一些材料,说有多少国防工厂完成产值多少,产品质量好的和比较好的达到95%以上。你们切不可满足于这些数字,这个话以后少讲为好。说产品质量大多数是好的,这不解决问题,有时恰恰在1%甚至0.5%里面,关键产品、关键零件出了问题。国防工办要注意这个问题。质量问题与建立规章制度有关。没有必要的责任制度,质量难于保证,这方面要很好地整顿。同时,也要请管国防工业的同志把科研工作抓紧,因为现在确实有好多军工产品,由于技术没有过关而不能正常生产。① 当年,国家用于三线地区国防工业和科研基本建设的投资累计已达200余亿元,占同期三线地区基本建设投资中预算内投资总额的18.6%,占同期工业基本建设投资的1/4强。先后建成了297个工厂、42个研究院(所),形成了年工业产值130亿元的生产能力。重兵器、坦克车辆、高级歼击机和战略武

---

① 参见《邓小平文选》第2卷,第26页,人民出版社1994年版。

器的生产能力已经基本形成。此时,三线地区的兵器工业生产能力约占全国的50%,航空工业生产能力占全国的2/3。核工业从无到有,得到了全面发展,新兴科技——宇航工业也得到了飞速的发展,电子工业建成了用于微波导航、低空警戒、潜艇攻击、大中型炮瞄、跟踪的雷达及一些尖端电子产品的生产能力。同时,国家还在三线地区建设了战略武器的科研、生产、试验等基地。三线地区国防工业的固定资产原值和净值,主要产品的生产能力、技术力量和设备水平等都已超过一、二线地区。这就从根本上改变了中国武器装备的生产原来主要靠一、二线的局面,大大改善了国防工业的生产布局,提高了国防工业生产能力,为战时国防动员打下了厚重的基础。

与此同时,与三线地区国防工业配套的各项建设也有了很大的进展。在交通运输方面,至1975年,国家累计完成的交通、邮电基建投资,占同期三线地区基本建设投资总额的20%左右。其中,铁路建设投资占70%多。在原材料工业方面,到1975年,冶金、化工、建材等原材料工业部门累计投资达260多亿元,占同期三线地区全部工业投资的1/3强。其中,冶金工业投资最多,占全部工业基本建设投资的22%左右,冶金工业中钢铁工业投资占50%以上。在化学工业方面,至1975年,四川化学工业累计投资17亿元左右,占同期三线地区全部化学工业基本建设投资总额的24%左右。贵州、云南两省合计磷矿石产量从1964年的29.17万吨,增至1975年的378万吨,成为全国磷矿石的主要供应基地。在能源工业方面,到1975年国家累计投资约210亿元,占同期三线地区全部工业基本建设投资的28%左右,形成了西南地区以六盘水为中心、西北地区以渭北为中心的两大新的煤炭生产基地。1975年六盘水矿区生产原煤300万吨左右,占当年贵州省原煤产量的27%左右。同期,陕西渭北煤炭工业基地,矿井生产能力建设总规模达到42处、1282万吨,相当于全国同期矿井生产能力建设总规模的23.4%。以甘肃省的刘家峡、八盘峡水电站和贵州省乌江渡水电站为代表的一批水电站建成投产。同期建设的32座"靠山、分散、隐蔽"式的火力发电厂,总容量达543.4万千瓦。

到 1975 年，国家对四川省石油天然气开采投资近 12 亿元，天然气的产量从 1964 年的 9.22 亿立方米增加到 1975 年的 37.09 亿立方米。截至 1975 年，三线地区机械工业累计完成基本建设投资 74.5 亿元，占同期三线全部工业基本建设投资的 9.7%，占同期全国机械工业基本建设投资总额的 66.5%。1965～1975 年，机械工业从沿海地区向三线地区搬迁的工厂、研究所、设计院共达 241 个，内迁职工 6 万多人，设备 1.8 万台，在三线地区建成了 200 多个项目。新建投产的大中型项目共有 124 个，竣工建筑面积 1720 万平方米，安装机床 2.5 万台、锻压设备 4200 台。三线地区的职工人数、固定资产原值和机床数占全国机械工业总额中的比重，都从 1964 年年底的不到 1/5，增加到 1975 年的 1/3 以上；三线地区机械工业的总产值占全国的比重，也从 1964 年的 1/5 左右上升到 1975 年的 1/4 左右。截至 1979 年，三线地区主要机械产品的生产能力，大体相当于 1965 年全国机械工业的水平。

1971～1975 年，全国基本建设投资总额为 1763.9 亿元。中央各部所属项目完成投资 482.5 亿元，占 27.4%；部直项目完成投资 356.7 亿元，占 20.2%；地方项目完成投资 841 亿元，占 47.7%。然而，“大军工规划”造成的浪费也是极其严重的。据不完全统计，从开工建设到 1980 年共损失浪费了 9.36 亿元。其中直属项目的工程和器材损失就达 2.26 亿元，停缓建维持费达 2.6 亿元。“一九六六年到一九七六年，国家用于三线建设的投资达到 1300 亿元以上，占全国投资的 42% 左右。由于建设项目上得过猛过急，加上‘山、散、洞’错误方针的影响，使许多项目难以正常生产，获得利润。一九七六年，三线企业每百元固定资产增加的产值只有 71 元，而全国是 103 元；三线企业每百元产值提供的积累只有 14 元，而全国是 24 元。以全国平均水平计算，三线企业每年为国家少提供积累 150 亿元。”在全国投资中，重工业所占比例，“三五”时期、“四五”时期分别达到 51.1% 和 49.6%。“在工业内部，由于过分突出钢铁和机械加工工业，不仅轻工业比例失调,在重工业内部加工工业与原材料工业也不相适应。”①

(三)地方军工的高位发展

战备动员后期,地方军工建设同“大军工”一样,仍处于高位发展时期。1974 年,全国建成和在建的地方军工厂有 554 个,职工 26 万多人,年生产各种武器的能力达到 50 万 ~60 万件的水平。到 1978 年,建成和基本建成的地方军工项目有 268 个,拥有从业职工 20 余万人。

地方军工企业在战备动员后期高位发展的主要原因,是民兵建设和战备对武器装备的高位需求。1972 年 4 月,全国民兵拥有武器 384 万件,其中旧杂式武器占 60%,且大部分处于待报废的状态。4 月 30 日,总参谋部军务动员部、总后勤部装备部,基于小三线生产厂已经和可能达到的生产能力,共同提出了《关于“四五”期间(后 3 年)民兵武器生产补充规划和“五五”期间民兵武器生产补充的设想(草案)》。《设想》:“四五”期间后 3 年(1973 ~1975 年),生产补充民兵武器 200 万件,使民兵武器在 384 万件的基础上,达到 500 多万件;“五五”期间(1976 ~1980 年)每年补充生产民兵武器 100 万件,共计 500 万件。到 1980 年,民兵武器生产补充可达 700 万件,加上部队换装和民兵手中未报废的武器,可达 900 余万件。除城市民兵装备一部分外,农村每个公社平均达到 100 件左右。

1973 年 3 月,各军区鉴于地方军工厂划归中央直接领导后,民兵武器的生产补充受到诸多限制的情况,提议中央把民兵武器的生产补充列入国家生产计划,并把地方小三线工厂下放,生产的武器主要补充民兵。8 月 20 日,国务院、中央军委做出决定,将小三线军工厂全部归省、市、自治区领导,其主要任务是生产轻武器,解决民兵和地方部队装备,也可供野战军需要。当年,全国地方军工厂生产各种炮 8000 门,火箭筒 8600 具,各种枪 48.7 万支(挺),炮弹 500 万发,枪弹 8 亿发,手榴弹 1700 万枚,地雷 41 万个。

---

① 《当代中国财政》(上),第 262 页,中国社会科学出版社 1988 年版。

1974年1月5日，国家计委、国务院国防工业办公室、第五机械工业部和总参谋部、总后勤部等单位，联合召开全国小三线工作会议。会议原则决定：1974年地方军工产品，除援外和装备部队外，其余的全部用以装备民兵。2月19日，总参谋部、总后勤部、国防工业办公室颁发《关于小三线军工厂管理试行办法》《关于小三线军工厂产品的分配和管理暂行办法》，再次明确：小三线军工厂产品由总参谋部统一计划调配，产品主要装备民兵。此时，全国小三线军工厂总数为264个，职工25万人，绝大多数省、市、自治区有了步枪厂、枪弹厂、手榴弹厂和地雷厂；一部分省、市、自治区，还建设了迫击炮、无坐力炮、40毫米火箭筒、炮弹、高射机枪、轻机枪、硝铵炸药、梯恩梯炸药厂。

1975年，大多数省、市、自治区的地方军工企业都按计划完成了生产任务。其中，江苏、上海、福建、江西、广东、广西、湖南、河北等单位，全部完成计划任务。到1975年年底，地方军工企事业为268个，已生产枪、炮56.7万件，生产各种枪、炮弹7.7亿发，生产手榴弹1041.4万枚。战备动员后期，25套万吨梯恩梯炸药的建设计划仍在继续执行。到1978年，基本建成的5个厂，在建的5个厂，筹建的4个厂。这批梯恩梯炸药厂，由于设计规模小，经济效益差，加上生产任务严重不足，企业生存压力很大。1979年，这批炸药厂全部停建，已经建成和基本建成的厂也改作他用。

大规模战备动员后期，电子工业也对地方军工企业进行了改、扩建，增加了产品品种和数量，形成了可生产航空电动机械、航空仪表、计算机等军用电子产品的能力。

（四）战略后方干线铁路的建成

铁路系统，由于在“三五”和“四五”时期贯彻以战备为中心的建设思想，“四五”末期，“在内地建成了成昆、湘黔等主要干线，铁路布局有所改善，西南铁路网骨架基本形成，‘五西’（陕西、鄂西、湘西、桂西、豫西）交通梗塞状况也有改变。营业铁路中，重要通路的铁路干线全部或部分区段建第二线。扩建了一些枢纽，建成了南京长江大桥等 19 座大桥。宝成全线完成电气化改造。内燃化线路到'四五'期末已占全部铁路的 10.8%"①。到 1976 年,全国营业铁路里程从 1965 年的 36406 公里增加到 46262 公里;铁路网密度由 1965 年的每百平方公里 0.38 公里提高到 0.48 公里;西南、西北地区的铁路长度所占全国铁路长度的比重,由 1965 年的 20.8% 提高到 24.5%。②

三、动员生产线的再发展

战备动员后期,民用企业中的动员生产线建设也达到了高潮。动员生产线最多时有 500 多条,涉及 25 个省、市、自治区和 18 个工业部门的 3000 多个企业。其中步枪生产线 70 条,冲锋枪生产线 4 条,反坦克武器生产线 77 条,此外还有高射炮和高射机枪、坦克、舰炮、岸炮、反坦克炮弹、防毒面具和防弹衣生产线等。可承担 80 余种武器和配套产品的生产任务。生产的品种有:中型坦克、高射炮、舰炮、无坐力炮、高射机枪、步枪、冲锋枪、反坦克导弹、反坦克破甲弹、反坦克火箭筒及火箭弹、反坦克地雷、防毒面具、防弹衣、火炸药等。

(一)轻武器动员生产线的发展

1971 年 9 月 8 日,国务院国防工业办公室在《国防工业一九七一年计划执行情况和一九七二年计划初步设想》中,对高射武器"四五"期间动员产品的规划是:100 高炮 1971 年的生产能力为 1700 门,包括动员产品 700 门,1975 年包括动员产品在内要达到 1960 门;57 高炮 1971 年的生产能力为 2500 门,包括动员产品 1000 门,到 1975 年生产能力达到 4400 门,包括动员产品 1100 门;37 高炮 1971 年的生产能力为 6350 门,包括动员产品 2850 门,1975 年生产能力达到 8650 门,包括动员产品 2950 门。

1973 年 2 月,第五机械工业部颁发《关于兵器动员产品试制鉴定与产品验收办法》。此时,随着动员生产线生产能力的扩大,其生产

---

① 《当代中国的铁道事业》(下),第 217 页,中国社会科学出版社 1990 年版。
② 参见《当代中国的铁道事业》(上),第 83 ~ 84 页,中国社会科学出版社 1990 年版。

的轻武器已开始大量装备民兵。但动员生产线的生产质量问题也很快暴露出来。9 月，第五机械工业部反映：辽宁、吉林、黑龙江、河北、山东 5 省，动员厂生产的 7 万多支步枪，不符合产品图纸和技术条件要求，有的经过返修，仍不合格，不能装备部队。对此，总参谋部、总后勤部于 9 月 28 日下发通知，要求各动员厂将现存的次品枪，在能够保证安全使用，配套齐全的前提下，从中挑选一部分，发给本区民兵使用。

1974 ~ 1975 年，先前建设的一大批动员生产线，大部分已经具备生产能力，大量武器装备从动员生产线上制造出来，并直接分配到部队和民兵的手中。1974 年 6 月，总参谋部、总后勤部将动员厂年度生产的 16. 8 万多支（挺）各种步枪、机枪、高射机枪等，全部拨给民兵使用。除轻武器外，动员厂生产的部分 100 毫米高射炮、57 毫米高射炮、37 毫米高射炮、85 毫米加农炮、14. 5 毫米四联高射机枪和各种枪弹、炮弹、手榴弹，也由总部下达计划，拨给各军区用于装备民兵。7 月，总参谋部、总后勤部又将第五机械工业部库存的 12. 4 万余支 63 式自动步枪拨给成都、昆明、兰州军区的民兵使用。同时，批准沈阳军区将动员厂积存的 4. 2 万多支半自动步枪和 942 支自动步枪发给民兵使用。10 月，总参谋部又将第五机械工业部库存的 3. 11 万支 56 式冲锋枪，分配给广州、武汉军区的民兵使用。1975 年，总参谋部从动员厂生产的武器中，为沈阳、北京、兰州、济南、南京、广州、武汉军区的民兵补充各种枪 23. 25 万多支（挺）。包括 56 式半自动步枪、63 式自动步枪、56 式班用机枪、67 式轻重两用机枪、54 式 12. 7 高射机枪、58 式 14. 5 双联高射机枪和 56 式 14. 5 四联高射机枪等一大批新式国产制式武器。

在大批动员生产线投入全面生产的同时，一大批新的动员生产线也在建设之中。1974 年上半年，广州市的 37 高射炮和半自动步枪动员生产线，正在“狠抓工装配套，完善和稳定生产工艺”，准备在下半年投入小批量生产。1975 年，哈尔滨第二工具厂接受了插线生产

62 毫米单兵反坦克火箭发射筒[①]和火箭弹的生产任务。为完成此项任务,该厂自行设计制造非标准设备 12 台,各类工装 4445 种,编制工艺规程 26 册。1976 年,国家在哈尔滨重型机器厂投资建设的 72 式铁壳反坦克地雷生产线,已经建成冲压、合装、装药、机修工具、动力 5 个车间和综合试验室,总建筑面积 6000 平方米。陕西省 1977 年列入国家生产计划的 7 种产品完成 5 种,并完成了 59 式坦克火炮稳定器的转产鉴定工作;除完成 706 立升飞机副油箱生产任务外,还将 1976 年欠产的补上了;57 高炮较好地完成了部分部件鉴定工作;坦克机枪,生产准备工作、土建工程都有较大进展。

随着动员生产线建设和生产规模的扩大,管理上的矛盾问题也日益突出。在陕西,到 1977 年,军工动员计划有些单位至今还未纳入部门(或企业)计划之内,实行统一考核,物质供应渠道不通,设备失修、完好率低、随意拆迁、外流、倒换,挪用资金、浪费现象严重,关键工序人员调动频繁等,严重地影响着军工动员产品的建设、生产和战备工作的落实。对此,1977 年 7 月 12 日,陕西省计委、工交办、财政局、军工动员办公室联合下发《关于加强军工动员管理工作的几点通知》。《通知》指出:民机工业组织军工产品生产,是国民经济计划的组成部分,已列入全省计划的军工动员产品生产、试制、措施计划,要同其他计划一样列入省、地(市)各部门和企业的计划,实行军品民品统一计划、统一管理、统一考核,采取有效措施,确保完成。完不成军工动员计划的部门和企业,不能算全面完成国家计划,同时还要检查领导责任。军工动员投资是国家拨给的专项资金,要实行单项核算,统一管理、考核和监督,不得挪用或浪费。对于已建成的军工生产线(或军工车间、工段、小组)不准随便拆散和撤销,配备给军工动员生产线上的设备,要加强管理及维修。在保证完成军工生产及保证设备完好和精度的前提下,可以适当地安排些民品生产。国家为军工动员补充的措施设施,统一纳入部门和企业的固定资产,单独建账,

---

① 即 40 火箭筒。因其弹头部为 62 毫米,又称 62 毫米单兵反坦克火箭发射筒。

统一管理，产权属于布置军工动员生产的主管部门。不得随意从军工车间、工段、小组拆迁出军工动员口，更不得倒换外流。为军工动员产品补充的劳动力和培训的技术骨干，必须保持相对稳定，关键工序的工人，技术骨干，不得轻易调动。

到1977年，动员生产线生产的重点产品产量比1976年实际有了增长；约有1/3的生产线产品成本有所下降；产品质量有所提高；大搞技术革新、制造专用设备，使动员生产线部分部件实现了生产半自动化、自动化，劳动生产率显著提高，生产工艺有了一个良好的开端，为战时大量提供武器装备奠定了较好的基础。1978年，第三机械工业部对上海地方动员工厂进行部分项目基建和技术改造，共投资1712.6万元。其中生产航空产品厂房26895平方米，机械设备1111台，从事航空产品人数1598人。共计完成160个品种、822万件航空产品，形成一定的生产规模和生产能力。

（二）重型武器动员生产线建设

战备动员后期，国家在续建中型坦克动员生产线即“704”工程、59－1式130毫米加农炮动员生产线、“6501”指挥仪车动员生产线、双管130毫米舰炮动员生产线的同时，又新建了“A531”履带装甲输送车、100毫米舰炮和57毫米舰炮等重型武器装备动员生产线。

1971年7月前，全国生产中型坦克的军工企业只有1个，设计能力为年产中型坦克1800辆。按照国防工业办公室“四五”规划的目标，1975年中型坦克的生产能力要达到4800辆，动员产品要达到2000辆，共6800辆。为此，国家在大规模战备动员后期，继续加强以洛阳拖拉机厂为主的中型坦克动员生产线（“704”工程）建设。1972年9月13～29日，国家计委和第一机械工业部在北京召开坦克动员生产工作会议。河南、湖北、湖南、陕西、甘肃、山东、上海等省市有关部门的负责同志，以及54个企业和有关院所的代表参加了会议。会议总结了两年来坦克动员生产工作的经验教训，规划部署了1973年的任务。会议确定，仍以洛阳拖拉机厂和洛阳矿山机械厂为主，按照“一厂一角，百厂协作”的精神，组织河南、湖北、湖南、陕西、甘肃、山东和上海等省市的工厂建立坦克动员生产线,争取在1975年形成年产2000~3000辆的生产能力。会后,第一机械工业部调整坦克动员生产线的布点规划,把原来的300多个企业调整为107个,编制和审查了动员生产的措施方案,赶制工艺装置及非标设备,为产品试制投产做了准备。1974年3月26日,经国务院、中央军委军工产品定型领导小组批准"704"工程设计定型,产品命名为59式中型坦克。1975年10月,国务院正式批准了这条战时动员生产线和生产纲领,同意投资2.98亿元,建筑面积29.5万平方米,国家拨给金属切削机床、锻压设备2550台,自制设备1950台,组合机床170台,定员8000人。10月20日,国务院批转第一机械工业部《关于动员生产坦克工作进展情况的报告》,要求在1978年形成战时转产2000辆坦克的生产能力。在有关省、市和企业的共同努力下,"704"工程到1981年基本建成。1982年,生产59式坦克102辆。至1985年年底,共生产59式坦克531辆,推土机3.7万多台,上缴利润3825.9万元。

第二重型机器厂在战备动员高潮时期建设的59-1式130毫米加农炮动员生产线,在战备动员后期又有了新的发展。1972年12月~1974年间,第二重型机器厂进行了16次大型试验。试验表明,产品质量处于稳定优质状态。1974年,第二重型机器厂提出鉴定申请,却因种种原因迟迟没有进行。1978年和1979年,该厂奉命进行紧急战备生产,1978年生产60门,1979年生产90门。1980年11月,国家有关方面对第二重型机器厂转产59-1式130毫米加农炮项目进行了鉴定。1981年该厂获准正式投入批量生产。

第一重型机器厂在战备动员高潮时期建设的双管130毫米舰炮动员生产线,从1975年开始定型试验,命名为75式双管130毫米舰炮。1976年设计定型获得批准投入生产。此时,参加该动员生产线的除第一重型机器厂、齐齐哈尔第一机床厂之外,后续加入的还有齐齐哈尔汽车厂、北京起重机厂和北京低压电器厂。1977年,国家将这条动员生产线列入年度大中型全部建成项目,投资500万元。1978年,国家又将其作为重点项目投资800万元。1979年,该动员生产线按规定的纲领投入生产，产品装备海军导弹驱逐舰。

“A531”履带装甲输送车动员生产线，是国家在战备动员后期规划建设的重型武器装备动员生产线之一。承担此条动员生产线建设的四川建筑机械厂（原成都金属结构厂），此前已经建立了“6501”指挥仪车和“211”装甲件动员生产线。截至1975年国家累计的动员投资为953万元，占该厂总投资的29.35%，基本上形成了“6501”指挥仪车100台、“211”装甲件100套的生产能力。1976年9月，国家计委考虑装甲输送车的生产布点，确定在四川建筑机械厂，结合年产300台120马力推土机的扩建任务，扩充履带装甲输送车的生产能力。国家计委下达的生产纲领是：“A531”履带装甲输送车年产150辆，外加备件20%，原有装甲件的设计能力不变，除本厂自用外，承担第五机械工业部256厂协作任务。1977年，“A531”履带装甲输送车动员生产线建设全面展开。1977～1982年，该动员生产线完成投资1.3亿元，后因军品项目与民品项目合建部分无法施工而停建。

双管100毫米舰炮和57毫米舰炮动员生产线，是国家在战备动员后期规划建设的重型武器装备动员生产线。1975年，国家计委批准上海市承担57毫米舰炮的动员生产任务，生产纲领为40座。1976年4月，国家计委和国务院国防工办确定，在湖北461厂组建一条双管130毫米舰炮动员生产线，生产纲领为6座，国家投资2000万元，新增设备140台，新建生产面积4万平方米，新增工人1000名，计划1980年建成。1977年，为提高舰炮动员生产能力，国家计委、国务院国防工办又决定投资890万元，在上海市长城机械厂100毫米高射炮动员生产线上，安排生产双管100毫米舰炮，生产能力为年产12座。

（三）新建反坦克武器动员生产线

1973年，国务院、中央军委责成国家计委主任余秋里在北京主持召开反坦克武器规划专业会议。这次会议，将第五机械工业部规划生产的37种反坦克武器中的8种，安排在动员生产线生产，包括85毫米微旋破甲弹、红箭－73反坦克导弹、82毫米无坐力炮、82毫米无坐力炮弹、40毫米火箭筒、40毫米火箭弹、单兵火箭弹、反坦克地雷。

为此规划建设反坦克武器动员生产线77条,分布在16个省、市、自治区,其中“三北地区”有55条动员生产线。

85毫米微旋破甲弹动员生产线11条,包括6条装药装配生产线和5条零部件加工生产线,总生产能力为年产32万发。6条装药装配生产线,安排在204厂、474厂、9623厂、9612厂、9844厂和9905厂;5条零部件加工生产线,安排在128厂、371厂、3187厂、490厂、5403厂和5023厂。85毫米微旋破甲弹动员生产线,从1975年建线到1979年共生产了52.26万发。对越自卫反击战时,动员生产线承担的85毫米微旋破甲弹生产任务占紧急战备订货的50%以上。

红箭-73反坦克导弹组建2条动员生产线,分别建在吉林524厂和沈阳724厂,年生产能力均为3000发,1979年建成并投入生产。

82毫米无坐力炮组建13条动员生产线,包括7条炮动员生产线和6条配套的炮镜动员生产线。7条炮动员生产线,安排在天津机械厂、长春拖拉机附件厂、德州齿轮厂、阜新仪表专用设备厂、兰州通用机械厂、太原山西机器厂、齐齐哈尔车辆厂,总生产能力为年产5000门;6条配套的炮镜生产线,安排在北京光学仪器厂、太原光学仪器厂、济南八一光学仪器厂、兰州甘肃光学仪器厂、南通光学仪器厂和长春第一光学仪器厂,总生产能力为年产7800具。

82毫米无坐力炮弹组建6条动员生产线,包括5条弹动员生产线和1条配套的引信动员生产线。5条弹动员生产线,安排在唐山水泥机械厂、天津红星农机厂、栖霞县农机修造厂、长春市汽油机厂和沈阳电工机械厂,总生产能力为年产52万发;1条配套的引信动员生产线,安排在唐山量刃具厂,生产能力为年产10万个。

40毫米火箭筒组建15条动员生产线,包括9条火箭筒动员生产线和6条配套的瞄准镜动员生产线。9条火箭筒动员生产线,安排在天津衡器厂、宁夏吴忠材料试验机厂、鞍山矿山机械厂、吉林省重型机械厂、佳木斯联合收割机厂、常州牵引电机厂,总生产能力为2.05万具;6条配套的瞄准镜动员生产线,安排在北京科学仪器厂、锦州光学仪器厂、长春第四光学仪器厂、常州光学仪器厂、山东掖县材料试验机厂和宁夏吴忠微型试验仪器厂，总生产能力为年产2.05万具。

40毫米火箭弹组建7条动员生产线，包括4条火箭弹动员生产线，3条配套的引信动员生产线。4条火箭弹动员生产线，安排在天津卫东机械厂、鞍山起重机器厂、牡丹江第一机床厂、南通电机厂、江西抚州电机厂、宁夏吴忠仪表厂和北京渤海机械厂，总生产能力为年产58万发；3条配套的引信动员生产线，安排在鞍山高压容器厂、南通航海仪表厂和上海红旗机械厂，总生产能力为年产28万个。

62毫米单兵火箭筒组建4条动员生产线，安排在哈尔滨第二工具厂、吉林化工机械厂、宣化通用机械厂和承德曲轴链杆厂，总生产能力为年产18500个。单兵火箭弹组建3条动员生产线，包括1条弹动员生产线，2条配套的后筒动员生产线。1条弹动员生产线安排在哈尔滨第二工具厂，生产能力为年产10万发；2条后筒动员生产线，安排在秦皇岛玻璃纤维厂和包头玻璃钢厂，总生产能力为年产55万个。

反坦克地雷组建13条动员生产线，包括8条地雷装药动员生产线、2条配套的地雷铁壳动员生产线、3条地雷塑壳动员生产线。8条地雷装药动员生产线，安排在北京渤海机械厂、天津卫东机械厂、锦州塑料三厂、河北怀安化工厂、包头跃进机械厂、哈尔滨重型机械厂、山东长青农机配件厂、怀德县机床附件厂，总生产能力为年产80万个；2条地雷铁壳动员生产线，安排在北京开关厂和许昌通用机械厂，总生产能力为年产15万个；3条地雷塑壳动员生产线，安排在包头塑料一厂、兰州塑料制品厂和青海塑料制品厂，总生产能力为年产20万个。

此外，战备动员高潮时期建设的11条防毒面具动员生产线，在1975年以后陆续转入批量生产。到1979年累计生产防毒面具32.31万具。

（四）“7911会议”与动员生产线的整顿

1979年11月，国家计委、总参谋部、总后勤部和国防工办联合在北京召开全国军品动员座谈会。会议根据中共中央关于国民经济“调整、改革、整顿、提高”的方针和中央军委副主席邓小平的指示，研究确定军品动员生产线的调整方案。此时,经过多次调整重组,全国已经建立了常规武器动员生产线331条,分布在3000个民用工厂、19个行业、25个省(自治区、直辖市),约有10万名职工从事军品动员生产。已形成生产能力的主要有:各种火炮9000门,各种枪74万支(挺),反坦克火箭筒3万具,反坦克地雷75万枚,各种炮弹300万发,炸药1.1万吨(其中黑索金炸药8000吨),防毒面具22万具等。还有少数在建、即将形成能力的:红箭-73反坦克导弹6000发,59式坦克和装甲输送车战时2000辆,100和130口径舰(岸)炮30座等。会议初步确定对军品动员线采取保留、封存、撤销、合并、转出的办法加以整理。具体方案是:保留62条,占总数的18.7%;封存150条,占总数的45.3%;合并108条,占总数的32.6%;转出11条,占总数的3.4%。整理后,山西、内蒙古、陕西、甘肃、宁夏、江西、福建、浙江、安徽、广东等省区,平时没有常规兵器动员生产任务。这次会议之后,国家计委颁布实施《军品动员生产线调整方案》和《关于军品动员生产管理暂行规定》。

1980年3月6日,国家计委、总参谋部、总后勤部、国防工办,就军品动员座谈会情况及军品动员生产线调整方案,向国务院、中央军委做出报告。国务院、中央军委在批转这一报告时指出:要认真落实平战结合、军民结合、寓军于民的方针,在调查研究的基础上,搞好规划布局,使我国战时军品动员工作更加符合客观经济规律和战争规律,以适应战备工作的要求。此后,军品动员生产线调整工作全面展开。到1984年春,经过4年的调整,国家保留和储备生产能力的动员生产线190条,撤销与合并的动员生产线106条,移交兵器工业部门的动员生产线11条。保留和储备生产能力的动员生产线,大体上有3种类型:一种是利用企业的工艺特点,分别承担零件制造,部件和总装集中;一种是以一个企业为主,扩散一部分零部件到其他企业;一种是专业生产线,即选择工艺相近的企业,发挥其工艺技术优势,生产特殊要求的武器装备,建立专门的零部件和总装生产线,长期定点生产。前两种类型的生产线较多,后一种类型的生产线少。

四、战时交通保障计划的制订与执行

1973 年年初，总参谋部、总后勤部、交通部联名向国务院、中央军委上报全国《战时交通保障计划》，同时下发各军区试行。各军区根据计划的要求，开始编制各自的战时交通保障计划。中共中央关于《认真检查战备工作的指示》下达后，各军区进一步研究解决了交通保障的分类、任务区分、兵力部署、物资储备、地方运输工具的组织与动员等问题，使这一时期的交通运输和通信动员准备，全面达到临战要求。

（一）战时保障计划的全面制订

1974 年 8 月 10 日，总参谋部、总政治部、总后勤部联合颁发《军队铁路输送暂行规定》。1975 年 2 月 9 日，总后勤部军事运输部下发《长江交通战备工作分工的暂行规定》，对规划与执行、方案的编制，建设的战备要求等做出规定。1975 年 5 月，总参谋部作战部、总后勤部军运部在兰州召开会议，专门研究了编制部队铁路战备输送方案问题。确定了应当编制铁路战备输送方案的部队及有关编制方案的原则要求方法。同年，驻哈尔滨铁路局军代处，组织路局、分局和车站三级军代处进行了以研究战争初期军交保障为内容，模拟组织 1 个军前指、2 个陆军师等部队以及部分作战物资的铁路运输，演练了在战争从小打升级到中打的过程中，军事运输的组织与实施。至 1976 年 10 月，多数军区完成了战时交通保障计划的编制工作，还制定了多种抢修和保障预案。

1977 年 11 月 11 日，铁道部、交通部、总参谋部、总后勤部下发《关于战时交通保障的原则要求》的通知，对战时交通保障的方针原则、内容范围、任务区分、战时组织指挥等做出明确规定。通知指出：战时交通保障应以毛泽东人民战争思想为指针，中央军委的战略和作战意图为依据，在党的统一领导下，贯彻军、政、民统一指挥，铁路、水路、公路综合运用，运输、抢修、防护紧密结合，以专业队伍为骨干，充分依靠广大人民群众，实行军民结合，全民保障的方针。关于加强交通网的准备,当时建设的重点是,加强“三北”和沿海地区通往战略纵深以及战略区之间的铁路连接,修通某些重要战役方向的铁路;开发、整治对保障运输和舰艇隐蔽、驻泊有较大意义的内河;加强“三北”和东南沿海地区的战备公路建设,改善通往战略纵深的主要干线公路,逐步修通各边防点的公路。关于交通线的保障分类和重点保障目标,铁路分为确保线、力争确保线和一般保障线。确保线要随炸随修,千方百计保障运输;力争确保线力求随炸随修,基本保障运输;一般保障线,根据需要实施保障。确保线 23 条、15107 公里。力争确保线 30 条、15465 公里。铁路枢纽、桥梁、隧道,水路和公路均分为重点保障和一般保障。全国重点保障的枢纽有 25 个,重点保障的桥梁包括长江铁、公路桥 3 座,黄河铁路桥 5 座,黄河公路桥 6 座。全国重点保障的航道包括长江、渤海区和西江(梧州经睦州至崖门口),全国重点保障的港口包括沿海的 11 个港口和长江上的 10 个港口。重点保障的公路主要指:师以上部队作战机动的道路,后方物资前送的干线道路和战区间的重要连接道路等。关于战时交通保障的任务区分和抢修力量的使用,铁路:在大军区统一组织下,由铁道兵和铁路的工程队伍负责所属地区的铁路保障任务。水路和公路:在大军区统一组织下,由省、市、自治区负责所属地区的保障任务。同年,长江航运管理局、总后勤部驻长江航运军代处共同对长江进行了全线战备勘察,在此基础上制订《长江战时交通保障计划》,从战时东西运输、南北对渡以及航道、港口保障等方面提出了措施和要求。

1978 年 4 月,铁道部、交通部、总参谋部、总后勤部联合向各军区、海军、铁道兵和铁路、交通部门下达《关于战时交通保障兵力的预定部署》。7 月,南京军区完成《南京军区战时交通保障计划》编制工作。同年,吉林铁路局编制完成《吉林铁路枢纽保障方案》。同年 6 月,南京战区 6 省、市交通部门开始编制保障方案。1979 年 4 月,《兰州军区战时交通保障计划》编制完成。同年 12 月,福州军区在《加强交通战备工作的意见》中,确定了交通线保障分类和重点保障目标。与此同时,以西安铁路局为主,铁道部第 1 勘察设计院、铁道兵第 10

师、驻西安铁路局和驻宝鸡铁路分局军代处参与编制《宝鸡铁路枢纽战时保障方案》。

（二）国防交通骨干网路的全面建成

这一时期，随着国家铁路建设的快速发展，一批具有重要国防意义的铁路相继建成，使纵贯南北、横跨东西的铁路有了较大加强，西南、西北地区的铁路有所改善，一些重要枢纽增加了迂回通路，提高了铁路运输的通过能力和可靠性。与此同时，国家结合铁路新线建设和旧线改造，修建了大批军运设施，增强了一些特大桥梁及枢纽的战时防护能力，提高了铁路实施军事运输的能力。1978 年 5 月，铁道部向国家计委、经委、建委提出了今后 3 年、5 年、8 年和远期新线建设、旧线改造以及用新技术装备铁路的规划设想，起草了《铁路发展规划汇报提纲》，其中包括根据军事需要计划建设的 19 条铁路，共 6400 公里。对此，总参谋部和总后勤部经过研究，除同意规划的项目外，又提出多项建设意见，均得到铁道部的认同。“到一九七九年，全国铁路通车已增至 5.1 万公里，比解放初期增长 1.3 倍，至此初步构成了全国国防交通网的骨架，在各个战区之间，战略纵深与战役前方之间，都有一条或一条以上的干线铁路相连接，晋南、陕南、豫西、鄂西、湘西和四川等地，以及多数重要战役方向都沟通了铁路，明显地增强了战略、战役后方的交通运输保障能力。”①

1973 年，全国陆地边防会议之后，国家将国防公路和边防公路建设的重点转向华北、东北、西北地区。当年，国家计委拨给新疆公路局养路工指标 1000 名，并配发推土机、汽车各 10 辆，新疆以此成立了乌恰、乌什昭苏、察布查尔、博乐、哈巴河 6 个边防公路养路段和库甫、吉木乃 2 个养路工区，接养边防公路 1303 公里。1974 年 3 月 5 日，总后勤部颁发《国防公路管理办法》。为此，国家计委相继为有关的省、市、自治区国防和边防公路建设解决了劳动力指标、施工设备和建设经费。1975 年 11 月，总参谋部、总后勤部征得国家计委、铁道部、交

---

① 《当代中国军队的后勤工作》，第 419 页，中国社会科学出版社 1990 年版。

通部同意,研究拟制了1976～1985年交通战备建设规划。

“文化大革命”期间,“不少省、自治区交通部门每年从养路费收入中拿出约20%的资金,继续用于公路建设、危桥改造、渣油沥青路面铺筑和县社公路修建补贴。中央每年还有2亿元左右的国防、边防公路建设投资。再加上渣油、沥青等材料供应比较宽松,公路建设不论新建、改建均有发展。这个阶段,新增公路通车里程34.66万公里;新建特大桥梁157座,共长9.9万米,桥梁永久化水平,从1966年的57.2%提高到1978年的92.6%,危险桥梁的改造任务基本完成;铺筑高级、次高级路面1334万公里,比1966年增加142倍。到1978年年底,全国公路通车里程达到89万多公里,基本实现了社社通公路的目标”①。华北、东北和中南地区公路基本成网,西北、西南地区公路有所加强,边疆地区的公路交通有明显改善。从1966年到1976年,国家对国防、边防公路的投资,“虽然每年大体上只有2亿元左右,数量很少,但它在公路交通建设上却起着主导作用。因为有了这笔投资,才有可能从全局出发,安排一些干线公路和重要桥梁的修建”②。到1976年,国家在10年间累计修建国防公路和边防公路234条、3万余公里。其中在沿海地区先后建成南昌至瑞金,南宁至水口关,宁明至友谊关,凭祥至水口,上海至武汉,枣园至范镇,桂林至龙邦等干线公路,沟通了沿海各战区的连接,使各作战方向的公路基本成网。在各战略后方,国家结合大、小三线建设,陆续建成光化至白河,丹江至土官垭,栾川至灵宝,南漳至房县至十堰,密县至邢口,确山至泌阳,重庆至阳平关等国防干线公路。到1979年,交通部门在5年左右的时间里,“先后完成了经中央批准的33条重要国防、边防公路建设计划,沟通了这些地区的全部边防点”。“到七十年代末,全国总共修建国防、边防公路3万余公里,大型桥梁近70座,国家专款投资36亿元,约占国家交通(不含铁路)基建总投资的五分之一,再加上从五十

① 《当代中国的公路事业》,第31页,当代中国出版社1991年版。

② 《当代中国的公路事业》,第33页,当代中国出版社1991年版。

年代开始由国家、地方修建的其他公路，全国公路通车里程已达87.6万公里，为解放初期的11倍，其中晴雨通车的公路达60万公里，约占总数的三分之二。从整体看，这时华北、东北、华东、中南地区公路已基本成网，西北、西南地区公路有较大改善，每个地区都有数量不等的纵贯和横贯道路。有些战役方向可供选择的纵、横向公路一般有6至10条，多的可达14条。这些公路有的连通战役纵深，有的直贯战役前沿，有的通向边防哨卡，有的连接基地、仓库，有的直通发射阵地，网状和辐射相结合，明显地改善了国防交通条件，提高了平、战时部队机动和物资供应的运输能力。"①

1973年以后，国家为改变沿海主要港口深水泊位不足，机械化水平不高，万吨轮不能直接靠岸作业，严重影响海运业发展的局面，每年增拨大量投资用于沿海港口建设。在此过程中，交通系统结合军事需要，加速施工，新增吞吐能力上亿吨。1976年，国家拨专款整治澜沧江、大清河、小清河、运盐河、闽江和西江6条战备航道。此外，长江上游航段经过整治，其航行条件大为改观。重点整治的"川江段上水载重从50吨提高到1500吨，往返时间从7天缩短到4天"。在重要的铁路、公路区段的桥隧附近，修建了迂回线路，在重要的水运线路上，选定了迂回航道与隐蔽航线，整治了战备航道，设置了扫雷排障、倒装倒运设施。在一些区段修建机车、车辆、飞机的隐蔽洞库和地下修理基地。交通科研部门，从战备需要出发，研制了重型甲板驳、浮桥器材，装配式钢引桥、钢索桥等渡河设备，以及临时站台和浮码头设备。"到1979年，全国内河通航里程达到10.8万公里，比新中国成立初期增加46%，其中7.8万公里位于沿海军区。长江、黄河、珠江、淮河等流域横贯东西，大运河、岷江、嘉陵江、汉水、湘江、赣江等流域连通南北，初步构成了全国大陆水运网的骨架。"②

（三）民用车船的战备登记与编组

战备动员后期，各省、市、自治区按照战时交通保障计划和预案，

---

① 《当代中国军队的后勤工作》，第420页，中国社会科学出版社1990年版。
② 《当代中国军队的后勤工作》，第421页，中国社会科学出版社1990年版。

对民用车船进行了登记编组。1974 年,兰州战区在铁路系统编组的战时交通战备抢修队伍和汽车运输队伍共计 7.48 万人,其中兰州铁路局 3.2 万人,西安铁路局 4.28 万人;编组公路抢修队伍 2600 人,其中青海 700 人,宁夏 1900 人。并对 3000 公里铁路线实行了"路社联防",参加联防的人员共 35.78 万人。各省区还组织汽车部队 7 个团、39 个连,其中陕西 4 个团、青海 3 个团、甘肃 26 个连、宁夏 13 个连,共有运输汽车 5627 辆。

1977 年时,广东省儋县编有战备支前车队、战备支前船队各 2 个队。战备支前车队,由那大车队抽 22 台(包括原来 17 台在内)、那大公社 5 台、南司 5 台(原来战备 5 台)、南丰公社 1 台,松涛管理局、南丰电站、松涛机械厂各 1 台,总共 36 台编为第一队,由那大车队负责。集结地点:南丰路 0~1 公里防风林伪装隐蔽待令。由八一农场 15 台、西培 4 台、西联 5 台、西流 5 台、西庆 5 台、西华 2 台、兰洋农场 1 台、红岭 1 台、龙山 1 台、新仍 3 台,共 42 台编为第二队,由八一农场和西联农场负责。集结地点:兰洋路 0~2 公里一带伪装隐蔽待令。战备支前船舶编队以南司 15 艘机船为第一队。集结地点:在本单位码头。以新英公社 9 只机船、马井公社 7 只机船、干冲公社 2 只机船,共 18 只机船编为第二队,由马井公社负责。集结地点:在县马井水产站码头。

1978 年 12 月 18 日,第一机械工业部汽车配件公司印发《战备汽车配件储备管理办法》,明确规定:战备配件是国家战备储备物资。储备车型、品种和数量,按照国家拨给的储备资金,由一机部汽车配件公司负责调拨。

(四)交通战备物资储备的加强

战备动员后期,由铁道部、交通部统一组织进行的交通战备物资储备,已经达到了较大的规模。至 1977 年,铁路战备物资储备按当时的价格计算,总价值约 4 亿元。铁道部储备的物资主要有拆装式桁梁 600 余孔,"工字"钢 1.5 万吨,万能杆件 60 套,T 型钢塔架 10 套,各种浮箱 270 个,钢轨 400 公里,道岔 300 组,枕木 82 万根,油脂 4000

吨，机车车辆配件13万件，各种钢材500万吨。根据铁路通信保障的需要，铁道部还储备了通信电缆400公里，裸铜线500吨，被复线3000公里，电杆8000根，以及一些通信信号设备。同年，交通部共储备公路装配式钢桥600余孔，总价值约3000万元。邮电部储备的战备物资主要有通信电缆800余公里，裸铜线1300吨，被复线2400余公里，电杆8800根，以及部分电话交换机等通信设备。

五、邮电通信和医疗卫生的战备工作

战备动员后期，邮电通信和医疗卫生的战备工作均取得很大成绩。

（一）邮电通信战备工作的加强

战备动员后期，国家邮电通信建设又有了较大的发展。1972年10月～1973年4月，北京至天津的地下电缆网建成。从1973年9月开始，邮电部进行了北京—上海—杭州1800路4管中同轴电缆载波通信工程建设。这是中国第一条大容量地下电缆载波工程。此后，兰州至银川、武汉至南昌至福州、石家庄至济南、广州至南宁4条960路微波线路相继开工建设。在以Ⅱ型机替换了质量较差的Ⅰ型机以后，这些线路形成了以北京为中心、联结23个省、市、自治区的微波通信网。从此，中国电信网具备了有线与无线、短波与微波等多种通信手段。1973年7月～1974年3月，国家投资建成北京、上海等3个卫星通信地球站。从此，国家电信进入了从短波无线通信过渡到以卫星通信为主的新阶段。1973年2月～1974年4月，与香港联合建成了广州—香港的300路小同轴电缆通信线路。1976年7月1日，北京长途电话大楼建成，成为全国电缆、卫星、微波和明线的电路枢纽，也是国内、国际长途电话和电视的接转中心。1976年10月25日，中国和日本合建的中日海底通信电缆建成投产，增加了国际通信通道。1976年同1965年相比，火车邮厢增加143辆，增长82%；邮运汽车增加3866辆，增长2.44倍；长途电话电路增加7159条，增长72%。

在邮电通信基础建设不断发展的同时，邮电通信战备动员工作也得到进一步加强。1974 年 3 月 14 日,1 架苏联武装侦察直升机入侵新疆并降落在哈巴河县哈龙滚附近,飞机和人员均被捕获。因通信落后,事件发生 5 小时后,情况才报到总参谋部,10 小时后,才把情况核实清楚。对此,周恩来总理批示:新疆边境各地通信、交通应立即改进,以利备战。为此,国务院、中央军委下发《关于加强边境地区通信、交通建设》的通知。通知指出:类似新疆边防通信、交通不利于战备的状况,在其他边境地区也不同程度存在。各省、自治区要将边防公路建设项目和通信建设项目统一规划,按轻重缓急,分期分批落实,争取在较短时间内改变边境地区交通、通信的薄弱状况。5 月 12 日,兰州军区后勤部提出了加强边境地区通信、交通建设的建议。5 ~6月,兰州军区后勤部军事运输部会同甘肃、宁夏交通局和省军区,对所有边防点和大部分拟新设边防站的地点及其交通、通信情况进行了调查,提出了解决方案。10 月,部分边境地区的通信、交通建设项目开工建设。

1975 年 10 月 17 日,邮电部设在计财局的战备办公室正式成立并开始办公。其主要任务是:组织研究拟定战备通信规划;掌握、检查重点战备通信的建设与进度;组织与掌握战备物资的储存;组织研究战备通信;协调各方面的协作关系。11 月 14 日,邮电部为此发出通知,通告战备办公室成立事项,要求各级加强战备工作。8 月,河北省承德地区向省革委会提出将战备通信设备交省邮电部门统一维护管理的建议。此时,河北省的战备通信设施,主要有电话杆路 1989 公里,线条 2834 对公里,电缆 74 皮长公里,50 门交换机 13 台,机房 1632 平方米。这些战备通信设施,由于多数没有最后建成,不成网,不配套,长期缺乏维护管理,有的已严重失修甚至丢失损坏,约有 1/3 以上的线路不能正常通话。河北省工业交通办公室的意见是:各地区不配套不能用的通信线路,本着分级负责的原则,由各地区革委会用战备专项资金继续建成,达到使用标准后交省邮电局统一管理和维修。

1977 年 5 月 18 日,国务院、中央军委下发《关于建立、健全战备、抢险救灾无线电通信的通知》。《通知》称：为保障在战时和遭受各种严重自然灾害的破坏，有线电通信中断时，各级领导机关能及时了解情况，实施不间断的指挥，要在全国县以上建立、健全战备、抢险救灾无线电通信。具体要求是：每县（旗）邮电局可设立固定无线电台2部（用一备一），地区（自治州、盟）邮电局设3～4部。尚未设立电台或人员、器材不落实的，应按轻重缓急逐步配齐。其主要任务是，在紧急情况下有线电通信中断时，应做到随叫随应，担负战备和抢险救灾的通信任务。平时进行定时会晤和假报实习，也可承担不涉及党和国家机密内容的明码通信业务。各省、市、自治区还应根据需要，配备一定数量的机动通信车电台，以应急需。大型水库和主要江河的重要地段及严重威胁省会、重要厂矿、城镇、交通干线的一些中型水库，必须建立无线电通信。所需电台，由当地邮电部门派出。大型水库库区内的无线电通信，由水利部门会同有关部门在"五五"期间逐步解决。远离省会的大型厂矿、主要林区的企事业林业局（场）和重要的渔业基地等，由邮电部门协助逐步建立无线电通信。建立上述无线电通信网所需人员、设备、器材、通信车辆和费用，由各省、市、自治区作出规划和年度计划，分期分批地安排实施。所需无线电台及维修设备、器材，由主管使用或归口的部统一提到四机部列入计划安排生产。遭受严重自然灾害及其他紧急情况，有线电通信中断时，当地党、政、军部门，应充分利用本系统的无线电通信及其他通信手段，主动和根据有关部门要求迅速地向上级直至中央报告情况。

（二）医疗卫生战备工作的加强

到1973年，福建省医药公司按照"分散、靠山、隐蔽、机动"的战备要求，先后建成邵武储备库5000平方米、顺昌县洋口镇储备库4272平方米、三明市荆西储备库1600平方米、明溪县储备库1971平方米、永春县桃溪储备库1900平方米、厦门市塘边储备库500平方米、政和县储备库800平方米。福州、厦门、莆田、晋江、龙溪各医药站和沿海各县、市医药公司，也建立了战备医药物资储备。同年4月，陕西省黄龙县600平方米后方医院扩建工程基本完成，其他各县除部分手术器械没有配齐,3 ~5 个基数药品尚未分开专箱存放外,其余均按规定完成储备任务。

1976 年 9 月 13 日,海南行政区卫生局下发《关于组织保卫西沙群岛战备医疗队的紧急通知》,对战备医疗队的组建工作进行了部署。具体工作包括:在海南红卫医院设立战备病床 100 张,在海南农垦番响医院设立战备病床 150 张;从海南人民医院、文昌县人民医院、琼山县人民医院、三亚自治州医院、海南农垦三亚医院和崖县人民医院抽调医护人员和医疗器材,组织清兰战备医疗队和三亚战备医疗队,每个战备医疗队 36 人;各医疗队均组织战伤抢救队。1977 年 5 月 5 日,广东省儋县革委会转发县战备支前领导小组《关于战备支前工作方案的通知》。《通知》规定:全县组织 2 个战备支前医疗救护队,其中县第一人民医院、农垦医院、松涛职工医院、那大公社医院的 36 名医护人员编为第一队,集结地点在县第一人民医院。县第二人民医院、八一农场医院、南司医院、马井公社医院的 36 名医护人员编为第二队,在本单位待令。方案要求,执行战备支前任务的医护人员要随时做好医疗器械的准备工作,随时准备执行战备支前任务。1978 年以后,各地储备的战备医药物资逐步转为正常的商品流转。

六、应战物资储备

战备动员后期,国家战略物资储备、战备商品储备、战备粮油储备等各类应战物资储备,执行"四五"计划和"五五"计划。"四五"计划期间,应战物资储备规模呈逐步扩大的趋势,物资储备系统的任务十分繁重。"五五"计划期间,国家适当压缩了应战物资储备规模,但物资储备系统续建、储备、管理的任务仍十分繁重,从而使应战物资储备的战备活动,始终保持在较高的水平上。

(一)国家战略物资储备

战备动员后期,国家战略物资储备继续执行"四五"计划。甘肃省"四五"储备物资计划显示,该省的战略储备物资 5 年内要达到各种钢材 30 万吨,有色金属材料 5 万吨,火炸药 5 万吨,油料 30 万吨,汽车6000辆,轮胎1.5万套,氧气瓶5000个,控制电缆1万公里,铜蕊铝胶线130吨,铜线150吨,被复线1000公里,橡胶线200公里。

1972年10月27日,国家计委向有关省、市、自治区发出《请抓好国家储备仓库竣工投产项目的函》,强调:为了战备的需要,必须迅速增加国家火炸药库的储备量。为此,请加强对储备仓库建设工作的领导,督促检查,力争提前竣工,交付使用。11月23日,国家计委物资局上报《1973年国家储备仓库基建计划》。该《计划》表明,国家在1972年投资1亿元用于战略物资储备仓库建设,全年施工项目33个,包括油库5个、火炸药为18个、综合库5个。其中续建29个,新建4个。原计划全部和部分投产项目21个,预计年底全部或部分竣工11个。不能完成计划的有10个。到1973年3月,国家在此前的20多年间,共完成战略物资储备仓库建设投资4.38亿元,占计划投资的66%。其中,火炸药库和油库绝大部分是1966~1972年建成的。1972年与1965年相比,火炸药库数量增加5.2倍,油库增加2.1倍,综合库数量增加30%;仓库布局也发生了重大变化,在大三线地区的仓库占70%。1973年3月底库存物资与1965年相比,钢材78.8万吨(其中军工钢材43.4万吨),有所减少;有色金属40.8万吨,增长1倍多,稀贵金属26吨;火炸药42.5万吨,增长6倍多;油料44万吨,增长3倍多;橡胶23.9万吨,增长3倍。其中,军工钢材、稀贵金属、油料、火炸药主要是这七八年收储的。

1973年3月21日,国家计委向国务院提交了《关于加强国家战略储备物资管理的报告》。《报告》称:国家已在22个省、市、自治区建立了93座储备仓库,加上在建即将投产的仓库33座,正在筹建的12座,共计138座。储备物资的品种和数量日益增长,现在收储的物资计有钢材、汽车、橡胶、棉布、火炸药、有色金属以及各种油料等(不包括商业部储备的生活资料和有关部储备的专用物资),共220个品种,为国家储备了一定的后备物资力量。国家计委认为,随着国民经济的发展和战备的需要,收储的物资还要逐步增加,储备仓库还要继续增建,储备工作的任务越来越重。为了加强对储备工作的领导,切实做到保质、保量、保安全、保急需,决定:凡是设有储备仓库的省、自治区,都应本着精简的原则建立和健全省一级的储备物资管理局。省、自治区的储备物资管理局,实行以国家计委为主的国家计委与省、自治区的双重领导。机构的设置、人员编制由国家计委确定;干部的配备、管理和政治思想工作,主要由省、市、自治区负责。但储备局长、仓库主任一级干部的配备和调动,要事先征得国家计委同意。各地国家储备仓库,由省储备局直接管理,均属县、团级单位,应享受县、团级的政治待遇。4 月 10 日,国务院批转了国家计委的这个报告。为贯彻落实这个报告的原则要求,6 月 4 ~ 16 日,国家计委在北京召开全国储备物资管理局长会议,对物资储备特别是应战物资储备进行了部署。

到 1974 年 6 月,国家正在施工的大中型国家战略物资仓储项目 24 个,其中油库 9 个、132. 3 万立方米,火炸药库 14 个、46. 3 万平方米,综合库 1 个、3. 7 万平方米。1975 年 1 月 13 日,国家计委、国防工办向 16 个省计委、国防工办发出《关于利用停缓建项目储存火炸药函》。当时,由于火炸药储备仓库不足,经中央领导同志批准,确定暂时利用一部分国防工业停缓建企业储存火炸药。经过国家计委、国防工办对 13 个省 42 个停缓建项目的调查,可以利用并有扩建条件的只有 5 个企业,利用其现有建筑可储存火炸药 3 万吨。10 月 22 日,物资储备组给物资储备局核心组提交了《关于火炸药仓库建设的报告》。该《报告》称:1975 年,第五机械工业部计划交储火炸药 12 万吨,因仓容不足只能收储 2 万吨;“五五”期间,从 1976 年起,每年交储火炸药 15 万吨,需仓容 30 万平方米,仓库建设周期按 3 年计算,每年要保持 100 万平方米建设规模,而当时只有 44 万平方米的规模。1976 年,全年完成基建投资 1. 17 亿元,占年投资计划的 87%。建成火炸药库 15. 6 万平方米,油库 11. 4 万立方米。1975 年度,国家库存的火炸药 66. 85 万吨,其中炸药 47. 56 万吨,发射药 19. 29 万吨,另有引信 160. 8 万个。与 1970 年相比,储备库存物资,钢材为 88. 76 万吨,减少 2. 9%;有色金属为 54 万吨,增长 51%;火炸药为 67. 29 万吨,增长 152%;油料为 52 万吨,增长 53%;橡胶为 21.92 万吨,减少1%。

1978 年,国家计委计划投资 1 亿元,建设大中型战略物资储备项目 21 个,其中续建 18 个,新建 3 个。当年,共完成投资 1.19 亿元,是历年完成投资额最高的一年。1980 年 5 月,国家物资储备局对历年国家基建投资情况进行了统计。结果表明:从 1953 年至 1979 年间,实际投资总数为 13.5023 亿元,共建成综合仓库数百万平方米、火炸药库数百万平方米,油库数百万立方米。

(二)战备商品储备

大战备后期,战备商品储备的规模仍然较大。1973 年 1 月 27 日,总后勤部制订的军需物资战备储备计划显示,仅军队自行储备的军需物资,就包括被服装具数百万人份(寒区、温区均为数百余万人份,热区数十万人份)、卫生被服数十万床位份、乘马装具 3.1 万余匹份、驮马装具 3.5 万匹份、海勤特种工作服数百艇份、空勤特种工作服万余人份、地勤特种工作服数十万人份、野战厨具数万个伙食单位。[①]

由于储备规模过大,储备规模与储备经费的矛盾也越来越突出。1973 年 7 月,商业部下发《关于调整各省、市、自治区战备商品储备管理意见的通知》。《通知》对战备商品储存的地区做出明确规定,要求不属于战备商品储存的地区,立即将已储存的战备商品拿出来供应市场。关于战备商品储备资金,《通知》明确规定:储备商品所需资金,由地方财政逐步安排解决。这一政策出台后,各地纷纷反映由于地方财力不足,战备储备商品的资金完全由地方财政安排有困难,要求中央适当解决。在这种情况下,商业部、财政部于 1973 年 3 月 27 日,给部分省、市、自治区各下拨战备储备商品资金 60 万元。1974 年 6 月 5 日,陕西省向商业部、财政部建议,将该省列为战备商品储存地区。商业部、财政部在复函中指出:陕西省暂不搞地方专项战备商品

---

① 参见总后勤部军需部:《中国人民解放军需简史》1949 ~ 1976,第 371 页,解放军出版社 2004 年版。

储备。如你省有商品储备力量,建议用加大周转库存的办法解决,所需资金,由你处自行安排。据此,陕西省将储备商品从1971年的131种、1621万元,调整为54种、680万元,其余商品一律转入市场销售。当年,福建省的战备商品储备有21个品种。广东省海南行政区商业局为海南军区代储"各种肉类罐头4万斤,水果罐头2万斤,所需储备经费,由军区垫付"。

在此期间,商业部门加强了三线后方仓库包括石油库、冷藏库等项目的建设。石油库的建设从过去以建地上的明库为主,改为以建地下或半地下隐蔽库为主,并从战时储备和加强防卫的需要出发,扩大石油库单项建设规模。1974年9月经国务院批准,追加石油库的建设投资,重点解决二级站和石油中转调运设施不足。到1975年,商业部门在三线或靠近三线的二线地区17个省、市、自治区建设了100多个部属储备性仓库,累计投资0.8亿元,建筑面积达86亿平方米。

(三)战备粮油盐的储备

战备动员后期,国家对战备粮油特别是"506"军用战备粮油的储备进行了调整。到1975年储备粮食数十亿斤,食油数千万斤。"五五"期间储备任务指标:各军区根据战时扩编方案,按1年量建立储备(其中新疆军区2年量、福州军区半年量),全军需储备粮食数百亿斤,尚缺数十亿斤,因此,"五五"期间需增加数十亿斤,其余数十亿斤在"六五"期间完成。[①] 储备的地区仍为"三北"和中原地区,中原地区储备的数十亿斤为战略储备。为此,"五五"期间,国务院、中央军委批准建设地下库仓容量数十亿斤(其中土洞库数十亿斤、石洞库数亿斤)。"六五"期间,国务院、中央军委批准建设地下粮库仓容量数十亿斤,其中"506"战备粮数十亿斤。这些地下粮库分建在各战区内。

1972年3月,各省、市、自治区战备粮油疏散工作初步完成。当

---

① 参见总后勤部军需部:《中国人民解放军军需简史》1977～2000,第249页,解放军出版社2004年版。

时，河北省承德地区“506”粮食的疏散点有68个，“甲字”粮食疏散点有68个。“506”配套物资有：粮食11800万斤，马草2400万斤，食盐282万斤，煤炭5400万斤。“甲字”物资有：粮食3000万斤，食盐13033万斤。“506”粮食疏散后有3种保管形式：第一种是“社队管民兵看”，有的设专职保管员，有的没有设专职保管员，国家付给生产队一定数量的保管费用，每万斤每月5角，这是大多数；第二种是国家保管，由国家粮库派专职人员看管；第三种是户储、户管，“甲字”物资和“506”煤炭、食盐均分别储存在国家粮食所和基层供销社。全区储存“506”煤27000吨，分别储存在7个县44个基层点。由于过于分散，保存条件差，战备储存物资损失严重。4月，承德地区在检查中发现滦平县在1969年疏散到窑岭、菸青公社的战备粮200万斤，于1971年年末粮食倒入“土圆仓”后，其中损失2.6万斤，占1.3%。超过国家规定过多（规定1.5‰）。丰宁县分散储存的“506”煤，由于下坝煤质太次、含硫大，曾多处自然起火，已全部变质。战备谷草普遍不落实，一般是秋季有，春季空。

1972年9月28日，根据商业部、总后勤部制定的《军用战备粮油马草管理办法》，陕西省革委会商业局、陕西省军区后勤部、陕西省革委会战备领导小组战勤办公室颁布实施《陕西省战备粮油器材马草管理暂行办法》。《办法》规定：这批代号为“704”的粮油器材，其动用权属于国务院，马草的动用权属于兰州军区，由陕西省商业局、陕西省军区后勤部和陕西省战备领导小组战勤办公室共同负责，由各地、市、县粮食局，军分区后勤部、人武部和战备办公室共同管理；“甲字”粮油器材，动用权属于商业部，由省、地、县粮食部门负责管理，储备物资来源，由省商业局统一安排；平时动支，由省商业局在上级批准的范围内，以拨付通知书的形式通知拨付；战时动用，按商业部、总后勤部《军用战备粮油马草管理办法》规定执行；“704”和“甲字”粮油器材的储备点，一般不能随便变动，个别确需变点或调整储备点的储备任务时，由地、市提出意见，报省审批。1973年，陕西省为中央代储“704”粮食6.86亿斤，食油408万斤，各类装具器材430余万件，战备马草2648万斤;“甲字”粮食1.2032亿斤,食油191万斤,各类装具器材190万件。全省共轮换存期较长的不安全小麦15亿斤,食油80万斤,大豆400万斤,基本上保证了粮油储存安全。12月10日,中共中央转发《国务院关于粮食问题的报告》,并在批语中转述毛泽东主席的指示:“深挖洞,广积粮,不称霸。”

随着战备粮油储备规模的日益扩大,储备管理的问题也日益突出。1974年6月,总后勤部、商业部转发《关于抽查思茅地区战备粮油、装具报告》的通知。当时云南省思茅地区战备粮油储备存在着管理制度松弛,未经批准擅自动用和自行移点,有的战备粮油生虫、变质严重,装具保管不善等问题。通知要求借鉴昆明军区后勤部、云南省粮食局的做法,对战备粮油、装具进行一次检查。6月18日,轻工业部转发广东省关于战备盐管理情况的报告。报告称:该省从1964年以来,已在数十个县、市先后储备一批战备盐。但问题是管理松弛、损耗大,有的单位管理制度不健全、家底不清、账目与实物不符;有的把保管战备盐当成额外工作,没有经常检查,甚至随便委托非保管单位代管,漏洞很多;有的把上级拨给修建战备盐仓(坨)的费用、物资挪作他用,因保管条件得不到改善,损耗率大大超过规定的标准。有些地方由于食盐供应一时偏紧,未经请示上级批准,就动用了战备盐,既违反管理制度,还漏掉国家税收。1964~1974年,因受洪水、台风侵袭而发生较大的损失事件有17宗,其中食盐损失1300多吨。1975年,陕西省咸阳地区在检查中发现,一些地方不经批准,擅自动用“704”粮油储备。据检查统计,共动用储备大豆32万余斤。其中三原县在1974年12月未经批准,动用“704”大豆5.7万斤,乾县私自动用“704”大豆1.45万斤。泾县动用“704”大豆25.3万斤,几年来不仅没有补齐,反而继续在动。此外,储备任务也没有落实到点。户县有“704”储备点6个,其中5个点的小麦任务没有落实。1976年4月26日,广东省海南行政区粮食局在给广东省粮食局、海南行政区战备办公室和海南军区后勤部的报告中称:1976年3月11日~4月3日,该局会同海南行政区战备办公室对战备粮油及其包装进行了普查。普查发现，一些地方未经按规定请示上级批准，擅自动用战备粮油。全区共计动用稻谷 223.6 万斤、大米 2500 斤、黄豆 2000 斤、食油 19470 斤。有的把战备油桶当做商品油桶使用，如通什粮食所动用战备油桶作县外调商品食油包装，该粮食所储存 360 斤装油桶 370 个，现有 294 个，尚缺铁油桶近 80 个。此外，有的单位工作责任心不强，对战备粮保管不善。最严重的是占县兰洋储存的战备粮 71 万斤，发热霉烂，拨出加工处理后，不能吃用的粮食达 4162 斤，只能作饲料之用。1976 年 9 月，为解决战备粮油储备中存在的问题，粮食部、总后勤部召开全国战备粮油储备管理工作经验交流会。为贯彻这次会议的精神，海南行政区于 10 月 19 ~ 24 日召开会议，并在会上提出了"三专""四落实"的战备粮油管理要求。"三专"是专人管理、专仓或专堆储存、专账记载；"四落实"是数量、质量、品种、地点落实。

准备早打、大打的战备动员后期，地下战备粮库建设的规模仍在扩大。1974 年 11 月 20 日，余秋里在总后勤部和商业部报国务院、中央军委《关于海岛建设地下战备粮库情况报告》上面批示：建设地下粮库，是落实毛泽东要准备打仗指示的重要措施，几年来，海岛地下粮库建设，取得了很大成绩，今后要注意抓紧配套，总结交流经验，不断提高科学管理地下粮库的水平。沈阳、北京、济南军区在防御要点建地下粮库问题，拟可同意，但要有步骤地建设，究竟建哪些，建多少，由各军区提出计划，经总后平衡报国务院、中央军委批准后纳入国家计划。1975 年 8 月 18 ~ 27 日，商业部、总后勤部在大连召开建设地下战备粮库规划会议。参加会议的有各大军区及海军后勤供应部的负责人和沿海地区及东北、华北、西北 15 个省、市、自治区粮食局的负责人，还有财政部的人员。与会人员参观了旅大市地下粮库，听取了旅大市和张家口市建设地下粮库的经验介绍，讨论和修改了建设地下粮库的原则，汇报研究了建库规划。会议明确：陆地防御要点主要是指敌人必争、我们必守、有战略意义的地方和部位，如河北省的张家口、山西的大同、新疆的八丈山、济南的云台山等地。建库容量的计算依据,重点海岛粮食储存量,要按军队整编后的编制和现行的给养标准,储存1年半至2年的粮食,陆地设防要点储粮与海岛不同,因为陆地战时回旋余地较大,粮食供给较海岛容易,陆地储粮要少于海岛,军队储粮与居民储粮要分开储备,军队储备粮的标准,按守备部队预定的扩编人数储存半年至1年的粮食,这部分粮食,平时一般不动,战时需保证供应。这次会议之后,第二批战备粮食地下仓库建设全面展开,辽宁、山东、江苏、河北、山西、内蒙古6省区的任务是各修建仓容数千万斤的地下仓库。

1976年,国务院、中央军委批准"五五"期间(1976~1980年)地下库建设规划,目标为数十亿斤仓容。届时,战备粮油对军队作战的保障能力将达到:陆地可供数百万军队6个多月的用粮,重点设防岛屿可供守岛军民1~2年用粮。9月10日,国务院、中央军委在《关于建设地下战备粮库报告的批复》中称:"地下战备粮库建设,几年来已经取得显著成绩。今后要在党委一元化领导下,以阶级斗争为纲,坚持党的基本路线,继续抓紧抓好这项工作。"11月5~11日,商业部、总后勤部在河南省巩县召开建设地下战备粮库工作会议,安排"五五"期间和1977年建设地下粮库的任务。这次会议,对地下战备粮库建设范围、建库规划、管理体制,以及仓库选址、仓库结构、建库组织领导等问题进行了研究讨论。1977年3月29日,国家计委、商业部、总后勤部发出通知。通知明确:国家在"五五"期间计划投资1亿元,建设地下战备粮库仓容20亿斤;地下战备粮库,列入国家基建计划,所需投资、材料由商业部和总后勤部商同地方安排,请各地负责施工建设。建设的重点是"三北"陆地防御要点和重点设防岛屿。其中,"三北"陆地防御要点的建库数量,"按作战预案规定的参战人数和坚守时间来考虑,居民用粮,以藏粮于民分散储存的办法解决;重点设防岛屿,按部队整编后的实力,适当考虑战时加强兵力,粮食储备量按一年半至二年;居民按正常年均月销量一年至一年半进行规划。此外,还要在'三北'几个军区的后方基地,适当安排一些地下粮库,以保证战时需要"。3月31日,兰州军区后勤部发出《关于一九七七年陕、甘、宁3省区建设地下战备粮库的通知》,对当年地下战备粮库建设工作进行了部署。1977年,陕、甘、宁三省(区)需要建设的地下战备粮库总仓容量达到7000万斤,具体分配是陕西3000万斤,分别建在清涧1000万斤、延安的富县500万斤、宜君500万斤、咸阳的长武1000万斤;甘肃2500万斤,分别建在平凉、肃南、宁县、景泰川;宁夏1500万斤,分别建在正谊关、苏峪口、香山、大罗山、海源。8月31日~9月8日,商业部、总后勤部在辽宁省建平县召开了全国地下战备粮库建设工作会议。参加会议的有9大军区的后勤部、12个省军区后勤部、16个省粮食局主管建库工作的负责人共110人。会议总结了1977年建库情况,对1978年建库任务进行了部署。会后,各地均加快了建库进度,力争在年底前完成全年建库任务,并为1978年的建库工作打下基础。1978年3月31日,甘肃省粮食局、甘肃省军区后勤部下发《关于下达一九七八年建设地下战备粮库任务的通知》,计划全年投资64万元,在兰州、庆阳、武威地区建设地下战备粮库6400平方米,储备粮食2000万斤。7月15~26日,商业部、总后勤部在山东省烟台市召开了"建设地下战备粮库工作会议"。会议提出,凡是1977年和1978年安排的地下土洞库建设任务,要求在1978年年底以前全部建成,交付使用;1977年前和1978年安排的地下石洞库建设任务,则区别不同情况,力争早日完成。

七、西沙群岛自卫反击作战动员

西沙群岛是我国南海诸岛的一部分。整个群岛有岛屿15个,分东西两群岛,东群岛称宣德群岛,包括永兴岛、石岛、东岛、北岛、赵述岛、中岛、南岛7个岛屿。西群岛称永乐群岛,包括晋卿岛、琛航岛、广金岛、珊瑚岛、甘泉岛、金银岛、金富岛、金沙岛8个岛。此外,还有沙洲和浅滩。在这些岛屿中,直径1.8公里的永兴岛最大,是西、南、中、东沙群岛领导机构所在地。1973年9月,南越当局在侵占中国西沙永乐群岛珊瑚岛的基础上,非法宣布南沙群岛中的南威、太平等十多个岛屿划归其福绥省管辖。1974年1月11日,中国外交部发表声明,重申中国政府对南沙、西沙、中沙和东沙群岛的领土主权。1974年1月15日,南越当局无视中国政府的多次警告,派兵入侵西沙群岛。人民解放军和海南民兵奉命对入侵的南越军队实施自卫反击,收复被南越军队侵占的珊瑚、甘泉、金银3个岛屿,取得了西沙自卫反击战的胜利,捍卫了国家的领土主权和尊严。

(一)战时动员的组织指挥

1974年1月18日夜,海南军区在榆林设立后勤前方指挥所,由海南军区副司令员乔怀宝负责,榆林要塞、海军榆林基地和军区后勤部派出的工作组参加,担任对参战部队物资供应的组织指挥工作。此外,海南军区还在湛江、海口、清澜、榆林和西沙永兴岛成立了物资转运和补给点,负责参战部队的物资筹措、接转补给工作。1月19日,广州军区在榆林成立前方指挥部。当日上午,海南军区后勤部召开会议,根据总后勤部关于西沙作战后勤保障统由海南军区负责的指示,研究了贯彻措施。当天中午,海南军区后勤部派主管战备工作的领导率战勤、装备、供应、卫生等业务部门的人员组成海南军区后勤前指,随广州军区前进指挥所赶赴榆林,并参加军区前进指挥所,及时了解广州军区的作战意图及对后勤保障的需求,并与海南军区后勤部基本指挥所保持联系,以加强对参战部队、民兵和待命部队的物资筹措补充,以及汽车、船艇部队前运后送的组织指挥工作。1月21日,根据广州军区的指示,为加强对参战的海、陆、空军作战部队的物资筹措、补充和调运等组织领导工作,以海南军区后勤前进指挥所为基础,成立了有广州军区后勤部工作组、海军榆林基地、榆林要塞、广州军区空军等单位后勤领导参加的西沙作战指挥部联勤指挥机构。由海南军区副司令员乔怀宝负责组织,集体办公,负责协调联络,掌握情况,督促检查各军种完成后勤物资保障任务。1月23日,广州军区根据总后勤部的指示,在广州军区后勤部成立了三军联勤办公室,力求对西沙作战的后勤保障实施统一指挥。

在军队作战及后勤保障指挥机构建立和调整的同时,政府系统的支前动员组织体制也很快从平时状态转入战时状态。1月19日上午,海南军区和海南行政区革委会的领导在一起研究了支前动员工作,确定由海南军区副司令员乔怀宝和海南区革委会副主任窦英俊负责。1 月 19 日下午,中共海南行政区党委支前领导小组向党委、政府各有关部门和有关县、区下达了紧急开展支前动员的指示。各有关部门接此指示后,立即按要求展开支前动员工作。海南行政区革委会财贸办在接到中共海南行政区党委支前领导小组的指示后,立即召开紧急会议。会后,抽调局级干部 2 名、科级干部 6 名及一般干部 4 名共 12 人成立了西沙、榆林、铺前 3 个供应点。当日 21 时连夜出发到各点开展工作。为了及时掌握前方情况,加强与供应点的联系,还派出 2 名科级干部参加区战备办公室工作。区、县财贸各个部门都层层成立支前指挥机构,由主要领导干部负责,发动群众,带领群众,全力做好支前工作。1 月 19 日晚上,中共海南行政区党委做出西沙作战支前动员工作决定,在海南行政区人防办公室开设海南行政区支前指挥部,召开了区、县负责同志的电话会议,同时派出 4 个支前工作组分别加强海口、崖县、清澜、西沙革委会的支前组织领导工作。商业局 4 人由罗板带队,粮食局 4 人由黄良超带队,航运局 2 人由方维林带队,共 10 人,到西沙和榆林开设供应点。9 人于 19 日晚上 8 时从海口出发,6 人 20 日上午随军 117 号船去西沙。崖县与要塞区已联合成立崖县支前指挥部,由县委书记许清泉同志为总指挥,县委副书记王祥彬和公安山同志为副总指挥。海南各县也很快成立了支前动员机构。

在军地后勤和支前指挥机构初建的几天里,后方指挥开始不够统一,到 1 月 19 日下午参战部队要上岛,海南军区后勤部还只忙于支援部队的后勤保障,对榆林要塞登岛部队的后勤保障工作没有很好研究。地方动员也没有统一起来,头绪多,比较乱,如船舶动员,海南军区、南海舰队以及军区后勤军运部都向地方要,地方不好安排。物资供应开始比较忙乱,当守备第 10 团和榆林要塞有 540 多人上岛作战,要塞和团后勤机关都没有派人随部队上岛,因而对战斗中人员是否有伤亡,物资消耗情况怎样,均不了解;岛上物资的请领和分发没有人管,物资的前送也没有押运员,没有凭据,往哪里送,送给谁,都不知道。例如罐头送上岛后,部队随便拿,发放物资也有差错,394团后勤给连队补充穿甲弹,配给一半榴弹引信。但上述情况很快得到改变。

支前动员组织指挥上遇到的较大问题,主要来自部队联勤指挥不够协调。广州军区后勤部在战后总结中认为:这次三军联勤前指,虽在组织上成立了,也做了一些通气协调工作,但有关业务部门没有联系起来,仍是各做各的,车辆、运输船只和前运物资也未统一调度使用;后方仓库物资储备管理、武器装备实力、医院的收容协同等都未统一掌握,有待今后研究。

组织指挥的另一个突出问题是通信保障能力不足。当时,部队的通信保障任务有相当一部分是由海南行政区邮电系统负责的。海南行政区在战后的报告中称:当时存在的主要问题是通信设备能力薄弱、电路少、手段单一、防护能力极差,省至区仅有长话电路5条,区至县平均2.8条,州至省仅有1条电路,由于电路少往往造成通信堵塞和缓慢。西沙自卫反击战中,中央、省至区,区至县区调用14条专用电路,海南至广州仅剩1条电路,如情况继续发展,全部电路调用还不够。军电之间联络线也较少,往往在急需调度电路时,临渴挖井。西沙自卫反击战中,通什临时迁改了线路加装三路载波机,海口调用了701通信任务备用载波电路等。海南邮电通信线路全是架空明线,平时抗灾能力极差,台风期间极需通信,有线通信没有保证。往往使各级党委指挥抗灾斗争失灵,在战时更不能适应战斗需要。

(二)军需物资的筹措与供给

战前,永乐群岛的守备任务是由民兵担负的,部队没有设防,也没有进行军需物资的储备。因而,此次作战的军需物资保障动员,是在作战发起后仓促筹划和展开的。首先动用了海南储备或在海南就地筹措,然后根据需要,军区组织补充。军区没有的物资报请总部拨给。海军、空军的物资供应,通用物资由南海舰队、广州空军后勤提出申请计划,军区统一组织供应;专用物资由海军、空军按系统上报请领。同时抄报军区。

1月15日,西沙自卫反击战斗打响。1月16日,地方支前机构组织开展了小规模的军需物资动员保障工作。1月18日,广州军区驻海南的部分军需物资仓库开始组织对西沙参战部队的补给。1月19日,大规模的军需物资动员全面展开。当日上午10时,海南军区接到广州军区关于组织后勤保障的指示,首次赋予的任务是迅速准备1个步兵团、1个85加农炮营、1个师高炮营的作战物资等。当日中午,海南行政区政府各有关部门根据海南军区后勤部提出的需求,组织进行粮食、副食品和日用品等方面的物资动员保障。晚11时前,琼海县已集中500顶帐篷,由海南军区后勤部派车运往三亚。海南行政区粮食局1月19日晚11时,接到要装运10万斤大米的通知后,局长石高飞亲自挂帅,副局长黄良超为了提前完成任务,亲自到仓库,负责具体组织领导,调人、调车。加快装运速度,还亲自到码头检查落实情况,直到10万斤大米全部进了船舱,他才回去。海南商业局,局领导亲自坐镇。业务科科长杨青山,想打仗所想,急打仗所急,按打仗需要去解决问题。1月19日晚,本来已经解决了1000只水桶,但考虑到,岛屿分散不够用,又连夜与石油公司联系,又解决500个小水桶;他想到岛屿上新鲜蔬菜不好运送和贮藏,老吃干菜也不行,便找来一些同志去商量,决定运些五香大头菜、甜酸蒜头、榨菜去。这个事刚办完,又听说2000斤饼干,急需2000个塑料袋和400个木箱包装。他又亲自到海南肥皂厂联系木箱,到百货公司联系塑料袋,解决了饼干包装和运送的大问题。接着他又到海口饼干厂,和该厂领导一起动员全厂干部、职工、家属、小孩80多人,连夜奋战10多个小时,有的同志已买好了春节探亲车票,连夜退掉,参加包装饼干的紧张战斗。杨科长和饼干厂的领导带领大家装车,直到将饼干运往码头为止。

1月20日,为了给前线部队筹备木料,崖县、文昌县支前领导小组发动上千群众,一天之内就伐木料300多立方,并按时送到清兰港和三亚港。当日14时,“海南石油公司,刘继昌主任,正在商业局开会,接到下午6点钟前要装运600桶(100吨)柴油任务的通知,立即回公司开会研究。3 个小时要灌完 600 桶,困难不少,刘主任立即动员全体干部、职工,以战斗姿态完成这个任务,并亲自带领大家一起奋战。终于提前 1 个小时灌完了 600 桶柴油。柴油装船前,刘主任还认真检查一遍,将不清楚的标记,重新填写清楚”。同日,“海南土产公司为完成 2 万个草袋的支前任务,在库存无货的情况下,全公司员工和海口市 2 个居委会的群众,连夜将库存的光边草席加工成草袋。海南日用品公司,接到天亮前准备好 130 个煤油炉的通知,因仓库只有 60 个,公司领导便亲自到各门市部去收回来 70 个,保证了前线需要。海南烟酒公司,接到天亮前准备好铁盒炼乳 300 罐的通知,连夜到各门市部收集,天亮前就准备就绪,保证了按时装运”①。

从 1 月 19 日到 1 月 21 日,海南行政区共动员筹措各种物资 40 余种、416 吨。至 1 月 22 日,海南行政区、自治州及海口、文昌、琼海、崖县等县(市)的财贸部门,组织调拨供应支前的物资有 70 余种,主要是粮、油、豆、麻袋、饼干、肉类罐头、水果罐头、蔬菜、脱水菜、粉丝、柴油、煤油及其他日用品和副食品,做到随要随调,保证了前线的需要。海南各支前点在支前行动中,共计出动 10329 人,其中海口地区出动 1500 人,文昌地区出动 6252 人,琼海地区出动 1100 人,崖县地区出动 1477 人。至 2 月 1 日,广州军区已经从本军区后方基地和海南地区共 17 座仓库发出弹药 696 吨,自动步枪 1000 支,37 高炮管 18 根,14. 5 高机枪管 9 根,油料 1. 5 万多吨,油料器械 1500 多台,给养 69 万多斤,给养器材 1. 4 万多件(个),日用百货 8400 多件,被装 1 万多件(套),战救药材营 2 个基数,常用药材师 1 个月量,营 6 个月量,急救包 3100 个,干燥血浆和代血血浆 300 瓶,班用帐篷 720 顶(海南借用地方 500 顶),凉篷 20 块,水桶 2600 个,木料 600 立方米等;向总后勤部请领调给广州军区压缩饼干 5 万斤,罐头 6. 6 万斤,脱水菜、黄豆、猪油、奶粉等 9. 26 万斤,固体燃料 2 万斤,运油车 54 台,软体油罐 100 个。整个作战,部队临时向地方筹措主副食 130 吨、日用品 55

① 1974 年 1 月 23 日,海南军区后勤部《支前情况反映》。此件存海南省档案馆。

吨、燃料136吨,价值达20.6万元。存在的主要问题是:战前无储备,动员无预告,给军队和地方造成了一时的忙乱,也给市场带来了压力,影响计划供应。

(三)海运力量的动员与使用

西沙自卫反击作战的交通运输保障,涉及铁路、公路和海上运输力量动员。由于部队的一切供应从作战物资到衣、食、住和日常生活用品,都从185~416海里以外的后方补给。因此,海上运输力量动员就成为此次作战交通运输保障的关键。总的情况是:物资运输任务急,运量大而集中,从传达广州军区作战意图到实际运输,基本是同时进行,没有准备时间,部队提报的各项计划,大部分是边批复、边装车、边安排铁路运行和船舶的接运计划,组织快运。为保障前线物资需要,除充分利用部队现有运输外,广州军区和海南先后共借用地方船舶15条,另由军运部门向地方提报计划,地方交通部门又安排了大小船舶21条,共航行28个航次。南海舰队对4条在厂修理的油船进行突击抢修,在较短的时间内修复3条。同时广州军区还抽组了1个汽车运输分队、2个野战管线队负责油料的倒运和输送。自1月20日至2月4日,铁运179批,843车,运送人员1250人,弹药、油料1.8755万吨,各种装备、器材等物资一部。海运人员360人,物资2.06万多吨。汽车运输2740台次,行驶18.51万多公里,运送物资9570吨,人员1万多人次。在铁路运输中,广州军区装运128批、585车,平均日装车45辆,高峰时达115辆。在所运物资中,海空军的特种装备共767车,占铁路运输的91%,其中海军装备占72.2%。由铁路运输转海上运输的物资共742车,占铁路运输运量的88%。

在铁路终端和海港之间,军地协同组织了汽车运输队和船舶装卸队,担负人员物资的倒运和装卸任务。1月19日,海南军区抽调组织了3个汽车队共127台车。1月20日,海南军区后勤部请求海南行政区动员组织2个汽车队,每个车队20台车,共40台车。为确保运输任务的完成,海南行政区决定在海口地区动员组织3个车队、44台汽车。任务分配是:第一车队20台,其中运输局10台、外贸局5

台、物资局5台;第二车队20台,其中兵团10台、商业局2台、水电局4台、基建局4台;第三车队20台,其中农垦局15台、林业局5台。至1月21日早上,车队编组,车号、司机、厂牌已全部落实。到1月23日,海南行政区总计出动汽车149辆,其中海口地区24辆、崖县65辆、琼海6辆、文昌54辆。到1月31日,海南行政区已经累计动员使用汽车2431车台次,运输各种物资8082吨、人员9435人次,行程约12.0876万公里。海南行政区还在海口港、清兰港、三亚港和永乐群岛,组织了4个船舶装卸队、4个民兵连和一个50人的民兵分队,担负船舶的装卸任务。1月19日晚,海军有570吨弹药急需发出,但装卸人力不足,柳州钢铁厂闻讯后,立即派出200多名民兵、5台汽车,连夜冒雨协助部队抢装、抢运,保证弹药及时发出。

海上运输所需船艇,由广州军区统一组织征调、统一计划安排,由海军南海舰队和海南军区具体落实,实施情况每日报广州军区军事运输部。作战开始后,广州军区共调集海军南海舰队和海南军区的船艇12艘,征用地方船只15艘,总计吨位1.27万吨。其中货船18艘、8260吨,油船6艘、4000吨,水船1艘、500吨,拖轮2艘。广州军区后勤部军运部还留出1艘千吨级货轮作为机动保障运力。海上运输分为两个阶段,第一阶段从1月19日至31日,共出航29个航次,运送人员320人、车辆196台、鱼雷102条、火炮22门、坦克9辆、副油箱588个、各种物资1.611万吨(含油料1.345万吨)。第二阶段从2月1日至28日,共运送各种物资2.259万吨,其中油料1.674万吨,军械弹药1400吨。汽车运输共出动2700台次,行驶18.5万公里,运送人员1万余人、物资9600吨。

由海南军区前指掌握的船运队,包括3艘军用运输船、2艘炮艇和地方5艘运输船,即粤116、粤117、粤118、粤119号和西渔705号,担负着从海军榆林基地向西沙永乐群岛的海上运输任务。至1月19日,该船运队已经为驻守西沙的部队和民兵,运送水果罐头1.2万个,肉类罐头6000个,饼干2000斤(490箱),麻袋1.117万条,密封铝桶500个,粉丝3200斤。1月20日上午,117、118号船在榆林港装载粮食10万斤、黄豆6600斤、油3400斤、铝桶300个、塑料桶1000个，运往西沙群岛。当日下午4时，116号船从陵水新村港起航去榆林。到1月21日，海南行政区已经组织动员8艘运输船，分两批向西沙群岛运送军需物资。第一批运送了物资252吨，并于20日到达西沙。第二批物资363吨，现正在途中航行。这些物资除曙光1号和1565两条船上的物资是动用军队战备物资外，其余的物资均是在当地筹措的。南海水产公司的402、407号渔轮的民兵，在5昼夜中运送人员400多人次，粮食、弹药和各种物资70多吨。广东省工交战线共抽调20余艘船只为部队运输物资。广州海运局、省航运局和广州、湛江等单位，由各单位负责同志带队。湛江港和广州港新风作业区的广大职工，发挥了顽强战斗的革命精神，在装卸作业中，争分夺秒，精心操作，稳拿轻放，确保了装船进度和质量。参加支前运输的红旗088号、南海132、135、139号轮和航锋601轮的船员们，面对航线变更、航区复杂，风大浪高，浓雾重重的不利条件，他们认真研究并采取有效的防范措施。南海139号轮1月19日中午接到军运任务时，正从海口开回广州，并且已过硇洲。接到电报后便立即返航，驶向湛江港。红旗088号轮和南海139号轮，在参战部队、民兵急需弹药和油料补充的时候，满载弹药和油料直驶西沙前线。红旗088号轮在西沙群岛执行任务时，为了节约淡水，许多船员不洗衣服不洗澡，把自己食用的淡水送给岛上部队和民兵。

物资由船运到西沙后，由于没有码头，舰艇和大船靠不了岸，只能将物资由大船卸到舢板，再驳送上岛，工作极度繁重。如某部四连12名后勤人员在海军帮助下卸船，渔民用4个舢板驳送，一次只能装卸500～600斤，往返要1小时，连续工作7.5小时，才将全连装在3艘炮艇上的主副食5500斤、弹药15个基数、椰子2006个运上岛。

（四）战后的经济复员活动

1月20日，即人民解放军和民兵收复甘泉、珊瑚、金银3岛的当日，中国政府授权外交部发表声明，警告南越当局必须立即停止对中国的一切军事挑衅活动。同时，中央军委命令中国驻守南海海疆的陆、海、空三军部队和民兵,进入高度戒备状态,随时准备歼灭入侵之敌。1月21日,南越当局也做出了“应当避免下一步与中国作战”的决定,其入侵西沙群岛的行动也暂时停止。此后,复员活动相继展开。

1月22日14时45分,海南军区后勤部通知海南行政区支前指挥部:为了更好地抓革命、促生产、促工作、促战备,保证生产更多物资支援前线,决定车队恢复生产,不再集中待命。海南行政区支前指挥部随即通知有关单位。1月23日,中央军委、国务院对在西沙群岛自卫反击作战中参战支前的民兵,给予了高度的评价,发布通令嘉奖。2月3日,国务院、中央军委嘉奖支援西沙永乐群岛自卫反击作战的全体人员。南海水产公司402号、407号渔轮民兵连和琛航岛民兵排分别荣立集体二等功,另有4名民兵荣立一等功,10名民兵荣立二等功,77名民兵荣立三等功。此时,海南军区征用的民船,除粤116、粤117、粤118、粤119号外,其他船只均复员参加生产。海南军区明确,今后的支前工作转由崖县重点承担,希望海南能对崖县给予必要的物资保障。1月25日下午,海口市召开支前工作会议。会议根据广州电报指示和海南支前领导小组第二次会议精神,对支前经费进行了核算。经核算,从1月21日到1月31日,为保障西沙作战的物资供应,在海口地区共筹措主副食品、日用百货、燃料等48种物资,计价213775.85元,其中包括:主副食品107吨,64558.86元;日用百货97256.27元;燃料85吨,44323.40元;运费、包装费7637.32元。各接收单位,已通知他们到西沙驻海口办事处结账。关于三亚供应点、清澜供应点,所筹措的各种物资,已通知接收单位结算。这段工作已告一段落,尔后正常供应,由各单位自行办理。

后　记

《中华人民共和国国民经济动员史》(1949—1978),是由国家经济动员办公室立项,委托军事科学院军队建设研究部组织编写的。为此成立了以军事科学院军队建设研究部国防综合研究室的研究人员为主体,有国家经济动员办公室和国家国防动员发展研究中心部分人员参加的编写组。编写组组长为国防综合研究室研究员、军事科学院战争动员学科带头人张羽,副组长为国防综合研究室杜海强、张杰研究员和国家经济动员办公室副巡视员古晓梅。此项工作2005年启动,列入军事科学院科研计划。2007年进入编写阶段。2010年,国家经济动员办公室将其列入"十二五"期间国民经济动员理论研究重大课题。2012年完成编写工作并通过专家评审。2013年9月,完成书稿最后修改工作。全书由张羽、杜海强统稿。

《中华人民共和国国民经济动员史》,以1949年至1978年中华人民共和国国民经济动员的历史活动为研究对象,采用纪事本末体与编年体相结合的编写方法,以国家安全战略及国防建设和军事斗争的发展演变为主线,全面翔实地记述了1949年至1978年中华人民共和国国民经济动员建设、战备和战时动员的历史活动,客观分析评价了其在国防建设和斗争中发挥的历史作用,内容涉及工业、农业、商业、贸易、财政、金融、交通、运输、邮政、通信、医疗和物资储备等国民经济动员的各个领域,属专门史范畴。本书是中华人民共和国首部关于国民经济动员历史的专著。

为完成这部历史专著的编写工作,编写组在8年的时间里,先后赴4个军区、17个省(市、自治区)和13个县(区、市)主管国防动员及国民经济动员工作的单位进行了调研。在50多家档案馆(处、室)、图书馆和纪念馆,查阅了大量的书籍和文献资料,仅整理的文献资料就有1000多万字。对海南岛战役、抗美援朝、金门炮战、珍宝岛自卫反击作战、西沙自卫反击作战和对越自卫反击作战中的部分经济动员事件进行了现地考察。多次邀请原国家计委、经委、物资部、第一机械工业部、第二机械工业部、第三机械工业部、第四机械工业部和第五机械工业部等国务院有关部委从事经济动员和军工管理工作的老领导张良志、郭长安、曹世新、郑庆甦、王长贵等进行座谈讨论。

此书的编写工作,得到了各有关方面的大力支持。国家经济动员办公室决定并启动了此书的编写工作。国家经济动员办公室副巡视员古晓梅,参与了本书从立项、编写、审查到出版工作的全过程,并在其中承担了大量的组织协调工作。兰州军区副司令员何雷(曾任军事科学院军队建设研究部副部长),军事科学院军队建设研究部原部长胡光正、现任部长齐三平、副部长徐淮宝,军事科学院科研指导部学术调研部部长张庆春、军事历史和百科研究部研究员杨贵华等,都对该书的编写工作给予了足够的关注和指导。军队建设研究部国防综合研究室(原第一研究室),从研究力量调配、工作安排和经费使用等方面,给予编写组以诸多的方便。在编写组调研和查档的过程中,得到了北京军区、沈阳军区、兰州军区、广州军区、南京军区、济南军区和成都军区的动员部门和档案馆,以及广东、海南、福建、广西、云南、辽宁、甘肃、陕西、内蒙、河北、吉林、黑龙江和贵州等地的省军区(军区)、省经济动员办公室和档案局及档案馆的大力支持。中央档案馆、解放军档案馆、国家发改委档案处、兵器工业档案馆、军事科学院图书馆和国防大学图书馆,为编写组提供了大量极有价值的文献资料。国家发改委原副主任甘子玉、原国家计委国防司司长张良志、中国兵器工业总公司办公厅原主任蔡寅生、国家发改委经济动员办公室原主任陈德第、中国兵器工业总公司原副局长李轴、中国兵器工业规划研究院原副院长胡桂清和军事科学院军事科学出版社原社长刘义昌等,站在国家建设和发展的高度,热心于此书的编写工作,先后两次对50多万字的书稿进行了审阅,在给予编写组以极大鼓励的同时,从体例、内容到文字表述都提出了明确的修改意见。由北京理工大学经济学院(兼国家国民经济动员培训中心)副院长孔昭君、兵器工业规划研究院(兼兵器工业动员研究中心)党委书记安伟时、总参谋部动员部原编研室主任徐洪洗和国家国防动员发展研究中心处长石伟组成的评审组,对此书进行了评审鉴定,在给予充分肯定的同时,也提出了许多很好的意见和建议。军事科学院军事科学出版社,不仅为此书积极申请国家出版基金,而且在编校、出版工作中付出了辛勤劳动。在此,编写组对此书的编写、出版给予关注、支持和作出贡献的所有单位和所有人士,表示衷心的敬意和感谢。

此书的编写,虽然得到了许多有力的支持,但遇到的困难也是难以想象的。这些困难,除了此书作为国史、正史,事关重大,史料浩繁,不易把握外,还有来自编写资料、编写力量和编写技术方面的,也有来自社会思想认识方面的,包括对国民经济动员的无知、偏见和一些相关单位的"门户之见"。现在,这部历史专著终于可以与世人见面了。作为编写组来说,我们深知还不够完美,但其开创性的价值却是今后完美的同类专著所无法比拟的。真诚地希望此书的出版,能够迎来新中国国民经济动员历史研究和编撰工作的春天,并在今后的国民经济动员建设和发展过程中起到"资政育人"的作用。

本书编写组

2013年9月